法学教室
LIBRARY
An Analytical Guide
to the Leading Competition Law Cases in Japan
SHIRAISHI Tadashi

独禁法事例集

白石忠志

有斐閣

本書について

❶ 本書は、年月日順で編纂した独禁法事例の事典である。各事例に現れた諸問題のうち、興味あるものを選んで論じた。年月日順で並んでいるから、目指す事例のおおよその時期がわかっていれば、ヘッダを見ながらページをめくるだけで当該事例を見つけることができる。

❷ 「○○年度企業結合事例」のように年度ごとの資料に収められているものは、通常の○○年（暦年）の事例が全て終わったあとにまとめて並べた。実際の時間的先後より、ヘッダを見ながらの到達のしやすさを優先したものである。

❸ 年月日順であるから、内容に即した体系的な順序とはなっていない。体系的観点からは、巻末の内容索引をご覧いただくという方法や、概説書・体系書の叙述に沿って、そこで引用された事例を本書でご覧いただくという方法などが考えられる。拙著には体系書『独占禁止法』および概説書『独禁法講義』がある。

❹ 本書登載事例が他の箇所で引用される場合には、集というアイコンを付けた。「集最判平成 27 年 4 月 28 日〔JASRAC〕」というようにである。年月日順で並んでいるので、これだけで該当ページを見つけることができる。

❺ 本書登載事例となっていない事例であっても、本書で相応の言及をしている場合がある。巻末の事例索引でそれらの箇所を見つけることができる。

❻ 本文中での事例の引用は、少しでも読みやすくするため簡素なものとした。巻末の事例索引に、事件番号や判例集などの情報を掲げている。

i

❼　他方、引用事例の原文を確かめやすくするため、各事例における該当
ページは努めて掲げるようにした。独禁法関係の判決や公取委事例は、イ
ンターネット上で判決書等を入手できることが多い。原則として、イン
ターネット上で入手可能な資料のページで引用している（「判決書○○頁」
「審決案○○頁」など）。そうしたところ、公取委が当事者となった判決
書・決定書等が掲げられていた公取委ウェブサイトの「審決等データベー
スシステム」が、本書刊行時点では停止している。そこで、審決等データ
ベースシステムで過去に入手した判決書・決定書等のうち主なものを、少
なくとも本書刊行時点では、著者ウェブサイトの事例リストに掲げている。

❽　本書は、拙著『独禁法事例の勘所〔第 2 版〕』を前身とするものである
が（「独禁法事例集 あとがき」参照）、同書に掲げていた事例等のうち以下
のものは登載しないこととした。
　　平成 18 年 1 月 4 日〔平成 17 年改正の施行〕
　　公取委審判審決平成 18 年 11 月 7 日〔ルートインジャパン〕（本書 188 頁
　　　参照）
　　東京高判平成 20 年 5 月 23 日〔ズボン原産国ベイクルーズ〕（本書 188 頁
　　　参照）
　　公取委命令平成 21 年 2 月 27 日〔JASRAC〕（集最判平成 27 年 4 月 28 日
　　　〔JASRAC〕が現れ、本書に登載したため）
　　東京高判平成 21 年 5 月 29 日〔NTT 東日本〕（集最判平成 22 年 12 月 17 日
　　　〔NTT 東日本〕が現れ、本書に登載したため）

❾　本書では、『独禁法事例の勘所〔第 2 版〕』に登載されていた事例（上記
を除く）に加え、次のものを新たに登載した。
　集最判平成 22 年 12 月 17 日〔NTT 東日本〕
　　L ＆ T 52 号（平成 23 年）の拙稿に加筆。
　集平成 22 年度企業結合事例 1〔BHP ビリトン・リオティント II〕
　　公正取引 733 号（平成 23 年）の拙稿に加筆。
　集平成 22 年度企業結合事例 2〔北越紀州製紙・東洋ファイバー〕

公正取引733号（平成23年）の拙稿に加筆。

集平成22年度企業結合事例3〔旭化成ケミカルズ・三菱化学〕

公正取引733号（平成23年）の拙稿に加筆。

集公取委命令平成23年6月9日〔DeNA〕

書き下ろし。

集東京地判平成23年7月28日〔東京スター銀行対三菱東京UFJ銀行〕

金融法務事情1934号（平成23年）の拙稿に加筆。

集東京高判平成23年9月6日〔ハイン対日立ビルシステム〕

書き下ろし。

集平成23年度企業結合事例2〔新日本製鐵・住友金属工業〕

公正取引745号（平成24年）の拙稿に加筆。

集平成23年度企業結合事例6〔HDD並行的企業結合〕

公正取引745号（平成24年）の拙稿に加筆。

集最判平成24年2月20日〔多摩談合〕

法学協会雑誌130巻3号（平成25年）の拙稿に加筆。

集東京高判平成24年2月24日〔鋼管杭クボタ〕

書き下ろし。

集東京高判平成24年4月17日〔矢板無料バス〕

ソフトロー研究21号（平成25年）の拙稿に加筆。

集東京高判平成24年6月20日〔セブン‐イレブン収納代行サービス等〕

書き下ろし。

集公取委公表平成24年6月22日〔東京電力注意〕

書き下ろし。

集公取委公表平成24年8月1日〔酒類卸売業者警告等〕

公正取引749号（平成25年）の拙稿に加筆。

集東京高判平成24年10月26日〔荷主向け燃油サーチャージケイライン
ロジスティックス〕

ジュリスト1436号（平成24年）の拙稿に加筆。

集平成24年度企業結合事例1〔大建工業・C&H〕

公正取引755号（平成25年）の拙稿に加筆。

集平成 24 年度企業結合事例 4〔ASML・サイマー〕
　公正取引 755 号（平成 25 年）の拙稿に加筆。

集平成 24 年度企業結合事例 9〔ヤマダ電機・ベスト電器〕
　公正取引 755 号（平成 25 年）の拙稿に加筆。

集平成 24 年度企業結合事例 10〔東京証券取引所・大阪証券取引所〕
　公正取引 755 号（平成 25 年）の拙稿に加筆。

集公取委公表平成 25 年 1 月 10 日〔福井県並行的ガソリン廉売警告等〕
　書き下ろし。

集公取委命令平成 25 年 3 月 22 日〔日産自動車等発注自動車用ランプ〕
　書き下ろし。

集仙台地石巻支判平成 25 年 9 月 26 日〔生かき仲買人販売手数料割戻し〕
　書き下ろし。

集平成 25 年度企業結合事例 1〔トクヤマ・セントラル硝子〕
　公正取引 767 号（平成 26 年）の拙稿に加筆。

集平成 25 年度企業結合事例 3〔日本電工・中央電気工業〕
　公正取引 767 号（平成 26 年）の拙稿に加筆。

集平成 25 年度企業結合事例 6〔ヤマハ発動機・KYBMS〕
　公正取引 767 号（平成 26 年）の拙稿に加筆。

集平成 25 年度企業結合事例 7〔中部電力・ダイヤモンドパワー〕
　公正取引 767 号（平成 26 年）の拙稿に加筆。

集公取委公表平成 26 年 2 月 19 日〔志賀高原索道協会警告〕
　書き下ろし。

集東京高判平成 26 年 9 月 26 日〔エア・ウォーター〕
　書き下ろし。

集大阪高判平成 26 年 10 月 31 日〔神鉄タクシー〕
　ジュリスト 1476 号（平成 27 年）の拙稿に加筆。

集平成 26 年度企業結合事例 3〔王子ホールディングス・中越パルプ工業〕
　公正取引 779 号（平成 27 年）の拙稿に加筆。

集公取委命令平成 27 年 1 月 16 日〔福井県経済農業協同組合連合会〕
　書き下ろし。

集東京地判平成 27 年 2 月 18 日〔イメーション対ワンブルー〕
　ジュリスト 1490 号（平成 28 年）の拙稿に加筆。

集最判平成 27 年 4 月 28 日〔JASRAC〕
　L & T 57 号（平成 24 年）、NBL 1015 号（平成 25 年）、ジュリスト
　1502 号（平成 29 年）の拙稿を融合のうえ加筆。

集公取委審判審決平成 27 年 5 月 22 日〔富士電線工業〕
　書き下ろし。

集公取委審判審決平成 27 年 6 月 4 日〔トイザらス〕
　書き下ろし。

集平成 27 年度企業結合事例 1〔日本製紙・特種東海製紙〕
　公正取引 792 号（平成 28 年）の拙稿に加筆。

集平成 27 年度企業結合事例 3〔大阪製鐵・東京鋼鐵〕
　公正取引 792 号（平成 28 年）の拙稿に加筆。

集平成 27 年度企業結合事例 4〔インテル・アルテラ〕
　公正取引 792 号（平成 28 年）の拙稿に加筆。

集平成 27 年度企業結合事例 10〔肥後銀行・鹿児島銀行〕
　公正取引 792 号（平成 28 年）の拙稿に加筆。

集東京高判平成 28 年 4 月 13 日〔ブラウン管 MT 映像ディスプレイ等〕
　NBL 1075 号（平成 28 年）、平成 28 年度重要判例解説（ジュリスト
　1505 号）（平成 29 年）の拙稿を融合のうえ加筆。

集東京高判平成 28 年 9 月 2 日〔新潟タクシーカルテル〕
　書き下ろし。

集東京地決平成 28 年 12 月 14 日〔奥村組土木興業執行停止申立て〕
　公正取引 797 号（平成 29 年）の拙稿に加筆。

集平成 28 年度企業結合事例 10〔キヤノン・東芝メディカルシステムズ〕
　公正取引 792 号（平成 28 年）の拙稿に加筆。

集公取委公表平成 29 年 6 月 1 日〔アマゾン同等性条件〕
　書き下ろし。

集公取委公表平成 29 年 6 月 30 日〔北海道電力戻り需要差別対価警告〕
　書き下ろし。

目　　次

本書について（i）

略語一覧（xi）

東京高判昭和26年9月19日〔東宝・スバル〕……………………………… 1

公取委勧告審決昭和43年11月29日〔高松市旧市内豆腐類価格協定〕…… 7

公取委勧告審決昭和47年9月18日〔東洋製罐〕…………………………… 9

最判昭和50年7月10日〔和光堂〕…………………………………………… 12

最判昭和50年11月28日〔ノボ天野〕……………………………………… 17

最判昭和52年6月20日〔岐阜商工信用組合〕…………………………… 21

東京高判昭和59年2月17日〔東洋精米機製作所〕……………………… 25

最判昭和59年2月24日〔石油製品価格協定刑事〕……………………… 29

最判平成元年12月8日〔鶴岡灯油〕……………………………………… 36

最判平成元年12月14日〔芝浦屠場〕……………………………………… 40

公取委審判審決平成4年2月28日〔ドラクエIV藤田屋〕………………… 44

大阪高判平成5年7月30日〔東芝昇降機サービス〕……………………… 50

東京高判平成5年12月14日〔シール談合刑事〕………………………… 61

東京高判平成6年4月18日〔書籍価格表示〕…………………………… 69

大阪高判平成6年10月14日〔葉書〕……………………………………… 74

公取委審判審決平成7年7月10日〔大阪バス協会〕……………………… 79

公取委審判審決平成8年4月24日〔中国塗料〕…………………………… 91

公取委勧告審決平成8年5月8日〔松尾楽器商会〕……………………… 96

公取委勧告審決平成8年5月8日〔医療食〕……………………………… 99

東京地判平成9年4月9日〔日本遊戯銃協同組合〕……………………… 104

公取委勧告審決平成10年3月31日〔パラマウントベッド〕…………… 107

公取委勧告審決平成10年12月14日〔マイクロソフトエクセル等〕…… 112

目　次

最判平成 10 年 12 月 18 日〔資生堂東京販売〕 ……………………… 117

公取委勧告審決平成 11 年 5 月 18 日〔沖縄県等アルミサッシ〕 ………… 120

公取委同意審決平成 12 年 2 月 28 日〔北海道新聞社函館新聞〕 ………… 128

最判平成 12 年 7 月 7 日〔野村證券損失補填株主代表訴訟〕 …………… 133

公取委審判審決平成 13 年 8 月 1 日〔SCE〕 ……………………… 139

平成 13 年度企業結合事例 10〔日本航空・日本エアシステム〕 ………… 150

平成 13 年公表相談事例 12〔共同調達ウェブサイト〕 ……………… 155

公取委公表平成 14 年 6 月 28 日〔北海道電力長期契約警告〕 ………… 159

東京地判平成 14 年 7 月 15 日〔米軍厚木基地発注建設工事談合〕 ……… 162

公取委勧告審決平成 14 年 12 月 4 日〔四国ロードサービス〕 ………… 165

公取委勧告審決平成 15 年 11 月 27 日〔ヨネックス〕 ……………… 168

東京高判平成 16 年 2 月 20 日〔土屋企業〕 ……………………… 171

岡山地判平成 16 年 4 月 13 日〔蒜山酪農農業協同組合〕 …………… 176

東京地判平成 16 年 4 月 15 日〔三光丸〕 ………………………… 182

東京高判平成 16 年 10 月 19 日〔ヤマダ電機対コジマ〕 …………… 188

東京高決平成 17 年 3 月 23 日〔ライブドア対ニッポン放送〕 ………… 192

公取委勧告審決平成 17 年 4 月 13 日〔インテル〕 ………………… 196

大阪高判平成 17 年 7 月 5 日〔関西国際空港新聞販売〕 …………… 201

最判平成 17 年 9 月 13 日〔日本機械保険連盟〕 …………………… 207

神戸地姫路支判平成 17 年 11 月 25 日〔三木産業対大東建託〕 ……… 212

公取委勧告審決平成 17 年 12 月 26 日〔三井住友銀行〕 …………… 215

平成 17 年度企業結合事例 7〔日本精工・天辻鋼球製作所〕 ………… 220

平成 17 年度企業結合事例 8〔ソニー・日本電気〕 ………………… 223

山口地下関支判平成 18 年 1 月 16 日〔豊北町福祉バス〕 …………… 226

公取委審判審決平成 18 年 3 月 8 日〔松下電器産業交通弱者感応化等工事〕 …… 229

公取委命令平成 18 年 5 月 22 日〔日産化学工業〕 ………………… 235

公取委審判審決平成 18 年 6 月 5 日〔ニプロ〕 …………………… 240

知財高判平成 18 年 7 月 20 日〔日之出水道機器対六寶産業〕 ………… 246

東京高判平成 18 年 9 月 7 日〔教文館〕 ………………………… 251

平成 18 年度企業結合事例 12〔阪急・阪神〕 ……………………… 254

vii

目　次

東京高判平成 19 年 1 月 31 日〔ウインズ汐留差止請求〕 ………………… 259

公取委命令平成 19 年 3 月 8 日〔水門談合〕 …………………………… 265

最判平成 19 年 4 月 19 日〔区分機類談合排除措置Ⅰ〕 ……………… 270

公取委命令平成 19 年 5 月 11 日〔関東甲信越地区エコ・ステーション〕

………………………………………………………………………………… 278

公取委命令平成 19 年 5 月 24 日〔けい酸カルシウム板〕 …………… 284

東京高判平成 19 年 9 月 21 日〔鋼橋上部工事談合刑事宮地鐵工所等〕 ……288

公取委命令平成 19 年 11 月 27 日〔シンエネ・東日本宇佐美〕 …………… 294

公取委命令平成 20 年 2 月 20 日〔マリンホース〕 …………………… 298

公取委審判審決平成 20 年 9 月 16 日〔マイクロソフト非係争条項〕 …… 306

公取委命令平成 20 年 10 月 17 日〔溶融メタル等購入談合〕 …………… 319

公取委公表平成 20 年 12 月 3 日〔BHP ビリトン・リオティントⅠ〕 …… 324

平成 20 年度企業結合事例 3〔Westinghouse・原子燃料工業〕 ………… 334

公取委審判審決平成 21 年 2 月 16 日〔第一興商〕 …………………… 342

公取委命令平成 21 年 6 月 22 日〔セブン - イレブン排除措置〕 ………… 351

東京地判平成 21 年 9 月 15 日〔GL 鋼板刑事〕 ……………………… 357

最判平成 22 年 12 月 17 日〔NTT 東日本〕 …………………………… 363

平成 22 年度企業結合事例 1〔BHP ビリトン・リオティントⅡ〕 ……… 378

平成 22 年度企業結合事例 2〔北越紀州製紙・東洋ファイバー〕 ……… 382

平成 22 年度企業結合事例 3〔旭化成ケミカルズ・三菱化学〕 ………… 385

公取委命令平成 23 年 6 月 9 日〔DeNA〕 …………………………… 387

東京地判平成 23 年 7 月 28 日〔東京スター銀行対三菱東京 UFJ 銀行〕 … 392

東京高判平成 23 年 9 月 6 日〔ハイン対日立ビルシステム〕 …………… 398

平成 23 年度企業結合事例 2〔新日本製鐵・住友金属工業〕 ………… 403

平成 23 年度企業結合事例 6〔HDD 並行的企業結合〕 ………………… 409

最判平成 24 年 2 月 20 日〔多摩談合〕 ………………………………… 413

東京高判平成 24 年 2 月 24 日〔鋼管杭クボタ〕 ……………………… 427

東京高判平成 24 年 4 月 17 日〔矢板無料バス〕 ……………………… 433

東京高判平成 24 年 6 月 20 日〔セブン - イレブン収納代行サービス等〕

………………………………………………………………………………… 439

公取委公表平成 24 年 6 月 22 日〔東京電力注意〕……………………442

公取委公表平成 24 年 8 月 1 日〔酒類卸売業者警告等〕………………445

東京高判平成 24 年 10 月 26 日
　〔荷主向け燃油サーチャージケイラインロジスティックス〕…………450

平成 24 年度企業結合事例 1〔大建工業・C＆H〕………………………454

平成 24 年度企業結合事例 4〔ASML・サイマー〕………………………457

平成 24 年度企業結合事例 9〔ヤマダ電機・ベスト電器〕………………460

平成 24 年度企業結合事例 10〔東京証券取引所・大阪証券取引所〕………463

公取委公表平成 25 年 1 月 10 日〔福井県並行的ガソリン廉売警告等〕………467

公取委命令平成 25 年 3 月 22 日〔日産自動車等発注自動車用ランプ〕……471

仙台地石巻支判平成 25 年 9 月 26 日〔生かき仲買人販売手数料割戻し〕
　……………………………………………………………………………475

平成 25 年度企業結合事例 1〔トクヤマ・セントラル硝子〕……………478

平成 25 年度企業結合事例 3〔日本電工・中央電気工業〕………………481

平成 25 年度企業結合事例 6〔ヤマハ発動機・KYBMS〕…………………483

平成 25 年度企業結合事例 7〔中部電力・ダイヤモンドパワー〕………486

公取委公表平成 26 年 2 月 19 日〔志賀高原索道協会警告〕……………490

東京高判平成 26 年 9 月 26 日〔エア・ウォーター〕……………………493

大阪高判平成 26 年 10 月 31 日〔神鉄タクシー〕…………………………501

平成 26 年度企業結合事例 3〔王子ホールディングス・中越パルプ工業〕………506

公取委命令平成 27 年 1 月 16 日〔福井県経済農業協同組合連合会〕……513

東京地判平成 27 年 2 月 18 日〔イメーション対ワンブルー〕…………517

最判平成 27 年 4 月 28 日〔JASRAC〕………………………………………521

公取委審判審決平成 27 年 5 月 22 日〔富士電線工業〕…………………546

公取委審判審決平成 27 年 6 月 4 日〔トイザらス〕……………………550

平成 27 年度企業結合事例 1〔日本製紙・特種東海製紙〕………………558

平成 27 年度企業結合事例 3〔大阪製鐵・東京鋼鐡〕……………………560

平成 27 年度企業結合事例 4〔インテル・アルテラ〕……………………562

平成 27 年度企業結合事例 10〔肥後銀行・鹿児島銀行〕………………565

東京高判平成 28 年 4 月 13 日〔ブラウン管 MT 映像ディスプレイ等〕……568

ix

目　次

東京高判平成 28 年 9 月 2 日〔新潟タクシーカルテル〕…………………… 588

東京地決平成 28 年 12 月 14 日〔奥村組土木興業執行停止申立て〕……… 591

平成 28 年度企業結合事例 10〔キヤノン・東芝メディカルシステムズ〕

………………………………………………………………………… 602

公取委公表平成 29 年 6 月 1 日〔アマゾン同等性条件〕………………… 608

公取委公表平成 29 年 6 月 30 日〔北海道電力戻り需要差別対価警告〕…… 613

『独禁法事例集』あとがき（617）

『独禁法事例の勘所〔第 2 版〕』あとがき（618）

『独禁法事例の勘所〔初版〕』あとがき（619）

内容索引（623）

事例索引（628）

> 本書のコピー，スキャン，デジタル化等の無断複製は著作権法上での例外を
> 除き禁じられています。本書を代行業者等の第三者に依頼してスキャンや
> デジタル化することは，たとえ個人や家庭内での利用でも著作権法違反です。

略 語 一 覧

　ほとんどのガイドラインは、法令と同様、全部改定でなく一部改定がされたに過ぎない場合、改定後も、最初の策定年月日・策定者によって表示するのが通常である。本書中の記述においては、本書の内容を確定した時点までの改定内容を盛り込んでいる。

一般指定
　不公正な取引方法（昭和 57 年公正取引委員会告示第 15 号）であって平成 21 年公正取引委員会告示第 18 号による改正後のもの
　（本書では平成 21 年の改正前のもののみを「昭和 57 年一般指定」と呼ぶ）
企業結合ガイドライン
　公正取引委員会「企業結合審査に関する独占禁止法の運用指針」（平成 16 年 5 月 31 日）
○○年度企業結合事例△
　公正取引委員会「○○年度における主要な企業結合事例」（概ね翌年度の 6 月に公表）の事例△
行集
　行政事件裁判例集
刑集
　最高裁判所刑事判例集
景表法
　不当景品類及び不当表示防止法（昭和 37 年法律第 134 号）
減免対象者公表欄
　「課徴金減免制度の適用対象事業者の公表について」（公取委ウェブサイト）
高刑集
　高等裁判所刑事判例集
公取委
　公正取引委員会
高民集
　高等裁判所民事判例集

最判解刑事篇○○年度

『最高裁判所判例解説刑事篇○○年度』（法曹会）

最判解民事篇○○年度

『最高裁判所判例解説民事篇○○年度』（法曹会）

（同一年度で上下巻に分かれている場合は、「最判解民事篇○○年度上」などと表記）

裁判所 PDF

裁判所ウェブサイトに掲げられた判決や決定の PDF ファイル

施行令

私的独占の禁止及び公正取引の確保に関する法律施行令（昭和 52 年政令第 317号）

消費者庁等整備法

消費者庁及び消費者委員会設置法の施行に伴う関係法律の整備に関する法律（平成 21 年法律第 49 号）

昭和 28 年一般指定

不公正な取引方法（昭和 28 年公正取引委員会告示第 11 号）

昭和 28 年改正

昭和 28 年独禁法改正法（昭和 28 年法律第 259 号）による独禁法改正

昭和 52 年改正

昭和 52 年独禁法改正法（昭和 52 年法律第 63 号）による独禁法改正

昭和 57 年一般指定

不公正な取引方法（昭和 57 年公正取引委員会告示第 15 号）であって平成 21 年公正取引委員会告示第 18 号による改正前のもの

（平成 21 年の改正後のものは本書では単に「一般指定」と呼ぶ）

昭和 57 年独禁研報告書

独占禁止法研究会報告「不公正な取引方法に関する基本的な考え方」（公正取引382 号、383 号、田中寿編著『不公正な取引方法』（別冊 NBL 9 号、昭和 57 年）100 ～ 106 頁、に掲載）

審決集

公正取引委員会審決集

○○相談事例△

平成 13 年公表：公正取引委員会事務総局「事業者の活動に関する相談事例集」（平成 13 年 3 月）、平成 13 年：公正取引委員会事務総局「平成 13 年相談事例集」（平成 14 年 3 月）、平成 16 年公表：公正取引委員会事務総局「独占禁止法

に関する相談事例集」（平成 16 年 6 月）、平成◇◇年度（平成 16 年度以降）：公正取引委員会事務総局「独占禁止法に関する相談事例集（平成◇◇年度）」（翌年度に公表）、の事例△

知的財産ガイドライン

公正取引委員会「知的財産の利用に関する独占禁止法上の指針」（平成 19 年 9 月 28 日）

○○・注釈

根岸哲編『注釈独占禁止法』（有斐閣、平成 21 年）の○○執筆部分

TPP 整備法

環太平洋パートナーシップ協定の締結に伴う関係法律の整備に関する法律（平成 28 年法律第 108 号）

電力ガイドライン

公正取引委員会＝経済産業省「適正な電力取引についての指針」（平成 29 年 2 月 6 日）

独禁法

私的独占の禁止及び公正取引の確保に関する法律（昭和 22 年法律第 54 号）

○○年独禁法改正法

私的独占の禁止及び公正取引の確保に関する法律の一部を改正する法律（○○年制定のもの）

排除型私的独占ガイドライン

公正取引委員会「排除型私的独占に係る独占禁止法上の指針」（平成 21 年 10 月 28 日）

判時

判例時報

判タ

判例タイムズ

不当廉売ガイドライン

公正取引委員会「不当廉売に関する独占禁止法上の考え方」（平成 21 年 12 月 18 日）

平成 12 年改正

平成 12 年独禁法改正法（平成 12 年法律第 76 号）による独禁法改正

平成 15 年景表法改正

不当景品類及び不当表示防止法の一部を改正する法律（平成 15 年法律第 45 号）による景表法改正

平成 17 年改正

平成 17 年独禁法改正法（平成 17 年法律第 35 号）による独禁法改正

平成 21 年改正

平成 21 年独禁法改正法（平成 21 年法律第 51 号）による独禁法改正

平成 21 年景表法改正

消費者庁等整備法 12 条による景表法改正

平成 23 年見直し

企業結合審査手続に関する平成 23 年の見直し

平成 25 年改正

平成 25 年独禁法改正法（平成 25 年法律第 100 号）による独禁法改正

平成 28 年改正

TPP 整備法 1 条による独禁法改正

民集

最高裁判所民事判例集

優越的地位濫用ガイドライン

公正取引委員会「優越的地位の濫用に関する独占禁止法上の考え方」（平成 22 年 11 月 30 日）

流通取引慣行ガイドライン

公正取引委員会事務局「流通・取引慣行に関する独占禁止法上の指針」（平成 3 年 7 月 11 日）

（平成 27 年 3 月 30 日、平成 28 年 5 月 27 日、平成 29 年 6 月 16 日、などに改正 されている）

東京高判昭和 26 年 9 月 19 日〔東宝・スバル〕

東京高判昭和26年9月19日・昭和25年（行ナ）第21号
高民集4巻14号497頁
〔東宝・スバル〕

---

1 事例の概要

スバル興業は、スバル座およびオリオン座という、有楽町に所在する2館の映画館を所有している。

東宝とスバル興業が、「共同経営」の名の下に、東宝がスバル座・オリオン座の営業を賃借する契約を結んだ。これが16条にいう営業の賃借にあたるかという点も争点となったが、以下では、営業の賃借にあたるとする本判決の結論を前提とする（高民集513頁）。

東宝は、もともと、「丸の内、有楽町界隈」に所在する6館の映画館の経営を支配している。上記の営業賃借により、東宝が経営を支配する映画館・座席数は、6館・8452個から、8館・9742個へと増加する（高民集519頁、および、原審決を掲載した高民集524〜525頁）。

公取委は、この契約が16条に違反するとして、排除措置命令をする原審決を発した（公取委審判審決昭和25年9月29日）。東宝が原審決の取消しを求めたのが本件である。

2 市場画定

(1) 市場画定の原風景

本件では市場画定がひとつの大きな争点となった。日本独禁法において最

I

東京高判昭和 26 年 9 月 19 日〔東宝・スバル〕

も古典的で、しかも馴染みの深い地名等が登場するものであるだけに、市場
画定の例としてしばしば言及され、独禁法関係者の脳裡における「市場画定
の原風景」となっている場合が多い。

　以下では、無意識に焼き付いているその原風景が論理的にどのような構造
をなしているのかを、明らかにする。

⑵　旧東京市内か否か

　原審決は、主位的には「丸の内、有楽町界隈」、予備的には「銀座地区」
が、市場の地理的範囲であるとした。本判決が用いた「銀座地区」という用
語は、原審決では「銀座を中心とする東京都興行組合銀座支部の管轄区域」
などと表現されており、ともあれこの「銀座地区」は、「丸の内、有楽町界
隈」を包含し、それより広い。

　それに対し東宝は、基本的には旧東京市内（現在の東京 23 区に相当）とす
べきであると主張し、かりに「銀座地区」であるとしても公取委がいくつか
の劇場等を除外したのは不適切であると主張した。

　東宝は、旧東京市内という主張を支えるため、「丸の内、有楽町界隈は、
㈠その地区の映画館に上映される映画がいわゆる封切映画であり、㈢都内の
中心的地区で交通が便利であり、㈥かつ繁華街銀座通りが近くにあるので、
観客は都内及び近郊一円より参集する」という点を挙げる（高民集 503 頁）。

　それに対し本判決は、次のように述べた。「丸の内、有楽町界隈には、原
告〔東宝〕主張のような条件があるため、観客が都及び近郊一円より参集す
るという意味では、少くともここに参集する観客の一部は、この地域外の他
の映画館と共通の対象となり、従って旧東京市内の地域が一定の取引分野と
なり得る場合のあることは否定し得ないけれども、一般通常の状態において
は、映画興行の取引分野としては旧東京市内より狭い地域について考えるの
が相当である。すなわち、映画館の多数がある地域に近接して存在するとき
は、おのずからその地域に集合する観客群を生じ、これらの観客群は通常こ
の地域内で、それぞれの映画館を選択して入場することとなり、この地域内
の興行者は、この観客群を共通の対象とすることとなる。このように解する
と、旧東京市内よりも狭い地域に映画興行の一定の取引の分野が成立すると

2

みるべきである」(高民集 514 頁)。

以上の判示は、市場の地理的範囲に関するものとして知られているが、この判示をよく読めば、その判断の根源的核心は、供給者の(地理的な)範囲の画定にあるというよりも、需要者の範囲の画定にあることがわかる。

旧東京市内という東宝の主張は、もちろん、供給者たる映画館について、旧東京市内のものを全て含むべきだという主張である。東宝は、その主張を支えるため、需要者の側は「都内及び近郊一円より参集する」とした。「都内及び近郊一円」の需要者にとっては、「旧東京市内」の映画館が全て選択肢となる、という発想である。

それに対して本判決は、「都及び近郊一円」の需要者のうち、さらに、「その地域に集合する観客群」という需要者に絞って、当該需要者からみて選択肢となる供給者の範囲によって市場画定を行ったのである。

市場というものは供給者と需要者の2層から成り、市場画定も需要者の範囲の画定と供給者の範囲の画定という2段階によって行われる。そのような構造は、およそ独禁法の市場画定というものを行う際に少なくとも無意識的には常にとられているはずのものである。ただ、それらが言語化され明確に自覚されるようになったのは平成に入ってからであった。本判決の上記引用部分は、日本独禁法の草創期から、明確な理論的言語化はないとしても、そのような構造による市場画定が行われていたことを示しているように思われる。旧東京市内の市場も成立し得るという傍論は、着目する需要者の違いに応じて重畳的に市場が成立するという理を、既に内包している。

以上のように、本判決による市場画定は、「その地域に集合する観客群」を中核として行われた。その点を看過して需要者全体を平板に捉え、映画館は何 km 以内の距離であれば競争関係にあると言える、などと一律の結論を得ようとする分析を行っても、意味はない。

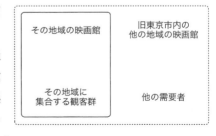

もっとも、旧東京市内の映画館らは、「都及び近郊一円」の需要者のうち、「その地域に集合する観客群」ではない客については、相互に奪い合うこと

東京高判昭和 26 年 9 月 19 日〔東宝・スバル〕

になる。かりに、そのような客が多ければ、「その地域に集合する観客群」
の市場においても反競争性は生じないこととなろう（本書 225 頁）。本判決は、
そのような状況とはならないことを暗黙の前提としている。本判決に論証の
弱い点があるとすれば、そこであろう。

(3) 日本映画・外国映画

東宝は、日本映画と外国映画とで市場を分けるべきだと主張した。外国映
画の上映で有名となったスバル座・オリオン座を、東宝の既存の映画館とは
別市場とすることで、競争者同士の企業結合ではないと位置づけようとする
ものであろう。市場を狭く画定すれば違反の可能性が減ずるという一例であ
る。

これに対して本判決は、前記(2)で引用した判示に続いて、次のように述べ
た。「なるほど、そのような映画の質〔日本映画か外国映画かということ〕に
よる取引分野も考えられないことはないが、前に述べたように、多数の映画
館が近接して存在するときは、その地域内では、外国映画と日本映画とを通
ずる観客群を生じ、そこの一定の取引分野を形成するものとみるべきであ
る」（高民集 514 頁）。

ここでも、需要者の範囲の画定が根源的核心をなしている。つまり、需要
者の範囲を「その地域に集合する観客群」に限定したために、日本映画と外
国映画とを通ずる市場を検討対象市場としたのである。「有楽町で逢いまし
ょう」と集った人々は、日本映画と外国映画のどちらでもよいと考えている、
ということなのであろう。件の唄の 2 人は「きょうのシネマはロードショ
ー」とささやきをかわしており、その日は外国映画を所望していたようにも
見えるが、別の日には日本映画を選択することもあったということであろ
うか。

(4) 「丸の内、有楽町界隈」か「銀座地区」か

以上のように需要者の範囲を「その地域に集合する観客群」に限定したう
えで、本判決は、供給者の範囲をさらに具体的に画定していく。

本判決はまず、「丸の内、有楽町界隈は東京都の中心繁華街である銀座方

面に直ちに接続し、同方面にわたつて更に多数の映画館が相近接して存在している」という事実を掲げ、原審決が主位的に「丸の内、有楽町界隈」という市場を画定したのは「独断」であるとした（高民集515頁）。

　そのうえで、東京都興行組合銀座支部の管轄区域、すなわち、新橋・日比谷・室町・築地を連ねる範囲の地域を「銀座地区」と呼んで、この範囲に入る映画館を供給者とする市場を、本件における検討対象市場とした。日本橋に所在する三越劇場と白木劇場、人形町近辺に所在する人形町松竹映画劇場と明治座は、銀座から相当離れて孤立しているという理由で除外した。また、「新橋演舞場はこれまでの事実からみて、現在直ちに映画館に転用されるようなことは予想することはできない。……歌舞伎座はその沿革からいつても、また、その施設からみても、演劇のための劇場であつて、仮に映画興行に使用されるというようなことがあつても、それは極めて例外の場合であると解すべきである」として、「以上それぞれの事実は、いずれも当裁判所に顕著なところである」とした（高民集516頁）。裁判官は、歌舞伎愛好者であつたのかもしれない。

3　競争の実質的制限

(1)　反競争性

　以上のように画定された市場において、本件「共同経営」契約は競争を実質的に制限することとなる、と本判決は判断した。市場内の映画館・座席数は20館・1万6807個であり、6館・8452個から8館・9742個へと増加することとなる東宝は約50.2％から約57.9％へと増加することとなる。

　その判断の過程で、「競争自体が減少して、特定の事業者または事業者集団が、その意思で、ある程度自由に、価格、品質、数量、その他各般の条件を左右することによつて、市場を支配することができる形態が現れているか、または少くとも現れようとする程度に至つている状態をいうのである」という、競争の実質的制限の有名な定義もされた（高民集518頁）。ただ、「少くとも現れようとする程度に至つている状態をいうのである」の部分は、本件

が 16 条の企業結合事件であることによって加味されたものであるかもしれない。2 年後の別の判決では、不当な取引制限を念頭に置きつつ、この部分を削った定義があらためて述べられた（東京高判昭和 28 年 12 月 7 日〔東宝・新東宝〕（高民集 6 巻 13 号 900 頁））。現在では、「現れようとする程度に至つている状態」の部分は、競争の実質的制限でなく、「こととなる」という文言で表現されているという整理が定着している（例えば、企業結合ガイドライン第 3 の 1）。

(2) 正当化理由

競争の実質的制限の成否については、東宝の側から、本件契約はスバル興業の経済的危機を救うためのものである、という反論がされた。すなわち、「新興映画館として好評を博していたスバル、オリオンの二劇場を失うこととなれば、それだけ有楽町を中心とする映画興業景気はさびれるであろう」から、スバル座・オリオン座を存続せしめることが、やはり有楽町を本拠とする東宝にとっても利益である、というのである（高民集 502 頁）。東宝の主張には、「右両座は、『キャバレー』となつたかも知れない」というあからさまな叙述も飛び出している（高民集 505 頁）。

これに対して本判決は、「仮に原告〔東宝〕が、本件契約を締結しなかつたとすれば、他の競争者が本件と同種の契約を締結したかも知れず、あるいは、スバル、オリオン両座を買取つたかも知れず、いずれにしてもスバル、オリオン両座が映画興行を継続したであろうことは、当然予想されるところである」とした（高民集 510 頁）。手段の正当性の観点から正当化理由の主張を否定したもの、と言えよう。

以上の議論は、現代的に表現すれば、業績不振の他の供給者の救済という正当化理由の主張に関するものである。現代では、反競争性があり、正当化理由がなくて、はじめて競争の実質的制限が成立する、という定式が定着しているが、当時は、そこまでの認識は定着しておらず、反競争性の定義がただちに競争の実質的制限の定義であると考えられていたもの、と位置づければ、全体を理解しやすい。

> 公取委勧告審決昭和 43 年 11 月 29 日〔高松市旧市内豆腐類価格協定〕

```
••••••••••••••••••••••••••••••••••••••••••••••••
公取委勧告審決昭和43年11月29日・昭和43年（勧）第25号
審決集15巻135頁
〔高松市旧市内豆腐類価格協定〕
```

1 事例の概要

豆腐や油あげ等を「豆腐類」と呼ぶとするならば、高松市旧市内には 37 名を超える豆腐類製造販売業者がいた。

そのうち中央食品ほか 6 名（つまり計 7 名）の豆腐類卸売高の合計は高松市旧市内における豆腐類卸売高のほぼ半ばを占めており、なかんずく中央食品の豆腐類卸売高は約 30％に達していた。

7 名は、豆腐類の卸売価格を引き上げる旨の申合せをした。

公取委は、7 名のこの行為が、高松市旧市内における豆腐類の卸売分野における競争の実質的制限をもたらし不当な取引制限に該当するとした。

2 アウトサイダーの存在

価格協定は「ハードコアカルテル」であって「原則違反」だと言われるが、実際には、競争の実質的制限（正当化理由なく反競争性をもたらす）の成否を判断するにあたって相応の検討が必要である。結果として競争の実質的制限が成立するとされることが多いために、「原則違反」と言われているのであるに過ぎない。

本審決は、価格協定参加者の市場シェアが「ほぼ半ば」であるにもかかわらず当該価格協定によって反競争性がもたらされていることを示すため、次の 2 点に言及している。① 7 名を除く豆腐類製造販売業者のほとんどは、家

公取委勧告審決昭和 43 年 11 月 29 日〔高松市旧市内豆腐類価格協定〕

族労働を主とするごく小規模な事業者であって、豆腐類の製造販売を積極的に拡張し難い状況にある（審決集 137 頁）、②7 名が価格協定をして豆腐類の卸売価格を引き上げた結果、その他の豆腐類製造販売業者も、豆腐類の卸売価格を同等水準に引き上げた（審決集 138 頁）。

①は、7 名を除く供給者たち、すなわち価格協定にとってのアウトサイダーたちには、7 名の価格協定に対する牽制力がないことを示そうとするものである。7 名が価格協定をして価格を引き上げた場合、かりに、アウトサイダーのなかに供給量を増大させる余裕のある者が存在すれば、7 名よりも安い価格を需要者に提示することによって市場シェアを拡大し、ひいては 7 名の価格協定を頓挫させることができるかもしれない。しかし本件では、アウトサイダーには供給余力がないので、かりに現有の力の枠内で豆腐類を 7 名よりも安く売ったとしても、乏しい量の豆腐類が尽きればそれでおしまいである。むしろ、アウトサイダーにとっても、自らにとって可能な供給量が同じであるのなら、7 名に追随して高く売ったほうがよい、ということになるかもしれない。②は、実際にそのとおりの展開となったことを示している。

アウトサイダーに供給余力がない場合にはそれだけ反競争性が起こりやすいのであるが、そのことは、企業結合規制を舞台として論ぜられることが多い（企業結合ガイドライン第 4 の 2(1)ア、エ、オ、第 4 の 3(1)ウなど）。本審決は、「ハードコアカルテル」や「原則違反」などのレッテルが乱舞する不当な取引制限を舞台として、夙に昭和 40 年代前半に、平成 16 年の企業結合ガイドラインと同様のことを論じていたものである。

アウトサイダーは、価格引上げに追随して反競争性の発生に寄与したとしても、不当な取引制限に該当する行為をした違反者とはされない。いかに弊害要件の成立に寄与しても、意思の連絡という行為要件を満たしていないからである。

8

公取委勧告審決昭和 47 年 9 月 18 日〔東洋製罐〕

公取委勧告審決昭和47年 9 月18日・昭和47年（勧）第11号
審決集19巻87頁
〔東洋製罐〕

1 事例の概要

(1) 本件支配行為

東洋製罐は、本州製罐、四国製罐、北海製罐、三国金属の株式の所有、役員兼任などを通じ、これら 4 社を自己の意向に従って営業させている。特に北海製罐に対しては販売地域の制限を行っていることが、具体的に認定されている。

我が国全体の食缶供給量ベースで見て、東洋製罐のシェアは約 56％であり、これに本州・四国・北海・三国の 4 社分を加えると約 74％である。2 位の大和製罐は約 23％である。

(2) 本件排除行為

東洋製罐は、食缶の需要者である缶詰製造業者に対し、缶詰製造機械の販売・貸与や、種々の援助をしており、また、東洋製罐が多種類の缶型を製造しているため、缶詰製造業者の東洋製罐に対する依存度はかなり高い。

食缶には、需要者である缶詰製造業者が自家製缶できるものと、できないものとがある。東洋製罐は、自家製缶を実施する缶詰製造業者に対しては自家製缶できない食缶の供給を停止する等の措置により、自家製缶の開始を阻止するよう努めている。なかには、自家製缶できない食缶を他で調達できたために、東洋製罐からの食缶供給停止を受けてでも自家製缶を開始した缶詰

9

製造業者もあったが（丸神海産）、丸神海産に対する食缶供給停止の様子を見た他の缶詰製造業者のなかには、自家製缶を断念した者も複数あった（太洋食品、深井産業）。

(3)　公取委の結論

公取委は、上記の支配行為と排除行為とが相俟って私的独占を構成すると判断した。すなわち、「東洋製罐は、本州製罐、四国製罐、北海製罐および三国金属の事業活動を支配し、また、かん詰製造業者の自家製かんについての事業活動を排除することにより、公共の利益に反して、わが国における食かんの取引分野における競争を実質的に制限しているものであり」、私的独占に該当する（審決集 96 頁）。

2　24 年間の「最新の私的独占事例」の座

本審決のあと、医療食審決（集公取委勧告審決平成 8 年 5 月 8 日〔医療食〕）に至るまで 24 年間、公取委の私的独占の事例は現れなかった。すなわち、24 年ものあいだ本審決は、「最新の私的独占事例」として、当時の学生らに教えられ続けたわけである。法律が、機械ではなく、特定の教育を受けた人間たちによって論ぜられ運用されるものである以上、24 年にもわたる世代に残されたこのインパクトは大きい。医療食審決の後、少なくない数の私的独占事例が登場しているにもかかわらず、東洋製罐審決がそれなりの存在感をもって語られることの大きな要因は、そういったところにある。もちろん、そのことは、東洋製罐審決がもつ本来の重要性をいささかも減ずるものではない。しかし、ときには必要以上の強調をもって語られることがあるかもしれないと頭の隅に入れておくこともまた、物事を見誤らないためには大切であろう。18 年のあいだ「最新の阪神優勝」の座を保持し続けた昭和 60 年の阪神優勝の本来の重要性は疑いないとしても、「バックスクリーン 3 連発」や「カーネル・サンダース伝説」が必要以上に熱く語られる場合があるのと同じである。

3 本件行為に特殊性はあるか

　本件支配行為は、株式所有や役員兼任という静的状態が支配にあたるとされた先例だと強調されることがある。しかし本審決は、「株式の所有等を通じ、これら4社を自己の意向に従って営業させており」と明確に認定している（審決集93頁）。株式所有等という事実そのものだけで支配とされたのであれば格別、そうでないのであれば、静的状態云々を強調して他の事件と区別される特徴だとする分析は、切れ味が悪いと言わざるを得ない。

　本件排除行為は、「他の事業者の事業活動を妨害する行為」であるとして、典型的なものではないとの扱いを受けている（排除型私的独占ガイドライン第2の1(2)注4①および対応本文）。しかし、本件排除行為は、自家製缶を実施しようとする者、すなわち、微小かつ部分的であるにせよ東洋製罐の競争者となろうとする者に対し、自家製缶できない食缶を供給しないというのであるから、排除型私的独占ガイドラインで典型類型とされている「供給拒絶・差別的取扱い」または「抱き合わせ」の一種に過ぎないように思われる。本件排除行為に特殊性があるとすれば、自家製缶においては食缶の供給者と需要者が同一人であるという点である。ところが、観念的には、その場合の供給者を東洋製罐の競争者と位置づけることに妨げはない（だからこそ本審決も「排除」と認定できたのであろう）。また、本審決は明確に認定していないが、自家製缶が妨害なく軌道に乗れば当該自家製缶事業者が他の需要者にも販売し始める可能性があるわけであって、それを排除した本件行為は、典型的な「供給拒絶・差別的取扱い」や「抱き合わせ」との間に何ら本質的な違いを持たないように思われる。

最判昭和 50 年 7 月 10 日〔和光堂〕

┌───┐
│   │
│   最判昭和50年 7 月10日・昭和46年 (行ツ) 第82号   │
│   民集29巻 6 号888頁   │
│   〔和光堂〕   │
│   │
└───┘

1 事例の概要

　和光堂は、自社の育児用粉ミルクについて再販売価格拘束を行った。

　これが昭和 28 年一般指定 8 項に該当するとした公取委審決の取消訴訟が提起され最高裁まで争われたが、本判決は公取委審決を是認した。本判決の翌日に別の同種判決がされているが、以下で取り上げる論点に限って言えば、本判決の判示を前提としたものとなっている（最判昭和 50 年 7 月 11 日〔明治商事〕）。

　本件で問題となった部分を昭和 28 年一般指定 8 項から抜粋すると、同項は、「正当な理由がないのに、……相手方とこれから物資……の供給を受ける者との取引……を拘束する条件をつけて、当該相手方と取引すること」と規定していた（同様の抜粋を本判決自身が行っている。民集 892 頁）。平成 21年改正後の 2 条 9 項 4 号の淵源である。

2 再販売価格拘束は原則違反か

⑴ はじめに

　これまで、独禁法関係者の間での通常の言説においては、再販売価格拘束は原則違反であるとされてきた。例えば、流通取引慣行ガイドラインがそのように述べている（平成 29 年の改正後は第 1 部第 1 の 1 ⑵)。

そのような考え方が本判決をひとつの拠り所としていることは、確かであろう。以下では、それを念頭に置きながら、本判決を検討する。

(2) 再販売価格拘束と反競争性

和光堂は、同社の育児用粉ミルクの市場占拠率が低い、という主張をしたが、本判決は次のように述べてこれを退けた。「審決によれば、育児用粉ミルクについては、その商品の特性から、銘柄間に価格差があつても、消費者は特定の銘柄を指定して購入するのが常態であり、使用後に他の銘柄に切り替えることは原則としてないため、特定銘柄に対する需要が絶えることがなく、これに応ずる販売業者は、量の多寡にかかわらず、右銘柄を常備する必要があるという特殊事情があり、……審決が、本件販売対策は右市場占拠率のいかんにかかわりなく、相手方たる卸売業者と小売業者との取引を拘束するものであると認定したことは、なんら不合理なものではない」（民集893頁）。

この判示は、第一義的には、行為要件である「拘束」が成立することを支えようとするものである。そうするとこの判示は、別の事実によって「拘束」の成立を示し尽くせるのであれば、強い需要という「特殊事情」を示す必要もない、という考えに繋がるのかもしれない。

そして、本判決の調査官解説を見ると、拘束を実効的に行い得るということは他からの牽制力がないということだ、換言すれば、拘束を認定できるなら反競争性を実際に立証しなくとも自動的に反競争性があると扱ってよい、という考え方が紹介され、それに対して調査官解説が好意をもっていることが読み取れる（佐藤繁・本判決解説・最判解民事篇昭和50年度293頁）。

さらに本判決は、再販売価格拘束によってかえってブランド間競争が促進される、という和光堂の主張について、次のように述べて退けた。「右のような再販売価格維持行為により、行為者とその競争者との間における競争関係が強化されるとしても、それが、必ずしも相手方たる当該商品の販売業者間において自由な価格競争が行われた場合と同様な経済上の効果をもたらすものでない以上、競争阻害性のあることを否定することはできないというべきである」（民集895頁）。

最判昭和 50 年 7 月 10 日〔和光堂〕

以上のように本判決は、再販売価格拘束があれば直ちに反競争性があると言える、と述べたに限りなく近い。もちろん、ブランド間競争の主張に対する上記判示は、「同様な経済上の効果をもたらすものでない以上」と述べる以上、「もたらす」と言える事案では別論となる可能性も残しているようにも見える。しかし通常は、そこまで厳密に読まれはしないであろう。

ただ、本判決に対する批判として、次のような点を指摘することはできよう。つまり、経済実態の分析に対する本判決の依拠の仕方が、あまりにも脆弱で粗雑なのではないか、という点である。すなわち調査官解説は、前出の、拘束を認定できるなら反競争性を実際に立証しなくとも自動的に反競争性があると扱ってよい、という考え方を紹介したあと、ブランド間競争というものは「メーカー間の卸・小売業者に対する売り込み競争であって、メーカー間の消費者に対する再販売価格、すなわち『小売定価』についての競争ではない」などとする一文献の指摘（長谷川古「再販許容要件としての『自由な競争』㊤」公正取引 205 号（昭和 42 年）12 頁）を掲げ、「もしそうだとすれば」本判決のような態度が是認される、と述べているのである（佐藤・前掲 294 頁、297 頁。同解説による長谷川論文の引用は形式面で不正確であり、上記では原文を引用した）。一文献の、根拠資料を全く示さない論述を掲げ、「もしそうだとすれば」本判決の結論が導かれる、という論法が、その後の長い年月にわたって再販売価格拘束をめぐる議論に君臨している。

(3) 再販売価格拘束と正当化理由

本件で和光堂は、本件再販売価格拘束に反競争性があるとしても正当化理由がある、という趣旨と見られる主張も行っているが、本判決はまず次のようなことを述べたうえで、その主張を退けた。「〔昭和 28 年一般指定 8 項にいう〕『正当な理由』とは、専ら公正な競争秩序維持の見地からみた観念であって、当該拘束条件か〔民集ママ〕相手方の事業活動における自由な競争を阻害するおそれがないことをいうものであり、単に通常の意味において正当のごとくみえる場合すなわち競争秩序の維持とは直接関係のない事業経営上又は取引上の観点等からみて合理性ないし必要性があるにすぎない場合などは、ここにいう『正当な理由』があるとすることはできないのである」（民

集894頁）。この判示は、上記引用部分より前の部分を読めば、不公正な取引方法をめぐる議論全般についてあてはまるものであることがわかる。

この判示は、不公正な取引方法の議論において正当化理由の主張などはおよそ認めない、というもののようにも見える。

しかし、少なくとも再販売価格拘束を除く不公正な取引方法については、後年の事例展開によって、正当化理由が認められる場合があるという考え方が定着している。最高裁判決にさえ、それを前提としたものが見られる（集最判平成元年12月14日〔芝浦屠場〕、集最判平成10年12月18日〔資生堂東京販売〕）。本判決が覆されたと見るか、本判決を縮小的に読むか、ということは別として、ともあれ、不公正な取引方法について正当化理由などというものはおよそ認めない、という考え方が、現在において主張されることはほとんどない。

再販売価格拘束については、原則違反という大看板が作用してか、正当化理由の成否が議論されることは相対的に少ない。しかし、以上のように本判決の判示が不公正な取引方法全般に対して必ずしも通用しなくなっているとすれば、再販売価格拘束だけは例外的に正当化理由の主張をおよそ受け付けない、とすることもできないのではないか。価格協定でさえ、正当化理由が認められる場合があると最高裁判決までもが一般論として認め、現に個別事件で正当化を認めた公取委審決が存在する（集公取委審判審決平成7年7月10日〔大阪バス協会〕）。再販売価格拘束だけは別だと主張し続けるのは簡単ではなかろう（平成27年の流通取引慣行ガイドライン改正により、限定的ではあるが正当化理由が成立することがあり得る旨を公取委が認めるに至っている。平成29年の改正後の第1部3(3)）。

(4) 小 括

以上のように見ると、本判決は、その主観においては、反競争性・正当化理由の両面で、再販売価格拘束に対してかなり厳しい態度をとろうとしたものであろう。しかし、その論理は確固としたものではなく、後年の展開のなかでその非現実性が明らかとなっている部分もある。したがって、本判決の再販売価格拘束に対する厳しい態度を頭に置きながらも、しかし本判決は、

和光堂の育児用粉ミルクをいったん購入した最終需要者は容易に他のブランドに乗り換えないという特殊事情を前提として弊害要件判断がされたものであると割り引いて受け止めておくほうが、現実の規制状況を理解し今後のあり方を論ずるうえでは、穏当なのではないかと思われる（根岸哲「『競争の実質的制限』と『競争の減殺』を意味する公正競争阻害性との関係」甲南法務研究4号（平成20年）3頁は、当該ブランドのみで市場が画定されるのでない限り再販売価格拘束によって直ちに反競争性が生ずるとは言えないとの考え方を示しており、拙稿と同旨である）。

最判昭和 50 年 11 月 28 日〔ノボ天野〕

最判昭和50年11月28日・昭和46年（行ツ）第66号
民集29巻10号1592頁
〔ノボ天野〕

1 事例の概要

デンマークのノボ・インダストリーが日本の天野製薬に対して「アルカラーゼ」を継続的に販売する契約には、契約終了後も天野製薬が競争品を取り扱ってはならない旨を定める条項があった。公取委は、これを不公正な取引方法とし、6条を根拠として、ノボではなく天野製薬に対し、当該条項の削除を命ずる勧告審決をした（公取委勧告審決昭和45年1月12日）。天野製薬は、それに従えば拘束がはずれて自由になるのであるから、むしろ勧告審決を受けることを歓迎したのではないかとも推測される。6条は、そのような帰結をもたらすことがある。

この勧告審決の取消しを、名宛人ではないノボが求めたのが、本件である。

本判決は、ノボには行政事件訴訟法9条にいう「法律上の利益」がなく原告適格がないとした。

2 検討の視点

本件は、名宛人と契約している他方当事者が、当該契約上の地位を脅かされることを根拠に、名宛人に対する排除措置命令の取消しを求める原告適格があると主張した事件である。本件は6条という特殊な条文に起因した事件であるが、契約の一方当事者は公取委と争わず他方当事者が公取委と争いたい、ということは、通常の国内事件であっても、例えば不当な取引制限の場

17

合などでは、日常茶飯事としてあり得ることである（そのような内容の勧告審決取消訴訟において本判決とほぼ同旨を述べたものとして、東京高判昭和58年12月23日〔旭砒末資料住友セメント〕）。

本件は、平成17年改正で廃止された勧告審決制度に関するものであって、本判決は勧告審決に特有の理由づけを挙げている。そこで、本判決の平成17年改正後における意義をつかむためには、勧告審決に特有の理由づけが本判決の分析にどのように関係したか、あるいはしなかったか、ということをおさえる必要がある。

本判決も触れているように、本件契約の準拠法はデンマーク法とされているが、以下では、準拠法が日本法であると仮定してもあてはまるような検討を行う。なお、本判決は、デンマーク法には特段の特殊性がないという認識を前提として判断を行っている（民集1598頁）。

3 平成17年改正後への展望

(1) 各論的検討

本判決は、名宛人以外の第三者には勧告審決を取り消す「法律上の利益」がないと結論づけるための根拠として、勧告審決は、①第三者を拘束するものではない、②当該行為が違反行為であることを確定するものではない、③審決に基づくその名宛人の行為を正当化することもない、と述べている（民集1596〜1597頁）。

①は、まず、第三者には90条3号・95条や97条による刑罰や過料が科されないということを指している。これは、第三者が名宛人ではない以上、当然のことであって、勧告審決であるか否かに無関係の事柄である（石井健吾・本判決解説・最判解民事篇昭和50年度553頁）。

①は、さらに、当該条項の効力を争う民事訴訟において、勧告審決の存在を根拠として当然に当該条項が無効となるというわけではない、ということをも含意しているように思われる。これも、少なくとも日本法が契約準拠法である場合には、当然のことであって（前掲昭和58年東京高裁判決も同旨）、

勧告審決であるか否かには無関係である。

②は、やはり民事訴訟において、当該条項が独禁法違反であるか否かの判断を裁判所が独自に行うことができるということを指す。これも、当然のことであって（石井・前掲553頁）、勧告審決であるか否かには関係がない。

③は、民事訴訟における効力云々よりも、むしろ、名宛人が当該条項を遵守しなくなるので民事紛争が生じやすいという、第三者にとっての事実上の不利益を指しているように見える。関連して、本判決によれば、天野製薬は、勧告を応諾して勧告審決を受けるほどなのであるから、当該条項の債務不履行をしたとしてもそれは自身の意思によるものと評価されるべきであり、審決の強制によって債務不履行をするというわけではない、という（民集1597～1598頁。石井・前掲553頁は、その点で、名宛人が最後まで争った審判審決の場合とは異なる、という）。腑に落ちない理由づけではあるが、ともあれ、勧告審決の制度が廃止されたので、そのようなことが平成17年改正後において言われることはないであろう。言い換えれば、調査官解説が審判審決について留保したような事実上の影響が、少なくとも平成17年改正後においては、考慮されることとなる可能性がある。

さらに、①・②・③のなかに明示的には含まれていないが、本判決は、審判審決とは異なり勧告審決は違反行為の認定を要件としない、という理解（民集1596頁）を前提として、勧告審決書に記載された事実認定が民事訴訟の事実認定に影響することはないと考えているように見える。その理由づけや結論に対する賛否その他は別として、ともあれ、平成17年改正後は、事実認定を要件とする排除措置命令しかされない。そして、事実認定を要件とする改正前の審判審決については少なくとも、その事実認定が民事訴訟での事実認定において事実上の推定の根拠となるとされていた（集最判平成元年12月8日〔鶴岡灯油〕）。

(2) 総　括

以上のようであるとすれば、本判決の考え方がそのまま維持されると仮定しても、勧告審決制度が廃止された平成17年改正後において名宛人以外の第三者の「法律上の利益」の存否を検討する際には、名宛人との民事紛争が

最判昭和 50 年 11 月 28 日〔ノボ天野〕

生じやすくなるという第三者にとっての事実上の不利益と、排除措置命令書
や審決書に記載された事実認定が民事訴訟での事実認定において事実上の推
定の根拠となるという第三者にとっての不利益とを、新たに勘案する必要が
生ずる。

　行政事件訴訟法 9 条それ自体も、同法の平成 16 年改正を機縁として大き
な変容を受けている。そうであるとすれば、上記の点に加えて、独禁法に習
熟している公取委が独禁法違反と判断して排除措置命令や審決をしたという
事実それ自体が上記②の法律判断その他の観点から民事訴訟裁判官に及ぼす
実際上の影響を、第三者にとっての不利益として、「法律上の利益」の存否
の検討のなかに読み込むことができるか否か、などといったことも、論ずる
必要が生じよう。

最判昭和 52 年 6 月 20 日〔岐阜商工信用組合〕

最判昭和52年 6 月20日・昭和48年（オ）第1113号
民集31巻 4 号449頁
〔岐阜商工信用組合〕

---

1 事例の概要

信用協同組合である岐阜商工信用組合（被上告人）が、零細な個人会社宮川（上告人）に対し、両建預金と呼ばれる手法により、実質金利が年 1 割 7 分 1 厘 8 毛余となる貸付けを行った。

本判決は、「金融機関である被上告人が経済的弱者である上告人に」上記取引条件を要求するのは昭和 28 年一般指定 10 項（平成 21 年改正後の 2 条 9 項 5 号に相当）に該当するとした（民集 458 頁）。

ところが本判決は、「独禁法 19 条に違反した契約の私法上の効力については、その契約が公序良俗に反するとされるような場合は格別として、上告人のいうように同条が強行法規であるからとの理由で直ちに無効であると解すべきではない」とし、現に、本件契約は「いまだ民法 90 条にいう公序良俗に反するものということはできない」から有効であるとした（民集 459 頁）。

2 本判決の読み方

以上が、本判決の「標準的な」紹介である。結論として有効と述べたという点が、強調される。

しかし、それでは本判決の読み方として十分ではない。

本判決は、独禁法に関する以上のような判示を終えた直後、やにわに舞台を回して利息制限法を論じ、本件契約の実質金利が利息制限法 1 条 1 項所定

21

の年1割5分の制限利率を超過している点を是正させる方向で、原審に差し戻した（以上、民集459～461頁）。

そして、重要なことに本判決は、独禁法に違反するが公序良俗に反しないから有効であると述べるに際し、「〔利息制限法上の〕違法な結果については後述のように是正されうることを勘案すると」という前置きを置いている（民集459頁）。つまり、有効と述べる際、本件契約を丸ごと生き残らせようとは全く考えていないわけである。この本判決を、結論として有効と述べたという点を強調して紹介するのは、実態に合わないように思われる。

結局、本判決に何か意義があるとすれば、独禁法に違反するだけでなく公序良俗違反という「付加要件」を満たして初めて無効だという判断の枠組みを提供した点のみにある。これが、読み方として最も謙抑的で据わりがよいように思われる（森田修「『独禁法違反行為の私法上の効力』試論」日本経済法学会年報19号（平成10年）105～109頁）。

3 その後の展開

(1) 付加要件説のもとでの無効説

その後の裁判例は、本判決の付加要件説の枠組みに則りつつ、しかも独禁法違反だという結論を得たなら無効としたものが目立つ（森田・前掲109～113頁）。「市場秩序の公序化」、ひらたく言えば、独禁法の理念が多数に受け容れられるようになった現代においては独禁法違反の法律行為はできる限り無効とされるべきである、という考え方が提案され（大村敦志「取引と公序——法令違反行為効力論の再検討(下)」ジュリスト1025号（平成5年）68頁）、多数の文献で引用され浸透している。

(2) 例外であるかに見える諸事例の検討

実は、そのような整理に反するかに見える判決もいくつか存在するのであるが、いずれも、本判決と同様、屈折した論理の産物であるに過ぎない。

本判決後、独禁法違反だが有効と述べたに近い判決は、現在私の知る限り、

1件存在する（名古屋地判平成9年7月9日〔名古屋中遊技場防犯組合〕）。遊技場業者の事業者団体が構成事業者の特殊景品の仕入れ先を限定する規約を置くことは独禁法違反と「いえなくはないが」、これは暴力団排除という目的を達成するため不合理でない方法で行うものであるから、「公序良俗に反するとは未だ認められない。よって、本件規約が無効であるとはいえない」とした（審決集45巻529頁）。

　この判決の、無効とは言えないとする理由づけは、独禁法違反要件論の枠内で根付きつつあった正当化理由の成否の基準と、全く軌を一にするものである。そうであるとすればこの判決は、本来なら正当化理由があるから独禁法違反でないとすべきところ、正当化理由の概念への抵抗が強い「通説的」独禁法違反要件論に対して面従腹背の姿勢で臨み、正当化理由の問題を民法の次元で論じたもの、と見ることができる。

　同様の判決は、不法行為の分野に目を転ずると、さらに存在する。

　第1に、エレベータ部品の供給拒絶をめぐる事例がある（大阪地判平成2年7月30日〔東芝昇降機サービス〕）。安全性確保のためなら他者を排除しても正当化されるという主張は、独禁法違反要件論の枠内では許されないが民法709条の違法性阻却事由として考慮することはできる、とした（判時1365号98頁）。上記名古屋地裁判決に対するのと全く同じ論評をすることができる。

　第2に、新聞社が新聞販売店からの注文部数を超えて新聞を買わせるいわゆる「押し紙」をめぐる事例がある（名古屋高判平成15年1月24日〔岐阜新聞〕）。事件当時に施行されていた新聞業特殊指定（昭和39年公正取引委員会告示第14号）の2項は、事件直後の全部改正後の新聞業特殊指定（平成11年公正取引委員会告示第9号）の3項のような、「正当かつ合理的な理由がないのに」押し紙をする行為を指定するという規定とはなっておらず、押し紙があれば直ちに違反となるかに見える規定であった。判決は、当該押し紙が昭和39年新聞業特殊指定2項には該当するとしつつ（事実及び理由第3の2）、当該販売店が当該押し紙を受け容れることの見返りに多額の奨励金を受領していた事実などを挙げて、不法行為として損害賠償の対象となる程度の違法性は認められない、とした（事実及び理由第3の3）。少なくとも外見

においては硬直的であるように見える公取委の指定に対して面従腹背の姿勢で臨み、当事者間の均衡の問題を優越的地位濫用の違反要件の次元でなく民法の次元で論じたもの、と言えよう。

つまり、独禁法違反だが民法90条に照らし有効、独禁法違反だが民法709条にいうような利益侵害をしていない、という論旨であるかのように見える数少ない諸判決は、「公法と私法」などといった高尚な理論の対象となるようなものではなく、独禁法分野の法律論が未だ洗練されていない（と裁判官が受け止めた）ために裁判官が独禁法の枠外で修正を試みたものに過ぎないのであって、実質的には独禁法違反でないと述べているに等しい（裁判官の同様の思考回路を刑事事件において垣間見させる興味深い例として、木谷明・石油製品価格協定刑事判決解説・最判解刑事篇昭和59年度143頁、145頁）。

なお、独禁法違反の法律行為は有効か否かという文脈で、河内屋対資生堂販売の判決が言及されることがある（東京地判平成12年6月30日）。契約内のある条項が資生堂販売による独禁法違反であるとしつつ（金融商事判例1118号53頁）、資生堂販売による当該契約の解約を有効とした（金融商事判例60頁）。しかし判決の認定によれば、解約の理由は、当該契約条項に河内屋が違反したことではなく、無関係な他の事実に求められ、ゆえに解約は有効だ、というのである。このように、当該民事訴訟での民事的請求と噛み合わないかたちで独禁法違反が論ぜられた場合には、独禁法違反だが有効、という結末となるのは当然のことである。

東京高判昭和 59 年 2 月 17 日〔東洋精米機製作所〕

東京高判昭和59年2月17日・昭和56年（行ケ）第196号
行集35巻2号144頁
〔東洋精米機製作所〕

1 事例の概要

　精米機などの食糧加工機を製造する東洋精米機製作所（以下「東洋精米機」という）が、取引相手方である販売業者に対して、排他条件付取引を行った。公取委は、これが昭和 28 年一般指定 7 項に該当するとする原審決を行った（公取委審判審決昭和 56 年 7 月 1 日）。昭和 28 年一般指定 7 項は、概ね、現行の一般指定 11 項に相当する。

　東洋精米機が原審決の取消しを求めたのが本件である。本判決は、原審決を取り消して公取委に差し戻した（平成 17 年改正前の 82 条・83 条）。市場画定については原審決を支持したが、その土俵の上での公正競争阻害性をめぐる判断について、原審決を不適切としたものである。

2 市場画定

　まず本判決は、原審決が「食糧加工機製造業者が販売業者を通じて小精米用食糧加工機を米穀小売業者に対して供給するという独立の取引の場」という土俵の上で論じたことは、「不合理なものということはできない」とした（行集 159 〜 161 頁）。

　簡単に言えば、需要者としては米穀小売業者のみを想起し、大型精米工場や農家は捨象する、ということである。検討対象とする需要者として大型精米工場を加えるなら、そこでは「その大部分」を佐竹製作所が供給しており

25

(行集 160 頁)、東洋精米機の行為が違反となる可能性は低くなる。

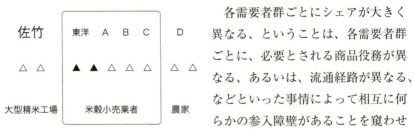

各需要者群ごとにシェアが大きく異なる、ということは、各需要者群ごとに、必要とされる商品役務が異なる、あるいは、流通経路が異なる、などといった事情によって相互に何らかの参入障壁があることを窺わせる。本判決も、それに沿った原審決の認定を指摘したうえで、上記の結論に達した。

これはまさに市場画定である。本件原審決および本判決は、不公正な取引方法の事例において市場画定を論じた重要事例のひとつである、ということになる。そして、ここでの議論の焦点は、供給者の範囲の画定ではなく、需要者の範囲の画定に置かれている。すなわち、ここでの問題は、米穀小売業者と大型精米工場とを異なる市場に属する異なる需要者として切り分けることができるか、という点にある。米穀小売業者にとって佐竹製作所の精米機が選択肢とならないのは、たぶん自明のこととされているのであろう。

3 公正競争阻害性

(1) 総 説

本判決が原審決を取り消して差し戻したのは、以上のように画定された土俵の上での公正競争阻害性（正当化理由なく反競争性をもたらす）の認定において、公取委の判断が不適切だと考えたからである。

少なくとも3つのことが述べられている。

(2) 東洋精米機の市場シェア

本判決はまず、東洋精米機の市場シェアが約28％であるとする公取委の認定が不合理であるとした（行集161〜162頁。不合理であることの修辞として、「実質的証拠を欠く」という表現が用いられる）。なぜなら公取委は、市場画定

においては大型精米工場を捨象しながら、各メーカーがたまたま大型精米工場に供給した小精米用食糧加工機をも算入したうえで市場シェアを計算していたからである。

(3) 閉鎖される流通経路の割合

本判決は次に、全国の販売業者240名のうち79名が東洋精米機と排他条件付取引をしているという公取委の認定が不合理であるとした。すなわち、240という数字がどこから出てきたのか、証拠を見ても確定できない、というのである（行集163～164頁）。

排他条件付取引が他者排除の観点から独禁法の問題を提起するものである以上、本判決もいうように、反競争性の成否は、他の供給者に代替的競争手段があるか、換言すれば、他の供給者が利用し得る流通経路がどの程度閉鎖的な状態におかれるか、によって決することになる（夙に、東京高判昭和29年12月23日〔北海道新聞社夕刊北海タイムス〕（行集5巻12号3062～3064頁））。つまり、行為者すなわち東洋精米機の市場シェアがどれほどであって「有力」であると言えるか否か（前記2の図で、市場の供給者のうち東洋精米機がどれほど大きいか）は、たかだか間接事実に過ぎないのであって、上記の閉鎖割合（前記2の図で、▲が占める割合がどれほど大きいか）が主たる関心事項である。このことは、平成3年の流通取引慣行ガイドラインも明言しており（第1部第4注7、第2部第2注4（平成29年の改正後は第1部第2の2(1)イ））、後年には、有力な事業者が排他条件付取引をしたが代替的競争手段があるため違反でないとされた事例も現れている。本判決が、有力な事業者が排他条件付取引をすれば「原則的に公正競争阻害性が認められる」（行集163頁）としているのは、公正競争阻害性がある場合が多い、というほどの意味に過ぎない。

全国の販売業者が240名であるという点に関する証拠が本当に十分でないのであれば、核心部分についての証拠がないことになり、取消し・差戻しという本判決の結論それ自体は自然であるという印象を受ける。

東京高判昭和59年2月17日〔東洋精米機製作所〕

(4) 並行的な排他条件付取引

ところが本判決は、余計なことを付加した。すなわち、一般論として、「〔流通経路が閉鎖されている場合でも〕すでに各販売業者が事実上特定の事業者の系列に組み込まれており、その事業者の製品だけしか取り扱わないという事態になっているなど特段の事情が認められる場合は、排他条件付取引に公正競争阻害性が認められないとされる余地が生ずるものと解される」、という（行集163頁）。

背景を忖度することさえ難しい不可解な判示であるが、ともあれ、この判示に対しては、そのような場合には新規参入者がますます困難な状況に陥る、ということを指摘すれば、批判として十分である（根岸哲・本判決評釈・ジュリスト813号（昭和59年）27〜28頁が、当時の関係文献の引用を含めた論述を行っており、有益である）。平成3年の流通取引慣行ガイドラインが、わざわざ注記を置いて、並行的に排他条件付取引が行われているためにかえって公正競争阻害性が認められやすい場合があると論じているのは、本判決に対するアンチテーゼである（第1部第4の2注9、第2部第2の2(2)注5（平成29年の改正後は第1部3(2)ア））。もちろん、そのような事案において特定の行為者の行為を違反とするためには、当該行為者の行為が公正競争阻害性に対して相応の因果的寄与をしていることが必要とされよう。

この不可解な判示のせいで本判決は、よくない判決として後世に伝えられることが多くなってしまったのであるが、しかし、行為者が有力であるか否かではなく他の供給者に代替的競争手段があるか否かが重要であるという点を確認したという意味で、大きな意義のある判決である。

最判昭和 59 年 2 月 24 日〔石油製品価格協定刑事〕

最判昭和59年 2 月24日・昭和55年（あ）第2153号
刑集38巻 4 号1287頁
〔石油製品価格協定刑事〕

1 事例の概要

　石油元売会社らが石油製品の価格協定を行った。その行為が不当な取引制限に該当するという根拠により、石油元売会社らおよびそれらの自然人従業者らの刑事責任が問われた。

　本判決は、被告人らを有罪とする原判決を支持した。刑集において、判示事項の数は 15 にのぼる。そのうち、「公共の利益に反して」に関する判示については大阪バス協会審決の解説のなかで触れた（本書81 〜 85 頁）。そこで以下では、残された論点のなかからいくつかを取り上げる。

　本判決については、思考過程が具体的に書かれ大いに参考となる調査官解説がある（木谷明・最判解刑事篇昭和 59 年度 7 事件。木谷明『「無罪」を見抜く』（岩波書店、平成 25 年）241 頁にも本件に関する若干の記述がある）。

2 「傍論」の意義

　本判決のほとんどの判示は、いわゆる「傍論」である。例えば、後記 *3* で見る行政指導に関する判示は、そもそも被告人らの行為が通産省による行政指導の範囲に含まれないものであることを根拠として違法性を肯定している。他の判示も、多かれ少なかれ同様の様相を呈している。

　しかし、好むと好まざるとにかかわらず、日本では、目前の事案の結論を得るのに必須の判示を厳密に画定してその部分のみに判例法上の意義を認め

29

る、ということには必ずしもなっていない。本判決調査官解説も、最高裁が
本件の個々の論点について詳細な判断を示したのは「経済法の基本法たる独
禁法につき有権的な解釈を与えることにより、実務に明確な指針を示そうと
した意欲の現れ」などであるとしている（木谷・前掲 98 頁）。

3 行政指導と独禁法

(1) 本判決の判示

被告人らは、この価格協定は通商産業省の行政指導に従い、協力して行わ
れた行為であると主張して争った。

それに対して本判決は、以下のように述べた。「そして、流動する事態に
対する円滑・柔軟な行政の対応の必要性にかんがみると、石油業法に直接の
根拠を持たない価格に関する行政指導であつても、これを必要とする事情が
ある場合に、これに対処するため社会通念上相当と認められる方法によつて
行われ、『一般消費者の利益を確保するとともに、国民経済の民主的で健全
な発達を促進する』という独禁法の究極の目的に実質的に抵触しないもので
ある限り、これを違法とすべき理由はない。そして、価格に関する事業者間
の合意が形式的に独禁法に違反するようにみえる場合であつても、それが適
法な行政指導に従い、これに協力して行われたものであるときは、その違法
性が阻却されると解するのが相当である」（刑集 1314 ～ 1315 頁）。

これを本件にあてはめて本判決は、通産省の行政指導が価格の上限を指導
するものに過ぎなかった点を挙げてそれは違法な行政指導ではないとしたう
えで、しかし被告人らの行為はそれを踏み越え、上限一杯に皆で貼り付ける
というものなのであるから、違法性が阻却されることはなく独禁法違反であ
る、とした（刑集 1315 ～ 1316 頁）。

(2) 本判決の基本構造

上記引用部分によれば、行政指導が適法とされるためには、それが法律に
直接の根拠を持たなくともよく、①これを必要とする事情があり、②その事

情に対処するため社会通念上相当と認められる方法によって行われ、③独禁法1条に示された独禁法の究極の目的に実質的に抵触しないものである、という3条件を満たせばよい。

①・②は、実質的意味での行政手続法の観点からの基準を、行政手続法典の制定（平成5年法律第88号）よりも前の段階で示したもの、ということができる（①・②について、木谷・前掲141頁）。

③が、独禁法の観点を含む部分であり、以下ではこれを若干敷衍する。

(3) 行政指導は独禁法違反の成否に影響するか

③の条件を満たす適法な行政指導に従った行為であれば被疑行為者の違法性が阻却されるという上記判示については、「ここでは行政指導が、行政指導に従っておこなわれたのでないならば違法となるような企業の行為を違法でなくする、という法的な意味を持たされている」と受け止められていることが多い（藤田宙靖『行政法入門〔第7版〕』（有斐閣、平成28年）164頁。このように明示的に述べるものは少数派のようである。この文献はむしろ、多くの関係者が漠然と理解しているところを明確に定式化し、その検証を可能としたもの、と積極的に位置づけることができる）。

この読み方はしかし、論理的には、誤っている。なぜなら、本判決は、行政指導を論じたのとは別の箇所で、次のように述べているからである。「独禁法の立法の趣旨・目的及びその改正の経過などに照らすと、同法2条6項にいう『公共の利益に反して』とは、原則としては同法の直接の保護法益である自由競争経済秩序に反することを指すが、現に行われた行為が形式的に右に該当する場合であつても、右法益と当該行為によつて守られる利益とを比較衡量して、『一般消費者の利益を確保するとともに、国民経済の民主的で健全な発達を促進する』という同法の究極の目的（同法1条参照）に実質的に反しないと認められる例外的な場合を右規定にいう『不当な取引制限』行為から除外する趣旨と解すべきであ」る（刑集1311頁）。すなわち、③の条件を満たす行政指導に従った行為は、もともと不当な取引制限に該当せず、独禁法に違反しない。「行政指導に従っておこなわれたのでないならば違法となるような企業の行為を違法でなくする」ということではない、というこ

とになる。換言すれば、適法な行政指導に従った行為は、刑法8条により独禁法の罪にも適用され得る刑法35条によって違法性を阻却されるのでなく、そもそも独禁法に違反しない。つまり、本判決にいう違法性阻却とは、刑法総論にいうそれではなく、独禁法に違反するように見えて実は違反しない、という現象を指している（木谷・前掲143頁・145頁。同145頁が、「さしあたりは、〔刑法総論上の違法性阻却と〕解しておく方が無難であるかもしれない」とも述べているのは、独禁法分野で以上のような考え方が定着しない場合の安全弁という意味であろうか）。

　尤も、以上のことは、事案や判旨を事後的に検証する立場からの指摘なのであって、争訟の進行中においては、なお、行政指導の存否が独禁法違反の成否の議論に影響を及ぼす場合があり得る。つまり、被疑行為者の行為が独禁法の究極目的に合致して独禁法違反なしとされるか否かは、裁判官の最終判断を待たなければ、争訟当事者にも、また裁判官自身にも、わからない。そのような状況においては、行政指導が存在するという事実は、それが③の条件をも踏まえているのではないかという一定の推測を与える。立証責任論の言葉を使うなら、被疑行為者の側が行政指導の存在を指摘すれば、当該違法性阻却問題に関する争点形成責任を尽くしたことになる、ということでもある。行政指導ではなく、道路運送法に基づく認可制度によって一定以上の運賃を収受するよう刑罰等の規定で担保されている場合について、当該下限運賃を大幅に下回る実勢運賃を当該下限運賃に近づけようとする価格協定を独禁法違反なしとした審決があるが（集公取委審判審決平成7年7月10日〔大阪バス協会〕）、これは、以上のような論理手順を践んだものである（この審決も、刑罰等の規定で担保されているから直ちに違法性がない、という論法ではなく、刑罰等の規定で担保され、しかもそのことが形骸化していないような認可制度であるならば、③の要件をも踏まえているはずであるから、そこで許容された運賃に近づこうとする価格協定は独禁法の違反要件をそもそも満たさない、という論法を採っている）。もちろん、行政指導にもさまざまなものがあり、刑罰等の規定で担保された認可制度等にも形骸化したものがあり得るから、事案ごとの最終的な結論がどうなるかは定かではない。

最判昭和 59 年 2 月 24 日〔石油製品価格協定刑事〕

4 不当な取引制限の成立時期

不当な取引制限の成立時期については、合意時説、実施時説、着手時説、などがあるとされている。

本判決は、この論点について以下のように述べた。「事業者が他の事業者と共同して対価を協議・決定する等相互にその事業活動を拘束すべき合意をした場合において、右合意により、公共の利益に反して、一定の取引分野における競争が実質的に制限されたものと認められるときは、独禁法 89 条 1 項 1 号の罪は直ちに既遂に達し、右決定された内容が各事業者によつて実施に移されることや決定された実施時期が現実に到来することなどは、同罪の成立に必要でないと解すべきである」（刑集 1313 頁）。

本判決は合意時説を採ったものと受け止められている。調査官解説も、そのように述べている（木谷・前掲 135 頁）。上記引用部分の後半を見れば、着手時説や実施時説は明示的に否定されている。

しかし、本判決は、合意があるという事実だけで不当な取引制限が成立するとは言っていない。そうではなく、「右合意により、公共の利益に反して、一定の取引分野における競争が実質的に制限されたものと認められるときは」不当な取引制限が成立する、としている。

どう理解すればよいのか。

調査官解説は、次のように述べている。「合意の内容が実施されれば、競争の実質的制限が顕在化することは明らかであるが、相当の市場占拠率を占める事業者が共同して価格協定を結べば、そのこと自体により、潜在的には競争の実質的制限が生じているとみうることは、合意時説の指摘するとおりと思われ、かかる事態が生じたときは、可及的速やかに右競争制限を排除し、競争の自由を回復させるのが、独禁法の精神に忠実な解釈であると思われる」（木谷・前掲 134 頁。原文内の注番号表示は省略）。

すなわち、かりに当該合意を実施したならば価格や品質などが現に左右されるのが確実である、という場合には、そのような現実の弊害の回避を当該合意が期待不可能としたことそれ自体を「競争が実質的に制限されたもの」

33

最判昭和59年2月24日〔石油製品価格協定刑事〕

として扱おう、ということのようである。

このことからわかるのは、競争者同士の合意があったからといって常にそれだけで不当な取引制限が成立するわけではない、ということである（同旨、佐伯仁志・注釈818頁）。当該合意を実施したならば価格や品質などが現に左右されるのが確実であるという場合に初めて、合意は直ちに不当な取引制限となる。上記調査官解説は、「相当の市場占拠率を占める事業者が共同して」という限定を置くことによってそれを表現している。

上記解説は、反競争的弊害の芽をなるべく早期に摘むことが必要であることを強調している。これは、本件のような刑罰だけでなく、排除措置命令にも通ずる考え方である。

5 事業者団体の行為と事業者の行為

本判決は、事業者団体である石油連盟とは別個の「価格の会合」において本件行為が行われたとの原判決の事実評価を覆し、本件行為は石油連盟によって行われたという「一面は、これを否定することができない」、という事実評価を行った（刑集1309頁）。

そこで、しかし、本件は石油連盟を構成する事業者およびその自然人従業者による不当な取引制限として起訴されているわけであるので、それらに対して刑事責任を問うことが上記の事実評価と両立するのか、という点が問題となった。

本判決は、次のように述べた。「独禁法上処罰の対象とされる不当な取引制限行為が事業者団体によつて行われた場合であつても、これが同時に右事業者団体を構成する各事業者の従業者等によりその業務に関して行われたと観念しうる事情のあるときは、右行為を行つたことの刑責を事業者団体のほか各事業者に対して問うことも許され、そのいずれに対し刑責を問うかは、公取委ないし検察官の合理的裁量に委ねられていると解すべきである」（刑集1309頁）。

細かく分ければ、2つの論点があろう。

第1は、事業者団体の違反行為と構成し得る行為について、事業者の違反

行為でもあると構成し得るか、という論点である。換言すれば、被疑事業者らが、当該行為は当時の8条1項1号（平成21年改正後の8条1号）の違反要件を満たすと論証することによって、自らへの疑いを拭うことができるか、という論点である。本判決は、社会的に見ると一体の行為であるに過ぎないものが、法的には8条1項1号の角度から見ても違反であり不当な取引制限の角度から見ても違反であるということがあり得る、という立場を鮮明にしている（木谷・前掲121頁は、本件のような場合、いずれか一方の行為と割り切るのは無理であるとしている）。平成20年の東京高裁判決にも、同旨を述べて事業者の行為を違反としたものが存在する（東京高判平成20年4月4日〔元詰種子〕（審決集55巻818頁））。

第2は、事業者団体について当時の8条1項1号を根拠として、また、事業者について不当な取引制限を根拠として、同時に独禁法違反を問う手続を行うことができるか、という論点である。これは、事業者（およびその従業者としての自然人）だけが被告人となっていた本件にとっては対象外の論点であり、本判決にも明確な判示はない。しかし調査官解説は、「事業者団体のほか各事業者に対して問うことも許され」という判示をも根拠として、本判決は重複許容説を「否定する趣旨ではないと考えられる」としている（木谷・前掲121頁。「のほか」への強調点は、同解説内の傍点による）。

なお、以上においては引用しなかったが、この論点に関する本判決の判示は、事業者団体の行為であると言い得るのはどのような場合か、また、事業者の行為であると言い得るのはどのような場合か、といった点について、示唆を与えるものとなっている（刑集1308～1310頁）。

最判平成元年 12 月 8 日〔鶴岡灯油〕

最判平成元年12月 8 日・昭和60年（オ）第933号

民集43巻11号1259頁

〔鶴岡灯油〕

1 事例の概要

　複数の石油元売会社による灯油の価格協定が行われたことに対し、当該価格協定によって高い灯油を買わされたとする一般消費者が損害賠償請求をした。一般消費者は、石油元売会社から灯油を直接購入したわけではなく、卸売業者・小売業者を介して購入した。当該価格協定の時期には、いわゆる第1次石油ショックを背景として、「民生用灯油の元売段階における経済条件、市場構造等にかなりの変動があった」（民集 1277 頁）。

　1 審判決は一般消費者の請求を棄却した（山形地鶴岡支判昭和 56 年 3 月 31 日）。2 審判決はそれを覆し、一般消費者の請求を認容した（仙台高秋田支判昭和 60 年 3 月 26 日）。石油元売会社らが上告した。

　本判決は、上告を認容し、一般消費者の請求を全て棄却する結論を導いた（同じ灯油価格協定をめぐって同様の結論を得た他の損害賠償請求事件判決として、最判昭和 62 年 7 月 2 日〔東京灯油〕）。

2 損害額不明か損害不存在か

　本件のような事件における損害は、原告が現実に購入した価格（以下「現実価格」という）と、被告の不法行為がなかったならば存在したであろう価格（以下「想定価格」という）との差である。本件に即してさらに具体的にいうならば、現実小売価格と想定小売価格との差が損害である。

本判決は、判決後の長い間、「損害の発生自体は認められながら、損害の額の立証が困難なために請求が棄却された例」だと位置づけられることが多かったが、これは、本判決の読み方として適切でないように思われる（白石忠志「独禁法関係事件と損害額の認定」日本経済法学会年報 19 号（平成 10 年））。本判決は、明確に、「本件各協定が実施されなかったならば現実の小売価格よりも安い小売価格が形成されていたとは認められないというほかな」いと述べている（民集 1278 頁）。すなわち、損害額不明ではなく損害不存在を根拠として、損害賠償請求を棄却している。

　上記のような誤った理解が広まった背景には、本件を含む当時の損害賠償請求事件をめぐって展開された議論の影響がある。すなわち、被告の行為と原告の被害との間に事実的因果関係があれば賠償すべき損害がいくばくかは存在するはずであり、そのような場合には裁判官が創造的役割を発揮して損害額を認定すべきである、という議論である。本件では、「元売価格の価格協定による上昇」→「卸売業者による卸売価格への転嫁」→「小売業者による小売価格への転嫁」→「一般消費者の被害」という因果の連鎖（以下では便宜上、「転嫁関係」と呼ぶ）が立証されれば、上記の事実的因果関係なるものが立証され、損害が存在したことになる、と信じられた（白石・前掲 132 頁）。

　しかし実際には、転嫁関係が問題となる卸売段階や小売段階よりも流通の上流に位置する元売段階において、すでに、現実元売価格と想定元売価格との間に差がない、という場合が論理的にはあり得る。つまり、①「現実元売価格＞想定元売価格」と②「転嫁関係」の両方が成立して初めて③「現実小売価格＞想定小売価格」が成立するのであるにもかかわらず、当時普及した「常識」においては、②が成立すれば③が成立する、と誤解されていた（本判決が民集 1271 頁において、②だけでなく③も成立する必要がある、と判示しているのは、③の成立には②だけでなく①

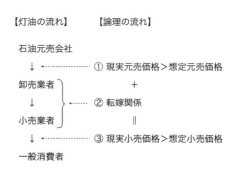

も必要だと言っているのと論理的には同値であり、つまり上記「常識」を否定したものである）。

本判決は、原告一般消費者側が価格形成要因について何ら立証していない、と述べ、その際、「価格形成要因」に括弧書を付して「ことに各協定が行われなかった場合の想定元売価格の形成要因」と述べている（民集1278頁（強調点は白石による））。これは、①が不成立であるために③も不成立となる、という論理構造によって原告の請求を棄却するのであることを強く示唆している。

3 不可能な立証を強いているか

ともあれ、誤解に基づく多数説は、本判決を、「損害の発生自体は認められながら、損害の額の立証が困難なために請求が棄却された例」であると捉え、それがひとつの引き金となって、民事訴訟法248条が制定された（白石・前掲123〜124頁）。同条は、「損害が生じたことが認められる場合において、損害の性質上その額を立証することが極めて困難であるときは、裁判所は、口頭弁論の全趣旨及び証拠調べの結果に基づき、相当な損害額を認定することができる」と規定する。

しかし本判決も、同条にいう「口頭弁論の全趣旨及び証拠調べの結果に基づき、相当な損害額を認定すること」を全く拒否しているわけではないように思われる。すなわち本判決は、想定価格について、「総合検討による推計の基礎資料となる当該商品の価格形成上の特性及び経済的変動の内容、程度その他の価格形成要因をも消費者において主張・立証すべきことになると解するのが相当である」と述べ（民集1272頁）、それが「何ら立証されていない」ために請求棄却としている（民集1278頁）。この判示と、民事訴訟法248条にいう「口頭弁論の全趣旨及び証拠調べの結果に基づき、相当な損害額を認定すること」との間には、さほど大きな懸隔はないように思われる。

むしろ本判決は、民事訴訟法248条とは異なり、損害額の認定だけでなく損害の存否の判断においても、「基礎資料」による「推計」を認めようとしていることが明らかである。民事訴訟法248条については、損害額の認定だ

けでなく損害の存否の判断についても類推適用してよいかどうかという議論があるようである（同条の類推適用に否定的な観点から議論を整理したものとして、長谷部由起子「損害の証明――鶴岡灯油事件」伊藤眞＝加藤新太郎編『判例から学ぶ民事事実認定』（ジュリスト増刊、平成18年）40頁）。本判決に対する批判をひとつの旗印とした立法が、本判決に対する誤解をひとつの背景として狭い要件を規定し、その結果として「類推適用」が論ぜられる、という様子は、何ともいえず教訓的である。

　当時は、ほぼ専ら、本件の灯油事件を素材として独禁法関係損害賠償が論ぜられ、裁判所は独禁法関係損害賠償請求に対して不可能な立証を求めている、と厳しく非難されたのであるが、しかし、灯油事件はさまざまな意味で事案が特殊であることに注意しなければならない。

　まず、灯油事件は競争停止の事案であるが、他者排除の事案において請求認容判決が着実に現れていたことに触れる文献は、必ずしも多くはなかった。

　次に、競争停止の事案に限定しても、灯油事件は特殊である。第1に、第1次石油ショックという大きな経済的変動要因があり、前記2の①、すなわち「現実元売価格＞想定元売価格」を立証するだけでも困難であった。第2に、かりに①が立証されたとしても、被告石油元売業者と原告一般消費者との間に幾重にも介在する販売業者がおり、前記2の②、すなわち転嫁関係を立証するのは容易ではなかった。最近においては、入札談合をした供給者に対して官公庁等が損害賠償を請求する事件が多くなっているが、それらのほとんどの事案では、石油ショックのような経済的変動要因もなく、また、談合をした供給者と発注側の官公庁等とが直接取引をしているのであるから、灯油事件のような困難な特殊性は存在しない。入札談合事件では請求認容判決が相次ぎ、枚挙に暇がないほどであるが、そのような判決は、本判決の枠組みのもとでも導けた。もちろん、それらの判決は民事訴訟法248条に触れることが多く、同条が存在しなかったとすればどのような判決がされたかということを論ずるのは困難である。

最判平成元年12月14日・昭和61年（オ）第655号
民集43巻12号2078頁
〔芝浦屠場〕

1 事例の概要

東京都（被告・控訴人・被上告人）の経営する東京都立芝浦屠場が、補助金の投入を受けて、原価を著しく下回る屠場料によって屠畜場事業を行っていた。やはり東京都内の屠畜場である三河島ミートプラントを設置している日本食品（原告・被控訴人・上告人）は、芝浦屠場の廉売によって被害を受けたとして、損害賠償請求を行った。

本判決は、昭和57年一般指定6項（平成21年改正後の2条9項3号・一般指定6項に相当）に該当しないとして上告を棄却し請求を退けた。

2 廉売の意図・目的

本判決は、まず一般論として、「不当廉売規制に違反するかどうかは、専ら公正な競争秩序維持の見地に立ち、具体的な場合における行為の意図・目的、態様、競争関係の実態及び市場の状況等を総合考慮して判断すべきものである」とする（民集2082頁）。そのうえで、そこに掲げられた要素のひとつとしての「意図・目的」について、都食肉市場の卸売価格ひいては都民に対する小売価格の高騰を防ぐために集荷量の確保および価格の安定を図るとの政策目的を達成しようとするものであるとして、その認識を、本件行為が昭和57年一般指定6項に該当しないとする結論を支える重要な要素としている（民集2084〜2085頁）。

最判平成元年12月14日〔芝浦屠場〕

「意図・目的」という主観的要素については、次の2点を指摘しておく必要があろう（以下に関連して古川博一「単独事業者の排他行為における行為者の意図と独禁法違反の成否——行為者の意図はどのように考慮されるべきか」公正取引631号（平成15年）が参考となるので、詳細はそちらに譲る）。

　第1に、本判決の一般論はともかく、本件の事案に即して本判決が述べた「意図・目的」は、違反の成立を否定する方向での根拠となる意図・目的だということである（古川・前掲がいう「正当化理由としての意図・目的」）。それに対し、「意図・目的」は、「排除する意図」などというかたちで、違反の成立を肯定する方向での根拠として持ち出される場合がある。少なくとも、本件事案に即した本判決の判示は、そのようなものではない。

　第2に、本判決は、意図・目的があるというだけで正当化したわけではない。本判決は、上記の一般論に見られる他の要素をも事案に即して検討し、意図・目的ともあわせた総合考慮のうえで、本件行為は昭和57年一般指定6項に該当しないとしている。通常の一般的議論においても、正当な意図・目的があっても、手段の正当性がなければ、正当化理由があるとは認められない（古川・前掲67〜70頁も、競争に与える影響が必要最小限であることが求められると繰り返し述べており、これは、手段の正当性という考慮要素に相当する）。

　最高裁判決である本判決を受けて、不当廉売ガイドラインにおいても、弊害要件の成否を判断する際の考慮要素のひとつとして「廉売行為者の意図・目的」が掲げられている（3(2)イ、4(1)）。その意味するところを考える際には、以上のようなことも参考となるであろう。

3　事業者要件

(1)　総　説

　本件では、東京都という地方公共団体が独禁法上の「事業者」にあたるか否かも争点となった。

　本判決は、地方公共団体も事業者に該当し得るとの結論を導くため、「〔2条1項にいう〕事業はなんらかの経済的利益の供給に対応し反対給付を反覆

41

継続して受ける経済活動を指し、その主体の法的性格は問うところではない」と述べている（民集 2083 頁）。この判示は、既存の文献が述べるところをそのまま受け容れたもののようである（例えば、篠原勝美・本判決解説・最判解民事篇平成元年度 31 事件注 8 が引用する公正取引委員会事務局編『改正独占禁止法解説』（日本経済新聞社、昭和 29 年）は、その 83 ～ 84 頁において、本判決と同様の一般論を掲げている）。

　しかしこの定義は、多様な現実社会を前に、いくつかの綻びを見せているように思われる。

(2) 反対給付

　第 1 に、反対給付を受けることを求めている点についてである。

　まず、無償の供給をいっさい独禁法の適用対象としないこととすると、1円の供給なら不当廉売規制の対象となるのに零円とすれば対象とならない、という不合理を招く。この点で、ある裁判例は、無償供給の期間が有償供給の準備期間であると位置づけられるなら、無償供給も事業と見ることができ、無償供給期間の損害も賠償請求の対象となり得るとの一般論を示した（集山口地下関支判平成 18 年 1 月 16 日〔豊北町福祉バス〕（審決集 52 巻 925 頁））。妥当な結論を追求するうえでは、一歩前進ということになろう。しかし、この論理では、かりに無償供給が続行されたならばやはり独禁法の適用対象外となるようにも思われ、疑問が残る。そのような疑問に対しては、無償供給を続けたなら弊害がないではないかという反論があるかもしれないが、価格は無償でも品質が低下する、という弊害は十分に考えられる。

　さらに、事業者要件をめぐる議論は、これまで専ら違反主体の要件としての側面のみを念頭に置いてきたきらいがあるが、他者排除規制における被排除者の要件としての側面も持つことに注意する必要がある（2 条 5 項など）。無償供給は事業にあたらないという解釈を堅持すると、例えば、オープンソースの無料ソフトウェアプロジェクトを独占者が取引拒絶によって排除する行為は、日本の独禁法では規制できない可能性がある。

　本判決の解釈は、慈善事業や社会福祉事業を独禁法の違反主体から外そうとしたものであろうが（公正取引委員会事務局編・前掲 84 頁）、本当に高邁な

最判平成元年 12 月 14 日〔芝浦屠場〕

内容のものであるならば、正当化理由があるとして違反なしとされよう。

(3) 反覆継続

第2に、反覆継続を求めている点についてである。

ひとことで言えばこの考え方は、中古品流通というものが機能していない社会を前提とした発想であるように思われる。好むと好まざるとにかかわらず、ゲームソフトや書籍などの中古品をネット上その他の中古店に「反覆継続」して持ち込んでいる市井の人々は少なからずいるはずである。それらの人々も、事業者として扱うのであろうか。本判決に示された一般論がそこまで考えたうえでのものであるのかどうか、疑わしく感ぜられる。

4 因果関係

本判決は、前記*2*で見たように、種々の要素の総合考慮によって違反なしとしているが、そのなかには、その要素だけで違反なしと言い得るのではないかと思われるものもある。すなわち、三河島ミートプラントおよび芝浦屠場は、関東から東北に及ぶ多数の事業者と競争関係に立ち、三河島の実徴収額より低い認可額で営業している者は 47 にのぼっているのであって、三河島の実徴収額が認可額を下回ったのは、ひとり芝浦屠場に対抗するためではなく、他の競争事業者との関係から、そうせざるを得なかった、という要素である（民集 2084 頁）。これは、行為と弊害の因果関係を否定して違反なしとの結論を単独で導き得る要素である可能性が高いように思われるし、本件のような損害賠償請求事件では、不法行為法上の因果関係をも単独で否定し得る要素である可能性が高いように思われる。

43

公取委審判審決平成 4 年 2 月 28 日・平成 2 年（判）第 2 号
審決集38巻41頁
〔ドラクエⅣ藤田屋〕

1 事例の概要

　家庭用電子玩具の卸売業を営む藤田屋は、人気の高いゲームソフト「ドラゴンクエストⅣ」（以下「ドラクエⅣ」という）を取引先小売業者に供給するに際し、約 7 万 7600 本のうち約 7 万 3300 本については過去の取引実績に応じた数量配分をして売ったが、それを超える数量の購入を希望する小売業者に対しては、ドラクエⅣ 1 本につき藤田屋に在庫となっているゲームソフト 3 本を購入することを条件としてドラクエⅣを売った。

　公取委は、同様の行為を行った計 6 事業者に対して勧告をしたが、藤田屋のみが応諾しなかったので、他の 5 事業者については勧告審決によって（公取委勧告審決平成 2 年 11 月 30 日）、藤田屋に対しては審判手続を経た本審決によって、それぞれ排除措置命令をした。根拠条文は昭和 57 年一般指定 10 項（平成 21 年改正後の一般指定 10 項と同じ）である。

2 抱き合わせにおける公正競争阻害性

(1) 本審決の判示

　本審決は、昭和 57 年一般指定 10 項における公正競争阻害性の判断基準について、一般論として、次のように述べた。「当該抱き合わせ販売がなされることにより、買手は被抱き合わせ商品の購入を強制され商品選択の自由が

妨げられ、その結果、良質・廉価な商品を提供して顧客を獲得するという能率競争が侵害され、もって競争秩序に悪影響を及ぼすおそれのあることを指すものと解するのが相当である」（審決集48頁）。「もって」の前は、いわゆる「競争手段の不公正さ」すなわち不正手段の観点から公正競争阻害性を論じようとするものである。わかりやすく言い換えれば、他者排除の弊害が具体的に生じそうになくとも、行為があったというだけで要件を満たす、という考え方である。「もって」の後は、いわゆる「行為の広がり」である。

不正手段説は「能率競争侵害説」と呼ばれることも多い。そのような場合には、能率競争侵害説の対語として、他者排除の弊害すなわち反競争性が生じて初めて違反となるという考え方が「自由競争侵害説」と呼ばれる。しかし、反競争性によっても能率競争侵害は起こるし、不正手段によっても自由競争はおびやかされる。本書では、難解で隔靴掻痒の用語は敬遠し、「不正手段説」「反競争性説」と表現する。

(2) 本審決の判示の位置づけ

抱き合わせ規制は、不要品強要の弊害に着目した規制と、他者排除の弊害に着目した規制の、2つの型に分けられる。不要品強要型抱き合わせ規制とは、主たる商品役務に関する力に任せて、需要者にとって不要な従たる商品役務を買わせることに着目して規制しようとするものである。他者排除型抱き合わせ規制とは、主たる商品役務を必要とする需要者をして従たる商品役務も自分から買わせることにより、従たる商品役務に関する競争者を排除することに着目して規制しようとするものである。世の中で抱き合わせと呼ばれる行為が全ていずれか一方だけに分類される、と言っているのではない。厳密に言えば、抱き合わせ行為には、不要品強要の側面と他者排除の側面が常に並存している。ここで言っているのは、どちらの側面に着目して独禁法違反要件の成否を論ずるのか、ということである。

昭和57年一般指定を制定した際の公取委担当者らによる解説書は、不正手段説を不要品強要型に、反競争性説を他者排除型に、それぞれ強く関連づけたうえで、両説を並べている（田中寿編著『不公正な取引方法』（別冊NBL 9号、昭和57年）63頁）。平板に両説を並べたのではなく、それぞれ異なる

局面を想起しながら、それぞれの場合に適用される基準を各1説ずつ、掲げているのである。

そして本審決は、誰も買おうとせず在庫となっているゲームソフトを従たる商品役務とするものであるから、不要品強要型の側面に着目した規制であると考えざるを得ない。

以上のように見ると、不要品強要型抱き合わせ規制を不正手段説によって論ずるという本審決の立場は、昭和57年一般指定制定の際の解説書と整合的なものであった、ということがわかる。

(3) 本審決の判示の当否

問題は、不要品強要型抱き合わせ規制を不正手段説によって論ずるという考え方は、本当に妥当なのか、という点にある。

不正手段説もやはり、従たる商品役務の競争への弊害を念頭に置いていることは、既に見たとおりである。本審決も、「被抱き合わせ商品市場における競争秩序に悪影響を及ぼすおそれがあるものと認められる」（審決集49頁）と述べて、違反という結論に至っている。

しかし、誰も買おうとしないゲームソフトの競争に影響があるから抱き合わせを規制する、というのは、本質から離れた論法であるように思われる。この疑問を別の角度から述べれば、次のようになる。本審決は、誰も買おうとしない従たる商品役務の競争への悪影響を違反の根拠としているため、その主文2項において、「他の家庭用テレビゲーム機用ゲームソフトを抱き合わせて購入させてはならない」と命じている（審決集41頁）。この命令が、本件における本来の問題を解決するものでないことは、自明であろう。本件では、抱き合わせられたのが不人気ゲームソフトであることそれ自体が問題なのではなく、ドラクエⅣを買おうとするとそれに加えて「何か」を余分に買わせられる、ということが問題だったのではないだろうか。換言すれば、藤田屋は、ドラクエⅣに、ゲームソフトではない他の不良在庫品を抱き合わせれば、藤田屋にとっての所期の目的を達成でき、しかも本審決の主文に違反せずに済む、ということである。そのような不都合な結果をもたらす根源は、ほかならず、従たる商品役務の競争への悪影響に規制の根拠を求めよう

とする不正手段説にある。

　ドラクエⅣを買おうとするとそれに加えて「何か」を余分に買わせられることが問題だ、という原点に立ち戻り、その問題の本質を過不足なくつかもうとするならば、やはり、不要品強要型抱き合わせ規制はドラクエⅣすなわち主たる商品役務の力を利用した優越的地位濫用の規制の一態様に過ぎない、と割り切るのが、最も据わりがよいように思われる。現に公取委は、不要品強要型抱き合わせ規制と同等のことを、優越的地位濫用を規定する昭和57年一般指定14項によって行ったことがある（公取委同意審決昭和57年6月17日〔三越〕、集公取委勧告審決平成17年12月26日〔三井住友銀行〕、など）。そうすると、不要品強要型抱き合わせ規制についても同様に考えなければ、整合性を失うことになる。

　以上のことは、平成21年改正の矛盾をもあぶりだしている。平成21年改正により、優越的地位濫用のほとんど全てが課徴金の対象となった（2条9項5号、20条の6）。そのなかには、不要品強要型抱き合わせと同等の行為も含まれている（2条9項5号イ）。しかし他方で、一般指定10項は課徴金の対象となっていない。実質的に同等の行為であるにもかかわらず、優越的地位濫用と論理構成されれば課徴金の対象となり、そうでなければ課徴金の対象外となる、ということになる。物事の本質を見ようとせず、綻びの顕著な旧来の枠組みを護持して課徴金制度を導入することがもたらす不合理の一端が、ここに表れている。

3　本件における優越的地位

　本件を優越的地位濫用規制の枠組みで論じた場合、藤田屋は「優越的地位」の要件を満たしたであろうか。

　「優越的地位」の解釈については、公取委を含め、取引必要性説が定説となっている（平成22年の優越的地位濫用ガイドラインでは第2の1）。

　その観点から見ると、本審決の次の認定が重要であることがわかる。「被審人は、ゲームソフトの二次卸売業界において約10パーセントのシェアを占めるものであるが、……このように〔商品の〕絶対数量が不足するような

公取委審判審決平成 4 年 2 月 28 日〔ドラクエⅣ藤田屋〕

場合には、卸売業者は従前の取引実績により小売業者に対する販売数量を決めるのが通常であるため、一般の小売業者は、従前取引関係のない卸売業者からドラクエⅣを入手することは困難であり、従前の取引先卸売業者からドラクエⅣを希望どおり入手できなかった場合には、それを補充するため他に新規に取引先を容易に見いだせない状況にあった」（審決集 46 頁）。

つまり、藤田屋以外の卸売業者との取引実績に見るべきものがない小売業者は、藤田屋との取引必要性がある、ということである。藤田屋が二次卸売業界においてシェアが約 10 ％であるという認定は、本件の問題の本質とはあまり関係がない。

4 主たる商品役務の価格が上がるだけか？

不要品強要型抱き合わせ規制に対しては、政策論の観点から、批判も多い。従たる商品役務の抱き合わせを禁止すれば、供給者は主たる商品役務の価格を高くするだけであり、何の解決にもならない、という批判である。例えば、主たる商品役務の表示価格が 5000 円で、従たる商品役務の表示価格が 2000 円である場合、需要者は、買いたくもない従たる商品役務をあわせて 7000 円で買っている。上記の批判は、ここで従たる商品役務の抱き合わせを禁止したら、供給者は主たる商品役務を単体で 7000 円とするようになるだけであり、問題は何ら解決しない、と言いたいようである。

この批判は一面の真理を突いてはいるが、しかし、世の中はさほど単純ではない場合も多く、だからこそ不要品強要型抱き合わせ規制が行われているのであろう。すなわち、供給者としては主たる商品役務の価格それ自体を5000 円から 7000 円に引き上げたくともそれが許されない何らかの事情があるからこそ、抱き合わせをするのではないか。その事情の具体的内容は、事案によりさまざまであろう。そのような価格づけをすると事業法規制に違反する、社会的非難を浴びる、メーカー希望小売価格を上回ることになり業界の掟に反する、など、多種多様のものが考えられる。不要品強要型抱き合わせ規制は、供給者のそのような事情を利用して、少しでも安い価格で商品役務が流通するようにしようとするものだ、と理解することができる。

5 「他の商品又は役務」

　従たる商品役務が一般指定 10 項にいう「他の商品又は役務」に該当するか、という論点があり、本審決もそれに関する判示をしている。しかし結論を言えば、本件のような不要品強要型抱き合わせ規制においては、この論点は不要のはずである。なぜなら、既に見たように、不要品強要型においては、従たる商品役務が何であるかは問題の本質ではないからである。

大阪高判平成 5 年 7 月 30 日〔東芝昇降機サービス〕

大阪高判平成 5 年 7 月30日・平成 2 年（ネ）第1660号
判時1479号21頁
〔東芝昇降機サービス〕

1 事例の概要

東芝昇降機サービス
（部品）

東芝昇降機サービス　　　独立系保守業者
（保守点検）

ビル所有者

　　エレベータを製造販売する東芝の完全子会社である東芝昇降機サービス（被告・控訴人。本判決時は東芝エレベータテクノス）は、エレベータの保守点検を行っており、昇降機の保守点検契約台数において菱電サービスおよび日立エレベーターに次いで第 3 位である。

　また、東芝昇降機サービスは、東芝製エレベータのための交換用の部品を事実上一手に独占販売している。

　部品交換を要する故障を起こしたエレベータについて東芝昇降機サービスが部品を供給しなかったため損害を受けたとする者が、損害賠償請求をした。1 審判決はこれを認容した（大阪地判平成 2 年 7 月 30 日）。本判決は、主に独禁法に関する理由づけを差し替えつつ、その他は 1 審判決を引用して、東芝昇降機サービスによる控訴を棄却した。

　本判決に登場する法令のうち、昭和 57 年一般指定 10 項は平成 21 年改正後の一般指定 10 項と同じであり、昭和 57 年一般指定 15 項は平成 21 年改正後の一般指定 14 項と同じである。

大阪高判平成5年7月30日〔東芝昇降機サービス〕

2 読解にあたってのチェックポイント

(1) はじめに

　以下で引用するように、本件についてはいくつもの拙稿を発表する機会に恵まれた。しかし、それらに示した本判決の読み方は、多数には受け容れられていない。ほとんどの文献は、他の読み方によって本件を紹介している。

　本判決の読み方の分かれ目は、多段階にわたって存在する。以下では、それらのチェックポイントを順に掲げる。

(2) 甲事件か乙事件か

　本件には、甲事件と乙事件とがある。いずれを重視するかによって、紹介の仕方に温度差が生ずる。

　甲事件では、ビル所有者である続木鑑定事務所が原告・被控訴人となった。続木鑑定事務所はビルに東芝製エレベータを設置していたが、その保守点検については東芝昇降機サービスではなく独立系保守業者の愛媛メンテナンスと契約していた。当該エレベータが部品交換を要する故障を起こしたので、続木鑑定事務所は東芝昇降機サービスに対し、部品のみの買付注文をした。東芝昇降機サービスは、回答を遅らせたうえ、①部品の取替え調整工事をあわせて発注するのでなければ部品は供給しない、②あわせて発注しても納期は3か月後である、と回答した（以上、本判決が引用する1審判決のうち判時1365号97〜98頁）。その間、続木鑑定事務所は、危険な状態でのエレベータの利用をビル居住者や利用者に強いることとなり、また、別の独立系保守業者である阪神輸送機に応急修理を依頼した際エレベータを停止したので居住者や利用者に階段の利用を余儀なくさせた。本判決は、このことによる続木鑑定事務所の「名誉・信用等に対する損害」の賠償を東芝昇降機サービスに命じた（本判決が判時1479号26頁において一部訂正して引用する1審判決のうち判時1365号99〜100頁）。

　乙事件では、ビル所有者である藤ではなく、藤と保守契約を結んでいた独

51

立系保守業者である光誠電機が原告・被控訴人となった。藤の東芝製エレベータが部品交換を要する故障を起こした。光誠電機は、取替え調整工事とあわせて発注するのでなければ東芝昇降機サービスは部品を供給しないのを知っていたので、藤の名義で、部品および取替え調整工事の供給を東芝昇降機サービスに依頼した。東芝昇降機サービスは、翌日、応急修理をしたが、部品の納期は3か月後であると告げて帰った。光誠電機は、部品の入手がきちんとできないようでは完全なメンテナンスができないのではないかと藤の社長に言われ、保守点検契約を解約した（以上、本判決が引用する1審判決のうち判時1365号98頁）。本判決は、光誠電機の逸失利益の賠償を東芝昇降機サービスに命じた（本判決が判時1479号26頁において一部訂正して引用する1審判決のうち判時1365号100頁）。

(3) 取替え調整工事か普段の保守点検か

(a) 問題の所在

本件での独禁法違反の成否を論ずる際、部品の供給の条件として取替え調整工事をあわせて発注することを求めた点に着目するのか、部品の供給の条件として普段の保守点検契約を東芝昇降機サービスと結んでいることを求めた点に着目するのか、という点が、判決を読むにあたって大きな分かれ目となる。

拙稿は、基本的に、普段の保守点検のほうに着目して論じた（白石忠志・1審判決評釈・NBL 471号（平成3年）23頁、白石忠志・本判決評釈・ジュリスト1032号（平成5年））。それに対し、極めて多くの文献は、取替え調整工事に着目して本件を紹介した。その影響を受けてか、本件控訴審段階においては、続木鑑定事務所や光誠電機も、部品と取替え調整工事の抱き合わせが昭和57年一般指定10項に該当する、と主張した。

いずれが適切か。わかりやすい乙事件のほうから順に見ていく。

(b) 乙事件

乙事件では、光誠電機が藤の名義で、部品と取替え調整工事とをあわせて発注していた。それでもなお、部品の納期は3か月後であると東芝昇降機サービスは述べ、部品を供給しなかった。光誠電機が賠償を請求した損害は、

そのために生じている。

すなわち、光誠電機の損害の原因は、東芝昇降機サービスが、「当該東芝エレベーターにつき乙事件被控訴人〔藤と取り違えた誤記であると思われる〕が控訴人と保守契約を結んでいないとの理由で３か月もの先の納期を指定した」という点に求められる。言い換えれば、「〔部品と取替え調整工事との〕不当な抱き合わせ販売に当たるとしてその損害賠償を求めるのは筋違いである」、「〔部品と取替え調整工事との抱き合わせは〕乙事件被控訴人主張の損害との因果関係もない」、ということである（以上、いずれも判時1479号25頁）。要するに、乙事件では、取替え調整工事ではなく、普段の保守点検が部品の供給に結びつけられていた点に、問題の本質がある。

このような指摘に対しては、需要者が最初からまとめて発注したからといって抱き合わせが独禁法違反でなくなるわけではない、という趣旨の反応をする文献が散見されるが、まさに筋違いである。乙事件での問題の本質が普段の保守点検のほうにある、と述べることは、部品と取替え調整工事との抱き合わせという行為が存在しないとか、それが独禁法違反でないなどということを、全く意味しない。まさに本判決が述べたように、それがかりに独禁法違反であっても、そのことは乙事件で賠償が請求されている損害とは無関係である、と言っているに過ぎないのである。以上のような見方に対しては、賠償請求された損害から逆算する逆立ちの発想だ、という趣旨の指摘を受けたことがある。しかし、損害賠償請求訴訟において、賠償請求された損害から逆算し、損害をもたらした行為を捉えてその是非を論ずるのは、当然のことではないだろうか。そのようなことに関係なく、何でもいいから独禁法違反となりそうな行為を見つけて論ずればよいのだ、というのであるなら、それは独禁法関係者の茶飲み話として行うべきものであり、民事事件の判例評釈において断りもなく行うべきものではない。部品と普段の保守点検とが結びつけられていたことを立証するのは難しいから部品と取替え調整工事との抱き合わせを論ずればよい、とする文献があるが、言語道断である。

(c) 甲事件

それでは、甲事件のほうはどうか。

甲事件では、需要者である続木鑑定事務所が、あくまで部品のみの供給を

求め続けた。そうしたところ、東芝昇降機サービスからの部品の供給がされなかった。部品と取替え調整工事の抱き合わせによって損害が生じたようにも見える。本判決も、甲事件においては、その観点から昭和57年一般指定10項を用いている。そのような立論でよい、という見方もできる。

しかし、前記(2)で②として掲げた事実認定に着目するなら、かりに取替え調整工事をあわせて発注したとしても、部品が少なくとも3か月は供給されなかったことは確実である。やはりここでも問題の本質は、取替え調整工事をあわせて発注しなかったことではなく、東芝昇降機サービスと普段の保守点検契約をしていなかったことのほうにあるようにも思える。

本判決は以上のような紛れを払拭するような明確な事実認定をしておらず、これ以上を論じても水掛け論となるように思われる。

(d) 補 足

なお、以上の法的議論との直接の関係はないが、本件と事案が酷似し、社会的・経済的な問題意識を同じくする公取委審決は、いずれも普段の保守点検の市場における独立系保守業者の排除を問題としていることを「法令の適用」欄において明言している（公取委勧告審決平成14年7月26日〔三菱電機ビルテクノサービス〕、公取委勧告審決平成16年4月12日〔東急パーキングシステムズ〕）。

(4) 乙事件は抱き合わせの事件か否か

(a) 結 論

本判決を「抱き合わせの事件」と紹介する文献は、拙稿を除けばほぼ例外なく、甲事件で昭和57年一般指定10項が用いられたことに着目しているのであり、その際、乙事件は眼中にないようである。

しかし、前記(3)(b)で見たように、乙事件では、普段の保守点検契約を東芝昇降機サービスと結んでいることを条件として部品を供給する、という東芝昇降機サービスの行為が問題となったのであり、これは、主たる商品役務を部品とし従たる商品役務を普段の保守点検とする抱き合わせ行為にほかならないように思われる。

(b) 部品の買い手は誰か

 そのような見方に疑問の余地があるとすれば、乙事件における部品の買い手は誰か、という点である。部品の買い手が藤であるなら、東芝昇降機サービスにとっての部品の取引相手方も保守点検の取引相手方も藤であるから、抱き合わせと言いやすい（左の図）。部品の買い手が光誠電機であるなら、東芝昇降機サービスにとっての部品の取引相手方と保守点検の取引相手方とが異なることになるから、抱き合わせとは言わないであろう（右の図）。本判決は、光誠電機が、藤の名義で、部品を注文した、と認定している（本判決が引用する1審判決のうち判時1365号98頁）。

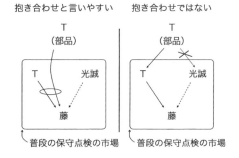

取引名義人が誰であるかを重視するなら、抱き合わせだと言いやすい（左の図）。実際の発注者が誰であるかを重視するなら、抱き合わせではなく、川上での部品の取引拒絶によって川下の保守点検市場で反競争性が生じた、などと構成することになる（右の図）。

 ところで、本来なら以上のようなことは些事に過ぎないのであるが、そうであるからこそ、以下の重要な知見が得られる。藤が買い手であって抱き合わせとされようが、光誠電機が買い手であって取引拒絶等とされようが、それはまさに形式的な違いに過ぎないのであって、保守点検の市場での他者排除の弊害という実質面には何らの差異をもたらさない。そうであるとするならば、他者排除型抱き合わせ規制における公正競争阻害性の成否の基準は、取引拒絶や排他条件付取引などの他の取引拒絶系他者排除行為規制における公正競争阻害性の成否の基準と、同じとすべきであろう。抱き合わせ規制においては、他と異なり、不正手段的な判断基準を採るべきだという「通説的」見解が、いまだに根強い。しかし、上記のような些末かつ形式的な違いが弊害要件の実質的な相違をもたらすというのでは、解釈論として具合が悪いように思われる。不正手段説は、抱き合わせという他者排除行為と他の他者排除行為とは明確に異なる別の類型である、ということを暗黙の前提とし

大阪高判平成 5 年 7 月 30 日〔東芝昇降機サービス〕

ている。乙事件の「藤の名義」の一件は、両者を明確に区別するのは不可能であることを例証している。

(c) 同時にまとめて売る場合だけか

かりに部品の買い手は藤であるとしても、なお、一般指定 10 項（昭和 57 年一般指定 10 項も同じ）の「併せて他の商品又は役務を……購入させ」という文言との関係で、同時にまとめて売る場合に限って一般指定 10 項の行為要件を満たす、という解釈が主張される可能性がある。この解釈が採られるなら、部品と取替え調整工事との抱き合わせという発想は素直に導き出せても、部品と普段の保守点検との抱き合わせという発想は一般指定 10 項の枠外にあるもののように見えるであろう。

しかし、主たる商品役務と従たる商品役務とが同時にまとめて売られるか否かは、競争に与える弊害には何らの違いをもたらさない。現に欧米の独禁法では、同時にまとめて売るか否かを問題としていない。EU では、同時にまとめて売る行為を「bundling」と呼びつつ、同時にまとめて売るわけではないものをも広く指して「tying」という言葉を用い、いずれかであればよいという考え方が前提とされている（Guidance on the Commission's enforcement priorities in applying Article 82 of the EC Treaty to abusive exclusionary conduct by dominant undertakings（C（2009）864 final, Brussels, 9. 2. 2009）の 48 段落およびその前後）。米国連邦独禁法ではさらに徹底しており、例えば Kodak 判決は、先例を引用しつつ、抱き合わせ（tying arrangement）とは「売り手がある商品役務を売るに際し、買い手が他の（従たる）商品役務を買うことを条件とするか、あるいは少なくとも、買い手が従たる商品役務を他の売り手から買わないことを条件とすること」を指す、という定義をしている（Eastman Kodak Co. v. Image Technical Serv., Inc., 504 U.S. 451, 461 (1992)）。「他の売り手から買わないことを条件とする」ということは、当該需要者が従たる商品役務を誰からも買わない場合をも「抱き合わせ」に含むということなのであるから、「bundling」以外のものも含むことは明らかである。

一般指定 10 項は「bundling」のみを指すのだという解釈が「通説」であると仮定しても、それは所詮、井の中の蛙である。なぜなら、「bundling」

に該当しない「tying」は、平成 21 年改正後の規定でいうならば一般指定
11 項・12 項・14 項などで拾われるからである。そして、競争に与える弊害
には、「bundling」であるか「tying」であるかによって違いがないはずであ
るから、双方における公正競争阻害性の判断基準は統一されていなければ具
合が悪いのではないか、ということを、ここでも改めて指摘しておきたい。
そうであるとすれば、一般指定 10 項の「併せて他の商品又は役務を……購
入させ」の解釈如何という上記の論点は、議論の実益を失うことになる。

(5) まとめ

以上を要するに、本判決は、甲事件を主に念頭に置きながら部品と取替え
調整工事との抱き合わせの事件だと紹介されることが多いのであるが、議論
の紛れを丹念に整理すれば、少なくとも乙事件は間違いなく、部品と普段の
保守点検との抱き合わせの事件であると見ることができる。

本件と事案が酷似する Kodak 判決は、部品と取替え調整工事との抱き合
わせが問題だと主張する論者によっても、本件にとっての参考事例としてし
ばしば論及される。しかし第 1 に、Kodak 判決で問題とされた抱き合わせ
における従たる商品役務は、取替え調整工事などではなく、普段の保守点検
である。第 2 に、米国連邦独禁法では、少なくとも表向きは、他者排除型抱
き合わせ規制しか論ぜられないのであって、現に Kodak 判決では被排除者
が原告となっている（前記(4)(c)の、「他の売り手から買わないことを条件とする」
場合も「抱き合わせ」に含むという発想には、他者排除型抱き合わせ規制を重視
する米国連邦独禁法の面目躍如たるものがある）。以上のような米国 Kodak 判
決を本件になぞらえるのなら、まずは乙事件のほうであろう。もちろん、甲
事件を論ずるに際しても Kodak 判決が参考となる部分があるかもしれない。
しかし、Kodak 判決が参考事例とされつつ、乙事件でなく甲事件が前面に
押し出されて紹介される様子を見ていると、外国事例が果たして的確に参照
されているのか、という違和感を禁じ得ないのである。

3 その他の諸点

(1) 市場画定

本件が、東芝製エレベータのための保守点検という狭い市場が画定される事件であることは、本件の大前提である(白石忠志「独禁法上の市場画定に関するおぼえがき」NBL509号(平成4年))。本判決は、そのことを、「エレベーターの所有者が容易にはそのエレベーターを他社製のそれに交換し難いのはいわば当然であることを考慮すれば」という判示のなかに盛り込んでいる(判時1479号25頁)。ちなみに、前掲の三菱電機ビルテクノサービス審決や東急パーキングシステムズ審決も、それぞれの「法令の適用」欄において、「三菱電機製昇降機の保守分野」や「東急車輛製駐車装置の保守業務の取引」の市場を検討対象としたのであることを強く示唆している。

したがって、第1に、東芝昇降機サービスが昇降機の保守点検契約台数において菱電サービスおよび日立エレベーターに次いで第3位であるという事実認定は、本件では意味を持たない。

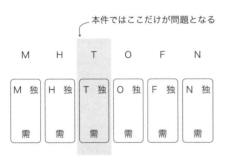

第2に、三菱電機製や日立製のエレベータのための部品は、本件とは無関係なのであって、したがって、東芝製のための交換用部品を東芝昇降機サービスが事実上一手に独占販売しているという認定が重要な意味を持つことになる。取替え調整工事と違って、普段の保守点検は、部品を必要としない場合が多いようにも見えるが、まさに本件で明らかとなったように、いざという場合には迅速に部品を調達できるという状況にあることが、部品を必要としない保守点検においてビル所有者の信頼を勝ち取るためにも、必須である。そのような点は、三菱電機ビルテクノサービス審決や東急パーキングシステムズ審決においては明確に認定されている(審決集49巻170頁、審決集51巻403頁)。

大阪高判平成5年7月30日〔東芝昇降機サービス〕

(2) 安全性確保

本判決は、安全性確保が必要であることを理由として独禁法違反被疑行為が正当化される場合があり得ることを、一般論として認めている（判時1479号23頁）。1審判決は、正当化理由の主張などおよそ認めないかのようにも見えた当時の独禁法分野の「通説的」状況に遠慮してか、複雑な論法によって正当化理由の要素を盛り込もうとしていたのであるが（本書23頁）、本判決はそのねじれを解き放ったものと言える。

尤も、本判決は、その一般論を本件に当てはめたところ正当化理由があるとは言えないとして東芝昇降機サービスの主張を結論として退けた。

ただ、よく注意して読むと、そこで論ぜられた安全性確保は、取替え調整工事に関するものばかりである。つまり、取替え調整工事を本件の独立系保守業者が行った場合に安全性確保の観点から問題が生ずるか、ということを論じているのであって、普段の保守点検を本件の独立系保守業者が行った場合に安全性確保の観点から問題が生ずるか、ということは正面からは論ぜられていない。

本件の本質が、部品と取替え調整工事との抱き合わせでなく、少なくとも乙事件においては部品と普段の保守点検との抱き合わせにあるのだとすれば、取替え調整工事だけでなく、そもそも普段の保守点検を独立系保守業者が行うことが安全性確保との関係でどう評価されるのかを論ずる必要があったはずである。何と何の抱き合わせが問題の本質なのかという点は、このようなところにも利いてくる。

4 公正競争阻害性の判断基準

以上のような検討を的確に行って初めて、本判決が示した公正競争阻害性の判断基準を的確に把握し、的確に論評することができる。

本判決は、一般指定10項における公正競争阻害性の成否は不正手段説によって判断するとの考えを述べた（判時1479号25頁）。本判決の頭のなかでは、一般指定10項が適用されるのは甲事件のみであるから、甲事件に関す

59

る判示だということになる。

　これに対しては、甲事件は需要者を原告とし需要者の被害に着目すべき民事事件であることに照らせば、抱き合わせがもたらす需要者の被害に着目してこれを優越的地位濫用であるとする考え方がやはり独禁法に存在することとの整合性をどう考えるのか、という問題提起をすることができよう（優越的地位濫用とした一例として、集公取委勧告審決平成17年12月26日〔三井住友銀行〕）。もちろん本判決は、前記3(1)で見たように、続木鑑定事務所が部品を調達しようとする場合には東芝昇降機サービスとの間に取引必要性があるという点を認定しているに等しいから、不正手段説であっても優越的地位濫用説であってもさほどの違いを生じなかったであろう。しかし、一般論として不正手段説を述べることに対しては、やはり一定の批判的考察が必要であると思われる。平成21年改正後は、抱き合わせと構成しても課徴金の対象とはならず優越的地位濫用と構成した場合だけ課徴金の対象となる、という偏頗な結末も待ちかまえている。

　乙事件では、本判決は昭和57年一般指定15項（平成21年改正後の一般指定14項と同じ）を用いている。部品と普段の保守点検との抱き合わせだという発想がなかったか、あるいは、前記2(4)で検討したいくつかの論点を敬遠したかの、いずれかであろう。この規定を用いる場合には、安易な公正競争阻害性判断基準を採らないよう注意しなければならない。本判決においては、前記3(1)で見たように、普段の保守点検の市場で競争するには迅速に部品を調達できる状況にあることが必須だという認定がされ、そのことを利用して東芝昇降機サービスが他者を排除したというのであるから、反競争性の観点からの公正競争阻害性の成立を認めるのに必要な材料は揃っていたということになろう。それを前提とすれば、条文上のどの類型を用いるかは些末な問題にとどまる。平成21年改正後においても、幸か不幸か乙事件については、以上に登場した論理構成のいずれによっても課徴金対象とはならない。

東京高判平成5年12月14日・平成5年（の）第1号
高刑集46巻3号322頁
〔シール談合刑事〕

1 事例の概要

　社会保険庁が発注する支払通知書等貼付用シールについて、入札談合が行われた。日立情報システムズ（以下「日立情報」という）は、他の3社とは異なり、自らは指名業者となれず、事実上は自らの意のままに動かすことのできるビーエフが、指名業者となってしまった。そこで、談合の会合の冒頭でビーエフの担当者に「全権を日立情報に任せた」と発言させ、他の3社の同意を得て、その後は日立情報のみが談合会合に出席した。実際には、全ての発注について他の3社

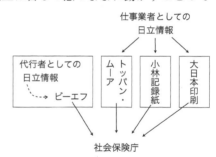

のいずれかが落札し、日立情報はその全てについて、落札業者から仕事を受注して印刷加工の仕事を原反業者等に発注する「仕事業者」の役割を担うこととなった（以上、高刑集325～331頁、333～335頁）。
　ビーエフを除く4社が刑事告発され起訴されたのが本件である。
　本判決は、本件入札談合は不当な取引制限に該当するとして有罪を宣告した。平成元年度以降の入札談合を認定しつつ、「罪となるべき事実」としては平成4年度の入札談合のみを掲げている（高刑集328～332頁）。入札談合に関する独禁法刑事判決は、年度単位で細切れに違反行為を認定しているものが多く、そのような場合には、いわゆる「状態犯・継続犯」論争の影響を

受けない結果となっているが、本判決は、その先駆けである。ただ、本判決は、本件において平成4年度の入札談合のみを独立の違反行為とする実質的根拠として、平成3年に別件で公取委の立入検査があったことをきっかけに関係者の間で入札談合の仕組みが見直されたという点を強調しているように見える（高刑集331頁、334～335頁）。

2 競争関係の要否

(1) 日立情報の主張と本判決

日立情報の弁護人は、日立情報は指名業者ではないから他の3社と競争関係になく、不当な取引制限の要件を満たし得ない、という趣旨の主張をした。そこでは、競争関係必要説の拠り所とされる過去の判決（東京高判昭和28年3月9日〔新聞販路協定〕）が引き合いに出されている。

本判決は、そのような主張を退けるにあたり、新聞販路協定判決の当時には通用していた旧4条が昭和28年改正によって削除されたことを強調した。つまり、まず、旧4条は競争への実質的影響を積極的違反要件としないまま共同行為を違反としていたので、その広すぎる違反の範囲を狭めるために競争関係必要説を採ったのが新聞販路協定判決である、という理解を示した。旧4条の解釈が不当な取引制限の違反要件の解釈にも影響を及ぼした、という趣旨であろう。そのうえで、本判決（シール判決）は、昭和28年改正によって旧4条が削除された現行法のもとでは、「はたして〔新聞販路協定判決〕のように『事業者』を競争関係にある事業者に限定して解釈すべきか疑問があり、少なくとも、ここにいう『事業者』を弁護人の主張するような意味における競争関係に限定して解釈するのは適当ではない」と述べた（高刑集339頁）。

(2) 新聞販路協定判決

新聞販路協定判決の事案は、新聞販売店の販売地域協定に新聞発行本社も関与した、というものである。新聞販売店相互は競争関係にあるが、新聞発

行本社相互の地域協定がされたわけではなく、新聞発行本社が新聞販売店と
競争関係にあるわけでもなかった。

　新聞販路協定判決は、「〔当時は通用していた旧４条がいう〕共同行為はそれ
自体かかる不当な取引制限に進むおそれのある行為として、すでにその段階
においてこれを禁止するものである。共同行為と不当な取引制限とはその程
度段階において差異はあるけれどもその行為の本質は同一に帰着すべきもの
である。この点から考えてここにいう事業者とは法律の規定の文言の上では
なんらの限定はないけれども、相互に競争関係にある独立の事業者と解する
のを相当とする」とした（高民集６巻９号479 ～ 480頁）。これにより、原審
決の命令のうち、新聞販売店に対する部分のみを生き残らせ、新聞発行本社
に対する部分を取り消した。

　既に見たように本判決（シール判決）の論法は、過去においては旧４条の
違反の範囲が広すぎるので狭める必要があり、それにあわせて不当な取引制
限の違反の範囲も狭められていたのであるから、旧４条が削除された現在に
おいてはそれに拘泥する必要はない、というものであった。

　しかし実際には新聞販路協定判決は、上記引用部分からわかるように（長
いので省略した後続部分をあわせ読めばさらに明確となる）、もともと不当な取
引制限の解釈として競争関係必要説が適切であり、旧４条もそれにあわせる
べきである、というものである。したがって、現行法の不当な取引制限の解
釈論において、旧４条の削除を解釈変更の理由とするのは、必ずしも適切で
ないように思われる。

⑶　この論点に対する本判決の立ち位置

　ともあれ本判決は、競争関係必要説は「疑問」であるとしつつ、少なくと
も「弁護人の主張するような意味における競争関係」は不要である、とした。
　では、「弁護人の主張するような意味における競争関係」とは、本判決で
はどのような意味をもつのであろうか。言い換えれば、本判決は、「競争関
係」という概念にどのようなものを含ませたいと考えたのであろうか。
　本件が少々わかりにくいのは、日立情報に、他の３社に供給する仕事業者
としての顔と、指名業者ビーエフの入札行動の代行者としての顔とがあり、

本判決がいずれを指して論じているのかについて理解が混乱しやすい、という点にある。しかも本判決は、「一定の取引分野」について、仕事業者としての顔をも取り込むような判示を行っており（高刑集335〜337頁）、仕事業者としての日立情報までもが「競争関係」の概念に包含されているかのように見られかねないものとなっている。

　しかし本判決は、競争関係に関する判断において、本件の事案に即し、以下のように述べた。「日立情報は、……自社が指名業者に選定されなかったため、指名業者であるビーエフに代わって談合に参加し、指名業者3社もそれを認め共同して談合を繰り返していたもので、日立情報の同意なくしては本件入札の談合が成立しない関係にあったのであるから、日立情報もその限りでは他の指名業者3社と実質的には競争関係にあったのであり、立場の相違があったとしてもここにいう『事業者』というに差し支えがない」（高刑集339頁）。この部分は明らかに、仕事業者としての顔ではなく、ビーエフの代行者としての顔に着目して、実質的な競争関係を認定している。日立情報が仕事業者として受けた拘束にも本判決は言及しているが（高刑集340頁など）、それはあくまで、ビーエフの代行者としての立場で、他の3社を拘束し、自らも拘束される一環として、仕事業者としての拘束を受けたのである、と見るのが据わりがよい。公式判例集である高刑集の「判決要旨」の四（高刑集323〜324頁）を見ても、本判決の判断は代行者としての顔に着目したものであることが明確に示されており、そこには、仕事業者としての顔への言及は全くない。

　そうすると、「弁護人の主張するような意味における競争関係」に限定せずさらに広い「競争関係」概念を提唱する本判決の考え方の具体的内容とは、すなわち、同一需要者に供給する際の形式的な名義人となっていない者であっても実質的にそれと同視し得る者であるならば「競争関係」の概念に含めてよいという考え方だ、ということになる。つまり本判決は、新聞販路協定判決の競争関係必要説を「疑問」とは言いながらも、競争関係を要件とすることそれ自体を否定したわけではないのであり、以上のような範囲内で「競争関係」の拡張解釈を行ったにとどまる。

3 共犯理論のアナロジー

⑴ 新聞販路協定判決のもうひとつの判示

ところで実は、新聞販路協定判決は次のような判示も行っていた。「競争関係にある数個の独立の事業者が相互に自己の事業活動に共通の制限を設定してこの共同行為を成立させるについては、往々にしてこの共同行為者たる事業者以外の者が指導、介入、助成等の方法によってこれに加功することがあり得る。しかしこれらの競争関係にも立たず或いは共通に事業活動の制限をも受けない単なる加功者は、それが何等かの事業をなす者であると否と、個人であると否と、またそれを自己の名においてあるいは自己の計算においてすると否とを問わず、すべてここにいう共同行為者あるいは事業者にあてはまらないものと解すべきである」。これに続く判示もあわせて要約するなら、つまり、自ら独禁法違反要件を満たす者それ自体ではなく、それへの加功者に過ぎないものは、共犯理論を介して刑罰の対象となることはあっても、排除措置命令の名宛人とはならない、というものである（高民集 6 巻 9 号 480 ～ 481 頁）。

形式的には自らが独禁法違反要件を満たすわけではない者 Y を違反者とするための考え方は、少なくとも 2 通りある。第 1 は、間違いなく違反要件を満たす別の者に Y が加功したことに着目するものであり、そのような考え方を上記では「共犯理論」と呼んだ。第 2 は、形式的な意味で他と競争関係にある別の者が Y の手足として利用されていたに過ぎない事案において、手足として利用していた側である Y を違反者とするものであり、そのような考え方を以下では便宜上「手足理論」と呼ぶことにする。

新聞販路協定判決は、上記のように、独禁法（刑事独禁法を除く）において共犯理論を明確に否定した。

⑵ 実務の現状

この判示はしかし、その後の公取委の諸事例・ガイドラインによって、事

実上、覆されている（実例は本書121〜127頁に掲げた）。

　確かに、それらの事例のなかには、共犯理論ではなく、本判決と同様の手足理論で説明できるものもあるかもしれない。

　しかし、事例のなかには、共犯理論でしか説明し得ないものもある。すなわち、文句なく違反者と言えるものに加えて、それに加功（関与）した者をあわせて違反者とした事例である。その典型例が、防衛庁発注タイヤ・チューブ談合に対する諸審決である（公取委勧告審決平成17年1月31日（2件に分かれる）、公取委同意審決平成17年3月31日）。担当審査官の解説は、「メーカーは、実質的にも、法形式的にも〔需要者である防衛庁〕との契約当事者であると考えられる。……したがって、メーカーを違反行為の主体と認定することについては、特に問題はなかろう」としつつ、同時に、「他方、本件の販売業者は、本件取引分野においてタイヤ・チューブの販売を行っている立場ではなく、……メーカーの製作物供給・販売を補助する立場にある……〔がしかし、〕販売業者も事業者であり、かつ、共同行為の参加者である以上、メーカーとともに本件違反行為の当事者と認定することについて、特に問題はないものと考えられる」、としている（前田義則＝清水久臣・同審決解説・公正取引658号（平成17年）49〜50頁）。このような事例に至っては最早、手足理論では説明がつかない。つまり、販売業者は、メーカーを手足として利用していたために形式的取引当事者であるメーカーと同視し得るというのでなく、あくまでメーカーの補助者であると位置づけられ、しかもメーカーとともに違反者とされているのである。

　これは、新聞販路協定判決の上記判示を真っ向から否定し、共犯理論を、ひとり刑事法分野（刑事独禁法を含む）に限定せず、公取委による独禁法適用の局面でも、アナロジーとして用いているもの、と位置づけることができる（今村成和『私的独占禁止法の研究⑴』（有斐閣、昭和31年）233頁が主張していた考え方は、まさにこれにあたる）。

　以上のような考え方を正面から認めるならば、本判決の事案においても、ビーエフは手足に過ぎないという趣旨の認定をするまでもなく、日立情を違反者とすることができたものと思われる。

　なお、別の事実関係を前提として、手足理論によって違反者を決した事例

が、後に現れている（集公取委審判審決平成 27 年 5 月 22 日〔富士電線工業〕）。

4 「縦の共同行為」という問題設定について

本件や、上記の防衛庁発注タイヤ・チューブ談合事件などの諸事例を指して、「縦の共同行為が不当な取引制限だとされた事例である」といった趣旨の紹介がされることが、少なくない。しかしそれは、正鵠を射ていない。

本判決それ自体は、前記 *2*(3)で見たように、代行者としての日立情報に着目したものであって、仕事業者としての日立情報と他の 3 社とによる縦の共同行為という側面に着目したものでは必ずしもない。

本件に関する勧告審決も、同様である（公取委勧告審決平成 5 年 4 月 22 日〔シール談合排除措置〕）。同審決について、日立情報の仕事業者としての顔に着目し、取引段階を異にする場合でも不当な取引制限が成立するとした審決である、と紹介する文献もあるが、審決にはそのような特段の記述は一切ない。特段の記述が何もない以上、他の 3 社と実質的競争関係にある代行者としての顔に着目したオーソドックスな審決だと理解するのが素直であろう。

防衛庁発注タイヤ・チューブ談合をめぐる諸審決のように、共犯理論のアナロジーによって理解される諸事例は、「縦の共同行為」という問題設定とは無縁である。そこにおいて関与者（タイヤ事件では販売業者）が違反者とされる根拠は、形式的な意味で他の競争者と競争関係にある者（タイヤ事件ではメーカー）と関与者との間に「縦の関係」つまり取引関係があることに求められるのでない。関与者を違反者とする根拠は、形式的競争当事者が他の競争者と相互拘束の状態に入ることについて、関与者が何らかの関与をしていることそれ自体に求められる。当該関与者が、自らが行う取引について拘束を受けているか否かは、ここでは無関係である。

もちろん、上流に位置する者がその取引に係る拘束を受け、下流に位置する者もその取引に係る拘束を受ける、という事例は、存在し得るのであり、それを「縦の共同行為」と名付けて論ずることの意義が否定されるわけではない（例えば、販売業者 B を排除するため、メーカー甲は B との取引を拒絶し、販売業者 A は B と取引するメーカーとの取引を拒絶する、という共同行為）。し

東京高判平成 5 年 12 月 14 日〔シール談合刑事〕

かし、それとは次元の異なる議論に「縦の共同行為」というラベルを貼って物事の本質を曇らせるのは、適切ではない。

東京高判平成 6 年 4 月 18 日〔書籍価格表示〕

```
●●●●●●●●●●●●●●●●●●●●●●●●●●●●●●●●●●●●●●●●●●●
```

東京高判平成 6 年 4 月18日・平成 4 年（行コ）第46号
行集45巻 4 号1081頁
〔書籍価格表示〕

1 事例の概要

　平成元年 4 月の消費税制度導入に伴い、再販売価格拘束の適用除外の対象となっている商品について、当時の公取委事務局から次のような内容の文書が公表された（公正取引委員会事務局「消費税導入に伴う再販売価格維持制度の運用について」（平成元年 2 月 22 日）（行集 43 巻 3 号 523 〜 525 頁に掲げられている））。第 1 に、当時の 24 条の 2 （平成 12 年改正後の 23 条と同じ）にいう「再販売価格」とは「消費者が支払う消費税込みの価格である」とした（同1(1)ア）。第 2 に、「価格表示は、消費者の適正な商品選択に資する観点から、消費者に再販売価格が消費税込みであることが分かるよう、次のような表示によることが適当と考えられる」として、「定価 1,030 円（含、税 30 円）」など 5 種類の表示方法を掲げた（同1(3)ア）。制度導入当初の消費税率は 3 ％であった。

　三十数社の出版社（原告・控訴人）は、その出版に係る書籍について新しく消費税込みの定価表示をすることを強制され、カバーの刷り直しや新表示のシールの貼付等のため余分の出費を余儀なくされたとして、国家賠償請求を行った。

　1 審判決は請求を棄却した（東京地判平成 4 年 3 月 24 日）。本判決も、同様の結論に至った。なお、原告は上記の公表文の取消請求も行ったが、抗告訴訟の対象となる行政処分にあたらないとして却下されている。

69

2 問題の本質

公取委事務局の公表文が「再販売価格」の概念を鍵としていたため、1審判決および本判決のいずれにおいても、「再販売価格」とは何か、という点が、消費税制度の構造などを踏まえながら、議論された。

これは、問題の本質を見誤っている。つまり、こういうことである。

控訴人出版社の主張を、その請求内容を裏返すことによって忖度すると、消費税制度導入前の定価表示を引き続き使用することが許されたならばカバーの刷り直しやシール貼付等をしなくてすんで助かったはずだ、ということである（この見方は、後記 *3*(1)で見るような背景事情によっても裏付けられる）。そうしたところ、公取委事務局が、当時の 24 条の 2 にいう「再販売価格」どおりの表示をせよと指導してきた。そこで控訴人は、消費税抜きの本体価格が「再販売価格」であるはずだ、と主張した。これを受けて、1審判決だけでなく本判決も、消費税制度の構造から説き起こして「再販売価格」の意義を論ずることとなったわけである。

しかし、端的に言えば、ここで問題となっているのは、どう表示すべきか（公取委事務局は表示についてどう指導すべきであったか）、ということである。そこでは、当時の 24 条の 2 の「再販売価格」の概念は必須ではない。なぜなら、以下の論述の随所に示されるように、判断の基準は消費者の認識如何にあるはずであり、24 条の 2 の「再販売価格」という、消費者の認識とは直接には無縁の概念の意義にあるのではないはずだからである。かりに、カバー等に税込み総額を表示すべきであるという結論に達するとしても、それは、24 条の 2 の「再販売価格」の概念がそのようになっているからではなく、税込み総額の表示を消費者が求めているからだ、ということでなければならない。

本判決も、問題の本質が「再販売価格」概念にはないことに薄々気づいていたのか、「控訴人らの主張も、右本体価格を最低販売価格として、消費税相当分以外に幾ら上乗せして売却してもよいとか、小売店は 3 パーセントの範囲内で自由に販売できるという趣旨ではなく、消費税相当分の 3 パーセン

トをどのように表示すべきかというに過ぎないものであることは明らかである」と述べている（行集45巻4号1088頁）。

　適用法条について一言するなら、書籍のカバー等に印刷された価格表示が適切であるか否かは、本来は、景表法の問題であろう。かりに譲って、当時の独禁法24条の2の枠内で論ずるとしても、第一義的には、「再販売価格」の意義如何ではなく、「一般消費者の利益を不当に害することとなる場合」に該当するか否かの問題であるはずである。

3　書籍の価格表示

(1)　背景事情

　本判決等には明示的に掲げられていないが、本件紛争の背景を理解するためには、書籍の価格表示に関する次のような事情を念頭に置くと有益である。すなわち、控訴人出版社側としては、消費税相当分（またはそれを含んだ税込み総額）を具体的な金額の形でカバー等に印刷したくない、ということであろう。敷衍すれば、以下のとおりである。書店において書籍は極めて多種類が陳列されており、書店における消費者向けの価格表示は、出版社がカバー等に印刷するという方法が現時点では現実的であるとされている。そして出版社側には幸いなことに、書籍については再販売価格拘束が適用除外となっているから、出版社が消費者向け価格をカバー等に印刷しても独禁法には違反しない。そうしたところ、書籍は、雑誌と違って、相対的に長い年月にわたって店頭に置かれるので、その間に消費税率が変更されるということがあり得る。そこで出版社は、雑誌はともあれ書籍については、消費税相当分を具体的な金額で表示したくないと考えている（消費税法において総額表示義務規定を導入することの可否が議論されていた時期に日本書籍出版協会・日本雑誌協会・日本出版取次協会・日本書店商業組合連合会が連名で財務大臣に提出した「消費税の価格表示に関する要望書」（平成15年2月27日）（例えば日本書籍出版協会ウェブサイトに掲げられている）は、以上のような理解を裏付けている）。

(2) 本判決の批判的検討

さて、本判決は、上記のように本件紛争の第一義的な本質は表示の問題であって「再販売価格」の問題ではないと薄々気づきながら、結局は、上記引用の部分に引き続き、「消費税相当分を含めて再販売価格として表示するのが正当というべきである」と判示した（行集 1088 頁）。

しかし問題は、かりに消費税相当分を含んで表示する必要があるとして、その消費税相当分を具体的な金額によって表示しなければならないのかどうか（消費税率が変更されても影響を受けないよう変数を使って表示することは許されないのか）、ということなのである。本判決は、その点を正面からは論ぜず、公取委の指導は国家賠償法上違法ではないとの結論に至った。

これについては、次の 2 点から、批判が可能であろう。

第 1 に、消費者向けの表示の是非が問題となっているのに、本判決には、消費者の認識というものを具体的に検討した形跡がない。消費税法 63 条の 2 の総額表示義務規定が導入された平成 16 年 4 月より前は、一般の多くの商品役務について税抜き価格のみによる表示が広く行われていたように思われ、しかもそれらを景表法上の問題とする機運にはなかったように思われる（そうであるからこそ、総額表示義務規定の導入に際して大きな議論がされたのではないだろうか）。

第 2 に、本判決は、国家賠償法上違法ではないとの結論に至るにあたり、公取委の指導は例示に過ぎない、とも述べている。しかし、本件公表文に掲げられた 5 種類の表示はいずれも、消費税相当分を具体的金額によって表示したものである。公表文の 5 種類のほかに公取委が実際に容認したと認定された第 6 の表示もやはり、具体的金額を用いている。本件公表文や、あるいはそれに伴う口頭のやりとりを含めた総体において、具体的金額を用いない表示を禁止するとの意味合いが公取委担当者から控訴人出版社らに伝えられ強制されたか否かという点が重要であるのに、本判決はその点の認定を十分に行っていないように思われる。

⑶ その後

その後、平成9年4月の消費税率変更（3%→5%）を機に、書籍の価格表示は、「定価（本体2,200円＋税）」などと、消費税相当分について「税」という変数を用いるようになった。これに際しての公取委との間でのやりとりの有無・内容は定かではないが、ともあれ、公取委はそれを容認または黙認した。

また、平成16年4月からの総額表示義務規定の施行に際しては、日本書籍出版協会等の4団体の税制等対策特別委員会が、「財務省等との打合せを含め検討を行」ったとしたうえで、「消費税の総額表示への対応について」と題するガイドラインをまとめている（平成15年6月3日。平成16年2月24日増補。例えば日本書籍出版協会ウェブサイトに掲げられている）。これによれば、書籍に挟まれるスリップには具体的金額による総額表示が求められたが、カバーにおいては、「税」という変数を用いた「定価（本体2,200円＋税）」のような表示を引き続き行ってよいこととなった。このガイドラインへの公取委の関与の有無・内容は定かではないが、ともあれ、このガイドラインに従ったカバー表示が容認または黙認されていることは明らかであるように見受けられる。書籍に限定しない一般的な文書において公取委は、「別途消費税額を支払う必要があることを明りょうに表示しないで」税抜き価格のみを掲げると景表法上の問題となるとしている（公正取引委員会「改正消費税法に基づく『総額表示方式』の実施に当たっての独占禁止法及び関係法令に関するQ&Aについて」（平成15年12月3日）問9の答）。裏返せば、消費税額を加算して支払う必要があることが明瞭となっていさえすれば消費税額が具体的な金額で表示されていなくともよいとしているようにも見える。

結局、現状を理解するには、現在の独禁法23条の「再販売価格」の意義などには関係なく、表示の是非は一般消費者の認識によって決まるのだという景表法の基本中の基本を確認しておけば足りる、と言えそうである。

大阪高判平成 6 年 10 月 14 日〔葉書〕

大阪高判平成 6 年10月14日・平成 4 年（ネ）第2131号
判時1548号63頁
〔葉書〕

---

1 事例の概要

郵便局（当時は国）は、年賀葉書・春の挨拶葉書「さくらめーる」・暑中見舞葉書「かもめーる」を、41 円で売り、図画入りの年賀葉書のみは 43 円（3 円の寄附金を除く）で売っていた。「さくらめーる」と「かもめーる」は、図画入りであっても 41 円で売っていた。当時の葉書の切手代は、41 円であった。

これによって損害を受けたとする複数の私製葉書業者（原告・控訴人）が、国を相手取り、国の廉売行為は昭和 57 年一般指定 6 項（平成 21 年改正後の 2 条 9 項 3 号・一般指定 6 項に相当）に該当するなどとして、損害賠償請求等を行った。葉書の私製は、当時の郵便法 22 条 3 項但書によって、認められていた。

1 審判決で私製葉書業者が敗訴したため（大阪地判平成 4 年 8 月 31 日）、控訴された。

本判決は、図画等がない葉書については、郵便法により 41 円で売ることを国は強制されていることを理由として、私製葉書業者の主張を退けた（当時の郵便法 34 条 1 項の反対解釈）。

そこで本判決は、図画入りの葉書について、さらに進んで検討を行った。当時の郵便法 34 条 1 項 2 号が、図画等を記載した郵便葉書については切手代相当額を超える額であって図画等の記載に要する費用を勘案して省令で定める額をもって販売することができる、との旨を規定していたからである

74

（つまり、省令制定行為が独禁法に違反する可能性があることを前提とした立論）。結論としては、やはり独禁法に違反しないとして、私製葉書業者の主張は退けられた。

本件は「お年玉付き年賀葉書事件」と呼ばれることが多いが、事件の核心を突いた呼称ではない。本件の主たる争点は図画等の有無にまつわるものである。上記のとおり、いくら籤付きであっても、図画等がない場合には、41円を超える価格設定を郵便法は許していなかった。さらに後記2の終盤で見るように、本件では、年賀葉書よりも「さくらめーる」や「かもめーる」のほうが相対的に、最終的な独禁法違反の成否の判断が微妙であった。本件の核心は、「お年玉付き」にも「年賀」にも、存在しないのである。

2 1審判決と本判決

1審判決は、昭和57年一般指定6項に該当するか否かを検討するに際し、次のような判示をした。「なお、年賀郵便は年々増加し、その配達は配達先毎にまとめて配達されるので、その集配コストは極めて低くなることから、現行の年賀郵便の郵便料金は高額に過ぎ、むしろ、減額すべきであるとの意見さえ出るに至っている」、「その発行、販売及び集配の全経費からすると、原価を割った不採算商品とは到底認め難い」（いずれも判時1458号118頁）。

しかし、本件で問題となっている商品役務は何か、換言すれば、本件での検討対象市場は何か、ということを考えれば直ちに、1審判決の上記の論理は不適切であることがわかる（白石忠志・1審判決評釈・ジュリスト1020号（平成5年）45～46頁）。以下、敷衍する。

本件で問題となる商品役務は、葉書用紙である。私製葉書業者が売っているものはまさに葉書用紙であって、需要者は、切手（国による信書送達役務の引換券）を別途購入して、私製葉書業者から買った葉書用紙に貼るわけである。それに対して国は、葉書用紙と信書送達役務とを一体とした官製葉書なるものを売っているわけであるが、そのうちの葉書用紙の部分のみが、本件での検討対象市場となる。一体であるから分けて独禁法上の考察をすることは許されない、ということにならないのは当然であって、そのような論法

が通用するのであれば、独占者は皆、自社の競争事業を独占事業に物理的に一体化させようとするであろう。

このように、本件は、国が葉書用紙を零円（「さくらめーる」と「かもめーる」の場合）で売った行為が葉書用紙の市場における弊害をもたらす略奪廉売行為に該当するかどうか、という観点から論ずべきこととなる。

1審判決の上記判示は、年賀郵便はまとめて配達されるという信書送達役務の費用の問題を、葉書用紙の略奪廉売が問題となった本件において、理由づけのひとつとした。信書送達役務という他の事業部門からの内部補助があるという事実を、略奪廉売規制に違反しないことの理由として用いてしまった例である、と言ってよい。ある事業者に独占事業と競争事業とが共存している場合に両者にまたがる共通費用をどちらの費用とみて略奪廉売規制を行うか、という点は、略奪廉売規制における大きな論点のひとつである。しかし、「まとめて配達」云々は、共通費用どころか、独占事業である信書送達役務に固有の費用そのものであって、論点とされるよりも以前の問題である。

本判決は、1審判決のそのような欠点を考慮してか、「まとめて配達」云々には触れずに理由づけを行った（判時1548号66頁）。すなわち、第1の理由は、図画の記載に要した経費は、年賀葉書においては1.91円であってそれを勘案して価格に2円を加算したものと評価することができ、「さくらめーる」と「かもめーる」においては1円未満のわずかな額であるから価格への加算が零円であってもやむを得ない、という点である。第2の理由は、国が郵便の役務をなるべく安い料金であまねく公平に提供することによって公共の福祉を増進すべきであるという公共目的である。

なお、第1の理由は、判決の文面上明らかに、当時の郵便法34条1項2号（前記1で紹介済み）の縛りのもとで勘案することが許されているものを的確に勘案した省令制定行為を行っているか否かを検討したものである。独禁法の略奪廉売規制で問題となる費用基準を論じたものではない。

3 法律家の仕事

本件の検討対象市場は葉書用紙市場であるという上記拙稿の指摘は、独禁

法上の多くの問題を小さな市場の画定の問題に収斂させるものである、など
といった批判的反応を受けた。

　当然のことながら、当時すでに、市場 α で独占事業を営む者が市場 β で
競争事業を営む場合の α から β への内部補助およびその防止策は、しばし
ば論ぜられていた。当時の議論における代表的な α は市内通信であり、代
表的な β は長距離通信であった。本件での検討対象市場は葉書用紙市場で
あるという論は、その単なる応用であり、葉書用紙を長距離通信になぞらえ
たものであるに過ぎない。長距離通信とは違って葉書用紙は市場と呼ぶには
値しない、という批判があるとすれば、それに対してはまず、その葉書用紙
のみを現に売り、損害を受けたとして裁判所まで来ている私製葉書業者らが
存在するという現実をどう考えるのか、と答えることになるが、もちろん念
のため、一般的枠組みとしては、当該品物が独禁法上の保護に値する独立の
市場を形成するような商品役務であるか否かという考察過程を用意すること
は必要である（白石・前掲43頁）。拙稿は、そのような前提を明らかにした
うえで、論じたものである。

　以上のような立論は、独禁法の全ての場面に応用できるものである。それ
を拒否し、小さな品物の市場の成否を論ずる可能性を頭ごなしに退けるので
あれば、例えば、官公庁の1回の発注でも市場を形成するから1回限りの入
札談合でも不当な取引制限に該当する、などという論に与することは、難し
くなるはずである。

　また、本件は葉書用紙の市場における他者排除が問題となったものである
と的確に本質を捉えることができたならば、本件は、後年において大きな話
題となったセット割引（bundled discount——公取委の表記では「バンドル・デ
ィスカウント」）の一例であるということがわかる。国は信書送達を独占して
いるのであるから葉書用紙を零円で売っていることになる、という前記 *2*
のような分析は、まさに、米国流の表現でいう「Discount Attribution Test」
（公取委の訳では「割引総額帰属テスト」）の結果そのものであろう。しかし、
最近においてセット割引を積極的に議論している論者は、同時に、本件当時
は葉書用紙の市場を画定することに批判的であった論者や、その影響を受け
た論者であるためか、セット割引を論じはするが貴重な日本の先例である葉

書事件には言及しないという、もったいない状況にとどまっている。

　法律家のひとつの仕事は、問題の本質を見抜き、それを言語によって構造化して、他の同種の問題と繋げていくことにある。本件の検討対象市場は葉書用紙市場であるという発想は、本件を、通信・電力・ソフトウェアその他の分野においてしばしば話題となる問題に結びつけるための回路を提供する。そのような回路を頭のなかに持てるならば、巨大産業を舞台とした議論を本件に応用でき、また逆に、本件の教訓を巨大産業を舞台とした議論に活かすことができる。世間の耳目を集める問題においては競争事業を単独の市場と位置づけて華々しく論じつつ、他方で本件において「葉書用紙市場」という発想に抵抗を示すというのは、あまり格好のよいものではない。独禁法は、全ての商品役務に適用される法律であるから、それだけ、立論の一般性が試される。

公取委審判審決平成 7 年 7 月 10 日〔大阪バス協会〕

公取委審判審決平成 7 年 7 月10日・平成 3 年（判）第 1 号
審決集42巻 3 頁
〔大阪バス協会〕

1 事例の概要

事業者団体である大阪バス協会の会員のうち 59 名が貸切バス事業を営んでおり、これらの者が保有する貸切バスの車両数は、大阪府内における貸切バスのほぼ全部を占めている。

貸切バスの運賃等は、当時の道路運送法 9 条 1 項に基づき運輸大臣の認可を受けなければならず（以下「認可運賃等」という）、各事業者は認可運賃等の上下それぞれ 15％の範囲内で自由に運賃等を設定できることとされていた（以下「上限運賃等」「下限運賃等」という）。この幅の外の運賃等を収受する行為は、当時の同法 99 条 1 号により、刑罰の対象ともなると規定されていた（本審決が引用する審決案理由中、審決集 7 頁および 42 頁において、当時の道路運送法の概要が示されている）。なお、本審決は運賃と料金を総称して「運賃等」と呼んでおり、ここでもそれにならう。

大阪府の貸切バス市場では、種々の理由で、旅行業者が旅行を主催し旅行者を募集して行う貸切バス旅行向け輸送を中心とし、会員貸切バス事業者のほぼ全体を通じて、認可運賃等の額を大幅に下回る運賃等による取引が大規模かつ経常的に行われていた（以下「実勢運賃等」という）。しかし、個々の会員貸切バス事業者が運賃等の引上げを図ることは、大手旅行業者に対する取引の依存度が大きいことなどにより、困難な状況にあった。

そこで大阪バス協会は、会員貸切バス事業者が運賃等を引き上げるべきことを決定した（以下「協定運賃等」という）。

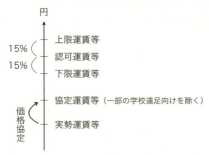

公取委は平成3年1月7日、8条1項1号（平成21年改正後の8条1号と同じ）を根拠として審判開始決定をし（審決集42巻86頁）、その後の紆余曲折を経たうえで（例えば審決集42巻目次下欄）、本審決を行った。協定運賃等には、目的地などに応じて様々なものがあるわけであるが、協定運賃等が下限運賃等以下であったものについては独禁法違反なしとし（後記 *3* ～ *5*）、協定運賃等が上限運賃等と下限運賃等との間にあったものについてのみ、しかし8条1項1号ではなく8条1項4号（平成21年改正後の8条4号と同じ）に違反するとした（後記 *6*）。

本審決を論ずるにあたっての前提知識として、審決がそのまま引用した審決案の作成に裁判官出身の成田喜達審判官が関与したことと、石川正弁護士が被審人大阪バス協会の代理人であったこととの2点は、必須である（石川正「規制分野における独禁法のエンフォースメントについて」塩野宏先生古稀記念『行政法の発展と変革 下巻』（有斐閣、平成13年）557頁）。本審決を最も詳細に紹介したものとして、本審決を掲載した判例タイムズ該当箇所冒頭の匿名解説がある（判タ895号（平成8年）57～62頁）。

2 いわゆる一般法特別法論

大阪バス協会側は、根岸哲教授の意見書を提出した（その内容は、石川・前掲558頁によれば、根岸哲「道路運送法上の認可運賃制と独占禁止法」公正取引499号（平成4年）と同じであるという）。根岸教授は、「公取委の代弁者ではなく研究者であることを、公取委に対しても公取委外の方にも示す絶好のチャンスであると考え」た（根岸哲「経済法と私(下)」書斎の窓558号（平成18年）43頁）。

根岸・前掲平成4年論文は縷々述べているが、本件に関係する論旨は、詰まるところ、独禁法は一般法であり道路運送法は特別法であるから「特別法である道路運送法が自由な競争を否定する範囲においては一般法である独占

禁止法の適用は及ばない」というひとことに尽きる（根岸・前掲平成4年論文5頁、8頁）。この主張は、その実質はともあれ外面においては、誤解を招きやすい。特別法である道路運送法が制定されている貸切バス事業の運賃等というものはおよそ独禁法の適用対象ではない、と主張しているのではない。「自由な競争を否定する範囲において」独禁法の適用対象とはならない、と主張しているのである。「一般法特別法論」という呼称が与える印象とは、やや異なっている（石川・前掲554〜555頁）。

ともあれ、本審決は以上のような意味での一般法特別法論を否定したが（審決集41〜55頁）、しかし本審決は、後記3および4で見るように、結局のところ、一般法特別法論に類似した枠組みを用いて結論に至っている。

後述の本審決の論理と一般法特別法論とで、法的帰結においてどのような違いが生ずるかといえばそれは、当該「特別法」が形骸化している場合にも当該「特別法」を優先させるか否かという点にしかない（根岸哲「貸切バス運賃カルテルと独占禁止法」公正取引541号（平成7年）15〜16頁）。大阪バス協会の代理人であった石川弁護士自身は、後年、あくまで「特別法」を優先しようとする一般法特別法論について、「躊躇を感ずる」と述べている（石川・前掲556頁）。

言い換えれば、本審決は、その事業における「特別法」の存在を独禁法違反要件の成否の判断において勘案することを否定したのでは全くない。当該「特別法」が形骸化している場合であってもあくまで当該「特別法」を優先させる、という論（上記の意味での一般法特別法論）を否定したのであるに過ぎない。後年、ともすれば、独禁法の解釈において「特別法」の存在を勘案する必要は全くないとする主張の根拠として本審決が引用されることがあるが、本審決の読み方として完全に誤っている。

3　正当化理由と条文

(1)　問題の所在と前史

「特別法」という言葉を使うか否かは別として、大阪バス協会が主張し本

審決も結論として受け容れた考え方は、詰まるところ、本件価格協定は道路運送法への違反度を軽減しようとする行為であるから正当化理由がある、というものである。

そこでまず、そのような考え方が条文上どこに位置づけられるのか、ということを明らかにする必要がある。

この点について、昭和59年の石油製品価格協定刑事最高裁判決は、不当な取引制限の定義規定である2条6項を念頭に置きながら、次のように述べていた。「独禁法の立法の趣旨・目的及びその改正の経過などに照らすと、同法2条6項にいう『公共の利益に反して』とは、原則としては同法の直接の保護法益である自由競争経済秩序に反することを指すが、現に行われた行為が形式的に右に該当する場合であつても、右法益と当該行為によつて守られる利益とを比較衡量して、『一般消費者の利益を確保するとともに、国民経済の民主的で健全な発達を促進する』という同法の究極の目的（同法1条参照）に実質的に反しないと認められる例外的な場合を右規定にいう『不当な取引制限』行為から除外する趣旨と解すべきであ」る（集最判昭和59年2月24日〔石油製品価格協定刑事〕（刑集38巻4号1311頁））。

この考え方は2条6項の「公共の利益に反して」という文言に託して正当化理由の要素を読み込もうとしているため、これに対するひとつの批判としては、不当な取引制限か8条1号かによって法的帰結が分かれる可能性があり、不都合である、というものを提起できる。不当な取引制限と8条1号との間には、行為の主導権がどこにあるかという違いがあるに過ぎず、取り扱っている違反行為の実質は同じなのであって、そうであるにもかかわらず一方では正当化されて違反なしとされ他方では正当化されず違反となる、というのでは具合が悪いからである。

(2) 本審決

平成7年の本審決は、そのような議論状況のなかで、まさに8条1号（当時は8条1項1号）を舞台として、正当化理由を論じたものである。次の①～③のように述べている（審決集56～57頁）。

①「運賃等に限らず事業者又は事業者団体により価格協定がされた場合に

独占禁止法による排除措置命令をすることができるかどうかを一般的に検討してみると、通常であれば『一定の取引分野における競争を実質的に制限』しているとされる外形的な事実が調っている限り、このような場合は、原則的に同法第3条（第2条第6項）又は第8条第1項第1号の構成要件に該当すると判断され、同法第7条又は第8条の2に基づく排除措置命令を受けるのを免れないのがあくまでも原則であると考えられる」。

②「もっとも、その価格協定が制限しようとしている競争が刑事法典、事業法等他の法律により刑事罰等をもって禁止されている違法な取引（典型的事例として阿片煙の取引の場合）又は違法な取引条件（例えば価格が法定の幅又は認可の幅を外れている場合）に係るものである場合に限っては、別の考慮をする必要があり、このような価格協定行為は、特段の事情のない限り、独占禁止法第2条第6項、第8条第1項第1号所定の『競争を実質的に制限すること』という構成要件に該当せず、したがって同法による排除措置命令を受ける対象とはならない、というべきである」。

③「なぜならば、〔一般法特別法論を否定した箇所〕において詳しく検討したとおり、同法による排除措置を命ずることができるかどうかは、専ら同法の見地から判断すべきであって、道路運送法の認可制度を定める規定により当然に判断の拘束を受けるものではないが、独占禁止法の直接及び究極の目的、すなわち、同法第1条に記載された、公正かつ自由な競争を促進し、もって、一般消費者の利益を確保するとともに、国民経済の民主的で健全な発達を促進するという目的をも考慮してみると、これらの場合には、他の法律により当該取引又は当該取引条件による取引が禁止されているのであるから、独占禁止法所定の構成要件に該当するとして排除措置命令を講じて自由な競争をもたらしてみても、確保されるべき一般消費者の現実の利益がなく、また、国民経済の民主的で健全な発達の促進に資するところがなく、公正かつ自由な競争を促進することにならず、要するに同法の目的に沿わないこととなるのが通常の事態に属するといい得るため、特段の事情のない限り、その価格協定を取り上げて同法所定の『競争を実質的に制限する』ものに該当するとして同法による排除措置命令を受ける対象となるということができないからである」。

(3) 本審決の分析

　本審決の以上のような判示は、石油製品価格協定刑事最高裁判決の判示に沿い、ほぼ同じことを具体的事案に即して論じたもの、ということができる。①は、違反ありとの事実上の推定について述べているが、その根拠とされている「外形的な事実が調っている」という表現は、最高裁判決の「形式的に右に該当する」という表現に符合する。そして②で、他の法律の存在、という、上記事実上の推定を覆すような事情があれば、原則と例外とが逆転して違反なしとの事実上の推定がされることを論じている。③はその理由であるが、③が結局のところ1条の目的規定に依拠した論述を行っていることも、最高裁判決と符合する。

　本審決が最高裁判決と異なるのは、その同じ結論を導くにあたって、「競争の実質的制限」に該当するもののうち「公共の利益に反して」に該当しないものを違反としない、という最高裁判決のような論法ではなく、そのようなものはそもそも「競争の実質的制限」に該当しないから違反でないのである、という論法に依拠している点にある。この論法であれば、不当な取引制限であっても8条1号であっても違反となる行為の範囲は同じとなり、不都合は生じない。

　本審決は、「排除措置命令をすることができるかどうか」という問題の立て方をし、違反だが排除措置命令が不可能、という論法を採っているかにも見えるが、上記引用部分を一読すれば、排除措置命令が許されないものは「競争の実質的制限」に該当せず違反でない、と論じていることが明白である。審決＝審決案の執筆者がその主観において当時どのように考えていたかは定かではないが、そのようなものよりも、それらの執筆者の手を離れた文書が文面上客観的にどのように読めるかが重要であると、私は考える。

　最近では、正当化理由の観点からの記述がガイドラインや相談回答事例に頻出しており、これらのうちには「競争の実質的制限」が弊害要件となる違反類型に関するものも含まれているが、それらはいずれも、正当化理由があれば競争の実質的制限にあたらない、という論法を採用している（例えば、排除型私的独占ガイドライン第3の2(2)オ）。本審決が先駆的に示した枠組みを

無意識のうちに前提とした論法である。

(4) 平成12年最高裁決定について

以上のような流れをよそに、平成12年の最高裁決定は、依然として「公共の利益に反して」という文言に依拠した論述を行っている（最決平成12年9月25日〔東京都発注水道メーター談合〕）。その際、大阪バス協会審決およびそれに端を発する上記のような検討が参照された形跡は、示されていない（山口雅髙・同決定調査官解説・最判解刑事篇平成12年度）。非刑事法事件は、刑事法専門家の視野には入らなかったのであろう。尤も、本審決のような「競争の実質的制限」の縮小解釈と、同決定のような「公共の利益に反して」の文言を用いた違反範囲の縮小とが、並存しても、個々の事件の処理において矛盾は生じない（以上のような諸点を踏まえたうえで、なお、後者の論法により貫徹することも可能だと指摘するものとして、佐伯仁志・注釈815～816頁）。

4 正当化理由の実質的根拠

上記②のように、本審決は、本件の事案に即して、「その価格協定が制限しようとしている競争が刑事法典、事業法等他の法律により刑事罰等をもって禁止されている違法な取引……又は違法な取引条件……に係るものである場合に限っては」原則と例外が逆転して違反なしとの事実上の推定を受けるとしたのであるが、その理由は、③のように、独禁法の適用によってそのような競争をもたらしてみても、1条の目的規定が目指す国の政策目的に資するところがない、という点に求められている。すなわち、他の法律が刑事罰等をもって禁止しているということは、そのような行為を行わせないのが国の政策だということであり、独禁法が主として目指す競争のみが国の政策ではないのであるから、そのような他の政策とも調和し必要に応じ譲り合ったうえで彫琢されたものが真の意味での競争政策であるはずだ、ということになる。

ここで、以下の諸点に注意する必要がある。

第1に、本審決は、他の法律により禁止されていることに係るものである

「場合に限っては」、という謙抑的な論述を行っているが、今日では、極めて多種多様な場面で正当化理由に相当するものが論ぜられており、「場合に限っては」とは言い難い状況にある。現実の事例等の多様な展開によって、本審決の判示が想像以上の広がりを持つものであったことが証明された、ということであろう。

　第2に、本審決は、「刑事罰等をもって禁止」という表現を採用している。ここでは、刑事罰をもって禁止されているか否かは重要な問題ではなく、国の政策として何が指向されているかということが重要である（石川・前掲562頁も同旨であろう）。刑事罰が用意されているのならば、当該政策がそれだけ強く採られているのであろう、というだけのことであるに過ぎない。したがって、例えば次のような諸々の場合は、本審決の射程に入って然るべきものと思われる。すなわち、事業法に従って届け出られた特定の行為に対し事業法による変更命令がされないことによって当該行為が事業法上是認されるものとして扱われていると見られる場合、適切な行政指導に従って行為を行っている場合、などである。

　第3に、以上のような本審決の考え方は、事業法規制を行う事業所管官庁の専門的判断に対する信頼というものを基盤としている。そうであるからこそ、本審決は、「元来道路運送法により認可運賃等以外の運賃等による取引が違法とされているからこそ排除措置命令の適用除外が考慮されるのであるから、同法の適用関係、殊にその適用の実態が重要な判断資料となり、中でも同法の運用を主管する主務官庁による同法の現実の運用状況が判断に当たり極めて重要な役割を果たすことは否定することができない」と述べている（審決集61頁）。そしてそのうえで、「そのような実勢運賃等による取引が平穏公然としてしかも継続的に行われながら主務官庁により法律的に効果のある措置が相当期間にわたり全く講じられていない」（審決がいう「㈡エの①の点」と「㈡エの②の点」は、本件では、結局この引用部分に集約される）ということが立証された場合には、原則と例外が再度逆転し、違反なしという事実上の推定が覆って、当該事業法規制に対して独禁法が遠慮する必要はなくなる、という考え方を導いているわけである（審決集61頁）。

　第4に、本審決の事案も含め、過去においては、事業法規制といえば競争

を制限する方向でのものである、という固定観念が支配し、それを前提とした議論が行われてきたが、近年では、競争政策の観点からの競争促進的規制が事業法によって行われることが、珍しくない。そうであるとすれば、本審決の枠組みは、正当化理由のみならず、独

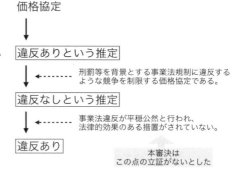

禁法違反要件の全般にわたって、妥当するはずのものと思われる。例えば、専門的知見を持つ事業所管官庁が特定の行為に対して競争促進的規制としての変更命令を行わないという事実が、当該行為は独禁法上の違反要件を満たさないという事実上の推定の根拠となる、という考え方は、本審決の趣旨を昨今の競争促進的事業法規制に当てはめれば、自然に出てくるように思われる。

5 立証責任

(1) 正当化理由と立証責任

　本審決は、公取委の命令をめぐる争訟における立証責任について論じたという点でも重要である（以下に関連して、川出敏裕「挙証責任と推定」松尾浩也＝井上正仁編『刑事訴訟法の争点〔第3版〕』（有斐閣、平成14年）158～159頁、前掲匿名解説61頁）。

　すなわち本審決は、まず、問題となっている行為は事業法で禁止された競争を制限しようとするものであるなどという点について、「これらの事実は通常の事態との関係では例外に属するから、審査官の主張自体から明らかでない限り、被審人の側からこれらの点を指摘する主張がなければ、これらの点をあえて審判において考慮する必要がない（その意味では、指摘ないし特定の負担が被審人の側にあるといってもよい。）と思われる」と述べた（審決集57頁）。これは、刑事訴訟分野で違法性阻却事由等をめぐって論ぜられ

る争点形成責任または証拠提出責任と同様のものであろう。本審決の判示は、正当化理由をめぐる立証責任論全般に応用できるものであると思われる。

他方で本審決は、「いったん被審人からこれらの事実の指摘がされた場合（もとより審査官の主張自体から窺われる場合も同様である。）には、審査官が価格協定が制限しようとしている競争が法律により禁止されている違法な取引又は違法な取引条件に係るものでないことの最終的な証明責任を負担すると考えてよいと思われる」とも述べた（審決集58頁）。これも、争点形成責任または証拠提出責任が尽くされた場合には検察官に立証責任が発生するという刑事訴訟分野の考え方と同様のものであろう。争点形成責任・証拠提出責任のようなひとひねりのある議論はもとより、通常は審査官に立証責任があるという大前提もまた、本審決の前には、独禁法分野で明確に論ぜられることは少なかった。

本審決は、以上のような枠組みに基づき、前記**4**でも触れたところの、「そのような実勢運賃等による取引が平穏公然としてしかも継続的に行われながら主務官庁により法律的に効果のある措置が相当期間にわたり全く講じられていない」という点の立証責任を審査官に負わせ、その立証責任を審査官が尽くしていないとして、違反なしという結論を得た。審判手続には職権主義的な色彩もあるが当事者主義的な面も色濃いとする認識を支えるひとつの例であろう（前掲匿名解説61頁）。本件において立証責任を根拠とした判断をすることの理由として明示的に掲げられたのは、審判開始決定から約4年半を経過していることなどの諸点である（審決集63頁）。

(2) 体系的な含意

ところで、以上のような立証責任論が採られるのであればなおさら、正当化理由という概念を正面から認知して位置づける必要がある。なぜなら、正当化理由については、他の独禁法違反要件との比較においては、立証責任の観点から被疑違反者に一定の負担が求められるのであるから、そのような負担が求められるような種類の主張であるということを被疑違反者にわかりやすく示すという手続保障の観点から、正当化理由という概念を用いた色分けをすることが有益であり必要であるからである。正当化理由という概念を正

面から位置づけることに抵抗を示し、競争の実質的制限や公正競争阻害性の判断のなかに無言のうちに紛れ込ませようとする議論はしばしば見られるが、そのような論は、体系的明確性や整合性の観点からだけでなく、手続保障の観点からも不適切である。

以上の点は、かつて東京大学法学部での講義のあと、教室で学生から指摘されたことである。正当化理由という概念を正面から位置づけるべきことは独禁法違反要件論の体系化における私の年来の主張であったが、それを手続保障の観点からも補強する指摘を受け、目から鱗が落ちた。

6 学校遠足向け輸送

大阪バス協会の本件行為には、しかし、ごく一部ではあるが、協定運賃等が上限運賃等と下限運賃等との間にあるものが存在した。審決案の別紙目録（審決集 83 〜 85 頁）に掲げられた、大阪を出発地とし京都・奈良・須磨などを目的地とする学校遠足向け輸送である。これらについては、以上のような壮大な議論とはおよそ関係なく、まさに通常どおり、独禁法違反を論じ得ることになる。

ただ、本審決は、これらの価格協定は 8 条 1 項 1 号（平成 21 年改正後の 8 条 1 号と同じ）ではなく 8 条 1 項 4 号（平成 21 年改正後の 8 条 4 号と同じ）に違反するとした（審判開始決定書には記載されていなかった 8 条 1 項 4 号を用いることの当否については、審決集 73 頁に判示がある）。8 条の 3 によれば、8 条 1 項 1 号違反なら課徴金が課されるが 8 条 1 項 4 号違反なら課徴金が課されないのであるから、いずれが適用されるかによって被審人には天地の差がある。

本審決は、8 条 1 項 1 号でなく 8 条 1 項 4 号を用いる理由として、2 点を挙げている。すなわち、第 1 に、別紙目録記載の限度における学校遠足向け輸送の取引が「一定の取引分野を形成していたかどうかを確定するには足りない」という点と、第 2 に、「現実に発地のみを大阪府内とする貸切バスの運送事業に他の事業区域の貸切バス業者がかなり食い込んでいることが認められる。ところが、本件全証拠によっても、別紙目録記載の限度における学

校遠足向け輸送の取引実績において会員貸切バス事業者がどの程度の比率を占めていたかを明らかにすることができない」という点とである（以上、審決集71頁）。

　第2点のように、競争の実質的制限の成立を支える重要な事実の立証がされていないのであれば、それだけで、8条1項1号に違反しないという判断が導かれるに十分であろう（事実認定を疑うという研究スタイルももちろんあってよいが、私自身は、審決や判決の事実認定を前提としてそれに立脚する法律論を論ずるのを原則としている）。

　他方、第1点は、一定の取引分野というものが一定以上の規模を持つものに限定されるという解釈を前提としたもののようにも見える。しかし、2つの理由が併記され、しかも後者の判示だけでも違反なしとの結論を得るに十分であるのならば、一定の取引分野の解釈論をめぐる先例としての重みを前者の判示に見出すのは早計である。

7　総　括

　日本独禁法の歴史における本審決の最大の功績は、ひとことで言えば、独禁法を法的なものに近づけようとする営みのランドマークとなった、という点にある。法律家としての眼で見て読み応えのある文献・資料は、この分野には少ない。それは、独禁法という分野の重要性とは不相応な状況である。本審決は複雑かつ難解に過ぎると受け止める向きもあるが、しかしそのようなものでなければ、独禁法をめぐる従来の状況を揺り動かす起爆剤とはなり得なかったであろう。独禁法を法的に学ぼうとする者が必ず読み、その意義を反芻すべき審決である。

公取委審判審決平成 8 年 4 月 24 日〔中国塗料〕

> **公取委審判審決平成 8 年 4 月24日・平成 7 年（判）第 1 号**
> **審決集43巻 3 頁**
> **〔中国塗料〕**

1 事例の概要

　船舶用塗料について、価格協定が行われた。中国塗料はそれに加わっていた。公取委は、これが不当な取引制限に該当するとして、排除措置を命ずる勧告審決をした（公取委勧告審決平成 6 年 2 月 28 日）。

　課徴金に係る審判手続において中国塗料は、当該違反行為成立後・終了前に販売開始された船舶用塗料である「バンノー 200」という新製品が、価格協定の対象外であるから 7 条の 2 第 1 項にいう「当該商品又は役務」にあたらない、と主張した。本審決は、この主張を退けた。

　本審決の詳細な紹介として、本審決を掲載した判タ・判時の該当部分冒頭の匿名解説がある（判タ 910 号（平成 8 年）252 ～ 254 頁および判時 1567 号（平成 8 年）73 ～ 75 頁。両者はほぼ同文であり、以下では判タで引用する）。このほか、本件のような問題をめぐる公取委関係者の発想法をわかりやすく示した資料が存在する（鈴木満・本審決評釈・平成 8 年度重要判例解説（ジュリスト 1113 号、平成 9 年））。

2 「当該商品又は役務」

(1) 出発点

本審決は、不当な取引制限の定義規定である 2 条 6 項にも遡ったうえで、

91

「第7条の2にいう『当該商品』とは、事業者が一定の取引分野における競争を実質的に制限する行為をした場合において相互にその事業活動を拘束した他の事業者との違反行為の対象である商品ということができる」とする（審決集16～17頁）。

この判示は、以下のように補足する必要がある。

まず、条文の文言解釈の問題として、判示の結論と同じ結論は以下のように導くことができる。法令における「当該」の語は、「ある規定中の特定の対象をとらえて引用する場合に、それが先に掲げた特定の対象を指示するものであり、それと同一のものであることを示す冠詞として用いられる」（法制執務研究会編『新訂ワークブック法制執務』（ぎょうせい、平成19年）722～723頁）。本審決に適用された平成17年改正前の7条の2第1項を見ると、「当該」の前に、「〔不当な取引制限で〕商品若しくは役務の対価に係るもの又は実質的に商品若しくは役務の供給量を制限することによりその対価に影響があるものをしたときは」という文言がある（平成17年改正後は、同等のものが号で括られて同項末尾に移されているが、「当該」の前に「次の各号のいずれか」という文言があるので、やはり同じである）。したがって、7条の2第1項にいう「当該商品又は役務」とは、対価に係る共同行為等の対象となった商品役務を指す。

ただ、この結論については以下のような限定的解釈が必要である。すなわち、不当な取引制限が起こっていると公取委が判断した検討対象市場よりも広い範囲で対価に係る共同行為等が行われた場合にどう取り扱うか、である。このような場合、検討対象市場の外にある商品役務についていかに対価に係る共同行為等が行われたとしても、その部分については公取委は当該事件において不当な取引制限と評価していないのであるから、課徴金対象となる「当該商品又は役務」に含めることはできないであろう。そのことは、7条の2第1項が「不当な取引制限……で」という限定を置いたうえで商品役務の対価に係るもの等という要件を規定している点に明確に表現されている（以上のことについてはさらに、集公取委命令平成20年2月20日〔マリンホース〕に関する本書304～305頁）。

(2) 判断基準

ともあれ本審決は、特定の商品役務（本件ではバンノー200）が「当該商品又は役務」に該当するか否かを決する基準として、次のようなことを述べた。「ある商品の価格形成に恣意的な影響を与える特定の違反行為が独占禁止法違反と認定された場合において、当該違反行為の対象商品の範疇に属しながら典型的対象商品とは別類型をなす商品ではあっても、市場において違反行為の典型的対象商品と代替性があり、かつ、競合するときは、違反行為当時に明示的又は黙示的にその別類型の商品を合意の対象商品から敢えて除外したことを窺わせる特段の事情のない限り、同法第7条の2にいう『当該商品』に該当する、というべきである」（審決集18頁）。本件にあてはめるなら、ここでいう「対象商品の範疇」とは船舶用塗料を指し、「典型的対象商品」とは違反行為成立時に既に販売されていた船舶用塗料を指し、「別類型をなす商品」とはその後に販売開始されたバンノー200を指す、ということになろう。

上記のようなものを基準とする理由として、本審決は、次のような認識を示している。すなわち、違反行為の対象商品役務の範疇に属し、典型的対象商品役務と代替性・競合性があるような商品役務を、行為者らが相互拘束の対象としなかったならば、相互拘束をして競争を制限しようとした行為者らの所期の目的が達せられなくなるはずであるから、特段の事情がない限り、そのような商品役務も対象とする意思を持っていたはずだ、という認識である（審決集18頁）。

本審決の一般論を簡単に言い換えれば、問題となっている商品役務（本件ではバンノー200）が、典型的対象商品役務と代替性・競合性を持たないか、あるいは、共同行為から敢えて除外されていると窺わせる特段の事情を伴っているか、のいずれかの場合には、「当該商品又は役務」に該当しないことになる。本審決は、バンノー200がそのいずれにもあたらず「当該商品又は役務」に該当するとした。

本審決後の東京無線タクシー協同組合審決は、本審決の一般論をさらに整理した（公取委審判審決平成11年11月10日）。違反行為の対象商品役務の範

疇に属する商品役務については、違反行為者が「明示的又は黙示的に当該行為の対象からあえて除外したこと、あるいは、これと同視し得る合理的な理由によって定型的に当該行為による拘束から除外されていることを示す特段の事情」がなければ、「当該商品又は役務」に該当する、としている（審決集46巻135～136頁）。代替性・競合性は、「特段の事情」の成否を判断するための一要素とされている（特に審決集46巻141～142頁）。

その後の審決は東京無線タクシー協同組合審決を引用する場合が多いが、本書では中国塗料審決を検討対象事例としている。既存の多数の実務を俯瞰し、体系化・言語化する作業は、並大抵のことではないのであって（前掲匿名解説・判タ253頁）、私は先駆者に敬意を表することとした。

(3)　独禁法体系全体のなかでの位置づけ

既存の課徴金実務が本審決を嚆矢として体系化されたとしても、さらに、その体系を独禁法体系のなかでどう位置づけるか、という問題が残っている。

結論を言えば、本審決等が示した基準は、大雑把に論ぜられ運用されてきている不当な取引制限の違反要件論を、真剣勝負の課徴金計算の段階において、妥当なものへと微調整する修正原理の１つである、と言える。

不当な取引制限、特に本件のような価格協定の場合の不当な取引制限の違反要件論は、「原則違反」という大看板に守られて、必ずしも十分に詰められずにきた。一定の取引分野の範囲などについて詰めようが詰めまいが、違反であるという結論には違いが生じそうになく、少々おかしな論法であったとしても争われずに済んだ、という面がある。

ところが他方、違反とされた行為に課徴金を課す段になると、さすがの違反者も鷹揚に構えているわけにはいかなくなり、細かい点で争うようになる。本来であれば、当該事案を違反とする違反要件論に対して異を唱えるべきところ、そうではなく、舞台を移し、「当該商品又は役務」という要件において、異を唱えているわけである（平成17年改正前は排除措置命令手続を終えてから課徴金納付命令手続に移ることとなっていた（改正前の48条の2第1項但書）という点も、議論の仕方に影響したであろう）。

現に、本審決が示す一般論は、いずれも、本来なら違反要件論で論ずべき

ものである。代替性・競合性のない商品役務は、本来なら、市場画定におい
て除外されるはずのものである。また、特定商品役務を行為者が対象商品役
務から敢えて除外したならば、その特定商品役務については不当な取引制限
の行為要件が成立しないはずである。そもそも、7条の2第1項にいう「当
該商品又は役務」とは対価に係る共同行為等の対象となった商品役務である
とすれば、違反要件論の対象となる商品役務と課徴金計算の際に念頭に置か
れる商品役務とは、本来は、一致しなければならない（前記(1)）。しかし実
務上、そう言ってもいられないので、違反要件論のほうは否定しないでおい
てその短所を課徴金論において修正する、という現実的な解決が採られてき
た、というわけである。本審決の論理は、独禁法体系上、そのように位置づ
けられよう（前掲匿名解説・判タ254頁が、本審決を評して、違反要件論でどの
ような論法が採られているかにかかわらず一貫した説明を可能にしようとしたも
のと推測される、としているのは、つまり、既存の違反要件論がいかにいびつな
ものであってもそれを的確なものへと変えてしまう修正原理が提示されているの
だと論評しているようにも思われ、以上のような本書の理解と軌を一にしている）。

95

```
公取委勧告審決平成 8 年 5 月 8 日・平成 8 年（勧）第12号
                                 審決集43巻204頁
                                 〔松尾楽器商会〕
```

1 事例の概要

　松尾楽器商会は、米国所在のスタインウェイ・アンド・サンズがドイツのハンブルクに所在する支店に製造販売させているピアノについて、同支店から一手に供給を受けて、国内において販売している。「同支店から一手に供給を受けて」とは、すなわち、日本国内向けとしては同支店の唯一の取引先として、つまりいわゆる輸入総代理店として、供給を受ける、という意味である。

　官公庁等は、自己の公共ホール等にピアノを置こうとする際、ピアノの需要者となるわけであるが、スタインウェイピアノは演奏者から高い評価を受けているため、これを指名して購入する官公庁等が多く、多数の公共ホールにスタインウェイピアノが設置されている。

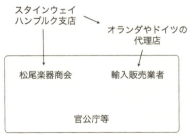

　そうしたところ、スタインウェイのハンブルク支店からオランダやドイツの代理店に売られたスタインウェイピアノを購入して日本に持ち込む輸入販売業者がおり、そのような並行輸入スタインウェイピアノが増加してきた。

　松尾楽器商会は、スタインウェイのハンブルク支店に対し、日本への輸入販売業者にスタインウェイピアノを売らないよう当該代理店らに依頼することを、要請するなどした。

公取委は、これが昭和 57 年一般指定 15 項（平成 21 年改正後の一般指定 14 項と同じ）に該当するとした。

2 並行輸入阻害と昭和 57 年一般指定 15 項

取引拒絶や排他条件付取引について、被拒絶者にとって代替的競争手段がないことが公正競争阻害性の条件であるとされる一方で、事件がいわゆる「並行輸入阻害」だとされた場合は突如として昭和 57 年一般指定 15 項が適用され、代替的競争手段がないかどうかも明確にされない、という現象が、平成一桁代ころに続出した（本審決より前の段階で諸事例をまとめた拙稿として、白石忠志「独禁法一般指定 15 項の守備範囲(2)」NBL 586 号（平成 8 年））。

しかし、本件のような「間接の間接取引拒絶」や「間接の排他条件付取引」による並行輸入阻害行為は、実質的には取引拒絶や排他条件付取引と同等なのであるから、異なる弊害要件を適用する根拠はどこにも存在しないように思われる。

上記のような運用がされた背景には、当時の「内外価格差」問題があったといえるであろう。すなわち、同じモノであるにもかかわらず外国での価格よりも日本での価格のほうが高いという現象が社会問題・政治問題化し、公取委としてもそれに対して何らかの対応をすることが求められた、という面があるものと推測される。不正手段を主に念頭に置きながら規定された昭和 57 年一般指定 15 項は、的確な法律論をバイパスして違反の範囲を広げる道具として便利だったのであろう。独禁法の法的成熟度がいまひとつで、そのような解釈に対する抵抗力がいまだ十分でなかった、という面も、それに相乗的に作用したように思われる。

本審決は、依然として昭和 57 年一般指定 15 項を用いつつも、単独取引拒絶に関する一般指定 2 項や排他条件付取引に関する一般指定 11 項を用いた場合と同等またはそれに近い説明をも行ったものである。その核心は、前記 *1* で見た、スタインウェイピアノが演奏者から高い評価を受けているため指名して購入する官公庁等が多い、という事実認定である。確かにここでも依然として、被拒絶者には代替的競争手段がない、とは言っていない。しかし、

公取委勧告審決平成 8 年 5 月 8 日〔松尾楽器商会〕

スタインウェイピアノを指名する需要者が多数いるという事実は、そこに、他のピアノとは区別され、独禁法上の保護に値する独立の市場が成立しており、本件のような行為があれば輸入販売業者は当該市場で競争するための代替的競争手段を見出すことができなくなるおそれがあるだろう、という論理的推測を導く。

以上のような意味で、平成初年からその後にかけて、公取委によって相対的に的確な法的理由説明が目指されるようになった過程が、本審決には垣間見える。

3 不公正な取引方法と排除型私的独占

本審決は、不公正な取引方法の規定を適用した。

しかし、上記のようにスタインウェイピアノを指名する需要者が多いのであれば、需要者を官公庁等とするスタインウェイピアノの市場が成立し、そこにおいて本件行為により競争の実質的制限がもたらされたとも言える可能性がかなりの程度において存在する。

本審決の当時においては、不公正な取引方法だと構成しても排除型私的独占だと構成してもエンフォースメントの内容に差がなかったので、そのような議論をする実益はなかった。

しかし、平成 21 年改正により、排除型私的独占が課徴金の対象となったので（7 条の 2 第 4 項）、本件のような事件を不公正な取引方法でなく排除型私的独占として構成することができるか否かを論ずる実益が生じた。別の角度から言い換えれば、公取委が、狭い市場の成否や競争の実質的制限の成否について明確なことを述べず、課徴金対象となったかもしれない行為を課徴金対象外とするという場合もあり得るということを、わかりやすく示す実例である、とも言える。

公取委勧告審決平成 8 年 5 月 8 日〔医療食〕

```
●●●●●●●●●●●●●●●●●●●●●●●●●●●●●●●●●●●●●●●●●●
公取委勧告審決平成 8 年 5 月 8 日・平成 8 年（勧）第14号
審決集43巻209頁
〔医療食〕
```

1 事例の概要

医療用食品とは、「主として入院患者の食事療養に用いられることを目的とする食品であって、厚生大臣が指定した検査機関において調理加工後の栄養成分が分析されていて、かつ、当該栄養成分分析値が保たれているもの」である（審決集 212 頁）。

日本医療食協会は、医療用食品の唯一の検査機関として厚生大臣から指定されている。検査に合格した医療用食品は、日本医療食協会において登録され、医療用食品加算制度の対象となる。医療用食品加算制度とは、保険医療機関が給食を行う場合、制度の対象となる医療用食品を使ったのであれば、入院時食事療養費に一定金額を加算した給付を保険医療機関が受けることができる、という制度である。

医療用食品は、製造業者から一次販売業者に売られ、一次販売業者から医療機関に対しては、直接または二次販売業者を介して、売られる。

日本医療食協会と、一次販売業者である日清医療食品は、「日清医療食品の独占的供給体制を実質的に維持し協会の検定料収入を安定的に確保するため」、やはり一次販売業者であるメディカルナックスをも当事

日本医療食協会		検査の取引
日清医療食品	メディカルナックス	医療用食品の取引
医療機関		

（製造業者と二次販売業者は省略した）

者とする協定書を締結した。その内容は市場分割をはじめ多岐にわたっており、これが、医療用食品加算制度の対象となる医療用食品の登録に関する競争制限的な方針と相俟って、製造業者や販売業者の事業活動の排除および支配をもたらし、医療用食品の取引分野における競争の実質的制限をもたらすものであった。公取委は、日本医療食協会の行為と日清医療食品の行為がそれぞれ私的独占に該当するとした。

2 市場画定

本審決書には明記されていないが、医療用食品加算制度は、本件での市場画定に影響を及ぼしたようである。すなわち、医療用食品は、食品としての機能・効用に限定して着目すれば、市販されている冷凍食品とほとんど変わらないのであって、需要者である医療機関から見て何が医療用食品と市販の冷凍食品とを分かつのかといえば、医療用食品を使えば医療機関は医療用食品加算制度の適用を受けることができる、という点に帰着する（松山隆英・本審決解説・公正取引550号（平成8年）21頁）。医療用食品加算制度の存在が、一般の食品需要者から見て選択肢となる供給者の範囲と、医療機関という食品需要者から見て選択肢となる供給者の範囲とを全く異なるものとし、そのために、医療機関という食品需要者だけを需要者とする市場を成立させた事例である、ということになる。

3 検討対象市場での供給者でない者による排除型私的独占

本審決では、日清医療食品は検討対象市場での供給者であるが、日本医療食協会は検討対象市場での供給者ではない。

素朴に考えれば、検討対象市場での供給者であろうがなかろうが、あるいは、当該行為により自己が利益を得ていようがいまいが、とにかく排除・支配により検討対象市場での競争の実質的制限をもたらすなら、私的独占の行為者というのに何らの不足もないように思われる。

しかし、当該者が当該行為によって利益を得る場合に限って違反者と言え

公取委勧告審決平成 8 年 5 月 8 日〔医療食〕

る、などといった、市場に対する客観的影響を超えた何らかのものを不文の
違反要件としようとする論も、存在するのであろう。本審決の担当審査官の
解説は、そのような論に対する想定問答というかたちで、日本医療食協会に
も利益は発生するのであることを指摘している。すなわち、日清医療食品が
検討対象市場での反競争性による超過利潤を得れば、日本医療食協会も日清
医療食品から高額の検査料を安定的に収受することができる、という点であ
る（松山・前掲 16 頁）。本審決書でも、それに対応する記述がされている
（審決集 213 頁）。上記解説を全体として見ると、当該者が関与しているので
あれば利益の有無にかかわらず違反者となるという考えに立ちつつ、念のた
めに、日本医療食協会には利益が発生しているという事実にも触れておいた
もののようにも見える。しかし他方、後の PTP 用加工箔価格協定審決（公
取委勧告審決平成 17 年 12 月 12 日）で、検討対象市場での供給者であるエム
エーパッケージングの「親会社」であって価格協定会合に出席していた三菱
アルミニウムを排除措置命令の名宛人としなかった背景について、「三菱ア
ルミの担当者が三菱アルミの利得のために、三菱アルミとして独自にこの分
野についての活動をしているという事案ではなかったものです」と解説され
ている（松山隆英発言「座談会・最近の独占禁止法違反事件をめぐって」公正取
引 668 号（平成 18 年）12 頁）。当該者が受ける利益の有無、という要素は、
好むと好まざるとにかかわらず、一定の意味を持つ場合があるようである。

　ともあれ、検討対象市場の川上にある者が検討対象市場での反競争性によ
って利益を受けているという本審決の認定は、被排除者と競争関係にない排
除者は当該排除によって利益を得るはずがないから違反者とはできない、と
いう単純な論に対する事実レベルでの雄弁な批判材料を提供しているという
意味で、貴重である。

4 やむなく行った行為

　本審決は、メディカルナックスの行為も不当な取引制限または不公正な取
引方法とみる余地があるにもかかわらず、メディカルナックスを名宛人とし
ていない。

その理由として、メディカルナックスは「やむなく」当該行為を行っているからである、という趣旨の解説がされている（松山・前掲19頁）。もちろん、やむなく行為を行っている者が特段の説明なく違反者・名宛人から外されることは、珍しいことではない。しかし、それは「やむなく」行っているからである、という理由説明が明確にされた上記解説は、そのような論が存在し一定の影響力を持っていることを窺わせるものとして、議論のための好適な材料を提供している。

以上のことは、表向きは故意過失は要件とならないとされる独禁法の違反要件論において、しかし事実上はその修正が行われているのであるという一例を示している。

5 課徴金シミュレーション

私的独占全体に対して課徴金を導入する平成21年改正が施行済みであったと仮定するなら、本件行為についての課徴金はどうなるであろうか。

本審決は、支配と排除とが相俟って私的独占を構成する、としたものである。7条の2第4項の最初の括弧書により、支配行為が同条2項の対価要件を満たすなら、当該違反行為には同条2項が適用されることになる。

本審決の対象となった行為は、「法令の適用」欄にも明示されているように、同条2項1号・2号にいう「対価」や「取引の相手方」に係る支配を含んでいるから、同条2項が適用されることになる。

日本医療食協会は、医療食を供給してはいないが、被支配事業者であるメディカルナックスが医療食を供給するために必要な「検査」を供給しているのであるから、これが同条2項にいう「当該被支配事業者が当該行為に係る一定の取引分野において当該商品又は役務を供給するために必要な商品又は役務」に該当することになる。

ただ、そうすると、日本医療食協会による検査のうち、被支配事業者であるメディカルナックスに供給した検査だけが課徴金対象となり、違反者とされた日清医療食品に供給した検査は課徴金対象とならない。かりに本件に同条4項が適用されるとすれば、日清医療食品に供給した検査も課徴金対象と

なる（同条4項の対象商品役務に係る文言のうち「及び」以下）。同条2項が算定率10％で、同条4項が算定率6％だからといって、同条2項のほうが必ず課徴金額が高くなるとは限らない、ということを示す好例である。

東京地判平成 9 年 4 月 9 日〔日本遊戯銃協同組合〕

東京地判平成 9 年 4 月 9 日・平成 5 年（ワ）第7544号
判時1629号70頁
〔日本遊戯銃協同組合〕

---

1 事例の概要

　日本遊戯銃協同組合（被告）は、エアーソフトガンなどの遊戯銃を製造する者を組合員とする。この組合には、デジコン電子（原告）は加入していなかった。デジコン電子は、エアーソフトガンや、エアーソフトガンによって発射する BB 弾と称するものを、製造販売していた。組合員が製造したものは「組合員→問屋→小売店→ユーザー」の順で流通したが、デジコン電子は問屋を介さず小売店に直販していた。

　日本遊戯銃協同組合は、組合員に対し、また、全国に 3 つある問屋の団体を通じて問屋に対し、小売店をしてデジコン電子の製品の取扱いを拒絶させる行為を、させるようにした。

　本判決は、当該行為が当時の 8 条 1 項 1 号・5 号に該当するとして、デジコン電子の損害賠償請求を認容した（既存の拙稿として、白石忠志・本判決評釈・ジュリスト1122号（平成 9 年））。当時の 8 条 1 項 1 号・5 号は、平成 21 年改正後の 8 条 1 号・5 号と同じである。以下では単に「8 条 1 項 1 号」「8 条 1 項 5 号」という。

2 8 条 1 項 1 号と 8 条 1 項 5 号

　8 条 1 項 5 号は、「事業者に不公正な取引方法に該当する行為をさせるようにすること」と規定していた。ここでいう「事業者」は、本件では、組合

員であり、また、問屋である。本判決は、競争関係にある組合員、および、競争関係にある問屋が、共同して、小売店をしてデジコン電子との取引を拒絶させた行為が、昭和57年一般指定1項2号に該当する行為であると構成したうえで、日本遊戯銃協同組合がそれをさせるようにする行為を8条1項5号違反とした（判時86頁）。小売店は供給拒絶でなく購入拒絶をしたわけであるから、本件での昭和57年一般指定1項2号は、平成21年改正後の規定では、2条9項1号ロでなく一般指定1項2号に相当する。

　本件は損害賠償請求訴訟であり、8条1項5号違反（弊害要件は公正競争阻害性）が言えれば、十分であったはずである。本判決がそれに加えて、組合員や問屋の市場シェア等に触れて8条1項1号違反（弊害要件は競争の実質的制限）であるとも述べたのは（判時86〜87頁）、本来は、不要であった。

　本判決は、公正競争阻害性だけでなく競争の実質的制限という弊害要件についても反競争性の判断基準として排除効果重視説を採った例であるとして、紹介されることがある。「〔デジコン電子が〕自由に市場に参入することが著しく困難になったことが認められる」（判時87頁）と述べただけで8条1項1号違反とした点を指しているのであろう。しかし、原則論貫徹説と排除効果重視説との対立を意識して検討した痕跡は本判決には見られない。さらに加えて、民事訴訟である本件では、8条1項1号違反と言えなくとも8条1項5号違反という判示だけで同じ結論を導くことができたのである。本判決の重みは、相応に割り引く必要があろう。

3　正当化理由

　日本遊戯銃協同組合の側は、自らの行為には正当化理由があるという主張も行った。デジコン電子の製品の取引拒絶を要請したのは、組合が設けた安全基準に合致しない製品だからである、という主張である（組合は、安全であることを示す「ASGK シール」という制度を導入していた）。

　本判決は、一般論として、目的の正当性と手段の正当性とがあれば正当化される余地があるという考え方を示したが、この一般論を本件にあてはめた結論としては、正当化理由の成立を認めなかった。すなわち、安全性確保と

いう観点に照らし本件自主基準は目的として正当であるとしつつ、「被告組合は、本件92Fの威力を正確に測定した上で威力の強い危険な銃であると認めたわけではなく、原告が被告組合に加入しておらずASGKシールを貼付していないという、まさに排他的な事由をもって本件妨害行為に及んだものである」、と述べた（以上、判時87〜89頁）。一般に他者排除事件では、「排除する意図」などという、主観的なもののように見える要素が顔を出すことがあるが、それは、まさに上記判示のように、正当化理由がないという相対的に客観的な判断の言い換えに過ぎない場合も少なからずある。

4 損害額の認定

本判決は、日本遊戯銃協同組合の本件違反行為と「相当因果関係」（判時92頁）を持つ売上減があったと認められる時期のデジコン電子の想定売上喪失額に対し、デジコン電子の想定粗利益率を乗じて、損害額を認定した。

想定売上喪失額を算定するに際し本判決は、当該時期の売上額またはシェアが、諸々の事情に照らし、違反行為前の売上額またはシェアから「2割を減じた」もの（BB弾に関する判時90頁）あるいは「約3割を減じた」もの（本件92Fに関する判時91頁）としている。2割や3割という数字が、当事者の証拠から直接に得られたとは考えにくい。ここに示された本判決の思考過程は、民事訴訟法248条の名のもとに最近の入札談合損害賠償事件で多くの裁判所が行っている損害額認定の思考過程と、実質的に同じであるように思われる。このように、民事訴訟法248条に触れなくとも同等の認定が行われる例は、現行民事訴訟法の施行日である平成10年1月1日より前から存在した。また、他者排除事件において本判決のような例があるにもかかわらず（他の例として、集大阪高判平成5年7月30日〔東芝昇降機サービス〕）、競争停止事件にばかり（さらに言えば、灯油事件にばかり）視野を狭めて独禁法関係損害賠償問題が論ぜられる傾向が、過去には存在した（集最判平成元年12月8日〔鶴岡灯油〕）。独禁法関係の損害賠償事件の流れを適切に理解するには、このような点にも目を配る必要がある。

```
┌─────────────────────────────────────────────────────────┐
│ ●●●●●●●●●●●●●●●●●●●●●●●●●●●●●●●●●●●●●●● │
│                                                         │
│       公取委勧告審決平成10年 3 月31日・平成10年（勧）第 3 号       │
│                              審決集44巻362頁              │
│                         〔パラマウントベッド〕              │
│                                                         │
└─────────────────────────────────────────────────────────┘
```

1 事例の概要

⑴ 背 景

　医療用ベッドの製造業者には、パラマウントベッド、フランスベッド、マーキスベッド（本審決において「メーカー 3 社」と呼ばれている）等があるが、国および地方公共団体が発注する病院向け医療用ベッドのほとんど全てはパラマウントベッドが製造販売している。

　本件で問題となったのは、東京都が発注する「財務局発注の特定医療用ベッド」を納入する競争である。「財務局発注の特定医療用ベッド」は、「財務局が発注事務を所管する発注予定金額が 500 万円以上の都立病院向け医療用ベッド」であると定義されている（審決集 364 頁）。財務局発注の特定医療用ベッドについては、指名競争入札または一般競争入札（国際入札）が行われていた。

　入札方法には、仕様書入札と製品指定入札とがある。仕様書入札は、複数の製造業者が製造する医療用ベッドが納入可能な仕様書を定めて当該仕様書に適合する製品を対象とする入札である。製品指定入札は、特定の製造業者の製品を指定して当該製品を対象とする入札である。東京都は、一般競争入札（国際入札）は全て仕様書入札とし、指名競争入札でも製品指定入札を可能な限り行わないようにしていた。

　東京都は、平成 6 年 12 月以降、中小企業育成の観点から、財務局発注の

特定医療用ベッドの入札参加者を製造業者から販売業者に変更している。

(2) 本件行為

パラマウントベッドは、平成7年度以降、仕様書入札において、メーカー3社が製造する医療用ベッドがいずれも納入可能な仕様書とするという東京都の方針を承知のうえで、医療用ベッドの仕様に精通していない都立病院の入札事務担当者に対し、同社の製品のみが適合する仕様を含んでいても対外的には東京都の方針に反していることが露見しないように仕様書を作成することができると申し出るなどして、そのような仕様書とすることを実現した。その際、同社が実用新案権等の知的財産権をもつ構造であることを伏せて当該構造の仕様を盛り込むことを働きかけるなどしている。さらに、入札事務担当者をして、入札のための現場説明会において、パラマウントベッドが作成した資料に基づき、パラマウントベッドの医療用ベッドを発注する旨を表明させるなどした。

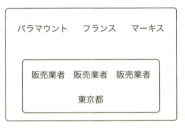

また、パラマウントベッドは、平成7年度以降、入札参加者のなかから落札予定者を決めるとともに、落札予定価格を決め、落札予定者および他の入札参加者に対し、それぞれ、入札すべき価格を指示し、当該価格で入札させている。その実効を確保するため、「入札協力金」や「伝票回し」によって、落札予定者以外の入札参加者にも利益を提供している。

(3) 公取委の判断

公取委は、「〔仕様書内容を操作するなどして〕他の医療用ベッドの製造業者の事業活動を排除することにより、また、〔落札予定者を決定し価格を指示するなどして〕販売業者の事業活動を支配することにより、それぞれ、公共の利益に反して、財務局発注の特定医療用ベッドの取引分野における競争を実質的に制限しているものであって、これらは、……私的独占に該当」する（審決集367頁）として、本審決により排除措置命令をした。

2 本件行為の特徴

自社製品の優秀性を買い手に知らしめ、そうした優秀なレベル以上の商品役務しか購入しないように決断させる行為は、正常な営業活動であって、独禁法違反とされるいわれはない。

パラマウントベッドによる仕様書内容の操作は、虚偽の説明や意図的な情報操作を含むものであり、それ自体が不正手段であって、東京都の仕様書入札の制度を形骸化させている。その点が、正常な営業活動から区別されるポイントだと言えよう（岩渕恒彦・本審決解説・NBL 643 号（平成 10 年）20 頁、斉藤隆明＝奈雲まゆみ＝池内裕司・本審決解説・公正取引 572 号（平成 10 年）67 ～ 68 頁）。このような考え方は、その後、さらに定着するに至っている（集知財高判平成 18 年 7 月 20 日〔日之出水道機器対六寶産業〕、知的財産ガイドライン第 3 の 1 (1)エ）。

不正手段があるというだけでは競争の実質的制限は認定されない、という意味で、競争の実質的制限は常に反競争性必要型の弊害要件であるが、しかし、不正手段によって競争の実質的制限（正当化理由なく価格等の競争変数を左右することができる状態）がもたらされるならば、それを私的独占とすることに何らの妨げはない。本審決は、その一例である。

落札予定者の決定等の行為は、支配行為の典型例であって、特段の特徴はない。本審決は、再販売価格拘束が私的独占とされる場合があることを、具体例によって印象づけた。

3 2個の私的独占

本審決は、前記 *1* (3)で見たように、本件排除行為（仕様書内容の操作等）と本件支配行為（落札予定者の決定等）とが、「それぞれ」競争を実質的に制限し、「これらは」私的独占に該当するとしている。2 個の私的独占を認定した、ということになる。「法令の適用」欄においてこのような文脈で「それぞれ」「これらは」と書かれていればそのような意味となるということは、

法的文書読解の常識の部類であり、現に、担当審査官解説もそれを当然の前提とした内容となっている（岩渕・前掲20～21頁、斉藤＝奈雲＝池内・前掲68～69頁）。

2個の私的独占を認定した第1の理由として、反競争性の生じた取引段階が別個であったことが挙げられている（岩渕・前掲21頁、斉藤＝奈雲＝池内・前掲68頁）。すなわち、本件排除行為によって反競争性がもたらされたのはメーカー3社ら製造業者の段階であり、本件支配行為によって反競争性がもたらされたのは販売業者の段階である（前記1(2)の図）。「法令の適用」欄に明示された検討対象市場は、共通して「財務局発注の特定医療用ベッドの取引分野」とされているが、きめ細かく分けて書くこともできたということであろう。

2個の私的独占を認定した第2の理由は、落札予定者の決定等の行為のみが行われている事案もあるということへの配慮だとされている（岩渕・前掲21頁、斉藤＝奈雲＝池内・前掲68～69頁）。すなわち、製品指定入札の場合には、製品指定の過程に不正な働きかけがあったと立証されない限りは、本件排除行為に相当するものが存在しない。そのような場合でも、落札予定者の決定等の行為があった場合には、違反とすべきである。現に本件でも、平成7年度以降において、パラマウントベッドの製品を指定した製品指定入札が1件行われており、この入札の際の落札予定者の決定等の行為も、違反とする必要がある（斉藤＝奈雲＝池内・前掲68頁が、この点に明示的に言及している）。さらには、全国的に見れば、国立大学を中心に製品指定入札が広く行われている実態があったとのことであり、そこにおいて落札予定者の決定等の行為をすれば私的独占に該当し独禁法に違反する、ということを明らかにする必要があった、とする。

ともあれ本審決は、支配と排除が相俟っての私的独占でなく、支配型私的独占1個と排除型私的独占1個が認定された事例である。

4 課徴金シミュレーション

私的独占全体に課徴金を導入した平成21年改正が施行済みであったと仮

定した場合、本件での課徴金はどうなるか。

　まず、本件の支配型私的独占については、7条の2第2項1号の対価要件を間違いなく満たしており、同項にいう「当該事業者が被支配事業者に供給した当該商品又は役務」すなわちパラマウントベッドが販売業者に供給した医療用ベッドの売上額が課徴金対象となる。

　また、本件の排除型私的独占については、7条の2第4項にいう「当該行為に係る一定の取引分野において当該事業者が供給した商品又は役務」すなわちパラマウントベッドが供給した医療用ベッドの売上額が課徴金対象となる。パラマウントベッドは東京都と直接には取引していないので、実際には、パラマウントベッドの販売業者に対する販売価格が売上額とされることになろう。違反者と需要者との間に商社等が介在した不当な取引制限事件においては、そのような処理が頻繁に行われている（典型的な一例として、集公取委勧告審決平成11年5月18日〔沖縄県等アルミサッシ〕）。

　結局、いずれにおいても、パラマウントベッドが販売業者に供給した医療用ベッドの売上額が課徴金対象となる。そこで、同じものに二重に課徴金をかけてよいのか、という問題が生ずる。突き詰めれば、刑法の罪数論のアナロジーを交えた難しい議論となろう。

　しかし、以下のように言うと身も蓋もないようではあるが、公取委が本審決のような立件の仕方をしたのは、まさに当時は私的独占に係る課徴金制度がなかったからなのであって、平成21年改正後の課徴金制度を前提とした場合には、違反要件論の段階で、二重課徴金問題を避けるような立件がされるのではないか、と思われる。例えば、本件では、仕様書入札案件では支配と排除が相俟っての1個の私的独占とし、事件を分けて、製品指定入札案件では1個の支配型私的独占として、それぞれ別々に課徴金を課する、ということになるのではなかろうか。前者においても、支配行為が7条の2第2項の対価要件を満たすので、同条4項の最初の括弧書により、同条2項が適用されることとなる。

> 公取委勧告審決平成 10 年 12 月 14 日〔マイクロソフトエクセル等〕

公取委勧告審決平成10年12月14日・平成10年（勧）第21号
審決集45巻153頁
〔マイクロソフトエクセル等〕

1 事例の概要

　パソコンメーカーが、自社のパソコンに表計算ソフトやワープロソフトをプレインストールしたいと考えた。パソコンを買い求めたユーザーは、別途ソフトを購入してインストールしなくとも、新品のパソコンを起動するだけで、これらのソフトがインストールされた状態を得ることができる。

　パソコンメーカーがソフトをプレインストールする際には、ソフトメーカーからライセンスを受ける必要がある。

　マイクロソフト株式会社（以下「日本 MS」という）は、表計算ソフト市場における市場シェアが第 1 位である「エクセル」をパソコンメーカーにライセンスする際、ワープロソフト「ワード」をあわせてライセンスした。裏返せば、ワープロソフトはジャストシステムの「一太郎」をプレインストールしたいと考えたパソコンメーカーに対して、「エクセル」のみのライセンスを拒絶した（以上、審決集 155 ～ 157 頁）。

　公取委は、日本 MS のこの行為が昭和 57 年一般指定 10 項（平成 21 年改正後の一般指定 10 項と同じ）に該当するとした。

　本審決については、通常の担当審査官の解説のほか（坂本耕造＝五十嵐收・本審決解説・公正取引 580 号（平成 11 年））、本件を契機とする研究成果を盛り込んだ担当審査長による詳細な解説がある（小畑徳彦・本審決解説・NBL 663 号（平成 11 年））。

　本審決は、上記のような「エクセル」と「ワード」の抱き合わせのほか、

「エクセル・ワード」と「アウトルック」の抱き合わせも取り上げている。論ずべきことはほぼ共通しているので、以下では両者の代表として前者の抱き合わせのみを念頭に置く。

2 他者排除型抱き合わせ規制

抱き合わせ規制に関する総括的なことは、本書の別の箇所で述べた（集公取委審判審決平成 4 年 2 月 28 日〔ドラクエⅣ藤田屋〕の解説）。そこでも触れたように、抱き合わせは、どのようなものであっても、不要品強要の側面と他者排除の側面を併せ持つ。そのうちいずれの側面に着目して違反要件の成否を論ずるのか、ということが法的には問題となるわけであるが、本審決では他者排除型の観点からの立論が目指されたことが、担当者の解説によって明言されている（坂本 = 五十嵐・前掲 50 頁、小畑・前掲 29 頁）。パソコンメーカーが不要なものを買わされることに着目するのでなく、従たる商品役務であるワープロソフトの競争者が排除されることに着目した立論が目指されている、ということになる。

従たる商品役務であるワープロソフトの市場での他者排除による反競争性を立証するため、本審決は、少なくとも次の 5 点に触れている。

第 1 に、主たる商品役務である表計算ソフトについて日本 MS の「エクセル」が一貫して市場シェア第 1 位であること（審決集 155 頁）。需要者の間で主たる商品役務の人気が高ければ、従たる商品役務が併せて買われる可能性が高まり、従たる商品役務の市場での他者排除が起こりやすい。本件の場合は、ユーザーの間で「エクセル」の人気が高ければ、パソコンメーカーが「エクセル」と「ワード」の抱き合わせに応じやすい、ということを示そうとしている。

第 2 に、従たる商品役務であるワープロソフトについて、ジャストシステムの「一太郎」が第 1 位であったのに、本件行為「に伴い」、日本 MS の「ワード」が第 1 位となったこと（審決集 155 頁、158 頁）。これは、従たる商品役務の市場そのものに着目した情報である。「一太郎」が市場シェアを落とした原因は他にもあるのではないか、と考える向きからは、「に伴い」と

いう事実認定に対して批判もあろう。しかし本書は、原則として、判決や審決の事実認定を前提として、そのうえでの法律論を検討対象としている。

第3に、平成9年に出荷されたパソコンの約4割において、表計算ソフトとワープロソフトがプレインストールされていること（審決集155頁）。日本MSは、パソコンへのプレインストールではない、「パッケージ製品」と呼ばれるソフトのみの販売においては、「エクセル」や「ワード」を単体でも売っていた。しかし、それでもなお本件プレインストールが従たる商品役務の市場に影響を与えたのであることを示そうとする認定である。

第4に、パソコンメーカーは、コスト増加を嫌い、通常、2種類のワープロソフトをプレインストールすることはないこと（審決集155頁）。日本MSが「エクセル」と「ワード」を抱き合わせれば「一太郎」がプレインストール対象から外れるという事実を、確認している。

第5に、一般消費者によるソフトの選択が、買ったパソコンにどのようなソフトがプレインストールされているかということから影響を受けること（審決集155頁）。プレインストールされていない「一太郎」にとって、「パッケージ製品」と呼ばれるソフトのみの販売によって巻き返しをすることは容易ではないということを示そうとする認定である。

日本MSが正面から争った場合に、公取委が以上のような点を挙げるだけで従たる商品役務の市場での反競争性を立証し得たか否かは定かではないが、本審決は勧告審決であるから、これ以上の議論となることはなかった。

3 作為命令

排除措置命令や、24条による民事差止命令において、不作為命令でなく作為命令をすることができるか、という論点がある。

本審決は、主文2項において、パソコンメーカーが「エクセル」のみのライセンス契約に変更するよう申し出た場合には、日本MSは「当該申出に応じなければならない」と命じている。作為命令と不作為命令とを分ける発想に従えば、これは作為命令であると言わざるを得まい。

作為命令は許されるか、という論点は、取引拒絶を主に念頭に置いて論ぜ

られることが多い。推測するにその背景には、通常の違反行為は作為である
から排除措置命令等は不作為命令となるが、取引拒絶は不作為であるから排
除措置命令等は作為命令となる、という発想があるのであろう。しかし、作
為と不作為は常に表裏一体の関係にある。通常は、抱き合わせ行為というも
のは作為であるからそれへの排除措置命令等は不作為命令である、と信じら
れているのであろうが、抱き合わせ行為とは、裏返せば、従たる商品役務と
併せてでなければ主たる商品役務を売らない、という不作為でもあるのであ
り、それをやめさせようとすれば、上記の主文2項のような作為命令となら
ざるを得ない。このような点を看過して「作為命令は許されるか」という問
題の立て方をすること自体が無意味である、ということを、主文2項は示し
ている（作為命令については、民事差止命令を念頭に置きながら、集岡山地判平
成16年4月13日〔蒜山酪農農業協同組合〕や集東京地判平成16年4月15日
〔三光丸〕の解説においても触れた）。

4 ブラウザ警告事件

本審決に先立つ勧告と同時に、公取委は、マイクロソフトがOS「ウィン
ドウズ」の力を利用してブラウザに関する競争者を排除したのではないかと
いう昭和57年一般指定11項（平成21年改正後の一般指定11項と同じ）の観
点から、警告を行っている（公取委公表平成10年11月20日〔マイクロソフト
ブラウザ警告〕）。

その内容は、当時米国で係属中であった司法省対マイクロソフトの訴訟の
対象と類似するものであった（米国での事件についての拙稿として、白石忠志
「マイクロソフト事件米国連邦控訴審判決の勘所」中里実＝石黒一憲編著『電子社
会と法システム』（新世社、平成14年））。

本警告の公表文が以後の他の事件に示した教訓として、例えば、「有力な
事業者」が排他条件付取引をしたからといって反競争性がもたらされるとは
限らないということを明らかにした、という点がある。そのことは過去の判
決において既に指摘されてはいたが（集東京高判昭和59年2月17日〔東洋精
米機製作所〕）、有力だが違反でないという実例があれば、当該指摘は説得力

公取委勧告審決平成 10 年 12 月 14 日〔マイクロソフトエクセル等〕

を増すことになる。

　ところで、本警告の名宛人には、マイクロソフト株式会社（ここまで「日本 MS」と呼んできたもの）だけでなく、米国法人であるマイクロソフトコーポレーション（以下「米国 MS」という）も含まれた。本審決と本警告を全体として見ると、一部に不鮮明なところはあるものの概ね、日本において、OS は米国 MS が売っており、「エクセル」や「ワード」などのアプリケーションソフトは日本 MS が売っている、ということであったように見える。米国 MS に対する警告書は郵便で送付された、という（坂本＝五十嵐・前掲 54 頁、小畑・前掲 34 頁）。本警告事件を法定の事件処理手続にのせようとしたならば、送達等の関係で問題が生じた可能性はある（その後、平成 14 年改正によって、民事訴訟法の外国送達の規定をも準用することとされ（平成 25 年改正後の 70 条の 7）、また、公示送達の規定が新設された（同 70 条の 8））。

　本件では、世界中の耳目を集めた OS とブラウザの問題は警告で済まされ、日本語ワープロソフト一太郎の排除という日本特有の問題のみが正式事件とされたことになる。

最判平成 10 年 12 月 18 日〔資生堂東京販売〕

```
●●●●●●●●●●●●●●●●●●●●●●●●●●●●●●●●●●●●●●

         最判平成10年12月18日・平成 6 年（オ）第2415号
                     民集52巻 9 号1866頁
                       〔資生堂東京販売〕

```

1 事例の概要

　資生堂東京販売（被上告人。判決時は資生堂化粧品販売）は、資生堂という「我が国において最大の売上高を有する化粧品メーカー」（民集 1868 頁）の製造する化粧品を専門に取り扱う卸売業者である。富士喜本店（上告人）は、化粧品の小売業者である。

　資生堂東京販売は、各小売店との間で、同一内容の特約店契約を締結していた。そこでは、小売店の対面販売義務が定められていた。つまり小売店は、化粧品の販売にあたり、顧客に対して化粧品の使用方法等を説明したり、化粧品について顧客からの相談に応ずることが義務づけられていた。

　富士喜本店は対面販売義務を守らなかった。それを知った資生堂東京販売は、富士喜本店に対し、特約店契約の解約の意思表示をした。富士喜本店が解約の無効を主張したのが、本件である。

　本判決は、「〔メーカーや卸売業者が小売業者に対して〕販売方法に関する制限を課することは、それが当該商品の販売のためのそれなりの合理的な理由に基づくものと認められ、かつ、他の取引先に対しても同等の制限が課せられている限り、それ自体としては公正な競争秩序に悪影響を及ぼすおそれはなく」昭和 57 年一般指定 13 項（平成 21 年改正後の一般指定 12 項と同等）に該当しない、とした（民集 1872 頁）。

　同日、花王の化粧品に関する判決も言い渡されている（最判平成 10 年 12 月 18 日〔花王化粧品販売〕）。資生堂とは異なり花王は単に「大手化粧品メー

117

カー」（判時 1664 号 16 頁）であるとするほかは、資生堂東京販売判決とほぼ同文である。

2 公取委への依存

上記で引用した本判決の一般論は、平成 3 年に策定された時点での流通取引慣行ガイドライン第 2 部第 2 の 5(2)が示した違反基準と同じである。ガイドラインには「それなり」という言葉はなかったが、担当者による解説書には「それなり」と明記されていた（山田昭雄＝大熊まさよ＝楢崎憲安編著『流通・取引慣行に関する独占禁止法ガイドライン』（商事法務研究会、平成 3 年）187 頁）。調査官解説も、それらのことに触れている（小野憲一・最判解民事篇平成 10 年度下 1026 頁）。

裁判所が公取委の違反要件論に異を唱えたことは、特に平成に入ってからは、ほとんどない。裁判所が公取委の実務に対して厳しい判断を下すことはあるが、しかしそのほとんど全ては、エンフォースメントの論点に関するものである。本判決は、違反要件論に関する裁判所の公取委への依存状況を象徴している。

一般論として言うならば、憲法の規定を待つまでもなく、裁判所は公取委の法的議論をチェックする役割を期待されているはずである。違反要件論についても、自律的な判断が求められる。

3 それなりの合理的な理由

「それなりの合理的な理由」という基準は、迷走している。本判決調査官解説は、「それなりの合理的な理由」がなくとも不公正な取引方法に該当するとは限らず、拘束が競争に与える影響を個別具体的に検討する必要があるとする。他方、「それなりの合理的な理由」があっても不公正な取引方法に該当しないとは限らない、とする。本判決は「それなりの合理的な理由」があれば「それ自体としては」公正競争阻害性がないとしているだけであって、市場における競争制限的効果をもたらす例外的事情が主張立証されれば別で

ある、という（小野・前掲 1010 頁）。

　そうであるとすれば、「それなりの合理的な理由」は、違反の成否を検討する際に何らの役に立たない基準である、ということになろう。上記調査官解説は、あるいは、競争制限的効果の主張立証がない事例においては「それなりの合理的な理由」の有無で事案に決着が付く、と言いたいのかもしれない。しかし、競争制限的効果（反競争性）がなければ、正当化理由があろうがなかろうが、違反とはならない。

　「それなりの合理的な理由」という基準では正当化される範囲が広くなりすぎると考えてか、その射程を限定しようとする審決が現れている（集公取委審判審決平成 13 年 8 月 1 日〔SCE〕（審決集 48 巻 62〜63 頁））。しかし、いかに射程を限定しても、当該限定された「射程内」において結局あらためて、「射程外」の一般事案と同様、反競争性の有無と（独禁法一般に通用する意味での）正当化理由の有無とが検討されることになるというのであるから、射程の限定をしてもしなくても同じである。「それなりの合理的な理由」の基準それ自体を忘れるしかないように思われる（白石忠志・本判決評釈・法学協会雑誌 120 巻 4 号（平成 15 年）872 〜 873 頁）。

　平成 3 年策定の流通取引慣行ガイドラインには存在しなかったものの、その解説に存在したために本判決に取り入れられた「それなりの」は、その後、最高裁判決が用いた文言であるという権威をまとい、平成 27 年の改正において流通取引慣行ガイドラインに逆輸入されている（平成 29 年の改正後の第 1 部第 2 の 6⑵）。

公取委勧告審決平成 11 年 5 月 18 日〔沖縄県等アルミサッシ〕

```
●●●●●●●●●●●●●●●●●●●●●●●●●●●●●●●●●●●●●●●
```

公取委勧告審決平成11年5月18日・平成11年（勧）第3号
審決集46巻234頁
〔沖縄県等アルミサッシ〕

1 事例の概要

アルミサッシは、アルミ形材を使って製造される。

沖縄で、アルミサッシの供給について談合が行われた。検討対象市場で供給される商品役務はアルミサッシである。

本件におけるアルミサッシの需要者は、沖縄県等から建築物の建築工事を受注する建設業者である。

複雑なのは供給者の側である。建設業者へのアルミサッシの供給について談合の仕組みを作り、持ち点に応じた供給割当てを決定していたとされて排除措置命令を受けた者は、7社である。うち4社は自社が建設業者に供給するアルミサッシの全てを建設業者に直接供給していた。しかし、YKKAP沖縄は、上記談合によってYKKグループに割り当てられたアルミサッシ供給枠を、自ら建設業者に直接供給することによって消化するほか、同グループ内の二次店と呼ばれる者にアルミ形材を供給し二次店がアルミサッシを製造して建設業者に供給することによって、消化していた。金秀アルミ工業も、YKKAP沖縄とほぼ同じ状況にあった。そしてトステムは、上記談合によってトステムグループに割り当てられたアルミサッシ供給枠を、全て、同グループ内二次店にアルミ形材を供給し二次店がアルミサッシを製造して建設業者に供給することによって、消化していた。各グループ内の二次店の総数は、YKKは7、金秀は8、トステムは7である。

課徴金納付命令は、YKKAP沖縄に対するものが審決集に登載されてい

120

る。そこにおいては、YKKAP沖縄から建設業者に直接供給されたアルミサッシの対価の額（図でYKKAP沖縄から出ている実線矢印）とYKKAP沖縄から二次店に供給されたアルミ形材の対価の額（図でYKKAP沖縄から出ている点線矢印）とを合計してYKKAP沖縄の売上額とし、法定算

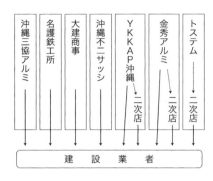

定率を乗じて課徴金額を得ている（公取委命令平成12年6月6日）。トステムに対する課徴金納付命令は審決集に登載されていないが、厚谷論文によると、トステムから二次店に供給されたアルミ形材の対価の額（図でトステムから出ている点線矢印）を売上額としているとのことであり（厚谷襄児「いわゆる縦のカルテルと課徴金納付の受命者——最近の判決・審決の検討を通して」ジュリスト1209号（平成13年）129頁）、そうであるとすれば、YKKAP沖縄に対する課徴金納付命令とは整合する。

本件勧告審決については、担当者による詳細な解説がある（鈴木奈緒美＝太浩一＝嘉陽田朝亮・公正取引585号（平成11年））。

2 類似事例と本件

(1) 検討の視点

法人格は別々であるが実質的には全体が一体となって他の競争者と競争している、という「グループ」が独禁法の問題を起こす場合がある。本件は、そのようなグループ違反行為が行われた場合に誰に対して何を命ずるか、という問題を提起するものである。

そこで以下では、同種の問題を含む類似事例を、「違反者は誰か」「課徴金納付命令を受けるのは誰か」という2つの視点に特に注目しながら、見ていくことにする。

その際、検討対象市場において反競争性の生じた商品役務を供給する名義

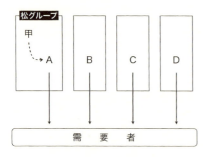

人となっている者を「A」、当該商品役務の供給名義人ではないが当該供給に関与している者を「甲」、とする。例えばトステムグループの場合、トステムが甲で二次店がAである。甲とAとが松グループという実質的一体の競争単位を形成してB・C・Dと競争している、という状況を想定する。

(2) 類似事例

(a) 甲のみが関与した事例

本件と同様、甲が主導したとして甲のみが違反者とされ課徴金納付命令を受けた例として、ダストコントロール製品の末端レンタル価格が協定された事件がある。6つのグループがあり、ダスキンなどのフランチャイズ最高本部（甲）が、それぞれの傘下加盟店（A）が最終需要者にレンタルする末端標準レンタル価格について、6社で協定した。各最高本部が排除措置命令を受けた（公取委勧告審決平成3年10月18日）。課徴金納付命令も、各最高本部を名宛人とした。売上額は、傘下加盟店による末端レンタルの対価でなく、傘下加盟店が末端レンタルのために必要とする物品等を最高本部が傘下加盟店にレンタル等した対価の額とされている（公取委命令平成4年7月22日審決集39巻306頁、野口文雄「平成4年度における課徴金納付命令の概要(上)」公正取引510号（平成5年）13頁）。本件（アルミサッシ）において二次店が絡んだ場合と似た処理が既にダストコントロール審決においてされていた、ということがわかる。

やはり同様に、甲が主導したとして甲のみが違反者とされた例として、シール談合事件がある。日立情報システムズ（甲）は、社会保険庁の指名競争入札において指名されたビーエフ（A）に代わって実質的な入札参加者となり、他の指名業者と談合を行っていた。日立情報システムズは、排除措置命令を受け（公取委勧告審決平成5年4月22日）、刑罰の対象ともなっている（集東京高判平成5年12月14日）。日立情報システムズもビーエフも課徴金納

付命令を受けていないが、これは、ビーエフが実行期間中に一度も社会保険庁から受注しなかったことを理由とするようであり、ここでの参考とはならない（他の指名業者に課徴金納付を命ずる公取委審判審決平成8年8月6日〔シール談合課徴金〕のうち審決集43巻162頁。同161〜162頁の別の論点は、ここでは措く）。

なお、甲（富士電線工業）がA（富士電線販賣）を手足として用いたとして甲のみが違反者とされた事例が現れている（集公取委審判審決平成27年5月22日〔富士電線工業〕）。

(b) Aのみが関与した事例

親会社である甲の関与がないため子会社であるAのみを違反者とした事例として、ガス用ポリエチレン管・同継手価格協定事件がある（公取委命令平成19年6月29日〔ガス用ポリエチレン管・同継手〕）。担当審査官解説は、富士化工（A）がJFEエンジニアリング（甲）のブランドを用い、JFEエンジニアリングの名称で会合にも出席していたとしつつ、しかしJFEエンジニアリングは「一切関与していない」として、富士化工のみを違反者としたことの理由を説明している（前田義則＝五江渕晋也・同命令解説・公正取引687号（平成20年）59〜60頁）。本件は、平成17年改正によって導入された課徴金減免制度の適用対象事例であり、そのことが、以上のような判断に影を及ぼした可能性がある（後記 *3*(3)）。

(c) 甲・Aがともに関与した事例

以上の事例に対し、甲・Aがともに能動的に関与したために甲・Aともに違反者とされた事例として、大型カラー映像装置談合事件と防衛庁発注タイヤチューブ談合事件がある。

大型カラー映像装置談合事件では、松下通信工業（甲）と松下電器産業（A）がいずれも違反者とされ、松下電器産業のみが課徴金納付命令を受けている（公取委命令平成7年3月28日）。違反行為終了から1年を経過していたため平成17年改正前の7条2項により排除措置命令をすることができず、直ちに課徴金納付命令をした「一発課徴金」事例であった。

防衛庁発注航空機用タイヤ談合事件では、ブリヂストン（A）とブリヂストンタイヤ東京販売（甲）、横浜ゴム（A）とヨコハマタイヤ東京販売（甲）、

の全てが違反者とされて排除措置命令を受け（公取委勧告審決平成 17 年 1 月 31 日）、A であるブリヂストンと横浜ゴムのみが課徴金納付命令を受けている（公取委命令平成 18 年 1 月 27 日）。並行して処理された防衛庁発注車両用タイヤチューブ談合事件でも、同様の扱いがされている（公取委勧告審決平成 17 年 1 月 31 日、公取委同意審決平成 17 年 3 月 31 日、公取委命令平成 18 年 1 月 27 日）。

同様の事例は、その後も次々に現れるであろう（例えば、集公取委命令平成 20 年 10 月 17 日〔溶融メタル等購入談合〕における DOWA ホールディングス（甲）と東京商事（A）、集東京高判平成 28 年 4 月 13 日〔ブラウン管 MT 映像ディスプレイ等〕における MT 映像ディスプレイ（甲）とその東南アジア子会社（A））。

他方、甲・A がともに能動的に関与したが A のみが違反者とされた事例として、PTP 用加工箔価格協定事件がある（勧告審決平成 17 年 12 月 12 日）。そこでは、エムエーパッケージング（A）は他の競争者との課長会に出席し、三菱アルミニウム（甲）は他の競争者との常務会や部長会に出席して、それぞれ他の競争者との情報交換をしていた。最終的な価格協定は、常務会においてなされた。しかし、違反者とされ排除措置命令を受けたのはエムエーパッケージングだけであり、三菱アルミニウムは違反者とはされていない。三菱アルミニウムは自らの利得のために独自に活動しているのでなく代理として会合に出席していただけであり、エムエーパッケージングに対して命令すれば十分だと考えられたためであると解説されている（松山隆英発言「座談会・最近の独占禁止法違反事件をめぐって」公正取引 668 号（平成 18 年）12 頁）。なお、エムエーパッケージングは課徴金を課されていない（他の違反者について公取委命令平成 18 年 6 月 21 日）。裾切り額を下回ったのではないかと推測される。

(3) 本件を含めた小括

以上の事例を整合的に理解するには、公取委において次のようなルールがあると見るほかはないように思われる。

①実質的一体である甲・A のうち、グループ外の競争者との共同行為に

能動的に関与した者は、かりに当該者自身が行為要件を満たしていないように見えても、グループ全体として満たしている場合には、違反者とする（PTP用加工箔を除く全ての事例）。能動的に関与していない者は違反者としない（本件、ダストコントロール、シール、ガス用ポリエチレン管・同継手、大阪瓦斯発注導管工事、富士電線工業）。PTP用加工箔の例外は、関与の程度が小さかったものと受け止める余地もあり、能動的に関与した者は違反者となるという枠組みを包括的に捨てなければならないような反例とは言えないように思われる。

　②Aが違反者である場合は、Aのみに対し課徴金納付命令を行う（大型カラー映像装置、タイヤチューブ）。

　③Aが違反者でない場合は、甲に対し課徴金納付命令を行う。その際、後記3(2)で述べるように、7条の2第1項の条文からは必ずしも導かれない計算によって課徴金額を得る（本件、ダストコントロール）。

3　分析と展望

(1)　違反者は誰か

　上記①は、不当な取引制限以外の分野に目を転じても、公取委の実務を説明し得ているように見える。例えば公取委は、持株会社の子会社が不公正な取引方法をした場合、持株会社（甲）と子会社（A）が共同して当該行為を行っていたならば持株会社にも独禁法が適用されるとしている（公正取引委員会「金融機関の業態区分の緩和及び業務範囲の拡大に伴う不公正な取引方法について」（平成16年12月1日）第2部第1の1(2)など。さらに一般的に、公正取引委員会事務局「流通・取引慣行に関する独占禁止法上の指針」（平成3年7月11日）「付」3)。例えば公取委は、問題となった商品役務を売っていた米国親会社（A）の被疑行為に日本子会社（甲）が「加担」していたことを根拠のひとつとして、米国親会社と並んで日本子会社にも警告をしたことがある（公取委公表平成10年11月20日〔マイクロソフトブラウザ警告〕（公表文第3の3(4)イ))。例えば公取委は、景表法の不当表示規制において、問題となった

商品役務の供給名義人ではないが契約業務の全てを委託されている日本航空ジャパン（甲）のみに対して排除命令を行っている（公取委命令平成18年3月24日）。さらに裁判所の差止請求事件においても、販売活動について委託を受けた者（甲）も不公正な取引方法の主体となり得る、ということを前提として検討した判決が現れている（東京高判平成17年1月27日〔日本テクノ〕（審決集51巻969頁）、東京高判平成17年4月27日〔ザ・トーカイ〕（審決集52巻804〜808頁））。

　持株会社方式による分社化その他が進行すれば、複数の者の行為が相俟ってようやく1個の違反行為が完結する、という事例がますます増える可能性がある。他の法分野に比べれば、この種の問題に関する独禁法分野での検討は前時代的段階にあり、正面から向き合っていく必要がある。

(2)　甲の課徴金額をどう計算するか

　前記2(3)の③のルールは、苦肉の策といえる。排除措置命令や刑罰も同じではあるが、課徴金納付命令も、実質的一体であるグループ単位ではなく、法人単位で適用する。しかしグループ内で唯一の違反者とされた甲は、反競争性の生じた商品役務（7条の2第1項にいう「当該商品又は役務」）を供給していない。そうであるからといって、違反者でないAに対して課徴金納付命令をすることもできない。そこで、甲に対し、Aが「当該商品又は役務」を供給するために必要な商品役務を甲が供給したことに着目して課徴金を課すことによって、三方一両損のごとき運用をしているもの、ということができる。本件のように「形材」か「サッシ」かをはっきりさせざるを得ない事案では、トステム自身は「当該商品又は役務」を供給していないことが明らかであり、上記③のようなルールが顕現せざるを得なかった（その後、公取委審判審決平成27年5月22日〔富士電線工業〕において、公取委はこのような課徴金計算を正面から明示的に認めている）。

(3)　課徴金減免制度を視野に入れて

　以上のような問題の原因は、実質的にはグループ全体が問題を起こしているのに実際の法適用は法人ごとに行われる、という点にある。

このことは、平成17年改正で導入された課徴金減免制度において深刻な問題を提起した。なぜなら、課徴金減免制度は、「違反者の数」というものに重大な意味をもたせた制度だからである。導入当初の同制度においては、グループ内から違反者が複数出てそれらに課徴金納付義務があるとされた場合は、誰かが第1位で全額免除を受けても、他の者はたかだか減額を受け得るにとどまる。グループ内の違反者が1人だけであるとしても、それは事後的にわかることであり、公取委が事件を把握していない減免申請の段階で明確にわかることではない。対症療法としては、当該事件でのグループ内違反者を1に絞るよう認定するという苦肉の策があり得る（川合弘造＝島田まどか「課徴金減免制度の在り方——1年半の実務の運用をふまえて」ジュリスト1342号（平成19年）88頁は、前掲のガス用ポリエチレン管・同継手事件の認定にそのような背景があることを強く示唆する）。しかし包括的には、実態に即して、グループというものを正面から見据えた一般的な枠組みが必要となる（川合＝島田・前掲87〜89頁、白石忠志「課徴金減免制度と独禁法違反要件論」NBL 869号（平成19年）12〜17頁）。

　平成21年改正後の7条の2第13項は、そのような包括的解決を、違反要件論そのもののレベルではないが、まずは減免対象者の画定のレベルで、行おうと試みるものである。すなわち、相互に「子会社等」の関係にある親子会社や兄弟会社などが、共同して減免申請をすることを認め、これらをまとめて1の減免申請者として扱うこととしている。もちろん、このような仕組みでは、本件（アルミサッシ）における形材供給者と二次店のように、過半数議決権による繋がりを示す「子会社等」の関係にはないのではないかと思われる事例は救えないことになるが、制度の明確性・簡易性との兼ね合いもあったのであろう。

公取委同意審決平成 12 年 2 月 28 日〔北海道新聞社函館新聞〕

公取委同意審決平成12年 2 月28日・平成10年（判）第 2 号
審決集46巻144頁
〔北海道新聞社函館新聞〕

---

1 事例の概要

『北海道新聞』を発行しており札幌に本店がある北海道新聞社（被審人）は、北海道の全域において新聞を発行している。函館地区において北海道新聞社は、朝刊・夕刊とも、総発行部数の大部分を占めていた。

平成 6 年 8 月ころから、この函館地区において夕刊だけを発行する新たな新聞社を作ろうとする構想が見られるようになった。のちの函館新聞社であり、平成 9 年 1 月 1 日から、『函館新聞』を発行している。

北海道新聞社は「函館対策」と称する一連の行動を起こした。次のとおりである。①特許庁に対し、平成 6 年 10 月、函館地区の地方新聞が使いそうな「函館新聞」等の商標を 9 件、出願した。その後、函館新聞社が「函館新聞」を題字として使用することが明らかとなったので、計 5 回にわたり、「函館新聞」の題字の使用中止を求めることなどを内容とする文書を送達した。②時事通信社に対し、スポーツニュースを含む国内外の一般ニュースを函館新聞社に配信しないよう、暗に求めた。これにより、函館新聞社は、時事通信社から配信を受けることができなかった。③函館新聞社の夕刊紙に広告を出しそうな中小事業者を対象とし、北海道新聞社の函館地区限定情報版への広告料金を大幅に割り引いた。それは、函館地区限定情報版に関する収支試算上、損失が生ずることが予測されたほどの割引であった。このため函館新聞社も、低廉な広告料金を余儀なくされた。④テレビ北海道に対し、函館新聞社のテレビ CM を流さないよう要請した。このため函館新聞社は、

テレビ北海道を通じてテレビ CM を行うことを断念した。

平成 10 年 2 月 5 日の公取委の勧告に対し北海道新聞社が応諾しなかったため、平成 10 年 3 月 6 日に公取委が審判開始決定をした。

その後、北海道新聞社は、上記の違反被疑行為を取りやめ、同意審決を受けることを申し出た。同意審決とは、平成 17 年改正前の 53 条の 3 によるものであり、改正後では、排除措置命令に対する審判請求をして審判手続が開始された後に審判請求を取り下げるのにほぼ相当する。本同意審決によれば、北海道新聞社は、函館新聞社の「事業活動を排除することにより、公共の利益に反して、函館地区における一般日刊新聞の発行分野における競争を実質的に制限しているものであり」、2 条 5 項の私的独占に該当する、とされた。

2 知的財産法と独禁法

(1) 本件の事件処理過程

本件のひとつの大きな特徴は、商標出願という商標法上の行為が独禁法違反の原因となり得るか、という意味で、商標法と独禁法の交錯が生じた点にある。北海道新聞社が出願した商標が適法に登録されるのであれば、それを見越して行われた北海道新聞社の前記 1 の①の行為は「商標法による権利の行使と認められる行為」またはその外延にある行為として当時の独禁法 23 条（平成 12 年改正後は 21 条）により独禁法の適用除外とされる可能性が高い。事件発覚当初には、独禁法関係者が「先に商標法で登録を拒絶してくれれば独禁法での解決も容易となるのだが」と考えたとしても不思議はなく、商標法関係者が「独禁法に違反すると先に言ってくれれば商標法での解決も容易となるのだが」と考えたとしても不思議はない。日本の行政官庁においては、他の官庁がエンフォースする法律の解釈を自ら行うことへの抵抗や遠慮というものが、好むと好まざるとにかかわらず、観察される。その法則がこの事件でも妥当していたとすれば、独禁法を担当する公取委と商標法を担当する特許庁はいずれも閉塞状況に陥っていたであろうと推測される。

この閉塞状況を打破したのは、商標法・特許庁の側での発想の転換であっ

た。つまり、競争政策とは独禁法の専売特許ではなく、知的財産法もまた、独禁法の適用を待つまでもなく、競争政策の指導原理のもとで解釈され得るのである、という発想である。

具体的には、北海道新聞社が出願した商標は商標法4条1項7号にいう「公の秩序又は善良の風俗を害するおそれがある商標」であるとされ、商標登録が拒絶された。そのような商標としてすぐに思いつくのは、商標の外見的構成それ自体が矯激・卑猥であるために社会秩序や風俗を乱すおそれのあるものである。「函館新聞」などの商標は、幸か不幸か、矯激・卑猥ではない。しかし本件出願に関する平成11年3月10日の特許庁審決（平成9年審判第20756号～第20759号）によれば、4条1項7号は、「〔構成自体が矯激・卑猥なもの〕だけでなく、商標の構成自体はそのようなものでなくても、その商標を特定の商品または役務に使用する事が社会公共の利益に反したり、社会一般の道徳観念に反するような場合、さらには、商標法の趣旨、目的からみて登録することが社会的妥当性を欠くこととなるような場合（例えば、第三者の営業行為を不当に制限するような出願）に、その登録を拒絶すべきことを定めているものと解される」とされた（理由4(2)）。ここには独禁法という言葉は現れていない。しかし、「第三者の営業行為を不当に制限する」ことを抑制しようとするのはまさに競争政策の発想であろう。

商標法の側が、競争政策の観点から、「商標法による権利の行使と認められる行為」を狭めてくれたために、本件では、公取委による独禁法の適用が行われやすくなった。上記特許庁審決は、平成9年10月8日の拒絶査定を是認したものであって、公取委の最初の法的判断を示す勧告は、拒絶査定よりも後の平成10年2月5日であったことに注意する必要がある（以上のような本件の経緯について詳しくは、白石忠志「函館新聞とアンプル生地管」法学教室244号（平成13年）87～90頁）。

(2) 本件の教訓

以上のような本件の推移は、「知的財産法と独禁法」の問題に対して、少なくとも次の2つの教訓をもたらす。

第1に、知的財産法の側において、独禁法の助けを借りずに競争政策的な

限定解釈が行われることはあってよい、ということが、印象的な事例を伴ってあらためて確認された。本件は特許法や著作権法の事例ではなかったが、特許法や著作権法の分野で旧来の硬直的な枠組みを競争政策の観点から研磨し修正する解釈を行うという作業にとっての有用な「先例」を作った、と言える。すなわち、知的財産法上の解釈論争が、独禁法を含む問題提起によって盛り上がり、競争政策の観点を含む論争に発展して、知的財産法の縮減的解釈が導かれたという重要な一例である（白石忠志「『知的財産法と独占禁止法』の構造」中山信弘先生還暦記念論文集『知的財産法の理論と現代的課題』（弘文堂、平成17年））。その後に現れた標準必須特許をめぐる特許裁判の帰結は、やはり同様の構造によるものであった（知財高決平成26年5月16日〔サムスン対アップル標準必須特許差止請求I〕などについて、白石忠志「独禁法とサムスン対アップル知財高裁判決」野村豊弘先生古稀記念論文集『知的財産・コンピュータと法』（商事法務、平成28年））。

　第2に、独禁法関係者が熱心に論じてきた「独禁法21条論」が、本件のような推移を経れば、あえなく溶かされてしまう、ということがあらためて確認された。なぜなら、独禁法の側が独禁法の適用を検討しようとする知的財産権関連行為が、競争政策の観点からの知的財産法の限定的解釈によって「〔知的財産法〕による権利の行使と認められる行為」ではないとされるのであれば、それが独禁法21条の適用除外の対象とならないのは理の当然だからである。このような達観をすることができるか否かは、ひとえに、競争政策を独禁法よりも一段高いところに置いて独禁法も知的財産法も同等に競争政策の理念のもとで解釈され運用されるのであるという認識をもつか、それとも、競争政策とは独禁法の専売特許であって知的財産法の権利行使の範囲は競争政策とは無関係に決まらざるを得ないという認識に拘束されているか、の違いに帰する。

3　合わせ技一本

　本審決では、前記1で見たように、商標出願に関する①だけでなく、通信社に関する②、新聞に掲載する広告に関する③、新聞のテレビCMに関

する④が登場し、これらがいわば「合わせ技一本」となって、独禁法上の私的独占にいう「排除」を形成し「競争の実質的制限」をもたらしたとされた。いずれか片方だけで「排除」や「競争の実質的制限」を満たしたと言える必要はなく、全てが相俟って満たすと言えれば足りる。合わせ技一本の論法は、他にも、例えば、不公正な取引方法の一般指定14項（昭和57年一般指定15項）などでも可能である（例えば、集公取委勧告審決平成15年11月27日〔ヨネックス〕）。

4 審判事件記録の閲覧謄写

本件の独禁法事件は最後には同意審決というかたちで決着したが、一時的にせよ本件が公取委の審判手続に係属したため、後年、「函館新聞事件」の名は本審決とは別の意味でも独禁法の世界で知られる結果となった。

というのは、本件を舞台として、平成17年改正前の69条（同改正後の70条の15と同等）をめぐる行政訴訟が起こり、独禁法関係者を慌てさせる事態へと発展したからである。すなわち、本件での北海道新聞社の行為等について同社に対する損害賠償請求訴訟を提起した函館新聞社が、本件の利害関係人として公取委に対し審判事件記録の閲覧謄写を求めたところ、公取委はその日常的業務の一環として審判事件記録の一部について閲覧謄写を不許可とする処分を行った。函館新聞社がこの不許可処分の取消請求訴訟を提起した。裁判所は、特定の事件記録を不開示とする規定が置かれていないことなどを理由に不許可処分を取り消し、不都合があるのなら立法的解決に委ねるべきであるとした（東京高判平成18年9月27日〔函館新聞事件記録閲覧謄写〕）。しかし、このような考え方が定着したのでは審判手続で争おうとする当事者を萎縮させるのではないかという指摘も根強く、平成21年改正により、「第三者の利益を害するおそれがあると認めるときその他正当な理由があるとき」には公取委は閲覧謄写を不許可とすることができるなどの規定が追加された（70条の15第1項後段および第2項）。

その後、平成25年改正により審判制度それ自体が廃止され、70条の15も削られている。

最判平成 12 年 7 月 7 日〔野村證券損失補塡株主代表訴訟〕

最判平成12年 7 月 7 日・平成 8 年（オ）第270号
民集54巻 6 号1767頁
〔野村證券損失補塡株主代表訴訟〕

1 事例の概要

　我が国最大手の証券会社である野村證券は、東京放送を大口顧客としていた。東京放送が住友信託銀行を受託者として行っていた特金勘定取引につき、東京放送は、投資顧問業者と投資顧問契約を締結することなく、専ら野村證券が東京放送に代わって住友信託銀行に指図することにより運用する「営業特金」の取引を行っていた。

　この特金勘定取引口座には、損失が生じていた。この損失は、有価証券市場が好況であった当時から生じており、野村證券は、将来の東京放送の証券発行に際しての主幹事証券会社の地位を失うおそれがあることも考慮して、平成 2 年 3 月、東京放送に対して損失補塡を行った。

　本件は、野村證券の株主が、損失補塡を行った取締役を相手取って、取締役が「法令……ニ違反スル行為ヲ為シタル」ことによる損害を会社に賠償するよう求めた事件である（会社法典制定前の商法 266 条 1 項 5 号）。

　本判決は、本件損失補塡は昭和 57 年一般指定 9 項（平成 21 年改正後の一般指定 9 項と同じであり、以下では単に「一般指定 9 項」という）に該当するから独禁法 19 条に違反するものであり、独禁法 19 条は上記「法令」に該当するが、しかし、取締役が損害賠償責任を負うには「右違反行為につき取締役に故意又は過失があることを要するものと解される」（民集 1776 頁）ところ、本件損失補塡を行った時点において「その行為が独占禁止法に違反するとの認識を有するに至らなかったことにはやむを得ない事情があったというべき

133

であって、右認識を欠いたことにつき過失があったとすることもできない」（民集1777頁）として、結論としては株主の請求を棄却した。

本判決における論点は多岐にわたっているが、「法令」や「故意又は過失」をめぐる論点はいずれも第一義的には当時の商法の解釈の問題であるから、以下では、本件損失補填が一般指定9項に該当するという判示を中心に検討する。

それに相当する判示は、次のとおりである。「証券会社が、一部の顧客に対し、有価証券の売買等の取引により生じた損失を補てんする行為は、証券業界における正常な商慣習に照らして不当な利益の供与というべきであるから、野村證券が東京放送との取引関係の維持拡大を目的として同社に対し本件損失補てんを実施したことは、一般指定の9（不当な利益による顧客誘引）に該当し、独占禁止法19条に違反するものと解すべきである」（民集1775頁）。

なお、本件訴訟とは別に、公取委は、本件損失補填が一般指定9項に該当するとしている（公取委勧告審決平成3年12月2日）。野村證券とともに当時いわゆる「大手4社」を形成していた大和證券、日興證券および山一證券に対しても、同日付で同様の勧告審決がされている（いずれも審決集38巻所収）。尤も、本判決が依拠した事実認定によれば、公取委は平成3年8月31日の時点においてもなお損失補填が独禁法に違反するとの見解を採っていなかったのであり、それをひとつの重要な理由づけとして、上記のように本件取締役には過失がないとされたわけである。

本件行為の当時においては、証券取引法において、損失発生後の損失補填（いわゆる事後の損失補填）を禁止する明文が存在しなかった。そのような明文規定は、平成3年10月5日法律第96号による証券取引法改正（同法50条の2第1項3号の追加。金融商品取引法39条1項3号に相当する）まで待たなければならない。逆に見れば、そうであるからこそ本件で独禁法が取り沙汰されたのだ、とも言えそうである。

2 本件での検討対象市場

　本判決は、東京放送のような者の有価証券の売買等により証券会社は多額の手数料収入を得ており、それについて証券会社相互間で競争があることを強調している（民集1770頁）。これは、上記公取委審決においても同様である（審決集135頁）。そのような競争に悪影響があったことをもって一般指定9項を論じている、と見るのが素直である。

　そうであるとすると、本判決における検討対象市場は、証券会社を供給者とし、証券市場で証券の売買をする者を需要者とする、仲介等の役務の市場である、ということがわかる。

　このような本件の検討対象市場は、世に「証券市場」「株式市場」「金融・資本市場」などと呼ばれるものと同じではない。それらの「市場」においては売り手と買い手との間で有価証券等の売買が行われ、そして、それらの者がそれらの「市場」に参

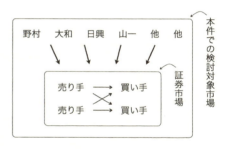

加することを仲介等するという役務をそれらの者に売ろうとして、証券会社相互間の競争が行われる。本件での検討対象市場は、そのような競争が行われる場なのであって、「証券市場」等とは異なる。

　このようなことは、金融・証券分野に対する独禁法の適用がさまざまなかたちで論ぜられるようになった現代においては、言うまでもないことであるのかもしれない。しかし、少なくとも当時においては、当然の前提ではなかった。当時、まさに本件が独禁法の適用対象となったことや、それに限らず、日米構造問題協議等を境にようやく公取委の力が増してきて金融・証券分野への独禁法の適用が現実のものとなりつつあったこと等を背景に、「金融・証券市場の規制と競争」などと銘打った文献が次々と現れたが、それらのなかに、有価証券を売買する証券市場と、証券会社が仲介等の役務を売ろうとする市場との異同を明確にしたうえで論ずるという手続を踐んでいる文献を

見出すのは、非常に難しい。そのような基本的な仕分けすらされていない文献は、内容も的確でない可能性が高い。

3 本件での公正競争阻害性

景表法による不当景品類規制は、商品役務についての適正かつ冷静な判断が妨げられる（需要者の判断能力が麻痺する）ことに着目した規制であるとされる。一般指定9項における公正競争阻害性も、そのような観点から解説されるのが通常である。

しかし、本件損失補填が一般指定9項に該当するとする本判決には、需要者である東京放送の適正かつ冷静な判断が妨げられたとか麻痺したなどという認定は見られない。損失補填は「証券業界における正常な商慣習に照らして不当な利益の供与というべきである」と述べるのみである。事業者は、消費者に比べれば、適正かつ冷静な判断能力が麻痺することは相対的に少ないのではないか、という疑問が提起され、現に事業者を需要者とする場合を一般的に念頭に置いた景表法上の告示が廃止されるという動きがあったわけであるが（平成8年公正取引委員会告示第3号）、本判決には、事業者たる東京放送の判断能力がどうであったかについての認定は登場しない。

そうしたところ、公取委審決では、損失補填は、「投資家が自己の判断と責任で投資をするという証券投資における自己責任原則に反し、証券取引の公正性を阻害するものであって、証券業における正常な商慣習に反するものと認められる」（審決集135頁）としている。この、「自己責任原則」「証券取引の公正性」という標語は、損失補填を論ずる際に頻出するものであるから、本判決もそのような考えを前提としたものであると推測できる。

すなわち、本判決や公取委審決において損失補填が一般指定9項該当とされたという事実は、商品役務についての適正かつ冷静な判断が麻痺することに着目した規制であるという通常の枠組みでは説明できない別の論理が一般指定9項において並存している、ということを示しているのだと言わざるを得ない。

それはつまり、他の法令に違反またはその理念を逸脱するような手段によ

って競争する行為は、一般指定9項に該当して独禁法違反ともなる、という考え方である。本件では、損失補填という行為が、当時の証券取引法が明文で禁止してはいなかったとしても同法の基本的理念であるとされる「自己責任原則」「証券取引の公正性」を逸脱するものである、という理解が前提となっていた。同様の考えによると見られるものとして、電力ガイドラインにおける「オール電化」に関する記述がある（平成17年5月20日の改定の際に同ガイドライン第2部Ⅴ2⑵イ⑤として置かれた。平成29年2月6日の改定の後は第2部Ⅴ2⑵⑤となっている）。そこにおいて一般指定9項等のもとで取り上げられている行為はいずれも、同ガイドラインにおいて電気事業法にも違反するとされている行為ばかりであるように見える。学校への教科書の売り込みについて一般指定9項が問題となった事例（公取委公表平成28年7月6日〔義務教育諸学校教科書発行者警告等〕）においても、教科書協会の基準や文部科学省の通知に反する行為であった点が重要であった旨が担当審査官によって解説されている（池田卓郎＝田中修＝永久雅也＝奥居孝士・公正取引794号（平成28年）71頁、72頁）。

　他の法令に違反またはその理念を逸脱する手段を独禁法違反でもあると論ずることの実益は、次の諸点にある。第1に、本件のように当該手段が他の法令の明文に違反しない場合は、当然のことながら、当該手段が法令に違反するという根拠を独禁法が与えることになる。まさに本件では、独禁法がそのような機能を果たした。第2に、当該手段が他の法令に違反すると言える場合であっても、さらに独禁法にも違反するとも言えるなら、次の2点が導かれる。まず、当該手段について公取委が規制権限をもつことになる。電力ガイドラインにおいて、電気事業法に基づく経済産業省の規制権限と並んで公取委による規制権限が掲げられているのは、まさにその例である。また、当該手段が一般指定9項に該当するということは、当該手段について独禁法24条による差止請求が可能となるということを意味する。

4 「行為の広がり」の位置づけ

　本件のような不正手段行為においては、当該行為の相手方の数、当該行為

の継続性・反復性、伝播性などの「行為の広がり」という概念が取り沙汰される。

　そして本件は、合計 21 の証券会社が損失補塡をしていたことが明らかななかで、いわゆる「大手 4 社」のみが勧告審決の対象となったため、「行為の広がり」の法的位置づけをわかりやすく論ずるための好適な素材となった。違反要件説すなわち「行為の広がり」があって初めて公正競争阻害性があるのだという考え方を採れば、他の 17 社の損失補塡は独禁法違反でないから公取委が取り上げなかったのだという理解に至りやすい。それに対し、事件選択基準説すなわち「行為の広がり」は公正競争阻害性の成否とは関係がなく単に公取委が公正競争阻害性のある行為のうちいずれを正式事件として取り上げるかを判断する際の基準であるに過ぎないという考え方を採れば、他の 17 社の損失補塡も独禁法違反であったのだが公取委が取り上げなかっただけである、という理解に至りやすい。いずれの考え方を採るかによって法的帰結が異なる例を挙げるなら、公取委は個別の事件において「行為の広がり」をきちんと立証する必要があるか、他の 17 社の株主は株主代表訴訟を起こせたか、などの点を挙げることができる。

　本判決は、「行為の広がり」の法的位置づけについて明示的には全く触れることなく、野村證券の損失補塡が一般指定 9 項に該当するとしている。損失補塡が証券業における正常な商慣習に照らして不当であるという理由のみを述べているのであるから、それだけを見れば、21 社全てが独禁法に違反していたということになるはずであり、したがって、違反要件説を採ってはいないということになりそうである。尤も、本判決がこの論点を明示的に論じていないのも確かであり、その点を差し引く必要はある。私の知る限り、この論点を明示的に取り上げた裁判例は、本件での日興證券の損失補塡をめぐる東京地裁判決だけであり、しかし同判決は、本件で「行為の広がり」が成立するのは間違いないからそれが違反要件であるか否かによって結論は左右されない、と述べたにとどまる（東京地判平成 9 年 3 月 13 日（判時 1610 号127 頁））。

公取委審判審決平成13年8月1日・平成10年（判）第1号 審決集48巻3頁〔SCE〕

1 事例の概要

被審人SCE（ソニー・コンピュータエンタテインメント）は、家庭用ゲーム機プレイステーション（以下「PS」という）のゲーム機およびソフトを販売業者に対して販売している。SCEは、一部を除き、小売業者への直取引によってPSソフトを流通させている（以下では、簡潔な叙述とするため小売業者への直取引のみを念頭に置く）。PSのゲーム機およびソフトは一般消費者の高い評価を得ており、ソフト小売業者にとって、PSソフトを取り扱うことが重要である。SCEは、一部を除き、ソフトメーカーが開発製造したPSソフトを一手に仕入れて販売しており、SCEはソフト小売業者にとってPSソフトの供給面で独占的地位にある。

SCEは、小売業者にPSソフトを売るに際し、当該小売業者に対して、値引き販売禁止、中古品取扱い禁止、横流し禁止、の3種類の拘束行為を行った。値引き販売禁止行為とは、小売業者に対し、利益が出るような小売価格の設定

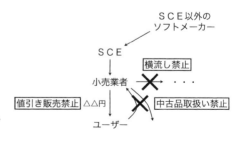

をするように促し、特に広告においては希望小売価格どおりの価格表示とするよう求めるなどした行為を指す。中古品取扱い禁止行為とは、小売業者に対し、中古のPSソフトを取り扱ってはならないと求める行為である。横流

し禁止行為とは、小売業者に対し、PSソフトを一般消費者にのみ売るよう求める行為を指す（以上、審決集14頁）。

ある時期までは、3種類の拘束が同時並行的に行われていた（以下「前期」という）。その後、値引き販売禁止行為が消滅し、中古品取扱い禁止行為と横流し禁止行為だけが行われた（以下「後期」という）。

本審決の論旨も、3種類の拘束ごとに展開されている。値引き販売禁止行為については、比較的簡単に、再販売価格拘束を定めた昭和57年一般指定12項（平成21年改正後の2条9項4号と同等）に該当するとした（審決集51頁、67頁）。中古品取扱い禁止行為のうち、前期のそれについては、値引き販売禁止行為と一体でありその実効性を確保するためのものであったと述べて、昭和57年一般指定12項に該当する値引き販売禁止行為に包含されるものであったとした（審決集56頁）。後期の中古品取扱い禁止行為については、その競争への影響を具体的に認定・判断するに足りる証拠がないとした（審決集56頁）。横流し禁止行為については、これも前期においては値引き販売禁止行為の実効性確保の機能をもったとしつつ、横流し禁止行為だけでも昭和57年一般指定13項（平成21年改正後の一般指定12項と同等）に該当するとした（審決集

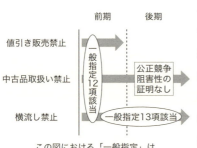

この図における「一般指定」は昭和57年一般指定を指す。

61〜62頁、65〜66頁、67頁）。

2 一体・補強論

3種類の拘束が並行した前期について本審決がどの拘束とどの拘束とを組み合わせて違反要件の成否を判断したのかという点は、少々わかりにくい。

本審決はまず、次のように述べる。「被審人が、PS製品の直取引を基本とする流通政策を検討する中で、3つの販売方針をその一環として、関連した一体のものとして決定し、実施したものであることは、前記認定のとおりである。〔原文改行〕そこで、中古品取扱い禁止行為及び横流し禁止行為の

公正競争阻害性を判断するに当たっては、値引き販売禁止行為がされていることを考慮した上で、これらの行為が公正な競争秩序に及ぼす影響について判断すべきである。そして、これらの行為が公正な競争秩序に及ぼす影響を具体的に明らかにすることによって、これらの行為自体が独立して公正競争阻害性を有することを認定することができるし、また、そこまでの認定ができない場合にも、これらの行為が、一体的に行われている値引き販売禁止行為を補強するものとして機能していると認められるときには、その点において、これらの行為も不公正な取引方法として排除されるべき再販売価格の拘束行為に包含されるものとみるのが相当である」（審決集51〜52頁）。

これを読み解けば、値引き販売禁止行為と他の拘束行為は、①関連した一体のものとして決定・実施したものであり、②当該他の拘束行為が当該値引き販売禁止行為を補強するものとして機能しているならば、当該他の拘束行為は値引き販売禁止行為の一部として包含されたものと扱うこともできる、ということのようである。本件において中古品取扱い禁止行為と横流し禁止行為のいずれもが①を満たすことも、上記引用部分の冒頭において認定されている。

そして本審決は、中古品取扱い禁止行為については、②も満たすことを認定したうえで、「本件中古品取扱い禁止行為は、その点において再販売価格の拘束行為に包含され、同行為全体として公正競争阻害性を有するものと認めることができるというべきである」と結論づけた（審決集56頁）。

ところが本審決は、横流し禁止行為については、これと同様のことを明示的には述べていない。したがって、横流し禁止行為は、後期だけでなく前期についても、それ単独で違反とされたのみであるようにも見える（前記1の後者の図における横長の楕円）。

ただ、本審決は、横流し禁止行為が②を満たすということは、明確に述べている（審決集61頁、65〜66頁）。横流し禁止行為は、上記のように①を満たし、そして②も満たすのであるから、上記一般論に照らせば論理上当然に、中古品取扱い禁止行為と同様、値引き販売禁止行為に包含され全体として公正競争阻害性をもつということになる。このように見た場合には、前期の横流し禁止行為は、それが単独で違反であることを論ずるまでもなく、違反行

為を構成するということが論じ尽くされているようにも見える（前記1の後者の図における縦長の楕円）。

このように、前期の横流し禁止行為の取扱いについては2通りの読み方ができる。

今後の議論のために、以上のような本審決の基本構造について以下の諸点を指摘したい。

第1に、本審決の一体・補強論が何に役立ったかと言えば、結局、中古品取扱い禁止行為について前期を違反ありとし後期を違反なしとするのに役立った、というに尽きる。後記7のように、前期については21条（平成12年改正前は23条）の適用除外の対象外となると明言し、他方で後期について何らの示唆も与えずに終わらせるには、一体・補強論が必須であった。上記のように、前期の横流し禁止行為がいずれで処断されたのかという点を突き詰めてもあまり実益はないが、中古品取扱い禁止行為に関する以上のような点をおさえることは、本審決を理解するうえで欠かすことができない。

第2に、複数の拘束行為が一体とされ、違反の成否がまとめて論ぜられるとは言っても、本審決では、それらがいわば対等合併をするのではなく値引き販売禁止行為が他を吸収合併するのである、という扱いがされた。通常、合わせ技一本の論法が採られる際には、対等合併の発想によって、それらが全体として行為要件を満たし弊害をもたらしてもいる、という議論がされる（例えば、圏公取委勧告審決平成15年11月27日〔ヨネックス〕、圏公取委審判審決平成18年6月5日〔ニプロ〕）。本件で吸収合併の発想が展開されたのは、公取委において、昭和57年一般指定13項よりも昭和57年一般指定12項（再販売価格拘束＝値引き販売禁止行為）のほうが違反要件が成立すると言いやすい、という潜在的認識があったためではないかと推測される。

第3に、そもそも、複数の行為が相俟っての弊害を論じ得るための前提要件として、本審決が言うように、行為者が「関連した一体のものとして決定し、実施したものであること」が必要なのであろうか。行為者が主観において認識していなくとも（言い換えれば、審査官や民事訴訟の原告がそれを立証しなくとも）、複数の行為が同じ市場での同じ弊害に寄与しているのであれば、それらが相俟っての弊害を論ずるに十分ではないだろうか。

3 拘　束

　本件では、値引き販売禁止行為が終了したのはいつか、つまり前期と後期
の境界はどこであるか、が問題とされた。かりにそれが本件での勧告（平成
10 年 1 月 20 日）より 1 年以上前の日であったなら、20 条 2 項が準用する 7
条 2 項の平成 17 年改正前の規定に基づき、少なくとも前期の値引き販売禁
止行為に対しては排除措置命令をすることができない（審決集 29 頁に掲げら
れた SCE の主張）。

　違反行為が終了する、とは、論理的には、違反要件のいずれかが満たされ
なくなった、ということを意味するが、それは本件では、行為要件である
「拘束」（昭和 57 年一般指定 12 項（平成 21 年改正後の 2 条 9 項 4 号と同等））が
成立しなくなった、ということとほぼ同値である。なぜなら、弊害要件につ
いては、本件のような値引き販売禁止行為の場合には、原則違反と言われて
おり、加えて、本件では市場画定についても後記 *4* のような事情があるの
で、「拘束」が成立しさえすれば弊害要件はほぼ自動的に成立するからであ
る。そうであるとすれば、違反行為の終期に関するこの判示は、実は「拘
束」の要件の判断基準に関するものである、ということになる。

　さて本審決は、この論点について次のように述べた。「本件値引き販売禁
止行為のような再販売価格の拘束行為が消滅したか否かを判断するに当たっ
ては、当該再販売価格の拘束の手段・方法とされた具体的行為が取りやめら
れたり、当該具体的行為を打ち消すような積極的な措置が採られたか否かと
いう拘束者の観点からの検討に加え、拘束行為の対象とされた販売業者が制
約を受けずに価格決定等の事業活動をすることができるようになっているか
という被拘束者の観点からの検討が必要である。さらに、これを補うものと
して、当該商品の一般的な価格動向等の検討も有用である」（審決集 48 ～ 49
頁）。つまり、①拘束者の観点、②被拘束者の観点、③一般的な価格動向等、
の 3 つが重要であるとした（厳密には「被疑拘束者」「被疑被拘束者」と言うべ
きであるかもしれないが、本審決は一旦成立した拘束が消滅したか否かが問題と
なった事案であった）。

本審決は、以上のような一般論を本件内の2つの小事例に当てはめて、それぞれ、「拘束あり」「拘束なし」の結論を導いている。一方の小事例は、平成8年5月の公取委の立入検査の直後のものであり、「拘束あり」、つまりいまだ違反行為は存続していたとした。上記3つの観点の全てについて、「拘束あり」の方向での認定をしている（審決集49頁）。他方の小事例は、平成9年11月ころのものであり、「拘束なし」、つまりすでに違反行為は消滅していたとした。上記3つの観点の全てについて、「拘束なし」の方向での認定をしている（審決集50〜51頁）。すなわち、2つの小事例はいずれも、3つの観点の全てが同じ結論を支える方向で認定されたという意味で、イージーケースであった。

4 市 場

不公正な取引方法の事件では、排除措置命令書（平成17年改正前の審決書を含む）の「法令の適用」欄において、検討対象市場が明示されることはない。不公正な取引方法を定義する2条9項に「一定の取引分野」という文言がないという形式的理由によるものと思われる。したがって、当該事件における検討対象市場が何であるかということは、当該文書の全趣旨から推測するしかない。

それを前提とするなら、本審決は、PSソフトの小売段階での競争を検討対象とした（そのような競争が行われる場を検討対象市場とした）ということができる。例えば、横流し禁止行為による公正競争阻害性を論ずるにあたって、「PSソフトの販売段階での競争に及ぼす影響・効果の観点をむしろ検討する必要がある」（審決集59頁）、「PSソフトの販売段階での競争が行われないようにする効果を有しているものである」（審決集61〜62頁）と述べている。もし、市場のなかにPS以外のゲーム機用のソフトも含まれるのであるなら、それとの関係をも検討しなければ、横流し禁止行為による公正競争阻害性を論ずることはできないはずであるが、本審決は、それを行わないまま公正競争阻害性を認定している。

その背景には、任天堂やセガのゲーム機用のソフトとPSソフトとの間に

は互換性がなく、任天堂やセガのゲーム機用のソフトはPSゲーム機の上では動作しない、という認識があるものと思われる（審決集7頁）。換言すれば、PSゲーム機を購入した家庭、という需要者にとっては、任天堂やセガのゲーム機用のソフトは選択肢に入らない、ということである。

ある研究会で、ある出席者が、「うちの息子はPSゲーム機と任天堂ゲーム機を両方持っているので、両方のソフトが選択肢に入るのです」という趣旨の発言をしていた。もちろん、そのような需要者も存在するのであろう。しかし、PSゲーム機しか持っていない需要者も存在

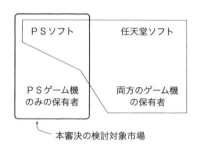

するのであって、そのような需要者にとってはPSソフトしか選択肢に入らない、そのような需要者をここでは問題としているのだ、というのが、本審決の認識なのであろうと忖度される。私は、事例研究の際に、判決や審決の事実認定それ自体は疑わず、それを前提とした法的議論の構造を客観的に観察し分析するよう努めることを基本としている。上記発言も、背景事実に関する本審決のような捉え方があり得ることを理解したうえで、別の角度からの事実認識もあり得ることを（あるいは笑い話として）指摘したものであろう。このように、事例研究をする際には、いま何の議論をしているのか（事実認定の当否を論じているのか、事実認定を前提とした法律論を行っているのか、など）を的確に把握する必要がある。

5 反競争性

本審決は、本件のような競争停止型拘束条件付取引規制における反競争性の基準が「当該商品の価格が維持されるおそれがあると認められる」か否かであることを確認したものとしても、意義を持つ（審決集62〜63頁）。この基準は、流通取引慣行ガイドラインにおいて示されていたものであるが（当時の同ガイドライン第2部第2の3（平成29年の改正後の「価格維持効果」に相当））、個別の事件においてこの基準に言及したものは、必ずしも存在しなか

った。

　ただ、本審決における上記記述は、中古品取扱い禁止行為や横流し禁止行為の「競争制限効果」の成否を散々論じた後、横流し禁止行為の正当化理由あるいは「それなりの合理的な理由」の成否を論ずる際に、ようやく登場している。あまり体裁のよいものではない。

6 正当化理由

　本審決は、横流し禁止行為に関連して、反競争性が成立しても、正当化理由が成立するために公正競争阻害性がないとされる場合があることを、一般論として認めた。すなわち、「例外的に、当該行為の目的や当該目的を達成する手段としての必要性・合理性の有無・程度等からみて、当該行為が公正な競争秩序に悪影響を及ぼすおそれがあるとはいえない特段の事情が認められるときには、その公正競争阻害性はないものと判断すべきである」（審決集 63 頁）。ここには、目的が正当か否か、手段が正当か否か、という 2 段階の判断が行われることが明記されている。この一般論に引き続いての各論においても、この 2 段階の判断をしたうえで、本件横流し禁止行為には正当化理由はないとの結論を得た。

　正当化理由については、同様の一般論がかねてから主張され、あるいはそのような基準が採られていると窺われると指摘されていたが、公取委の審決が正面からこのような一般論を広く認めたのは初めてであった。

　なお、本審決は、資生堂・花王の最高裁判決（集最判平成 10 年 12 月 18 日〔資生堂東京販売〕、最判平成 10 年 12 月 18 日〔花王化粧品販売〕）に現れた「それなりの合理的な理由」という基準による正当化が、本件行為には適用されない、すなわち、最高裁判決の射程は本件には及ばない、とする論述も行っている（審決集 62 ～ 63 頁）。たしかに、本審決のような形で最高裁判決を相対化する方法ももちろんあり得るし、個別事件解決のヒエラルキーにおいては最高裁判決よりも遥かに下位に位置する公取委審決においてそのような控えめな態度が採られたことには、無理からぬところがあるのかもしれない。しかし、最高裁判決の「それなりの合理的な理由」の基準は、それが満たさ

れても違反なしとなるとは限らないものであることを調査官解説が自認している（本書 118 ～ 119 頁）。本来であれば、「それなりの合理的な理由」という基準の存在意義それ自体が問われるべきところであろう。

7　知的財産法の権利行使に対する適用除外

　中古品取扱い禁止行為を違反としようとすると、知的財産法に基づく権利行使が独禁法の適用除外となることを定めた 21 条の問題を解決しなければならない。すなわち、ゲームソフトが著作権法上の「映画の著作物」（同法 2 条 3 項）に該当し、そのゆえに「頒布権」（同法 26 条）が与えられるのであれば、中古品取扱い禁止行為をすることは頒布権の権利行使として独禁法の適用除外となる可能性が高いからである。PS ソフトのメーカーは SCE だけではないから、SCE は全ての PS ソフトについて著作権を持っているわけではない。しかし、誰の著作権を害するものであるかにかかわらず、ともかく著作権侵害という違法行為をやめさせるために中古品取扱い禁止行為をしたのだ、とする主張を SCE がしたならば、結局、SCE が著作権者である場合に準じた議論が妥当すべきこととなろう。

　独禁法 21 条については、本審決当時に通用していた特許ノウハウガイドラインが既に以下のような一般論を述べていた（公正取引委員会「特許・ノウハウライセンス契約に関する独占禁止法上の指針」（平成 11 年 7 月 30 日）第 2 の 2）。すなわち、かりに知的財産法に基づく権利の行使とみられる行為であっても、権利の行使に藉口しているに過ぎない場合や、競争秩序に与える影響が大きい場合には、21 条にいう「権利の行使と認められる行為」とはされない。権利の行使とみられる行為とは、言わば、その時期までの常識においては知的財産法による権利行使と認められると信じられてきた行為を指す。それを、独禁法の観点から再点検する、ということになる。以上のような考え方は平成 19 年の知的財産ガイドラインにおいても踏襲されており、「権利の行使とみられる行為であっても、行為の目的、態様、競争に与える影響の大きさも勘案した上で、事業者に創意工夫を発揮させ、技術の活用を図るという、知的財産制度の趣旨を逸脱し、又は同制度の目的に反すると認められ

る場合は、上記第21条に規定される『権利の行使と認められる行為』とは評価できず、独占禁止法が適用される」とされている（知的財産ガイドライン第2の1）。

本審決は、本件に即し、審決当時に通用していた特許ノウハウガイドラインの表現でいえば「藉口」のほうではなく「競争秩序に与える影響」のほうだけを明示しつつ、同様の一般論を採った（審決集57頁）。

そして本審決は、前期の中古品取扱い禁止行為は値引き販売禁止行為に包含されるものであって値引き販売禁止行為が競争秩序に与える影響は大きい、という論法によって、前期の中古品取扱い禁止行為について適用除外を認めないとの結論に達した（審決集57頁）。

他方、後期の中古品取扱い禁止行為については、そもそもそれに公正競争阻害性があるとの具体的な認定・判断をするに足りる証拠は十分ではないとしているので（審決集56頁）、21条に触れるまでもなく違反なしと扱われた。

本審決の以上のような論法を別の角度から眺めるには、当時において同時進行中であった著作権法上の中古ゲームソフト訴訟を想起するのが有益である。そこでは、ゲームソフトについて頒布権行使が認められるか否かが、著作権法の解釈問題として争われていた。かりに本審決が、中古品取扱い禁止行為を単体で適用除外対象外としたならば、それはゲームソフトの頒布権行使が独禁法21条の意味において著作権法上の権利の行使と認められないということを正面から意味することになり、著作権法上の解釈論争の一方の側に与するとの旗幟を公取委が鮮明にしたことになる。本審決は、あえて自らは火中の栗を拾わず、前期については値引き販売禁止行為という原則違反行為の威を借りることによって中古品取扱い禁止行為をも違反とし（審決集56頁）、寄るべき大樹のいなくなった後期については、公正競争阻害性の認定に必要な立証がないとの理由で適用除外の成否を論ずることなく終わらせた。前期についても、違反であったと理由中で述べたのみで、主文では中古品取扱い禁止行為については何らの排除措置も命じていない。

著作権法上の訴訟は、その後、ゲームソフトについては頒布権行使は認められないという趣旨の最高裁判決がされて決着した（最判平成14年4月25日）。中古品取扱い禁止行為は、「権利の行使とみられる行為」ですらない、

ということになったわけである。知的財産法上の解釈論争が、独禁法を含む問題提起によって盛り上がり、競争政策の観点を含む論争に発展して、知的財産法の縮減的解釈が導かれたという重要な一例である（白石忠志「『知的財産法と独占禁止法』の構造」中山信弘先生還暦記念論文集『知的財産法の理論と現代的課題』（弘文堂、平成17年））。

8 著作物再販の適用除外

前期の値引き販売禁止行為については、SCE の側から、ゲームソフトは著作物であるから独禁法23条（平成12年改正前は24条の2）による適用除外を受けるはずだ、との主張もされた。

公取委は、23条4項にいう「著作物」は新聞・雑誌・書籍・レコード盤（その後継品である音楽用テープと音楽用 CD を含む）に限定される、との解釈を採っているが、それが具体的事件で争われ結論に至ったことはなかった。

本審決は、この適用除外制度を導入した昭和28年改正の際に著作物として想定されていたものに限って適用除外をする、という理由づけなどによって、公取委の伝統的解釈を根拠づけた（審決集66〜67頁）。同条による適用除外の対象をできるだけ狭く解釈しようとする姿勢が、その背景に窺われる。

```
平成 13 年度企業結合事例 10〔日本航空・日本エアシステム〕
```

**平成13年度企業結合事例10
〔日本航空・日本エアシステム〕**

1 事例の概要

　日本航空（JAL）と日本エアシステム（JAS）は、事業統合を計画し、公取委に事前相談した（企業結合審査手続において事前相談を原則廃止する平成23年見直し前の事例である）。公取委は、独禁法に違反するおそれがある、と回答し、そのことを公表した（公正取引委員会「日本航空株式会社及び株式会社日本エアシステムの持株会社の設立による事業統合について」（平成14年3月15日））。そのためJAL・JASが、問題解消措置を加味した新たな事業統合計画を提示し、あらためて事前相談をした。公取委は、その新たな計画であれば独禁法に違反するおそれはないとの見解を公表した（公正取引委員会「日本航空株式会社及び株式会社日本エアシステムの持株会社の設立による事業統合について」（平成14年4月26日））。

　以下では、3月の公取委公表文を「3月公表文」と呼び、4月の公取委公表文を「4月公表文」と呼ぶ。3月公表文では、その冒頭に「概要」があるが、本書ではそれに続く公表文本体から引用する。

　3月公表文のように、企業結合の事前相談において違反のおそれありとの回答を公取委が直ちに公表するのは、異例のことであった。

　これらの公表文をまとめ、当事会社が問題解消措置を申し出た文書を添えたのが、平成13年度企業結合事例10である。

2 根拠条文

　3月と4月の公表文はいずれも、根拠条文として10条を掲げている。これは、企業結合以後において新設持株会社がJALとJASの株式を取得・所有することに着目したものである。

　平成21年改正後は、このような共同株式移転について正面から規定する15条の3が置かれ、JALとJASに相当する者を違反要件の主体とし届出義務者とする枠組みに移行している。

3 3月と4月で結論を分けたポイント

　3月公表文は、結局、他の供給者には牽制力がない、ということを主な理由としていた。全日本空輸（ANA）は協調的行動を行いがちであり、新規航空会社はいまだ力がなく牽制力として期待できない、ということが指摘されている。本件は、日本において協調的行動による反競争性を論じた先駆け事例のひとつであり、そこに登場した考慮要素は、その後の平成16年企業結合ガイドラインに盛り込まれている。

　4月公表文は、JAL・JASによる9便の羽田空港発着枠の返上などをはじめとするJAL・JASや国土交通省の措置が、新規航空会社の力となり、JAL・JASおよびANAの協調的行動による反競争性の発生を防ぐ牽制力となる、という考え方を根拠としている。

4 検討対象市場

⑴　公取委が掲げたもの

　公取委は、本件での検討対象市場として、以下のものを掲げた（3月公表文第2の1）。国際運送と国内貨物運送は、便宜上、省略する。

　　①国内航空旅客運送事業分野

②羽田空港発着の航空旅客運送事業分野

③伊丹空港発着の航空旅客運送事業分野

④国内各路線分野（JAL 及び JAS の両社が競合している路線）

④は、「各」であるから、数としては極めて多数ある。

また、資料読解上の細かい注意点ではあるが、3月公表文では①のみを略して「国内航空運送分野」と呼んでいるのに対し、4月公表文では①〜④を総称して「国内航空運送分野」と呼んでいる。

(2) 国内各路線分野

上記④の「国内各路線分野（JAL 及び JAS の両社が競合している路線）」が検討対象市場とされていることは、次のように説明できる。

航空旅客運送を論ずる際、通常の需要者から見た選択肢は、その需要者がどの路線の需要者であるかによって異なる。例えば、羽田空港に来て札幌に飛ぼうとした需要者が、各社とも運賃が高いので行き先を伊丹に変える、ということは、通常は考えられない。すなわち、「羽田と札幌の間を短時間で移動したい需要者」は「JAL 羽田札幌線」「JAS 羽田札幌線」「ANA 羽田札幌線」などを選択肢としており、他方、「羽田と伊丹の間を短時間で移動したい需要者」は「JAL 羽田伊丹線」「JAS 羽田伊丹線」「ANA 羽田伊丹線」などを選択肢としているのであって、彼我の選択肢は全く異なっている。

選択肢となる供給者の範囲を異にする複数の需要者群は別々の市場を構成する、というのが、独禁法の基本的考え方である。平成 16 年企業結合ガイドラインなども認めるように、需要者にとって選択肢となる供給者の範囲が市場を構成するのであるとすれば、当然の帰結であろう。そのような考え方は、「同一の需要者」に複数の供給者が供給しようとする現象を「競争」と呼ぶ 2 条 4 項の規定によって支えられている。

米国や EU の事例を見ても、航空旅客運送が問題となる事例では、各路線ごとを検討対象市場とするのが通例である。

(3) 「羽田発着全路線」等

それに対し、前記(1)の①〜③が検討対象市場だとされていることについて

は、独禁法上の合理的な説明が難しい。代表として②を取り上げ、「羽田発着全路線の市場」と略称して、見ていく。

「合理的説明」として多数の文献が主張しているのは、「羽田発着全路線の市場」を検討すれば、長いタイムスパンでの「供給の代替性」の有無を考慮できる、というものである（例えば、川濱昇「独禁法上の企業結合規制の現状」一橋ビジネスレビュー53巻2号（平成17年）77頁）。「供給の代替性」とは、需要者から見た選択肢の幅が、需要者側でなく供給者側の努力によって広がる、という考え方を指す（「供給の代替性」の考え方そのものについて詳しくは、白石忠志「独占禁止法における複雑化と体系化」西村利郎先生追悼『グローバリゼーションの中の日本法』（商事法務、平成20年）441〜445頁）。

本件での「羽田発着全路線の市場」という市場画定を「供給の代替性」に結びつけようとする諸文献の思考過程は、詳らかにはされていないが、どうも、以下のようなことのようである。羽田空港（東京国際空港）は「混雑飛行場」であり、国土交通大臣が許可権を使って、限られた発着枠を各航空会社に割り振っている（当時の航空法107条の3、国土交通省令である航空法施行規則219条の2。同法等の平成20年改正後は「混雑空港」）。そうであるとすると、例えば「羽田札幌線」に新規参入したり便数を増やしたりしようとする航空会社が現れても、自らに割り当てられた羽田空港発着枠に余裕がなければ、無理である。「羽田発着全路線の市場」は、羽田空港発着枠がどのような航空会社にどれほど割り当てられているかを知るよすがとなる。つまり、「羽田札幌線の市場」や「羽田伊丹線の市場」などへの「供給の代替性」を知るよすがとなる、ということのようである。

しかしこれは、迂遠で、かつ、独禁法の基本的考え方に反する発想である。

なぜ迂遠か。「羽田札幌線」や「羽田伊丹線」への「供給の代替性」の状況を知りたければ、端的に各航空会社の発着枠の数を見ればよいからである。「羽田発着全路線の市場」を観念して、旅客数などで市場シェアを算出しても、航空機の大きさも搭乗率もさまざまなのであるから、発着枠の数のシェアと同じにはならない。かりに同じになるとしても、どうしてそのような余計な作業をする必要があるのか。

なぜ独禁法の基本的考え方に反するのか。前記(2)で述べたように、独禁法

は、選択肢となる供給者の範囲を異にする複数の需要者群を同じ市場のなかに混在させることを、本来は許さないからである。もし、羽田札幌線と羽田伊丹線ではピンと来ないならば、大豆から製造される味噌と醬油に置き換えればわかりやすい。大豆が羽田発着枠であって、味噌が羽田札幌線、醬油が羽田伊丹線である。「羽田発着全路線の市場」とは、Ａ社の味噌、Ｂ社の味噌、Ａ社の醬油、Ｂ社の醬油、味噌を買いたい需要者、醬油を買いたい需要者、を１つの市場に投げ込んだようなものである。味噌と醬油を十把一絡げとした市場を観念することに、どのような意味があるのだろうか。「SSNIP基準」なるものは、味噌を買いたい人と醬油を買いたい人とを一緒くたにして、「５％値上がりしたらどうしますか」などと同じ質問を杓子定規に訊いて回る作業なのであろうか。

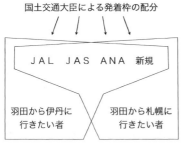

　羽田空港発着枠は、羽田空港発着各路線という各市場における新規参入の可能性、すなわち他の供給者による牽制力の有無を知るためのひとつの重要な間接事実として注目すべきであり、また、それで足りる。それを「市場」などと観念する必要など、どこにもない。

　供給の代替性の考え方の機能のうち、以上のような議論が前提としたものは、その後、公取委が、ほぼ全面的に否定する趣旨の考え方を打ち出している（本書509〜512頁）。

平成 13 年公表相談事例 12〔共同調達ウェブサイト〕

平成13年公表相談事例12 〔共同調達ウェブサイト〕

1 事例の概要

X 製品の製造業者である A 社など 6 社が、X 製品を製造するための原材料等を調達することを目的として、ネット上の調達ウェブサイトを運営する会社を設立する。6 社は、共同して、原材料等供給者から原材料等を購入する。

公取委は、この共同調達ウェブサイトの設立が直ちに独禁法上の問題となるものではないと回答したうえで、独禁法をめぐる一般的な考え方をも示して注意を促した。

2 「企業間電子商取引市場」

公取委は、本件の題名において「企業間電子商取引市場」という表現を用いている。ちょうどこの年、米国の競争当局のひとつである FTC がこの問題を重点的に検討し、スタッフレポートを公表していたので、その高揚感にあわせようとしたものと思われる（Entering the 21st Century : Competition Policy in the World of B2B Electronic Marketplaces : A Report by Federal Trade Commission Staff（October 2000））。

しかし、以下で見るように、本件が提起する独禁法上の問題には、「電子商取引」でなければ発生しないような問題はなく、また、「企業間」でなければ発生しないような問題もない（例えば中古店にとっての「原材料等」の調

155

達先は消費者である場合もあるが、原材料等の供給者が消費者であっても以下の検討枠組みは十二分に妥当する)。本件の本質は、共同調達＝共同購入である点にある。読み手は、装飾に幻惑されず本質をつかむ必要がある。

また、ここでいう「市場」という言葉も厄介である。本件共同調達ウェブサイトを「市場」と呼ぶのは、「東京外国為替市場」「築地市場」などという場合と同じ発想によるものである。しかし、「東京外国為替市場」や「築地市場」における「市場」は、独禁法上の「市場」の概念とは異なる。以下で見ていくように、本件共同調達ウェブサイトもやはり、それだけで独禁法上の「市場」を構成するわけではない。上記の FTC スタッフレポートは、共同調達ウェブサイトなどの意味での「市場」は「marketplace」と呼び、独禁法上の「市場」は「market」と呼んで、両者を区別しようとしていたように見えるが、そこまで読み込んで日本に紹介した文献等は、ほとんどなかった。基本的な概念の内容に無頓着であっては、的確な分析は覚束ない。独禁法の議論で「市場」という概念が多用される実情が顕著でありながら、それとは異なる意味で「市場」という言葉を使うことには、慎重でありたい。

3 検討対象市場の発見

ともあれ公取委は、共同購入の問題に関する一般的な判断枠組みとして、次のようなものを示した。「当該原材料等の需要全体に占める共同購入参加者のシェアが高い場合には、共同購入によって参加者が市場支配力を行使することとなるおそれが強く、当該原材料等の取引における競争が制限されるおそれがあり、また、当該原材料等を用いた製品の販売分野における参加者のシェアが高く、製品製造に要するコストに占める共同購入の対象となる原材料等の購入額の割合が高い場合には、共同購入を通じて参加者の販売価格が同一水準となりやすいなど、販売に関する競争が制限されるおそれがあることから、独占禁止法上問題が生じる（独占禁止法第 3 条（不当な取引制限））」（2(1)ア。前掲の相談事例集では事例 12 の 3(2)ア）。

ここには、2 つの検討対象市場が登場している。

第 1 は、当該原材料等を購入する競争に関する市場である（図における川

上の実線の市場)。上記引用部分の「また、」より前は、それを論じている。通常の独禁法の議論とは異なり、「買う競争」が問題となっているので、買う側の競争に反競争性が生ずるか否かが論ぜられる。市場シェアだけで反競争性の成否を論ずることはできないが、ここ

では、要検討案件を絞り込むのに有益な考慮要素として市場シェアが掲げられている、ということであろう。当該原材料等を用いてX製品を製造する企業が他にも存在すれば市場シェアは低くなる(図のG・H)。当該原材料等を用いて他の製品を製造する企業が他にも存在すれば市場シェアはますます低くなる(図のJ・K)。

　第2は、当該原材料等を用いて製造されたX製品を供給する競争に関する市場である(図における川下の市場)。原材料等の購入を共同で行えば、当該原材料等については、共同購入参加者の調達コストが同じとなる。すなわち、共同購入に参加している他の競争者よりも安く調達してX製品の製造におけるコスト優位を作り出す、ということは、どの事業者にとっても不可能となる。それがひいては、X製品に関する反競争性をもたらすのではないか、という問題意識である。

　上記引用部分の「また、」より後は、そのような問題意識に対応した判断基準を示している。

　まず、共同購入参加者のX製品販売における市場シェアを問題としているのは、原材料等購入市場における市場シェアについて既に述べたのと同様に、要検討案件を絞り込もうとする発想によるものであろう。なお、本件では、国内のX製品市場では、共同購入参加者のなかではA社だけしか供給者となっていないとされているが、それではそこで議論が終わってしまうので、あえて図には反映させていない。図は、あくまで一般論を理解するためのものである。

　さて、「製品製造に要するコストに占める共同購入の対象となる原材料等

157

の購入額の割合が高い」か否かを問題としているのは、どのような発想によるものであろうか。これは、極端な架空例を挙げるなら、自動車メーカーがワイパーのゴムを共同購入しても、自動車のコスト全体に占めるワイパーのゴムのコストは非常に低いので、ワイパーのゴムについて他の競争者との関係におけるコスト優位を作り出そうとする営みが消滅しても、自動車をめぐる競争への影響は無視し得る、といったことを指している。なお、本件では共同購入参加者が他の手段で当該原材料等を調達することも許されているようであるから、そもそも当該原材料等について他の競争者との関係におけるコスト優位を作り出そうとする営みが消滅してさえいない、という事例であるとも言える。

　ともあれ、共同購入については、少なくとも以上のような2つの市場が検討対象市場となり得る。原材料等の購入の市場において不当な取引制限が認定された場合には平成17年改正によって初めて課徴金を課し得ることとなったが（7条の2第1項の「購入額」の文言）、当該原材料等を用いた製品の市場において不当な取引制限が認定された場合には平成17年改正を待つまでもなく課徴金を課し得たことにも、注意する必要がある（白石忠志「課徴金対象行為類型の拡大論について」ジュリスト1270号（平成16年）43〜44頁）。

公取委公表平成14年6月28日〔北海道電力長期契約警告〕

1 事例の概要

　北海道電力が、電力自由化がされた分野において、新規参入者等に対抗するため、契約期間に応じて契約保証電力に係る基本料金を割り引くこと等を内容とする「長期契約」を自由化対象需要者との間で締結していた。「契約保証電力」とは、「長期契約において契約期間を通じて維持することを約束した電力（kW）のことをいう」。

　公取委によれば、次のような疑いが認められた。すなわち、北海道電力は、その長期契約の際、相手方に対し、①同契約において、途中解約した場合等には、既に適用した長期契約割引額の返還に加え、契約残存期間における契約保証電力に係る基本料金の20％に相当する額等を支払うことを義務づけ、②これらの支払について、事業撤退等による契約解消の場合等は対象外とし、同社から新規参入者に契約先を切り替えた場合等には支払を求めることとしている、というのである。

　公取委は、北海道電力のこの行為が私的独占に該当するおそれがあるものとして、今後において同様の行為を行わないよう警告した。

　非公式処理である警告の公表文であり、それ以上の詳しい記述はないが、電力自由化という文脈から見て、本件は、北海道電力が長期契約によって需要者を囲い

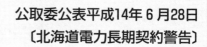

込み新規参入者を排除したのではないか、という観点からのものと推測される。

2 重要なのはどちらの事実か

本警告では、上記のように、①違約金が高い、②新規参入者に移行した者だけから違約金をとる、の2つの事実が掲げられている。

独禁法違反のおそれがあるとされるにあたって、いずれの事実が重要な意味を持ったのか。このことは、同様の事業活動を行っている企業がコンプライアンスを進めるにあたって、大きな関心事項となる。

本件では、排他条件付取引による他者排除が問題となっている。その場合に最も重要なのは、排他条件に従う相手方がどれほどの割合に達するか、である（集東京高判昭和59年2月17日〔東洋精米機製作所〕）。このことは、排他条件付取引が不公正な取引方法でなく排除型私的独占とされる場合にもあてはまるのであって、つまり、「他に代わり得る取引先を容易に見いだすことができない」かどうかがポイントとなる（排除型私的独占ガイドライン第2の3）。

そうするとまず、②の事実は本件とは直接の関係を持たないはずだ、ということがわかる。大口需要家という相手方をして新規参入者と契約させないようにすることによって新規参入者を排除する行為を問題としているのであるとすれば、北海道電力が長期契約に付した条件を大口需要家がどのように受け止めて行動するのかが重要であるはずである。事業から撤退する大口需要家は、いずれにしても電気を買わないわけであって、その者に対して北海道電力が違約金を免除しようがどうしようが、撤退しない大口需要家の取引判断には影響がないはずである。別の角度から言い換えれば、北海道電力が、②のような指摘を公取委から受けたからといって、撤退しようとする大口需要家に追い討ちをかけるように違約金をとるという方針に転換したとしても、他者排除の懸念は解消されない。

そうであるとすると、①と②のいずれが重要であったかと言えば、①の、違約金がとにかく高いという点のほうであろう。本件での違約金が本当に高

いか安いかなどといったことを判断することは私にはできないが、ともあれ公取委の判断の適否は、その点に着目して論ずべきこととなる（あえて譲って述べるなら、②の事実は、撤退者の違約金を免除しても困らないほどに違約金が高く設定されているのだ、というかたちで、①を問題視するに際しての間接事実とはなり得よう）。もっとも、既に取引を終えた期間の分の長期契約の料金と通常契約の料金の差額を徴収するに過ぎない違約金であれば問題は少ないであろうと思われる。また、それよりも違約金が高い場合でも、例えば、新規参入者に乗り換えたほうがやはり需要家にとって有利であるという場合には、拘束もなければ他者排除もない、というかたちで、違反でないという判断となりやすいであろう。

　しかしそもそも、排他条件付取引の事件では、①か②かなどという前に、北海道電力が大口需要家のうちどれほどの割合のものとの間で長期契約を結んでいたのか、ということが重要であるはずである。公表文には、それに相当する記述は見られない（この問題については、集公取委勧告審決平成17年4月13日〔インテル〕に関する本書198頁）。

東京地判平成 14 年 7 月 15 日〔米軍厚木基地発注建設工事談合〕

```
•••••••••••••••••••••••••••••••••••••••••••••••••
```

東京地判平成14年7月15日・平成6年（ワ）第18372号
審決集49巻720頁
〔米軍厚木基地発注建設工事談合〕

```
•••••••••••••••••••••••••••••••••••••••••••••••••
```

1 事例の概要

　米軍厚木基地発注の建設工事について入札談合があったとして、アメリカ合衆国が原告となって損害賠償請求をした。

　アメリカ合衆国は、損害賠償を請求する側としては基本合意を立証すれば十分であり、個別調整を立証する必要はない、と主張した。

　本判決は、この主張を退け、請求を棄却した。なお、本件は、民法709条を根拠とした民事訴訟であり、入札談合が独禁法違反であるという説明の仕方は採っていない。民法709条訴訟では、むしろそれが通例である。

　本件には2審判決もあるが（東京高判平成18年10月5日）、法律論については1審判決の考え方を当然の前提としているので（判時1960号29頁、31頁）、以下では法律論を明確に述べた1審判決を対象として論ずる。

2 損害賠償請求における個別調整の立証

　本判決は、次のように述べて、基本合意ではなく個別調整が立証されなければ損害賠償請求を基礎づけることはできないことを明らかとした。「原告に損害が発生したことをいうには、受注予定業者が合意されていることにより、不当に高額な代金額が形成されたことを主張立証しなければならない。このような損害が生じるのは、入札参加業者が予め話し合って受注予定業者を合意したため、当該受注予定業者が公正な競争下で入札価格をできるだけ

162

安価にすべく努力した場合に比べて高額な価格で入札して落札できる結果、注文者が公正な競争のもとでの価格に比べて高額な価格での契約締結を余儀なくされるからである。一定の範囲の工事について、入札参加業者の事前の協議によってあらかじめ受注予定業者を決定する旨の基本合意がなされたとしても、個々の工事についての受注予定業者の決定がなされておらず、契約もなされていない段階では、注文者に損害が生じたとはいえない」（審決集748頁）。

　この考え方は、入札談合関係損害賠償請求事件において、標準的に受け容れられているように思われる。本判決では、原告が、裁判所からの釈明に対しても、基本合意だけを立証すれば足りるとの一点張りで対応したことが繰り返し紹介されており、他の判決に比べてこの争点に関する判示が特に際立つ結果となった。もちろん、個別調整を直接証拠によって認定せず、基本合意から出発し、数々の間接事実を積み上げて個別調整を推認した判決は存在する（氷山の一角として、東京地判平成18年4月28日〔多摩ニュータウン環境組合発注ストーカ炉談合〕（判時1944号102〜103頁））。そのような諸判決は、個別調整が立証されることが必要であるということを前提として、それがどのような方法で立証されれば足りるかという点について工夫を凝らしたもの、と位置づけられるのであって、本判決が示した基本的考え方と矛盾するわけではない。本判決も、「個々の工事について入札参加業者間で事前に受注予定業者が決定されていたことが不法行為の要件事実であるという問題と、その事実をどこまで詳細に主張しなければならないかという主張の具体性の問題とは別個の問題である」と明快に述べて、個別調整の日時・場所・参加した担当者の氏名等まで立証する必要はない、としている（審決集750頁）。

　本判決は、以上のような基本的考え方を示すにあたって、独禁法との対比も試みている。本判決によれば、不当な取引制限の成立要件としては基本合意で足りるとしても、それは競争減殺を惹起するか否かに関心があるからであり、被害者が現に受けた損害の補填を論ずる不法行為制度ではそのようなわけにはいかない、という（審決集749〜750頁）。なお、本判決の当該箇所には、不当な取引制限の成立要件と課徴金の要件とを同一視しているかに見える措辞も見られる。独禁法は、不当な取引制限の違反要件論の次元では基

163

東京地判平成 14 年 7 月 15 日〔米軍厚木基地発注建設工事談合〕

本合意のみに着目した大雑把な議論を行いつつ、課徴金賦課の段階に至れば個別調整の成否にも関心を向けているので（本書 175 頁）、当該措辞は必ずしも的確とは言えない。しかしそれは、本判決の全体の価値を損ねるほどのものではない。

```
●●●●●●●●●●●●●●●●●●●●●●●●●●●●●●●●●●●●●●●●●●●●●●●
```

公取委勧告審決平成14年12月4日・平成14年（勧）第19号
審決集49巻243頁
〔四国ロードサービス〕

1 事例の概要

　日本道路公団四国支社が発注する保全工事について、四国地区に所在する四国ロードサービスが、中国地区に所在する3社と基本合意を締結した。それによれば、四国支社発注の保全工事は全て四国ロードサービスが受注することとなっていた。本審決は、これが4社による不当な取引制限であるとした。検討対象市場は、「四国支社が公募型指名競争入札の方法により発注する保全工事の取引分野」である（審決集246頁）。

　事件の背景として、以下のような点が認定されている（審決集244～245頁）。従来は随意契約によって全て四国ロードサービスが受注していたところ、平成9年度以降は順次、公募型指名競争入札のかたちがとられることとなった。公募型指名競争入札においては、複数の指名業者がいなければかたちが整わないため、四国ロードサービスが中国地区3社に呼びかけ、公募に応じて指名を受けるよう依頼した。中国地区3社は、「当該依頼に応じれば、四国ロードサービスは日本道路公団中国支社が公募型指名競争入札の方法により発注する保全工事の入札に参加しないと考え」、当該依頼に応じた。このようにしてかたちは整えつつ、実際には従来どおり四国ロードサービスが全てを受注しようとしたのが本件である（小菅英夫・本審決解説・公正取引628号（平成15年）89～90頁にさらに詳細な解説がある）。

　中国地区3社は、違反者とはなったが、課徴金納付命令は受けていない（審決集50巻556頁）。基本合意に従い、売上額がなかったからであろう。

165

2 一方的拘束

(1) 問題の所在と議論の前提

　専ら特定の事業者のみが利益を得て、他の事業者にのみ拘束が課される、という一方的拘束は、不当な取引制限の行為要件を満たすか。本件は、四国ロードサービスのみが受注する、という入札談合であるため、まさにこの点が問題となる。

　この問題について昭和 28 年の東宝・新東宝東京高裁判決は、競争者間の一方的拘束について、そのようなものは相互拘束にあたらないから不当な取引制限の違反要件を満たさない、とした。しかも同判決は、不当な取引制限の定義規定に現れる「遂行」については、相互拘束がないのに遂行だけで違反となることはない、という考えも明らかにした（東京高判昭和 28 年 12 月 7 日（高民集 6 巻 13 号 906 頁））。

(2) 本審決の位置づけ

　本審決の担当審査官の解説は、「四国ロードサービスは、自らの事業活動を四国支社発注物件に限定しつつ、当該物件については自社が必ず受注するという、事業者にとって本来あるべき事業活動からみれば、それが制約されていること」を強調している（小菅・前掲 93 頁）。「自らの事業活動を四国支社発注物件に限定」という表現は、四国ロードサービスが中国支社の入札に参加しない、ということを意味しているのであろう。この解説に従うならば、本件は一方的拘束の事件ではなかった、ということになり、東宝・新東宝判決の枠内にあるということになりそうである。

　しかし、この解説には疑問もある。

　まず、上記の担当審査官解説が、四国支社の物件を「自社が必ず受注する」ということも四国ロードサービスにとっての拘束であるという趣旨を含むのであるとすれば、やや苦しい議論だと言わざるを得ない。

　また、「自らの事業活動を四国支社発注物件に限定」を根拠とする点にも、

疑問がある。そもそも、前記 *1* で見たように、四国ロードサービスは中国
支社発注工事に入札しないだろうと中国地区 3 社が考えた、と認定されてい
るだけであるなかで、なぜ「自らの事業活動を四国支社発注物件に限定」と
言えるのか、という事実問題がある（審査局長が参加する恒例の座談会におい
て、四国支社発注物件のみで立件したのは、「中国地区のほうは証拠が薄い」から
であると審査局長から説明されている（鈴木孝之発言・公正取引 632 号（平成 15
年）7 頁））。また、本審決は、その検討対象市場を四国支社発注物件に限定
しているのであり、それとは直接には無関係の中国支社発注物件の入札につ
いて四国ロードサービスが拘束を受けたことを「相互」拘束の根拠とする点
についても、疑問なしとしない。もっとも、そのような疑問を持つとすれば、
国際市場分割事件において日本所在需要者のみの市場を切り取る場合には、
同様の問題が常に生ずることになる（集公取委命令平成 20 年 2 月 20 日〔マリ
ンホース〕）。そのような事案でも相互拘束の成立を認める立場を一応は尊重
せざるを得ないのかもしれない。

公取委勧告審決平成 15 年 11 月 27 日〔ヨネックス〕

公取委勧告審決平成15年11月27日・平成15年（勧）第27号
審決集50巻398頁
〔ヨネックス〕

---

1 事例の概要

ヨネックスは、バドミントンのために用いられる水鳥シャトルを販売している。小売業者を通じて、学校や実業団等のバドミントンクラブや競技団体に供給している。水鳥シャトルの販売業者は約 20 社あり、ヨネックスは国内販売数量で第 1 位である。

平成 5 年ころから、輸入販売業者が海外の廉価な水鳥シャトルを通信販売等によりバドミントンクラブ等に直販する例が増えてきた。「直販シャトル」と呼ばれる。

ヨネックスは、「平成 6 年ころから、直販シャトルの販売数量が伸長することを抑止し、自社及び取引先小売業者の売上げや利益の確保を図ることを目的として」、次のような行為を行った。すなわち、①バドミントン大会の主催者等に対して、直販シャトルの協賛を受けるならば自社は協賛しない旨を示唆するなどにより、直販シャトルを大会使用球としないよう要請すること、②直販シャトルに対抗するため廉価な価格設定とした「スタンダード」および「スタンダードⅡ」と称する水鳥シャトルを、直販シャトルに顧客を奪われるなどの影響を受けている取引先小売業者に限定して取り扱わせて、直販シャトルを使用している顧客に販売させ、その使用する水鳥シャトルを自社のものに切り替えさせるようにすること、である（審決集 400 頁）。

さらに平成 13 年 9 月ころ、千葉県所在の輸入販売業者が、新たに水鳥シャトルの販売を開始し、通信販売によるほか、小売業者を通じた販売を企図

168

してきたため、ヨネックスは、「同輸入販売業者の直販シャトルを販売する機会を減少させ、自社及び取引先小売業者の売上げや利益の確保を図ることを目的として」、上記の①・②のほか、平成14年10月ころから、次のような行為を行った。すなわち、③直販シャトルを取り扱わないようにする旨のヨネックスの要請に取引先小売業者が応じないときは「スタンダード」および「スタンダードⅡ」を供給しない旨を示唆すること、④上記輸入販売業者のホームページに取引先小売業者の名称が掲載されている場合には、当該小売業者に対し、その名称の掲載をやめるよう同輸入販売業者に求めさせ、その掲載をやめさせること、である。

公取委は、ヨネックスの行為が昭和57年一般指定15項（平成21年改正後の一般指定14項と同じ）に該当するとした。

2 合わせ技一本

本審決は、「法令の適用」欄においては、ヨネックスの行為が昭和57年一般指定15項に該当する、ということのみを述べている。

その法的評価が、上記のヨネックスの行為のうち①と②しか行われていなかった平成6年ころ以降にも妥当するのか、加えて③と④も行われるようになった平成14年10月ころ以降のみに妥当するのかは、必ずしも定かではない。担当審査官の解説は、①のみでも公正競争阻害性が認められ、②のみでも公正競争阻害性が認められる、としているが（横島馨＝井上千代美・公正取引639号（平成16年）85頁）、それに対応する記述は審決書には見あたらない。

ともあれ本審決が、少なくとも、平成14年10月ころ以降の①～④について、合わせ技一本の論法によって昭和57年一般指定15項該当としたことは確実である。合わせ技一本の論法は、「他の事業者の事業活動を排除」という抽象的な行為要件をもつ私的独占の専売特許のようにも見られがちであるが、実際にはそうではなく、やはり抽象的な行為要件をもつ他の違反類型においても利用可能である。本審決は、それを示す一例である（合わせ技一本の論法によって昭和57年一般指定15項を用いた他の一例として、公取委警告平成13年8月7日〔ダスキン〕）。

本件の①〜④は、他者排除という同一目的のために実施された行為であるために、合わせ技一本とされたのだ、という趣旨の解説がされている（横島＝井上・前掲86頁）。同一目的であることが必要であるか否かについては、議論があり得る。

3 狙い撃ちの廉売

本審決は、「スタンダード」や「スタンダードⅡ」の対価が費用を下回っているか否かについての記述を置いていない。差別対価においては、安いほうの対価が費用を下回ることは違反要件とはならないという解釈を採っているもののようにも見える（横島＝井上・前掲85頁は、その理解を裏付けるもののようにも見える）。もちろん、本件は合わせ技一本の論法が用いられた事案であるからそのような立場が採られたのであって差別対価のみの事案であるなら別である、という見方もあり得る。

4 競争の実質的制限

本件行為は、直販シャトルを売る輸入販売業者のみを対象としており、既存メーカーを対象としていないために、私的独占としては論ぜられなかったのである、と解説されている（横島＝井上・前掲86頁）。輸入販売業者が排除されても、残された供給者によって十分な競争がされている可能性がある、という認識を暗示する解説であり、したがって、反競争性の判断基準について、排除型私的独占の弊害要件である競争の実質的制限においては原則論貫徹説を採り、不公正な取引方法の弊害要件である公正競争阻害性においては排除効果重視説を採る、という公取委の考え方を浮き彫りにしている。平成21年に排除型私的独占ガイドラインが公表されるなどするより前の当時においては、排除型私的独占における「競争の実質的制限」の解釈について公取委や裁判所の一般論が明らかにされていなかったので、このようなかたちで考え方を推測するしかなかった。

東京高判平成 16 年 2 月 20 日〔土屋企業〕

東京高判平成16年 2 月20日・平成15年（行ケ）第308号
審決集50巻708頁
〔土屋企業〕

1 事例の概要

　町田市発注の土木一式工事のうち、町田市内に本店または主たる事務所を
もつ者のみが指名業者として選定される「町田市発注の特定土木一式工事」
について、受注予定者を決めるための基本合意が締結されていた。公取委は
これが不当な取引制限に該当するとして、排除措置を命ずる勧告審決をした
（公取委勧告審決平成 13 年 2 月 9 日）。

　問題は、基本合意の対象であるとされた個別の工事のうち、「都市計画道
路 3・4・33 号線（学園その 2）道路築造工事」（以下単に「都市計画道路工
事」という）について課徴金を課そうとする段階で生じた。当該工事を落札
し受注したのは土屋企業であった。土屋企業は、基本合意に参加してはいた。
しかし、基本合意に基づいて受注予定者に選定された、というわけではなか
った。高尾建設という受注予定者が選定されていたところ、土屋企業が落札
し受注したものである。

　公取委は、都市計画道路工事についても土屋企業に課徴金納付を命ずる審
決を行った（公取委審判審決平成 15 年 6 月 13 日）。土屋企業が審決取消請求
をしたのが本件である。審決集で本判決を見る限り、本人訴訟であったよう
である。

　本判決は、土屋企業の主張を全面的に取り入れ、原審決の該当部分を全部
取り消した（本判決が、形式上、一部取消しとなっているのは、ここでは取り上
げない別の工事について土屋企業の主張が退けられたためである）。公取委は上

171

告受理申立てをしたが、最高裁は、上告審として受理しない決定を行った（最決平成18年11月14日）。

2 「当該商品又は役務」

(1) 前 提

入札談合事件の課徴金は、当該工事を受注した者に対してしか課し得ない。なぜなら、現行法では、売上額に算定率を乗じて課徴金額を得る、という仕組みとなっているからである。受注していない者の売上額は零であり、零に何を掛けても零である。

本書では、基本合意を受けて個別物件について調整をする行為を、「個別調整」と呼ぶこととした。旧版では「受注調整」と呼んでいたし、本判決でも「受注調整」と呼ばれているが、基本合意と個別調整とを総称して「受注調整」と呼ぶ資料等もないではないので、便宜上、引用文を除き、「個別調整」で統一する。

(2) 原審決の判断基準

個別物件が課徴金対象となるか否かは、条文の文言に引き直せば、当該物件が7条の2第1項の「当該商品又は役務」に該当するか否かによって決まることになる。

このような場合の「当該商品又は役務」の基準について、原審決は、「基本合意に基づいて受注予定者が決定され、受注するなど受注調整手続に上程されて具体的に競争制限効果が発生するに至ったものを指すと解すべきである」とした（審決集8頁）。本件の東京高裁判決において公取委が敗訴したことの印象が強いのか、本判決が「具体的な競争制限効果」の基準を公取委の意に反して導入したのであるかのような解説が、公取委職員によるものを含め、散見されるが、そのような解説は事実に反する（この基準が公取委によって採用された経緯については、平林英勝「最近の入札談合事件審判決の検討——談合破りに対する課徴金賦課・損害賠償請求は妥当か？」判タ1222号（平成

東京高判平成 16 年 2 月 20 日〔土屋企業〕

18 年）48 頁）。

さて、原審決は、この基準を本件に当てはめて、次の 2 つに分けて判断した。第 1 に、自らが受注予定者となるべきであると考えていた高尾建設に対し、土屋企業は、基本合意を認識しながら、都市計画道路工事の受注希望を述べ、受注予定者を決めるための話合いを行っており、これをもって、「受注調整手続に上程され」たと認めることができる。第 2 に、高尾建設および土屋企業以外の 12 社の指名業者が、高尾建設から入札価格の連絡を受けるなどして、高尾建設あるいは土屋企業のいずれかが受注できるような価格で入札するという競争制限的な行為を行ったことを総合すれば、「具体的に競争制限効果が発生」したものと評価できる（以上、審決集 50 巻 10 頁）。

(3) 本判決の判断基準

本判決は、原審決の判断基準をそのまま繰り返したあと、しかしそれに付け加えて、次のように述べた。「そして、課徴金には当該事業者の不当な取引制限を防止するための制裁的要素があることを考慮すると、当該事業者が直接又は間接に関与した受注調整手続の結果競争制限効果が発生したことを要するというべきである」（審決集 50 巻 714 頁）。

本判決は、これを本件に当てはめて、結論として、都市計画道路工事については土屋企業が関与した個別調整手続によって競争制限効果が生じたとは言えない旨を述べた。つまり、競争制限効果は生じたかもしれないが、それを起こした個別調整手続に土屋企業が関与したわけではない、ということであろう。

本判決が付加した上記の「直接又は間接に関与」という基準の有無が原審決との結論の違いをもたらしたようにも見えるが、事はそれほど単純ではない。なぜなら、原審決は、「受注調整手続に上程」と述べるに際し、土屋企業と高尾建設が話合いをしたことを強調しているからである。つまり、原審決の頭の中では、土屋企業は「直接又は間接に関与」していると見ていたのではないかとも思われる。本判決と原審決は、基準をめぐる一般論が違うのではなく、土屋企業が個別調整手続に関与したと言えるか否かに関する事実評価において違う、ということであろう。本判決は、原審決の事実認定をわ

173

かりやすく列挙したうえで、土屋企業は高尾建設と何らの合意に至っておらず、他の指名業者が高尾建設のために行う個別調整によって生ずる競争制限効果を自己のために利用する行為を行ってもいない、との認識を示している（審決集715〜716頁）。この評価こそが、原審決と本判決を分けた点である。そして、ともかく結論が逆転するのであることを強調するために、「直接又は間接に関与」という条件を確認的に付け加えた、と見るのが妥当であるように思われる。

　以上を整理すると、入札談合の場合の「当該商品又は役務」の基準は、①その物件について個別調整が行われており、②その個別調整に名宛人が関与しており、③具体的な競争制限効果が生じた、という3点に帰着するということになる。本判決は、②を否定したのであって、①や③を否定したのではない。

(4) 独禁法体系全体のなかでの位置づけ

　結論を言えば、入札談合の場合の「当該商品又は役務」をめぐる以上のような諸基準も、価格協定等を念頭に置いた諸基準と同様（圏公取委審判審決平成8年4月24日〔中国塗料〕）、大雑把に論ぜられ運用されてきた不当な取引制限の違反要件論を、真剣勝負の課徴金計算の段階において、妥当なものへと微調整する修正原理である、と見ることができるように思われる。

　入札談合事件では、個別物件を超越した一般ルールを定める基本合意があり、それに基づいて個別物件ごとに受注予定者が決定される、という絵が、当局等によって描かれるのが通例である。本件になぞらえれば、町田市発注の特定土木一式工事の全てに適用されるべき一般的なルールがあり（基本合意）、それが、都市計画道路工事などの個別物件ごとに適用されて、具体的な受注予定者が決められる（個別調整）、という筋書きである。

　そして公取委は、基本合意のみをもって不当な取引制限と言うに足りる、という立場を堅持してきた（それが顕著に示された例として、公取委審判審決平成16年9月17日〔京都市発注舗装工事談合〕（審決集51巻138〜139頁））。

　しかし、基本合意の対象となった個別物件のなかには、描かれた絵のとおりには事が運ばなかったものが存在する場合がある。

東京高判平成 16 年 2 月 20 日〔土屋企業〕

　本判決のみならず原審決さえも認めるように、具体的競争制限効果の発生
しなかった物件は、「当該商品又は役務」に該当しない。これは、かりに当
該物件のみを対象として独禁法違反の成否を論じようとした場合には、競争
の実質的制限がなく違反要件を満たさない、ということを意味する。

　さらに、本判決が明示的に一般論化した「直接又は間接に関与」という条
件を満たさないような個別物件については、当該落札者は、かりに当該物件
のみを対象として独禁法違反の成否を論じようとした場合には、行為要件を
満たさない、ということになろう。本判決は、課徴金制度の「制裁的要素」
を強調したうえで「直接又は間接に関与」という一般論を述べている。本来
なら行為要件を満たさないような者まで制裁するわけにはいくまい、という
ことかと思われる。

　以上をまとめると、つまり、公取委の伝統的考え方のように、基本合意の
みをもって不当な取引制限とする、という考え方では妥当な解決を導き得な
い個別物件について、違反要件論それ自体は否定しないでおきつつ、「当該
商品又は役務」という別の舞台に移ったうえで、課徴金論の次元で妥当な解
決を導こうとしているもの、ということができる。

　なお、以上のような見方は、平成 17 年改正によって排除措置命令手続と
課徴金納付命令手続とが「同時化」「同部署化」されたことによって、裏書
きされつつあるように思われる（本書 286 ～ 287 頁）。

　ここまで述べてきたことを別の角度から見れば、次のようにも言える。数
ある主張のなかには、上記の「制裁的要素」なる判示を逆手にとって、基本
合意に参加したことに対する制裁の必要性を強調し、関与の有無や具体的競
争制限効果の有無にかかわらず基本合意の対象となった個別物件の全てを課
徴金の対象とすべきである、とするものもある。しかし、そのような考え方
を採ると、今度は、何をもって基本合意と呼ぶか、という争点が、注目を浴
びることになるだけであろう。従来は、課徴金計算の段階で修正原理が存在
するので、何をもって基本合意と呼ぶかという点が大きな問題となることは
少なかった。制裁を強調して修正原理を放擲すると、本丸に火がつくだけで
はないかとも思われる。

岡山地判平成 16 年 4 月 13 日〔蒜山酪農農業協同組合〕

岡山地判平成16年4月13日・平成8年（ワ）第1089号
D1-Law 登載
〔蒜山酪農農業協同組合〕

---

1 事例の概要

本判決は、本書の前身である『独禁法事例の勘所』の初版（平成 20 年）から登載しているものであるが、判例集等に掲載されていなかったためか、他の文献ではこの判決は存在しないものとして扱われる傾向があった。平成 26 年に刊行された書物（白石忠志＝多田敏明編著『論点体系 独占禁止法』（第一法規、平成 26 年））において、中野雄介弁護士が本判決を引用したのを機に、第一法規のデータベース D1-Law に登載されている。

⑴ 主 文

「甲・乙事件被告蒜山酪農農業協同組合は、甲事件原告ら及び乙事件原告らに対し、岡山県真庭郡八束村大字中福田地内に設置の八束村公共育成牧場の利用を正当な理由なく拒否してはならない」（主文一項）。

他の請求は棄却されており、以下では取り上げない。上記主文に関係する範囲で、事実や判旨を紹介する。

⑵ 事 実

本件は甲事件と乙事件に分かれている。上記主文に関係する範囲に限定すれば、被告は甲事件・乙事件に共通して蒜山酪農農業協同組合（以下「蒜山酪農」という）であり、甲事件原告（5 名）は蒜山酪農の所属地域外であるため蒜山酪農の員外者である酪農家、乙事件原告（2 名）は蒜山酪農の組合員

である酪農家、である。

蒜山地区の酪農家が生産するジャージー生乳は、岡山県知事が指定する指定生乳生産者団体である岡山県酪農農業協同組合連合会などを介して、生乳を加工販売する乳業者である蒜山酪農に販売されていた。

原告らが、指定生産者団体を通さない系統外取引（違法ではない）を開始したところ、蒜山酪農は、それを理由として、原告らに対し、「育成牧場の利用制限」を通知した。

「被告蒜山酪農では、組合員からジャージー子牛出生後これを買い上げ、分娩可能となるまで本件公共育成牧場で育成し、成牛となった段階で組合員に販売し、育成牛を買い受けた組合員が、その牛からジャージー乳を絞って販売するようにするために本件公共育成牧場を利用している」（事実及び理由第五の一6㈡）。「原告らが本件公共育成牧場の利用を拒否されると、自前で乳牛を育成するための育成牧場を確保するのは至難であり、また育成牧場を利用せずに自家育成するのは困難であって、相当の不利益を受ける結果となる」（事実及び理由第五の一6㈢）。

(3) 判　旨

甲事件について。「本件公共育成牧場の設立が国や県等の援助を得てなされ、従前から、管理する組合以外の近隣地域酪農家が利用できることを前提として運営され、八束村が、蒜山開拓農業協同組合からこれを買い受け、酪農の総合的発展を図るため、乳牛の合理的な育成を促進し、酪農経営の安定的拡大に寄与することを目的として改めて設置したこと、八束村は、被告蒜山酪農との間で、上記目的のもとに利用されることを前提として、同被告に本件公共育成牧場を賃貸する旨の公有財産賃貸借契約を締結したこと、その後も、被告蒜山酪農は、公共育成牧場活性化対策事業の補助金として、岡山県から継続して相当額の支給を受けていることからすると、被告蒜山酪農の管理に移行したことによって、本件公共育成牧場が公共用性を失って、同被告が排他的に利用しうることにはならない。被告蒜山酪農が員外利用を認めないことをもって、直ちに独占禁止法違反になるものではないが、一切の員外利用を拒否することは、公共用物に対する近隣地域所在の酪農家としてこ

れを利用しうる地位を侵害するものとして許されない」（事実及び理由第五の二2㈠）。続いて、次に掲げる乙事件における「正当な理由」に関するものと同様の判示がある。

乙事件について。「本件公共育成牧場が公共用性を有し、員外者に対してもその利用を正当な理由なく拒否することが許されないことは前説示のとおりであり、また利用拒否により原告らの受ける不利益の程度に照らすと、系統外取引を開始したことを理由に本件公共育成牧場の利用を拒否することは、事業者団体の内部において特定の事業者を不当に差別的に取り扱うことにより、その事業活動を困難にするものであり一般指定5項に該当し、独占禁止法19条に違反することとなる。従って、原告らが組合員たる地位に基づき、本件公共育成牧場を利用することを拒否することは許されない。〔原文改行〕他方、被告蒜山酪農は、本件公共育成牧場の管理権限を有し、利用調整をすべき立場にあり、原告らからの利用申し出を無条件に容認すべき義務はないから、『正当な理由なく原告らの利用を拒否してはならない。』との限度で原告らの本件差止請求は理由がある」（事実及び理由第五の二4㈠）。「前説示」は甲事件に関する上記引用部分を指し、「利用拒否により原告らの受ける不利益の程度」は前記 *1*(2)末尾の引用部分を指すものと思われる。

2 現行24条との関係

本件訴訟は平成8年および平成9年に提起されており（乙事件は平成9年（ワ）第1242号）、訴訟係属中に施行された平成12年改正による新設条文である現行24条は原告の請求において登場していない（事実及び理由第二の二1㈡および2㈡）。本判決も、上記のように、現行24条には触れないまま差止請求を認容している。「著しい損害」の要件にも明示的には触れていない。そのような意味で厳密には、本判決を現行24条による差止判決であると直ちにいうことは容易でないが、本判決は以下のような点で、現行24条の今後の適用に示唆を与えている。

3　一般指定 5 項

⑴　一般指定 5 項の存在意義

　一般指定 5 項（平成 21 年改正の前後を通じて同じ）では、事業者団体の構成事業者や共同行為メンバーである事業者が違反者となる場合もあるが、事業者団体が当該事案において事業者でもあるとされて違反者となる場合もある。

　当該者が事業者団体でもある場合、それをあらためて事業者と位置づけ直すことの必要性は、どこに求められるのか。夙に、適用除外規定をかいくぐるにはそれが必要であるという趣旨の解説がされている（根岸哲「差別対価と差別的取扱い」金子晃ほか『新・不公正な取引方法──新一般指定の研究』（青林書院新社、昭和 58 年）115 ～ 116 頁）。平成 12 年改正によって現行 24 条が新設された現在では、上記の解説に加えて、本件のような事案で事業者団体に対して現行 24 条による差止請求をするには、当該事業者団体を事業者と位置づけるしかない、という点を指摘する必要がある。事業者団体は、事業者に不公正な取引方法に該当する行為をさせるようにする場合には、8 条 5号に違反し事業者団体として現行 24 条の適用対象となる。しかし、自ら不公正な取引方法をする場合には、当該事業者団体を事業者と位置づけて 19条違反と論理構成しない限り現行 24 条の適用対象とならない。本判決それ自体と現行 24 条の関係は別として、本判決は以上のようなことに気づかせてくれる。

　事業者団体が事業者でもあるのなら、2 条 9 項 1 号・2 号や一般指定 1 項～ 4 項も適用できるわけであるが、一般指定 5 項は、取引することや取引拒絶をすることを要件としていないので、その意味での一般条項として用いられる余地がある（根岸・前掲 116 ～ 117 頁）。

⑵　弊害要件

　一般指定 5 項の弊害要件は、2 条 9 項 1 号・2 号や一般指定 1 項～ 4 項と

同様に考えることになる。

蒜山酪農
（牧場を利用に供する事業）

酪農家	酪農家	酪農家
蒜山酪農 （乳業者としての事業）		他の 乳業者
乳製品の需要者		

本件で検討対象市場とされたのは、酪農家を供給者とする生乳の市場であろう（図の実線の市場）。かりに更地から考えるならば、その他に、生乳を加工販売する乳業者を供給者とする市場を想起し（図の点線の市場）、乳業者たる蒜山酪農が原告酪農家の系統外取引を脅かすことによって他の乳業者を排除していると捉えるのもひとつのアイデアではある。しかし、本判決は、以下のように、そこまでは考えていないように思われる。

反競争性との関係では、八束村公共育成牧場の利用を拒否された酪農家は相当の不利益を受けることが認定されている（前記 1 (2)末尾）。他に代替的な競争手段がないかどうか、という基準に相応する認定である。

正当化理由との関係では、八束村公共育成牧場の公共性や相当額の補助金の存在が本判決によって強調されている点が注目される。この認定を独禁法違反要件論に引き直せば、本件利用拒否を行わせてまで八束村公共育成牧場の設置・運営のためのインセンティブ確保をする必要はないことを示しているもの、と位置づけることができる。

なお、なぜ甲事件では独禁法違反でないのか、については、十分な理由づけが挙げられておらず定かでない。

4 作為命令

本判決は、乙事件について、取引せよと求めるという意味での作為命令を行っている。

このような命令が可能であることは、早くから論ぜられてきた（田村善之『競争法の思考形式』（有斐閣、平成 11 年）188 〜 189 頁（初出平成 9 年）など）。

現行 24 条の判決例には、作為命令の請求を不適法として却下したものがあるが（集東京地判平成 16 年 4 月 15 日〔三光丸〕）、全く説得力がない（本書

184〜185頁)。本判決は、それが机上の空論であることを静かに物語っている（公取委の排除措置命令については、集公取委勧告審決平成10年12月14日〔マイクロソフトエクセル等〕）。

東京地判平成 16 年 4 月 15 日〔三光丸〕

```
東京地判平成16年 4 月15日・平成14年（ワ）第28262号
審決集51巻877頁
〔三光丸〕
```

1 事例の概要

三光丸本店（被告）は、家庭用配置薬である三光丸を配置販売業者に供給する。配置販売業者は得意先一般家庭に三光丸を配置し、後日、あらためて当該得意先を訪問して、使用された分量だけの三光丸の代金を収受するなどしている。

三光丸本店は、配置販売業者と締結していた既存の商品供給契約に代えて、新たな商品供給契約の締結を配置販売業者に求めた。その新たな内容は、配置販売業者の営業活動範囲について地域指定をすること、配置販売業者の顧客情報を三光丸本店に提供すること、得意先の譲渡を制限すること、であった。配置販売業者のうち 10 名（以下「原告配置販売業者ら」という）がこれに応じなかったため、三光丸本店は原告配置販売業者らとの既存の商品供給契約を解約し、三光丸の出荷を停止した（原告のうち 1 名についてはやや複雑であるが省略する）。

原告配置販売業者らが、三光丸本店を被告として提訴した。独禁法 24 条を根拠として出荷停止禁止命令および商品の引渡命令を請求し、また、一般民事法を根拠として契約上の地位の確認、承諾意思表示命令および引渡命令を請求している（仮処分申立て段階に関する原告代理人の立場からの詳細な資料として、御器谷修＝梅津有紀「独占禁止法に基づく差止請求に関する実証的一考察」法学研究（慶應義塾大学）76 巻 1 号（平成 15 年））。

本判決は、一般民事法を根拠とした地位確認請求のみを認容し、他は棄却

または却下した。

本件は控訴され、のちに和解となったようである（公取委が設置した研究会の報告書である、団体訴訟制度に関する研究会「独占禁止法・景品表示法における団体訴訟制度の在り方について」（平成19年7月12日）の添付資料26頁）。

2 本判決の構造

本判決は、その構造において極めてわかりにくいものとなっている。

まず本判決は、「独占禁止法24条に基づく請求……について」と題して、大枠としては専ら昭和57年一般指定2項（平成21年改正後の一般指定2項と同じ）を掲げている。そしてその大枠のなかで、地域制限に関しては昭和57年一般指定13項（平成21年改正後の一般指定12項と同じ）に言及し、顧客情報の提供や得意先の譲渡制限に関しては昭和57年一般指定14項（平成21年改正後の2条9項5号に相当）に言及している（以上、審決集911〜921頁）。

これはつまり、昭和57年一般指定2項を、被拒絶者の排除という観点から適用するのでなく、取引拒絶が「独占禁止法上不当な目的を達成するための手段として用いられる場合」（審決集911頁）という観点から適用しようとするものである。このような観点からの法適用を行うことは、議論を複雑化させるため混乱の温床となるので避けたほうがよいというのが私見であるが、まさに本判決は、上記のように、独禁法の枠内だけで既に複雑な重層構造をなしている。

結論として本判決は、本件で不公正な取引方法は成立しないとした（後記*3*(2)〜(4)）。

独禁法に関する検討を終えたあと、しかしそれにとどまらず本判決は、「一般民事上の請求……について」と題して、いわゆる継続的契約の解約制限理論の観点から検討を行っている（審決集921〜931頁）。そして、この段階で本判決は、三光丸本店による解約に歯止めをかけ、原告による地位確認請求を認容した（継続的契約の解約制限理論と独禁法との関係については、白石忠志「契約法の競争政策的な一断面」ジュリスト1126号（平成10年））。

183

継続的契約の解約制限理論によって解約に一定の歯止めをかけた、という
ことは、被解約者＝被拒絶者が受ける被害そのものに着目して検討した、と
いうのに等しい。上記のように本判決は、昭和57年一般指定2項について、
被拒絶者の排除そのものに着目した検討は行わず、独禁法上不当な目的を達
成するための手段として取引拒絶をしたという観点からのみ検討して違反な
しとしたものである。しかし、独禁法の角度からその全体を捉え直すと、む
しろ本判決は、かりに被拒絶者の排除そのものに着目して検討したならば昭
和57年一般指定2項に該当するという結論となった可能性の高い側面につ
いて、独禁法には触れないまま、「一般民事」の名のもとで是正措置を施そ
うとしたものである、ということになる。重層構造の外側に重層構造を積み
上げ、独禁法違反なしとした判決であるように見えて実質的には独禁法違反
ありとしたに等しい、という、非常に複雑な判決である。

継続的契約の解約制限理論に対する独禁法におけるカウンターパートはま
ずは優越的地位濫用規制である。しかし優越的地位濫用規制において着目す
べき被解約者の不利益とは、本判決が昭和57年一般指定14項を明示的に用
いて検討したような、顧客情報の提供や得意先の譲渡制限に応じた場合の不
利益ではなく、解約によって生ずる不利益そのものである。話がますますや
やこしくなる所以である。

3 独禁法関係の諸論点

(1) 作為命令

本判決は、独禁法24条に基づく引渡請求について、作為命令の請求であ
るという理由で不適法として却下している（審決集908〜910頁）。

この判示は、全く説得力がない。24条の文理が作為命令を認めていない
と判示しているが、それは、24条の制定当初から予想されていた誤った論
法そのものであり、制定当時あるいはそれ以前からの諸文献をもって当該判
示への批判としたい（田村善之『競争法の思考形式』（有斐閣、平成11年）
188〜189頁（初出平成9年）、白石忠志「差止請求制度を導入する独禁法改正(下)」

NBL 696 号（平成 12 年）55 〜 56 頁）。しかも本判決は、作為命令の強制執行は不可能であると判示しつつ、直ちに後続する部分で、このような請求は独禁法によらず契約法上の請求として行えばよいとも判示している。作為命令の強制執行が可能であるか否かは、作為命令が独禁法を根拠とするか契約法を根拠とするかによって違うというのであろうか。

作為命令と呼ばれるものは、不作為を不作為せよと表現すれば、不作為命令のようにも見える（集岡山地判平成 16 年 4 月 13 日〔蒜山酪農農業協同組合〕）。作為命令・不作為命令と色分けしようとすること自体に、間違いのもとがある（公取委の排除措置命令については、集公取委勧告審決平成 10 年 12 月 14 日〔マイクロソフトエクセル等〕）。

その後、本判決と同じ東京地裁民事 8 部は、作為命令もあり得る旨の判示をした（東京地判平成 26 年 6 月 19 日〔ソフトバンク対 NTT〕）。現在では、本判決（三光丸判決）のような考え方が採られる可能性は低い。

(2) 地域制限

本判決は、地域制限が昭和 57 年一般指定 13 項（平成 21 年改正後の一般指定 12 項と同じ）に該当するためには次の 3 点が満たされる必要があるとした。①行為者が有力な事業者にあたる、②行為者の行う規制が事業活動の不当な制限にあたる、③その制限を通じて価格維持の効果が生ずる、の 3 点である（判タ 1163 号 252 頁）。

③が、地域制限の際に問題となる反競争性そのものである。厳格な地域制限や地域外顧客への販売制限といった分類が本判決にも登場するが、これらは流通取引慣行ガイドラインに現れる無用の分類であり、結局のところ、価格維持のおそれがあるか否かが基準となるのであるという点に違いをもたらすものではない（平成 29 年の改正後の第 1 部第 2 の 3）。

そして、流通取引慣行ガイドラインも認めるように、①は③の間接事実であるに過ぎない（平成 29 年の改正後の第 1 部 3(4)）。本判決は、市場を広めに画定したうえで①の成立を否定している（審決集 913 〜 914 頁。市場画定については後記(4)）。

②は、見慣れない考慮要素であるが、本判決による本件事案へのあてはめ

を読むと、正当化理由の成否と行為要件（拘束）の成否（あるいは加えて③を支える間接事実の成否）がないまぜになったもののようである（審決集914～915頁）。行為要件＋弊害要件（行為要件が成立し、反競争性が成立し、正当化理由が存在しない）という違反要件論をいたずらに混乱させているだけである。

おまけに、ようやく③に到達したかと思うと、本判決は、突如として地域制限の検討をやめて、再販売価格拘束の有無を論じている（審決集915～916頁）。地域制限については①と②で勝負が付いていたからであったのかもしれない。

以上のように見ると、地域制限の違反要件論のため今後参照すべきものとしての信頼性を表象した判決であるとは、とても言えないように思われる。

(3) 優越的地位

本判決は、優越的地位の成否を判断するにあたり、三光丸本店が原告配置販売業者らに対して相対的に優越していれば足りる、すなわち原告配置販売業者らが三光丸本店に対して取引依存性を持っていれば優越的地位は成立する、とした。そして、三光丸本店が市場支配的な地位あるいはそれに準ずる絶対的優越の立場にある必要はない、としている（以上、審決集917頁）。本判決が優越的地位濫用の成立を否定したのは、濫用の成立を否定したためである（審決集917～920頁）。

(4) 市場画定

以上の検討に現れた諸々の市場を図解しよう。全体を括る太い実線の市場が、地域制限に関する検討において三光丸本店は有力な事業者にあたらないとされた際に念頭に置かれた市場である。地域制限の場合の検討対象市場は、第一義的には小売業者らによる競争の場（川下の細い実線）であろうが、そこにおける価格維持のおそれの成否を支える間接事実として太い実線の市場における行為者＝三光丸本店の地位が問題とされているわけである。ともあれ、最終消費者にとって、三光丸本店の三光丸は単なるひとつの選択肢に過ぎないとされ、本件の地域制限は違反要件を満たさないとされた。

灰色で塗られた小さな市場が、優越的地位濫用に関する検討において三光丸本店は原告配置販売業者らに対して優越的地位に立っていると認定された際に念頭に置かれた市場である（本判決自身はこれが市場というものにあたるとは考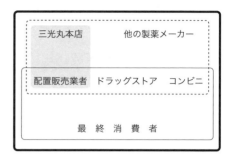
えていないであろうが）。点線で囲まれたものが、優越的地位の成立を否定する主張をした際に三光丸本店が念頭に置いていた「市場」である。

> 東京高判平成16年10月19日・平成16年（ネ）第3324号
> 判時1904号128頁
> 〔ヤマダ電機対コジマ〕

1 事例の概要

　本書の前身である『独禁法事例の勘所』の時代には景表法事例も収録していたが、平成21年景表法改正により景表法が公取委から消費者庁に移管され、独禁法の特例法ではなくなって、これが定着したのを機に、本書『独禁法事例集』では、景表法事例を削っている。しかし、後記*2*のように、本判決は、独禁法の基盤を考えるうえでも稀少な素材を提供しているので、例外的に敢えて残した。

　家電量販店であるコジマ（被告・被控訴人）が、やはり家電量販店であるヤマダ電機（原告・控訴人）を念頭に置きながら、「ヤマダさんより安くします!!」「当店はヤマダさんよりお安くします」「当店はヤマダさんよりお安くしてます」と表示した（本判決のいう「本件各表示」）。このような表示について、ヤマダ電機がコジマを相手取って損害賠償請求と差止請求をした。差止請求は不正競争防止法を根拠としているのに対し、損害賠償請求は民法709条を根拠としており、その主な説明道具として景表法と不正競争防止法が登場する。以下では、景表法に絞って検討する。すなわち、実際にはコジマの価格が常にヤマダ電機より必ず安いわけではなかったようであり、それを根拠に本件各表示が景表法上の不当表示に該当することとなるか否かを論ずる。本件では価格に関する表示が問題となっているので、本件で参照されるのは、いわゆる「有利誤認」に関する平成15年景表法改正前の同法4条2号（現在の同法5条2号と同等）である。

１審判決はヤマダ電機の請求を棄却した（前橋地判平成 16 年 5 月 7 日）。本判決も、１審判決を支持してヤマダ電機の控訴を棄却した。

なお、本判決には、民事訴訟と景表法との関係について縷々述べる部分がある（判時 134 頁）。そこでは、景表法違反があったとしても直ちに不法行為を構成するものではない、裁判所が民事訴訟において景表法違反の成否を判断することは本来予定されていない、などとされている。しかしそのなかには、景表法は独禁法とは異なり私人による損害賠償請求等を認めていない、という誤った記述も見られる（平成 17 年改正前の景表法 7 条 1 項が、景表法違反行為に対する独禁法 25 条の適用を認めていた。この規定は、同改正後の景表法 6 条 2 項に取り込まれたあと、景表法を消費者庁へと移管させる平成 21 年景表法改正によって削られた）。しかも本判決は、結局、以下で検討するように景表法違反の成否について判断をしたのであり、それは、民法 709 条の意味での不法行為の成否を判断するための説明道具としてのものであると位置づけることができる。以下では、それを前提として、景表法違反の成否に関する判示のみを見ていく。

2 保護に値する需要者

景表法違反の成否は「一般消費者」の認識を基準として判断することになるので、「一般消費者」とは誰なのか、という点がしばしば問題となる。そして本件で争点となったのは、当該商品役務を購入するのはどのような人たちか、という問題であるというよりも、当該商品役務を購入する人たちの認識が一様でない場合にどの人たちを「一般消費者」と見るのか、という問題である。

大雑把に言えば、本判決は、本件商品役務を購入する消費者は 2 種類に分けられると見た。第 1 類型の消費者は、本件各表示を、ヤマダ電機よりもさらに安く商品を売ろうとするコジマの企業姿勢の表明として認識するにとどまり、コジマの商品がヤマダ電機より必ず安いとは受け止めない。それに対して第 2 類型の消費者は、本件各表示を見て、コジマの店舗で販売される全ての商品についてヤマダ電機よりも必ず安い、かりにヤマダ電機のほうが安

い場合にはその事実をコジマの店員に告げれば必ずヤマダ電機よりも安い価格に値引いてくれる、という確信的な認識を抱く（以上、例えば、判時135頁）。

そこで本判決は、「一般消費者」とは「健全な常識を備えた」ものを指すとの一般論を示唆したうえで（判時134頁）、上記第2類型の消費者の「数は、それほど多くないと考えられるのである」と認定し（判時135〜136頁）、上記第2類型の消費者の認識について、「それは未だ『一般消費者』の認識とはいいがたいものである」（判時136頁）、と結論づけた。

ここには、数として多いか否か、という、一応は客観的に計測できるはずの基準が示されている一方で、「健全」か否かという、法運用者の立場からの評価を交えた基準も示されている。したがって、例えば、多数ではあるが裁判官から見て不健全である、という場合にどうなるかという問題は空白のまま残されている。

独禁法の市場画定では、需要者から見て選択肢となる供給者であるか否か（需要の代替性）が重視される。それはすなわち、選択肢となる供給者の範囲が同じである需要者がグループ化され、そのような需要者群が出発点となって市場が画定されるのであることを意味する。ところが、奇妙・特異な需要をもつ需要者というものは世の中に常に存在する。そのような者の存在まで常に考えて市場画定をしていると、多くの企業の活動は、通常の真っ当なものであっても常に、何らかの意味で独禁法との緊張関係を持つこととなってしまう。奇妙・特異な需要をもつ需要者の要望が、企業が日常的に行う行為を抱き合わせや取引拒絶などの問題を含むものに変えてしまう場合が多いからである。したがって、市場画定の出発点となる需要者群は、「保護に値する需要者」である必要があると考えられる。

しかし、需要者の需要が奇妙・特異であるから保護に値しないので独禁法違反に当たらない、というような事件を、公取委が取り上げる可能性は低い。つまり、問題の需要者群は「保護に値する需要者」である必要がある、という理論は、確実に存在するように思われるが、実例によって裏付けられる可能性に乏しいのである。

本判決は、景表法の事例ではあるが、コジマが常にヤマダ電機より安い価

格にしてくれるとの確信的な認識を抱くような消費者は「保護に値する需要者」ではない、としたに等しい内容であり、独禁法の基盤をなすべき理論を、もともと独禁法の特別法であった景表法を舞台として実証した貴重な事例であるといえる。

＿＿＿＿＿＿＿＿＿＿＿＿＿＿＿＿＿＿＿＿＿＿＿＿＿＿＿＿＿＿＿＿＿＿

東京高決平成17年3月23日・平成17年（ラ）第429号
判例タイムズ1173号125頁
〔ライブドア対ニッポン放送〕

＿＿＿＿＿＿＿＿＿＿＿＿＿＿＿＿＿＿＿＿＿＿＿＿＿＿＿＿＿＿＿＿＿＿

1 事例の概要

　ライブドアは、ニッポン放送の株式を買い付け、ニッポン放送の発行済株式総数の相当割合を保有する株主となった。そこでニッポン放送は、取締役会において、大量の新株予約権をフジテレビに発行すると決議した。ライブドアは、この新株予約権発行を仮に差し止めることを求める仮処分命令申立てを行った。

　この申立ては認容され（東京地決平成17年3月11日）、この仮処分決定は認可されたので（東京地決平成17年3月16日）、ニッポン放送が東京高裁に対して抗告をしたのが本件である。東京高裁も、東京地裁の各決定を正当として支持した。以下では、3月11日の地裁決定を「原審仮処分決定」と、3月16日の地裁決定を「原審認可決定」と、3月23日の高裁決定を「本決定」と、それぞれ呼ぶ。

2 本件における独禁法の役割

(1) 議論の概要

　本件では、会社法（形式的には、会社法典施行前の商法）のみならず、独禁法の問題も登場した。

　独禁法が登場するとはいっても、その現れ方は複雑かつ抽象的である。概

ね、次のような図式を描くことができる。まず、ニッポン放送側から、かりにライブドアがニッポン放送の経営支配権を手中にしたならばニッポン放送はフジテレビをはじめとするフジサンケイグループ各社等から取引を打ち切られるので、ニッポン放送の企業価値が毀損されるから、ニッポン放送による新株予約権発行は正当化される、ということが主張された。それに対して、ライブドア側から、そのような取引打切りは独禁法に違反するので適法に行うことはできないはずであるという方向での主張がされた。裁判所には、会社法専門家からの多数の意見書に加え、独禁法専門家による意見書も双方から提出されている（別冊商事法務 289 号に収録されている）。

本件に独禁法が関係したことは、必ずしも広く知られているわけではない。その背景には、会社法の論点が極めて大きかったという点や、独禁法の現れ方が上記のように複雑かつ仮定的であったという点に加え、裁判所が独禁法について特段の判断をしなかったかのように見えたため独禁法問題がほとんど報ぜられなかった、という点もあるように思われる。すなわち、原審仮処分決定は独禁法違反の成否を「現段階で一概にいうことはできない」などと述べ（理由第 3 の 3 ⑵ ウ(ア) a）、本決定も同様に、「現段階で断定的に論ずることはできず」としている（理由第 3 の 5 ⑵ ア(ウ)）。

⑵　本件の論理構造における独禁法問題の位相

しかし、本件における法律問題の論理構造をあらためて確認し、そこにおける上記独禁法問題の位相を的確に把握するならば、本決定は独禁法について意味のある一定のことを述べており、また、独禁法は本決定の結論に対して一定の影響を与えている、ということがわかる。

本件での主要争点は、ニッポン放送による本件新株予約権発行が、会社法典制定前の商法 280 条ノ 39 第 4 項が準用する同法 280 条ノ 10 にいう「著シク不公正ナル方法」にあたるか否か、である。

そして、本件のいずれの決定も、一致して、経営支配権の維持・確保を主要な目的とする新株予約権の発行は、原則として、「著シク不公正ナル方法」の要件を満たす、とした。そして、やはり一致して、本件新株予約権発行は経営支配権の維持・確保を主要な目的とするものであるとした。

それでは、どのような場合に、許容されるべき例外にあたるか。原審仮処分決定は、「特定の株主の支配権取得により企業価値が著しく毀損されることが明らかであることを要する」とした（理由第3の3(2)イ）。原審認可決定は、例外のひとつとして、「買収者による支配権取得が会社に回復しがたい損害をもたらすことが明らかであることを会社が立証した場合」を挙げた（理由第3の2(3)）。本決定は、そもそも将来の中長期的展望のもとに判断しなければならない事項は「裁判所が判断するのに適しない」としつつ、「念のため」、原審各決定が例外として掲げる上記のような場合にあたるか否かを判断している（理由第3の5(1)および(2)ア）。

そして、そのような一般論を本件にあてはめ、本件新株予約権発行が例外にあたるか否かを論ずる際のひとつの要素として、将来の取引拒絶は独禁法上適法に実行し得るものか否か、という点が争われた。

このように見てくると、「現段階で一概にいうことはできない」などといった判示は、論理的には、本件の結論を得るのに役立たなかったのではなく、ライブドアを勝たせるという結論を導くためのひとつの要素となった、ということがわかる。ニッポン放送としては、ライブドアが経営支配権を獲得すれば「企業価値が著しく毀損されることが明らかである」などということを示す必要があり、そうであるとすれば、フジテレビ等の各社による取引拒絶が相応の高い確率で独禁法上適法とされることを示さなければならない。ライブドアとしては、逆に、高い確率で独禁法違反となることを示す必要はなく、相応の高い確率で適法となるというニッポン放送側の主張を揺るがしさえすれば、「企業価値が著しく毀損されることが明らかである」とは言えない、という方向に裁判官の結論を導くことができる。

3 独禁法に関する判示の分析

本決定は、「現段階で断定的に論ずることはできず」と述べるばかりでなく、その直前の箇所で実は、取引拒絶によって企業価値毀損が生ずるのであるとすれば、とりもなおさず当該取引拒絶は独禁法に違反するおそれがある、と指摘し、ニッポン放送側の主張の矛盾をついている。

東京高決平成 17 年 3 月 23 日〔ライブドア対ニッポン放送〕

理論的に興味深いので引用しておこう。「債務者〔ニッポン放送〕は、債権者〔ライブドア〕が債務者の経営支配権を手中にした場合には、フジテレビ等から債務者やその子会社が取引を打ち切られ多大な損失を被ることを主張しており、このことは有力な取引先であるフジテレビ等は取引の相手方である債務者及びその子会社が自己以外に容易に新たな取引先を見い出せないような事情にあることを認識しつつ、取引の相手方の事業活動を困難に陥らせること以外の格別の理由もないのに、あえて取引を拒絶するような場合に該当することを自認していると同じようなものである。そうであれば、これらの行為は、独占禁止法及び不公正な取引方法の一般指定第 2 項に違反する不公正な取引行為に該当するおそれもある」（理由第 3 の 5(2)ア(ウ)）。

この箇所について、次の 2 点を指摘できる。

第 1 に、被拒絶者が継続的取引等の事情によって現在の取引先にロックインされているときは、現在の取引先の同業者が他に存在するとしても、被拒絶者が容易に新たな取引先を見出せないから公正競争阻害性があるとされる場合があることを、本決定は示唆している。

第 2 に、本決定の上記判示は、明らかに、昭和 57 年一般指定の制定に際して作成された昭和 57 年独禁研報告書の下記③を引き写し、裏書きしたものである。同報告書第 2 部 1(2)は、取引拒絶が違反となる 3 つの場合として、①容易に他の取引先を見出せない競争者に対して取引拒絶をし、競争者の事業活動を困難にさせるおそれがある場合、②独禁法上違法または不当な目的を達成する手段として取引拒絶をする場合、③「有力な事業者が、取引の相手方の事業活動を困難に陥らせること以外に格別の理由なく、取引を拒絶をする場合（いわゆる濫用行為）」、を掲げている。①が、競争者の事業活動を困難にさせる取引拒絶をカバーしているのであるから、③は非競争者に対する取引拒絶を論じていると見るのが素直である。フジサンケイグループ各社には、ニッポン放送と競争関係にあるものもあるかもしれないが、そうではない場合も多かろう。本決定の上記判示は、排除者と被排除者との間に競争関係があることは他者排除行為を独禁法違反とするための要件であるか否か、という問題に、示唆を与えるものである。

公取委勧告審決平成 17 年 4 月 13 日〔インテル〕

> **公取委勧告審決平成17年4月13日・平成17年（勧）第1号**
> **審決集52巻341頁**
> **〔インテル〕**

1 事例の概要

　インテル株式会社（以下「日本インテル」という）は、インテルコーポレーション（以下「米国インテル」という）が間接的に全額出資している日本法人であり、米国インテルが製造販売する CPU を日本において輸入し販売している。同様に日本において CPU を販売する者として日本 AMD と米国トランスメタがある。これらの3社は、直接または代理店を通じて、CPU を国内パソコンメーカーに販売している。

　日本インテルは、本審決が「割戻金」と呼ぶ金銭や「MDF」と呼ぶ資金を、国内パソコンメーカーに提供する場合がある（審決集 344 ～ 345 頁）。

　公取委は、以下に見るような立論を経て、日本インテルによる「割戻金」や「MDF」の提供が排除型私的独占に該当するとした。

2 リベートによる他者排除

　本審決の「割戻金」や「MDF」は、一般に使われる言葉でいえばリベートの一種ということになろう。リベートは現実社会において多種多様な使われ方をするもので、リベートが独禁法の観点から影響を及ぼすパターンにも多種多様なものがあり得る。本審決は、そのうち、リベートによる他者排除が問題となったものである。

　リベートは、需要者に対する安売りである。そうすると、まずは略奪廉売

公取委勧告審決平成 17 年 4 月 13 日〔インテル〕

の観点から検討することになる。略奪廉売として検討するのであれば、何らかの意味でのコスト割れが要件となる。かりに特定の需要者に対してだけ手厚くリベートを支払っていれば略奪廉売的差別対価ということになり、コスト割れが要件となるか否かが争点となるが、ともあれ、その争点をクリアして初めて、違反だという結論に達することになる。

本審決は、以上のような問題にどのように対応したか。

以上のような問題を、回避したのである。

どのようにして回避したのか。

その鍵は、「条件として」という認定である。すなわち、日本インテルは、国内パソコンメーカーのうちの 5 社に対し、その MSS を 100％とする、その MSS を 90％とする、または、生産数量の比較的多い複数の商品群に属するパソコンの全てにインテル製 CPU を採用する、のいずれかを「条件として」リベートを提供した、と認定した（審決集 345 〜 346 頁）。MSS とは、ある特定のパソコンメーカーにおけるインテル製 CPU のシェアを指す（審決集 344 頁）。

「条件として」という認定をしたために、本件他者排除行為は、排他条件付取引またはそれを含む広義の拘束条件付取引だということになり、略奪廉売系から一転して取引拒絶系となる。そうであるとすれば、コスト割れにまつわる諸論点は、論じなくてもよいということになる。

本審決が、どのような証拠に基づいて「条件として」の認定を行ったのか、という点は、日本インテルが争わず勧告審決で終わっているため定かではない。本審決は、パソコンメーカーにとって日本インテルと取引することが重要であるなどと認定しているが（審決集 345 頁）、取引することが重要であるからといってリベートが常に「条件として」に該当するとは限らないのであって、さらなる証拠による認定が必要となる。排除型私的独占ガイドラインは、リベートが「条件として」という要素を具備して同ガイドラインのいう「排他的リベートの供与」に該当するのはどのような場合であるのかを、特に項目を設けて論じている（第 2 の 3(3)）。言い換えれば、同ガイドラインのこの箇所の記述は、リベートについてコスト割れ関連の論点を扱わずに公取委が違反とできる基準を論じたものだ、ということになる。その内容の当否

197

については、種々の議論があろう。

　結局、好むと好まざるとにかかわらず、本審決においては「条件として」という認定が全ての決め手であった。

3　反競争性

　もちろん、かりに「排他的リベートの供与」に該当するとしても、それだけで違反となるわけではない。

　まず、他者排除をもたらす必要がある。取引拒絶系では、略奪廉売系のようにコスト割れが問題とならない代わりに、「競争者が当該相手方に代わり得る取引先を容易に見いだすことができない」ことが、他者排除の認定の重要な判断要素となる（排除型私的独占ガイドライン第2の3(1)、(2)）。

　本審決は、「条件として」リベートを受けた国内パソコンメーカーは、国内のCPU販売の分野で約77％を占めている、と述べている（審決集345頁）。図において、国内パソコンメーカーのうち「条件として」リベートを受けたと認定されたものを黒く塗って●としたのであるが、この●が、黒く塗られていない○をも含めた国内パソコンメーカー全体のなかで約77％を占めているということである。それらの●が「条件」に基づき他社のCPUを買わなくなったのだから他者排除にあたる、というわけである。本審決は、加えて、日本AMDと米国トランスメタの市場シェアが約24％から約11％に減少した、と認定しているが（審決集347頁）、これは、現にこれらの2社が競争上不利となり需要者を奪われたことを示して他者排除の認定を支えるものとなっている。

日本インテル　日本AMD　米国トランスメタ

● ● ● ● ● ● ○ ○

　以上のことだけでも、不公正な取引方法とするために必要とされる反競争性は満たすわけであるが、私的独占とするために必要とされる反競争性を満たすには、原則論貫徹説を採る公取委の立場によれば、市場支配的状態の形成・維持・強化が必要となる（排除型私的独占第3の2(1)）。日本インテルの

市場シェアが約89%であるという認定は（審決集344頁）、主にこの点を支える認定であると位置づけることができる。

4　民事訴訟との関係

　米国インテルと日本インテルは、「インテルは、同勧告を応諾しますが、〔公取委〕が主張する事実やこれに基づく法令の適用を認めるものではありません」と述べたうえで、本件勧告を応諾した（米国インテル平成17年3月31日公表文、日本インテルの翌4月1日公表文）。

　これは、種々の点に鑑みて公取委と争うのは避けるが、その後に民事訴訟が提起される可能性等があるので、勧告を応諾して勧告審決を受けるからといって勧告審決書記載事実を認めるものではないということを明確にしようとしたものであろう。そのような場合には勧告審決書記載事実が民事訴訟裁判所に対する事実上の推定力を及ぼさないという最高裁判例がある（集最判平成元年12月8日〔鶴岡灯油〕（民集43巻11号の1267頁））。インテルの上記声明は、この判例を知悉して行われたものだと推測される。

　日本AMDは平成17年6月30日、本審決の確定を受けて独禁法25条による損害賠償請求の提訴を東京高裁において行った（平成20年度公正取引委員会年次報告116頁）。同日、「排除勧告において認定された違反行為以外の様々な取引・営業妨害行為から生じた損害について」も賠償を請求するとして、東京地裁において提訴を行っている（日本AMDの同日の公表文）。

　平成21年11月12日、インテルとAMDは、「日本の2件の訴訟」を含み和解する、と公表した（両社の米国・日本それぞれの公表文）。

5　課徴金シミュレーション

　私的独占全体に対して課徴金を導入する平成21年改正が施行済みであったと仮定するなら、本件行為についての課徴金はどうなるであろうか。

　本審決は排除型私的独占としたので、7条の2第4項が適用されることとなる。

なお、本審決のような事案の場合、日本インテルが 5 社の国内パソコンメーカーを支配したと構成すれば 7 条の 2 第 2 項が適用され算定率が高くなる、と言われることがある。しかし、それは条文の文理に反する。本件は、本審決の認定を前提とするとしても、被支配事業者である国内パソコンメーカーが供給する商品役務でなく、購入する商品役務について取引の相手方を制限したに過ぎないのであって、2 項が定めた対価要件を満たさないからである。

本審決をめぐって興味深いのは、平成 21 年改正に向けた国会審議において竹島一彦公取委委員長が、本件に課徴金を課するとすれば、「この日本インテルの一体業態は何ぞやということになりますと、恐らく卸売業なんだろうと思うんです、製造業ではない。卸売業だと仮にしますと、これは一％ということになりまして」と答弁していることである（平成 21 年 5 月 26 日参議院経済産業委員会）。

興味深いのは、日本インテルが米国インテルから分社されているために原則算定率が適用されない、という点である。このような問題は私的独占で初めて生じたのではなく、不当な取引制限をめぐって既に生じていた（有名なところでは、公取委命令平成 7 年 3 月 28 日〔大型カラー映像装置談合〕において、松下通信工業が製造する商品についての卸売業であるとされ軽減算定率の適用を受けた松下電器産業の例がある（審決集 41 巻 388 〜 389 頁））。しかし、一般的に考えて、違反行為者が製造部門から離れて別の会社となっているか否かによって課徴金額が劇的に異なるというのは、適切なものとは言い難いであろう。グループを一体として考える手法が、ここでも、中長期的な課題となる。

大阪高判平成 17 年 7 月 5 日〔関西国際空港新聞販売〕

大阪高判平成17年 7 月 5 日・平成16年（ネ）第2179号
審決集52巻856頁
〔関西国際空港新聞販売〕

1 事例の概要

　新聞の流通経路には、大きく分けて、戸別配達による「実配」と、駅の売店やコンビニエンスストアなどで販売する「即売」とがある。航空機搭載用の新聞を航空会社やケータリング会社に販売するのは「即売」に含まれる。

　京阪神地区においては、即売ルートで流通する全国紙のほとんどすべてが、それぞれ全国紙 5 社の系列下にある即売会社 5 社（被告・被控訴人。以下、本判決にならい「卸売 5 社」という）を経由して流通している。

　関西国際空港新聞販売（被告・被控訴人。以下、本判決にならい「関空販社」という）は、関西国際空港島における販売窓口一本化のために設立され、卸売 5 社から一手に空港島向けの全国紙を仕入れ、これを空港島内の売店や航空会社等に販売していた。

　エアーポートプレスサービス（原告・控訴人）は、卸売 5 社に対して新聞の供給を申し込んだが、卸売 5 社は、空港島での販売は関空販社を通して行うことを理由として、新聞の供給を拒絶した。

　エアーポートプレスサービスは、上記取引拒絶後から現在に至るまで、なんばミヤタという即売業者（審決集では「B 社」）から全国紙を定価の 75％で仕入れ、空港島において売店・ラウンジや全日空に対して定価の 80％で販売している。エアーポートプレスサービスの主張によれば、卸売 5 社からならば定価の 70％で仕入れることができるはずだという。

　エアーポートプレスサービスが、卸売 5 社の行為は昭和 57 年一般指定 1

項の共同取引拒絶であり、関空販社の行為は当該共同取引拒絶に加功したものである、として、24条による差止請求をしたのが本件である。供給拒絶が問題となったのであるから、本件での昭和57年一般指定1項は平成21年改正後の2条9項1号に相当する。

1審判決は請求棄却（大阪地判平成16年6月9日）。本判決も、請求を棄却した。

2　共同取引拒絶と競争関係

本件では、卸売5社だけでなく関空販社に対する差止請求もされている。このことが、2つの論点を提供する。

第1の論点は、卸売5社と競争関係にない関空販社は共同取引拒絶の主体となり得るか、という問題である。

本判決は、①関空販社自身がエアーポートプレスサービスからの取引申込みを拒絶したことはない、②関空販社と卸売5社とは競争関係にない、の2点を挙げて、関空販社は昭和57年一般指定1項に基づく共同取引拒絶を行ったとは到底いえない、とした（審決集872頁）。

①は措くとして、②の理由づけは疑問である。というのは、競争関係にない者との共同取引拒絶は昭和57年一般指定2項（平成21年改正後の一般指定2項と同じ）で拾えるからである。ロックマン工法審決では、競争関係にある17社が昭和57年一般指定1項に該当するとされただけでなく、競争関係にないとされたワキタが昭和57年一般指定2項に該当するとされた（公取委勧告審決平成12年10月31日）。どの規定を用いても、求められる弊害要件は同じである。共同した複数の者の行為を一体として観察して、それが公正競争阻害性をもたらしているか否かを判断することになる。そして、どの規定を用いても、不公正な取引方法にあたりさえすれば、24条の要件を満たす。

3　加功した者に対する差止請求

第2の論点は、かりに関空販社が共同取引拒絶という独禁法違反行為の主

体とはなり得ないとしても、それに加功しているから、差止請求の対象となり得るのではないか、という問題である。

本判決は、そのような考え方を否定するにあたり、関空販社と卸売5社が法人格を異にすることを究極的理由づけとした（審決集871～872頁）。

本件での結論の当否は別として、この理由づけは疑問である。実際の民事訴訟においては、被告の範囲を拡張する必要性が感ぜられることが多いものと思われる（例えば、集東京地判平成9年4月9日〔日本遊戯銃協同組合〕では、違反者とされた事業者団体の代表理事が、当該事業者団体と連帯した損害賠償を命ぜられている）。差止請求訴訟においても、日本テクノ東京高裁判決は、不当廉売違反被疑者の委託を受けて契約勧誘や契約締結代行を行っている者をも差止請求の対象とできる余地もあるとしている（東京高判平成17年1月27日（審決集51巻972頁））。さらに、24条の条文を読むと、差止請求の対象とすべき「事業者若しくは事業者団体」は、不公正な取引方法の違反者そのものではなくともよいようにも見える。

4　公正競争阻害性・著しい損害

(1)　本判決の判断

本判決は、10％のマージンが5％に半減しているとしても、エアーポートプレスサービスはなんばミヤタから全国紙を調達して空港島で全国紙を販売しているのであることなどを理由として、公正競争阻害性が成立しないとし、また、24条にいう「著しい損害」も成立しないとした。

10％ならどうか、5％ならどうか、という類の議論は、当該事案の詳細を知り尽くさなければ的確に行えない一回限りの事例判断であり、私の領分ではない。ここでは、公正競争阻害性や「著しい損害」について本判決が一般論的に示唆するところのみを検討対象とする。

(2)　公正競争阻害性

本判決は、競争者同士の共同取引拒絶がされても他の事業者の事業活動を

大阪高判平成 17 年 7 月 5 日〔関西国際空港新聞販売〕

困難にさせないため反競争性がなく公正競争阻害性がないとされた一例として貴重である。

平成 21 年改正後の規定でいうならば、2 条 9 項 1 号や一般指定 1 項は、2 条 9 項 2 号・3 号などとは違って、「他の事業者の事業活動を困難にさせるおそれ」を明文の要件としていない。その背景には、競争者同士の共同取引拒絶がされれば通常は他の事業者の事業活動を困難にさせるおそれが生ずるものだ、という理解があるものと思われる。

しかし、世の中はそれほど単純ではない。競争者同士の共同取引拒絶が行われたが他の事業者の事業活動には何らの影響はない、という例はいくらでも存在する。同じ分野を得意とする執筆者である夫 A と妻 B が、夕食後にお茶を飲みながら、これからは P 社の執筆依頼は引き受けないことにしよう、と話し合うことは十分に考えられる。P 社には他に代わり得る執筆者が多数いるので、独禁法上の問題とはならない。

そのような当たり前のことが判決という形で示されたのが、本判決である。すなわち、2 条 9 項 1 号や一般指定 1 項には「他の事業者の事業活動を困難にさせるおそれ」という明文がないので、「正当な理由がないのに」のなかに読み込む（困難にさせるおそれがなければ正当な理由がないとは言えない）、ということになる。繰り返しになるが、本件にあてはめた場合に本当に「他の事業者の事業活動を困難にさせるおそれ」がなかったと言えるのか否かは、本書の関心対象ではない。競争者同士の共同取引拒絶であっても「他の事業者の事業活動を困難にさせるおそれ」が満たされない場合があるという一般論が大阪高裁判決によって確認されたことを、ここでは重視している。

以上のようなことは、昭和 57 年一般指定の制定当時において明確に意識されていた（昭和 57 年独禁研報告書第 2 部 1）。ところが、どういうわけかそれが昭和 57 年一般指定 1 項において明文化されなかった。明文化されていないためか、昭和 57 年一般指定 1 項を適用した公取委の事例には「他の事業者の事業活動を困難にさせるおそれ」の成否に関する明確な認定を記さないまま違反との結論に至ったものもある（公取委命令平成 19 年 6 月 25 日〔新潟タクシー共通乗車券〕。同事件では、タクシー乗客一般を需要者とする市場を考えた場合でも被拒絶者の事業活動を困難にさせるおそれが十分にあったと推測さ

れるうえ、小倉武彦・同命令解説・公正取引686号（平成19年）63頁の図からは、同事件ではタクシー乗客一般ではなくタクシー共通乗車券の利用客のみを需要者とする市場を検討対象市場として念頭に置いていたのではないかと窺われるところであり、そうであるとすればなおさら、被拒絶者の事業活動を困難にさせるおそれは明確であったと思われる。私の言いたいことは、同命令の結論が不適切であったというのではなく、被拒絶者の事業活動を困難にさせるおそれを明確に認定しなかったのは不適切であるという点にある）。

(3) 著しい損害

本判決は、次のように述べた。「ここにいう著しい損害とは、いかなる場合をいうかについて検討するに、そもそも、独禁法によって保護される個々の事業者又は消費者の法益は、人格権、物権、知的財産権のように絶対権としての保護を受ける法益ではない。また、不正競争防止法所定の行為のように、行為類型が具体的ではなく、より包括的な行為要件の定め方がされており、公正競争阻害性という幅のある要件も存在する。すなわち、幅広い行為が独禁法19条に違反する行為として取り上げられる可能性があることから、独禁法24条は、そのうち差止めを認める必要がある行為を限定して取り出すために、『著しい損害を生じ、又は生ずるおそれがあるとき』の要件を定めたものとも解される。〔原文改行〕そうすると、著しい損害があって、差止めが認められる場合とは、独禁法19条の規定に違反する行為が、損害賠償請求が認められる場合より、高度の違法性を有すること、すなわち、被侵害利益が同上の場合より大きく、侵害行為の悪性が同上の場合より高い場合に差止が認容されるものというべきであり、その存否については、当該違反行為及び損害の態様、程度等を勘案して判断するのが相当である」（審決集876〜877頁）。

この判示については、次のようなことを指摘できる。

第1に、この判示は、不公正な取引方法に該当するもののなかに差止めの必要性がないものが存在することを当然の前提としているが、これは、不公正な取引方法の全てが公取委の排除措置命令の対象となり得ること（20条）との関係で、法的整合性を問われるものであるように思われる。

大阪高判平成 17 年 7 月 5 日〔関西国際空港新聞販売〕

　第 2 に、以上のように指摘するためには、不公正な取引方法の違反要件論を洗練する必要がある。かつてとは異なり、正当化理由という概念は認めないなどの現実離れしたことは言われなくなってはいるが、なお、違反要件論は発展途上にある。独禁法分野で固まっている違反要件論が直感的におかしいと民事裁判官が感じることは、あり得るものと思われる。その場合に、「著しい損害」の要件が、やむを得ない対応をするための道具として、活用される可能性はある。

最判平成 17 年 9 月 13 日〔日本機械保険連盟〕

> 最判平成17年 9 月13日・平成14年（行ヒ）第72号
> 民集59巻 7 号1950頁
> 〔日本機械保険連盟〕

1 事例の概要

損害保険の営業保険料に関する価格協定が、事業者団体の主導によって行われ、8 条 1 項 1 号（平成 21 年改正後の 8 条 1 号と同じ）違反とされた。8 条の 3 により、事業者団体の構成事業者に対して課徴金が課される。8 条の 3 が準用する 7 条の 2 第 1 項に基づき、課徴金額は、違反行為の対象となった商品役務の売上額に対し、所定の算定率を乗ずることによって計算する。そこで、損害保険における売上額とは何であるかが争点となった。

公取委審決は、保険契約者が契約時に支払う営業保険料全体が売上額にあたるとした（公取委審判審決平成 12 年 6 月 2 日（特に審決集 47 巻 174 頁））。それに対し原判決は、損害保険会社から支払われた保険金額を営業保険料全体から差し引いた額を売上額とした（東京高判平成 13 年 11 月 30 日）。

本判決は、公取委審決と同様、売上額は営業保険料全体であるとした。

本判決は、平成 17 年改正前の事案について、平成 17 年改正後・施行前に言い渡されたものである。

2 本件での「売上額」「役務」

本件でいう「当該商品又は役務の政令で定める方法により算定した売上額」（7 条の 2 第 1 項）は、ここでいう「政令」にあたる施行令 5 条を見れば、各構成事業者が実行期間内に提供した役務の対価の額を、各構成事業者につ

207

いて合計したものであることがわかる。

つまり本件では、損害保険の役務とは具体的に何であり、需要者は対価として何を支払っているのか、ということが問題となった。

本判決は、商法629条（保険法典制定後の保険法2条における「損害保険契約」の定義に相当する）を参照しつつ、「損害保険契約に基づいて保険者である損害保険会社が保険契約者に対して提供する役務は、偶然な一定の事故によって生ずることのあるべき損害をてん補するという保険の引受けである」と述べた（民集1956頁）。つまり、個々の保険契約者は、営業保険料を対価として支払うことにより、損害保険会社から「安心」を買い損害保険会社にリスクを移転させている（山下友信『保険法』（有斐閣、平成17年）64頁は、同様の趣旨であろう）。

それに対して原判決は、「可能な範囲では課徴金の額が経済的に不当な利得の額に近づくような解釈を採るべきである」とする（判時1767号22頁）。ここでいう「不当な利得」とは、違反行為によって得た不当利得のことであり、民法上の不当利得と同じ概念ではない。そして、具体的には、損害保険会社と個々の保険契約者との間に個々の保険契約があると考えるのでなく、損害保険会社と、保険契約者全体という「保険団体」との間で取引が行われているのであると考えた。そして、本件での「役務」とは、「保険団体」内で共同備蓄した支払保険金分の金銭の再配分を代行するという役務であり、その対価として、営業保険料から支払保険金を差し引いただけの金額が保険契約者らから損害保険会社に支払われているのである、と捉えた。

以下に見るように、本判決は、不当利得額に近づける解釈を採るべきであるという立場そのものを否定した。

3 課徴金制度の基本的性格

(1) 本判決までの議論の概要

不当利得云々という点を含め、課徴金制度の基本的性格をめぐる議論は、憲法39条の二重処罰禁止の問題を意識しながら展開されてきた。なぜなら、

独禁法7条の2や8条の3で課徴金対象とされる違反行為は、89条および95条によって刑罰の対象ともなっているからである。

この問題については、法人税法上の追徴税が逋脱犯に対する刑罰と同居することをめぐって、夙に最高裁大法廷判決が存在する（最大判昭和33年4月30日）。この判決の該当部分についてはさまざまな読み方が可能であろうが、概ね、次のように読める。すなわち、名宛人の反社会性や反道徳性に着目する刑罰とは異なり、①違反があれば原則として必ず課され、②違反行為の抑止を目的としている、という条件を満たせば、「行政上の措置」であるとされ、刑罰と並存しても憲法39条に違反しない。

そうしたところ、公取委を含む独禁法分野での議論の大勢は、独禁法の課徴金制度に①・②の要素を盛り込むのに加えて、いわば③として、課徴金額は違反行為によって得た不当利得の額を超えず、不当利得を剥奪するための制度であるから、制裁ではないので二重処罰禁止に抵触しない、ということを主張し、強調してきた。これを便宜上「不当利得剥奪論」と呼ぶならば、不当利得剥奪論は、例えば、平成3年改正の際の解説においても明確に観察され（加藤秀樹発言「座談会・独禁法の強化と課徴金の引上げ」ジュリスト977号（平成3年）13頁）、時代がくだって平成13年10月の独占禁止法研究会報告書にも明記され（独占禁止法研究会「独占禁止法研究会報告書」（平成13年10月）41～42頁）、その間、東京高裁判決等でも触れられるなどして、定説化していた（不当利得剥奪論に対する根本的な批判を夙に主張してきた視点から、諸事例や諸文献を的確に観察し整理したものとして、佐伯仁志「独禁法改正と二重処罰の問題」日本経済法学会年報26号（平成17年））。

平成13年の原判決は、当時において依然として大勢に支持されていた不当利得剥奪論を、ある意味では徹底し、ある意味では逆用したものであった。

尤も、その後、不当利得剥奪論は雪崩を打つように放棄され、前記の①・②のみが強調されるようになった。さもなければ、平成17年改正の眼目となった算定率の引上げや課徴金減免制度の導入を実現するのは難しいと考えられたためであろう。ただ、その際、直截に過去を否定するのでなく、連続性を強調する説明がされる。すなわち、不当利得剥奪論は課徴金制度の「法律的な性格」に関するものではないと位置づけることによって、平成17年

改正の前後を通じて課徴金制度の「法律的な性格」は①・②を満たす「行政上の措置」であるという意味において不変である、と説明するという手法が、公取委の法案作成担当者によって採られるに至っている（諏訪園貞明編著『平成17年改正独占禁止法——新しい課徴金制度と審判・犯則調査制度の逐条解説』（商事法務、平成17年）21頁）。

(2) 本判決

本判決は、「課徴金の額はカルテルによって実際に得られた不当な利得の額と一致しなければならないものではないというべきである」と述べて、不当利得剥奪論を否定した（民集1954～1955頁）。最高裁自身は、実は不当利得剥奪論を述べたことがなかったので（前掲昭和33年判決および最判平成10年10月13日〔シール談合課徴金〕）、平成17年改正前の本件事案においても、小細工をする必要がなかったわけである。

尤も、立法段階で、課徴金額が不当利得額に近づくように注意が払われていたことは確かなのであって（加藤発言・前掲座談会20～21頁）、次のように整理するとよいであろう。すなわち、立法段階では、課徴金額が不当利得額と同額となるよう目指して、売上額に算定率を乗ずるという仕組みを定め、具体的な算定率を法定した。それがどのような動機によるものであったにせよ、ともかくこれが、平成17年改正前の法律である。しかし、そのような法律を制定したあとの運用の段階においては、不当利得額と同額となるよう目指す必要はなく、売上額を淡々と算定し法定の算定率を乗ずる。なぜなら、立法後の運用においては、「課徴金制度が行政上の措置であるため、算定基準も明確なものであることが望ましく、また、制度の積極的かつ効率的な運営により抑止効果を確保するためには算定が容易であることが必要である」（民集1954頁）という要請が、上記の立法段階での心構えを上回ると考えられているからである。

(3) その後

本判決の考え方はもちろん平成17年改正後にも通用する。なぜなら、不当利得剥奪論を述べたことのない最高裁にとって、平成17年改正によって

課徴金制度の基本的性格が変化するはずはないからである。

　そして、上記のような、立法段階と運用段階に分けた整理もまた、平成17年改正後において有効である。立法段階については、平成17年改正後の課徴金制度も、実は、不当利得を慮外に置いて立法されたわけではなく、少なくとも原則算定率および小売業・卸売業・小規模事業者の軽減算定率は、不当利得額と一定の比例関係を保つよう目指して立法されている。運用段階で売上額を淡々と算定し法定の算定率を乗ずればよいのも、従前と同様である。

神戸地姫路支判平成 17 年 11 月 25 日〔三木産業対大東建託〕

```
●●●●●●●●●●●●●●●●●●●●●●●●●●●●●●●●●●●●●●●●●●●
```

神戸地姫路支判平成17年11月25日・平成15年（ワ）第896号
審決集52巻881頁
〔三木産業対大東建託〕

1 事例の概要

　被告大東建託は、賃貸用建物を建築し、建築後、その管理を建築主から受託している。原告三木産業は、LP ガスの販売を主たる業としており、LP ガス設備の設置工事も行っている。

　大東建託と三木産業は、「平成 12 年覚書」を結び、大東建託が施工する建物の建築主に三木産業を優先的に紹介し、三木産業は大東建託に物件紹介料を支払うこととしていた。

　三木産業は、自らが LP ガス設備工事を行った「本件各物件」の LP ガスの消費設備と給湯器を大東建託に売り渡す「本件契約」（審決集 884 頁）を結んだ（この点については両当事者間に争いがあるが、本判決は、給湯器について「本件契約」の成立を認定し、消費設備についてもその成立を仮の前提として次の検討に進んでいる（審決集 896 ～ 897 頁））。

　三木産業の主張によれば、その際、「本件各物件」の所有者もしくは居住者に対する LP ガス供給を継続的に行うことを条件として、または、これらの者に対する三木産業による継続的供給を大東建託が妨害することを解除条件として、LP ガス設備の代金を定価から減額するとの「本件合意」がされた（審決集 884 頁）。

　その後、大東建託は、子会社ガスパルを設立し、「本件各物件」の所有者の一部に対し、LP ガス販売事業者を三木産業からガスパルに切り替えるように働き掛ける営業活動を行っている。

三木産業が、大東建託に対し、「本件合意」の解除条件が成就したことによる差額の金員の支払を求め、大東建託およびガスパルに対し、独禁法24条（昭和57年一般指定15項（平成21年改正後の一般指定14項と同じ））など種々の法的理由による差止請求を行ったのが、本件である。

2 無償配管の慣行

本判決における中心的な争点は、三木産業が主張するような「本件合意」が成立したと言えるか否か、であった。

この争点は、より一般化して言えば、LPガス業界における「無償配管の慣行」をどう取り扱うか、という問題に繋がっている。一般家庭においてLPガスを利用するには、初期費用が大きいため、LPガス事業者が設備工事（配管）を「無償」で行い、その代わりにLPガスの供給を当該事業者が長期間にわたって行う、という慣行があるとされる。ただ、それでは、新たなLPガス事業者の参入が難しくなる。ところが、新たなLPガス事業者への切替えを認めるならば、今度は、「無償」で設備工事を行ったLPガス事業者をどう処遇するか、が問題となる（無償配管慣行については多くの文献があるが、公取委によるものについて、遠藤孝史＝石本将之＝三角政勝「『LPガス販売業における取引慣行等に関する実態調査報告書』の概要について」公正取引587号（平成11年））。

本判決は、「本件合意」の成立を認めなかった。本件合意が成立するとすれば、大東建託は、三木産業でも大東建託（ガスパル）でもないLPガス事業者に対しても劣後することになるが、それはおかしい。「平成12年覚書」に基づいて大東建託が三木産業から紹介料を受け取っているとはいっても、その金額に照らせば、やはり大東建託を新たなLPガス事業者よりも劣後させなければならないという理由にはならない。LPガス設備の代金と定価との差額を施主から徴収するということになるとすれば、「この結論は不当である」。以上が、本判決の理由づけである（審決集898〜899頁）。「本件合意」がない以上、大東建託が三木産業の顧客を奪うのは自由であり、昭和57年一般指定15項に該当するはずもない、というのが、本判決の結論である。

「本件合意」をめぐる上記認定は、単なる事実認定ではなく、かなりの程度において裁判官の競争政策的な判断に基づいているように見える。

もちろん、その政策判断の内容については、異論もあろう。無償配管に起因するトラブルは全国的に多数あるものと推測され、その氷山の一角として、判決例も増えている。そのなかには、無償配管をしたLPガス事業者が勝ったものもあれば（東京高判平成18年4月13日）、負けたものもある（さいたま地判平成19年2月16日）。しかし、いずれにおいても、一般論として、無償配管をした事業者から請求される差額が大きすぎれば不適切であり（東京高裁判決の判タ1208号244頁）、逆に、それが、無償配管をした事業者の負担と消費者の利益を正当に調整するものであれば許される（さいたま地裁判決の事実及び理由第3の2(5)）、との考え方が示されており、温度差はあるとしても、一般論としては共通している。本判決は、これらに比べると、無償配管をした事業者に対しかなり厳しいものであったように見える。

3 切り返し

本判決が審決集に掲載されている主な原因・理由は、本件が独禁法24条による差止請求を含んでいることにある（審決集目次23頁、25頁）。

しかし、本判決が独禁法ないし競争政策法の観点から注目されるのは、独禁法訴訟の被告である大東建託らの行為の反競争的弊害の有無が問題となったからであるというよりも、原告である三木産業の行為のほうが反競争的弊害をもたらすか否かが問題となり、その観点から合意の成否という契約法上の判断がされたからである、というほうが、本質に近いであろう。同様の現象はあちこちの民事訴訟に見られるはずではあるが、本判決はその興味深い一例である。

公取委勧告審決平成 17 年 12 月 26 日〔三井住友銀行〕

```
●●●●●●●●●●●●●●●●●●●●●●●●●●●●●●●●●
```

公取委勧告審決平成17年12月26日・平成17年（勧）第20号
審決集52巻436頁
〔三井住友銀行〕

1 事例の概要

　三井住友銀行が、「融資」の需要者に対して、あわせて「金利スワップ」
を買わせた。本審決は、そのような行為について昭和 57 年一般指定 14 項 1
号（平成 21 年改正後の 2 条 9 項 5 号イに相当）を適用した。「金利スワップ」
とは、変動金利で融資を受けている者に対し、変動金利を固定金利に交換す
ることによって、金利の変動のリスクをヘッジする、という商品役務である。
　本審決については、担当者による詳細な解説がある（諏訪園貞明・公正取
引 664 号（平成 18 年）、齋藤隆明・NBL 828 号（平成 18 年））。

2 優越的地位

　本審決は、優越的地位濫用規制における「優越的地位」の解釈について従
来の考え方を踏襲し、取引必要性説を採っている。すなわち、三井住友銀行
からの融資に代えて三井住友銀行以外の金融機関からの融資等によって資金
手当てをすることが困難な者が存在する、と認定している（審決集 438 頁）。
　これは、特定の取引相手方群（本件は売る側の濫用事件であるから需要者群
とも言える）に着目するのであることを明示している点で、優越的地位の認
定の構造を的確に表した典型例であるといえる。すなわち、優越的地位は、
その事件との脈絡を持たない漠然とした「市場」には関係なく、その事件に
関係する取引相手方群にとって選択肢となるか否かという観点から行為者と

215

その競争者を視覚化して見定めたうえで、その特定の取引相手方群が行為者と取引する必要性があるか否かを認定しているのである。これはまさに、独禁法一般において行われている市場画定の思考様式である（以上のことについて更に、後記4）。本審決は、平成22年の優越的地位濫用ガイドラインの優越的地位の箇所（第2の2）において、「具体例」として掲げられている。

3 不要品強要型抱き合わせ規制

　本審決は、不要品強要型抱き合わせ規制を昭和57年一般指定14項によって行ったものである。主たる商品役務の売買の方向と従たる商品役務の売買の方向とが逆向きである事案を優越的地位濫用としたものであれば、夙に先例が存在した（公取委同意審決昭和57年6月17日〔三越〕、公取委勧告審決平成16年11月18日〔カラカミ観光〕）。

　不要品強要型抱き合わせ規制については、公取委が「抱き合わせ」と呼び昭和57年一般指定10項が適用されることになると途端に不正手段的な言説が登場し違反の範囲が広くなる、という考え方が通説・実務であるとされてきた（このような考え方は、平成29年の改正で新設された流通取引慣行ガイドライン第1部第2の7⑵注10でも踏襲されている）。しかし、公取委が「抱き合わせ」と呼ぶ気になれず、または「抱き合わせ」と気づかない場合には、淡々と優越的地位濫用規制が適用される。本審決は、その好例である。つまり、同じ事案に対し同じような問題意識で臨んでいるのに、論者や公取委の気分次第で違反要件が変わる、というわけである。平成21年改正後は、抱き合わせと構成されるか優越的地位濫用と構成されるかによって課徴金の有無という大きな差が生ずる（2条9項5号には20条の6が用意されているが一般指定10項には同様のものがない）。本審決は、より一般的な行為類型である優越的地位濫用の違反基準に統一しておかなければいずれ議論は破綻する、ということの何よりの例証となっている。

4 銀行の事業統合との関係

⑴ 銀行の事業統合における企業結合審査の通例

　かつて、銀行の事業統合における公取委の企業結合審査では、事業統合それ自体の独禁法違反要件の成否を論ずるのとは別枠で、統合銀行以外の者からの借入れをすることを期待できない需要者に対する優越的地位濫用の懸念を統合予定銀行に伝え、コンプライアンス体制の充実などを申し出させる、というのが例となっていた。三井住友銀行を発足させた住友銀行とさくら銀行の合併の際にも、同様のことがされた（公正取引委員会「㈱住友銀行と㈱さくら銀行の合併等について」（平成 12 年 12 月 25 日））。

⑵ 企業結合規制と優越的地位濫用規制

　ある銀行の法務担当者から、「企業結合規制をクリアしたと思ったら今度は優越的地位濫用が出てきて、独禁法というのは鰻をつかむようだ」との論評を聞いたことがある。鰻を捌いて蒲焼きにしてみよう。

　まず、企業結合規制の基本をおさえておく。企業結合規制は、将来において競争の実質的制限が起こる蓋然性があれば現在において違反として所要の排除措置をとらせる、ということを基本とする。競争の実質的制限とは、市場において正当化理由なく競争変数を左右することができる状態を指す。「市場」とは、「需要者」と「当該需要者からみて選択肢となる供給者」とから構成される。これらはいずれも、公取委の企業結合ガイドラインを含め広く受け容れられた考え方である。

　次に、優越的地位濫用規制の実像をおさえる必要がある。実像とは、実際の事例をきちんと読んで得られる真の姿のことである。優越的地位濫用規制は、独禁法体系において特殊で異質なものとされてきた。しかし、その見方にはあまり根拠はない。なぜなら、以下のように言えるからである。まず、前記 *2* で見たように、「優越的地位」の解釈としては取引必要性説が確立している。取引必要性とは、需要者からみて選択肢となる供給者が限られてい

るから需要者は当該供給者と取引せざるを得ない、ということである。「市場」は、「需要者」と「当該需要者からみて選択肢となる供給者」とから構成されるのであるから、取引必要性が成立している場合には、当該需要者と当該限られた供給者だけから成る市場が立派に成立している。優越的地位濫用とは、そのような市場において独占的地位に立つ者が取引相手方から搾取する行為であるにほかならない。以上のような見方に対しては、公取委は優越的地位濫用規制をする際に市場画定を行ってはいない、と「反論」する文献が散見されるが、本書の上記のような分析は、公取委がどのような自覚のもとに規制をしているかということではなく、公取委の規制が客観的にどう位置づけられるかということに向けられているものである。

　以上のように見ると、優越的地位濫用行為とは、水平型企業結合において懸念される行動の典型例である、ということがわかる。例えば、AとBとが合併して市場シェア100％となる場合、なぜ当該合併が禁止されることが多いのかというと、合併後の独占者「AB」が、需要者に対して優越的地位濫用をすると見込まれる（優越的地位濫用という懸念される行動が起こりやすくなる）からである。優越的地位濫用によってもたらされる弊害こそが、いわゆる単独行動による反競争性であるにほかならない。優越的地位濫用規制は異質だ、と信じられているために、思考回路がつながらず、以上のような端的な説明がされてこなかっただけである。

(3)　銀行の事業統合に即した分析

　銀行の事業統合に際して優越的地位濫用規制を持ち出す公取委の上記のような論法は、公取委自身が意図したか否かはともかく少なくとも客観的には、統合されるA銀行とB銀行のいずれかからしか借入れ実績がないため両者が合併したあとになって他に借入先銀行を探そうとしても容易ではない、という借主を需要者とし、A銀行とB銀行（統合後はAB銀行）だけを供給者とする市場が成立している、ということを意味する。上記平成12年の公

表文や本審決によれば、そのような借主は多く存在するようである。

　そのような市場が成立するとすれば、すなわち、当該事業統合はその市場においては立派に企業結合規制の違反要件を満たす、ということになる。

　公取委は、銀行の事業統合の企業結合審査をする際、「全国市場」「地域市場（都道府県）」などの地理的な区分による検討のみを行っている。そして、企業結合規制違反のおそれなしとの結論を導いた後、別枠で、優越的地位濫用に関する上記の懸念を表明している。この論法は、公取委自身が意図したか否かはともかく少なくとも客観的に見れば、当該事業統合は実は企業結合規制に違反する、と述べることによる社会的波紋を防ぎ、「優越的地位濫用」という看板のもとで目立たないように企業結合規制違反の問題解消措置をとらせたもの、ということになる。

　本件は、統合銀行発足時に懸念され、防止が図られた行為が、統合銀行によって現に行われてしまったもの、と位置づけることができる。

平成 17 年度企業結合事例 7 〔日本精工・天辻鋼球製作所〕

> 平成17年度企業結合事例7
> 〔日本精工・天辻鋼球製作所〕

1 事例の概要

日本精工が天辻鋼球製作所（以下「天辻鋼球」という）の全株式を取得することを計画した。公取委は、この株式取得は 10 条に違反しないとした。

鋼球は、玉軸受の部品である。鋼球とは、耐摩耗性等に優れた金属製の高真球度の球である。玉軸受とは、回転する軸を支え、軸に加わる荷重を受け、軸心を中心に回転するようにする機械部品である軸受のうち、軸と軸受の間に鋼球を入れたものを指す。

天辻鋼球は鋼球の供給者であり、日本精工は玉軸受の供給者である。事例集には、日本精工が供給するものとして玉軸受のほかにリニアガイドとボールねじも登場するが、省略する。

2 鋼球市場での他者排除

(1) 公取委の見解

公取委は、本件企業結合後に懸念される行動のひとつとして、「日本精工による天辻鋼球以外の鋼球メーカーからの鋼球調達の拒否」を論じている（事例集 37 頁）。これはすなわち、検討対象市場を鋼球市場とする他者排除の問題である。

公取委は、日本精工にはそのような取引拒絶をするインセンティブがない

という点と、天辻鋼球以外の鋼球メーカーにとっての取引相手方としては日本精工以外の軸受メーカー（図のB・Cに相当する）も存在するという点とを挙げて、この問題が10条違反に至ることはないと結論づけた。

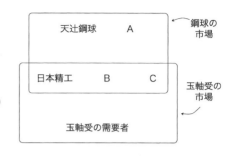

インセンティブについては、次のように述べている。「日本精工は、天辻鋼球以外の鋼球メーカーからも鋼球を調達しているところ、鋼球調達の安定性の確保の観点から、天辻鋼球以外の鋼球メーカーからの鋼球の調達を取り止めるインセンティブはなく、今後も他メーカーから継続して鋼球を調達することとしている」（事例集37頁）。

(2) 2つの理由の位置づけ

企業結合規制の思考過程を言語化すると、①株式取得などの行為要件充足行為が行われることにより、②取引拒絶などの懸念される行動が起こりやすくなり、③かりに懸念される行動が起きたならば競争の実質的制限がもたらされる、という場合に、株式取得などを違反として規制する、というものであると表現することができる。

日本精工にはインセンティブがないという上記指摘は②を否定するものであり、日本精工以外の軸受メーカーが存在するという上記指摘は③を否定するものである。

以下では、インセンティブの点のみに絞って検討する。

(3) 懸念される行動の容易化とインセンティブ

一般論として、②との関係で最も論ぜられるのは、いわゆる「結合関係」である。「結合関係」の有無は議決権保有比率などを基準として決せられるとされており（企業結合ガイドライン第1）、つまり、行為要件を満たす企業結合行為によって意思決定の連動が起こるか否かを主な関心対象としているもの、と位置づけることができる。

しかし、企業結合に対する独禁法上の懸念は、意思決定の連動が生ずることとは直接の関係のないかたちでもたらされることもある。日本精工による天辻鋼球以外の鋼球メーカーとの取引拒絶の懸念は、まさにそれである。なぜなら、日本精工による天辻鋼球以外のメーカーとの取引拒絶は、本件企業結合をするよりも前から、日本精工は行うことができたからである。日本精工による取引拒絶は、当然のことながら、天辻鋼球の意思決定によって行うものではない。

そうであるのになぜ、日本精工による天辻鋼球の全株式取得が日本精工による取引拒絶を懸念させ独禁法上の検討を要することとなるのか。それは、日本精工が天辻鋼球の全株式を取得することにより、日本精工が天辻鋼球の収益状況に対して強い利害関係を持ち、それに起因して、天辻鋼球の競争者を排除しようとするインセンティブを持つに至るのではないか、という懸念がもたらされるからである。そのような視点は、企業結合ガイドラインには示されていないように見える。

本件の公取委見解は、結局はその問題の向こう側の段階で、しかし本件の事案においては、鋼球調達の安定性確保が必要であるという特殊事情が存在して、結局はインセンティブが発生するとは言えない、とした。

平成 17 年度企業結合事例 8 〔ソニー・日本電気〕

平成17年度企業結合事例 8
〔ソニー・日本電気〕

1 事例の概要

ソニーと日本電気が、共同新設分割の方法によって、光ディスクドライブ事業に係る合弁会社を設立することを計画した。公取委は、この共同新設分割は 15 条の 2 に違反しないとした。

以下では、便宜上、大手パソコンメーカーを需要者とする DVD±RW ドライブの市場における「水平型企業結合」の問題のみに絞って叙述する。

2 国内市場・世界市場・市場画定

⑴ 公取委の見解

公取委は、日本の独禁法における検討対象とされるのは大手パソコンメーカー向け DVD±RW ドライブの国内市場であるということを前提としつつ、しかし、その作業のために、大手パソコンメーカー向け DVD±RW ドライブの世界市場の状況を参照した。すなわち、以下のように述べた。「大手パソコンメーカーは全世界における需要を本社で一括して調達しており、光ディスクドライブメーカーが設定する製品価格は、世界的に統一価格で設定されている。また、大手パソコンメーカーは、世界各地の複数の主要光ディスクドライブメーカーから見積りを取り、価格・品質・納期などの取引条件を競わせた上で調達先を選定している。これらのことから判断すると、大手パ

223

ソコン向け販売市場については、実態として世界全体で1個の市場が形成され、世界における競争の状況が国内における競争に反映されていると判断し

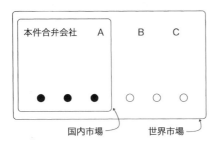

た。〔原文改行〕したがって、以下では、大手パソコンメーカー向けについては、本件企業結合が光ディスクドライブメーカーと大手パソコンメーカーとの間の世界レベルでの取引に与える影響を分析し、それに基づき国内の取引に与える影響を判断した」（事例集41～42頁）。そのうえで、本件企業結合によって世界レベルでの競争が実質的に制限されることとはならないので、国内市場での競争が実質的に制限されることともならない、とした（事例集43～44頁、45頁）。

(2) 理論的位置づけ

　世界市場で反競争性が生じなければ国内市場でも反競争性は生じない、という推論の鍵は、大手パソコンメーカー向けのDVD±RWドライブの価格が「世界的に統一価格で設定されている」という点にある（DVD±RWドライブはどのメーカーでも同じ価格だという意味ではなく、任意のメーカーのDVD±RWドライブは、それぞれ、どの国向けでも同じ価格だという意味であろう）。すなわち、かりに国内市場において本件合弁会社の市場シェアが高くなったり市場集中度が高くなるなどするとしても、本件合弁会社を含むDVD±RWドライブ供給者は、需要者が国内市場の需要者（前記(1)の図の●）であるかその外の需要者（前記(1)の図の○）であるかによって取引条件に差を設けることができないのであるから、世界市場で反競争性が生じないなら国内市場でも生じないはずである、という論法である。

　大きな市場と重畳して小さな市場が成立するのは、供給者が小さな市場の需要者を他の需要者と区別して取引条件に差を設けることができる場合に限られる、と言われることが多い。具体例で述べるなら、X市とY市の間の高速移動手段の市場のなかに新幹線だけの市場が成立するか否かは、供給者が、新幹線でなければ困ると考えている需要者（後出の図の●）を、飛行機

でも新幹線でもよいと思っている需要者（下記の図の○）とは区別して、取引条件に差を設けることができるか否かによって決まる、という考え方である。私は、供給者が需要者を区別できるか否かはともかくとして、客観的に見れば、新幹線でなければ困ると考えている需要者（●）は間違いなく存在するのであるから、そのような者のみを需要者とする新幹線だけの市場というものは客観的には成立しているのであって、ただ、供給者がそのような需要者を他と区別できない場合には、XY間の高速移動手段の市場で反競争性が生じないならXY間の新幹線の市場でも反競争性は生じないということである、と考えている。つまりこの議論は、市場の成否の問題ではなく反競争性の成否の問題なのである。本件での公取委の見解は、以上のような議論のひとつの具体例であり、しかも、それを市場の成否の問題ではなく反競争性の成否の問題として論じている。

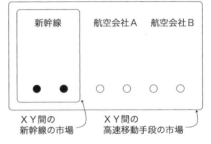

なお、企業結合規制の文脈では、「国内市場だけでなく世界市場に視野を広げるべきだ」との意見が主張されることがしばしばある。しかしそれは、国内市場で反競争性が生ずる場合でも、競争の激しい世界市場で外国企業と戦うためには当該企業結合が有益であるのならば、公取委は国内市場での反競争性に目をつぶるべきである、という主張である。それに対して光ディスクドライブに関する本見解は、国内市場と世界市場を論じてはいるが、国内市場における反競争性の成否と世界市場における反競争性の成否とが一致することを前提として世界市場の状況を見たものであり、国内市場での反競争性に目をつぶったというものでは全くない。

本件での公取委の見解と同様の考え方は、平成19年3月28日の企業結合ガイドライン改定内容にも現れ（改定後の第4の2(1)カ）、その後の他の事例に際しても公取委から示されているが、国内市場と世界市場の論理的関係について公取委が明確に述べたのは、これが最初で最後であるように思われる。

山口地下関支判平成 18 年 1 月 16 日〔豊北町福祉バス〕

山口地下関支判平成18年1月16日・平成16年（ワ）第112号
審決集52巻918頁
〔豊北町福祉バス〕

---

1 事例の概要

　山口県の豊北町が、北宇賀から田耕等を経由して JR 滝部駅に至る経路において、平成 13 年 11 月から、無償で福祉バスの運行を始めた。平成 16 年 1 月からは有償となり、運賃を一律 200 円としている。平成 17 年 2 月から豊北町は下関市の一部となり、本件福祉バスも下関市が運行している形となっている。

　これに対し、この路線を営業区域に含む滝部タクシーと人丸タクシーが原告となって、損害賠償と差止めを求めたのが本件である。

　本判決は、結局のところ主に公共性の観点から正当化理由の成立を認めて請求を棄却したが、それに至る諸論点を丹念に積み上げて論じており、法的思考訓練の素材として有益である。

2 無償供給と「事業者」

　本件福祉バスが無償運行をしていた時期についても独禁法を説明道具として損害賠償を請求するためには、無償運行をしていた時期の豊北町も独禁法上の「事業者」と言える必要がある。

　これについて本判決は、無償運行の期間は有償運行の準備期間であった、という理由で、無償運行の期間についても有償運行の期間と一体のものとして独禁法の不当廉売規制を受ける、と判示した（審決集 925 頁）。

山口地下関支判平成 18 年 1 月 16 日〔豊北町福祉バス〕

この判示については、一歩前進ではあるが、本来ならさらに包括的な解釈論が必要とされるであろうと私は考えている（本書 42 ～ 43 頁）。

3 検討対象市場

本判決は、本件路線周辺の状況のみを見たうえで、昭和 57 年一般指定 6 項（平成 21 年改正後の 2 条 9 項 3 号・一般指定 6 項に相当）にいう「他の事業者の事業活動を困難にさせるおそれ」を認定したが、それについては被告豊北町側から、豊北町全体の地域や、本件福祉バスが運行されていない曜日や時間帯をも考慮すべきであると主張されていた。つまり、原告タクシー会社は本件路線以外の部分で十分にやっていけているではないか、という主張である。

これに応えて本判決は、次のように述べた。「しかし、本件では、当該廉売の対象とされている役務は被告による本件福祉バスの運行についてであって、本件福祉バスの運行によって、原告らの事業活動が困難となるおそれがあるか否かは本件福祉バスの運行と競合する事業部分において検討判断すべきであるから、被告の主張を採用することはできない」（審決集 929 頁）。

4 道路運送法との関係

本件で被告豊北町側は、有償運行について平成 18 年法律第 40 号による改正前の道路運送法 80 条 1 項但書に基づく自家用自動車の有償運送の許可を得ているから本件福祉バス運行は独禁法の適用除外となる、と主張した。

本判決は、次のように述べて、この主張を退けた。「〔道路運送法 80 条 1 項〕は、同項本文により自家用自動車の有償運送が原則禁止されていることを受け、『災害のため緊急を要するとき、又は公共の福祉を確保するためやむを得ない場合であって国土交通大臣の許可を受けたとき』に自家用自動車の有償運送を例外的に認めるものであって、国土交通大臣による許可も『公共の福祉を確保するためやむを得ない場合』であるか否かを判断するにとどまり、有償運送が市場に与える影響や、ましてや不当廉売に該当するおそれ

227

があるか否かなどについて配慮や検討をすることを予定しているものではない」（審決集 925 頁）。

上記引用部分の前半は、私なりに翻訳すれば、こういうことである。すなわち、この許可制度は、自家用自動車を運送の用に供する場合は無償であることを原則としつつ例外的なときに有償という相対的高値を許容する、というものなのであるから、許可があることを理由に廉売が常に正当化されるという議論は逆立ちしている、ということであろう。

上記引用部分の後半は、結論としてはそのとおりであろうが、若干の補足を要する。というのは、「公共の福祉を確保するためやむを得ない」のであるならば、独禁法上の正当化理由ともなるようにも見えるからである。しかし、ここで登場した「公共の福祉を確保するためやむを得ない」は、あくまで、有償運送を例外的に許すことの理由として登場しているだけであって、安く運ぶ行為を例外的に許す理由として登場したのではなかった。

5 正当化理由の判断基準

正当化理由（特に手段の正当性）の判断基準としてしばしば登場するのが、「LRA (less restrictive alternative) がないかどうか」の基準である。より反競争的でない他の手段がなければ正当化されるが、あれば正当化されない、という考え方である。

本判決は、この考え方を一般論として否定した（審決集 930 頁）。LRA が少しでも存在すれば必ず違反である、とするのでなく、幅をもたせた枠組みを採る、という一般論である。

なお、本判決は、手段の正当性を判断するに際し、豊北町は地方公共団体であって町議会での意思決定に民主的統制が及んでいること、原告タクシー会社への説明や協議を重ねていること、原告タクシー会社を廃業に追い込む程度の廉売ではないこと、などの諸点を考慮している点でも注目される（審決集 930 〜 932 頁）。

> 公取委審判審決平成18年3月8日・平成15年（判）第11号
> 審決集52巻277頁
> 〔松下電器産業交通弱者感応化等工事〕

1 事例の概要

本件は、入札談合を行ったとされた8社のうち7社が勧告審決を受け（公取委勧告審決平成15年3月28日）、松下電器産業（以下「松下」という）のみが争って本審判審決により排除措置命令を受けたという事件である。

本審決で「特定交通弱者感応化等工事」と呼ばれるものは、少なくとも、①付加装置工事を必要とする工事、②付加装置工事を必要としないプロ多信号機工事（本審決のいう「プロ多信号機物件」）、③付加装置工事を必要としない集中信号機工事（本審決のいう「集中信号機物件」）、の3種類に分けられる（本審決でのこれらの用語定義等については、審決集282～285頁）。以下では、議論の単純化のため、プロ多信号機物件と集中信号機物件のみに言及する。

警視庁が発注する特定交通弱者感応化等工事の全体について、平成13年12月までは、三工社、システム電機、京三、小糸の4社が個別調整を行ってきたが、年度末で大量の発注が必要となった平成14年1月以降は、日信、松下、住友、オムロンの4社が加わった。8社全てがプロ多信号機工事と集中信号機工事の両方をする能力をもつわけではなく、例えば松下は集中信号機工事しかすることができない。

警視庁は、平成13年12月までは、プロ多信号機工事と集中信号機工事を同一物件中に混在させて入札に付していたが、平成14年1月以降、プロ多信号機物件と集中信号機物件を明確に分離して物件を構成し、入札に付した。

松下は、警視庁発注特定交通弱者感応化等工事の全体が単一の一定の取引

分野とされた点を争った（他の争点は省略）。すなわち、図において点線の一定の取引分野は成立しないというのが松下の主張である。

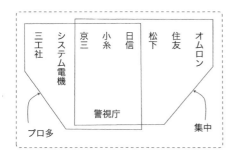

本審決は、点線のような単一の一定の取引分野の成立を認めた。それを理由づけるにあたり、プロ多信号機工事と集中信号機工事との間に代替性がないことや、警視庁によって指名される供給者の範囲にも違いがあることを認めたうえで、しかし、8社は各グループが分担して個別調整を行っていると認識していたことなどを挙げ、さらに次のように述べた。「商品又は役務の内容は、一定の取引分野を画定する上で重要な要素ではあるが、単一の商品又は役務のみを対象として取引分野を画定すべき必然性はなく、違反行為の実態に応じて複数の商品又は役務を併せた取引分野を画定することを妨げるものではない」。また、「不当な取引制限の行為要件としての事業活動の拘束は、違反行為に参加している各事業者が違反行為の対象となる取引すべてに参加し得ることまでを必要としないと解すべきである」とも述べている（以上、審決集321頁）。

2　一定の取引分野

　一定の取引分野という概念については種々の議論があるが、しかしほとんどのものは、代替性のある商品役務がひとつの一定の取引分野を構成する、言い換えれば、ひとつの一定の取引分野のなかの複数の供給者は相互に競争関係にある、ということを当然の前提としてきた。これをさらに言い換えると、一定の取引分野とは2条4項にいう競争が行われる場である、ということである。2条4項は、代表的な1号を見ると、同一の需要者に対して同種または類似の商品役務を供給しようとすることを競争と呼んでいる。代替的でない商品役務は同種または類似の商品役務ではない。αについては供給者A～Eが、βについては供給者C～Hが、それぞれ需要者にとっての選択

肢となるという場合、αとβを同種または類似の役務とは言わないであろう。

　全ての一定の取引分野は2条4項にいう競争が行われる場である、ということは、多くの審決においても前提とされてきた。それを明言するものもある（公取委審判審決平成15年6月27日〔区分機類談合排除措置〕（審決集50巻80～81頁））。暗黙の前提としてきた数多くのなかから具体例を挙げるなら、例えば防衛庁発注石油製品談合事件では、一体として行われたため1件の審決とされている事件において、「油種ごと」に一定の取引分野が画定されている（公取委勧告審決平成11年12月20日。刑事事件である東京高判平成16年3月24日も同様）。本審決後の別の審決でも、被審人の主張を退ける根拠として、供給者の範囲が異なるものを別々の一定の取引分野として画定している（公取委審判審決平成18年4月26日〔長谷川土木工業土木工事〕（審決集53巻62頁））。

　本審決は、複数の商品役務が混在する一定の取引分野というものを観念し得る、としている点で、以上のような考え方では説明できない領域に踏み出たものである。

　しかし、この考え方には疑問がある。まず、これまでの前提を覆すものであり、少なくとも、区分機類審決が明示的に述べたこととは両立しない。また、複数の商品役務が混在する一定の取引分野には複数の競争が混在することになるが、それぞれがどの程度まで制限されたら「全体の取引分野に競争制限効果の及ぶ」（本審決理由1が審決案を補強するため付加した文言（審決集52巻278頁））状態がもたらされたと言えるのであろうか。

　本審決は、入札談合や価格協定が原則違反とされるために相応の法律論がされてこなかったことがもたらした徒花である。入札談合や価格協定などのいわゆる「ハードコアカルテル」における市場画定をめぐっては、その拘束の対象となった商品役務の範囲が一定の取引分野である、と言われてきた（鈴木満・中国塗料審決評釈・平成8年度重要判例解説（ジュリスト1113号、平成9年）、栗田誠『実務研究競争法』（商事法務、平成16年）20～23頁）。しかしそれは、実効性のない共同行為はすぐに崩壊してしまうであろうから、商品役務γについて実効性のある共同行為が行われたということはそれを脅かす代替性ある他の商品役務δなど存在せずγだけで一定の取引分野が画定さ

れるということだ、という思考過程に基づくものであった（例えば、今村成和『独占禁止法入門〔第4版〕』（有斐閣、平成5年）69頁、栗田・前掲22〜23頁）。そうであるとすれば、代替性のある商品役務のみで一定の取引分野が画定されることは当然の前提となるはずである。本審決は、その思考過程から遊離し、拘束の対象が一定の取引分野であるという結論部分のみを取り出して、代替性のないものを一括した共同行為があった場合でもそれを単一の一定の取引分野としたものである。

　まさに原則違反の行為態様が問題となっているため、そのような運用が争われることはこれまでほとんどなかった。一定の取引分野を細分化しても、そこでの行為がやはり不当な取引制限にあたることは通常は確かだからである（本件で松下がなぜ争ったのか、想像すればいくつかのものが浮かぶが、ここでは措く）。

　しかし、平成17年改正によって課徴金減免制度が導入され、何をもって1個の不当な取引制限とするかが重大な意味を持つことになったので、本審決のような運用の是非を論ずる実益も極めて大きなものとなった（初期の実例として、集公取委命令平成19年3月8日〔水門談合〕）。

3　相互拘束

(1)　異なる内容による拘束

　本審決は、相互拘束の概念をめぐっても論評すべき判示をしている（前記1末尾）。つまり、松下などは集中信号機物件だけについて、三工社などはプロ多信号機物件だけについて、京三などは両方について、という拘束を受ける場合でも相互拘束と呼んでよい、という判示である。

　これも、従来の議論の前提から踏み出たものである。

　これまでも、競争関係にある者同士によるものでなければ相互拘束とは呼ばない、同一内容の拘束を受けるのでなければ相互拘束と呼ばない、という論に対しては、有力な批判が加えられてきた（本書62〜64頁、166〜167頁）。

　しかしそれらは、異なる内容の拘束が相俟って1つの競争（2条4項の意

味でのそれ）に関する競争の実質的制限をもたらす、という場合を想定して論ぜられてきたものであると思われる。別個の内容の拘束を受けた各参加者がそれぞれ別個の競争に与えた影響を一括してひとまとめとする、という論法は、少なくとも私は、想像したことがなかった。

(2)　不当な取引制限の終了

ついでながら、相互拘束に関連して、本審決と同日の別件審決にも興味深い判示がある（公取委審判審決平成18年3月8日〔松下電器産業交通信号機等工事〕）。

こちらの事件でも松下のみが争ったのであるが、不当な取引制限の終了時期がひとつの争点となった。

審決は、「不当な取引制限は、複数の事業者がその事業活動を相互に拘束することを要素とするものであるから、違反事業者において相互拘束から離脱する行為があったと認めるためには、他の事業者に対して離脱の意思が明確に認識されるような意思表示又は行動が必要である」と述べた（審決集271頁）。

相手方の認識を必要とするこの解釈は、必要とする程度の差はあれ、既に東京高裁判決によって採られていたものではあるが（東京高判平成15年3月7日〔岡崎管工排除措置〕（審決集49巻630頁））、そのなかでの本審決の特色の1つは、上記引用のとおり、理由づけとして相互拘束の要件を明示した点にある。これと同様の考え方は、その後の審決においても踏襲されている（公取委審判審決平成21年9月16日〔鋼橋上部工事談合排除措置新日本製鐵等〕（審決案61〜62頁））。

しかし、理由がそこにあるのなら、従来の解釈は説得力を失う。たしかに、不公正な取引方法における垂直的拘束のような一方通行の拘束であれば、相手方がどのように受け止めているかということが重要な意味を持つかもしれない（㊀公取委審判審決平成13年8月1日〔SCE〕（審決集48巻48〜49頁））。しかし、不当な取引制限における相互拘束の概念においては、相手方が拘束されていても、自分が拘束から離脱すると決心しそれを実行すれば、相互ではないことになるのではなかろうか。

公取委審判審決平成 18 年 3 月 8 日〔松下電器産業交通弱者感応化等工事〕

　以上のような考え方が容易に受け入れられない背景には、違反行為が終了するということは違反要件のいずれかが満たされなくなることである、という、論理的には当然の事柄が忘却され、「違反行為の終了」なる根拠不明の別個独立の要件論が発生してしまっているという現象を指摘することができよう。条文上は、どこにも根拠がないように思われる（同旨の指摘として、志田至朗・鋼橋上部工事談合審決評釈・ジュリスト 1390 号（平成 21 年）97 頁）。

公取委命令平成 18 年 5 月 22 日〔日産化学工業〕

公取委命令平成18年 5 月22日・平成18年（措）第 4 号
審決集53巻869頁
〔日産化学工業〕

1 事例の概要

日産化学工業は、米国のモンサント・カンパニーが製造販売する「ラウンドアップハイロード」と称する茎葉処理除草剤を一手に輸入し、幹事卸と称する一次卸売業者に供給している。幹事卸は、直接、または、二次卸売業者を通じて、ホームセンターに供給している。

日産化学工業は、種々の方法によって、ホームセンターが一般消費者に販売する小売価格を拘束した。公取委は、これが昭和 57 年一般指定 12 項 1 号・2 号（平成 21 年改正後の 2 条 9 項 4 号イ・ロに相当）に該当するとして排除措置命令を行った。

2 相手方

(1) 問題の所在

平成 21 年改正後の 2 条 9 項 4 号は、「相手方」を拘束することを要件としている。昭和 57 年一般指定 12 項も、同様であった。この「相手方」は、少なくとも本件当時は取引の相手方であると解された（昭和 57 年一般指定 12 項は平成 21 年改正前 2 条 9 項 4 号（改正後の 2 条 9 項 6 号ニと同等）の縛りのもとにあった）。また、平成 21 年改正後も同様の解釈がされる可能性が高い（平成 21 年改正後の、昭和 57 年一般指定 12 項の後身である 2 条 9 項 4 号が 2 条 9

235

項6号ニの縛りのもとにない状況においては、論理的には別の解釈もあり得るが、2条9項4号の条文をそこまで読み込めるかどうかについてはなお疑問の余地がある。以下では、そのような別の解釈を採らないことを一応の前提として論ずる)。

そうしたところ、実際の事案には、形式的には取引相手方ではない者を拘束する行為が登場する。メーカーが卸売業者の頭越しに小売業者を拘束する行為は、2条9項4号イ=昭和57年一般指定12項1号に類似するが形式的には該当しないことになる。メーカーが一次卸売業者の頭越しに二次卸売業者を拘束して小売業者の価格を拘束させる行為は、2条9項4号ロ=昭和57年一般指定12項2号に類似するが形式的には該当しないことになる。一般指定12項=昭和57年一般指定13項も、取引の相手方を拘束することを要件としているので(親条文である2条9項6号ニも同様)、これにもやはり形式的には該当しないことになる。

本件も、そのような問題を避けて通ることのできない事案であった(甲田健・本命令解説・公正取引673号(平成18年)72頁が、命令書理由の複雑な記述を正確に整理し解説している)。

(2) 諸事例と本命令

本命令それ自身は、頭越しの拘束を昭和57年一般指定12項該当とすることについて明示的な理由を示してはいない。過去の同種事例もそうであった(公取委勧告審決平成9年4月25日〔ハーゲンダッツジャパン〕、公取委勧告審決平成16年6月14日〔グリーングループ〕)。本命令の担当審査官解説は、「取引等の実態を考慮しつつ、また、これまでの事例での法適用を踏まえて」本命令がされた、と述べている(甲田・前掲72頁)。「取引等の実態」という極めて抽象的な表現ながら、ここでは理由づけが示された。

(3) そもそも論

以上のような議論については、以下のような諸点を指摘できる。

第1に、上記のような行為は、かりに不公正な取引方法の行為要件を満たさないとしても、私的独占の行為要件を満たす。私的独占を定義する2条5項が、「他の事業者の事業活動を……支配する」としか規定していないから

公取委命令平成 18 年 5 月 22 日〔日産化学工業〕

である。

　第 2 に、上記の指摘からさらに何歩も距離を置いて立法論を述べるならば、拘束者と被拘束者との間に取引関係がなければならないとする 2 条 9 項 4 号等の行為要件は、問題の本質とは何ら関係がないのではないか、という点を指摘することができる。公取委が、本命令を含め、暗黙のうちに実質論を優先した運用をしているのは、まさに、2 条 9 項 4 号等の行為要件が問題の本質とは関係がないことを傍証している。私的独占の行為要件と同様に、拘束者と被拘束者との間の取引関係を求めず、単に他の事業者を拘束することを要件とするよう改正すればよいだけのことであろう。なお、後年、取引関係のない者に対する価格拘束の事例が現れており、以上のような問題意識が現実離れしたものではないことが明らかとなった。公取委は支配型私的独占として処理している（集公取委命令平成 27 年 1 月 16 日〔福井県経済農業協同組合連合会〕）。

　以上のような指摘に対しては、世界的に著名な「垂直的制限（vertical restraint）」という枠組みは拘束者と被拘束者との間に取引関係（＝垂直的関係）があることを前提としたものだ、などといった趣旨の反応が起こるかもしれない。しかし、実際の公取委実務が舶来の既製服に呻吟しているのだという現実を直視する必要があろう。想像するに、欧米において本件と同種の事案が登場すれば、欧米の関係者は、「垂直的制限」は教科書上の分類に過ぎず法律上の要件ではない、と割り切って動くのではないかと思われる。EU の 2010 年垂直的制限一括適用除外規則において垂直的制限が明文で定義されているが、そこでは、取引関係にある者の間の制限でなく、取引段階の異なる者の間の制限であると定義している（1 条 1 項(a)(b)）。

3　弊害要件

(1)　再販売価格拘束における反競争性の成否

　公取委が取り上げた再販売価格拘束の正式事件においては常態となっていることであるが、本命令においても、ラウンドアップハイロードには差別化

された強い需要がある、との認定がある。すなわち、ラウンドアップハイロードは、他の茎葉処理除草剤に比して知名度が高く、一般消費者のなかには、ラウンドアップハイロードを指名して購入する者が少なくないため、ホームセンターにとって、品揃えをしておくことが不可欠な商品である、とされている（審決集870頁）。和光堂最高裁判決が行為者の商品役務への強い需要に触れたうえで結論に至ったことに、配慮しているのが一因ではないかと思われる（集最判昭和50年7月10日〔和光堂〕）。

さらに担当審査官解説によれば、本件ではホームセンターに対する拘束のみが認定されており、農協や農薬小売店などに対する拘束は認定されていないが、一般消費者はホームセンターで購入することが多く、また、ホームセンターは薄利多売をするから（農協や農薬小売店は安売りをしない、との意か）、ホームセンターを拘束すれば「当該商品の価格の維持はおおむね達成されていたのではないかと考えられる」としている（甲田・前掲71頁）。ラウンドアップハイロードの知名度が高く需要者が指名買いする等という事情が、他のブランドが牽制力とならないことを示しているのに対し、担当審査官解説が指摘する上記の事情は、ホームセンターを経由しないラウンドアップハイロードが牽制力とならないことを示している、ということになる。担当審査官解説が、「原則違反」と決めつけず、価格維持効果の成否を丁寧に論じている点が、興味深い。

(2) 課徴金賦課の有無の裁量

ただ、以上のように丁寧に認定をするのであれば、逆に、そのような行為は支配型私的独占と紙一重である、ということにもなろう。他のブランドも、他の流通経路の同一ブランドも、いずれも牽制力とならないのなら、本件では競争の実質的制限が成立したのではないか、という疑問が湧いてくる。

本命令は、既に終了した違反行為に対するものでなく、進行中の違反行為に対するものである（「法令の適用」欄が20条2項でなく20条1項を掲げている）。そして本命令は、平成18年5月22日、すなわち、支配型私的独占を課徴金対象とする平成17年改正の施行日である平成18年1月4日より後にされている。つまり本件は、かりに支配型私的独占と構成したならば、裾切

り額を下回らない限り、課徴金納付命令がされ得る事件であった。

　現行の課徴金制度は公取委に裁量の余地を認めていない、と教科書的には言われるが、公取委は、当該事件を正式事件として取り上げない「裁量」や、課徴金対象でない違反類型によって立件する「裁量」を、好むと好まざるとにかかわらず、持っている。平成17年改正前から既に、価格協定を現在の8条1号でなく現在の8条4号によって立件して課徴金対象外とする「裁量」の余地がある。本件は、それ以外の場合にも同様のことが起こり得るという一般的事実に気づかせる事例であった。排除型私的独占や不公正な取引方法に複雑な課徴金制度を導入した平成21年改正後はますますこの傾向が強まると思われ、本件から学ぶべき点は多い（課徴金導入後に支配型私的独占を適用した集公取委命令平成27年1月16日〔福井県経済農業協同組合連合会〕は、取引関係にない者に対する支配であるために課徴金を課しておらず、以上のような分析に矛盾しない事例である）。

公取委審判審決平成18年6月5日・平成12年（判）第8号
審決集53巻195頁
〔ニプロ〕

1 事例の概要

　アンプルは、注射液等の容器として使用されるものであり、生地管と呼ばれるものを加工して製造される。アンプル加工業者は、生地管を購入し、これを加工して、製薬会社に販売する。

　日本で唯一の生地管製造業者である日本電気硝子の生地管は、製薬会社に支持されており、製薬会社は輸入生地管を使用したアンプルに切り替えるのに慎重であるため、アンプル加工業者は、日本電気硝子製の生地管を欠かすことができない状況にある（審決案11頁）。

　日本電気硝子は、自社の生地管を、西日本地区に本店を置くアンプル加工業者に対してはニプロ（被審人）のみに、東日本地区に本店を置くアンプル加工業者に対しては前田硝子のみに、それぞれ販売させている。

　西日本地区に本店を置くナイガイは、アンプル加工業者である内外硝子工業の完全子会社として設立され、ニプロから購入した日本電気硝子製生地管を内外硝子工業に供給している。ナイガイと内外硝子工業は事実上一体として、生地管を仕入れてアンプルを製造販売している、という関係にある（本審決は両者をあわせて「ナイガイグルー

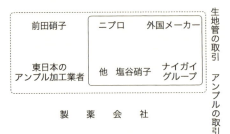

プ」と呼んでいる）。

ナイガイは、平成4年秋ころから本格的に生地管の輸入を開始した。

ニプロは、次の4つの行為を行った。①ナイガイに対し、平成7年4月1日以降、他のアンプル加工業者に比し最も高い価格への引上げを申し入れ、当該価格による請求を継続した。②平成8年2月ころから、他のアンプル加工業者である塩谷硝子に対し総販売原価を下回り仕入価格に近い価格で生地管を販売した。③平成9年8月1日ころ以降、輸入生地管と同品種である2品種の生地管についてナイガイからの受注を拒絶した。④平成11年3月23日以降、ナイガイに担保の差入れまたは現金取引を求めることによって①をさらに強化した。

公取委は、ニプロ（当時はニッショー）に対しての勧告を行ったが（平成12年2月15日）、応諾がなかったため、審判開始決定を行った（平成12年3月17日）。そこでは、①～④という一連の行為がナイガイグループの事業活動を排除することによって競争の実質的制限をもたらす私的独占に該当するとされた（審決集46巻466頁）。

本審決は、②を除外し、①・③・④が一体として私的独占に該当するとした。ただ、「特に必要があると認めるとき」（平成17年改正前の54条2項。改正後は改正前から存在した7条2項に集約されている）に該当しないとして、平成17年改正前の54条3項に基づく違反宣言審決にとどめた。

なお、ナイガイは、本件で公取委が立入検査をする前から、①にかかわらず価格引上分については債務が存在しない旨の確認を求める訴えを提起していた。そのなかには、本件の価格引上げの申入れは独禁法に違反するからナイガイに債務を発生させない、という趣旨の主張を含んでいた。裁判所は、独禁法問題に触れることなくナイガイを勝訴させている（大阪地判平成11年3月29日、大阪高判平成13年12月21日。これらの途中経過について、白石忠志「函館新聞とアンプル生地管」法学教室244号（平成13年）90～93頁）。

2　排除行為・検討対象市場

本審決で、私的独占を定義する2条5項の条文上の要件としての「〔他の

事業者の事業活動の〕排除」に該当するとされたのは何か。

「排除行為該当性」と題する部分（審決案 86 ～ 87 頁）を見ると、その後半では、第 1 に、ナイガイグループを害する側面が「排除」に該当し、第 2 に、それと、他のアンプル加工業者を萎縮させることと、によりニプロの競争者を害する側面が「排除」に該当すると述べている（審決案 88 頁も同様）。「排除行為該当性」と題する部分の前半は、特に上記第 2 のほうに重点が置かれている。

それに対し、「法令の適用」欄では、ナイガイグループを害する側面については「事業活動を排除」と表現され、他方、競争者である外国の生地管製造業者を害する側面については単に「排除」と表現されており、「事業活動を」がない。「法令の適用」欄が、主文と並び、特に注意深く記述されるはずであることに鑑みれば、「事業活動を」の有無には一定の意味があると受け止めるべきであろう。2 条 5 項が条文上の要件として「他の事業者の事業活動を排除」と規定していることをあわせ考えると、「法令の適用」欄では、ナイガイグループの「排除」のみが条文上の要件としての「排除」であり、ニプロの競争者の「排除」は競争の実質的制限の認定のひとつの要素として掲げられているにとどまる、と読むことになる。

以上のことは、次のように理解することができるのではないか。本件では、審判開始決定の「法令の適用」欄が、ナイガイグループを害する側面のみを「排除」と呼んでいた。生地管市場を検討対象市場としながら、そこでの供給者ではなく需要者であるナイガイグループの「排除」を問題にする、という、やや筋の悪い論法である。審判開始決定と同様に生地管市場を検討対象市場とする本審決は、本音では、ナイガイグループの排除という審判開始決定の法律構成は筋が悪いと考えて「排除行為該当性」の部分でそれを修正し、建前ではしかし、審判開始決定とは異なる法律構成を採ると本審決に手続的な瑕疵を発生させニプロ側に新たな防御手段を与える可能性があるため（本件では審判開始決定から審決まで 6 年以上を要しており、ニプロ側がありとあらゆる防御方法を講じてきたことが推測される）、審判開始決定との異同をまず第一に比較される「法令の適用」欄では審判開始決定の論理構成に合わせておく、という形で 2 つの顔を使い分けたのではないかと私は受け止めている。

検討対象市場での供給者ではない者の排除を2条5項の条文上の「排除」
とした事例は他に見あたらず、本審決も、「法令の適用」欄は別として、実
質的な理由を述べた「排除行為該当性」の部分ではやはり検討対象市場の供
給者の排除を2条5項の条文上の「排除」としている。先例とは異なる領域
を本審決が開拓した、と位置づけるには、多大の留保を要する。

なお、以上のことを論ずるに際しては、「排除者と被排除者との間に競争
関係が必要か」という論点と、「被排除者が検討対象市場の供給者であるこ
とは必要か」という論点とを、明確に区別しなければならない。確かに、排
除者と被排除者との間に競争関係のない先例は、医療食審決（集公取委勧告
審決平成8年5月8日）における日本医療食協会とメディカルナックスなど、
いくつも存在する。しかし、メディカルナックスなど、排除者と競争関係に
ない被排除者は、検討対象市場での供給者ではある。排除者の側が検討対象
市場の供給者でなかったに過ぎない。

3　市場画定

本件の検討対象市場の地理的範囲は西日本地区に限定されず世界市場が成
立する、というニプロの主張は、退けられた（審決案87頁）。本審決は種々
のことを述べているが、結局、本件検討対象市場では、供給者は世界全体に
存在するが、需要者は西日本のみに存在する、ということであろう。西日本
のアンプル加工業者にとって実際上、前田硝子が供給者としての選択肢とな
らないのであるとすれば、この認定は当然である。独禁法上の市場には供給
者と需要者の2つの層があるということすら十分には自覚されていないこと
が多いが、本審決は、「被審人及び外国の生地管製造業者を供給者とし、西
日本地区に本店を置くアンプル加工業者を需要者とする」という表現を用い
ている。

いわゆる市場分割事件においては、分割前の全体市場（本件の場合は前記
1の図の点線）を検討対象市場とした事例と、分割後の部分市場（前記1の図
の実線）を検討対象市場とした事例とが、いずれも存在する。日清医療食品
とメディカルナックスの市場分割が協定されていた医療食審決では全体市場

である全国市場が検討対象市場とされた（**集**公取委勧告審決平成 8 年 5 月 8 日〔医療食〕）。日本電気硝子により西日本と東日本に市場分割されていた本審決では部分市場である西日本市場が検討対象市場とされた。日本を含む各国の供給者の間で国際市場分割がされていたマリンホース命令では、需要者のうち日本に所在する需要者のみが含まれる部分市場が検討対象市場とされた（**集**公取委命令平成 20 年 2 月 20 日〔マリンホース〕）。

これらの事例は相互に矛盾しない。全体市場も部分市場も、いずれも独禁法上の市場として成立しているのであり、あとは、当該事件処理手続において市場分割そのものをも問題としているのか（医療食審決）、市場分割は所与の前提とし問題としていないのか（本審決）、国際事件であるという制約のため市場分割のうち一部分のみを問題とせざるを得ないのか（マリンホース命令）、に応じて検討対象市場が選ばれたもの、と理解することができる（日本電気硝子による市場分割に対しては、本件勧告と同日に警告がされているが、本件そのものでは所与の前提とされている）。

4 不公正な取引方法

本件審判手続において審査官は、ニプロの一連の行為が昭和 57 年一般指定 13 項（平成 21 年改正後の一般指定 12 項と同等）に該当するという、審判開始決定書には含まれていなかった予備的主張を追加している（審判案 52 頁）。

本審決が、①・③・④が私的独占にいう 1 個の排除行為に該当するとして競争の実質的制限を認定した以上、①・③・④が昭和 57 年一般指定 13 項にいう 1 個の拘束行為に該当するとして公正競争阻害性を認定することも、できたはずである。本審決は、結論として私的独占としての立論が可能であると考えたから不公正な取引方法としての立論には触れずに済ませたというものであり、結論それ自体は不当ではない。しかし、法律上特段の実益もないのに審判開始決定において不公正な取引方法でなく私的独占を適用法条としたことが、審決まで 6 年以上を要したことの原因のひとつではなかったのかどうか、という、過程に対する疑念は残る。

244

5 独禁法25条訴訟

違反宣言審決が確定したため、その後、ナイガイによって独禁法25条による損害賠償請求が提起された（違反宣言審決であっても、平成17年改正前26条により25条訴訟の訴訟要件は満たした）。損害額等に関する興味深い議論のすえ、請求の一部が認容されている（東京高判平成24年12月21日〔ナイガイ対ニプロ〕）。その内容については、他の文献に譲る（例えば、滝澤紗矢子・公正取引761号（平成26年））。

知財高判平成 18 年 7 月 20 日〔日之出水道機器対六寶産業〕

知財高判平成18年 7 月20日・平成18年（ネ）第10015号
D1-Law 登載
〔日之出水道機器対六寶産業〕

---

1 事例の概要

　日之出水道機器（原告・被控訴人。以下「日之出」という）は、公共下水道用鉄蓋（マンホールの蓋）に関連する本件特許権等を保有している。本件で問題となった福岡市、北九州市、直方市、甘木市および吉井町がそれぞれ発注する鉄蓋については、日之出の本件特許権等を実施した日之出型鉄蓋が仕様として採用されている。

　日之出は、各自治体においてそのような指定を受けるにあたり、各自治体における認定業者に本件特許権等の実施許諾をする旨を約束していた。

　そこで日之出は、本件特許権等の実施許諾について次のような仕組みを採用した。まず、各自治体における 1 年間の鉄蓋の総需要数を推定し、その75％を当該自治体における日之出以外の認定業者数で均等割した数量を基準として各認定業者に無償で実施許諾した。そして、各認定業者がそれを超える数量を販売したい場合には超過数量相当の製品の製造を日之出に委託するものとすることにより、本件特許権等の実施料として受託製造による利益相当額を取得することとした。

　そのような契約を日之出と締結していたライセンシーのうち六寶産業（被告・控訴人）が、超過数量相当分を日之出に製造委託しなかったので、債務不履行による損害賠償を日之出が請求した。六寶産業は、日之出の行為が独禁法に違反するので関係契約条項は無効であるなどとして争った。

　1 審判決は日之出の請求を認容した（大阪地判平成 18 年 1 月 16 日）。六寶

産業が控訴したのが本件である。本判決は、控訴を棄却した。

2 独禁法 21 条の解釈

　本判決は、「〔独禁法 21 条〕の趣旨は、特許権は、業としての特許発明の実施の独占権であり（特許法 68 条）、実用新案権、意匠権等もこれと同様の実施の独占権であること（実用新案法 16 条、意匠法 23 条等）から、特許権等の権利行使と認められる場合には、独占禁止法を適用しないことを確認的に規定したものであって、発明、考案、意匠の創作を奨励し、産業の発達に寄与することを目的（特許法 1 条、実用新案法 1 条、意匠法 1 条）とする特許制度等の趣旨を逸脱し、又は上記目的に反するような不当な権利行使については、独占禁止法の適用が除外されるものではないと解される」と述べた（事実及び理由第 3 の 1 ⑵が 1 審判決判示と差し替えた判示内の⑵ア）。ここで知的財産法のうち特許法、実用新案法および意匠法のみが言及を受けているのは、本件に登場した日之出の知的財産権がそれら 3 種類に限定されていたからであるに過ぎないものと思われる。

　本判決の上記判示は、本判決当時において通用していた公取委の特許ノウハウガイドライン（公正取引委員会「特許・ノウハウライセンス契約に関する独占禁止法上の指針」（平成 11 年 7 月 30 日）第 2 の 2）とほぼ同様の言い回しを用いたものである。その考え方は平成 19 年の知的財産ガイドラインにおいても踏襲されており、「権利の行使とみられる行為であっても、行為の目的、態様、競争に与える影響の大きさも勘案した上で、事業者に創意工夫を発揮させ、技術の活用を図るという、知的財産制度の趣旨を逸脱し、又は同制度の目的に反すると認められる場合は、上記第 21 条に規定される『権利の行使と認められる行為』とは評価できず、独占禁止法が適用される」とされている（知的財産ガイドライン第 2 の 1）。

　本判決は、本件における日之出の行為のように、無償実施数量の上限を定めて超過分について製造委託を義務づけるという仕組みを採ることそれ自体は「何ら不合理なものとはいえず」、当該上限数量を、各自治体における推定需要数を認定業者数で均等割して算出することも「それ自体特段不合理な

知財高判平成 18 年 7 月 20 日〔日之出水道機器対六寶産業〕

ものとはいえない」とした（前掲の差替え判示内の(2)ア）。これは、知的財産
ガイドラインの言葉を用いれば、本件におけるライセンス契約内容が「権利
の行使とみられる行為」に該当する、ということを述べたものと位置づける
ことができる。最高数量制限という行為は、制限された最高数量を超える部
分はライセンス拒絶をするというのと同等なのであって「権利の行使とみら
れる行為」に該当する、というのは縷々論ずるまでもない通常の感覚であろ
うと思われる。しかも本件ライセンス契約内容は、最高数量以下は無償であ
り最高数量を超える部分も禁止されるわけではなく有償許諾が行われる、と
いう意味で、通常の議論において想起される最高数量制限よりも形式的には
緩いものである。

　ともあれ本判決はそのうえで、「もっとも、被控訴人は、上下水道用の人
孔鉄蓋について日之出型鉄蓋を仕様として指定している各自治体においては、
本件特許権等の実施許諾を通じてその市場を支配し得る地位にあることから
すると、被控訴人がその支配的地位を背景に許諾数量の制限を通じて市場に
おける実質的な需給調整を行うなどしている場合には、その具体的事情によ
っては、特許権等の不当な権利行使として、許諾数量制限について独占禁止
法上の問題が生じ得る可能性があるといえる」としている（前掲の差替え判
示内の(2)イ）。これはまさに、知的財産ガイドラインの言葉を用いれば、「競
争に与える影響の大きさも勘案した上で」、「権利の行使とみられる行為」で
あっても「権利の行使と認められる行為」とはしない場合があるという一般
論を示したものであると言える。

3　違反要件の成否

(1)　反競争性

　しかし本判決は、適用除外をはずしたあと本件での違反要件の成否そのも
のを論ずる段階に至って、証拠がないという理由で違反なしとした。つまり、
「可能性」があるから適用除外ははずしたが、「実際に」公正な競争が阻害さ
れるおそれが生じたとは言えなかった、というわけである（引用はいずれも

248

前掲の差替え判示内の(2)イ)。

各自治体の推定需要数が低く見積もられていたという証拠はない、委託製造代金や必須関連部品の価格が不当に高額であったという証拠はない、本件各契約終了後の時期に福岡市の入札で日之出が連続して落札しているという事実だけでは他の認定業者の参入困難を示す証拠とはならない、などとする部分は、結局、本件各契約が実質的に市場全体での数量制限に至っていたと言うには足りないということを示している。その他、日之出が価格調整を行っていることを裏付ける証拠もない、とされている(以上、前掲の差替え判示内の(2)イ、(3))。公取委も、本件等にあらわれた日之出の行為について私的独占の観点から調査したが「疑いを裏付ける事実を認定するに至らなかった」としている(公正取引委員会「日之出水道機器株式会社らに対する独占禁止法違反被疑事件の処理について」(平成18年12月12日)1(2))。

(2) 正当化理由

本件は、おもに反競争性に関係する上記諸点がライセンシーに有利に認定されていたなら、それを超える正当化理由が認められず違反とされる可能性が十分にあった事案であった。なぜなら、本件の背景には、日之出がうまく立ち回って日之出型を各自治体の仕様として採用させたという事情があるようにも見え、他の審決の事案やガイドラインに掲げられた事例を彷彿とさせるからである(集公取委勧告審決平成10年3月31日〔パラマウントベッド〕、知的財産ガイドライン第3の1(1)エの後半)。本件の調査打切りに関する前記(1)の公表文にも、そのようなニュアンスが示されているようにも見える。尤も、本判決は、日之出は無償での実施許諾を各自治体と約束したわけではないと認定するなど(前掲の差替え判示の冒頭)、日之出に有利な要素も掲げている。いずれにしても本判決では、おもに反競争性に関係する上記諸点について証拠がないとされたのであり、反競争性を超える正当化理由の成否に正面から光が当たることはなかった。

知財高判平成 18 年 7 月 20 日〔日之出水道機器対六賓産業〕

4 適用除外の有無と違反要件の成否

　以上の検討を全体として見ると、結局、知的財産が絡む事件においても、独禁法違反要件の成否を淡々と検討すればよく、違反要件を満たす事案では適用除外はないのだ、ということがわかる。なぜなら、違反要件を満たす事案では、競争への影響がないはずはなく、本判決がいう「可能性」があるために適用除外がはずれることは言うに及ばないからである（そのことがさらに明確に観察される事例として、集公取委審判審決平成 21 年 2 月 16 日〔第一興商〕）。

　そうすると、独禁法 21 条の存在意義は、特定の市場での競争に参加するために必須であるわけではない大多数の知的財産権は独禁法の問題を引き起こすことは通常はないことを確認し、知的財産関連事案においては知的創作や努力のためのインセンティブ確保の観点からの正当化理由の成否が特に問題となるということへの注意を喚起する、などといった点にあり、それ以上ではない、と言わざるを得ない。

　ともあれ、知的財産高裁判決が、一般論ではあるとしても、ライセンス拒絶のひとつのバリエーションである最高数量制限（しかも前記 2 で述べたように、通常の議論において想起される最高数量制限よりも形式的には緩いもの）について、単独の権利者が行った場合でも、独禁法違反となる場合があるという一般論を認めたという点は、重要である。その後、標準必須特許をめぐって、特許権の中核であると考えられていた差止請求（ライセンス拒絶）でさえ特許法において常に認められるわけではないことが確認されたが、それは、本判決から 8 年後のことであった（知財高決平成 26 年 5 月 16 日〔サムスン対アップル標準必須特許差止請求Ⅰ〕など）。

＊＊＊＊＊＊＊＊＊＊＊＊＊＊＊＊＊＊＊＊＊＊＊＊＊＊＊＊＊＊＊＊＊＊＊＊＊＊

東京高判平成18年9月7日・平成17年（ネ）第303号
判時1963号64頁
〔教文館〕

＊＊＊＊＊＊＊＊＊＊＊＊＊＊＊＊＊＊＊＊＊＊＊＊＊＊＊＊＊＊＊＊＊＊＊＊＊＊

1 事例の概要

　教文館（被告・被控訴人）は、X（原告・控訴人）の書籍が訴外 A の著作権（訴外 B が相続）を侵害するものであるなどとして、X の書籍を販売する X の取引先等に対し、X の書籍を取り扱わないように要請する等の行為を行った。その後、当該著作権は B から教文館に信託譲渡されている。

　X が教文館を相手取り、X の取引先をして取引拒絶をさせる行為をしないよう求めて、昭和 57 年一般指定 2 項後段（平成 21 年改正後の一般指定 2 項後段と同じ）を根拠に独禁法 24 条に基づく差止請求をしたのが本件である。

2 知的財産権侵害情報の告知流布行為の違法性

⑴　本判決の判示

　本判決は、本件行為には「『公正競争阻害性』がないものというべきであ」るとした（判時 74 頁）。その理由としては種々のことを述べているが、主要な理由として、「被控訴人は、控訴人書籍が〔A の〕書籍の編集著作権を侵害するものであると考えたがゆえに〔本件要請等の〕行為に出たものであり、その行為の目的は社会的に妥当なものとして是認することができ」るという点や、「被控訴人がそのように考えたことには相当の理由があったこと」を挙げている（判時 74 頁）。「相当の理由があった」ことの根拠としては、「た

251

とえ控訴人書籍が〔Aの〕書籍の編集著作権を侵害するものであると断定することはできないとしても、少なくとも被控訴人が控訴人書籍は〔Aの〕書籍の編集著作権を侵害するものであると考えたことには無理からぬ点があったものと認めることができ、そのように信じたことには相当の理由があったものというべきである」としている（判時74頁）。

(2) 主観的要素の法的位置づけ

競争者が知的財産権侵害をしている、との情報を告知流布したが、実は侵害ではなかった、という場合の当該告知流布行為の違法性を考える際、侵害と信じたことに相当の理由があった等の行為者の主観的態様を盛り込むことは、許されるか。

この問題は、主に不正競争防止法の分野で活発に論ぜられている（当時の事例や文献を整理した有益な文献として、畑郁夫＝重冨貴光「不正競争防止法2条1項14号の再検討——近時の東京高裁・地裁の新傾向判決を考える」判タ1214号（平成18年））。つまり、本判決のような考え方の背景には、実際には競争者が侵害していなかった場合でも、行為者の（行為者に有利な）主観的態様を盛り込み、違法性を否定する。知的財産権利者の権利行使を萎縮させないようにすべきである、などといった価値観がある（この立場からの当時の代表的文献として、髙部眞規子「知的財産権を侵害する旨の告知と不正競争行為の成否」ジュリスト1290号（平成17年）、特に95～96頁）。他方、そのような主観的態様があるなら、損害賠償請求の局面で故意過失がないという次元で読み込めばよいのであって、将来に向けての差止請求の局面では読み込む必要がないし文言上の根拠もない、とする有力な反対説がある（代表的文献として、田村善之『不正競争法概説〔第2版〕』（有斐閣、平成15年）446～450頁）。

本判決は、不正競争防止法において主観的態様を考慮しようとする考え方を、独禁法の違反要件論にも及ぼしたもの、ということができる。

以上のように、この問題については、不正競争防止法を主戦場としてさらに議論が展開されるであろうが、本判決を契機として上記文献等を眺めた際、独禁法の分野で客観説を基本と考えてきた私見の立場からは、以下のような感想を持ったので記しておきたい。ここでは、違法性の判断に主観的要素を

東京高判平成 18 年 9 月 7 日〔教文館〕

持ち込まない考え方を「客観説」、持ち込む考え方を「主観説」と呼ぶ。

第 1 に、「新傾向判決」のような主観説を支持する論は、名誉毀損に代表される不法行為法の議論などを参照し、それへの横並びを示唆する（髙部・前掲 95 頁など）。しかし、不法行為法においては、民法 709 条の明文において、主観的要件と客観的要件とが並存しているのであり、そうであるからこそ、両者を融合した総合的考慮が主張され実践されてきた、という背景があるのではないか。ところが、不正競争防止法 3 条の差止請求も、独禁法 24 条の差止請求も、将来に向けたものであり、故意過失などの主観的要件は明文では法定されていない。そのような制度を論ずるのに、主観的要件が明文で法定されている制度における主観・客観の総合考慮論を参照するのは、論理の飛躍ではないか。

第 2 に、主観・客観の総合考慮論は、当該事案での客観的態様だけでは客観的要件を満たさないが行為者の害意は強い、という事案で、両者を総合的に評価して違法性の成立を肯定することを可能としようという考えを、ひとつの背景としているように思われる（畑＝重冨・前掲 14〜15 頁が紹介する詐害行為取消権の議論には、その様相が色濃いように見える）。しかし、そこにおける主観的態様とは、ここで論じているような、行為者にとって有利となるような主観的態様とは全く逆のベクトルを示すものではないだろうか。行為者にとって不利な主観的態様を客観的態様とあわせて総合考慮して違法性の成立を肯定しようとする議論は、違法性の成立を肯定するに十分な客観的態様がある場合であっても行為者にとって有利な主観的態様があれば違法性の成立を否定しようという考え方を、本来、支えはしないように思われる。

その後、独禁法にも関係の深い事案に不正競争防止法を適用した判決において、主観的態様を考慮せずに違反の成否を論じ、損害賠償の局面のみで主観的態様を考慮した判決が現れるなどしている（🔲東京地判平成 27 年 2 月 18 日〔イメーション対ワンブルー〕）。

平成18年度企業結合事例12〔阪急・阪神〕

1　事例の概要

　阪急ホールディングスが阪神電気鉄道の株式の取得を計画した。両者は、梅田〜三宮の区間の鉄道事業において競合関係にある。以下、それぞれ「阪急」「阪神」と呼ぶ。

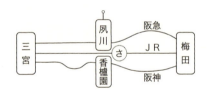

　同区間では、JR西日本も鉄道事業を営んでいる（ただし駅名は「大阪」と「三ノ宮」）。公取委公表文では「A社」と表記されているが、これがJR西日本であることは誰の目にも明らかである。以下、「JR」と呼ぶ。

　公取委は、10条の観点から本件計画を審査し、違反なしとの判断をした。本件株式取得計画は、平成18年10月1日に実行されている（阪急阪神ホールディングスの同年10月2日のプレスリリース）。

2　市場画定

　市場画定について公取委は、次のように述べている。「当事会社間で競合する路線は阪急の神戸本線（梅田〜三宮）と阪神の阪神本線（うち梅田〜三宮）であり、これに〔JR〕の路線（うち大阪〜三ノ宮）も競合しているところ、乗客からみた需要の代替性の観点から、当事会社の競合路線において徒

歩15分以内で乗換え可能な駅を結ぶ乗降区間を『競合区間』とすると、各路線のうちの10区間が競合区間であると認められる。このことから、競合区間のそれぞれにおいて一定の取引分野を画定した」（事例集67頁）。

この文章を合理的に解釈するならば、ここでいう「競合区間」とは、阪急と阪神の駅が近接している地区と、同じように阪急と阪神の駅が近接している別の地区とを、結ぶ区間を指す。阪急と阪神の駅が近接しているならば、阪急の駅にも近く阪神の駅にも近いという地点を出発地とする需要者が一定の数だけ存在すると考えられる。そして、そのことが出発地についてだけでなく到着地についてもやはりあてはまるような需要者が存在して初めて、そのような需要者にとって阪急と阪神のいずれもが選択肢となる。

10の「競合区間」の具体的な固有名詞は明示されていないが、梅田と三宮は、それぞれ、阪急と阪神の駅が近接している地区にあたるから、単純に考えると、近接地区がさらに3地区あれば、「競合区間」すなわち検討対象市場の数は合計10になる。

上記引用部分にはJRに関する記述が混じり込んでいるが、独禁法の観点からの検討対象とするか否かの判断において、近接する阪急・阪神の駅にさらにJRの駅が近接しているか否かは、関係がないはずである。なぜなら、本件における公取委の審査は、阪急と阪神との競争が本件企業結合によって消滅した場合に弊害が生じないかどうかを検討するものだからである。企業結合前に阪急と阪神が競合していさえすれば、「競合区間」とみて検討対象とするに足りる。かりにJRの駅が近接していなければ、企業結合が弊害をもたらす可能性が大きくなるだけである。

例えば、阪急の夙川と阪神の香櫨園は、近接する駅の組み合わせのひとつとされた可能性がある（私が普通の速さで実際に歩いたところ10分40秒であった）。そして、公取委の審査がされたのは本件株式取得が実行された平成18年10月1日より前であると思われるが、その時期には、夙川・香櫨園の両駅に近接するJRの駅は存在しなかった。そうであったとしても、上記のような意味で、「梅田～夙川・香櫨園」や「夙川・香櫨園～三宮」などを「競合区間」として検討対象市場としても、全くおかしくはない。

もちろん、公取委がいう「徒歩15分」がどのような基準によるものであ

るのかは定かではないのであって、私はここで、公取委は「梅田～夙川・香櫨園」などを「競合区間」とした、と確言するつもりはない。公取委の公表資料には、全ての「競合区間」について阪急・阪神・JRの市場シェアを記載した表が掲げられており、JRの駅が近接していないような「競合区間」は存在しなかったかのようでもある。しかしそのデータにどれほどの的確性・信憑性があるのかを検証することもできないのであり、ここでは気にしないこととしたい。以下では、便宜上、「梅田～夙川・香櫨園」などが「競合区間」とされたと仮定して論述を進める。

3 反競争性の成否

公取委は、検討結果をまとめて、最後に次のように述べた。「①(a)輸送余力、スピード、ネットワークともに優れた〔JR〕という有力な競争事業者が存在しており、(b)顧客獲得のために競争的な行動を採っていること、②当事会社における競合区間の輸送人員面、営業収益面における割合が小さく、競合区間に限定した価格設定が行いにくい事情が認められることなどから、③本件結合により、一定の取引分野における競争を実質的に制限することとはならないと判断した」（事例集72頁。①～③や(a)・(b)の記号は白石が付加）。

この文は、以下のように読み解くことができる。

①は、阪急・阪神の企業結合が反競争性をもたらそうとしても、他の供給者すなわちJRによる牽制力が働く、ということを示している。

そのうち(a)はJRの実力を示すものであり、線路が複々線であることによる「輸送余力」などが掲げられている（事例集69頁）。

(b)は、実力のある他の供給者といえども企業結合当事会社と協調的に行動する可能性がある、という一般的懸念を払拭するものである。JRがさまざまな形で競争を仕掛けている例が示され、JRの競争意欲はライバルが1社であるか2社であるかには関係がないと見込まれる旨が述べられている（事例集70頁）。

夙川・香櫨園に近接してJRの新駅が開業予定であるという事実も、この(b)の、協調的行動の可能性を否定する文脈で登場している（この駅は、さく

ら夙川という名称で本件企業結合後の平成19年3月に開業した）。すなわち、本件審査当時においてさくら夙川が開業予定であったという事実は、厳密に言えば、例えば「梅田〜夙川・香櫨園」の市場において反競争性が生じないことの理由づけとしてというよりも、区間の両端において3社全ての駅が近接する市場（例えば「梅田〜三宮」）においてJRが阪急・阪神と協調的行動をとらず活発に競争するであろうことを間接的に窺わせる事情として、登場しているということになる。夙川・香櫨園のようにJRの駅が近接していない地区を一方の端とするような「競合区間」では、JRは競合していないわけであるから、そもそも阪急・阪神とJRとの協調的行動を心配する段階にすらない。もちろん、さくら夙川の開業以後は、「梅田〜夙川・香櫨園」など夙川・香櫨園が絡む市場においてもJRによる牽制力が本格化したであろうし、開業前にも阪急・阪神はこれらの市場において相応の緊張感をもって行動したものと思われる（例えば、さくら夙川の開業に若干先立つ時期から夙川・香櫨園には特急等が停車するようになっている）。しかし、公取委がその点を強調しようとしたのであれば、(b)でなくその前の段階で新駅開業に言及すべきはずであろう。

　ともあれ以上のようなわけで、公取委がいう10の「競合区間」のなかに、少なくとも一方の端においてJRの駅が近接していないようなものがあったと仮定するならば、そのような「競合区間」については、①の段階ではなお、独禁法違反でないことの十分な理由づけは示されていない。

　そのような疑問を最後に払拭するのが、②である。JRによる牽制力の小さい区間だけ値上げするようなインセンティブは阪急・阪神にはない、ということが指摘されている。具体的には、距離に応じた運賃体系が定着している、システムの膨大な変更・改修を伴う、競合区間での輸送人員・営業収益の割合が非常に小さい、などの点が掲げられている（事例集70頁）。

　もちろん、②だけで違反なしとされたわけではない。確かに、JRの駅が近接していない地区を一方の端とする「競合区間」では上記のように①は直接の意味を持たない。しかし、そのような「競合区間」の数が少なく規模も相対的に小さいからこそ、当該「競合区間」での反競争性は②のみをもって否定できたのであろう。全ての「競合区間」について②のみで反競争性を否

定することは、できなかった可能性も十分にある。やはり①が持つ意味は大きかったものと考えられる。

4　最後に再び市場について

　市場画定をめぐる議論は各所で花盛りである。専門的議論が昂じて、独禁法上の市場は独禁法の問題となる行為が行われて初めて成立し画定されるのであるかのように言われる場合さえある。

　しかし、市場というものは、独禁法の問題となる行為の存否などとは関係なく、人々の日々の営みとともに存在していると私は思う。人々のあいだに多様な立場や価値観があることを反映して、この世には無数の市場が存在している。

　独禁法の問題となる行為があって初めて市場が成立するかのように見えるのは、実際には無数に存在する市場を全て相手にしていては時間がいくらあっても足りないので、当面する目的にあわせて検討対象市場を選んでいるからであるに過ぎない。

　中学や高校のころ、夙川べりから梅田や三宮に行こうとして、さて阪神か阪急かと思案したことは何度かあった。近隣にお住まいの方々は、なおさらであったのではないか。友人のなかには、通学手段としていずれかを選べる状態にあった者もいた。阪急と阪神が一体化するなどとは夢にも思わない時代の話である。

東京高判平成19年1月31日〔ウインズ汐留差止請求〕

●●

東京高判平成19年1月31日・平成17年（ネ）第3678号
審決集53巻1046頁
〔ウインズ汐留差止請求〕

1 事例の概要

　日本中央競馬会が運営する場外馬券売場「ウインズ汐留」が入居している本件ビルは、東京都港区の汐留地区西街区に所在する。本件ビルのビル管理業務は、日本中央競馬会の子会社である共栄商事から発注される。日本中央競馬会から㈱汐留（被告・被控訴人）に委託し、㈱汐留から共栄商事に再委託し、共栄商事が、実際にビル管理業務を行う者に再々委託する、という形である。㈱汐留は、地権者の１人であるＹ（被告・被控訴人）が地権者を集めて設立した会社であり、日本中央競馬会は、「賃料額が当初予定していた金額から下がることもあり、賃料を補填する意味で」上記のような再々委託の仕組みを採用した（審決集53巻1053〜1054頁）。そのような事情があるため、「これらの３者の間の委託関係は固定しており、また、共栄商事は、〔㈱汐留〕の指定する業者以外に本件ビル管理業務を〔再々〕委託することは考えられない状況にあった」（審決集53巻1054頁）。

　ビル管理業務は、当初は、共栄商事からユー・エス・システム（原告・控訴人）に再々委託されていた。そうしたところＹは、汐留地区西街区の街区と建物の一元的管理を企図し、ユー・エス・システムの従業員数名に対し、同社を辞めて別会社を設立するよう働きかけ、それらの者らは芝浜管財を設立した。共栄商事は、ユー・エス・システムとの契約を終了させ、芝浜管財にビル管理業務を行わせるようになった。

　ユー・エス・システムが、24条を根拠に、㈱汐留およびその代表者Ｙを

259

相手取って、共栄商事をして取引拒絶をさせないようにとの差止請求をしたのが本件である。

本判決は、請求を棄却した。1審判決（東京地判平成17年6月9日）と主要部において同内容である。

2 市場画定

(1) 原告・控訴人の主張と本判決

ユー・エス・システムは、本件ビルまたは汐留地区西街区内のビルの管理業務だけで、1つの独立した市場が成立すると主張した（以下では、記述の簡素化のため、単に、本件ビルの管理業務だけの市場が成立するという主張、などと呼ぶ）。この主張が認められれば、ユー・エス・システムは自らが市場から排除されていることを裁判所に示しやすくなる。

本判決は、この主張に対する回答として、1審判決の判示をそのまま引用した（審決集53巻1056頁）。以下、分析する。

(2) 不公正な取引方法と市場

不公正な取引方法の事件でも市場を画定すべきことは、1審判決でも述べられていたが（審決集52巻850頁）、本判決は、それを引用し、さらに加えて、次のような判示をした。「控訴人は、独占禁止法24条に基づく差止請求については、市場の画定を要件とすべきではないとか、その主張立証責任を差止請求を求められた側に負わせるべきであると主張する。しかし、独占禁止法は公正かつ自由な競争を促進するために競争を制限ないし阻害する一定の行為及び状態を規制する法律であり、競争が行われる場である市場を画定しない限り、公正競争阻害性の判断は不可能であるから、市場の画定を要件とせずに差止請求を認めるべきであるとの主張は採用できないし、差止請求という重大な結果を招来する請求について、市場の画定の主張立証責任を差止請求を求められた側に負わせるべきであるとの主張も採用できない」（審決集53巻1056頁）。

260

不公正な取引方法の事件でも市場を画定すべきことについては、多数の独禁法関係者が、暗黙のうちには認めながら、それを明確に述べることは多くない。市場画定を「一定の取引分野の画定」と呼んで、その議論が不公正な取引方法にはあてはまらないかのような誤解を読者に与える文献・資料は、多数存在する。本判決が付加した上記一般論は、明確な判示をもって、そのような「通説」に反省を迫っている。

(3)　本判決の市場画定

　本判決は、本件ビルの管理業務だけでは市場は成立しないとした。以下のような理由が掲げられている。第1に、ビル管理業務を行うためには当該ビルで業務を行ったという経験が有益ではあるが、一般的に参入障壁が高い業務とまでは言えない。本件ビルの管理業務を行うために多大の設備投資や特殊なノウハウが必要なわけでもない。第2に、汐留地区のビル管理業者が他地区でビル管理業務を行うこともできる。第3に、日本中央競馬会が入居するビルであるという点に特殊性は認められない（以上、本判決が審決集53巻1056頁で引用する1審判決判示（審決集52巻850～855頁））。

　上記の第1点と第3点は、どちらかというと、本件ビルという需要者からみて選択肢となる供給者の範囲は広い、ということを言おうとしており、第2点は、他地区のビルという需要者からみて選択肢となる供給者の範囲は広く、ユー・エス・システムもそれに含まれる、ということを言おうとしている。つまり、本件ビルという需要者も、他地区のビルという需要者も、等しく同じ、広い範囲の供給者を選択肢としている、ということが示されている。

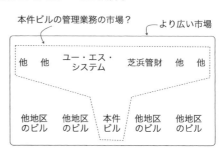

　確かに、選択肢となる供給者の範囲が本件ビルにとっても他地区のビルにとっても同じであれば、本件ビルと他地区のビルとをあわせてひとつの需要者群とする市場を画定できることに疑いはない。需要者として登場する7社にとって選択肢となる供給者の範囲をそれぞれ詳細に認定したうえで同旨を

述べた公取委審決も存在する（公取委審判審決平成19年2月14日〔国家石油備蓄会社発注保全等工事談合〕（審決集53巻713頁））。

以上のようなわけで、本判決は、たぶん、多くの独禁法関係者によって、当然の結論を導いたものと受け止められるであろう。「そんな狭い市場が成立するわけはないでしょう」という雰囲気である。

(4) 一般論との不整合

しかし、本当にそれでよいのであろうか。

まず、独禁法上の市場は重畳的に成立することがある、という理は、疑問なく受け容れられている（例えば、企業結合ガイドライン第2の1）。そうであるとするならば、広い市場が成立するからといって、狭い市場が成立しないということには、ならない。現に、需要者の範囲が広い市場と需要者の範囲が狭い市場とが重畳的に成立する場合に「公正取引委員会としては、その一つを選択して、それに係る違反行為を問擬することができるものである」と述べた審決もある（公取委審判審決平成20年4月16日〔東京都発注下水道ポンプ設備工事談合〕（審決集55巻64頁））。前記(3)の国家石油備蓄会社審判審決も、広い市場が成立する、と述べただけであり、狭い市場は成立しない、とは述べていない。

また、需要者が1人だけの市場など想定し難い、などといった門前払い的な反応は、多数の独禁法関係者の言説にしばしば見られるが、しかし対照的に、需要者が1人だけの市場における入札談合を不当な取引制限とすることに対する異論は、全くと言っていいほど見聞きしないところである。国家石油備蓄会社審判審決は、複数の需要者が存在する市場を検討対象市場としているが、これは入札談合事件としてはむしろ例外であり、需要者が1人だけの市場を検討対象市場として不当な取引制限の成立を認めた入札談合事件のほうが遥かに多いことは、事例を少々集めればわかることである。入札談合のみならず価格協定についても、需要者が1人だけの市場において不当な取引制限が成立するとされた事例がある（公取委命令平成20年12月18日〔ニンテンドーDS用液晶モジュール〕、公取委命令平成20年12月18日〔ニンテンドーDS Lite用液晶モジュール〕、など）。不当な取引制限だけではない。私的

独占事件にも、需要者が1人だけの市場を検討対象市場としたものが存在する（例えば、東京都のみを需要者として支配型私的独占と排除型私的独占のそれぞれの成立を認めた**集**公取委勧告審決平成10年3月31日〔パラマウントベッド〕）。企業結合事例にも、需要者が1人だけの市場を検討対象市場としたものが存在する（例えば、「せんごう塩メーカー」による「特定の有力な事業者」向けの塩について「一定の取引分野を画定」した平成17年度企業結合事例2〔ソルトホールディングス・讃岐塩業〕）。すなわち、需要者が1人だけの市場など想定し難い、という「理論」は、現実に立脚しない括弧つきの「通説・実務」においては根強くとも、現実の実務を説明する道具としては、その通用性を完全に否定されているのである。

　そうすると、かりに、図において点線で描いた本件ビルの管理業務だけの市場の成立を否定したいのであれば（あるいは、当該市場が成立しても弊害要件が満たされないとしたいのであれば）、それは他の理由づけによらなければならない。

(5) 需要者が反競争性の発生を望む場合

　結局、そのような理由づけの最有力候補は、本件におけるユー・エス・システムの排除は需要者たる本件ビル自身が望んで行っていることである、というものであろう（本件の別訴判決である東京地判平成19年7月25日〔ウインズ汐留損害賠償請求〕は、その点を強調している（判タ1277号303頁））。前記**1**で見たように、本件の直接の需要者である共栄商事にとって、㈱汐留の意向どおりにしないことは考えられない状況にある、と本判決は明確に認定している。そして、その㈱汐留が望んで、ユー・エス・システムとの契約を解消し芝浜管財に乗り換えたのである。事業者が自分の望む者から商品役務を買ってよいのは、通常は、当たり前であろう。本判決が本件ビルの管理業務だけの市場の成立を否定した背景には、以上のような事案認識もあったのではないか、とも推測される。

　しかしここでも、この「理論」には重大な反例が存在する。「官製談合」である。「官製談合」は、需要者である官公庁等の側が反競争性の発生を望むことに端を発して起こる現象だとされる。そして、「官製談合」において

供給者の側の行為を不当な取引制限とした事例は、数多く存在する。

それでは、通常の事例と「官製談合」とで結論が正反対となる理由は、結局のところどこに求められるのか。

それは、通常の民間の需要者とは異なり、「官製談合」が問題となるような官公庁という需要者が、その背後に納税者を抱えているからである。だからこそ、需要者が望んで反競争性が発生したのであるにもかかわらず、「官製談合」を独禁法の問題とすることにほとんど疑問が差し挟まれないのであろう。このことをよく示しているのが、エコ・ステーション建設工事の入札談合に関する排除措置命令である（集公取委命令平成19年5月11日）。そこでの需要者すなわちエコ・ステーション設置者は、官公庁ではなく、民間企業であった。そうしたところ、排除措置命令書には、経済産業省から財団法人エコ・ステーション推進協会を経て交付される補助金をエコ・ステーション設置者が受けるためには、エコ・ステーション建設工事を行う事業者の選定にあたり競争入札をすることが条件となっていた、という事実が記載されている（審決集54巻461〜462頁）。公取委が意図したか否かはともかく、この記載は、需要者が民間企業であって、もしかりに反競争性の発生を望んだとしても、事案に補助金が絡み、補助金の背後には納税者が存在するために、独禁法の適用が正当化される、ということを示している。

本件の原告・控訴人であるユー・エス・システム側は、1審において、「日本中央競馬会は、……農林水産大臣を一人株主とする特殊法人であるから、政府又はこれに準ずる公共性の強い組織であり、特定の官公庁における談合の事例にみられるように」、発注者が1人の市場が成立すると考えるべきである、と主張している（審決集52巻842頁）。まさに上記の「納税者理論」であろう。この主張に対する本判決の回答は、完全な肩透かしとなっている（本判決が審決集53巻1056頁で引用する1審判決判示のうち審決集52巻854頁）。

公取委命令平成 19 年 3 月 8 日〔水門談合〕

公取委命令平成19年 3 月 8 日・
平成19年（措）第 2 号・平成19年（納）第 9 号
審決集53巻891頁・974頁
〔水門談合・地整ダム〕

公取委命令平成19年 3 月 8 日・
平成19年（措）第 3 号・平成19年（納）第18号
審決集53巻896頁・977頁
〔水門談合・地整河川〕

公取委命令平成19年 3 月 8 日・
平成19年（措）第 4 号・平成19年（納）第30号
審決集53巻902頁・980頁
〔水門談合・水資源機構ダム〕

公取委命令平成19年 3 月 8 日・
平成19年（措）第 5 号・平成19年（納）第36号
審決集53巻907頁・983頁
〔水門談合・農政局〕

1 事例の概要

ダム用や河川用の水門設備工事について、入札談合が行われた。関係する
発注者すなわち需要者は、国土交通省の各地方整備局（以下「各地整」とい
う）、水資源機構、農林水産省の各地方農政局（以下「各農政局」という）、で
ある。

公取委は、減免制度を用いつつ、本件談合が不当な取引制限にあたるとし
て諸々の命令等を行った。各地整の発注工事はダム用と河川用とに分け、水

265

資源機構をめぐってはダム用のみに言及し、各農政局の発注工事はダム用・河川用などと区別せずまとめて立件して、それぞれを別々の違反行為とし別々の事件とした（以下、「地整ダム事件」、「地整河川事件」、「水資源機構ダム事件」、「農政局事件」という）。

減免制度の適用を受けた事業者名は、公取委ウェブサイトにおいて公表されている（平成19年3月8日の減免対象者公表欄）。地整ダム事件、地整河川事件および水資源機構ダム事件の3事件では、三菱重工業が課徴金を全額免除され、JFEエンジニアリングおよび日立造船が30％の課徴金減額を受けた。農政局事件では、石川島播磨重工業、川崎重工業および栗本鐵工所が、いずれも30％の課徴金減額を受けた。公取委は以上のことしか公表していないが、調査開始日前の第2位の減免申請者に与えられる50％の減額を受けた者がいないことを考えれば、三菱重工業が調査開始日前の最初の減免申請を行い、他の全ての事業者は調査開始日以後の減免申請を行ったものと見るのが、通常の推測であろうと思われる（平成21年改正前の7条の2第7項〜第9項）。

2 市場画定

(1) 問題の所在

減免制度における順位の決定は、違反行為ごとに行われる（当時の7条の2第7項〜第9項（平成21年改正後の7条の2第10項〜第12項に相当）の「当該違反行為をした事業者のうち」の文言）。

そこで、何をもってひとつの違反行為とするか、ということを明らかにする必要が生ずる。ここにおいては、何をもってひとつの市場とするか、すなわち市場画定が重要な問題となる。もちろん、同じ市場のなかで例えば年度ごとに異なる行為が行われていると認定されることは論理的にはあり得るから、市場画定だけでなく行為の画定が問題を左右する場合も想定し得るが、しかし多くの場合は市場画定が争点となると思われる。本件でも、各排除措置命令書の「法令の適用」欄を見れば、事件ごとにそれぞれ異なる市場が画

定されていることがわかる。

そして、そのような市場画定問題は、世界中で論ぜられ日本でもそのまま紹介されているような市場画定論をいくら参照しても、解き明かすことはできない。そのような市場画定論は、多くの場合、需要者にとって選択肢となる供給者の範囲をどう画定するかという点に関心を集中させている（そして、その判断基準として提示されているのがSSNIP基準である）。本件のような場合に問題となるのは、そうではなく、特定の需要者にとって選択肢となる供給者の範囲がどうなるかがわかっていることを前提としたうえで、個々の需要者ごとに別の市場を観念するのか、それとも複数の需要者をまとめてひとつの市場を観念するのか、という点である。

(2) 選択肢となる供給者の範囲が異なる場合

需要者の範囲の画定が比較的簡単なのは、需要者Pにとって選択肢となる供給者の範囲と需要者Qにとって選択肢となる供給者の範囲とが異なっている場合である。この場合には、ほぼ異論なく、需要者Pと需要者Qとで別々の市場を観念することになる。

本件でも、地整河川事件と農政局事件をそれぞれダム事件とは区別して独立の市場としたことは、この考え方で説明できる。

まず、地整河川事件（違反者数23）では、地整ダム事件（違反者数14）や水資源機構ダム事件（違反者数13）で違反者とされたものに9社ほどを加えたものが違反者とされている。つまり、河川用工事を発注する各地整にとっての選択肢は、ダム用工事を発注する各地整や水資源機構にとっての選択肢よりも、かなり広かった。その背景には、ダム用の場合は「当該設備が受ける水圧が高い」（審決集892頁、903頁）のに対し、河川用の場合はそうではない、という点がある。

また、農政局事件（違反者数8）では、地整ダム事件や水資源機構ダム事件で違反者とされたがこの事件では違反者とされていない、という

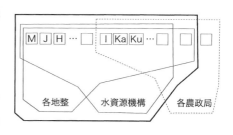

図の簡潔化のため地整河川事件は省略した

ものが多く、需要者にとっての選択肢が独特のものであったことが窺える（農政局事件で画定された市場は、図の点線枠）。

以上のような点は、特に農政局事件では、重要な意味を持ったであろう。農政局事件で減免対象者となった3社は、全て、他の3事件では、違反者とされ、かつ、減免対象者ではない。かりに、他の3事件のいずれかの需要者と各農政局とが一緒になって1個の市場を構成すると公取委が考えたならば、減免対象者の顔ぶれには大きな変動があったものと思われる。

たしかに、審決例のなかには、相互に代替性がなく需要者にとって選択肢となる供給者の範囲も異なるような複数の商品役務を同一の市場に混在させることも許されるとの一般論を述べたものもある（集公取委審判審決平成18年3月8日〔松下電器産業交通弱者感応化等工事〕）。

しかし、本件を含むその後の実務を見ると、同審決の考え方とは異なり、代替性や供給者範囲の異同に着目して市場を分ける方向で推移している（象徴的な一例として、集公取委命令平成19年5月24日〔けい酸カルシウム板〕）。減免制度が適用された事例のなかには、需要者にとって選択肢となる供給者の範囲が異なることなどを理由に市場を分けたために、それだけ多くの違反者からの減免申請が受理され公取委への協力がされたものも存在する（公取委命令平成19年6月29日〔ガス用ポリエチレン管・同継手〕）。

(3) 選択肢となる供給者の範囲がほぼ一致している場合

問題は、需要者Pにとって選択肢となる供給者の範囲と需要者Qにとって選択肢となる供給者の範囲とがほぼ一致している場合である。本件では別々の市場とされた地整ダム事件（違反者数14）と水資源機構ダム事件（違反者数13）の関係は、まさにその例である。13の違反者は一致している。唯一の違いは、地整ダム事件の違反者である豊国工業が水資源機構ダム事件では違反者とされていない点だけである。しかも豊国工業は、地整ダム事件では課徴金納付命令を受けていない。推測の域を出ないが、計算された課徴金額が裾切り額（本件に適用される平成17年改正前の7条の2第1項但書により50万円）を下回る程度の売上額しかなかったのだとすれば、なおさら、両事件の供給者の範囲は実質的には一致していたとみてよいであろう。

そのような事例において、かりに違反者Aが需要者Pへの供給分のみについて減免申請をし、違反者Bが需要者Qへの供給分のみについて減免申請をした場合、本件のように分けて市場を画定するか（前記(2)の図の2つの細い実線枠）、それともまとめて市場を画定するか（前記(2)の図の1つの太い実線枠）によって、減免制度の適用結果は大きく異なることになる。本件では、幸い、地整ダム事件と水資源機構ダム事件の減免対象者・順位が一致していたから、結論に差が生じなかったものと思われるが、そうではない事例も、あり得るのではないだろうか。

入札談合事件では個々の需要者＝発注者ごとに市場が画定されることが多いのは確かであるが、常にそうであるとは言えない。現に、このような論点の存在を十分に認識したうえで、7社の需要者にとって選択肢となる供給者の範囲が一致していることを理由に、これらをまとめて1個の市場を画定することを認めた審決が存在する（公取委審判審決平成19年2月14日〔国家石油備蓄会社発注保全等工事談合〕（審決案57頁））。需要者たる多数の地方公共団体をまとめて1個の市場を画定した例もある（例えば、公取委審判審決平成18年6月27日〔ストーカ炉談合〕）。そして、しかしこれらの審決も、個々の需要者ごとの市場が成立しないと言っているわけではない。結局、別々の市場も成立し、まとめた市場も重畳して成立する、というに尽きよう。そのような場合に減免制度との関係でいずれの市場を選び取るのか、ということについて、現在のところ、確たる基準は明らかではない。

談合の基本合意がどの範囲を対象としているかに応じて画定すればよい、という意見もときおり聞かれるが、それだけでは十分な説得力があるとは言えない。第1に、少なからぬ事例においては、そもそもどのような基本合意があるかが必ずしも明確でなく、複数の個別調整を参照して基本合意の存在を推認しているに過ぎない事例も存在する。第2に、より重要なことであるが、減免制度との関係での市場画定というものは、減免申請をしようとする者にとっての予測可能性・法的安定性の観点からは、当該事件の事実関係が十分な証拠によって明らかになる前に行われなければならない。基本合意がどの範囲を対象としているかということは、多くの場合、後付けの理屈に過ぎないのではないか。

最判平成 19 年 4 月 19 日〔区分機類談合排除措置Ⅰ〕

最判平成19年4月19日・平成16年（行ヒ）第208号
審決集54巻657頁
〔区分機類談合排除措置Ⅰ〕

1 事例の概要

　当時の郵政省が発注する郵便番号自動読取区分機類につき、東芝と日本電気が入札談合を行ったとして、公取委が立件した。それによれば両社は、個別の発注物件ごとに、郵政省の調達事務担当官等から情報の提示を受けた側の会社を受注予定者とする、との合意をしていたとされた。両社は、両社に競争関係がない、意思の連絡がない、などとして争った。

　公取委は、平成 17 年改正前の手続規定に従い、審判手続を経て本件審決を行った（公取委審判審決平成 15 年 6 月 27 日）。本件審決は、両社の主張を退け、両社の行為が不当な取引制限に該当するとした。そして、違反行為は終了していたものの、改正前の 54 条 2 項によって、既往の違反行為に関する排除措置を命じた。同項によれば、「特に必要があると認めるとき」には公取委は既往の違反行為に関して排除措置を命ずることができた。

　原判決は、本件審決を取り消した（東京高判平成 16 年 4 月 23 日）。本件審決は、ⓐ「特に必要があると認めるとき」の要件を満たすことについて理由を示していないから改正前の 57 条 1 項に違反し（平成 25 年改正後の 61 条 1 項などに相当）、また、ⓑ現に「特に必要があると認めるとき」の要件を満たしていないから改正前の 54 条 2 項に違反する、とされた。

　公取委が上告した。

　本判決は、原判決の理由づけを 2 つとも否定して原判決を破棄し、さらに、本件審決における違反行為等の立証についてさらに審理を尽くさせるため、

270

として、東京高裁に差し戻した。

平成17年改正前は、「特に必要があると認めるとき」の要件が7条2項と54条2項に重複して規定されていたが、改正後は7条2項に一本化された。「特に必要があると認めるとき」をめぐる本件での議論は、改正後の7条2項にもそのまま当てはめることができると考えられる。

2 理由提示の有無

(1) 判断枠組み

独禁法は、平成17年改正前の70条の2（平成25年改正後は70条の11）によって行政手続法第2章および第3章の適用を除外しているが、不利益処分の理由提示に関する行政手続法14条に相当する規定として上記のように改正前の独禁法57条1項を置いていた（平成25年改正後の61条1項などに相当）。

そして、どの程度の理由を提示する必要があるかについては、行政手続法においてさえ規定されておらず解釈に委ねられており、それは独禁法においても同様である。

そこで原判決は、独禁法以外の分野に関する最高裁判決2件を明示的に引用したうえで（最判昭和49年4月25日〔青色申告書提出承認取消処分理由附記〕、最判昭和60年1月22日〔一般旅券発給拒否処分理由附記〕）、理由提示は、処分の相手方において書面の記載自体から了知し得るものであるか、示された根拠規定から当然に知り得るものであるか、のいずれかである必要がある旨を述べた（審決集51巻864頁）。

原判決は（少なくとも原判決自身が信ずるところでは）この2段階に沿って判断したように見えるが、実際には、そうではない。昭和49年判決や昭和60年判決の文面（そしてそれを引用する原判決の一般論）における上記第2段階は、明らかに、示された根拠規定から当然に知り得るか否かを問題としている（佐藤繁・昭和49年判決解説・最判解民事篇昭和49年度291〜296頁によれば、上記のような判例が形成された背景には「条項説」と「事実説」の対立が

あった）。しかし原判決は、一般論では上記のように述べながら、他方で本件への当てはめを論ずる際においては、根拠規定から当然に知り得るか否かではなく、「審決書の記載内容全体から判断して……当然に知り得る」か否かを問題としている（審決集51巻865頁）。つまり原判決は、判例どおりの2段階の判断をしたのではなく、判例に示されたもののうち第1段階を2つに分け、書面の記載自体から明示的に知り得るか（第1段階の1）、書面の記載の全体から当然に知り得るか（第1段階の2）、という2段階で判断したもの、ということができる。尤も、第1段階を以上のような2段階にさらに分けて考察することそれ自体は、判例に反するものではない。

　そして実は本最高裁判決も、「第1段階」と「第2段階」の2段階ではなく、「第1段階の1」と「第1段階の2」の2段階で、判断をしている。すなわち本判決は、改正前の57条1項の要求事項は本件審決では「明確に特定しては示されていない」とし、しかし「本件審決書の記載を全体としてみれば……知り得る」、とした（以上いずれも審決集54巻659頁）。

　以上のように、原判決と本判決の判断枠組みは、過去の判例の2段階構造とは似て非なる2段階構造（過去の判例の第1段階に入れ子的に包含される2段階構造）を採用しているという点で、全く共通している。

(2)　本件への当てはめ

　それでは、原判決と本判決の結論を分けたのは何であるのか。

　それは、当該違反行為が繰り返されるおそれがあるか否かを判断する際に、郵政省の担当官等による情報提示がなくなったことをどのように評価したか、という点に尽きる。

　原判決は、「本件違反行為は、担当官等からの情報の提示がなければ成立し得ない」という判示を随所で繰り返し（審決集51巻865～868頁）、したがって当該違反行為が繰り返されるおそれがあるとは言えないとした。

　それに対し本判決は、「担当官等からの情報の提示は受注予定者を決定するための手段にすぎない。担当官等からの情報の提示がなくとも、被上告人らにおいて、他の手段をもって〔違反行為を繰り返すこと〕が可能であることは明らかである」とした（審決集54巻659頁）。原判決とは正反対である。

最判平成 19 年 4 月 19 日〔区分機類談合排除措置 I〕

そしてそのうえで、本件審決書を全体として見れば本判決のいう①〜⑤の事実が示されているから処分理由を「知り得る」としたわけである（①〜⑤の事実については、後記 **3**(3)）。

原判決は、当該違反行為が将来において繰り返されるおそれがあるなら「特に必要があると認めるとき」にあたる、と考えた。そして、本件違反行為を行うには担当官等による情報提示が必須であるとの認識に鑑みると、本件審決は繰り返しのおそれという理由を提示し得ていない、とした。

本判決は、明示はしていないものの該当部分の全趣旨によれば明らかに、やはり、当該違反行為が将来において繰り返されるおそれがあるという理由づけが本件審決において示されているか否かを問題としている。そして、上記のように、本件審決からそれを知り得る、としたわけである。

このように、両判決を分けた原因は担当官等からの情報提示がなくなったことの評価の相違に尽きるのであり、理由提示に関する一般的法律論に相違があったわけではない。

3 「特に必要があると認めるとき」の成否

(1)　検討の前提

本判決は、ⓑの「特に必要があると認めるとき」の成否については、次のことだけを述べた。「また、『特に必要があると認めるとき』の要件に該当するか否かの判断については、我が国における独禁法の運用機関として競争政策について専門的な知見を有する上告人の専門的な裁量が認められるものというべきであるが、上記説示したところによれば、『特に必要があると認めるとき』の要件に該当する旨の上告人の判断について、合理性を欠くものであるということはできず、上告人の裁量権の範囲を超え又はその濫用があったものということはできない」（審決集 54 巻 660 頁）。

公取委の裁量が認められるという上記判示は、原判決が、「〔公取委〕の裁量は、『特に必要があると認めるとき』という要件の存在が認められるときに、排除措置を執るか否か及びその内容について認められるのであ〔る〕」

273

（審決集51巻868頁）としていたことを受けてのものであると思われる（原判決の判示に対する批判的考察として、根岸哲・原判決評釈・判例評論559号（判時1897号、平成17年）8頁）。

ただ、本判決も、上記のように、「特に必要があると認めるとき」の成否に関する公取委の判断が合理性を欠き裁量権の逸脱・濫用となっているか否かを判断しているのであり、公取委の裁量権が無制約ではないことを前提としている。

(2) 一般的判断基準

ともあれ、さて、「特に必要があると認めるとき」の成否の一般的判断基準は、どのように考えればよいであろうか。

原判決は、「当該違反行為が将来繰り返されるおそれがある場合や、当該違反行為の結果が残存しており、競争秩序の回復が不十分である場合など」であるとしていた（審決集51巻865頁。原判決は、理由提示の有無の判断において、原判決がそうあるべきだと信ずる理由の内容について述べていた）。

それに対して本判決は、明示的には何も述べていないが、既に引用したように、「上記説示したところによれば……合理性を欠くものであるということはできず」、とした。「上記説示したところ」とは、明らかに、理由提示の有無に関する判示である。複雑であるから、本判決の論理を改めてまとめる。まず第1に、本判決によると、本件審決は、繰り返しのおそれという理由を提示しているから改正前の57条1項に違反しない。この時点では本判決は、繰り返しのおそれという理由づけが「特に必要があると認めるとき」の解釈として適切であるか否かについて中立である。そして本判決はさらに進んで第2に、繰り返しのおそれがあるから「特に必要があると認めるとき」の要件が満たされると考えた本件審決の考え方は、合理性を欠いていないから改正前の54条2項にも違反しない、とした。ここで初めて、本判決が、当該違反行為が将来において繰り返されるおそれがある場合には「特に必要があると認めるとき」の要件が満たされる、と考えていることがわかる。

原判決のいう「当該違反行為の結果が残存しており、競争秩序の回復が不十分である場合」や、「など」の場合については、本判決は何ら述べるとこ

ろがない。改正前の54条2項（や改正前後を問わず7条2項）の文言によれば競争秩序の回復不十分が主であるはずであり繰り返しのおそれはその例示に過ぎない、との有力な指摘があるが（根岸・前掲7頁）、原判決や本判決を経て、好むと好まざるとにかかわらず、繰り返しのおそれが独立の1つの基準として確立した観がある。

(3) 繰り返しのおそれの判断基準

本判決は、前記2(2)で見たように、理由提示の有無に関する判示において、明示的には理由を述べなかった本件審決を善意に解釈して断片を掻き集め、①～⑤の番号を付して、当該違反行為が繰り返されるおそれがあることを本件審決から知り得る、とした。

そうであるとすれば、①～⑤を見れば、当該違反行為が繰り返されるおそれがあると言えるためには例えば何が示されればよいと本判決が考えているのか、という点が、炙り出されることになる。

①は、違反者らが主体的に行動し長年にわたり当該違反行為を行ってきたことである。②は①を補強する要素と言えよう。

③は、違反行為の取りやめが自発的な意思に基づくものでないことである。

④は、当該市場が依然として寡占状況にあり、一般的に見て違反行為を行いやすい状況にあることである。本件審決は、日立製作所が新規参入し競争環境が相当変化したことを認定しているが、本判決によれば、これらは、本件審決において理由が「示されているということの妨げとなるものではない」（審決集54巻660頁）。これはあくまで理由提示の有無に関する判示ではあるが、「特に必要があると認めるとき」の要件が成立するという判断が合理性を欠いていないという判断の根拠ともなったはずである。あくまで本件での個別判断として、日立製作所が新規参入をしてもなお将来の繰り返しのおそれを払拭できないと考えた、ということであろう。

⑤は、違反者らが違反行為の成立を争っていること、である。これが当該違反行為の繰り返しのおそれの根拠とされると、公取委に対して争う権利との間に緊張関係を生むことになろう。しかし、少なくとも平成17年改正後は、審判手続で争った後に排除措置命令がされるわけではない。⑤は括弧に

括っておいてよいであろう。

①〜④に示された考慮要素は、最近の諸事例から析出される基準と軌を一にするものである。

4 本判決がもたらす影響

(1) 他の事件への一般的影響

以上のように、本判決が原判決と結論を異にしたのは郵政省担当官等の情報提示に対する評価の違いによるところが大きく、法律上の一般論の違いによるものではない。

公取委は、平成16年4月に原判決が言い渡されてから、原判決について上告受理申立てをする一方で、原判決が示した一般的基準に従って、「特に必要があると認めるとき」の成否を、明示的な理由提示を伴って、判断するようになった。その象徴が、原判決前に一旦は審決案が作成されながら、原判決のあと審判手続が再開され、「特に必要があると認めるとき」の成否に関する第二次審決案が作成されたうえでされた審判審決が複数存在するという事実である（公取委審判審決平成18年6月27日〔ストーカ炉談合〕、公取委審判審決平成19年2月14日〔防衛庁発注石油製品談合排除措置コスモ石油等〕）。

そして、原判決を破棄する本判決の後において別の東京高裁判決は、「当該違反行為が繰り返されるおそれがある場合や、当該違反行為の結果が残存しており競争秩序の回復が不十分である場合などをいう」と、本件原判決と全く同じことを述べている（東京高判平成20年9月26日〔ストーカ炉談合排除措置〕（審決集55巻957頁））。

以上のように見ると、破棄された原判決は、死して皮を留めたと評し得る。本判決は、原判決が採用した一般的基準は合理性を欠いていないとのお墨付きを与えており、また、それに過ぎない。

(2) 本件への影響

それに対し、本判決が本件に与える影響は大きい。

本件では、課徴金事件について、平成 16 年 7 月 13 日に審判開始決定がされた（審決集 51 巻 584 頁）。一方、排除措置に係る本件審決は、原判決によって、平成 17 年改正前の 83 条に基づいて公取委に差し戻すことなく、取り消すとの判断がされてしまっていた。そこで、排除措置に係る手続において認定された違反行為の存在を課徴金に係る手続において争うことはできないという当時の審決理論を、公取委は使うことができなくなっていた（平成 16 年 4 月 28 日公取委事務総長会見記録）。

ところが本判決によって、違反行為の存否は排除措置に係る審決取消請求事件の差戻審である東京高裁で審理されることになり、意思の連絡が成立し不当な取引制限に該当すると結論づける判決がされている（東京高判平成 20 年 12 月 19 日〔区分機類談合排除措置Ⅱ〕）。

```
公取委命令平成 19 年 5 月 11 日〔関東甲信越地区エコ・ステーション〕
```

```
●●●●●●●●●●●●●●●●●●●●●●●●●●●●●●●●●●

              公取委命令平成19年 5 月11日・
      平成19年（措）第 7 号・平成19年（納）第67号
                   審決集54巻461頁・545頁
          〔関東甲信越地区エコ・ステーション〕
```

1 事例の概要

　天然ガスエコ・ステーションは、天然ガス自動車に天然ガスを供給する施設である。ガス事業者や石油製品小売業者等が指名競争入札の方法によって発注する天然ガスエコ・ステーション建設工事のうち、関東甲信越地区を施工場所とするものについて、4 社による入札談合が行われた。

　公取委は、この入札談合が不当な取引制限に該当するとした。

2 グループ会社のみによる共同行為

(1)　問題の所在

　本命令によって違反者とされたのは「東京ガスエネルギー」「東京ガス・エンジニアリング」「東京ガスケミカル」「キャプティ」の 4 社である。排除措置命令書や公取委公表文では必ずしも明示されていないようであるが、これらの 4 社はいずれも、議決権の 100％を東京瓦斯が所有（間接所有を含む）している 100％兄弟会社である（東京瓦斯の平成 18 年 4 月～平成 19 年 3 月の事業年度の有価証券報告書 7 頁、甲田健＝遠藤孝史＝三宅一秀・本命令解説・公正取引 685 号（平成 19 年）73 頁）。

　そうであるとすれば、このような者らによる「共同行為」は実質的には単なる単独行為であり、競争停止の観点から不当な取引制限とすることはでき

278

ないのではないか、という大きな論点を生ずることになる。

(2) 乏しい先例

米国連邦独禁法では、100％の親子会社間の共同行為はシャーマン法1条の問題となり得ないとする Copperweld 最高裁判決があるが（467 U. S. 752 (1984)）、日本の不当な取引制限については、事例等の積み重ねがない。

裁判所の判断があり得たものとして、行政法上の取消訴訟において NTT 東日本と NTT 西日本の共同行為が問題とされた事件があるが、東京地裁判決は、100％兄弟会社による共同行為を不当な取引制限とすることの可否、という切り口には触れず、当該共同行為は法令によって強制されたものであるという理由で、独禁法違反なしとした（東京地判平成17年4月22日〔接続約款認可処分取消訴訟〕（事実及び理由第3の7））。

また、この論点の文脈でときおり言及を受ける東宝・新東宝東京高裁判決は、先例としての価値が大きくないように思われる（東京高判昭和28年12月7日）。同判決は、「仮りに新東宝が経済学上は〔東宝〕の子会社であり、その故に経済学上は両者間に競争関係があるものとはいえないとしても、このことから独占禁止法上両者間に競争関係なしとすることのできないことはおのずから明らかである」としているが（高民集6巻13号899頁）、同事件当時における東宝と新東宝との関係は株主が共通であるという程度のものであって、一方が他方の議決権の過半数を所有している等という意味での親子会社ではなかったようにも見える（高民集878頁）。なお同判決は、他の要件の不成立を根拠に不当な取引制限の成立を否定している（高民集906頁、912～913頁）。

結局、現在の日本において参照に値する一次資料としては、流通取引慣行ガイドライン末尾の「（付） 親子会社間の取引」を挙げ得る程度である（同1、2、4）。しかしそれも、親子会社等に競争を求めるか、という不当な取引制限の切り口でなく、不公正な取引方法の規定との関係で親子会社等は相互に取引相手方にあたるといえるか、という切り口からしか論じていない。

(3) 私 見

独禁法の条文は、事業者単位で事業活動が行われることを基本的前提として規定されているが、純粋持株会社が解禁され、また、企業再編に関する諸制度が整備されて、分社化が進展したなかでは、その前提が妥当するのか否か、以前にも増して疑わしい面がある。従来であれば同一会社内で複数の事業部を競わせていたような案件を、同一グループ内で分社化された複数の兄弟会社等に競わせる、ということは、珍しくないものと推測される。逆に、独立した複数事業者間で行えば「市場分割」「分野調整」などと呼ばれてしまうであろうような行為をグループ内の兄弟会社等の間で行うことも、日常茶飯事であろう。そのような意味で、親子会社や兄弟会社等の関係にある複数の事業者は、独禁法上は実質的に単一の事業者であると見て、不当な取引制限の適用はないこととするのが、実態に適合するように思われる（根岸哲「親子会社関係をめぐる独禁法適用上の問題」ジュリスト685号（昭和54年）54～55頁が夙に同旨を述べる）。

本命令の担当審査官解説は、100％兄弟会社のみによる共同行為を不当な取引制限とした理由として、2点を挙げている（甲田＝遠藤＝三宅・前掲73頁）。第1の理由づけは、「4社は独自の判断で……営業活動を行い、相互に競争関係にあると認識している」というものである。しかしこれは、内部競争を奨励すればかえって独禁法の問題となる、同一社内で行えば問題とされないのに分社化した途端に独禁法の問題となる、などといった不合理な結果をもたらす。第2の理由づけは、「4社が競争入札の指名業者である以上当然競争することが期待されている」というものである。これは、指名競争入札を特別視する論である。しかし独禁法は、指名競争入札であるか日常的継続的な供給行為であるかを問わず競争を期待する法律である。指名競争入札においては親子会社等による共同行為でも不当な取引制限とするというのであるなら、日常的継続的な取引においても親子会社等による共同行為を不当な取引制限とするのでなければおかしい。私は、上記第1の理由づけに対する批判において述べたように、そのような結論は望ましくないと考えるので、したがって、指名競争入札を特別視する論にも賛成できない。もちろん、当

該指名競争入札制度の枠内において、親子会社等のみによる談合であっても発注者は違約金の支払を求める、などといった対応をすることはあり得るだろう。しかし、それを独禁法の問題として一般化すると、上記のように、負の波及効果が大きすぎるように思われる。

平成21年改正後の7条の2第13項は、減免制度について、グループが一体となった減免申請の場合にはグループ全体で1の減免申請者と扱うこととしている。同項2号によれば、違反行為を行った全期間にわたって相互に「子会社等」の関係にあった複数の違反者は、減免申請の際にも相互に「子会社等」の関係にありさえすれば（同項1号）、全体で1の減免申請者として扱われる。「子会社等」とは、議決権の過半数という基準による親子・兄弟関係の繋がりを指す（同号）。この制度は、あくまで第一義的には減免申請者の数え方に関する制度であって違反要件に関する制度ではない。しかし、グループ内の事業者のみが共同行為を行っても不当な取引制限の問題を引き起こさないのであるという考え方を大前提として組み立てられたものであることは間違いない（同改正前の問題状況を描いた文献として、川合弘造＝島田まどか「課徴金減免制度の在り方——1年半の実務の運用をふまえて」ジュリスト1342号（平成19年）87〜89頁、白石忠志「課徴金減免制度と独禁法違反要件論」NBL 869号（平成19年）12〜17頁）。本命令は、このような改正の動きにも逆行するものであるように思われる。

(4) 本件の背景

本件の特異な判断の背景には、以下のような状況がある。

本件は、まず、補助金の無駄遣いの観点から国会などで問題とされた（例えば、平成18年4月11日の衆議院行政改革に関する特別委員会、平成18年5月17日の参議院行政改革に関する特別委員会）。その後、東京瓦斯が平成18年6月26日に、その子会社4社による「独占禁止法違反とみなされるおそれのある行為」を「公正取引委員会に報告」したことをプレスリリースした。公取委の立入検査は平成18年7月25日に行われたと報道されている。以上の諸事情については、平成19年4月4日の衆議院経済産業委員会議事録が詳しい。公取委は平成19年5月11日に本件命令を行った。

このように本件は、政治的な注目を浴びていた点と、名宛人らが公取委に我が身を差し出した点（しかも減免申請はしていない模様である）とにおいて、特徴的である。名宛人らにはそうしなければ許されない事情があったものと推測されるし、公取委も、そのような状況のなかで、後先を考えずに事を進めた可能性がある。

(5)　**本件の総括**

本件は、グループ経営を行う多くの企業への日常的影響があまりにも大きいために、注目され、しかしそうすると、公取委としても過去の事例を否定するわけにもいかなくなり、問われれば、このような事例が存在することに言及せざるを得ず、そうするとまた、多くの企業の不安や不信を掻き立てる、という結果となってしまっている。

公取委は、表立って本件の先例的意義を否定することはないが、その後の状況を見ると、あながち多数の批判を無視しているわけではないようにも思われる。例えば、違反行為後の事業承継が原因で、同一企業グループの2社に対して排除措置命令をすることになった事例では、その2社については特に、今後の価格の話合いを禁止しない旨を明示するなど、企業グループ内における価格を含む話合いを独禁法によって否定するわけではないという考え方を示唆している（公取委命令平成29年3月13日〔壁紙〕）。

(6)　**似て非なる問題**

本件のような問題とは似て非なる問題について、念のため以下の2点を補足する必要がある。

第1に、独禁法は単独取引拒絶や不当廉売など単独行為を禁止する場合もあるのであるから、親子会社等が行った共同行為が単独取引拒絶や不当廉売などと実質的に同等であると見られる場合には、独禁法の問題となり得る。

第2に、当該グループがグループ外の競争者とも共同行為を行ったとするならば、グループ外の競争者とともに当該グループも不当な取引制限の観点から問題とされる。その際、事業者単位で論ずることを建前とした現行独禁法においてグループ内の複数の事業者が違反者とされることがあっても何ら

不思議ではない。本件でも、かりに、グループ外の競争者も共同行為に参加していたのであるとすれば、100％兄弟会社である4社が違反者となってもおかしくはない。しかし、本命令にはそのような事情は示されておらず、4社だけが共同行為を行ったという趣旨の表現がされているように見える。本命令の担当審査官解説も、「4社以外にも指名を受け指名競争入札に参加していた者がいたが、これらの者は、排除措置命令の名あて人とはなっていない」という微妙なニュアンスを示しながらも、しかし本命令が認定したのは4社のみによる合意であるということを前提とした論述を行っている（甲田＝遠藤＝三宅・前掲73頁）。

公取委命令平成 19 年 5 月 24 日〔けい酸カルシウム板〕

> 公取委命令平成19年 5 月24日・
> 平成19年（措）第 9 号・平成19年（納）第74号
> 審決集54巻471頁・552頁
> 〔けい酸カルシウム板〕

1 事例の概要

　ニチアスとエーアンドエーマテリアルが、けい酸カルシウム板（以下「けいカル板」という）について価格協定を行った。

　本命令は、これが不当な取引制限に該当するとした。

2 丁寧な市場画定

⑴ 本命令の市場画定

　本命令は、検討対象市場を「我が国における内装工事用けい酸カルシウム板の販売分野」としているが（排除措置命令書 4 頁）、本排除措置命令書の「別紙」によれば、「内装工事用けい酸カルシウム板」の定義は、「けい石、消石灰、パルプ繊維等を原材料とするけい酸カルシウム板のうち、国内において販売される比重 0.8 のもの（表面に塗料等を塗布又はシールを貼付したもの及びけい酸カルシウム板については戸建住宅等において用いられるもののみを取り扱う事業者に販売されるものを除く。）」となっている。

　担当審査官解説によると、これは、①石膏ボードを除外してけいカル板のみを対象とし、②比重 1.0 のものを除外して比重 0.8 のもののみを対象とし、③化粧板を除外して素板のみを対象とし、④戸建住宅等向けのけいカル板のみを扱う事業者を経由して流通するものを除外して主に内装工事用のものの

284

みを対象とする、ということを意味する（荒井登志夫・本命令解説・公正取引
684号（平成19年）74〜75頁）。

　このように狭く限定された意味での「内装工事用けい酸カルシウム板」を
検討対象市場としたことについて、担当審査官解説は、まず最初に約束どお
り「当該販売分野において本件違反行為が行われていたという事実に基づく
ほか」と述べたうえで、しかしこれに付け加えて、(i)石膏ボードに比べて内
装工事用けいカル板は耐水性・耐湿性が高く水周りには専らけいカル板が用
いられているうえ、取引価格も異なる、(ii)比重1.0の素板は専ら化粧板の再
加工に回される、(iii)化粧板については他の製造販売業者が相当数存在し、取
引価格も異なる、(iv)戸建住宅等向けのものは流通経路も需要者も異なり、板
厚等も異なり、製造販売業者も相当数存在する、と解説している（荒井・前
掲75頁）。

　(i)〜(iv)は、つまりこれらの品物は比重0.8の素板の内装工事用けいカル板
の需要者にとっての代替的選択肢であるとは言えない、ということを示そう
とするものである。代替性を持たないからこそ、他では製造販売業者が相当
数存在するのに本件商品についてはニチアスとエーアンドエーマテリアルが
「我が国における……総販売金額の大部分を占めて」いるのであって（排除
措置命令書3頁）、代替性を持たないからこそ取引価格も異なるのである、と
いうことであろう。

　このように贅肉を落とした市場画定をすることにより、第1に、反競争性
の成否が争点となることが回避され、第2に、課徴金の対象となる商品役務
の範囲も絞られた。なお、本件は減免制度の適用事例でもあるが、違反者は
2社だけであり、2社とも30％の減額であって調査開始日以後の減免申請で
あった模様であるから（平成19年5月24日の減免対象者公表欄）、減免制度
における順位との関係で市場画定が争点となったわけではないものと一応は推
測される。

(2) 理論的分析

　担当審査官解説が上記のように最初に「当該販売分野において本件違反行
為が行われていたという事実に基づくほか」と述べているのは、価格協定や

公取委命令平成 19 年 5 月 24 日〔けい酸カルシウム板〕

入札談合の事件では「合意の範囲＝市場」という等式がいまなお健在であることを強調しようとするものだと思われる（この等式について一般的には、本書 231 〜 232 頁で論じた）。

しかし同時に、上記(ii)〜(iv)のような事情から逆算して、合理的行動をするはずの 2 社の担当者は②〜④のように対象を限定して価格協定をしたはずだと公取委が意思解釈をしたのである、という面も、あったものと推測される。①の石膏ボードなどは、けいカル板に関する 2 社の合意の対象であるはずはないが、そのようなものであっても、(i)に相当する部分の認定次第では、検討対象市場に含まれる可能性を持っている（つまり、「合意の範囲＝市場」という等式は、ここで既に大きく崩れる可能性がある）。そして、(i)〜(iv)の各事情は、需要者にとっての代替的選択肢の範囲を問題としているという意味で、企業結合規制などにおいて一般的に採られる市場画定基準と共通している。このように見ると最早、「通説・実務」であるとされる「合意の範囲＝市場」という等式は、単なるスローガンに過ぎず、価格協定や入札談合の事件においても実際には企業結合規制などと同様の市場画定がされる、と受け止めるほうが、実態認識として的確なのではないかと思われる。

(3) 平成 17 年改正の影響

本命令をひとつの象徴として、平成 17 年改正後においては特に、価格協定や入札談合の事件においても、丁寧な市場画定がされる傾向がある。そのひとつの要因は減免制度の導入であり、しかし減免制度は、少なくとも順位決定に限っては、前記(1)で述べたように、本件ではさほど重要ではなかったものと一応は推測できる。

本命令に象徴されるような丁寧な市場画定は、平成 17 年改正によって排除措置命令手続と課徴金納付命令手続とが同時化されたことに起因するところが大きいものと思われる。平成 17 年改正前は、排除措置命令手続が終わったあと課徴金納付命令手続を行うことになっていたから（改正前の 48 条の2 第 1 項但書）、排除措置命令手続終了後の時間の経過とともに公取委の事案理解がさらに進み、課徴金納付命令手続の段階で微修正がされるということがあり得た。それが、中国塗料審決や土屋企業判決などによって発達した修

286

正原理である。それらは、課徴金の世界に特化したテクニカルな議論だというよりも、むしろ精密な違反要件論を事後的に実現するものであると位置づけることができる（**集**公取委審判審決平成 8 年 4 月 24 日〔中国塗料〕、**集**東京高判平成 16 年 2 月 20 日〔土屋企業〕）。中国塗料理論や土屋企業理論がそのようなものであるとすれば、排除措置命令手続と課徴金納付命令手続とが同時化した平成 17 年改正後においては、その修正原理の全てとは言わないまでも多くの部分は、違反要件論そのもののなかに取り込まれることになろう。漠然と画定された市場を事後的に修正するのでなく、最初から丁寧に市場画定が行われるのである。

　さらに付け加えるなら、丁寧な市場画定は、「同時化」のみならず、「同部署化」にも起因するのではないかと思われる。平成 17 年改正前は、排除措置命令手続を審査長が所掌するのに対して（平成 17 年政令第 319 号による改正前の公正取引委員会事務総局組織令 21 条）、課徴金納付命令手続は考査室が所掌していた（同 20 条 3 号、平成 17 年内閣府令第 108 号による改正前の公正取引委員会事務総局組織規則 9 条 4 項）。それに対して平成 17 年改正後は、排除措置命令手続と課徴金納付命令手続をともに審査長が所掌する（公正取引委員会事務総局組織令 19 条（平成 21 年政令第 217 号による改正前は 20 条））。つまり、改正前の審査長（具体的には審査長または上席審査専門官を長とする組織（各事件ごとの公取委公表文の「問い合わせ先」欄を見ればわかる））においては、原則違反の大看板のもとで大雑把な違反要件論を排除措置命令手続で行っておけば、後の細かな始末は考査室がつけてくれる、という心理が働いていた可能性がある。そして、排除措置命令手続に現れたそのような違反要件論のうわべだけを見て、これが公取委実務だと独禁法関係者は論じてきたのではないか。ところが課徴金納付命令手続まで全てが同部署で行われるようになると、一方の側の論理だけでは通用しなくなる。本命令の丁寧な市場画定は、かくのごとき人間社会の法則をも窺わせているように思われる。

東京高判平成 19 年 9 月 21 日〔鋼橋上部工事談合刑事宮地鐵工所等〕

東京高判平成19年9月21日・平成17年（の）第1号
審決集54巻773頁
〔鋼橋上部工事談合刑事宮地鐵工所等〕

---

1 事例の概要

本判決は、いわゆる橋梁談合事件の刑事判決が複数あるうちの1件である。

被告会社宮地鐵工所、同三菱重工業および同新日本製鐵は、国土交通省の3つの地方整備局（以下「三地整」という）および日本道路公団（以下「JH」という）のそれぞれが平成15年度および平成16年度において発注した鋼橋上部工事についての入札談合に加わった。これらの被告会社に対し89条および95条による罰金刑が言い渡されたのが、本判決である。本判決では、宮地鐵工所および三菱重工業のそれぞれの従業者に対しても、執行が猶予された懲役刑が言い渡されている。

2 相互拘束か遂行か

不当な取引制限の定義規定である2条6項の「相互拘束」と「遂行」をめぐっては、さまざまな議論があるが、入札談合事件ではそれが独特の形態によって先鋭化する。すなわち、基本合意が「相互拘束」であってそれのみが違反行為であるのか、基本合意が「相互拘束」であり個別調整が「遂行」であって両者いずれもが違反行為であるのか、という論争である。刑事法分野では「実行行為」と表現されることが多いが、ここでは、非刑事の議論との接続のため、「違反行為」と呼ぶことにする。

ところで、「相互拘束」か「遂行」かというのは、問題の本質ではない。

問題の本質は、個別調整を独立の違反行為と認めるか否かにある。「相互拘束」と「遂行」はそれぞれ基本合意と個別調整に貼られたラベルに過ぎない。公取委による独禁法適用をめぐる従来の常識では基本合意だけが違反行為であるとされ、また並行して、そこでの従来の常識では「相互拘束」の文言だけが使われてきたので、それらの常識を覆すことの象徴的記号として、個別調整に「遂行」というラベルを貼っているもののように観察される。

本判決は、「不当な取引制限の罪は、事業者間の相互拘束行為が実行行為に当たるだけでなく、その相互拘束行為に基づく遂行行為も別個の実行行為に当たると解される」としたうえで、本件における相互拘束行為は基本合意であり、本件における遂行行為は個別調整である、と明確に述べている（審決集780頁）。これは、同じ東京高裁の防衛庁発注石油製品談合刑事判決に既に盛り込まれていたと見られる考え方である（東京高判平成16年3月24日（判タ1180号159頁））。本判決は、その考え方をさらに明確な表現で示した。

本判決や防衛庁発注石油製品判決では、結果論としては、個別調整が独立の違反行為であるとされる必要はなかったのかもしれない。なぜなら、個別調整だけでなく基本合意も明確に認定されており、また、その基本合意というものは個別調整の行われた当該年度冒頭のものであって時効の対象となるほど過去のものでもないからである（後記3や4で見るように本判決が継続犯説を掲げながら犯罪の継続を強調したことを前提とすれば、そもそも時効が問題となることも少ないのではないか）。しかし、今後において多様な事案があり得るなかでは、そして、最高裁において状態犯説が採られる可能性を否定できないなかでは、「相互拘束」と「遂行」に関する本判決の判示は、検察官にとって有利な一般論を示したものだと言えるのであろう（検察官の観点からの利害得失をわかりやすく示した文献として、坂本佳胤・防衛庁発注石油製品刑事判決評釈・公正取引647号（平成16年）39〜41頁）。

本判決は、基本合意と個別調整とで「不当な取引制限の罪の包括一罪が成立すると解される」と述べている（審決集780頁）。防衛庁発注石油製品判決も同様の考え方を採っていたところであり（坂本・前掲41頁）、本判決はそれを明確に表現した。

東京高判平成 19 年 9 月 21 日〔鋼橋上部工事談合刑事宮地鐵工所等〕

3 継続犯か状態犯か

本判決は、「不当な取引制限の罪は継続犯と解される」と述べた（審決集780 頁）。

ただ、この判示は、後記 *4* で見る共犯関係からの離脱に関する判示の前提として登場したものであって、それ自体は全く理由づけのない呆気ないものであり、水道メーター判決（東京高判平成 9 年 12 月 24 日〔水道メーター談合 I 刑事〕）を引用するのみである。したがって、継続犯であるという判示それ自体については、ここでは深く立ち入らない。継続犯であると述べた水道メーター判決に対して有力な批判があり（最も簡潔明瞭な批判として、佐伯仁志・水道メーター判決評釈・法学教室 220 号（平成 11 年））、状態犯だとする考え方もなお有力であることに、触れるにとどめる（山田耕司・防衛庁発注石油製品談合刑事最高裁決定解説・最判解刑事篇平成 17 年度 607 頁、佐伯仁志・注釈 818 〜 819 頁）。

4 共犯関係からの離脱

三菱重工業、その従業者および新日本製鐵の各弁護人は、平成 16 年 10 月5 日の公取委による立入検査開始後、他の違反会社に入札談合から離脱する旨を告げるなどしたので、そのような時点で共犯関係から離脱したから、その後の入札談合について罪責を負わない、と主張した。

それに対し本判決は、「一般に、継続犯の場合には、犯罪遂行の危険が現実化した上に、そのままの状態を放置しておけば犯罪が継続していくという関係にあることから、犯行継続中における共犯関係からの離脱が認められるためには、客観的に見て犯行の継続阻止に十分な措置をとることが必要である」との一般論を述べ、本件に照らし、「行為者が犯行から離脱する旨の意思を表明し、これに対して他の共犯者らが特段の異議をとなえなかったというだけでは足り」ないとした（審決集 780 頁）。

共犯関係からの離脱に関する刑事法分野の文献を見ると、実行の着手より

290

も前の離脱と比較すると、実行の着手よりも後の離脱については、要件としては必ずしも異ならないものの、具体的判断において裁判所は慎重な態度を採っている、とされている（山口厚『刑法総論〔第3版〕』（有斐閣、平成28年）376〜381頁）。既遂となっている継続犯からの離脱の場合にはなおさらである、ということになろうか（本判決は、東京高判昭和46年4月6日〔監禁罪離脱〕を引用している）。

　ただ、難しいことに、刑事でなく、公取委による独禁法適用の文脈にまで視野を広げるならば、そこでは不当な取引制限の終了時期について本判決よりも緩やかな基準が確立しており、しかも、それでもなお課徴金減免制度との関係では厳しすぎて具合が悪いのではないかとの問題提起がある。すなわち、岡崎管工排除措置判決において、「本件のように受注調整を行う合意から離脱したことが認められるためには、離脱者が離脱の意思を参加者に対し明示的に伝達することまでは要しないが、離脱者が自らの内心において離脱を決意したにとどまるだけでは足りず、少なくとも離脱者の行動等から他の参加者が離脱者の離脱の事実を窺い知るに十分な事情の存在が必要であるというべきである」とされており（東京高判平成15年3月7日（審決集49巻630頁））、しかしそれでは、秘密裡に減免申請をするよう求めつつ違反行為の終了も求める減免制度とは両立しないのではないか、という問題提起がされている（志田至朗「課徴金減免制度について」ジュリスト1270号（平成16年）36頁を嚆矢とする議論であり、さらに、志田至朗・後掲審決評釈・ジュリスト1390号（平成21年）97頁、本書233〜234頁）。

　公取委による適用をめぐる上記議論と、本判決との違いは、入札談合を、単独犯の束と捉えるか、共犯と捉えるか、にあると言えそうである。例えば三菱重工業が、離脱すると他の違反者に告げたならば、三菱重工業は他を拘束しないし、自らも拘束を受けない。したがって三菱重工業は違反要件を満たさなくなる。これが、公取委事件をめぐる岡崎管工判決の論理であろう。それに対して刑事事件である本判決の論理は、残された他の違反者が2条6項の要件を満たしており、それに三菱重工業が関与していれば足りるのであって、三菱重工業だけに着目した場合に同社が2条6項を満たしているか否かは無関係である、という共犯の論理である。双方の考え方がそれぞれに確

東京高判平成 19 年 9 月 21 日〔鋼橋上部工事談合刑事宮地鐵工所等〕

立してしまっているとすれば、少なくとも当面は、ここに顕著な違法の相対
性を認めざるを得ないのかもしれない。

　尤も、本件で新日本製鐵と三菱重工業が採るべき排除措置に関する公取委
審決では、岡崎管工判決の基準を違反者にとってさらに厳しいものへと修正
した一般論を採用しつつ、結論として、平成 16 年度末である平成 17 年 3 月
31 日までは離脱しなかったと認定した（公取委審判審決平成 21 年 9 月 16 日
〔鋼橋上部工事談合排除措置新日本製鐵等〕（審決案 61 ～ 73 頁）および公取委審
判審決平成 21 年 9 月 16 日〔鋼橋上部工工事談合排除措置三菱重工業等〕（審決案
60 ～ 72 頁）。離脱がなかったという 2 審決の結論は、一般論の修正よりも、経営
陣からの離脱の指示に自然人従業者が従っていなかったという事実認定によると
ころが大きいように思われるが、以下では一般論のみを論ずる）。すなわち、こ
れらの 2 審決は、岡崎管工判決の基準を修正し、離脱の事実を他の違反者が
「窺い知る」だけでは足りず、離脱の意思を明確に認識する必要がある、と
いう一般論を採った（同様の一般論を既に述べていた審決があったことについて、
本書 233 頁）。岡崎管工判決の基準をそのように修正する根拠として、これ
らの 2 審決は、岡崎管工判決は「窺い知る」だけでよいと考えたのではなく、
岡崎管工事件の事案では「窺い知る」ような事情すらなかったと言いたかっ
たのである、という、少々苦しい論法を展開している（以上、前者の審決案
62 頁、後者の審決案 61 頁）。しかし、かりにこれらの 2 審決の一般論を採用
とするとしても、本刑事判決との間には、離脱の意思が他の違反者に明確に
伝わるようにするか、他の違反者の犯行継続阻止に十分な措置を採るか、と
いう明確な違いが依然として存在することは確かである。

　なお、本判決では、既に既遂に達していたこともあってか、離脱に関する
判示のゆえに被告会社等に特段の不利な結論が導かれたようには見えない。
むしろ、離脱の意思を他の違反会社に伝えていたと認定されたために量刑の
面で被告会社等に有利な判断がされている（審決集 54 巻 785 ～ 786 頁）。

5　罪　数

　基本合意と個別調整とが包括一罪とされたことは前記 2 でも述べたが、

本判決は罪数に関する判示を他にも行っている。

　宮地鐵工所の弁護人は、三地整の発注に関する基本合意とJHの発注に関する基本合意は同一の機会にされた1個の行為であるから、三地整事件での違反行為とJH事件での違反行為とは観念的競合の関係に立つ、と主張したが、本判決はこれを退けた。すなわち、なるほど基本合意は同一の機会に行われているが、個別調整は「主体、日時、場所を異にする別個のものと認められる」。したがって、三地整の事件とJHの事件は「刑法54条1項前段所定の『一個の行為』に当たるとはいえず、併合罪の関係に立つと解すべきである」（審決集54巻782頁）。

　また、それとは別の問題として、本判決は、三地整の発注とJHの発注のそれぞれについて、平成15年度と平成16年度とに分け、合計4個の市場があるとして、「罪となるべき事実」を4つに分けて記載している。この点は、公取委による本件の処理が、三地整とJHとに分かれてはいるが年度によって分かれてはいないのと対照的である（例えば前掲の2審決）。

> ●●
>
> 公取委命令平成19年11月27日・平成19年（措）第16号
> 審決集54巻502頁
> 〔シンエネコーポレーション〕
> 公取委命令平成19年11月27日・平成19年（措）第17号
> 審決集54巻504頁
> 〔東日本宇佐美〕

1 事例の概要

栃木県小山市の給油所（ガソリンスタンド）で、普通揮発油（ガソリン）の廉売合戦が行われた。公取委は、シンエネコーポレーション（以下「シンエネ」という）と東日本宇佐美に対し、それぞれが昭和57年一般指定6項に該当したとして、それぞれを別個の文書に分けて排除措置命令を行った。

本命令書には、仕入価格を下回る価格による廉売しか登場しておらず、「法令の適用」においても昭和57年一般指定6項前段に相当する記述だけがされている（それぞれの排除措置命令書4頁）。仕入価格は不当廉売ガイドラインがいう「廉売対象商品を供給しなければ発生しない費用」＝「可変的性質を持つ費用」に含まれるので、本件は、平成21年改正後の法令に照らせば、2条9項3号の事件に相当するということになる。

2 並行的な廉売

(1) 一般論

本命令は、マルエツ・ハローマート審決（公取委勧告審決昭和57年5月28日）と同様、並行的な廉売をそれぞれ別々に違反としたものである。

そうしたところ、不当廉売の分野では、「廉売価格が市場価格を下回っていることは違反要件となるか」という論点があり、要件となるとする考え方が大勢である。

その観点からあらためて本件のような並行的廉売事案を想起すると、検討対象市場において有力な複数の事業者が並行的に廉売をしているということは、そこでの市場価格は当該廉売価格なのであって、廉売価格が市場価格を下回っているということにはならないのではないか、という疑問が湧く。

結局この問題は、「市場価格」というヌエ的な概念を使って議論をしている点に起因するものである。議論の紛れをもたらす「市場価格」という中間概念を捨てて、端的にこれを因果関係の問題として捉えればよいのではないかと思われる。つまり、問題とされる行為者の価格が費用を下回っているか否か、そして、当該廉売価格が他の事業者の事業活動を困難にさせるおそれをもたらしていると言えるだけの因果関係があるか否か、といった点を淡々と検討すれば、「市場価格」云々の論点が捉えようとしていた問題もおのずと検討されることになるであろう。ヤマト運輸対郵政２審判決が、「不当廉売を規制した趣旨が公正な競争秩序の維持の観点から役務又は商品の対価を規制することにあることからすれば、市場価格を超える対価は、競争事業者を排除する競争阻害的効果を有しないから、ここでの規律の対象とする理由はない」と述べているのは、以上のような考えと通底するものであるように思われる（東京高判平成19年11月28日〔ヤマト運輸対郵政〕（審決集54巻703頁）（強調点は白石による））。NTT東日本最高裁判決も、因果関係がない旨のNTT東日本の主張に対し、NTT東日本の行為が終わった後に参入が起きたことを指摘して、因果関係がある旨の認定をしている（集最判平成22年12月17日〔NTT東日本〕）。マルエツ・ハローマート審決では、「交互に対抗的に販売価格の引下げを繰り返し」と認定されている（審決集29巻15頁、20頁）。マルエツがやめたらハローマートもやめたであろうし、ハローマートがやめたらマルエツもやめたであろう、という関係の存在を掲げることにより、それぞれの廉売が弊害と因果関係をもったことを示し得ているように思われる。以上のようにみれば、諸事例を端的かつ整合的に理解することができる。

(2) 本件の検討

本命令では、シンエネに対する命令書において東日本宇佐美の廉売行為についても言及があり、東日本宇佐美に対する命令書においてもシンエネの廉売行為について言及がある。それらにおいては、「東日本宇佐美が……〔シンエネと〕同額に引き下げたことを契機として、それ以降、互いに販売価格の引下げを繰り返していた」と認定されている（それぞれの排除措置命令書3頁）。

これらの認定は、シンエネが廉売をやめれば東日本宇佐美もやめたであろうし、東日本宇佐美がやめたらシンエネもやめたであろう、という関係の存在を掲げることにより、シンエネの廉売も東日本宇佐美の廉売もそれぞれが他の事業者の事業活動を困難にさせるおそれという弊害との間で因果関係を持っている、という本命令の認識を表現しているもののように思われる。

以上のように見てくると、本命令と同日（平成19年11月27日）に関東スタンダードに対して警告がされていることも注目に値する。公表文には、関東スタンダードが仕入価格を下回る価格で継続して販売していた旨が記されているにとどまり、シンエネや東日本宇佐美の廉売との相互関係などは記されていない（公正取引委員会「栃木県小山市において給油所を運営する石油製品小売業者に対する排除措置命令等について」（平成19年11月28日）第3）。並行的な排除行為の場合、違反者となるものとならないものとの間の切り分けを明確に行うのはむずかしく、境界線付近には必然的にグレーゾーンが発生する。本件では、関東スタンダードに対しては警告であったという事実がまさに、そのあたりのグラデーションを表現しているように思われる。

3 「継続して」

本命令の担当審査官解説は、昭和57年一般指定6項前段（平成21年改正後の2条9項3号に相当）の「継続して」という文言についても、立ち入った言及を行っている。すなわち、「シンエネ及び宇佐美が仕入価格を下回る価格で販売した期間はそれぞれ36〜37日間であり、〔公取委命令平成18年5

月16日〔濱口石油〕における80日間と比較して短いが、一般消費者の普通揮発油の購入頻度は、当該消費者にもよるが、1ヶ月に数度と考えられるほか、シンエネ及び宇佐美は小山市内のそれぞれ3給油所において本件行為を行っていることから、36〜37日間であっても継続要件を満たしていると判断されたものと考えられる」（庄司芳次＝船山正彦・本命令解説・公正取引690号（平成20年）62頁）。

　この解説の前半は、需要者が1か月に数度買うものについて36〜37日間にわたり廉売をすれば弊害が発生しやすいだろう、という趣旨だと思われる。

　ところがこの解説の後半に至っては、もはや期間の問題ではなくなっている。それぞれ小山市内の3給油所で廉売をしているので弊害が生じやすいから、短期間であっても「継続して」に該当する、という。本来なら弊害の発生という主要事実にとってのひとつの間接事実に過ぎないはずの継続性という要素が条文に書き込まれてしまったために、逆立ちした議論が行われやすくなっているのである。

　昭和57年一般指定6項においては、前段に該当しない場合でも後段という受け皿があった。したがって、廉売が大規模に行われていれば短期間でも「継続して」にあたる、などという逆立ちした議論が批判を浴びたならば、いずれにしても後段があるから、という再反論が可能であった。

　しかし平成21年改正後は、昭和57年一般指定6項前段と同等のものを法律に格上げして2条9項3号とし、20条の4により累積違反課徴金の対象とした。そこには、昭和57年一般指定6項における後段のような受け皿はない（昭和57年一般指定6項後段を引き継いだ平成21年改正後の一般指定6項は、課徴金対象ではない）。そのような場合、上記のような逆立ちした議論が果たして許されるのか否か、あらためて検討する必要がある。

```
公取委命令平成20年2月20日〔マリンホース〕
```

> 公取委命令平成20年2月20日・
> 平成20年（措）第2号・平成20年（納）第10号
> 審決集54巻512頁・623頁
> 〔マリンホース〕

1 事例の概要

公取委は、以下のような合意が不当な取引制限に該当するとして排除措置命令および課徴金納付命令を行った。

タンカーと石油備蓄基地施設等との間の送油に用いられるゴム製ホースである「マリンホース」について、日英仏伊米の供給者による国際的な地域分割協定が行われていた。それによれば、日英仏伊を使用地とするマリンホースについてはそれぞれの国の供給者のみが供給し、日英仏伊を除く地を使用地とするマリンホースについては協定参加者のいずれを受注者とするかの決定を「コーディネーター」に委ねることとなっていた。

日本の供給者はブリヂストンと横浜ゴムである。米国の供給者は、イタリアの供給者が全額出資する会社であり、違反行為中に消滅している。

日本の供給者が2社あるので、上記のような合意だけであれば日本を使用地とするマリンホースについては2社の競争が残るようにも見える。しかし、公取委の認定によれば、そのようなものについては2社の間での個別調整が、上記のような日英仏伊米の供給者による合意に基づいて、行われていた（排除措置命令書5頁）。

なお、本命令は、マリンホースのうち、需要者が複数の供給者に見積価格の提示を求め最も低い見積価格を提示した供給者に対して発注するという方式がとられていたものを「特定マリンホース」と呼んで、それのみを対象としている（排除措置命令書3頁）。

298

排除措置命令の名宛人はブリヂストンのほか英仏伊の供給者であるが、課徴金納付命令はブリヂストンのみに対して行われている（公取委の平成20年2月22日付公表文の別表あるいは審決集623頁）。横浜ゴムは、本来なら課徴金納付義務があるところ、減免制度により課徴金を全額免除され（平成20年2月22日の減免対象者公表欄）、排除措置命令も受けていない。

　本件の排除措置命令については、イタリアの名宛人が2社あるうちの1社であるマヌーリ・ラバー・インダストリーズ・エスペーアーが審判請求を行ったが、第1回審判期日の直前にこれを取り下げた（平成20年5月15日および同年6月23日の公取委公表文）。したがって、本命令は全てそのまま確定している。

2　日本独禁法の適用対象となり得る市場

(1)　本命令の検討対象市場

　本命令で公取委は、「特定マリンホースのうち我が国に所在するマリンホースの需要者が発注するものの取引分野」を検討対象市場とした（排除措置命令書5頁）。つまり、本件のような事件が俗に「国際市場分割」と言われる場合の「国際市場」（図の最も外側の実線枠）のうち、日本に所在する需要者に関する部分のみ（図の灰色の部分）を切り取って検討対象市場としたわけである。さらに詳細に言い換えるならば、俗に言う典型的な「国際市場分割」が「日本需要者には日本供給者が、英国需要者には英国供給者が、フランス需要者にはフランス供給者が、イタリア需要者にはイタリア供給者が、それぞれ供給する」といった合意であるところ、本命令は、そのような合意のうち、「日本需要者には、日本供給者が供給し、英仏伊の供給者は供給しない」という部分だけを切り取って日本独禁法上の不当な取引制限と評価したもの、ということができる。

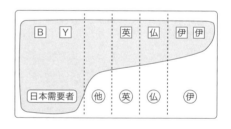

日本国内外に所在する需要者を分割したという本件において日本国内所在需要者のみに着目するというのであるから、これは、少なくとも結果としては、日本独禁法違反を論じ得るのは需要者が日本に所在する市場に限られるとする自国所在需要者説の結論にあわせたものだということになる。

国際事件という特殊性を取り払い、単に「市場分割」の事件であると考えれば、そのような事件においては、事件を取り上げる着眼点に応じて、分割前の全体市場を検討対象市場とする場合と分割後の部分市場を検討対象市場とする場合の両方があってよい（本書243～244頁）。しかし本件には、国際事件であり「国際市場分割」であるという特殊性があるため、分割後の部分市場が検討対象市場とされざるを得なかったものと思われる。その点を、後記(2)以下で論証していく。

なお、本件において違反者が行った協定は、マリンホースの使用地に着目したものであり、需要者の所在国に着目したものではなかった。公取委の市場画定によれば、日本に所在する需要者が国外を使用地として購入するマリンホースも検討対象市場に含まれることになる。そのようなものが現に存在したとすると、本件協定によれば「コーディネーター」により英仏伊米を含めた違反者間で配分されたはずである。しかし、本件で課徴金納付義務があるとされたのは横浜ゴム（課徴金減免制度により全額免除）とブリヂストンだけであった。担当審査官解説は、「外国事業者は、課徴金算定上の実行期間（3年間）においては、我が国に所在するマリンホースの需要者から特定マリンホースを受注していないため、課徴金の納付を命じられなかった」と明言している（大川進＝平山賢太郎・本命令解説・公正取引693号（平成20年）72頁）。この記述には、当然、日本に所在する需要者が国外を使用地として購入するマリンホースも含まれることになろう（念のために述べるならば、担当審査官による上記解説は、約7年半にわたる本件違反行為期間の最初の約4年半において外国事業者が日本所在需要者の国外使用特定マリンホースを受注した可能性を否定してはいない）。

(2)　従来の議論状況

自国所在需要者説をめぐる議論に話を戻そう。

従来においても、日本独禁法が適用される事件のほとんど全ては、国際事件も含め、需要者が日本国内に所在する市場を検討対象市場とするものであった。

しかしそれに対し、需要者の全部または一部が国外に所在する市場を検討対象市場として日本独禁法違反が論ぜられたいくつかの事例がある（公取委勧告審決昭和47年12月27日〔化合繊国際カルテル〕、公取委勧告審決昭和58年3月31日〔ソーダ灰〕、公取委警告平成11年3月18日〔人造黒鉛丸形電極〕、公取委警告平成13年4月5日〔ビタミン〕。ソーダ灰事件は、購入市場における買う競争の停止が問題とされた事案において供給者が国外に所在したものである）。

これらの諸事例を正面から肯定しようと試みる文献や（例えば山田昭雄「国際カルテルに対する規制について」法学新報109巻11＝12号（平成15年）166頁）、結論としては自国所在需要者説をやむを得ないものとしつつ山田論文の背景を論じてその意義を強調する文献も存在する（平林英勝「最近の国際的な企業結合・カルテル事件の検討」判タ1239号（平成19年）82～83頁）。

しかし、自国所在需要者説では説明できない上記の事例は、いずれも、課徴金の賦課を現実のものとして念頭に置いたものではなかった。警告という非公式事件ではそもそも課徴金の問題は出てこない。昭和58年には買う競争が制限されても課徴金が課されることはなかった（平成17年改正によって7条の2第1項に「購入額」の概念が登場した）。昭和47年にはそもそも課徴金制度が存在しなかった（課徴金制度は昭和52年改正によって導入された）。課徴金の賦課を念頭に置いていないということは、これらの事例に共通する特徴であると同時に、それらを掲げて自国所在需要者説を批判する論に共通する欠点でもあったわけである。

(3)　本命令の位置づけ

本件は、幸か不幸か、正式事件とされ、課徴金納付命令もされた。そこにおいて、もし国外の需要者をも念頭に置いた市場画定をすると、国外の需要者に対する売上げについても課徴金を課すことになったはずである。国外需要者向けの供給に関する部分をも日本独禁法違反としつつ課徴金の対象から外すことは当然に可能であるかのように論ずる文献もあるが、7条の2第1

項の条文に照らし採り得ない見解であるように思われる。

公取委は、前記(2)で見たような例外的な先例には従わず、需要者が国内に所在する部分に限定して日本独禁法違反として、国外の需要者に対する売上げには課徴金を課さなかった。

このような処理は、日本の需要者の保護が日本の独禁法の主要な目的のひとつであるという考え方に沿うものであるが（大川＝平山・前掲71頁）、それに加え、以下のような意味でも公取委にとって必然の結論であったように思われる。

まず、外国独禁法との関係である。例えば米国のEmpagran事件では、ビタミン国際カルテルに対して米国外に所在する需要者が米国の裁判所で3倍額の損害賠償請求をした。日本政府は、この損害賠償請求を認容することに反対する意見書を米国連邦最高裁に提出している（平成16年（2004年）2月3日付）。米国連邦最高裁は、この損害賠償請求を認めないという方向での判決をくだした（542 U.S. 155（2004））。日本政府の意見書の論旨は必ずしも明快なものではないが、少なくとも結果としては、違反者となった日本企業が世界中の需要者から米国法上の3倍額損害賠償請求を受けるのを抑えることとなった。もし、日本の公取委が、国外に所在するマリンホースの需要者に対しての供給についてまで日本独禁法違反としその売上げに課徴金を課したなら、まさに天に唾する結果となったであろう（大川＝平山・前掲71頁は、本件のような市場画定がされた理由のひとつとして、「海外競争当局においてもマリンホースの製造販売業者らに対する審査が行われていること」を挙げている。これを逆に読めば、日本の公取委のみが調査している事件であれば国外所在需要者を含む市場画定もあり得るかのようである。しかし、そのような便宜主義的な運用が説得力を持つとは考えにくい。担当審査官解説の上記記述は、自国所在需要者説に対して依然として抵抗感を持つ向きに配慮し、本件で結論として自国所在需要者説と一致する処理をすべき駄目押し的な事情を念のために添えたに過ぎないもの、と受け止めておきたい）。

自国所在需要者説に対しての批判として、次のようなものが聞かれることもある。日本の独禁法においては需要者が日本に所在する部分のみを問題とするのだとすれば、外国の違反者が日本の需要者に直接売っている場合はと

もかくく、外国の違反者が在外の商社等に売って当該商社等が日本の需要者に売っている場合には課徴金を課し得ないから不適切である、というものである。しかし、自国所在需要者説が自国需要者保護のための理論であることに鑑みれば、違反者と国内所在需要者との間に介在した商社等が国内に所在するか国外に所在するかという点が結論に影響することがあってはならないはずである。そして現に、担当審査官解説は、本命令において違反者から販売子会社ないし販売代理店を経由して需要者にマリンホースが供給された場合にも課徴金を課したことをほぼ明言しているところ（大川＝平山・前掲72頁）、その解説のなかに、当該販売子会社ないし販売代理店が国内に所在するか国外に所在するかという点に注意を払って解説を執筆した形跡は見られない。上記批判は、杞憂であるように思われる。

　もちろん、需要者の所在地を基準とするという場合、そもそも所在地というものを観念できない需要者が登場したならばどうするか、という次の難問がある。例えば、世界中の人々が参加し独自の通貨を持つネット上のバーチャル空間での取引などは、どう扱われることになろうか。しかしそのような問題は、需要者の所在地を基準として既存の議論を整理したうえで、初めて見えてくる。議論を整理しないまま空中戦を繰り返していては、難問に気づくことすらできないであろう。

　そのような応用的難問のひとつを提起したのが、ブラウン管事件である（集東京高判平成28年4月13日〔ブラウン管MT映像ディスプレイ等〕）。

3　課徴金をめぐる解釈論・立法論

⑴　立法論

　以上で述べてきたのはあくまで、日本独禁法違反となり得るのは需要者が日本国内に所在する部分に限られる、ということである。

　国内に所在する需要者のみに着目して日本独禁法違反だとするとして、さて、日本の需要者に売らないという合意をした国外供給者に対する課徴金についてどう制度設計をするか、という点は、また別の問題である。

日本の現行法は、違反行為の対象となった売上額に算定率を乗ずるので（7条の2第1項）、国内の需要者に対する売上げが零である違反者は課徴金も零となる。

それに対し、例えばEU競争法では全く異なる考え方が採られている。例えば本件マリンホース事件において当時のEC委員会は、日本企業であるブリヂストンに対しても高額の課徴金を課している（Commission Decision of 28.1.2009, Case COMP/39406-Marine Hoses）。やはり日本企業である横浜ゴムは、本来は課徴金対象であるところ、減免申請によって全額を免除されたのであるに過ぎない。

日本とEUの違いは、EU競争法では自国所在需要者説が採られていないために生じたというわけではない。EU競争法では漠然とした種々様々の論が行き交うので、完全に断定することはできないが、基本的には、EU競争法においても、検討対象市場は自国所在需要者説によってEU所在需要者の市場とされている。

それでは、日本とEUの課徴金のこの顕著な違いをもたらすものは何か。それは、簡単に言えば、日本では検討対象市場での現実の売上額を基準とするのに対し、EUでは検討対象市場での弊害への寄与度を基準とする、という点にある。すなわち、かりにEU所在需要者に対する現実の売上額が零であっても、例えば世界シェアが大きければ、他の違反者に対する影響力が大きく違反行為への寄与度が大きかったものとみて、高額の課徴金を課する（特に前掲のEC委員会命令書 paras.429-436）。このような形で世界シェアを参考としていることが、誤解され、EUでは自国所在需要者説を採っていないと伝えられることがあるが、それは誤りである。違いは、違反要件論ではなく、課徴金の計算基準にあるのである。

(2) 解釈論

本命令のような処理に対する不満は、日本の現行法の枠内での批判というかたちをとる場合もある。すなわち、公取委は本件で「国際市場分割」を認定し国外需要者向けの供給についても共同行為を認定しているのであるから国外需要者に向けて供給した商品役務も7条の2第1項の「当該商品又は役

務」に該当するのではないか、同項には日本国内に限定する文言はないのであるから本件で公取委が外国事業者に課徴金納付命令を行わなかったのはおかしい、とする批判である。しかし、前記2(1)で見たように、公取委は「日本需要者には、日本供給者が供給し、英仏伊の供給者は供給しない」という部分だけについてしか、不当な取引制限に該当するという法的評価を行っていない。国外需要者向けについては、共同行為の存在は認定したとしても、「法令の適用」欄の市場画定を自国所在需要者説によって狭くしているため、共同行為のうち国外需要者向けの部分が不当な取引制限に該当するという法的評価をくだしていないのである。7条の2第1項にいう「当該商品又は役務」は、文理上、「不当な取引制限……で」対価に係る等の共同行為の対象となった商品役務を指すのであるから（本書92頁）、不当な取引制限としての法的評価を受けていない国外需要者向け供給が「当該商品又は役務」にあたることはないと解される。言い換えれば、課徴金対象が国内需要者向けの売上げのみに限定されるという本件の結論は、7条の2第1項の条文から直接に導かれたのではなく、自国所在需要者説による不当な取引制限の範囲の限定というものを前提とし、7条の2第1項の条文をそれにあてはめて、導かれたのである。

> 公取委審判審決平成 20 年 9 月 16 日〔マイクロソフト非係争条項〕

```
●●●●●●●●●●●●●●●●●●●●●●●●●●●●●●●●●●●●●●●●●●●
```

公取委審判審決平成20年9月16日・平成16年（判）第13号
審決集55巻380頁
〔マイクロソフト非係争条項〕

1 事例の概要

　米国に所在するマイクロソフトコーポレーション（以下「マイクロソフト」
という）は、パソコン用 OS として世界的に著名なウィンドウズをパソコン
メーカーにライセンスする際、ライセンシーであるパソコンメーカーが自己
の特許権をマイクロソフトや他のライセンシーに対して行使することを禁ず
る「非係争条項」と呼ばれる条項をライセンス契約に盛り込んでいた。本件
非係争条項には、一般的に議論される非係争条項とは異なる面があり、その
ために興味深い諸論点をもたらしている（後記 *3*(2)）。マイクロソフトの本
件非係争条項は「NAP 条項」とも呼ばれているが、本審決がこの言葉を使
っていないようであるので、本書もそれにならう。

　公取委は、本件非係争条項が昭和 57 年一般指定 13 項（平成 21 年改正後の
一般指定 12 項と同等）に該当するとして、排除措置を命ずる審判審決を行っ
た。平成 17 年改正前の手続規定が適用された事件である。審判開始決定は、
平成 16 年 9 月 1 日に行われている（審決集 51 巻 621 頁）。

　本審決が特に詳細に取り上げたのは、平成 13 年以降のライセンス契約に
おける非係争条項である。各ライセンス契約の契約期間は概ね 1 年〜 1 年半
であり、それが次々に更新されていた。マイクロソフトは平成 16 年 8 月 1
日以降のライセンス契約においては本件非係争条項を盛り込んでいないが、
それまでのライセンス契約に盛り込まれた本件非係争条項には将来的効力に
関する定めがあり、それに鑑みれば審決の基準時の時点においても違反行為

が継続しているとされた。この将来的効力については、後に詳しく触れる（後記 *4*(1)）。

本審決は、ライセンシーであるパソコンメーカーを「OEM 業者」と呼んでいるので（審決案 8 頁で定義）、以下ではその表現にならう。

2　公正競争阻害性の基本的解釈

本審決は、「公正な競争を阻害するおそれ」（公正競争阻害性）という概念の解釈に関する一般的な問題について判示している。本審決は、漠然とした可能性があるという程度で足りるという考え方は退け、他方で、具体的な競争減殺効果の発生を要するという考え方も、競争制限の弊害が現実に生ずる前の「萌芽」の段階で規制する必要性を説いて退けて、結論として、「当該行為の競争に及ぼす量的又は質的な影響を個別に判断」すべきであるとした（以上、審決案 93 ～ 94 頁）。

しかし、重要なのは結局のところ個々の事案が具体的にはどのようにして判断されるか、というところにあるのであり、上記のような論争はややもすれば言葉の遊戯に過ぎないものとなりやすい。本件での問題が、研究開発意欲を損なうか否かという漠然としたものであることも相俟って、結局のところ本審決は、「おそれ」という文言を最大限に活用して公取委が勝ちを拾った事例である、という印象を受ける（同種の指摘として、栗田誠・本審決評釈・ジュリスト 1367 号（平成 20 年）97 頁）。

なお、以下で問題となる技術取引市場のほかに、審査官はパソコン市場（つまりパソコンという製品の市場）での弊害の発生も主張したが、本審決は、上記のような判断基準に従い、「証拠は十分とはいえない」としている（審決案 133 ～ 134 頁）。尤も、もともと、この審査官の主張に対しては、審判開始決定書に明記されていないという反論が提起されていたところであり（審決案 81 ～ 82 頁）、現に明記されていないように見える（審決集 51 巻 625 頁）。

3 本審決の事案および立論構造の特徴

(1) 非係争条項に関する一般的議論

通常の一般的文脈における「非係争条項」とは、公取委の知的財産ガイドラインによれば、「ライセンサーがライセンシーに対し、ライセンシーが所有し、又は取得することとなる全部又は一部の権利をライセンサー又はライセンサーの指定する事業者に対して行使しない義務を課す」ような条項であるとされている（知的財産ガイドライン第4の5(6)）。

そして、そのような義務を課す行為により、「ライセンサーの技術市場若しくは製品市場における有力な地位を強化することにつながること、又はライセンシーの権利行使が制限されることによってライセンシーの研究開発意欲を損ない、新たな技術の開発を阻害することにより、公正競争阻害性を有する場合には、不公正な取引方法に該当する」とされている（やはり知的財産ガイドライン第4の5(6)）。クアルコムに対する排除措置命令においても、同様の枠組みが採られている（公取委命令平成21年9月28日〔クアルコム〕排除措置命令書理由第1の2(3)）。

以上のような考え方は、本審決が引用している旧ガイドラインと実質的には全く同旨である。本審決が旧ガイドラインを引用していることについては後述する（後記*6*(2)）。

(2) 本件非係争条項の特徴

本件で問題となったマイクロソフトの非係争条項は、知的財産ガイドラインの記述から通常の感覚で想像されるものとは、いくつかの重要な点において異なっている。本件の各ライセンス契約の時期によって若干の差はあるが、概ね以下のように言える（審決案24〜26頁）。

第1に、非係争義務の対象となるライセンシーの特許権の範囲である。本件非係争条項は、「OEM業者が、現在保有しているか、又は契約の終了前までに取得する世界中における特許権のみ」を「OEM業者の特許」と呼ん

で、これを対象としている（契約書の原文は英語のようであるが、審決案は契約条項の日本語表現しか示していないため、以下では審決案の日本語表現が原文であるかのように論じていく）。上記のように知的財産ガイドラインも「全部又は一部」と言っているわけではあるが、契約の終了後に取得する特許権は全く含まないという内容であることは、頭に入れて検討する必要がある。

第2に、特許権行使が禁止される対象侵害物品の範囲である。本件非係争条項は、簡単に言えば、マイクロソフトがOEM業者にライセンスしたウィンドウズを「対象製品」と呼んで、対象としている。つまり、マイクロソフトや他のライセンシーがウィンドウズ以外の製品においてOEM業者の特許権を侵害していたならば、OEM業者は自身の上記「OEM業者の特許」を行使してもよい、ということである。

以上を要するに、本件非係争条項は、図のⅠ（灰色で着色した部分）だけしか対象としていない。知的財産ガイドラインの記述が、何らの限定を付さず、Ⅰ～Ⅳの4つのブロック全てが対象となることを前提としているように見えるのとは、大きく異なっている。

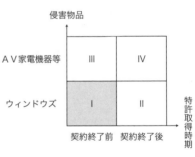

このように、上記の2つの特徴すなわち「対象特許権の限定」と「対象侵害物品の限定」が、本審決の重要な論点を形作っているのであり、本書では後記4の(2)と(3)に分けて詳細に論ずる。

(3) 本審決の論理構造の特徴

ところで、既に引用したように、知的財産ガイドラインによれば、「ライセンサーの技術市場若しくは製品市場における有力な地位を強化することにつながること」または「ライセンシーの権利行使が制限されることによってライセンシーの研究開発意欲を損ない、新たな技術の開発を阻害すること」のいずれか一方の根拠によって公正競争阻害性を示しても、よいとされているように見える。後者の「研究開発意欲」とは無関係に前者の「地位強化」がもたらされる場合としては、例えば、ライセンシーの過去の有力な特許権

公取委審判審決平成 20 年 9 月 16 日〔マイクロソフト非係争条項〕

がライセンサーに召し上げられることによってライセンシーの地位が弱体化
する、という事例が考えられる。

しかし本審決は、研究開発意欲が損なわれる蓋然性があることを示したう
えで、それによって OEM 業者の地位が低下しマイクロソフトの地位が強化
される、という論理構造を採っている（審決案 113 〜 133 頁、特に 127 〜 133
頁）。この背景には、本件審判手続において研究開発意欲の問題を中心に審
理してきたという手続的な事情もあったのかもしれない（本件審判開始決定
書も、明示的には、研究開発意欲の問題だけに触れている（審決集 51 巻 625 頁））。
この点で、本審決の審理過程は、研究開発意欲の問題と地位強化の問題の両
方に触れたクアルコム排除措置命令（排除措置命令書由第 1 の 2(3)）とは、
異なっている。そのようなわけで、ともあれ以下では、本審決の以上のよう
な論理構造を前提として、研究開発意欲の問題に焦点を当てて検討を進める。

なお、本審決は、前記 2 のような公正競争阻害性が満たされるためには、
研究開発意欲が損なわれる「高い蓋然性」が必要であるという考えをもとに
立論を進めているようにも見える（審決案 96 頁の中核的一般論に「研究開発意
欲が損なわれる蓋然性が高く」という表現が登場し、その後、「研究開発意欲が損
なわれる高い蓋然性」という表現が頻出する）。しかし、この表現が注意深く貫
徹されているわけでもない（例えば、審決案 124 頁）。以下では、単に「研究
開発意欲が損なわれる蓋然性」などと表記する。

4 研究開発意欲が損なわれる蓋然性の有無

(1) はじめに

以上のように問題は整理されるので、以下では、研究開発意欲が損なわれ
る蓋然性の有無を、本件非係争条項の 2 つの特徴、すなわち、「対象特許権
の限定」と「対象侵害物品の限定」の 2 つの特徴のそれぞれがもたらす論点
に照らしながら、見ていくこととする。

なお、その際、「本件非係争条項の将来的効力」が随所に顔を出すことにな
る。本審決によると、将来的効力は次の 2 つの要素から成る（審決案 38 〜 40

310

頁）。第1に、「『ライセンス対象製品』に係る特許権侵害について、『ライセンス対象製品』を搭載したパソコンの出荷をやめてから3年を経過するまでの間は、特許権侵害訴訟の提起等をすることができない」。第2に、「『ライセンス対象製品』に含まれている特徴及び機能が、『ライセンス対象製品』の将来製品、交換製品又は後継製品に承継されている場合には、当該特徴及び機能は……『ライセンス対象製品』とみなされ」る。上記第1は、当該契約期間にライセンスされていたウィンドウズそのものに関する契約終了後の扱いを規定したものであり、上記第2は、契約期間終了後にあらわれる新しいバージョンのウィンドウズを念頭に置いて規定したものである、と理解される。

(2) 対象特許権の限定がもたらす論点

(a) 平成16年7月31日以前

さて、契約終了前にOEM業者が取得した特許権しか対象としない本件非係争条項が、いかなるメカニズムで研究開発意欲を損なうことになるのであろうか。もちろん、契約期間中に特許権を取得しようとする意欲は損なうかもしれない。しかし、本件に登場した各契約の期間は1年〜1年半である（審決案25〜26頁）。契約期間が終了すれば研究開発を遠慮なく行えそうであり、短い契約期間の間に研究開発を進めても、特許権取得が契約終了後であればよいようにも見える。

結局、この観点から重要なのは、本審決の、「OEM業者は、現実にも、パソコンAV技術についてウィンドウズシリーズに取り込まれる可能性を認識しつつ、パソコンAV技術を開発しなければならない状況にあった」という認定である（審決案115頁）。本審決の論理は、つまり、研究開発意欲を損なったのは、研究開発意欲が損なわれたとされる当該期間中の契約の非係争条項ではなく、将来の契約の非係争条項である、ということなのであろう。OEM業者は将来的にもマイクロソフトとウィンドウズのライセンス契約を更新せざるを得ないのであって、しかもその将来のライセンス契約にも本件非係争条項が盛り込まれるであろうことが想像に難くなく、将来のウィンドウズにはOEM業者の新たな研究開発成果が次々と取り込まれていくで

あろうと予測されるので、現在の研究開発意欲が損なわれた、ということである。

なお、本審決には、上記「将来的効力」によって対象特許権の範囲が拡張される、と述べる部分がある。確かに、当初契約時のウィンドウズには用いられていなかった技術が、「将来的効力」条項にいう「特徴及び機能」の範囲内で、将来のウィンドウズに取り入れられたならば、当該技術に係る特許権も本件非係争条項の適用対象となる。そのことを、契約期間中から予測して、研究開発意欲を損なう、ということも、あり得なくはないかもしれない。しかしここで注意すべきは、契約終了後に取得された特許権であれば、そのような「将来的効力」の対象とはならない、ということである。本審決の記述は、契約終了前に取得される特許権のなかで範囲が広がるという問題と、契約終了後に取得される特許権にまで範囲が広がるという問題とを、明確に切り分けておらず、種々の誤解を招きやすいもののように思われる。

(b) 平成 16 年 8 月 1 日以降

それでは、本件非係争条項が盛り込まれていないライセンス契約が結ばれるようになった平成 16 年 8 月 1 日以降の時点でも、研究開発意欲は損なわれる蓋然性があるのか。

将来においても本件非係争条項の盛り込まれたライセンス契約を締結せざるを得ない、という点に研究開発意欲が損なわれる蓋然性の最も重要な根拠を見出す上記のような見方からすれば、平成 16 年 8 月 1 日以降の時点では、およそ研究開発意欲が損なわれる蓋然性はないことになる（この見方を徹底すれば、8 月 1 日ではなく、マイクロソフトが同年 2 月 20 日ころ固めた本件非係争条項の削除の方針（審決案 38 頁）が OEM 業者に知られるようになった時点から蓋然性は消滅することにもなりそうに見えるが、ここでは措く）。

本審決も、その点には気づいていたものと思われ、平成 16 年 8 月 1 日以降については、趣向を変えた理由づけに転じた（審決案 120 ～ 126 頁）。縷々述べてはいるものの、つまり以下のような論旨である。すなわち、OEM 業者は平成 16 年 7 月 31 日までに取得した特許権をマイクロソフトに召し上げられているのであって、その時期に取得した中核技術に基づいて平成 16 年 8 月 1 日以降に改良特許権を取得したとしてもたかだか当該改良特許権の部

分についてしかロイヤリティを回収できず中核特許権についてはロイヤリティを得ることができないのであるから、平成16年8月1日以降における研究開発意欲も損なわれる蓋然性がある、というのである。そして、この論旨は、本件非係争条項の将来的効力に関する「特徴及び機能」という曖昧な文言によって、召し上げられる中核技術が際限なく拡張していく可能性がある、という指摘によって、補強されている。

　本当に、以上のように言えるのであろうか。例えば、世の中一般において、他人の中核技術を前提とした改良発明というものは活発に行われているのではないだろうか。そして、そのような改良発明を行う者が中核技術についてロイヤリティを受け取ることはできるはずもないと思われる。そうであるとすれば、自己の中核技術をマイクロソフトに召し上げられたOEM業者が、そのゆえをもって直ちに、将来に向けた研究開発意欲を損なう蓋然性があるとは、言えないのではないか。なお、繰り返しになるが、「特徴及び機能」という文言がいかに曖昧であっても、それによって対象特許権の範囲が拡大するのは、たかだか平成16年7月31日以前に取得された特許権の範囲内にとどまる。

(c) 小　括

　結局、本審決の本音は、研究開発意欲が損なわれる蓋然性があるから問題だ、というのではなく、既に研究開発意欲が発揮され発明がされて既に取得された特許権がマイクロソフトに召し上げられたことそれ自体が問題だ、というところにあるように思えてならない。前記 *3*(3)で見たように、手続的な障害があったのかもしれないが、本審決は、本音と建前を使い分けているために、極めてわかりにくいものとなっているように思われる。

(3)　対象侵害物品の限定がもたらす問題

(a)　市場が重畳する場合の反競争性

　OEM業者が特許権行使を禁ぜられる対象侵害物品を、ライセンスされたウィンドウズに限定している本件非係争条項は、本当に研究開発意欲を損なう蓋然性を持つのか。

　ここで登場するのが、本件で問題となっている技術を用いて製造される、

パソコン以外の製品群、とりわけAV家電機器である。本審決は、「パソコンAV技術」に関する研究開発意欲を問題としたのであるが、「パソコンAV技術」はAV家電機器にも使えるのであるから、そのような技術を研究開発し特許権を取得した者はAV家電機器についてロイヤリティを得ることができるのであり、そうであるとするならば研究開発意欲を損なう蓋然性はないのではないか、という論点である。

　独禁法の世界には、次のような一般的な考え方が定着している。すなわち、小さな市場で見かけ上は反競争性が生ずるように見えても、大きな市場において競争が活発に行われており、そのために小さな市場での反競争性の発生が妨げられているなら、実際には小さな市場でも反競争性は生じない、というものである。私が繰り返し使っている架空の例をここでも用いるならば、東海道新幹線は飛行機嫌いの客に対して独占的地位にあるけれども、鉄道でも飛行機でもよいという客については東海道新幹線は航空会社と競争しており、しかも、東海道新幹線は飛行機嫌いの乗客と飛行機でもよいという乗客とを区別して取引条件に差をつけることができないので、鉄道による東京大阪間の移動という小さな市場では、鉄道に限られない東京大阪間の移動という大きな市場での競争に守られるため、反競争性は発生しない、ということになる。この考え方は、特に企業結合事案において、公取委によっても繰り返し用いられている（例えば、集平成17年度企業結合事例8〔ソニー・日本電気〕）。

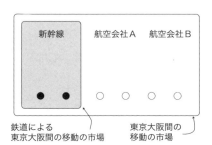

　本審決が言及している私の意見書は、この一般的な考え方が、事実認定しだいでは、本件にも応用可能であることを論じたものである（審決案117頁）。マイクロソフトの主張は、この考え方を本件にあてはめ、研究開発者にとってはパソコンAV技術とAV家電機器のための技術とは区別できないので、AV家電機器のための技術の研究開発が活発に行われれば、とりもなおさずパソコンAV技術の研究開発も活発に行われることになる、とするものであった。

これに対し本審決は、「しかしながら、パソコンAV技術がAV家電機器にも利用される技術であり、パソコンAV技術が利用される可能性のあるAV家電製品の市場規模が巨大であったとしても、パソコン市場において当該技術を利用でき

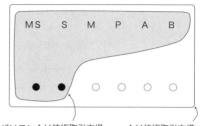

なくなる可能性があることは、そのような可能性が存在しない場合に比べて、事業者の研究開発資金の投入の程度に差異が生じるであろうことは当然予想されるところであり、OEM業者のパソコンAV技術の研究開発意欲が損なわれる蓋然性を覆すものとはならない」と述べた。これを補強するため、マイクロソフトが提出した証拠（審第162号証の4）を逆に用いて「パソコンAV技術に係るパソコン市場の市場規模は、約1.6兆円であり、AV家電機器市場の市場規模である約2.3兆円に比べても相当程度の大きな市場規模を有する」と認定するなどしている（以上、審決案117～119頁）。

　そしてこの考え方の前提として、「一般的に、事業者が技術の研究開発の意欲を損なうとは、当該技術についての資本の投下を減縮することを意味するものであり、これにより、当該技術分野における研究開発が不活発となり、新規技術や改良技術の開発の停滞をもたらすおそれが生じる」という認識が示されている（審決案115頁）。

　しかし、知的財産保護を強化すればするほど資本が投下されるようになり、資本を投下すればするほど研究開発意欲が活発化する、という認識は、果たして正しいのであろうか。上記の論理は、つまり、製品ベースで約2.3兆円の規模の技術取引を奪い合わなければならないという状況にあっても、さらに加えて製品ベースで約1.6兆円の規模の技術取引に与れないのであれば、活発な研究開発意欲は期待できない、というのである。世界的に盛んな議論が行われている著作権の保護期間について、「現在死後50年も保護されているところ、更にそれを延長することによりその分だけ著作者の創作意欲が増大するとも思えない。仮に明治時代における保護期間（当時は死後30年）がより長かったならば、漱石や鷗外の創作意欲はより一層増大し、後世により

多くの作品を残したであろうか」という有力な主張がされている（中山信弘『著作権法』（有斐閣、平成19年）343頁（平成26年の第2版では449頁））。これは、ひとり著作権保護期間だけの問題ではなく、全ての創作や研究開発に当てはまる理であろう。事案ごとの状況を見ることなく、知的財産保護を強化すればするほど資本が投下されるようになり、資本を投下すればするほど研究開発意欲が活発化する、という一律の認識を持つことは、危険であり、公取委にとっても、知的財産ガイドラインに示された数々の見解との整合性を問われることになるように思われる。

(b)　市場画定

ともあれ、本審決は以上のような認定と相俟って、本件で反競争性の成否を問うべき検討対象市場は「パソコンAV技術取引市場」である、としている（審決案127頁）。

上記の一般的な考え方においても、大きな市場のほかに小さな市場が成立することは前提とされており、ただ、所定の条件を満たすならば小さな市場での反競争性は生じないから独禁法違反とならない、というものであった。したがって、「パソコンAV技術取引市場」が成立することそれ自体には、私としては異論のないところである。

なお、「技術取引市場」か「研究開発市場」か、という議論がされる場合があるが、あまり意味のある議論ではない。有体物の商品に譬えれば、技術は「製品」に相当し、研究開発は「製造」に相当する。「製品取引市場」というのが正しいか「製造市場」というのが正しいか、などという議論は、あまり聞いたことがない。「製品取引市場」＝「技術取引市場」で勝ち抜くために、製造＝研究開発の競争も行うのであろう。

5　「不合理」「余儀なくされていた」の認定

ところで本審決は、実は、以上のような検討に先立ち、優越的地位濫用の認定をしているかのような論述を行っている。

まず、「本件非係争条項の不合理性について」と題する論述を行って、「本件非係争条項は……OEM業者と被審人間の均衡を欠いた不合理なものであ

る」と結論づけている（審決案100〜106頁）。非係争条項が存在した分だけロイヤリティが安くなったという可能性があるのではないか、などといった疑問が考えられるが、本審決はその点には十分に答えず上記のように断じた。

さらに、「OEM業者は、本件非係争条項が付された直接契約の締結を余儀なくされていたか否かについて」と題する論述を行って、それを肯定する結論を導いている（審決案106〜113頁）。ウィンドウズのライセンス契約には、OEM業者が結んでいるような「直接契約」と、システムビルダーと呼ばれる事業者らが結んでいるような「間接契約」とがある。本件非係争条項は、直接契約にしか盛り込まれていない（以上、審決案7〜14頁）。本審決は、OEM業者にとっては「直接契約」しか意味をなさない、と判断した。

「不合理性」に関する判示は「濫用」の認定に相当し、「余儀なくされていたか否か」の判示は「優越的地位」の認定に相当する。

以上のような判示をしたにもかかわらず優越的地位濫用に該当するとの結論を導かなかった背景には、審判開始決定が昭和57年一般指定13項のみを掲げていたので手続的な障害がある、外国からも注目される事件には優越的地位濫用という構成を用いにくいという発想も根強い、など、さまざまな事情があるのかもしれないと想像される。昭和57年一般指定13項を適用するのであればこのような判示は不要ではないか、という指摘に対しては、過去の審判指揮によってこの争点を取り上げてしまったので審決案に採録せざるを得なかった、などといった事情があるのかもしれないと想像される。もちろん、「余儀なくされていた」という認定があれば、「拘束」の認定を支える大きな助けとなるが、そのためであるとすれば、「不合理」と「余儀なくされていた」をあわせて認定するのは少々過剰であろう。

「不合理」および「余儀なくされていた」の認定は、つまるところ、OEM業者の地位の低下とマイクロソフトの地位の強化の認定へと繋がっている（審決案130〜131頁）。このように見ると、前述したように（前記4(2)(c)）、本審決の本音はOEM業者の過去の特許権をマイクロソフトが召し上げたことそれ自体に向けられていたのではないか、という疑問に、結局は収斂していくようである。本審決主文2項が、特許権の取得時期の如何を問わず、全ての特許権について「将来的効力」から解放すべきことを命じているように

見えることは、そのような本音をまさに赤裸々に示すものであるように思われる。

6 旧ガイドラインの参照

　本審決は、審決時に通用した知的財産ガイドラインでなく、知的財産ガイドラインの策定とともに廃止された特許ノウハウガイドライン（公正取引委員会「特許・ノウハウライセンス契約に関する独占禁止法上の指針」（平成11年7月30日）第4の3(6)）を引用している（審決案95～96頁）。審決時の公取委の法解釈を支える資料としては、あるいは、審決時のガイドラインが優れているかもしれない。それにもかかわらず本審決が旧ガイドラインを引用した背景には、行政当局の考え方であるとして行為当時に流布していた考え方に反する基準によって行政当局が立件するのは好ましくないという配慮（東京高判平成8年3月29日〔東京もち〕（判時1571号53頁））や、当事者が審判手続において旧ガイドラインを前提として攻撃防御を行ってきたことへの配慮（本審決に関する平成20年9月18日付公表文によれば最後の審判期日は平成19年8月6日である）などが、あるものと思われる。知的財産ガイドラインと特許ノウハウガイドラインとの間には、非係争条項をめぐっては、実質的な差異はない。

```
公取委命令平成20年10月17日・
平成20年（措）第17号・平成20年（納）第44号
審決集55巻692頁・754頁
〔溶融メタル等購入談合〕
```

1 事例の概要

地方公共団体が売却する「特定溶融メタル等」の購入について、入札談合が行われた。

違反者とされた事業者の数は6であるが、地方公共団体から購入している実質的競争単位は、三菱マテリアルおよび同社の子会社であるマテリアルエコリファイン、DOWA グループ、ならびに、日鉱環境、の3ないし4である。DOWA グループについて後記 4(2)で見るところを含めて図を描けば、次のようになる。

命令と同日の減免対象者公表欄によれば、エコシステムジャパンが「免除」、DOWA ホールディングスが「※」、三菱マテリアルが「30%」減額、とされ、「※」について、「DOWA ホールディングス株式会社は、違反行為者であるものの、法第7条の2第1項の規定による課徴金を納付すべき事業者に当たらなかった者である」とされている。

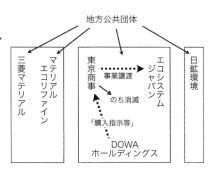

課徴金納付命令は三菱マテリアルとマテリアルエコリファインが受けており（命令日の公表文別表または審決集754頁）、排除措置命令はその2社と日鉱環境が受けている。

2 購入側の不当な取引制限に対する課徴金

　本命令は、検討対象市場における需要者の側すなわち購入側が不当な取引制限を行った場合にも課徴金を課せるようにした平成17年改正（7条の2第1項に「購入額」をめぐる括弧書を付加）の初めての適用例である。

3 市場画定

　本命令は、地方公共団体の廃棄物処理施設において発生する溶融メタル等（一般名称）のうち、「銅及び金、銀等の貴金属の製錬用原料として用いられるもの」のみを指して「溶融メタル等」と呼び（排除措置命令書1頁、同別紙）、この語を用いて市場を画定している（排除措置命令書6頁）。これは、自社や子会社等が製錬所をもっている本件関係人が購入する高品位のものと、製錬所をもっていない者が購入する低品位のものとがある点などを踏まえ「客観的に画定された取引分野であるとみられる」という（田辺治＝相樂寧則＝繁沢良・本命令審査官解説・公正取引700号（平成21年）55頁）。

　本命令では購入競争が問題となっているのであるから、市場画定は供給者から見た需要者の選択肢の範囲によって行われることになる。供給者が高品位のものを供給しようとする場合と低品位のものを供給しようとする場合とでは選択肢となる需要者の範囲が異なるから、高品位のものだけで独立の市場が画定される、ということであろう。

　そしてそのような市場が「客観的に画定された」という。その正確な真意は定かではないものの、読み方によっては、違反者らが高品位のものに限定して合意をしていたからそのように市場画定をしたというよりは、以上にみたような需要者の範囲に関する客観的情報に照らして市場画定をしたのだ、という趣旨にも見える。「合意の範囲＝市場」だという伝統的定式との関係で、興味深い（本書231〜232頁）。

　ところで、本命令では、日立市清掃センターおよび香川県直島環境センター中間処理施設に関するものを除いたものが「特定溶融メタル等」と呼ばれ、

対価に係る違反行為は特定溶融メタル等について行われたと認定されている（排除措置命令書4〜5頁）。「法令の適用」欄での市場画定では単に「溶融メタル等」とされており、その真意は定かではないが、いずれにしても、対価に係る違反行為が特定溶融メタル等について行われたのである以上、7条の2第1項の「当該商品又は役務」には、文理上、特定溶融メタル等のみが該当する。

4 グループによる違反行為

本件では、グループが絡む共同行為が問題となっており、種々の議論の素材を提供している。

(1) グループ内の会社同士の競争停止

親子会社・兄弟会社等のみによる競争停止行為が不当な取引制限に該当して独禁法違反といえるかについては、大いに疑問のある事例が存在する。しかし本件では、親子会社等のグループの外の競争者とも手を組んでいたというのであるから、ともに溶融メタル等の購入事業を行う親子会社である三菱マテリアルとマテリアルエコリファインとがいずれも違反者とされても、何ら問題はない（以上について、本書282〜283頁）。

(2) 違反者・課徴金納付義務者は誰か

本件でのDOWAグループは、違反者・課徴金納付義務者は誰か、という観点から、興味深い素材を提供する。

DOWAグループでは、平成16年3月31日までは東京商事が地方公共団体から溶融メタル等を購入していた。同年4月1日以降はその事業をエコシステムジャパンが譲り受け、違反行為も同日に引き継がれている。東京商事とエコシステムジャパンはいずれもDOWAホールディングスの子会社である。DOWAホールディングスは、東京商事またはエコシステムジャパンから溶融メタル等を購入して非鉄金属を製造する事業を営んでいた。DOWAホールディングスは、東京商事に対して溶融メタル等の「購入指示等」（排

除措置命令書4頁で「購入の指示及び購入価格の決定等」と定義）を行っていたが、エコシステムジャパンに対しては「購入指示等」は行っていない。東京商事は、平成17年に清算が結了している。

さて、企業グループ内で誰が違反者となるか、については、結局は関与の有無が決め手となる（本書121～127頁）。

DOWAホールディングスは、地方公共団体から購入する事業を自ら行っていたわけではないが、当該事業を行う東京商事に対して上記の「購入指示等」をしていた。本命令は、この点を強調することにより、DOWAホールディングスを違反者としている。この見方を裏付けるように、本命令は、エコシステムジャパンに対しては「購入指示等」をしていないと述べ（排除措置命令書5頁）、東京商事が当該事業を終えた平成16年3月31日にDOWAホールディングスの違反行為も終了したとしている（排除措置命令書4頁）。以上のようにDOWAホールディングスは、「購入指示等」という名の関与を根拠として、共犯理論のアナロジーによって違反者とされた。自らの事業活動について拘束を受けたわけではないのであるから、「縦の共同行為」論によって違反者とされたのではない（本書67～68頁）。

地方公共団体から購入する事業を自ら行っていた東京商事については、本命令は、東京商事が合意参加者であるということを記して違反者とした（排除措置命令書4～5頁）。

このような場合に、東京商事が違反行為を行っていた時期に係る課徴金納付義務が、東京商事とDOWAホールディングスのいずれに発生するのか、という点は、興味深いところである。

結論としては、いずれも命令を受けていない。その理由は、東京商事が違反行為を行っていた時期は、購入側の不当な取引制限をも課徴金対象とする平成17年改正の施行日（平成18年1月4日）より前であったことをはじめ（平成17年独禁法改正法附則4条）、3年の除斥期間（平成21年改正前の7条の2第21項）、東京商事の消滅など、幾重にも考えられる。

(3) グループ減免申請

本件は、減免制度において事業者ごとの減免申請しか認められず事業者ご

とに順位が付けられる場合の諸問題が表面に出た一例でもある。命令時に存在する2社のいずれもが違反者とされたDOWAグループが減免枠の2つを占め、三菱マテリアルグループは親会社しか減額を受けることができなかった（平成21年改正前の事件であるため減免枠は3つであった）。

　この種の不都合を解消するため、平成21年改正によりグループ減免申請の制度が導入された（7条の2第13項）。しかし、本件のDOWAグループのような場合には適用できないと思われる。なぜなら、DOWAホールディングスとエコシステムジャパンは、同時に共同行為をしていたわけではないから同項2号を満たさず、DOWAホールディングスがエコシステムジャパンに事業譲渡をしたわけではないから同項3号も満たさないからである。原因は、同項において両者の紐帯となるべき東京商事が消滅しておりグループ減免申請に参加できない点にある。目前の問題は解釈や事実認定で解決できる場合もあろうが、そもそもの根本には、あまりに細かく法律に規定しようとし過ぎる、という問題があるようにも思われる。

公取委公表平成20年12月3日 〔BHP ビリトン・リオティント I〕

1 事例の概要

　豪州に拠点を置き、鉄鉱石や石炭などを採掘し販売する BHP ビリトンが、やはり豪州の鉄鉱石や石炭などを採掘し販売するリオティントの発行済株式の全てを取得することを計画し、その旨を平成19年2月6日に公表した。

　公取委は、この株式取得計画には「海上貿易によって供給される鉄鉱石及びコークス用原料炭の取引分野における競争を実質的に制限することとなる疑い（独占禁止法第10条第1項の規定に違反する疑い）」があると見て、「平成20年7月末から独占禁止法の規定に基づいて審査を行ってきたところ、同年11月27日、BHP ビリトンが本件株式取得計画を撤回する旨を公表したため、同年12月2日、本件審査を打ち切ることとした」。

　本件については、日本の公取委のみならず他国の競争当局、とりわけ EC 委員会（リスボン条約発効後の欧州委員会に相当）が、調査を行い、命令の事前手続と位置づけられる異議告知書（Statement of Objections）を発出したとされるが（2008年（平成20年）11月4日の BHP ビリトンの公表文）、本件株式取得計画の撤回を受けて、EC 委員会も調査を打ち切った（2008年（平成20年）11月26日の EC 委員会の公表文）。本件株式取得計画の撤回が、EC 委員会等の競争当局の本件への対応状況に配慮したものであるのか、それとも同年秋以降の世界的な経済情勢の悪化に起因するものであるのか、などは、定かではない。

　本件に関係する時期の欧州の競争法は、2009年のリスボン条約発効前の

ものであり、「EC 競争法」が「EC 委員会」によってエンフォースされていた。リスボン条約発効後は「EU 競争法」が「欧州委員会」によってエンフォースされているが、本件については「EC 競争法」「EC 委員会」と表記する。

なお、BHP ビリトンとリオティントをめぐっては、平成 21 年以降、両社による鉄鉱石生産の合弁計画が話題となった（集平成 22 年度企業結合事例 1〔BHP ビリトン・リオティント Ⅱ〕）。

2 国際事件・市場画定・反競争性

(1) 前　提

本件については、日本公取委においても EC 委員会においても、違反の成否に関する具体的な検討結果は公表されていない（EC 委員会の異議告知書は、公表されていない）。しかし、鉄鉱石等の分野に関する EC 委員会の過去の事例を参照し、本件での各競争当局の立場をも推測するならば、今後のためにも有益な理論的分析が一定範囲において可能である。以下では、それを論ずる（本件の背景にある事実関係等について詳しくは、川合弘造「域外企業の企業結合に対する日本の独占禁止法の適用」NBL 905 号（平成 21 年）47 ～ 51 頁）。

公取委の公表文にもあるように、本件では少なくとも「鉄鉱石」と「コークス用原料炭」が登場し、諸資料によれば「鉄鉱石」はさらに「塊鉱（lump）」や「粉鉱（fine）」などに分かれるようであるが、本稿との関係では単に大雑把に「鉄鉱石」という言及をするのみで十分であるので、以下ではそのようにする。

鉄鉱石は、豪州とブラジルにおいて多く採掘される。

鉄鉱石の主な需要者は、高炉によって鉄鋼を生産する鉄鋼メーカーである。

(2) EC 委員会における過去の鉄鉱石事例

EC 委員会においては、過去に、主にブラジルで鉄鉱石を採掘し販売する事業者が関係する企業結合が論ぜられ、違反なしとの結論が得られたことが

ある（Case No COMP/M.2420 - Mitsui/CVRD/Caemi（2001）; Case No COMP/M.3161 - CVRD/CAEMI（2003））。

それらにおける検討対象市場の画定においては、まず、港から海上で輸送するための施設を持たない鉄鉱石供給者が除外され、「海上貿易」のみが検討対象とされている（Mitsui/CVRD/Caemi, paras.146-149）。

そして、検討対象市場は、「世界海上貿易市場」であるとされている（Mitsui/CVRD/Caemi, paras.150-164; CVRD/CAEMI, paras. 17-19）。その根拠となる重要な考慮要素として掲げられているのは、鉄鉱石の価格決定において、「ベンチマーク方式」、すなわち、いずれかの供給者といずれかの需要者の間で価格が妥結すれば当該価格が世界中の海上貿易鉄鉱石価格に影響するという方式が存在する、という事実である（Mitsui/CVRD/Caemi, para.160; CVRD/CAEMI, para.19）。

すなわち、こういうことであろう。EC 所在需要者（EC 所在の高炉鉄鋼メーカー）からみて鉄鉱石の供給者の範囲を画定すると、ブラジルの鉄鉱石供給者が非常に大きな割合を占める。そこだけを見れば、ブラジルを舞台とする当該企業結合は禁止されるべきであるように見えるかもしれない。しかし、「ベンチマーク方式」によって実際には世界的に統一的な価格が形成されている。そこでは、EC から地理的に近くはない豪州の鉄鉱石の存在も無視し得ないこととなる。したがって、EC 所在需要者からみて選択肢に入るか否かは捨象して、「世界海上貿易市場」を観念し、当該企業結合が「世界海上貿易市場」での価格決定に影響を及ぼすか否かを検討する。そこにおいては、豪州等の鉄鉱石の存在などもあり、市場支配的状態が生じない。そこで、ブラジルでの企業結合は EC 競争法に違反しない、という結論に至る。

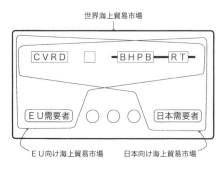

何らかの事情により世界的に統一的な価格が形成されている場合に、当該企業結合が当該世界的価格形成に影響を及ぼさないならば、国内競争法の企業結合規制においても当該企業結合を容認する、という考え方

は、既に日本の諸事例や企業結合ガイドラインにも取り入れられていた（例えば、集平成17年度企業結合事例8〔ソニー・日本電気〕）。このとき、EC委員会のように、検討対象市場は世界市場である、という表現をすることもひとつのレトリックではあるが、厳密かつ論理的に表現するなら、「競争法上の検討対象市場は自国に所在する需要者のみを需要者とする市場であるが、ただ、同市場における反競争性の成否が『世界市場』における反競争性の成否と一致するので、便宜的に『世界市場』での反競争性の成否を主に検討したもの」ということになろう。

　ともあれ、短く言えば、EC委員会における過去の鉄鉱石事例は、「ベンチマーク方式」に言及することによって世界市場に注目し、違反なしとの結論を導いたものであった。

(3)　本件において想定されるEC競争法上の論理

　BHPビリトンとリオティントをめぐる本件においてEC委員会の見解が公表されたわけではないが、この企業結合計画をもし問題視するのであればどのような論理となったであろうかということを、上記の過去の事例から論理的に想像することはできる。

　本件は、ブラジルでなく豪州の鉄鉱石をめぐる企業結合事件であり、EC所在需要者にとって豪州の鉄鉱石の輸入比率はさほど大きくはないと思われるため、そこだけを見れば、本件株式取得計画はEC所在需要者に対して弊害を及ぼさないかのようにも見える。

　しかしここでやはり、上記の「ベンチマーク方式」が、上記とは逆の方向で、意味を持つ可能性がある。かりにEC所在需要者にとって実際に豪州から輸入する鉄鉱石が多くないとしても、本件株式取得計画によって豪州の鉄鉱石の供給が単独事業者にほぼ集中することとなって、「世界海上貿易市場」における反競争性が生じ世界的な統一的価格が高くなるとすれば、それが結局はEC所在需要者にも影響を及ぼすことになる。過去の事例では、「ベンチマーク方式」が違反なしという結論を支える方向で作用したのであるが、本件では、同じ「ベンチマーク方式」が違反ありという結論を支える方向で作用する可能性がある。統一的な価格が形成されているという事情は、この

公取委公表平成 20 年 12 月 3 日〔BHP ビリトン・リオティント I〕

ように、違反ありという認定を支える可能性もあるわけである。

なお、過去の事例において「世界海上貿易市場」での反競争性が生じない とされたのは、まさに豪州において複数の供給者が存在することに起因する 面が大きかったと思われるのであり、そうであるとすれば、本件において豪 州の供給者が結合したならば「世界海上貿易市場」において反競争性が生ず ると判断することは、論理的に矛盾するものではない。

⑷ 本件において想定される日本独禁法上の論理

日本公取委が日本独禁法に基づいて本件株式取得計画を違反ありと結論づ けようとしたと仮定するならば、その際に採られると想定される論理は、以 上の検討によって容易に想像することができる。日本独禁法が主に念頭に置 くべき日本所在需要者（日本に所在する高炉鉄鋼メーカー）にとっては、EC 所在需要者の場合とは逆に、地理的に見て豪州の鉄鉱石の存在感が非常に大 きい。そうであるとしても、確かに、「ベンチマーク方式」が存在する以上 は、「世界海上貿易市場」の状況を無視することはできないのであるが、し かしそれでも、上記のように、豪州の鉄鉱石供給者の結合によって反競争性 が起こる可能性は大きい。

以上のような論理は、日本に所在する需要者の市場のみに日本独禁法を適 用できるという自国所在需要者説の立場からは、「検討対象市場はあくまで 日本に所在する高炉鉄鋼メーカー向けの海上貿易市場であるが、ただ、同市 場における反競争性の成否が『世界海上貿易市場』における反競争性の成否 と一致するので、便宜的に『世界海上貿易市場』での反競争性の成否を主に 検討したもの」ということになる。しかしもちろん、そのような表現・論理 展開を受け入れず、「世界海上貿易市場」そのものが検討対象市場であると 述べる向きもあろう。公取委公表文の、「海上貿易によって供給される鉄鉱 石及びコークス用原料炭の取引分野における競争を実質的に制限することと なる疑い」という表現は、調査打切りを公表する資料であるためあまり厳密 な文書とする必要はないという事情もあって、このあたりを曖昧に表現した ものだと受け止めることができる。また、企業結合規制には課徴金がないの で、需要者の範囲を適切に把握することよりも、結論が同じならわかりやす

く簡単な考察をすることのほうが優先されるという事情もあるものと思われる。

3 エンフォースメントをめぐる諸問題

(1) 前　提

　本件では、外国会社による外国会社の株式の取得計画が日本独禁法において被疑事件となり、しかも株式を取得しようとする外国会社が必ずしも公取委に協力的ではなかった、といった事情により、他の多くの事案には見られないエンフォースメント上の特色も観察された。

　本件をめぐるエンフォースメントを論ずるにあたっては、最後まで当事会社が抵抗した際に日本独禁法による規制をどこまで外国会社に強制できるか、という問題を検討する必要がある。しかし、本件では、幸か不幸か、BHPビリトンが本件株式取得計画を撤回したため、そのような諸論点が白日の下に晒されることはなかった。それらは極めて重要な問題ではあるが、以下では、その他の諸問題を取り扱う（本件を契機とする重要な問題提起として、川合・前掲54頁）。

(2) 外国に所在する者に対する書類の送達

　本件で公取委は、BHPビリトンに対し、47条1項1号に基づく報告命令を発した。本件当時の平成21年改正前10条2項以下によれば、株式取得について事前届出ではなく事後報告であり、しかも、BHPビリトンには事後報告義務さえなかったという可能性がある（川合・前掲52頁）。そのような当時の規定の欠点を本件限りで補完するため報告命令がされたもの、と位置づけることができよう。10条2項以下の届出制度を、事前届出へと改め、しかも、日本での国内売上高合計額は大きいが日本国内の拠点に乏しいという企業結合集団であっても届出義務を包括的に課すものへと改めたのは、平成21年改正である。ただ、平成21年改正は、すでに平成20年春に国会に提出されていた法案（第169回国会閣法第73号）の内容とほぼ同じであり、

BHP ビリトンに関する本件を契機として平成 21 年改正がされたというわけではない。

さて、公取委は、この報告命令書の送達において、相対的に強硬な手段をとることを余儀なくされた。報告命令書は送達が必要であるところ（70 条の 16（平成 25 年改正後 70 条の 6）を受けた審査規則 9 条）、BHP ビリトンはすすんで受領しようとはしなかった（例えば、平成 20 年 9 月 3 日事務総長定例会見記録）。

公取委は、まず、70 条の 17（平成 25 年改正後 70 条の 7）が準用する民事訴訟法 108 条に基づき、領事による送達を試みたが、BHP ビリトンが受領を拒絶した（平成 20 年 9 月 10 日および平成 20 年 9 月 17 日の事務総長定例会見記録）。

そこで公取委は、70 条の 18（平成 25 年改正後 70 条の 8）に基づき、平成 20 年 9 月 24 日付で、公正取引委員会の掲示場（中央合同庁舎 6 号館 B 棟の前の、日比谷公園に面した掲示板）に、次頁のような公示送達書を掲げた。文面は写真により確認しており、住所等や氏名などの情報は BHP ビリトンのウェブサイトに掲げられた公知のものであることを確認している。

これを見ると、「公示送達書」とは、厳密には、「公示により送達する書類」という意味ではなく、「出頭して書類の送達を受けることを求め、一定期間内に出頭のない場合には当該書類を送達したとみなす、ということを公示する別の書類」という意味であることがよくわかる。以上のような形で送達することを 70 条の 18（平成 25 年改正後 70 条の 8）では「公示送達」と呼んでいる。

公取委は、非企業結合事件では、既に公示送達を行った経験があったようであるが（平成 20 年 9 月 24 日事務総長定例会見記録）、本件公示送達がとりわけ注目を浴びたことは確かである。

この公示送達は、現にみなし規定の適用により平成 20 年 11 月 6 日に発効した模様であるが、これにより送達されたとみなされた報告命令書が 10 日以内の報告を求めていたところ（平成 20 年 11 月 5 日事務総長定例会見記録）、BHP ビリトンは 11 月 14 日に報告を行った（平成 20 年 11 月 19 日事務総長定例会見記録）。したがって、結局のところ、本件では命令違反はなかったと

公取委公表平成20年12月3日〔BHPビリトン・リオティントⅠ〕

平成20年9月24日

公 示 送 達 書

公 正 取 引 委 員 会（公印）

　下記の者に対して送達する下記の書類は、公正取引委員会事務総局審査局第一審査に保管してありますので、出頭の上、その交付を受けてください。

記

1　送達を受けるべき者

　　（住所等又は就業場所）　180 Lonsdale Street, Melbourne, Victoria 3000,

　　　　　　　　　　　　　Australia

　　（氏　　　　　　名）　ビーエイチピー・ビリトン・リミテッド

　　　　　　　　　チーフ・エグゼクティブ・オフィサー（CEO）　マリウス・クロッパーズ

2　送達する書類

　　私的独占の禁止及び公正取引の確保に関する法律（昭和22年法律第54号）第47条第1項の規定に基づく報告命令書（平成20年8月19日付け公審第458号）壱通

（注）　前記書類は、私的独占の禁止及び公正取引の確保に関する法律第70条の18第4項の規定により、平成20年11月6日をもって送達があったものとみなされます。

331

いうことになる。外国所在者が命令違反をした場合の刑罰等の可能性を論ずることはそれ自体として重要であり、また、そのような刑罰等の可能性如何は本件それ自体の重要な背景をなすものではあるが、しかしそのような刑罰等の可能性を論ずるための素材が本件において明示的に公表されたわけではない、と前述した所以である。前記 *1* で見たように、本件ではこの直後に株式取得計画が撤回され、公取委が調査を打ち切ったため、上記報告命令書以外の命令書や通知書などの送達が試みられたり命令違反が起こったりしたということはなかったものと見られる。

(3) 企業結合規制違反被疑事件

公取委において「審査」という用語はさまざまな意味を与えられており複雑な状況となっているが、それにも増して、企業結合規制においては、大半が法定外の非公式の方法で処理されるにもかかわらず慣用としてそれらに「審査」という言葉を用いてきたため、「審査」という言葉をめぐる状況は、輪をかけて複雑怪奇な様相を呈している（法定外の非公式の方法であった「事前相談」は、平成 23 年見直し後は、届出義務のある企業結合については「廃止」されたが、そこにおいて 10 条 8 項～10 項の規定に基づいて行われる「企業結合審査」についても、言葉が複雑であるという意味では、「廃止」前の非公式の「審査」と同様のことが言える）。

本件の公取委公表文が、「平成 20 年 7 月末から独占禁止法の規定に基づいて審査を行ってきたところ」という場合の「審査」は、47 条等の諸規定に基づく正式な事件調査を指すものだと、推測される。本件の公表文にもあるように、本件株式取得計画は平成 19 年 2 月 6 日に公表されており、それ以降、日本所在需要者らの働きかけ等により、公取委が法定外の「審査」を行ってきたことは報道等によって公知である。平成 20 年 7 月末からではない。また、本件の公表文の題名には「被疑事件」という言葉が使われており、平成 20 年 7 月末以降については事務総長定例会見でもしばしば「被疑事件」という言葉が使われている。さらに、前述の報告命令書は 47 条 1 項 1 号に基づいて発せられたものである。

企業結合規制は、通常、「被疑事件」に至らない段階の「審査」だけによ

って行われており、したがって、経済取引局の企業結合課が、ガイドライン策定のような一般的政策立案から、個別案件の処理までを、一手に取り仕切っているのが実情である。

他方でしかし、47条による権限を行使し得るのは、47条2項の規定に基づいて「審査官」に指定された者だけであり、「審査官」に指定され得るのは、地方事務所の職員を除けば、審査局の職員に限られる（審査官指定政令）。

このように、公取委においては、企業結合規制に関する知識や経験が経済取引局企業結合課に集中して蓄積され、審査局には必ずしもそのような蓄積がないが、重要な企業結合案件であることを理由に「被疑事件」とした場合には法令上は審査局職員でなければ調査を円滑に進めることができない、という状況が存在する。

あくまで想像ではあるが、公取委は、この点を解決するため、経済取引局企業結合課の何名かの職員を審査局職員に併任したうえで、審査官に指定し、本件の「被疑事件」の「審査」を行わせたのではないかと思われる。平成21年景表法改正による公取委から消費者庁への移管より前において、経済取引局消費者取引課景品表示監視室が行うこととなっていた景表法の被疑事件調査においてはそのような併任が日常的に行われていたものと推測されるが、それと同様のことが本件において行われたのではないかと想像される。

このように想像すれば、本件は審査局ではなく経済取引局企業結合課で取り扱われていると会話等では言われることが多かったという事実や、他方で、上記の公示送達書において報告命令書が「審査局第一審査に保管してあります」とされていたという事実が、整合的に腑に落ちるようになる。本件の公表文の「問い合わせ先」が第一審査でなく企業結合課となっているのは、実質を重んずるという意味合いもあろうし、企業結合課の部屋のなかに存在したのではないかと想像される審査局の飛び地が審査打切りと同時に解消したという実際上の事情もあったのかもしれない。

組織法的な知識が個別事件の状況を読み解くのに役立つ場合もあるという好例として、細かいようではあるがここに書きおく。

333

平成20年度企業結合事例3 〔Westinghouse・原子燃料工業〕

1 事例の概要

東芝の子会社である Westinghouse Electric UK（以下「WH」という）が、原子燃料工業株式会社の株式を取得することを計画した。事例集には明記されていないが、原子燃料工業の株式を50％ずつ保有する住友電気工業と古河電気工業からそれぞれ26％ずつ、合計52％を取得するという内容である（当事会社らのウェブサイトにおける平成21年4月30日の発表等による）。

原子燃料工業は、加圧水型原子炉用の原子燃料と、沸騰水型原子炉用の原子燃料の、いずれについても、国内で電力会社向けに供給している。WHは、海外ではこれらを供給しているものの、ここ数年、日本国内には納入実績がない。

2 市場画定

本件における市場画定（事例集42頁）は、同種の事業を問題とした同年度の別の事例に関する記述を参照するかたちとなっている（平成20年度企業結合事例集事例2〔三菱・AREVA〕（事例集36頁））。

それによると、「原子力発電所の原子炉で使用する加圧水型用原子燃料と沸騰水型用原子燃料は、基本設計や仕様などに大きな違いがあり、かつ、需要者である国内の電力会社は、1社を除いて採用する炉型を加圧水型又は沸騰水型のどちらか一方に固定している状況にあること、加圧水型用原子燃料

334

と沸騰水型用原子燃料とでは生産工程も異なることから、加圧水型と沸騰水型は、需要面及び供給面双方において代替性は認められない」から、加圧水型用原子燃料と沸騰水型用原子燃料とを別々の市場に分ける、という。

概ね肯ける内容ではあるが、次のような点は指摘する必要があろう。加圧水型原子炉と沸騰水型原子炉の両方を採用している「1社」とて、加圧水型用原子燃料と沸騰水型用原子燃料の両方を天秤にかけて代替的に購入するわけではなく、同社の加圧水型原子炉のためには加圧水型用原子燃料を必要とし、同社の沸騰水型原子炉のためには沸騰水型用原子燃料を必要とするはずであろう。そのことを突き詰めれば、重要な点は、1社を除いてどちらか一方に固定しているという事実にあるのではなく、既にいずれかの型で設置した原子炉については、当該型に合った原子燃料を購入せざるを得ず、一方の型用の原子燃料の価格が高くなったからといって他方に乗り換えることはできない、という事実にあるのではないだろうか。

3 競争圧力が小さい者との企業結合

加圧水型用原子燃料について本件公取委見解は、WHも海外では加圧水型用原子燃料を供給しているが、以下の2点に鑑みればWHの原子燃料工業に対する競争圧力は相当程度低い、とした。すなわち、「(1)ユーザーである電力会社は、燃料供給の安定性、トラブル発生時の対応の迅速性等の観点から、国内メーカーからの調達を優先しており、海外メーカーによる供給可能枠は限定されていること」と「(2)海外メーカーが新規参入するためには許認可の取得が必要であるところ、当該許認可の取得には4年から7年程度の期間が必要となり参入障壁が存在すること」の2点である（以上、事例集44頁）。

競争圧力が相当程度低いから反競争性があって違反である、というのではなく、競争圧力が相当程度低い者と企業結合をするのであるから当該企業結合がもたらす追加的な反競争性は相当程度少なく、ゆえに違反ではない、という論法である。

海外からの供給が皆無であるなら、市場画定の問題として、供給者の範囲

335

は国内に限定されるため原子燃料工業と WH は競争関係にないから問題は
ない、というクリアカットの論述もできるかもしれないが、微量とはいえ海
外からの供給があるので、因果関係に関する記述という形で、しかし実質的
には同等のことを述べたもの、と言えよう。

4 「結合関係」概念

(1) はじめに

　本件公取委見解が理論的に特に興味深いのは、公取委の企業結合審査にお
いてしばしば登場する「結合関係」概念について、新たな展開があったとい
う点においてである。それは沸騰水型用原子燃料をめぐるものであるが、本
事例での公取委見解を見る前に、「結合関係」概念をめぐるこれまでの状況
を概観しておきたい。

(2) 「結合関係」概念の概要

　「結合関係」の概念は、企業結合ガイドラインにおいて、「複数の企業が株
式保有、合併等により一定程度又は完全に一体化して事業活動を行う関係」
を指すものだと定義されている。そして、独禁法の企業結合規制は、この
「結合関係」が「形成・維持・強化されることにより、市場構造が非競争的
に変化し、一定の取引分野における競争に何らかの影響を及ぼすことに着目
して規制しようとするものである」、とされている（以上、企業結合ガイドラ
イン第1冒頭）。この記述は、現行の企業結合ガイドラインの策定に伴って廃
止された平成10年の企業結合ガイドラインにおいても同様であった（公正
取引委員会「株式保有、合併等に係る『一定の取引分野における競争を実質的に
制限することとなる場合』の考え方」（平成10年12月21日）第1冒頭）。
　このように「結合関係」概念は、企業結合ガイドラインによって一応の定
義等を与えられてはいる。
　そして、企業結合ガイドラインにおける後続の各論を見るに、「結合関係」
の成否を判断する際には一方当事者 A 社が他方当事者 B 社の意思決定を支

配するか否かが最も重視されるようである。すなわち、株式取得や役員兼任における「結合関係」の成否の判断においては、Ａの属する企業結合集団がＢの議決権をどれほどの割合で保有しているかという点や、Ｂの役員総数に占めるＡの役員・従業員の割合などが、重視されている（企業結合ガイドライン第1の1、2）。検討対象となる事業について完全に一体となり意思決定の支配が究極的にもたらされる合併・分割・事業等譲受けについては、「結合関係」の成立は当然のこととされている（企業結合ガイドライン第1の3〜6）。

しかしそれらは、ガイドラインの散発的な記述から帰納的に推測されるというだけであり、「結合関係」概念の具体的内容や、条文上の要件構造における位置づけが、明確にされているとは言えない状況にある。法的争訟の試練を受けない隠語が、関係者間で融通無碍に使われてきた、という感を否めない。

(3) 「結合関係」概念に対する批判的分析の概要

位置づけや具体的内容の明確でない「結合関係」概念に対しては、種々の批判的分析がされてきたが、具体的には、以下のように指摘されてきた。

まず、競争停止の事例を念頭に置きながらの指摘がされた。すなわち、企業結合ガイドライン第1の1(1)ウは、共同出資会社の設立によって出資会社Ａと出資会社Ｂとの間にも「結合関係」が発生する、と、十分な説明なく断じているのであるが（平成10年のガイドライン第1の1(1)エも同様）、これは、共同出資会社の設立によってＡとＢとの間にも共通の利害関係ができあがり競争停止のインセンティブが発生することに着目してのものであってＡＢ間に意思決定の支配による連動の関係が生ずることに着目しているわけではない、という善意の解釈による説明がされた（正田彬＝実方謙二編『独占禁止法を学ぶ〔第4版〕』（平成11年、有斐閣）201〜203頁［川浜昇執筆]）。同様の指摘は、その後、過去の事例にも言及しつつさらに明確な形で示されている（川濵昇ほか『企業結合ガイドラインの解説と分析』（商事法務、平成20年）54〜56頁［川濵昇執筆]）。以上のような指摘は、先駆的で貴重なものであるが、ただ、「結合関係」概念に対する以上のような理解は、やはり善意の解

釈の域を出ないものであり、企業結合ガイドライン自身がそれを明確に述べているとは言い難い。前記(2)で見たように、「結合関係」概念は意思決定の支配を中心に観念されていたと受け止めるのが自然であり、「結合関係」概念に触れた他の文献の受け止め方もそのようなものであったと言うべきであるように思われる（例えば、根岸哲『経済法』（放送大学教育振興会、平成12年）167頁、林秀弥「独禁法における企業結合概念の見直しに関する一考察」公正取引619号（平成14年）74頁、根岸哲「独禁法における行動規制と構造規制」厚谷襄兒先生古稀記念論集『競争法の現代的諸相(上)』（信山社出版、平成17年）422頁、金井貴嗣・注釈268～269頁）。

　競争停止事例を念頭に置いた指摘と並行して、他者排除の事例を念頭に置きながらの指摘もされた。他者排除事例においては、意思決定の支配とは無関係に、企業結合によって利害関係が共通化して他者排除のインセンティブが発生することに着目した事例が多数あり得るところである。そこで、その一例だと位置づけることのできる米国のBT/MCI事件を参照しつつその旨の指摘がされた（白石忠志『独禁法講義〔第2版〕』（有斐閣、平成12年）120～121頁）。日本の公取委の事例においても同種事例が登場するのは時間の問題だと思われたところ、現にその後、利害関係の共通化による他者排除インセンティブの発生に着目して企業結合審査を行ったものと言わざるを得ない事例が登場した（**集**平成17年度企業結合事例7〔日本精工・天辻鋼球製作所〕のうち鋼球市場での他者排除に関する部分）。

(4) 「結合関係」概念をめぐる本件公取委見解の概要

　WHによる原子燃料工業の株式取得に関する本件公取委見解のうち、「結合関係」概念に関係するのは、沸騰水型用原子燃料に関する部分であり、概ね以下のようなものであった。

　WH自身の沸騰水型用原子燃料供給事業については、国内における供給実績があるわけではなく、検討の対象外とされている。たぶん、前記*3*と同様の論法によるものであろう。

　問題はしかし、国内で原子燃料工業と競争関係にあるグローバル・ニュークリア・フュエル・ジャパン（以下「GNF—J」という）の親会社である

Global Nuclear Fuel Holding（以下「GNF―H」という）の株式を、WHの親会社である東芝が、間接的に22％保有している点から生じた（事例集44頁）。沸騰水型用原子燃料の市場において、原子燃料工業の市場シェアは約30％であり、GNF―Jの市場シェアは約65％である（事例集43頁）。

そして、理論的にはさらに興味深いことに、東芝は、平成18年にWHの株式を取得する際、欧州委員会との間で、GNFグループに対する経営支配を行わないこと等を約束していた（事例集45頁。Case No COMP/M.4153-Toshiba/Westinghouse（19/09/2006）のことだと思われる）。

そこで公取委は、WHによる原子燃料工業の株式取得に係る本事例につき、「結合関係の評価」と題して、次のように述べた。「〔上記のような欧州委員会との約束〕のような事情があるものの、初装荷燃料は、原子炉を製造したプラントメーカー系列の燃料メーカーが納入する慣行となっているところ、東芝が建設した原子炉に係る初装荷燃料については、必ずGNF―Jが供給している状況が認められるとともに、東芝によるGNF―Hに対する出資比率が22％を占めていることを勘案すると、東芝がGNFグループの意思決定に対する支配力を全く行使できないとしても、WH社及びGNFグループ双方の事業の成果に強い利害を有していると考えられることから、東芝及びWHグループとGNFグループとの間において結合関係が形成されていないとは評価できない」（事例集45頁）。

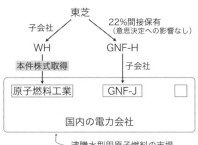

そのうえで公取委は、沸騰水型用原子燃料の市場について「競争上の懸念を指摘し」、当事会社が申し出た問題解消措置の履行を条件として、本件株式取得を容認することとした（事例集45～46頁）。

これはつまり、東芝がGNFグループに出資していることによって、東芝とGNF―Jとの間で利害関係が共通化しており、GNF―Jに利益を得させようとするインセンティブを東芝は持っているので、東芝がWHを経由して原子燃料工業の株式を取得すると、原子燃料工業とGNF―Jとの間の競争停止による問題が生じるおそれがある、という判断である。そして、その

ような懸念に対する問題解消措置としては、東芝がGNF─Hから得る経済的利益の比率を引き下げるという措置が主に掲げられている。

公取委は、そのような「利害」を根拠として「結合関係」の成否を判断したことを、明確に宣言したわけである。競争停止事例を素材としながら、利害関係の共通化に起因した反競争性惹起インセンティブの発生というものを「結合関係」概念のなかに取り込むことを明確に述べたもの、ということになろう。既に見たように、多くの文献は、「結合関係」の概念は意思決定の支配を中心に観念されていると受け止めたうえで、「結合関係」がなくとも企業結合規制の問題となることはあり得る、と論じていたのであるが（前記(3)）、公取委は、そのような論法ではなく、「結合関係」の概念を膨らませることによって、同じ結論を得ようとしているわけである。

(5)　本事例の事案との関係

ただ、本事例の事案を冷静に見直してみると、以上のような「結合関係」概念は、前記(3)で(a)として見た従来の暗黙の受け止め方とは異なり、企業結合規制における因果関係に関連するものであるという域を超えたものとなっているように思われる。

というのは、本事例における「本件株式取得」とは、あくまで、WHによる原子燃料工業の株式取得だからである。そして、WHの親会社である東芝は、GNF─Jの意思決定を支配できないのであるから、「本件株式取得」に起因して懸念される行動とは何かというと、直接には、「東芝が、原子燃料工業をして、GNF─Jに対して競争を仕掛けないようにさせる」というものであるに尽きる。「本件株式取得」とそのような懸念される行動との間の関係は、東芝による、原子燃料工業に対する、意思決定の支配の発生、という要素だけでも、十分に説明できる（前記*1*のとおり、東芝は原子燃料工業の52％の株式を間接的に保有することとなる）。もちろん、東芝・原子燃料工業・GNF─Jの間での利害関係の共通化があるからこそそのような意思決定の支配を行使するのだ、と言われれば、そのとおりであるが、それはあくまで背景事情であるに過ぎない。少なくとも、「本件株式取得」と、東芝とGNF─Jとの間の利害関係の共通性との間には、何らの関係もないのである。

このように、本件公取委見解における「結合関係」概念は、目前の企業結合行為とは直接には無関係に、とにかく当事会社の意思決定支配やインセンティブが及ぶ範囲を指す概念となっていることがわかる。

公取委審判審決平成 21 年 2 月 16 日〔第一興商〕

公取委審判審決平成21年 2 月16日・平成15年（判）第39号
審決集55巻500頁
〔第一興商〕

---

1 事例の概要

　通信カラオケ機器は、通信カラオケ事業者から直接、または卸売業者など
の販売業者を経て、ユーザーに供給される。本審決では、歌唱する人ではな
く、通信カラオケ機器を設置する店を「ユーザー」と呼んでいる（審決案 2
頁）。

　本件で問題となった行為の中核は、レコード制作会社が通信カラオケ事業
者に対して行う「管理楽曲」の使用承諾の拒絶である。本件でいう「管理楽
曲」とは、レコード制作会社が、作詞者・作曲者との契約によってその作品
を録音等する権利を独占的に付与された歌詞・楽曲のうち、昭和46年 1 月
1 日からの著作権法の施行より前に国内において販売された商業用レコード
に録音されているものを指す（審決案 3 頁）。通信カラオケ事業者が管理楽曲
を使用してカラオケソフトを制作し通信カラオケ機器に搭載して使用する場
合、日本音楽著作権協会から利用許諾を受けるほか、当該管理楽曲について
当該作詞者・作曲者と上記の契約を結んでいるレコード制作会社からも承諾
を得ることが必要であると、通信カラオケ事業者や卸売業者は認識している
（審決案 4 頁）。

　通信カラオケ事業者である第一興商は、やはり通信カラオケ事業者である
エクシングに対し、次のような行動に出た（背景、経緯、行為の内容について、
審決案 4 ～ 10頁）。

　まず、第一興商は、それぞれ自社の子会社であってレコード制作会社であ

342

る日本クラウン（以下「クラウン」という）および徳間ジャパンコミュニケーションズ（以下「徳間」という）をして、エクシングに対して従前において両者が与えていた管理楽曲の使用承諾の更新を、拒絶させた。

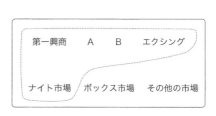

また、それと前後して第一興商は、そのような更新拒絶によりエクシングの通信カラオケ機器ではクラウンおよび徳間の管理楽曲が使えなくなる旨を卸売業者およびユーザーに告知した。

公取委は、第一興商の行為が昭和57年一般指定15項（平成21年改正後の一般指定14項と同じ）に該当するとし、しかし排除措置を命ずる必要性はないとして、違反宣言審決を行った。平成17年改正前の手続規定が適用された事件である。

2 本審決の論理構造

(1) 違反とされた行為

本審決は、本審決が「本件違反行為」と呼ぶものを法的に検討し、最終的に「法令の適用」欄において、「本件違反行為」は「〔昭和57年〕一般指定第15項に該当し、独占禁止法第19条に違反する」としている（審決案71頁）。「本件違反行為」とは、「クラウン及び徳間をしてその管理楽曲の使用をエクシングに対して承諾しないようにさせた行為並びにクラウン及び徳間をしてその管理楽曲の使用をエクシングに対して承諾しないようにさせる旨又はエクシングの通信カラオケ機器ではクラウン及び徳間の管理楽曲が使えなくなる旨を卸売業者及びユーザーに告知した行為」であると定義されている（審決案20頁）。審決＝審決案が、違反の成否を判断する前の段階から「本件違反行為」という言葉を用い、「法令の適用」欄において「本件違反行為」は「違反する」などという表現を用いるのは、必ずしも適切ではないようにも思われるが、措くこととする。

上記の定義によれば、「本件違反行為」は、「並びに」の前後で、拒絶と告知という２つの「行為」に分かれるようにも見えるが、本審決の読み方としては、それらの２つの「行為」をあわせた一連の１個の行為を指して「本件違反行為」としているのだと受け止めるのが適切であろう。そのことは、本審決の、「当該更新拒絶及び当該告知は、前記目的の下に一連のものとして行ったものである。これら一連の行為は、……公正かつ自由な競争の確保の観点から不公正な手段であると認められる」（審決案65頁）という表現に最も明確に現れている。したがって本審決は、使用承諾の拒絶だけでも昭和57年一般指定15項に該当したか、卸売業者やユーザーへの告知だけでも昭和57年一般指定15項に該当したか、といった点については判断していない、ということになる。

(2) 公正競争阻害性の根拠

本審決は、昭和57年一般指定15項における公正競争阻害性が「本件違反行為」によって導かれるという根拠として、２つを並べて掲げている（審決案67～68頁）。第１は、「本件違反行為」が「不公正な競争手段である」という点であり、第２は、「本件違反行為」が「エクシングの通信カラオケ機器の取引機会を減少させる蓋然性が高い」という点である。これらは概ね、昭和57年一般指定の制定の際に作成された昭和57年独禁研報告書のいう「競争手段の不公正さ」（不正手段）と「自由な競争の侵害」（反競争性）に対応したものであろう（同報告書第１部２）。

本審決が、本件において、これらの２つのいずれか一方だけであっても公正競争阻害性を満たすと考えたのか否かは、明確には表現されていない。

3 本件での公正競争阻害性

(1) 総　説

一般指定14項（昭和57年一般指定15項）は、その行為要件が広汎であって、競争者を排除する行為でありさえすればどのようなものでも行為要件を

満たしてしまう。

　したがって、一般指定14項に該当し得る行為には、2通りある。第1は、誹謗中傷や物理的妨害のように、競争者が自らの価格や品質を需要者に正しく伝えることを妨げるものであるために、行為それ自体に「競争手段の不公正さ」（不正手段）を内在させた行為である。第2は、取引拒絶や廉売などのように、不公正な取引方法に係る他の規定において「自由な競争の侵害」（反競争性）の観点から狭い弊害要件が課されている行為そのもの、あるいは、それらの行為要件を形式的に満たさないが内容的には同等である行為、である。

　そのなかで、公取委が一般指定14項を用いた事例は、遅くとも平成に入ってからは、上記第2類型に関するもののみであって、上記第1類型の事例は実は存在しなかった。

　本審決に登場した「本件違反行為」も、間接取引拒絶を中核とし、川上で当該間接取引拒絶を行っている旨を川下の卸売業者やユーザーに告知するという補助的行為を帯同しているに過ぎないという意味で、上記第2類型に属すると言えよう（この点については、さらに後記(2)）。

　そのなかで本審決は、上記第1類型に対応した不正手段の観点からの理由づけと、上記第2類型に対応した反競争性の観点からの理由づけとを、並べて掲げた。以下では、それぞれに分けて、検討する。

　なお、他者排除行為を不公正な取引方法の観点から論ずる場合の「反競争性」は、「排除効果」で足りると考えられているので、以下では、「不正手段」と対比させるものとしては「排除効果」という表現を用いる。

(2)　不正手段の観点からの理由づけ

　本来的には上記第2類型に属し排除効果がなければ違反とされないはずの行為の公正競争阻害性を、不正手段の観点から安易に根拠づけようとすること自体、法律論として、ある種の筋の悪さを感じさせるところであり、そのような批判は、「内外価格差解消」の旗印のもと平成初年に頻出した並行輸入阻害事件の勧告審決等に既に向けられたところである（本書96頁）。

　本審決の不正手段の観点からの理由づけも、同様の疑念を払拭できるもの

ではないように思われる。

本審決の該当部分を総括する記述を引用すると、次のとおりである。「前記1ないし4のとおり、被審人は、通信カラオケ機器の取引において、クラウン及び徳間の管理楽曲の重要性を利用して、エクシングの事業活動を徹底的に攻撃していくとの方針の下、クラウン及び徳間をして、従来継続的に行われてきた管理楽曲使用承諾契約の更新を突如拒絶させるとともに、自らが行わせた当該更新拒絶の帰結となる『エクシングの通信カラオケ機器ではクラウン及び徳間の管理楽曲が使えなくなる』旨を自ら卸売業者等に告知することにより、エクシングと卸売業者等との取引を妨害したものである。このような行為は、価格・品質・サービス等の取引条件を競い合う能率競争を旨とする公正な競争秩序に悪影響をもたらす不公正な競争手段である」（審決案67頁（強調点は白石による））。

ここに示された行為は、間接取引拒絶行為にその補助的行為をあわせた、上記第2類型の行為そのものである。そのような行為は、排除効果がない限りは違反とはならないと考えられており、現にビジネスの現場では間接取引拒絶の行為要件を満たす行為が頻繁に行われている。そのような行為を、「価格・品質・サービス等の取引条件を競い合う能率競争を旨とする公正な競争秩序に悪影響をもたらす不公正な競争手段である」と断ずることには、抵抗を感ずる。そのような処断をする特別の根拠となるかもしれない要素に、一応、上記引用文では強調点を施しておいた。しかし、競争者に打撃を加えようとして間接取引拒絶をすることや、従前において継続していた取引を突如解消することは、ビジネスの現場において日常的に見られることではなかろうか。

本審決は、行為者の「目的」を勘案することも許されると述べ、それを支えるオーソリティとして昭和57年独禁研報告書を掲げている（審決案62頁）。しかし、同報告書の該当箇所であると思われる部分を精読すると、そこで掲げられているのは、「価格維持を目的として」安売業者を排除する行為や、「カルテルの実効を確保したり、新規参入を阻止する〔という目的の〕ために」アウトサイダー等を排除する行為である（同報告書第2部10）。つまり、そこで「目的」として掲げられているものは、いずれも、独禁法において原

則違反だとされている行為ばかりである。間接取引拒絶は、原則違反だとされている行為ではなく、ビジネスにおいて当然のように行われているのであり、そのようなものを競争者に対する「徹底的」な「攻撃」だと行為者が自ら表現することもまた、一種のレトリックとして、日常茶飯事的なものであろう。少なくとも、「価格維持」や「カルテル」などといった「目的」とは次元を異にするものである。

　以上のように言うと、本件では攻撃対象のエクシングに現に影響が出たのであるから別論だ、という「反論」も出てくるであろう。まさにそのとおりである。そのような影響、すなわち排除効果があれば、間接取引拒絶等を違反としてもよい。本稿が以上で述べたことはすなわち、不正手段の議論を目くらまし的に用いて排除効果の議論を稀釈化するのは適切ではない、ということである。

(3)　排除効果の観点からの理由づけ

(a)　問題設定
それでは、本審決の排除効果の観点からの理由づけは、どのようなものであり、それは適切であったか。

(b)　代替的競争手段の不存在（あるいは Essential Facilities）
　取引拒絶や排他条件付取引など取引拒絶系の他者排除行為においては、被拒絶者に代替的競争手段（「他に代わり得る取引先」等）がない場合には排除効果がある、とする考え方が定着している（昭和 57 年独禁研報告書第 2 部 1、2、7、当時の流通取引慣行ガイドライン第 1 部第 3 の 2、第 4 の 2、第 2 部第 2 の 2（平成 29 年の改正後の「市場閉鎖効果」に相当）、排除型私的独占ガイドライン第 2 の 3、5、などを基盤とする）。

　その意味で注目され、本審決においても強調されているのは、「ナイト市場」でのクラウンおよび徳間の管理楽曲の重要性である。「ナイト市場」とは、「スナック、バー等の遊興飲食店」というユーザーを指す用語であって、「カラオケボックス」を指す「ボックス市場」や、「旅館、ホテル、宴会場等」を指す「その他の市場」と、対置される（審決案 3 頁）。そして、「ナイト市場では、クラウンの北島三郎、徳間の千昌夫の管理楽曲を十八番にして

いる来店客がいるので、これらの楽曲が入っていない通信カラオケ機器は、ナイト市場に参入することは難しい」との趣旨の、第三の通信カラオケ事業者であるギガネットワークスの取締役の供述が引用され（審決案52頁）、それを重要な根拠として、クラウンおよび徳間の管理楽曲が通信カラオケ事業者にとって重要であるとの結論が導かれている（審決案54〜55頁）。

すなわち、北島三郎の「兄弟仁義」、同じく「函館の女」、千昌夫の「星影のワルツ」、などを中心とするクラウンおよび徳間の管理楽曲が、本件でのEssential Facilities である、ということになる（クラウンと徳間の管理楽曲の一覧は、応諾されなかった平成15年10月31日の本件勧告書に別紙として掲げられている）。取引を拒絶されたものがEssential Facilities であるか否かを判断基準とする、という点は、そのような刺激的な表現を用いるか否かは別として、上記のように、日本の独禁法に定着した考え方なのである。

(c) 付随する興味深い判示

以上のような認定との関係で、興味深い点をいくつか指摘しておきたい。

まず、第一興商の側からの、「特定の年代に流行した管理楽曲間又は曲調の類似した管理楽曲間には代替性があ」るとする反論が、以下のような判示によって退けられている。「カラオケ利用者は、自分の好みの楽曲の歌唱を望んでいるところ、〔上記引用のギガ取締役の供述に見るように〕特定の管理楽曲を十八番にするカラオケ利用者がいることなどから、各管理楽曲が、その歌唱を好む中高年齢層のカラオケ利用者にとって容易に代替できるものであるとは認められない」（審決案54頁）。これは、多種多様な著作物のライセンスをめぐる独禁法事例においては、Essential Facilities が、多数、それぞれ別々に、存在する、という実例を示すものであって興味深い。

また、本件では、管理楽曲に関するレコード制作会社の権利なるものが、本当に最終的に裁判所で認められるような性質のものであるのかという点は、棚上げされている。すなわち、管理楽曲についてはレコード制作会社からの使用承諾を受けなければならないという通信カラオケ事業者および卸売業者の認識と慣行を前提として、検討を行っている（審決案4頁、60頁）。広い意味での知的財産ライセンスの業界では、例えば、競走馬の名前を含む「物のパブリシティ」について、その権利主張が裁判所で認められない可能性が少

なくないなかで、しかし実際にはライセンスがされライセンス料が支払われるという慣行が存続しているとも言われる。独禁法事件で重要なのは、当該「権利」が裁判所で認められるか否かではなく、問題となった市場において平穏に事業活動を行い競争に参加するためには何を揃えることが必要か、ということなのであって、それは考えてみれば当たり前のことなのであるが、本審決はそのことを、具体例を伴って明らかにした。

(d)　本件での検討対象市場

本審決は、不公正な取引方法の事件であるため、例によって、検討対象市場を明確にしてはいない。「ナイト市場」「ボックス市場」「その他の市場」という言葉は、業界用語として紹介されているのみである。好むと好まざるとにかかわらず、不公正な取引方法をめぐる公取委の理由づけは「おそれ」や「蓋然性」といった言葉でくるまれる。したがって、検討対象市場は業界でいう「ナイト市場」の店を需要者とする市場（冒頭の図の点線）に限定されるので「兄弟仁義」等が必須であった、ということなのか、検討対象市場は通信カラオケ機器全体（冒頭の図の実線）であるところそのうち「ナイト市場」の店で必須の「兄弟仁義」等が拒絶されたので検討対象市場全体への影響も大きい、ということなのか、という点は明確とされていない。

(4)　知的財産権行使としての正当化あるいは独禁法 21 条

本審決は、レコード制作会社による管理楽曲の使用承諾の有無の決定が知的財産権の行使に該当するか否かそれ自体の判断は棚上げして、かりに権利行使に形式的に該当するとした場合に本件に独禁法 21 条が適用され適用除外となるか否かを考察した。

本審決は、一般論として、既に定着している「みられる・認められる」論を採用し、「行為の目的、態様、競争に与える影響等を勘案した上で」独禁法 21 条の適用の有無を決すると述べ、そのうえで具体的判断を行った。

ところがその具体的判断は、結局、公正競争阻害性の成立を支える根拠として掲げられた不正手段の観点からの理由づけおよび排除効果の観点からの理由づけをあらためて掲げた、という域を出ておらず、何か特段の理由づけを加重的に掲げているわけではない（審決案 66 〜 67 頁）。

公取委審判審決平成 21 年 2 月 16 日〔第一興商〕

　そうであるとすれば、実質的には、淡々と違反要件の成否を判断し、違反要件を満たすようなものであれば自動的に独禁法 21 条の適用除外もはずれるのだと理解しておけば足りる、ということになろう。

公取委命令平成 21 年 6 月 22 日〔セブン - イレブン排除措置〕

公取委命令平成21年6月22日・平成21年（措）第8号
審決集56巻第2分冊6頁
〔セブン - イレブン排除措置〕

1 事例の概要

　セブン - イレブン・ジャパンは、「コンビニエンスストアに係るフランチャイズ事業」（排除措置命令書別紙2で定義）を営んでいる。「直営店」約800店のほか、セブン - イレブン・ジャパンのフランチャイズ・チェーンに加盟する事業者である「加盟者」が経営する「加盟店」約1万1200店がある（排除措置命令書2～3頁）。セブン - イレブン・ジャパンと加盟者は、「加盟店基本契約」と呼ばれる契約を締結している。

　「デイリー商品」すなわち「品質が劣化しやすい食品及び飲料であって、原則として毎日店舗に納品されるもの」については、セブン - イレブン・ジャパンが販売期限を定め、加盟店基本契約等により、加盟者は、当該販売期限を経過したデイリー商品を全て廃棄することとされている（排除措置命令書4頁）。

　問題となったのは、加盟者がデイリー商品の「見切り販売」をすることを、セブン - イレブン・ジャパンが制限し、加盟者においてデイリー商品の原価相当額の負担を軽減する機会を失わせていることである。「見切り販売」とは、セブン - イレブン・ジャパンが定めた販売期限が迫っている商品を値引きして消費者に販売することを指す（排除措置命令書別紙1）。

　公取委は、このことが昭和57年一般指定14項4号に該当するとして、排除措置命令を行った。平成21年改正後の2条9項5号ハの「その他」以下に相当する（優越的地位濫用ガイドライン第4の3(5)ウ(ウ)も、本件を、2条9項

351

公取委命令平成 21 年 6 月 22 日〔セブン-イレブン排除措置〕

5 号ハの「その他」以下の具体例として掲げている）。

2 ロイヤルティ算定の仕組み

セブン-イレブン・ジャパンは、「コンビニエンスストアに係るフランチャイズ事業」の対価として、「セブン-イレブン・チャージ」と称するロイヤルティを加盟者から収受している。

このロイヤルティは、加盟店で廃棄された商品の原価相当額の多寡に左右されない方式で算定される。すなわち、「加盟店で販売された商品の売上額から当該商品の原価相当額を差し引いた額（以下「売上総利益」という。）に一定の率を乗じて算定する」。「当該商品」とは、直前に現れる「加盟店で販売された商品」を指し、廃棄された商品は「加盟店で販売され」ていないのであるから、廃棄された商品の原価相当額は差し引かれない、というわけである（以上、排除措置命令書 4～5 頁）。

わかりにくいのは排除措置命令書だけではなく、加盟店基本契約の文言もわかりにくかったようであり、契約の解釈をめぐって最高裁まで争われているが、以上のような解釈が最高裁判決によって裁判官 2 名の補足意見を伴いつつ支持されている（最判平成 19 年 6 月 11 日〔セブン-イレブン契約解釈〕）。

3 優越的地位の成否

本命令は、加盟者にとってのセブン-イレブン・ジャパンとの取引必要性を根拠に、優越的地位の成立を認定している（排除措置命令書 4 頁のオ）。「加盟者は、ほとんどすべてが中小の小売業者である」、加盟者は契約終了後も競業避止義務がある、加盟者はセブン-イレブン・ジャパンの指導・援助のもとに経営を行っている、などの点が、取引必要性の認定を支える間接事実とされている（排除措置命令書 2～4 頁）。

ここで注目すべきは、優越的地位に立たれている相手方は、既にセブン-イレブンの看板を掲げている加盟店を経営する加盟者だという点である。これからコンビニ店を経営しようと思い立った人々は、これからセブン-イレ

ブンやローソンやファミリーマートなどのなかから選べるわけであり、その
ような人々に対してセブン‐イレブン・ジャパンが優越的地位に立っている
とは言えないであろう。

このことは、本命令において濫用行為とされたものが何であるのか、とい
う点にも関係する。前記2のロイヤルティ算定方式は、加盟店基本契約に
定められている。つまり、加盟希望者がローソンやファミリーマートも選べ
た段階（優越的地位のない段階）で既にそのような算定方式が示されている
わけであり、契約解釈上の疑義があったとはいえ、これを濫用行為とするの
は簡単ではない。それに対して本命令が濫用としたのは、加盟店基本契約に
は規定されておらず、セブン‐イレブン・ジャパンがOFCと呼ばれる経営
相談員等を使って事実上行った見切り販売の制限である。そうであるとすれ
ば、あらかじめ計算できない不利益の問題として、濫用を認定しやすい。

4 正当化理由

本命令は社会的に大きな注目を浴び、さまざまな論議を呼んだ。正当化理
由の主張や、それへの再反論なども、数限りなくあるものと思われる。ここ
では、例として1点のみに触れる。

セブン‐イレブン・ジャパンは、商品の廃棄数は加盟者が発注精度を上げ
ることによって対応することが重要であるとしたうえで、見切り販売をして
いる加盟者のなかには「以下のような事例も含まれているのではないかと考
えております」として、「デイリー商品が売れ残った場合、これを1円や10
円に値下げして、加盟店様自らが購入するという事例」や、「お客様を呼び
込むために、あらかじめ見切り販売を行うことを前提として大量の発注を行
い、毎日特定の時間に繰り返して見切り販売を行うような事例」を挙げてい
る（株式会社セブン‐イレブン・ジャパン「公正取引委員会からの排除措置命令
に関する弊社見解について」（平成21年6月22日）2(2)、(4)）。

このような事例が存在し、原価相当額を下回る価格で販売されているとす
れば、前記2のロイヤルティ算定式においては見切り販売がされるごとに
ロイヤルティ算定式に負の値が加算されることになり、セブン‐イレブン・

公取委命令平成 21 年 6 月 22 日〔セブン - イレブン排除措置〕

ジャパンとしては由々しき事態だということになろう。

ただ、そうであるとすれば、セブン - イレブン・ジャパンには、より制限的でない他の手段（less restrictive alternative）として、例えば、「加盟店で販売された商品」の価格が原価相当額を下回っている場合に当該赤字分を加盟者が負担するような仕組みを導入するという方法も考えられる。つまり、見切り販売によってわずかなりとも目前の収入を得ようとする加盟者の行為を制限する必要はないのではないか、という議論が、可能となろう。

5 課徴金シミュレーション

(1) 問題設定

本命令の後、平成 21 年改正が施行され、優越的地位濫用に係る課徴金が導入された。本命令の時点で平成 21 年改正が施行済みであったと仮想し、本件行為が昭和 57 年一般指定 14 項 4 号と同等の 2 条 9 項 5 号ハに該当すると前提した場合、20 条の 6 の課徴金額はどのように計算されるであろうか。

(2) 対象となる売上額・購入額

課徴金は、「当該行為の相手方」との間の売上額・購入額の 1％である。本件では、セブン - イレブン・ジャパンが収受したロイヤルティを売上額と考えることになる。加盟者が廃棄したデイリー商品の原価相当額が何円であるかということは、課徴金計算の過程では関係がない。また、ロイヤルティのうちデイリー商品相当額のみを算出するという必要もない。本件でセブン - イレブン・ジャパンが加盟者に対して優越的地位に立ったのは、デイリー商品に限らずコンビニ店の経営全体に係るフランチャイズ取引についてなのであって、デイリー商品のみに関する優越的地位というものを観念すること自体に無理があろう。

(3) 当該行為の相手方

それでは、「当該行為の相手方」の範囲はどうなるのであろうか。大前提

354

として、「当該行為」という文言は、文理上明らかに、2条9項5号に該当する継続行為を指す。そのうえで、以下のような類型の諸問題が想定される。

第1類型として、セブン−イレブン・ジャパンに優越的地位に立たれていない加盟者がかりに存在したならば、そのような者は「当該行為の相手方」には含まれない。上記大前提のように、「当該行為」という文言には、それが違反要件を満たすという内容を含んでいるからである。

第2類型として、そうであるとすれば、見切り販売の制限を歓迎していた加盟者も、含まれないであろう。セブン−イレブン・ジャパンによれば、見切り販売に対する反対意見も多くの加盟者から寄せられているとのことである（前掲「弊社見解」1）。そのような加盟者がいるとすれば、そのような者に対して見切り販売を制限しても濫用行為には該当しないであろう。

第3類型として、諦めていた加盟者の取扱いが問題となる。セブン−イレブン・ジャパンによれば、見切り販売を制限された加盟者は34店舗だと公取委から説明を受けた、という（前掲「弊社見解」1）。これは、見切り販売を行おうとし、または、行っていて、取りやめを余儀なくされた（排除措置命令書5頁）という店舗の数だと思われる。この他にも、34店舗に対するセブン−イレブン・ジャパンの対応振りを見ながら見切り販売を諦め、「廃棄に係るデイリー商品の原価相当額の負担を軽減する機会を失わせ」（排除措置命令書5頁）られた者というものは、存在しよう。このあたりは立証の問題ということになろうが、実務的には重大な問題となると推測される。

第4類型として、上記34店舗に含まれる加盟店を経営している加盟者が、何らかの事情で見切り販売をしない別の加盟店（上記34店舗に含まれないもの）をも経営していたと仮定した場合、当該別の加盟店に係るロイヤルティまで含まれるか。20条の6の文理上は、当該加盟者との間の売上額全てを含むようにも見えるが、第2類型と同様の加盟店に係るロイヤルティまで、たまたま同一人に帰するからという理由で含ませるのは、バランスを失するようにも思われる。

本命令が認定した違反行為がどの範囲にまで及ぶのか、立証責任の問題も含め、法律を運用する現場においては相当に難しい認定を迫られるものと推測される。

6 損害賠償請求

排除措置命令は争われず確定したので、加盟者が独禁法25条による損害賠償請求を提起した。平成21年度以降の公取委年次報告を総合すると、全部で7件の25条訴訟が提起されたようである（例えば平成25年度公正取引委員会年次報告第4章第4には、7件全てが掲載されている）。いずれも第1審は東京高裁である（平成25年改正前85条2号）。

これ以外に、もちろん、民法709条等による損害賠償請求がいくつか存在し得る。

独禁法25条訴訟のなかでは、早期に請求が一部認容された件が比較的よく引用されているが（東京高判平成25年8月30日〔セブン–イレブン見切り販売大阪北海道兵庫〕）、それを含めて請求一部認容が3件、請求棄却となったもの4件（うち26条2項に基づく時効によるものが1件）である。

それらにおける最大の争点は、原告加盟者が請求の原因とする被告セブン–イレブン・ジャパンの行為が、公取委の排除措置命令書において違反行為とされて26条1項に規定する訴訟要件が満たされたとされるものに含まれるか否か、であった。例えば、大阪・北海道・兵庫の加盟者を原告とする上記の判決では、裁判所PDF44〜61頁の判示がその争点に関するものであり、その行為が優越的地位濫用に該当し違反であるとの判示は裁判所PDF61頁のみであって極めて短い。

訴訟要件が満たされるとされた行為については、排除措置命令書が違反行為の始期を明記していないこともあり、排除措置命令から約14年遡って平成7年の行為についても損害賠償請求が認容された例がある（裁判所PDF68頁等）。

東京地判平成 21 年 9 月 15 日〔GL鋼板刑事〕

```
●●●●●●●●●●●●●●●●●●●●●●●●●●●●●●●●●●●●●●●●●●
```

東京地判平成21年9月15日・平成20年特（わ）第2430号
審決集56巻第2分冊675頁
〔GL 鋼板刑事〕

1 事例の概要

　「不特定多数の需用者向け溶融55％アルミニウム亜鉛合金めっき鋼板及び
鋼帯並びに塗装溶融55％アルミニウム亜鉛合金めっき鋼板及び鋼帯」（本判
決において「本件めっき鋼板等」と略称）について、価格協定が行われた。参
加者は、日鉄鋼板、日新製鋼、淀川製鋼所、住友金属建材および JFE 鋼板
の5社である。合意の形成は平成18年4月下旬ころから同年6月中旬ころ
までの間に行われ、同年7月1日以降の出荷分が対象となった。

　この行為は、平成18年9月ころ、日鉄鋼板の動きが契機となり、終了し
ている。後記 *2* で紹介する公取委命令書によれば、平成18年9月6日に終
了し、翌日以降は消滅している（後記 *2* の排除措置命令書6頁）。

　住友金属建材は、平成18年12月1日、本件めっき鋼板等の事業を吸収分
割によって日鉄鋼板に承継させており、公取委命令書によれば、平成19年
7月2日付けで解散の決議を行い平成20年1月31日付けで清算が結了して
いる（排除措置命令書4頁）。日鉄鋼板は、上記の事業承継の日に、日鉄住金
鋼板へと商号を変更している。

　公取委は、平成20年11月11日、犯則調査の結果に基づき、日鉄住金鋼
板、日新製鋼および淀川製鋼所の3社を74条1項に基づき検事総長に告発
した。公取委は、平成20年12月8日、被告発会社3社および住友金属建材
の、それぞれの自然人従業者計6名を追加して告発した。以上の3社および
6名の全てを検察官が起訴し本判決に至った模様である。JFE 鋼板は、後

357

記 *3*(1)のように、減免制度の恩恵により、告発・起訴を免れた。

本判決は、日鉄住金鋼板は罰金 1 億 6000 万円、日新製鋼および淀川製鋼所はいずれも罰金 1 億 8000 万円とし、自然人従業者については、いずれも、懲役 1 年または 10 月で、執行猶予 3 年とした。

2 公取委の 3 事件との関係

公取委は、告発後、行政調査を行い、本判決の被告会社 3 社に対する排除措置命令および課徴金納付命令に至った。GL 鋼板、GI 鋼板およびカラー鋼板という 3 事件について同時に処理している。本判決の対象となった行為・商品は、3 事件のうち GL 鋼板に係る公取委命令に含まれる（公取委命令平成 21 年 8 月 27 日〔GL 鋼板〕）。冒頭に掲げた本判決の「本件めっき鋼板等」の定義は、GL 鋼板排除措置命令書の別紙に明記された「GL 鋼板」の定義と内容的に共通している。諸資料によれば、アルミニウム 55％、シリコン 1.6％、残りが亜鉛、という合金によってめっきを行った鋼板を、ガルバリウム鋼板（GL 鋼板）と呼ぶようである。

公取委命令書の認定によれば、違反行為は平成 14 年 8 月 8 日ころには開始されており（排除措置命令書 4 〜 5 頁）、実行の終期である平成 18 年 9 月 6 日から遡って丸 3 年分の売上額を対象として課徴金納付命令がされている（審決集 56 巻第 2 分冊 161 〜 172 頁の各課徴金納付命令書 4(2)）。本判決と比べると、公取委の命令は、GL 鋼板事件だけをとっても、期間の面で遥かに広い範囲を対象としたということになる。なお、GL 鋼板事件の課徴金納付命令書は、後記 *4* の半額控除審決の公表時にそれに添付される形で、3 社に対するもの全てが公表されている。

3 減免制度と告発・起訴

(1) 本件での減免対象者

公取委の減免対象者公表欄によれば、JFE 鋼板は「免除」、日鉄住金鋼板

は「30％」減額、淀川製鋼所は「30％」減額、とされている。以上の内容は、GL鋼板、GI鋼板およびカラー鋼板の３事件のいずれにおいても同じである。GL鋼板事件での日鉄住金鋼板と淀川製鋼所については、上記の課徴金納付命令書の記載により、いずれも調査開始日以後の減免申請であったことを確認できる（各課徴金納付命令書4(4)）。

(2) JFE鋼板

本件では、JFE鋼板およびその自然人従業者は、告発・起訴の対象から外されている。これは、潜在的な減免申請者を躊躇・萎縮させないようにしようとする公取委・検察当局の工夫の一環である。

しかし、減免申請で先んじた者を刑事責任から免れさせることに対しては、種々の批判や疑問も提起されている。本件では、JFE鋼板ではなく、日鉄住金鋼板（日鉄鋼板）が、平成18年9月において、違反行為の終了を主導しており（前記1）、ますます批判・疑問の提起が促された。

双方に理のある難問であるが、公取委・検察当局による上記のような対応は、細かい例外を設けると減免申請者を躊躇・萎縮させるかもしれないという配慮を優先したもの、と言える。過去には、検察当局が捜査を開始したのを見て公取委に対して公取委の調査開始日前の第1位の減免申請をしたとみられる間組を、排除措置命令の対象とはしたものの、告発・起訴の対象からはやはり除いたという例もある（公正取引委員会「名古屋市営地下鉄に係る土木工事の入札談合事件に係る告発について」（平成19年2月28日）、平成19年3月20日の減免対象者公表欄、公取委命令平成19年11月12日〔名古屋市発注地下鉄工事談合〕（審決集54巻500頁））。ことほど左様に潜在的な減免申請者の萎縮を避けようとしている、ということでもあり、また、間組のような先例があるなかではバランス論としても例外を設けるのはむずかしい、ということでもあろう。間組が排除措置命令は受けたのに対し、本件のJFE鋼板が排除措置命令をも免れたという事実から推測するに、JFE鋼板に対して告発・起訴の面で間組に対するよりも厳しい扱いをする理由はどこにもなかったのであろう。

(3) 日鉄住金鋼板

　他方、上記のようなJFE鋼板の刑事責任免除に対する批判・疑問の裏返しとして、日鉄住金鋼板などの他の刑事被告人に対しては寛大な処置をすることはできないのか、という疑問も、やはり提起された。

　それに対して本判決はまず、次のように述べた。「なお、JFE鋼板が調査開始日前に最初に課徴金減免申請をしているところ、〔住友金属建材の従業者たる被告人〕の弁護人は、公正取引委員会が同社〔JFE鋼板〕及び同社担当者を告発せず、それらが起訴されなかったことを量刑において考慮すべきであると主張し、〔日鉄鋼板の従業者たる被告人2名〕の弁護人も類似の主張をしている。しかし、JFE鋼板及びその担当者につき、公正取引委員会が告発をせず、検察官が起訴しなかったのは、課徴金減免制度を有効に機能させるための措置と解されるところであり、本件各被告人の量刑事情として考慮する必要はないと考える」（「量刑の理由」3⑹）。JFE鋼板が告発・起訴の対象とならなかったのは、課徴金減免制度を有効に機能させるための機械的な処置に過ぎず、情状を勘案してのものではないのだから、その並びで他の違反者らに対してまで寛大な処置をする筋合いではない、という趣旨だと思われる。

　では、違反行為の終了を主導した日鉄住金鋼板を告発・起訴の対象から除外することはできなかったのか。後に初代課徴金減免管理官となった公取委職員による解説は、調査開始日前の第2位以下の減免申請者であっても、公取委の調査への協力状況などを総合的に考慮して告発しないことがあり得る、としている（品川武・該当部分執筆・品川武＝岩成博夫『課徴金減免制度等の解説』（平成17年、公正取引協会）19頁）。そうしたところ、前記⑴で見たように、日鉄住金鋼板の減免申請は、調査開始日前でなく、調査開始日以後のものである。さらに言えば、違反行為の終了が平成18年9月6日であるのに対し、本件の調査開始日は平成20年1月24日であって（日鉄住金鋼板に対する課徴金納付命令書4⑷）、違反行為終了時期と減免申請時期との間にかなりの期間があった。

　ちなみに、日鉄住金鋼板は、他の被告会社よりも、2000万円だけ罰金額

東京地判平成 21 年 9 月 15 日〔GL 鋼板刑事〕

を減じられている。その理由として本判決は、次のように述べている。直接には関係のない前後の判示も、参考としてあわせて引用する。「被告会社 3 社については、いずれも、役員、従業員に対して独占禁止法教育の強化を行うなど再発防止のためのコンプライアンス体制の強化に取り組んでいることは有利に考慮できる。また、日鉄住金鋼板については、平成 18 年 9 月ころ、日鉄鋼板において、事業統合に先立つ社内調査の中で独占禁止法違反を疑わせる行為を発見し、直ちに〔日鉄鋼板の従業者たる被告人 2 名〕らをして、他社の鋼板営業担当者に対して今後は独占禁止法違反行為は行わない旨を連絡させており、それを契機として本件めっき鋼板等について価格カルテルが行われなくなったことが認められるので、この点を有利に考慮することとした（なお、〔日鉄鋼板の従業者たる被告人 2 名〕の弁護人は、同被告人両名についても考慮すべきであると主張するが、同被告人両名は所属する会社に指示されて行ったのであるから、その必要はない。）」（「量刑の理由」3⑺）。

4 罰金の半額控除

比例原則に配慮して罰金の半額を課徴金から控除する制度は、平成 17 年改正によって導入されたが、その規定は、課徴金納付命令の前に罰金刑が確定した場合と、課徴金納付命令の後に罰金刑が確定した場合とで、分けられている。手続が異なるからであると考えられる。そして、後者については、当初は、審決によって課徴金納付命令を修正することになっていたが（平成 25 年改正前の 51 条）、平成 25 年改正後は、審判制度が廃止され審決という文言が用いられなくなったため、決定によって課徴金納付命令を変更することとなっている（63 条）。

本件は、既にされた課徴金納付命令を変更する審決の最初の例となった（公取委審決平成 21 年 11 月 9 日〔GL 鋼板課徴金罰金半額控除〕）。本件までの事例はいずれも、罰金刑が確定した後に 7 条の 2 第 14 項（平成 21 年改正後の同条 19 項と同等）を適用して半額を減額したうえで課徴金納付命令を行ったものであった（公取委命令平成 19 年 11 月 12 日〔名古屋市発注地下鉄工事談合〕（審決集 54 巻 596 頁）、公取委命令平成 19 年 12 月 25 日〔緑資源機構発注業務談

合〕（審決集 54 巻 613 頁））。

　本件で排除措置命令・課徴金納付命令が先行したのは、違反行為終了日・実行期間終了日が平成 18 年 9 月 6 日であり（前記 *1*、*2*）、除斥期間の満了が近づいていたためだと思われる（本件当時の除斥期間は、平成 21 年改正前の 7 条 2 項、7 条の 2 第 21 項によりいずれも 3 年）。

最判平成 22 年 12 月 17 日〔NTT東日本〕

最判平成22年12月17日・平成21年（行ヒ）第348号
民集64巻 8 号2067頁
〔NTT 東日本〕

1 事例の概要

本件は、公取委（被告・被上告人）による違反宣言審決に対する取消訴訟である。平成 17 年改正前の手続規定によるもので、違反宣言審決の根拠条文は平成 17 年改正前 54 条 3 項である（違反宣言審決の制度は、平成 17 年改正後・平成 25 年改正前 66 条 4 項として残ったが、平成 25 年改正による審判制度廃止に伴って姿を消した）。

したがって、本件訴訟の対象は、違反を宣言する本件審決（公取委審判審決平成 19 年 3 月 26 日）の主文の当否であるから、事案の紹介としても、審決主文をそのまま掲げるのが正統的である。以下において「被審人」とは、NTT 東日本（東日本電信電話。原告・上告人）である。

主文第 1 項は、次のように述べる。

「被審人が、光ファイバ設備を用いた通信サービス（以下「FTTH サービス」という。）の提供において、平成 14 年 6 月 1 日以降行った別紙 1 記載の行為は、被審人の光ファイバ設備に接続して戸建て住宅向け FTTH サービスを提供しようとする事業者の事業活動を排除することにより、東日本地区（別紙 2 記載の地域をいう。）における戸建て住宅向け FTTH サービスの取引分野における競争を実質的に制限していたものであって、これは、独占禁止法第 2 条第 5 項に規定する私的独占に該当し、同法第 3 条の規定に違反するものであり、かつ、当該行為は、既になくなっていると認める。」

問題とされた行為の中核をなす「別紙 1」は、次のように述べる。

363

「被審人は、平成14年6月1日以降、戸建て住宅向けのFTTHサービスとして新たに『ニューファミリータイプ』と称するサービスを提供するに当たり、被審人の電話局から加入者宅までの加入者光ファイバについて、1芯の光ファイバを複数人で使用する分岐方式（以下「分岐方式」という。）を用いるとして、ニューファミリータイプのFTTHサービスの提供に用いる設備との接続に係る接続料金の認可を受けるとともに、当該サービスのユーザー料金の届出を行ったが、実際には分岐方式を用いず、電話局から加入者宅までの加入者光ファイバについて1芯を1人で使用する方式（以下「芯線直結方式」という。）を用いて当該サービスを提供した。被審人は、当該サービスのユーザー料金を、当初月額5,800円、平成15年4月1日以降は月額4,500円と設定したが、いずれも、他の電気通信事業者が被審人の光ファイバ設備に芯線直結方式で接続してFTTHサービスを提供する際に必要となる接続料金を下回るものであった。」

「別紙1」に掲げられた行為は、本判決が「本件行為」と呼ぶものにほぼ相当する（判決書9〜10頁）。

当然のことながら、分岐方式よりも芯線直結方式のほうが回線品質において優れており、接続料金が高い。

電気通信事業法に基づく規制により、NTT東日本は、自社の光ファイバ設備に他のFTTHサービス事業者が接続する場合の接続料金を定めた接続約款の認可を総務大臣から受けることが義務付けられている。また、ユーザー料金については、これを総務大臣に届け出ることが義務付けられており、不当な競争を引き起こす場合等には総務大臣による料金変更命令があり得ることとなっている（以上、判決書2〜3頁）。

また、東日本地区の一部においては、東京電力と有線ブロードネットワークスが、自前の光ファイバ設備を用いて、FTTHサービスを行っていた（判決書5頁（最高裁判決が「有線ブロードネットワーク」としているのは誤り））。

以上のことを図に描くと、次のようになる。図の下半分すなわち川下の市場で競争に参加するためには、図の上半分すなわち川上の市場で、各ユーザーの戸建て住宅まで張られた光ファイバ設備に接続してもらう必要がある。別紙1にいう「他の電気通信事業者」を、図や、以下の論述では、便宜上

「C社」と呼ぶ。

NTT東日本が本件審決の取消しを請求したのが本件である。原判決は、請求を棄却した（東京高判平成21年5月29日）。NTT東日本が上告受理申立てをしたところ、上告が受理された。

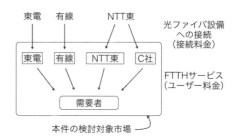

本件審決は違反宣言審決であり、NTT東日本は何も命令されていないわけであるが、本判決は本案前の論点に何ら触れずに本案の判断を行った。違反宣言審決の取消訴訟が訴訟法上不適法でないことを実例で裏付けた形となっている。違反宣言審決が確定すれば当時の26条により25条訴訟の訴訟要件が満たされることとなっていたので、取消請求が適法であることには疑いはなかった。

2 本件の上澄みと深層

本件事案は、NTT東日本が実際の接続料金よりも安いユーザー料金を設定していたのが問題だ、というように、その上澄みだけを掬い取るのならば単純なイージーケースである。2条5項の「排除」に関する判示が民集の判示事項になっているが、本判決の結論には、実はあまり関係がない。市場画定（「一定の取引分野」）や競争の実質的制限についても、判示がされているが、これらも結論にはあまり関係がない。

ただ、結論にあまり関係がないとはいえ、排除型私的独占について最高裁判決がされること自体が初めてであったから、前年に策定された排除型私的独占ガイドラインの考え方を最高裁が基本的に受け入れることを示すだけでも、意味はあった。

他方で、結論に影響を持ち得たのは、因果関係の論点であったと思われる。因果関係に関する本件審決・原判決の論法には脆弱な点が見られ、本判決は、その点を避けて因果関係を認定したが、なお疑問が残る（後記7）。

そのほか、事業法と独禁法との兼ね合いに関する争点もあった（後記8）。

365

本判決は、「排除」に大部分を割き、市場画定、競争の実質的制限、因果関係、事業法、については綺麗に 1 文ずつを割り当てて判示している。

3 2条5項の諸要件の判断順序

本判決は、「排除」→「一定の取引分野」→「競争の実質的制限」の順で判断している。これは、2条5項における登場順に忠実なものであり、排除型私的独占ガイドラインの論述順序とも同じである。

しかし、「排除効果」はもともと「競争の実質的制限」の一要素でもある。言い換えれば、「一定の取引分野」に関する見通しを持たずして「排除効果」の成否を論ずることは、本来は、できない。例えば、本件において被排除者とされる前記 *1* の図の C 社が、光ファイバ（FTTH）でなく ADSL であればインターネット接続サービスに参入可能であるという場合、本件行為に「排除効果」があると言えるか否か、という問題を考えてみるとわかりやすい。ADSL によるインターネット接続が本件の検討対象でない（「一定の取引分野」に含まれていない）という暗黙の前提があるからこそ、かりにADSL による参入が可能であったとしても、「排除効果」があると言えるわけである。

本判決は、そのようなことは承知のうえで、条文の順序に忠実に判示したものと思われる。

4 2条5項の「排除」

(1) 概　要

本判決は、2条5項の「排除」に関する判示に力を入れており、これが民集の判示事項となっている。しかし、前記 *1* に掲げた事実関係を前提とし、川上の接続料金と川下のユーザー料金が逆転していたという見方を出発点にするのであれば、排除効果があるのは当然であり、さほど重要な争点ではなかったように思われる（後記 *7* の因果関係の問題を除く）。

調査官解説は、当時、審判制度廃止のための政府提出法案が国会に提出されていたことに触れて（実質的には、後にこれがそのまま平成25年改正となった）、最高裁が独禁法の重要問題について判示をする意義を強調している（岡田幸人・最判解民事篇平成22年度下835頁）。

「排除」については、本判決の判示を踏まえ、更にJASRAC最高裁判決（集最判平成27年4月28日）を経て、捻りの加わった議論が展開されている。「排除」の中身それ自体についてはJASRAC最高裁判決の解説に譲る（本書527〜536頁）。

(2) いわゆるマージンスクイーズ論について

(a) 本判決の分析

本件のNTT東日本のように川上市場でも川下市場でも供給者として事業活動を行う者が、川下競争者に対する川上価格にほとんどマージンを乗せないような近接した水準に自らの川下価格を設定する行為が、「マージンスクイーズ」（または「プライススクイーズ」）と呼ばれることがある。本件で前提とされた事実関係のように、川上価格と川下価格が逆転して逆ざやになっている場合は、マージンスクイーズの究極形態ということになる。

このような欧米一流のネーミングに接した際に注意すべきであるのは、既存の枠組みで対応できることであるにもかかわらず目立つように言い換えただけなのか、それとも既存の枠組みでは説明できない新たな違反行為を析出するようなものであるのか、ということである。もし、川上で他に代わり得る取引先を見出せるなどという意味で取引拒絶の違反要件を満たさず、かつ、川下でコスト割れをしているとは言えないなどという意味で略奪廉売の違反要件を満たさない、という場合であっても、違反とするのであるならば、マージンスクイーズという類型に独自の意味があるということになる。逆に、取引拒絶の枠組みまたは略奪廉売の枠組みのいずれかで違反と言える場合だけ違反とするに過ぎないのであれば、マージンスクイーズという類型に独自の意味はないことになる（排除型私的独占ガイドライン注17は、マージンスクイーズは「供給拒絶・差別的取扱い」と同様の観点から検討するとしている）。

そのような観点から本件を見ると、本件行為は取引拒絶の違反要件も略奪

367

廉売の違反要件も満たしていると比較的簡単に言えるイージーケースであることがわかる。

言い換えれば、取引拒絶の違反要件も略奪廉売の違反要件も満たさないがマージンスクイーズ独自の観点から違反となる第三の領域があるか否かという問題について、本判決は何も述べていない。マージンスクイーズという独自の問題設定の意義が否定されたわけではないが、独自の問題設定の意義が肯定されたわけでもない。本判決をもってマージンスクイーズの事例だと述べる文献があるとすれば、それは、「既存の枠組みで対応できることであるにもかかわらず目立つように言い換えただけ」のものだということになる。

本判決の調査官解説は、結果的には通常の基準と同じとなるのであるなら言葉の問題であるからマージンスクイーズという言葉を用いてもよいではないかという旨を論じている（岡田・前掲816～817頁）。適切な議論をできる集団のなかに閉じた言説としては、それでよいかもしれない。しかし、特殊な言葉に特別の基準を託したり議論の新規性を強調したりしようとする言説が複雑に行き交う集団に向けた言説としては、用心深さを欠いているように思われる。現に、NTT東日本最判がマージンスクイーズの判決であるとして殊更に強調する文献は、後を絶たない。そのような文献が、調査官解説のような冷静さを共有していることは少ない。

(b) 『独禁法事例の勘所〔第2版〕』の記述について

本書の前身である『独禁法事例の勘所〔第2版〕』（平成22年）378～380頁（平成20年の初版では278～279頁）の記述を、マージンスクイーズを取引拒絶でなく略奪廉売の枠組みで論ずべきだと主張するものであるとして、引用する文献が散見される。しかし拙著は、当該箇所を一見すればわかるように、当時において利用可能であった得難い特定の文献（武田邦宣「競争法によるプライススクイーズの規制」（根岸哲他編『ネットワーク市場における技術と競争のインターフェイス』（有斐閣、平成19年）所収））の研究を分析し、その主張が略奪廉売の違反要件を満たさないようなものまで違反とする趣旨であるのか否かを見たところ、そのような趣旨は込められていないようであったので、そうであるとすれば「『マージンスクイーズ』なる概念を持ち出す必要性はどこにもなく、一般の略奪的廉売規制の枠組みで考えていけばよ

い」と述べた。拙稿の主眼は、マージンスクイーズは特別な枠組みを必要とするものではないことを述べようとした点にあった。取引拒絶として論ずることを否定したものではない。

5 市場画定

本判決は、本件における「一定の取引分野」の範囲の画定（市場画定）について、次のように述べている。

「前記事実関係等によれば、本件行為期間において、ブロードバンドサービスの中でADSLサービス等との価格差とは無関係に通信速度等の観点からFTTHサービスを選好する需要者が現に存在していたことが明らかであり、それらの者については他のブロードバンドサービスとの間における需要の代替性はほとんど生じていなかったものと解されるから、FTTHサービス市場は、当該市場自体が独立して独禁法2条5項にいう『一定の取引分野』であったと評価することができる」（判決書12〜13頁）。

「需要の代替性」という文言からも明らかなように、本判決は、需要者からみて選択肢となるか否かによって供給者の範囲が画定されるという考え方を当然の前提としている。

そして本判決は、その場合の「需要者」とは誰か、という問題について、それは、「ブロードバンドサービスの中でADSLサービス等との価格差とは無関係に通信速度等の観点からFTTHサービスを選好する需要者」であることを明確にしたうえで論じている。

ところで、このような場合、おそらく、NTT東日本は、FTTHサービスを選好する需要者と、ADSLサービスでもよいと考えている需要者とを、区別できないと思われる。

この場合、米国的な考え方では、FTTHサービスを選好する需要者だけの市場は成立しないことになる。

私は、これは据わりの悪い議論であると考えていた。FTTHサービスでなければ選択肢とならないと考えている者がまとまった数だけ存在する以上、そのような者を需要者とする市場は間違いなく成立するのであり、ただ、区

369

別できないならば弊害が起きる確率が低い、と考えるほうが、事案に即した柔軟な解決をすることができると直感したためである。

このような直感に対して実例で裏付けを与えたのが、本判決の調査官解説である。そこでは、拙著が随所で掲げてきた新幹線飛行機問題という議論の枠組み（本書224〜225頁）を明示的に引用しつつ、NTT東日本は、2種類の需要者を区別できなかったかもしれないが、それでも、FTTHサービスの需要がADSLサービスの需要を侵食しつつ急速に拡大している場合には、弊害は起きる旨が論ぜられている（岡田・前掲825頁、843頁）。

6 競争の実質的制限

本判決は、「競争の実質的制限」について、次のように述べている。

「そして、この市場においては、既に競業者である東京電力及び有線ブロードが存在していたが、これらの競業者のFTTHサービス提供地域が限定されていたことやFTTHサービスの特性等に照らすと、本件行為期間において、先行する事業者である上告人に対するFTTHサービス市場における既存の競業者による牽制力が十分に生じていたものとはいえない状況にあるので、本件行為により、同項〔2条5項〕にいう『競争を実質的に制限すること』、すなわち市場支配力の形成、維持ないし強化という結果が生じていたものというべきである」（判決書13頁）。

競争の実質的制限を根拠付ける反競争性については、排除効果があれば足りるとする説（排除効果重視説）と、他者排除事案においてもあくまで価格や品質等が左右されること（これが言い換えられて「市場支配的状態」と呼ばれる）が必要であるとする説（原則論貫徹説）とがある。前記 *1* の図に即して具体的に表現するなら、C社が排除されただけで反競争性があるとするのが排除効果重視説であり、C社が排除されても東京電力・有線ブロードネットワークス・NTT東日本の競争が活発になされるのであれば反競争性があるとは言えないとするのが原則論貫徹説である。

この論点については、本件原判決である東京高裁判決が原則論貫徹説を採用し（東京高裁判決書78頁）、排除型私的独占ガイドラインも同判決を引用

最判平成 22 年 12 月 17 日〔NTT東日本〕

して同旨を述べていた（同ガイドライン第 3 の 2(1)）。

　本判決の上記判示は、この流れに沿って、私的独占の定義規定にいう「競争の実質的制限」について原則論貫徹説を採用することを最高裁が示唆したもの、と言える。第 1 に、本判決は「市場支配力の形成、維持ないし強化」という文言を特段の定義なく用いているが、これは、本件原判決や排除型私的独占ガイドラインなどが、価格や品質等が左右されることを指す言葉として用いてきているものである。第 2 に、本判決は、本件において「市場支配力の形成、維持ないし強化」が発生していることを示す根拠として、「既存の競業者による牽制力が十分に生じていたものとはいえない状況にある」という事実を指摘している。上記引用箇所によれば、ここでいう「既存の競業者」は東京電力と有線ブロードネットワークスを指す。そうすると、この記述は、原則論貫徹説によっても本件では反競争性が満たされることを示そうとしたものであることがわかる。

　ところで、本判決の上記判示は、「これらの競業者の FTTH サービス提供地域が限定されていたこと」をひとつの要素として重視している。わかりやすく言えば、東京では反競争性が生じないかもしれないが仙台や札幌などでは間違いなく反競争性が生じたであろう、という趣旨である。そうであるとすると、かりに需要者を東京在住者だけに絞った FTTH サービス市場を想定すれば、反競争性は成立しなかったのではないか、という疑問も湧く。本件は、排除型私的独占を課徴金の対象とする平成 21 年改正より前の事件であったので、需要者の地理的範囲については東日本全体という程度の漠然としたものを念頭に置くだけで足りた。かりに東京を除外したとしても仙台や札幌などでは排除型私的独占に該当するのだから、細かいことを気にする必要はないというわけである。しかし、本件に課徴金を適用しようとする場合には、需要者としてどの範囲を想定するのかによって課徴金額が大きく変わるであろう（7 条の 2 第 4 項）。

　なお、本判決の「競業者」という言葉は、「競争者」へと置き換えたほうがよい（本書 526 〜 527 頁）。

371

最判平成 22 年 12 月 17 日〔NTT 東日本〕

7 因果関係

(1) 本判決の判示

本判決は、因果関係について、次のように述べる。

「さらに、上告人が本件行為を停止した後に他の電気通信事業者が本格的に FTTH サービス市場への新規参入を行っていること、その前後を通じて東京電力及び有線ブロードの競争力に変動があったことを示すような特段の事情はうかがわれないこと等からすれば、FTTH サービス市場における上記のような競争制限状態は本件行為によってもたらされたものであり、両者の間には因果関係があるということができる」(判決書 13 頁)。

本件での因果関係問題には、① NTT 東日本が本件行為を行わず現に分岐方式で接続したとしても前記 1 の図の C 社に対する排除効果は同じように生じたのではないかという問題(本件審決は現に分岐方式で接続していたなら適法行為であるとしているため、「適法行為をめぐる問題」とでも呼ぶべきもの)と、② NTT 東日本の本件行為がなくとも C 社は東京電力の安値に対抗できず市場に参入できなかったのではないか(「東京電力をめぐる問題」)、とがある。

本判決は、このいずれの問題にも言及せずに回避し、本件行為終了後に新規参入が生じたという事実を裏返すという観点から、因果関係を 1 文で認定した。

(2) 本判決の論法に対する指摘

これについては、次のことを指摘できる。

本件行為終了後の新規参入は、本件行為が終了したという要因ではなく、他の要因によって生じたのではないかという疑問がある。本件審決によれば、「本件行為期間後には、新規事業者が参入しやすい接続形態等が導入され、実際に戸建て住宅向け FTTH サービス市場に新規事業者が参入していることなど、同サービス市場における変化がみられる」とされ(審決案 73 頁)、

372

そこで言及された審決案理由第1の10において、ソフトバンクBBおよびKDDIが、本件行為が終了したためではなく、分岐方式による接続が容易となったために新規参入を果たした事情が、詳細に認定されている（審決案31頁）。

(3) 本件審決・原判決の論法に対する指摘

もともと、本件審決と原判決が、東京電力をめぐる問題について、説得力に疑問の残る判示をしていた。本件行為終了後の状況に着目して因果関係を認定する本判決の論法は、本件審決や原判決に対して提起された疑問を払拭できないために考案された可能性もある。本件審決と原判決の判示も、因果関係を検討するための材料として好適であるので、ここに書き残すこととする。

本件審決は、次のように述べた。「東京電力のFTTHサービスは、提供地域が限られていたのであり、東京電力において既にユーザー料金相当額が6,000円程度であったとしても、東日本地区における電気通信事業者としての知名度、事業ノウハウ、事業規模等を考慮すると（査第204号証）、他の電気通信事業者がこれと同程度のユーザー料金を設定しなければFTTHサービス事業に新規に参入することができなかったとまでは認められないというべきである。被審人ほどの電気通信事業者としての知名度、事業ノウハウ、事業規模を有するとは認められない東京電力が低価格でサービスを提供しても、他の電気通信事業者は、価格競争力だけでなく、電気通信事業者としての事業ノウハウ等を活用することにより、これに対抗するFTTHサービス事業を展開できる可能性があるが、被審人が、他の電気通信事業者では価格上対抗できない低ユーザー料金を設定する行為の影響は、東京電力の料金設定によって生じる新規参入の困難性とは比較にならない」（審決案62〜63頁）。

ここでは因果関係を論じているのであるから、「NTT東日本の行為がなかったとすれば」どうなるかを検討しなければならない。つまり、東京電力でもNTT東日本でもない電気通信事業者（本件審決の上記説示がいう「他の電気通信事業者」）が東京電力に対抗し得たか否かを検討するのであるから、

東京電力と NTT 東日本の知名度・事業ノウハウ・事業規模を比較するのでなく、東京電力と他の電気通信事業者の知名度・事業ノウハウ・事業規模を比較するのでなければならない。

このように見ると、本件審決の上記説示には疑問がある。つまり、上記説示の全体にわたって、東京電力と NTT 東日本を比較した場合の NTT 東日本の優位が強調され、そのなかで、他の電気通信事業者が知名度・事業ノウハウ・事業規模において東京電力よりも優れていることは、いつの間にか前提とされているようにも見える。その意味では、「査第 204 号証」が、他の電気通信事業者と東京電力との間の優劣を示した証拠であるのか、それとも NTT 東日本と東京電力との間の優劣を示す証拠にとどまるのか、という点が、東京電力をめぐる因果関係問題を左右するのではないかと思われる（「できなかったとまでは認められない」という言い回しも、審査官に立証責任があるはずであることとの関係で、検討の余地がある）。

原判決は、この指摘に鑑みてであるのか、東京電力と「他の電気通信事業者」との比較に関する本件審決の記述を強化して、次のように述べた。「東日本地区における〔東京電力〕の電気通信事業者としての知名度、事業ノウハウ、事業規模等を考慮すると、東京電力が低価格でサービスを提供しても、他の電気通信事業者は、価格競争力だけでなく、電気通信事業者としての事業ノウハウ等を活用することにより、これに対抗する FTTH サービス事業を展開できる可能性があるから、他の電気通信事業者がこれと同程度のユーザー料金を設定しなければ FTTH サービス事業に新規に参入することができなかったとまでは認められないというべきである」（東京高裁判決判決書 72 ～ 73 頁）。

「査第 204 号証」から本当にそのような認定を合理的に導けるのか否かが、やはり問題であった。

最高裁判決は、前記(1)のように、終了後の状況から裏返す論法による判断をし、本件審決・原判決のような論法は採らなかった。

最判平成 22 年 12 月 17 日〔NTT東日本〕

8 事業法と独禁法

(1) 問題の所在

　本件における NTT 東日本のユーザー料金については、電気通信事業法に基づく総務大臣への届出が義務付けられており、総務大臣は、当該料金が「特定の者に対し不当な差別的取扱いをするものであるとき」や「他の電気通信事業者との間に不当な競争を引き起こすものであり、その他社会的経済的事情に照らして著しく不適当であるため、利用者の利益を阻害するものであるとき」には料金変更命令をすることができた（判決書 3 頁）。それにもかかわらず本件で総務省は、本件行為が行われていたことを知りつつ、料金変更命令を行っていない。

(2) 本判決の判示

　この問題について本判決は、次のように述べる。

　「なお、前記事実関係等に照らすと、総務大臣が上告人に対し本件行為期間において電気通信事業法に基づく変更認可申請命令や料金変更命令を発出していなかったことは、独禁法上本件行為を適法なものと判断していたことを示すものでないことは明らかであり、このことにより、本件行為の独禁法上の評価が左右される余地もないものというべきである」（判決書 13 頁）。

(3) 私見と本件審決

　この問題に関する私の考えは、以下の通りである。前記(1)の料金変更命令要件を見れば、この制度は、独禁法上の略奪的廉売規制と趣旨において重なるものである。それについて、電気通信事業を所管する総務省が専門的判断を行ったうえで料金変更命令を発しないという対応をしているのであれば、当該専門的判断を独禁法違反要件の成否の判断においても原則として尊重すべきである。

　届出内容とは異なる料金を収受することが事業法によって禁止されている

375

最判平成 22 年 12 月 17 日〔NTT東日本〕

から、届出内容どおりの料金の収受を独禁法違反とすることは二律背反であって許されない、と主張しているのではない。当該届出料金は料金変更命令に値しないという電気通信専門官庁の競争政策的判断を、独禁法違反要件の成否の判断に織り込んで尊重すべきである、というのが私の考えである。原審決は、ユーザー料金の変更の届出が可能であると指摘しているが（審決案72頁）、私の考え方に対する反論にはならない。なぜなら、私の考え方の根拠は、届出内容どおりの料金の収受が強制されている、という点にあるのではなく、現在の届出料金が変更命令に値しないことが電気通信専門官庁の政策判断によって裏付けられている、という点にあるからである（もちろん、強制を伴う制度であるという事実は、当該政策判断の重みを示す間接事実とはなる）。

　以上の考え方は、単なる私見ではなく、大阪バス協会審決（集公取委審判審決平成 7 年 7 月 10 日）が示した考え方に多くを負うものである。すなわち同審決においては、問題となった協定前の運賃は道路運送法において許容されないものであるという運輸省の専門的判断の存在（これを否定すべき立証責任を審査官が果たしていないとされた）を尊重して、独禁法違反なしという結論が導かれた。この考え方を本件に応用したのが、上記の考え方である。本件審決は、大阪バス協会審決について、「同事件は業法（道路運送法）上許容されていない運賃の範囲における競争制限行為を問題にするものであって、本件とは事案を異にする」と述べるのみであるが（審決案72頁）、物事の本質を見ようとしない皮相なものであると言わざるを得ない。大阪バス協会審決は、許容されていない運賃を許容された運賃に近付けようとする協定は独禁法に違反しない旨の結論を理由付けるため、協定前運賃が許容されていないことについては国の政策としての裏付けがあることを示そうとして、そこに運輸省の専門的判断が介在している（そうでないことを審査官が立証していない）ことを尊重した。本件での私の考え方は、本件ユーザー料金は不当な競争を引き起こさないという総務省の専門的判断がされているのであれば、独禁法もそれを尊重すべきなのではないか、というものなのであるから、大阪バス協会審決と深く関連するものである。

　なお、本件審決は、私の意見書が前出の二律背反論を主張しているもので

あるかのような形で引用しているが（審決案71〜72頁）、私の意見書は以上のような趣旨のものであり、二律背反論では全くない。

(4) 本判決の検討

本判決は、かりに私見のような考え方を採ったとしても本件での結論は変わらない、と述べたことになる。拙著は、行政指導はしたが法律上の命令をしなかった、という側面に着眼していたが、本判決は、法律上の命令はしていなかったが行政指導はしていた、という側面に着眼したため、結論が異なることとなったのであろう。

本判決は、私見を採用したというわけではないが、本件審決に示された公取委の考え方を是認したわけでもない。今後、本判決の威光を借りて、事業所管官庁の判断を尊重する必要はないとする本件審決の見解が強調される場合があるとすれば、それは、本判決の趣旨を正解しないものである。

平成22年度企業結合事例1〔BHP ビリトン・リオティントⅡ〕

1 事例の概要

　鉄鉱石などの採掘および販売を行う BHP ビリトンとリオティントが、西オーストラリアにおける鉄鉱石の生産ジョイントベンチャー（以下「本件 JV」という）の設立を計画した。

　公取委が、違反の「おそれがある旨の問題点の指摘を行ったところ、両当事会社は本件 JV の設立計画を撤回する旨を公表した」（事例集 17 頁）。

　本件については、日本の公取委のほか、豪州・EU・ドイツ・韓国の各競争当局も、審査を行っていた（事例集 17 頁）。

　本件では、鉄鉱石をさらに塊鉱・粉鉱・ペレットの３種類に細分化し、そのうち両当事会社の存在感の大きい塊鉱と粉鉱の２種類を検討しているが（事例集 2 ～ 3 頁）、結局はその２種類のいずれについてもほぼ同様の検討がされているので、本稿では区別せず単に「鉄鉱石」として論ずる。

　この両当事会社については、本件より前に、BHP ビリトンがリオティントの全株式の取得を計画するという、いわば第１ラウンドがあった（集公取委公表平成 20 年 12 月 3 日〔BHP ビリトン・リオティントⅠ〕）。

2 事業の一部の共同化

　本件は、両当事会社が生産を統合するというものであり、販売は統合しない。

そのような、事業の一部の共同化の場合には、共同化される部分が商品役務全体に占める割合がどれくらいであるかが、鍵となる。共同化される部分の占める割合が大きければ、個々の独自の競争が行われる余地が小さいから、反競争性が生じやすい。逆に、共同化される部分の占める割合が小さければ、個々の独自の競争が行われる余地が大きいから、反競争性が生じにくい（集平成13年公表相談事例12〔共同調達ウェブサイト〕など多数の相談事例等）。

本件では、鉄鉱石という商品役務の大部分の割合が共同化し、しかも、その影響で、共同化しない販売の段階についても独自の競争が起こりにくくなる、とされた（事例集8〜9頁）。

3 「世界市場」

(1) 「世界海上貿易市場」

本件で公取委は、「世界海上貿易市場」を「画定した」（事例集3頁）。「世界海上貿易市場」なるものは、ブラジルでの鉄鉱石関連の企業結合案件などにおいてEUでかねてから採られてきた論法であり、目新しいものではない（本書325〜327頁）。「海上貿易」に限定するのは、日本やEUなどの需要者（高炉方式による鉄鋼製品の製造を行う者）にとって、海上貿易の対象とならない鉄鉱石は選択肢に入らないからだと考えられる。他方、本件で米国の競争当局が登場しない背景には、米国の需要者が「海上貿易」による鉄鉱石に頼る必要がないという要素があるのではないかと推測される。

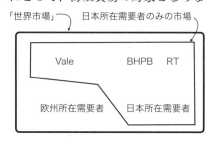

(2) なぜ本件で「世界海上貿易市場」を画定したか

両当事会社に対する唯一の有力な競争者として登場する者（事例集10〜11頁）はブラジルのヴァーレだと思われるが、ともあれ当該競争者は、「鉄鉱石の大消費地である東アジアへの海上輸送費の面で両当事会社よりも不利

な状況にあるほか、十分な供給余力を有していないと考えられる」（事例集11頁）。

そうであるとするならば、公取委としては、違反のおそれがあるという結論を得るためには、複雑な論法を弄して「世界海上貿易市場」などと言わずとも、日本所在需要者を需要者とし供給者を当事会社やヴァーレらであるとする単純素朴な市場を画定すれば足りたのではないのか、という疑問が湧く。世界中の需要者まで視野に入れた「世界海上貿易市場」を念頭に置いたために、かえって、ブラジルに近い欧州の需要者まで視野に入れることになり、違反のおそれありという結論に至る道を相対的に険しくしたのである（絶対的にはさほど険しくはなかったかもしれないけれども）。

それでは、なぜ、本件で「世界海上貿易市場」が「画定」されたのであろうか。

あくまで推測であるが、2つ考えられる。

第1は、「世界海上貿易市場」を「画定」すれば、豪州・EU・ドイツ・韓国の各競争当局と情報交換をする際、検討の土台を共通化できる。

第2に、日本独禁法にとっては、日本所在需要者だけを需要者とする市場のほうが違反といいやすかったであろうが、EUやドイツの競争法にとっては、「需要者がEU（ドイツ）に所在し供給者が世界に所在する市場」では、相対的に、違反といいにくかったであろう。欧州から見て、豪州は、ブラジルよりもずっと遠く、ともすれば、その影響は欧州にとって限定的であるように見えてしまうかもしれないからである。それに対して、少々複雑な論法を使ってでも「世界海上貿易市場」を「画定」すれば、豪州の企業結合により、豪州の供給者の対アジア価格が上がると、豪州の供給者の対欧州価格も上がり、ひいてはブラジルの供給者の対欧州価格まで上がる、という理路を、説明しやすくなる。そうであるとすると、本件計画の実現に反対する陣営にとっては、EUやドイツの競争当局が「世界海上貿易市場」を「画定」してくれたほうが有利であり、そうであるとすると、それを日本や韓国の競争当局にも推奨したほうが得策、となったであろうことは、推測しても許されるであろう。

4 会社とはいえない形態による事業統合

公取委は、さらりと、「関係法条は、独占禁止法第 10 条である」としている（事例集 1 頁）。

ところが、本件については、次のような指摘がある。「〔本件 JV は〕法人形態ではなく、一種の組合に類似した契約形態であったために、本来、企業結合に該当するのかが問題とされる可能性のあったものである。実際には、当事会社側が事前相談制度に基づき自発的に『企業結合』事案として公取委に持ち込んだために企業結合課で検討が行われている」（川合弘造「独禁法実務を志す若手法律家の方に（6・完）」公正取引 729 号（平成 23 年）73 ～ 74 頁）。

つまり、本件 JV が会社形態でなかったため、10 条の「他の会社の株式を取得」の要件を満たさず、同様に、13 条～ 16 条の要件も満たさない可能性があった、というわけである。

本件 JV を管理運営する「管理会社」は、設立する計画だった模様であり（事例集 1 頁）、その「会社」の株式取得として 10 条を適用できないのか、などの疑問はあるが、本件事案の深層は不明であるので、本件に即した話としてここで深入りするのは避ける。

```
平成 22 年度企業結合事例 2 〔北越紀州製紙・東洋ファイバー〕
```

平成22年度企業結合事例2
〔北越紀州製紙・東洋ファイバー〕

1 事例の概要

　北越紀州製紙が、東洋ファイバーの全株式の取得を計画した。両者はバルカナイズドファイバーについて競争関係にある。

　公取委は、企業結合後の当事会社の市場シェアが100％となるとしつつ、「隣接市場からの競争圧力」を認めて、本件計画は10条に違反しないと判断した。

2 プロセスとしての法的判断のなかでの市場画定

(1) はじめに

　本件は、市場シェア100％であるのに公取委が容認した事例であるとして、一定の注目を浴びたものである。

　しかし、実質的にもそのように言えるのかというと、かなりの留保を要する。ひとことで言うと、市場画定というものが、企業結合審査において、そのプロセスとしての法的判断の中間段階に置かれるものであってそれに過ぎないことを的確に押さえる必要がある。

(2) 公取委による検討

　バルカナイズドファイバーには、「電気絶縁用途」と「研磨ディスク用途」

382

の2つの用途がある（事例集18頁）。

それぞれの用途ごとに、それぞれ別の、代替品が存在する。研磨ディスク用途については、ファイバーディスクを作る原材料としてはバルカナイズドファイバーには代替品が存在しないが、ファイバーディスクにはフラップディスクという代替品が存在する（以上、事例集18〜19頁、20〜21頁）。

しかし公取委は、それらを包含した（図の細い線のような）市場を画定するのは「データの制約等のため必ずしも容易ではない」として、バルカナイズドファイバーのみの（図の太い線のような）市場を画定したのである。そこでは、企業結合後の当事会社は市場シェア100％となる。

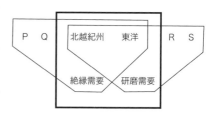

結論として公取委は、2つの用途ごとに、代替品による「隣接市場からの競争圧力」を認めて、違反なしとした（事例集20〜22頁）。

つまり、実際上は、「電気絶縁用途」の需要者にとっても、「研磨ディスク用途」の需要者にとっても、選択肢はバルカナイズドファイバーだけでなく、それぞれの用途ごとに、それぞれの用途のための代替品にまで広がっている。そのことを重視して、企業結合後の当事会社に対する牽制力が十分にあると判断したわけである。

(3) 分　析

かりに、市場画定というものが、違反の成否の判断をするためだけのものであるならば、図の細い線のような2つの市場が画定されるのでそれぞれの検討対象市場において他の供給者が牽制力を持つ、と言えばそれでよかった。

それでは、なぜ、公取委はそのような論法をとらず、バルカナイズドファイバーだけで市場画定をして市場シェアは100％であるなどと述べたのか。

それは、市場画定というものが、違反の成否を判断するためだけのものでなく、それよりもむしろ、企業結合審査の入口の段階で、市場シェアの数字を弾き出し、それをもとにHHIを計算して、セーフハーバーに該当するか否かを判断する（スクリーニングをする）ための道具となっているからであ

る。法的判断は、ある1時点において全てを瞬間的に行うものではなく、プロセスとして行われるものであり、しかも、企業結合審査の場合は、その途中経過が当事会社等に知らされる。市場画定は、そのようなプロセスとしての法的判断の中間段階でのスクリーニングの道具となっているのである。

　そのような観点からは、もっともらしい数字で表現しにくい要素は、「データの制約等のため必ずしも容易ではない」と述べて、もっともらしい「市場」の外側に追いやり、スクリーニングの段階では無視する。そして、しかし、最後に違反の成否を考える際には、「隣接市場からの競争圧力」だとして、直ちに定量化できなかった要素も考慮に入れた、というわけである。

　なお、以上のようなことは、公取委が事例集等において公表する審査結果には、明確には書かれていない。全て終わった後の担当官の「清書」としては、市場画定は、プロセスとしての法的判断の中間段階でのスクリーニングの道具という突き放した表現でなく、条文に規定された「一定の取引分野」に関するものとして、最終段階において全てを瞬間的に判断したかのように、書かれるからである。そこでは、プロセスとしての法的判断の時間軸という要素が読者にわかりにくくなっている。

　「市場画定」なるものに以上のような側面があることを踏まえ、時間軸という概念を置いて企業結合審査を眺めれば、そのあたりが立体的に見えてくる。そうすれば、市場シェア100%であるにもかかわらず公取委が許容した、ということの真意も、適切に理解できるようになる。

平成 22 年度企業結合事例 3 〔旭化成ケミカルズ・三菱化学〕

平成22年度企業結合事例3
〔旭化成ケミカルズ・三菱化学〕

1 事例の概要

旭化成ケミカルズと三菱化学が、共同出資で有限責任事業組合を設立することによって、両社がそれぞれ水島地区において行っているエチレン等の石油化学基礎製品の製造事業を一体化することを計画した。販売事業は、それぞれ独自に行う。

公取委は、違反なしと判断した。

2 有限責任事業組合の設立による事業統合

本件は、適用法条を明示しておらず、企業結合事例集としては珍しい。

考えてみれば、有限責任事業組合は会社ではないので、そこに共同出資しても、10 条の行為要件は満たさない。14 条は、会社の株式を取得・所有する側が非会社である場合の規定であり、被取得側が会社でないときの規定ではない。10 条 5 項は、取得する側が特定の組合である場合に当該組合の親会社に届出義務を発生させようとする規定であって、被取得側が組合である場合の規定ではなく、また、そもそも、届出義務に関する規定であって違反要件に関する規定ではない（会社を設立して事業統合をする場合でも、新設会社には売上高がないので 10 条 2 項の届出義務は発生しないのではないか、という問題はあるが、少なくとも 10 条 1 項の行為要件は満たす）。

それではなぜ、本件は「企業結合事例」として取り扱われたのであろうか。

385

裏の裏まで通じた関係者ではないので断言はできないが、公表情報を読み解く限りにおいては、次のようなことかと思われる。両当事会社は、当初は共同出資会社の設立による一体化を計画しており（旭化成・三菱ケミカルホールディングス「水島地区エチレンセンター統合の共同出資会社の設立について」（平成22年5月31日））、それが、最終段階になって、有限責任事業組合の形態に変わったようである（三菱ケミカルホールディングス・旭化成「水島地区エチレンセンター統合のためのLLP設立、一体運営開始について」（平成23年2月23日））。当初は、10条の行為要件を満たす企業結合計画であるとして企業結合課に事前相談をしていたが、途中から、10条・13条〜16条の行為要件を満たさなくなった、ということではないか。かりに企業結合規制の行為要件を満たさないということになれば、不当な取引制限などの規定を根拠とした事後規制にのみ服することとなり、ただ、当事者が事前相談（そのさらに非公式な形態である「一般相談」を含む）に来た場合には企業結合課でなく相談指導室で対応する、というのが、一応の筋ではある。しかし、当事者が事前の審査に従おうとしている以上は、企業結合規制であっても、不当な取引制限等の非企業結合規制であっても、違反要件は同じとなる（弊害の発生が将来でよいか（企業結合規制）、それともいま必要か（不当な取引制限等）という違いは、事前の審査である以上はいずれにしても将来の弊害の発生の有無を論ずることになるという意味で、消滅する）。そこで、公取委としては、企業結合課で行った審査結果を使って当事会社に回答し、そっと企業結合事例集に入れた、ということではないかと思われる。

公取委命令平成 23 年 6 月 9 日〔DeNA〕

公取委命令平成23年 6 月 9 日・平成23年（措）第 4 号
審決集58巻第 1 分冊189頁
〔DeNA〕

1 事例の概要

　ディー・エヌ・エー（以下「DeNA」という）とグリーは、ソーシャルゲーム提供のためのプラットフォームとして、それぞれ、モバゲータウンとGREE を運営している。いずれも、当初は、自らソーシャルゲームを登録ユーザーに対して提供していた。そうしたところ、オープン化により、ソーシャルゲーム提供事業者から手数料を収受する旨の契約を締結したうえで、ソーシャルゲーム提供事業者にも、それぞれモバゲータウンまたは GREEを通じて、ソーシャルゲームを登録ユーザーに対して提供させている（DeNA は平成 22 年 1 月頃から、グリーは平成 22 年 6 月頃から）。

　グリーは、平成 22 年 8 月 10 日から更に多くのソーシャルゲーム提供事業者に一斉にソーシャルゲームを提供させる「第二次リリース」を予定していた。

　DeNA は、ソーシャルゲームに係る売上額（ソーシャルゲーム提供事業者から収受する手数料を含む）において平成 22 年 1 月以降第 1 位の地位を占めており、また、オープン化についてグリーに先行したことなどの原因により、多くのソーシャルゲーム提供事業者にとって、DeNA は重要な取引先となっていた。グリーは第 2 位である。

　DeNA は、「平成 22 年 7 月頃、モバゲータウンにおける売上額が多いなど、ソーシャルゲームの提供において有力な事業者であると判断して選定したソーシャルゲーム提供事業者（以下「特定ソーシャルゲーム提供事業者」

387

という。）に対して、GREE を通じて新たにソーシャルゲームを提供しない
ことを要請していくこととし、特定ソーシャルゲーム提供事業者が GREE
を通じて新たにソーシャルゲームを提供した場合には、当該特定ソーシャル
ゲーム提供事業者がモバゲータウンを通じて提供するソーシャルゲームのリ
ンクをモバゲータウンのウェブサイトに掲載しないこととした」（排除措置
命令書 4 頁）。

これらの特定ソーシャルゲーム提供事業者のモバゲータウンおよび GREE
におけるそれぞれの平成 22 年 7 月の売上額は、ソーシャルゲーム提供事業
者のモバゲータウンおよび GREE における同月の売上額のそれぞれ大部分
を占めていた。

DeNA の行為により、「グリーは、第二次リリース以降、〔DeNA による上
記の〕要請を受けた特定ソーシャルゲーム提供事業者の少なくとも過半につ
いて、GREE を通じて新たにソーシャルゲームを提供させることが困難とな
っていた」（排除措置命令書 5 頁）。

公取委は、DeNA の行為が一般指定 14 項に該当するとして、排除措置命
令を行った。

DeNA が審判請求をしなかったので、排除措置命令はそのまま確定した。

2 排除効果の有無

⑴ 一般指定 14 項

一般指定 14 項は、もともとは不正手段による他者排除を主に念頭に置い
て導入された規定であるが、その行為要件が広汎であるため、排除効果があ
って初めて違反とされる行為にも適用され得る項となっている。不正手段で
ない場合には、一般指定の他の項における違反要件と同様に、排除効果の認
定があってはじめて一般指定 14 項を適用できると解すべきであると提唱さ
れ（白石忠志「独禁法一般指定 15 項の守備範囲」NBL585 号、586 号、587 号（平
成 8 年））、それが一応は定着している（一般指定 14 項は、同論文が刊行された
時期に施行されていた昭和 57 年一般指定 15 項と同じ内容である）。

388

⑵　不正手段か

　公取委が本件で一般指定 14 項を適用したことを肯定しようとする側からは、まず、ソーシャルゲームのリンクをモバゲータウンのウェブサイトに掲載しないという DeNA の行為は不正手段である旨の主張がされる（大胡勝＝今野敦志＝増田達郎・担当審査官解説・公正取引 733 号（平成 23 年）94 頁）。

　しかし、取引相手方に対して自らの競争者と取引しないよう求め、その実効性確保手段として、競争者と取引した取引相手方に不利益を与えることそれ自体は、一般指定 11 項や 12 項の排他的取引においても常に見られる行為である。言い換えれば、そのような行為が不公正な取引方法であるとするには、排除効果の認定が必要となる。

⑶　排除効果があったといえるか

　そこで、本件の DeNA の行為にはグリーに対する排除効果はあったのか、が問題となる。

　排除措置命令書は、前記 *1* で引用したとおり、「特定ソーシャルゲーム提供事業者の少なくとも過半」について、新たにソーシャルゲームを提供させることが困難となっていた、としている。

　そうであるとすると、グリーは、残る半分近くの特定ソーシャルゲーム提供事業者からはソーシャルゲームの提供を受けることができたことになるし、更に、オープン化云々の話を裏返せばわかるように、グリーは自らのソーシャルゲームを GREE を通じて提供することもできたはずである。

　「運営に支障を来している」（公取委命令平成 21 年 12 月 10 日〔大分大山町農業協同組合〕（排除措置命令書 8 頁））といった文言でなく、上記のように「特定ソーシャルゲーム提供事業者の少なくとも過半」という文言にとどまったのは、排除効果の立証に自信がなかったためではないか、そのために、争われた場合でも排除措置命令が救われやすいよう、リンクを掲載しない行為が不正手段であるという主張（前記⑵）をすることもできるように、大分大山町農協事件で用いた一般指定 12 項（当時は昭和 57 年一般指定 13 項）でなく一般指定 14 項を用いたのではないか、という仮説が成り立つ。

389

これに対しては、もちろん、公取委はもし排除措置命令が争われれば更に詳細な証拠を提出して排除効果の成立を主張したはずである、という反論があり得る。しかし、そうであるとすれば、むしろ、排除措置命令書の文言や適用条文に大分大山町農協事件との違いがあるのはなぜか、説明するのは難しくなるであろう。

このような状況に対しては、二面市場の傾向をもつプラットフォームというものは云々と、排除措置命令書に記された事実に様々な状況を付加して、やはり排除効果はあったとして排除措置命令を擁護しようとする論が多数みられる。しかしそれらは、独自の事実認定を独自に付加して結論を得ているものである。上記の疑問は、排除措置命令書に現れた事実関係のみを前提とすると排除効果は示されていないのではないか、という指摘であり、議論の次元が異なる。

なお、本件の4年後に排他的取引に対し一般指定14項を適用した別の事例（公取委命令平成27年2月27日〔岡山県北生コンクリート協同組合〕）では、公取委が被排除者と見たと考えられる事業者が原告となって提起した独禁法25条損害賠償訴訟において、岡山県北生コンクリート協同組合の問題の行為の終了後においても原告の利益は改善しておらず、問題の行為による損害がないとして請求を棄却する判決が言い渡されている（東京高判平成29年4月21日〔長谷生コン対岡山県北生コンクリート協同組合〕）。被排除者とされたものによる損害賠償請求が棄却されたからというだけで公取委の違反認定が不適切であったということにはならないが、更に検討するに値する事例である。

(4) 一般指定14項による排除措置命令の主文

ところで、このように、排他的取引の事案で一般指定14項を用いた場合、公取委は、排他的取引そのものを禁止する旨の排除措置命令ではなく、その手段として用いられた特定の行為を禁止する旨の排除措置命令をするにとどめる傾向がある。本件排除措置命令の主文1項がそうであるし、他の事例も同様である（例えば、岡山県北生コンクリート協同組合に対する排除措置命令書の主文1項）。

もし本当に排除効果があるなら、かりに一般指定 14 項を適用したとしても、特定の手段が不正手段であることを根拠にしたわけではなく、排他的取引そのものに問題があるということになるから、排他的取引そのものを禁止することもできるはずである。しかし、一般指定 14 項という、本来は不正手段を対象とする項を適用するのであるから、という形式論などが複雑に絡み合って、上記のような排除措置命令となっているのであろう。そうであるとすると、名宛人は、他の手段で排他的取引を行えば、排除措置命令違反とはならないことになる。

3 損害賠償請求訴訟

本件については、のちに、グリーらを原告とし DeNA を被告とする損害賠償請求訴訟が提起された（グリーの平成 23 年 11 月 21 日の公表文）。

ここにおいて DeNA は、排除効果の成立を否定する主張を含め、争ったようである。このように、DeNA としては、公取委の言い分を認めたというよりも、公取委の排除措置命令が確定してもそれ自体によって失うものはなく民事訴訟への確定的影響力もないので（課徴金もない）、損得勘定によって排除措置命令を争わなかったのであるに過ぎない模様であることがわかる。

損害賠償請求訴訟は、和解で終結した（平成 25 年 6 月）。

> 東京地判平成 23 年 7 月 28 日〔東京スター銀行対三菱東京UFJ銀行〕

```
●●●●●●●●●●●●●●●●●●●●●●●●●●●●●●●●●●●●●●●
```

東京地判平成23年7月28日・平成20年（ワ）第32415号
審決集58巻第2分冊227頁
〔東京スター銀行対三菱東京 UFJ 銀行〕

1 事例の概要

(1) 背景事情

　東京スター銀行（以下「東京スター」という）と三菱東京 UFJ 銀行（以下「BTMU」という）は、相互に、他行の保有する ATM 等による現金の払出し、残高照会、振込み及びこれらに付随する業務を指す「本件提携業務」を行っていた。

　東京スターは、東京相和銀行から営業の全部譲渡を受けた第二地方銀行であり、第二地方銀行協会に加盟している。したがって、東京スターとBTMU との間の本件提携業務も、都市銀行と第二地方銀行とが集団で締結している「本件基本契約」のもとで行われていた。先行して同種の相互利用をしていた都市銀行と地方銀行は、平成元年に MICS 運営機構（本判決が旧名称「CD ネット中継センター管理機構」の時代を含めてこう呼んでいる）を設立していたが、第二地方銀行協会加盟行は、本件基本契約を締結した平成 2年から、MICS 運営機構に加盟している。

　本件では、「銀行間利用料」と「顧客手数料」という 2 つの料金が登場する。

　銀行間利用料は、MICS 運営機構のもとでの本件基本契約等において、被仕向銀行（CD カードを発行した銀行）が仕向銀行（ATM 等を設置した銀行）に支払うものとされ、その額は仕向銀行・被仕向銀行の組み合わせごとに個

別に定める旨が合意されていた。

顧客手数料は、ATM 等を利用した顧客が支払う料金であるが、MICS 運営機構の加盟行では、ATM 等設置行（仕向銀行）が顧客手数料の額等を決定して自らこれを取得するという「仕向徴求方式」を採用している。

東京スターは、「他行顧客」から徴収する顧客手数料を、「時間内は 100 円（税別）、時間外は 200 円（税別）」としてきたが、平成 16 年 5 月、いわゆる「ゼロバンキング事業」の展開を始めた。そこでは、全国各地のコンビニやスーパー等と提携して自行 ATM 等の設置を進めるとともに、顧客手数料を「時間内は無料、時間外は 100 円（税別）」とした。

その結果、東京スターの ATM 等を利用して現金の払出しを行う BTMU 顧客が増加したため、それまでは東京スターの支払額とほぼ拮抗していた BTMU の東京スターに対する銀行間利用料の支払額は、同年 8 月頃から、徐々に増加していった。平成 18 年 5 月（後記(2)の引下げ協議の前月）には約 1403 万円となり、平成 20 年 7 月（後記(2)の解約意思表示の前月）には約 5834 万円、年間約 6 億円にまで増大している。

(2) 本件行為と差止請求

BTMU は、平成 18 年 6 月 20 日、東京スターに対し、銀行間利用料の引下げを求めた。東京スターは当初、顧客手数料を有料化して対応しようとし、BTMU が「顧客手数料の有料化による解決を図った場合には、公正取引委員会との関係が懸念されること」を伝えるなどしていたところ、顧客手数料の有料化に対する反発が ATM 等の設置提携先において広がったため、東京スターは、同年 9 月 19 日、顧客手数料を無料としたまま銀行間利用料の引下げによる解決を図りたい旨、BTMU に申し入れた。BTMU は銀行間利用料を 21 円（税込み）とすることを提案した。これを受け入れられない東京スターが顧客手数料の有料化を含めた解決をも模索するなかで、協議が重ねられたが、合意には至らなかった。

そこで BTMU は、平成 20 年 8 月 1 日付け解約通知書によって、東京スターを受託者とし BTMU を委託者とする本件提携業務に係る「本件委託契約」を同年 11 月 3 日をもって解約する旨の意思表示をした。同年 11 月 4 日

以降、BTMU は、BTMU 顧客が東京スターの ATM 等を利用しようとした際に必要な電文を送信しない「本件応答拒否」を行っている。

東京スターが、BTMU に対して、債務の履行や損害賠償などを求めたのが、本件である。そのなかには、独禁法 24 条を根拠とする差止請求が含まれる。BTMU による本件応答拒否は、一般指定 2 項に該当する不当な取引拒絶であって同法 19 条に違反するとして、電文送信拒否行為等の差止め等が請求されている。

2 取引拒絶か優越的地位濫用か

本判決は、違反なしと判断し、請求を棄却した。独禁法上の単独取引拒絶について、それが違反となる場合についての一般論を提示し、それを本件にあてはめ、BTMU の取引拒絶に正当化理由があるという理由で、違反なしと判断した事例である。

本判決が取引拒絶による他者排除の観点から論じたのは、おそらくは、東京スターの主張にあわせたにすぎないのであろう。単に優越的地位濫用の事例であると捉えたほうが直截であったようにも思われるが、ともあれ、原告が取引拒絶と主張し、本判決もそれを前提として判示しているので、以下でもそれを前提として評釈するにとどめる。

3 本件行為の正当化理由

(1) 本判決の一般論

本判決は、一般論として、次のように述べる。

「一般に、事業者は、取引先を選択する自由を有しているから、事業者が価格、品質、サービス等の要因を考慮して独自の判断によって他の事業者との取引を拒絶した場合には、これによって、たとえ相手方の事業活動が困難となるおそれが生じたとしても、それのみでは直ちに公正な競争を阻害するおそれがあるということはできないから、不当な取引拒絶には該当しないと

いうべきである。もっとも、例えば、市場における有力な事業者が競争者を市場から排除するなどの独占禁止法上不当な目的を達成するための手段として取引拒絶を行い、このため、相手方の事業活動が困難となるおそれが生じたというような場合には、このような取引拒絶行為は、もはや取引先選択権の正当な行使であると評価することはできないから、公正な競争を阻害するおそれがあるものとして、一般指定2項に該当するというべきである」（審決集240頁）。

前段と後段の違いがなぜ生ずるのかは不明である。ただ、前段と後段のいずれも、違反とするには正当化理由がないことが必要である旨を述べようとしたものだと善解すれば、この一般論の本件への当てはめをも含め、その内容を了解できる。ここではそのように受け止めておいて先へ進む。

(2) 本件における正当化理由の成否

本判決が、BTMU の行為には「排除するという独占禁止法上不当な目的」があるとはいえないと判断した部分は、大きく3つに分けることができる。

(a) 誰が「積極的」であったか

第1は、「むしろ原告の方が顧客手数料の有料化による解決に積極的な姿勢を示していたことがうかがわれるのであって、被告が顧客手数料の有料化によって原告をゼロバンキング事業から撤退させ、ATM 等役務提供市場から排除する目的を有していたということはできない」という判示である（審決集241頁）。

(b) 両当事者間の取引内容と交渉内容

第2に、BTMU が東京スターに支払う銀行間利用料の額と、解約に至る交渉の状況である。本判決は、次のように述べている。「MICS 加盟行である原告と被告との間では、仕向徴求方式がとられているため、委託者である被告（CD カード発行行）は、顧客の ATM 等利用件数を左右する顧客手数料の決定権を持たず、……委託者である被告が本件委託業務の委託報酬に当たる銀行間利用料の支払額を抑制するには、受託者である原告に対して銀行間利用料の引下げを求めるか、又は本件委託契約を解約して委託を取り止めるか、いずれかの方法によるしかないことになる」（審決集241頁）。そうし

たところ、銀行間利用料の支払額が多額に達していたというのであるから、「被告が本件解約に至ったことには正当な理由があるというべきである」（審決集 241 頁）。

ここでは、銀行間利用料が高額となっているという認識を示すと同時に、BTMU が東京スターと時間をかけて丁寧に交渉した、という事実が重視されている。

(c) BTMU の他の取引との比較

第 3 に、BTMU が他行と行っている取引との比較である。大垣共立銀行との取引と、セブン銀行との取引とが、登場する。

大垣共立銀行は、東京スターと同様に顧客手数料を無料としていたが、BTMU は大垣共立銀行にも銀行間利用料の引下げを要請し、21 円に引き下げた。本判決は、大垣共立銀行が「被告との提携関係を維持しつつ、顧客手数料を無料とする事業も継続し、更に被告との提携時間の延長等を実施している」とも述べたうえで、「1 件当たり 21 円という銀行間利用料がおよそ不合理なものであると断じることはできない」とした（審決集 241 頁）。

セブン銀行は、やはり ATM 等の顧客手数料を無料とする事業を展開しているが、BTMU はセブン銀行に月額約 6 億 4719 万円の銀行間利用料を支払っている。BTMU が東京スターに支払っている銀行間利用料は年間約 6 億円だというのであるから、セブン銀行に対する支払額は相当に高いように見える。東京スターが、自らが差別的に取り扱われていると主張する所以であろう。しかし、本判決は、次のように述べて、BTMU と東京スターとの関係と、BTMU とセブン銀行との関係とを、同列に比較することはできない旨を指摘している。「①セブン銀行設置の ATM 等と原告の設置した ATM 等との間には、設置台数、利用時間、サービス内容、顧客手数料、ATM 等の画面や利用明細書の記載内容等の点において、様々な相違があるのみならず、②被告とセブン銀行との間では、委託者である被告（CD カード発行行）が顧客手数料についての決定権を有し、自己の顧客戦略に従って顧客手数料の額や顧客の取引状況等に応じた優遇策等を定め、自ら顧客手数料を取得することができるものとされているため、③被告は、顧客の ATM 等利用件数を左右する顧客手数料の料金体系を変更することによってセブン

銀行に対する銀行間利用料の支払額を変動させることが可能であり、④セブン銀行の ATM 等を利用した顧客から、顧客手数料（時間内手数料、時間外手数料及び振込手数料）を徴収、取得することもできる」（審決集 241 頁）。

(3) 優越的地位濫用の判断基準との共通性

被拒絶者の側に何らかの落ち度がある場合に単独取引拒絶の正当化理由が論ぜられるのは日常茶飯事であるが、拒絶側と被拒絶側との交渉のなかで条件が折り合わず取引拒絶が行われた場合の正当化理由は、実務的には重要であるにもかかわらず、正面から論ぜられることは必ずしも多くなかった。

この点では、優越的地位濫用の分野で、議論の若干の発展がある。優越的地位濫用ガイドラインは、②の問題の中核に位置する「取引の対価の一方的決定」が濫用とされる基準について、「この判断に当たっては、対価の決定に当たり取引の相手方と十分な協議が行われたかどうか等の対価の決定方法のほか、他の取引の相手方の対価と比べて差別的であるかどうか、取引の相手方の仕入価格を下回るものであるかどうか、通常の購入価格又は販売価格との乖離の状況、取引の対象となる商品又は役務の需給関係等を勘案して総合的に判断する」と述べている（優越的地位濫用ガイドライン第 4 の 3 (5)ア(ア)）。

「取引の対価の一方的決定」の問題のうち、買う側が不当に安い価格を求めることを、優越的地位濫用規制・下請法の分野では「買いたたき」と呼んでいるが、買いたたきについては参考となる民事裁判例も出てきている。平成 22 年の東京高裁決定事例では、両当事者間の交渉が誠実に行われたか否か、買い手と他の売り手との間の取引条件と比較してどうであったか、といった点が考慮され、違反なしとされている（東京高決平成 22 年 9 月 1 日〔買いたたき差止め仮処分申立て〕）。平成 22 年の大阪地裁判決事例では、売り手にとってコスト割れとなるような低価格を買い手が強要したことを重視して、違反である旨の判断がされている（大阪地判平成 22 年 5 月 25 日〔フジオフードシステム〕）。

本件は、それらの実例に肉付けされながら発展しつつある優越的地位濫用ガイドラインの考え方と軌を一にして、取引内容・交渉状況を検討し、また、BTMU と他の取引先との取引との比較を行った、ということになるであろう。

東京高判平成 23 年 9 月 6 日〔ハイン対日立ビルシステム〕

```
●●●●●●●●●●●●●●●●●●●●●●●●●●●●●●●●●●●●●●●●●●
```

東京高判平成23年9月6日・平成23年（ネ）第1761号
審決集58巻第2分冊243頁
〔ハイン対日立ビルシステム〕

1 事例の概要

⑴ 事実の概要

　新潟県内所在のD整形外科は、日立製作所製のエレベータ（以下「本件エレベータ」という）を設置していた。

　ハインは、いわゆる「独立系保守業者」である。

　日立ビルシステムは、日立製作所の子会社であり、いわゆる「メーカー系保守業者」であって、日立製作所製エレベータの部品を一手に販売しており、日立製作所製エレベータの部品を日立ビルシステム以外から購入することはできない。

　D整形外科は、当初、本件エレベータの保守契約を日立ビルシステムと締結していた。

　その後、ハインは、本件エレベータについて、D整形外科と、平成18年3月1日から平成19年2月28日までの保守点検契約（以下「本件保守契約」という）を締結した。以後、自動的に更新されるが、90日前までに通知すれば解約できることとなっていた。平成19年2月28日までに解約の通知はなく、契約は更新された。

　平成20年4月4日、本件エレベータが故障した。

　ハインの従業員がD整形外科のファクシミリ装置を用いて日立ビルシステム関越支社に調査を依頼した。

398

4月16日、日立ビルシステムの従業員3名が来訪し、本件エレベータの調査を行い、制御用プリント版であるUA-MPU基板の交換が必要であると判断した。

4月17日、日立ビルシステムの上記3名のうち1名が、D整形外科に対し、諸文書をファクシミリ装置を用いて送信した。そこでは、「制御用プリント版の納期については、通常ご発注後2ヶ月です。〔原文改行〕但し、点検契約も再度当社とご契約していただけるものと考え、取り急ぎ手配しておりますので、工場より部品が納品できしだい（5月の連休明けくらい）作業できるかと思います。日程は部品がとどきしだいご連絡します。〔原文改行〕点検契約は、エレベーターの品質維持のため、再度ご検討をお願い致します」とされ、「日立点検契約」の見積書が添えられていた。

その後、D整形外科はハインとの間の本件保守契約を解約し、日立ビルシステムと新たに保守契約を締結することにした。

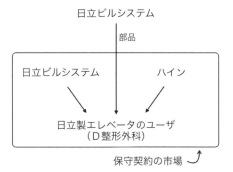

(2) 事実の概要の補足説明

前記(1)は、1審判決・2審判決に共通する事実認定である。原告名（ハイン）・被告名（日立ビルシステム）は1審判決の審決集の記載によって知り得る情報であり、それを前提とすれば、被告の親会社名（日立製作所）は顕著な事実である。エレベータのユーザ名（D整形外科のD理事長）は2審判決の審決集の記載にあわせている（1審判決の審決集ではB医療法人のC理事長となっている）。その他、ハインと日立ビルシステムのそれぞれの従業員名が審決集では仮名化されており、しかもその記号が1審判決の審決集と2審判決の審決集とで食い違っているが、前記(1)では、従業員名を記さずに事実の概要を表現するよう試みた。

(3) ハインの請求と1審判決・2審判決

ハインが、損害賠償請求と差止請求を提起した。

1審判決（新潟地判平成23年1月27日）は、日立ビルシステムの行為が一般指定14項に該当するとし、日立ビルシステムの損害賠償責任を認めたが、差止請求は棄却した。

2審判決は、日立ビルシステムの行為は一般指定14項に該当しないとし、損害賠償請求・差止請求を全て棄却する結論に至った。

2 アフターマーケット事案での行為要件の成否

本件は、エレベータという高額機器の販売後の保守契約をめぐる競争が問題となった事案である。このような事案は「アフターマーケット」事案と呼ばれる。1審・2審を通じて一般指定14項が適用されているが、これには特別の意味があるわけではなく、アフターマーケット事案における特に根拠のない「お約束」であるという程度のものである（本書60頁）。

1審判決と2審判決とで一般指定14項該当の有無の結論が分かれたのは、両判決の事実認定の差に帰結する。つまり、日立ビルシステムが、D整形外科のD理事長に対し、保守契約の切替えをするならばUA-MPU基板の納期を早める、という条件を提示し、それを前提としてD理事長がハインから日立ビルシステムへの保守契約の切替えを決定したのか、それとも、そうとは言えないのか、である。前記*1*の範囲では、両判決の事実認定は基本的に共通している。両判決の相違点の詳細は、2審判決が1審判決に対して訂正追加した部分（審決集58巻第2分冊245～246頁）の細部にわたるまで見る必要があるが、敢えて重要部分を抜き出すなら、以下の通りである。

1審判決は、ファクシミリ文書の文言（前記*1*(1)で引用）を重視していた。また、UA-MPU基板の納期が早まるか否かが定まらないにもかかわらずD理事長（1審判決の審決集ではC理事長）が保守契約の切替えを確定的に決めることは考え難い、と認定し、その根拠として、D理事長がハインへの不満を述べると同時に評価する発言もしていたこと、保守契約の切替えをすれば

毎月の支払額が増加することになること等を挙げていた（審決集57巻第2分冊373頁）。

それに対して2審判決は、まず、最初に長めの納期を伝えたことについて、確実性を重視した普段からの日立ビルシステムにおける実務であって格別不合理なものということはできない旨を認定し（審決集58巻第2分冊246頁）、そのうえで更に、D理事長の意思決定過程について次のような認定をしている。

第1に、D理事長の陳述書や1審での証人尋問の結果のうち、日立ビルシステム従業員とD理事長とのやり取りに関する部分の信用性を否定している。

第2に、保守契約の切替えは、UA-MPU基板の納期とは関係なく、D理事長の側から言い出したことであることを強調する諸認定を行っている。具体的には、4月16日のD理事長の諸発言（「安い方に任せていたから故障したのかね」等）をめぐる認定において、その諸発言の末尾に、1審判決の認定（審決集57巻第2分冊372～373頁）にはなかった、「〔日立ビルシステム〕との点検契約についても見積書を出すよう依頼した」を追加している（審決集58巻第2分冊245頁のエの末尾）。また、UA-MPU基板の納期について、「D理事長は、強い口調で、もっと早くならないか、点検契約も〔日立ビルシステム〕に変えるのだからなどと要望し」と追加的に認定し（審決集58巻第2分冊245頁のカ）、納期の短縮よりも前にD理事長の保守契約切替えの決定があったことを窺わせる形となっている。さらに、ハイン側から依頼があったにもかかわらず、D理事長は日立ビルシステムから送信状が送信された事実やその内容についてハインに何ら連絡をしなかったことを認定していることは（審決集58巻第2分冊246頁のキの末尾）、D理事長のハインに対する不信感が根強く、ハインからの点検契約の切替えはUA-MPU基板の納期とは関係がない旨の裁判官の心証を窺わせている。以上のような流れのなかで、ファクシミリ文書の文言（前記1(1)で引用）も、既に点検契約の切替えを決定しているD理事長からの納期短縮の強い要望であるので、「少しでも納得してもらおうと思って」、そのような文言となった、という説明となっている（審決集58巻第2分冊247頁）。

東京高判平成 23 年 9 月 6 日〔ハイン対日立ビルシステム〕

　このような 2 審判決の認定を前提とすると、日立ビルシステムの何らかの行為によって需要者である D 整形外科（D 理事長）が保守契約の切替えを決定しハインが排除されたのではなく、単に需要者である D 整形外科（D 理事長）の独自の意思決定によるものであって、およそ独禁法違反にはなりようがない、ということになろう。敢えて違反要件論に帰納するなら、そもそも日立ビルシステムには行為がない、ということになる。

3　差止めの必要性

　1 審判決は、日立ビルシステムの行為が一般指定 14 項に該当するとし損害賠償請求は認容したものの、差止請求については、差止めの必要性がないとして請求を棄却している。この問題については、本書では別の箇所で述べた（本書 436 ～ 438 頁）。

402

平成 23 年度企業結合事例 2〔新日本製鐵・住友金属工業〕

> 平成23年度企業結合事例2
> 〔新日本製鐵・住友金属工業〕

---

1 事例の概要

新日本製鐵と住友金属工業が合併する、という計画である（ただし後記 *6*）。公取委は、「無方向性電磁鋼板」と「高圧ガス導管エンジニアリング業務」について当事会社が問題解消措置をとることを前提に、平成 23 年 12 月 14日、クリアランス（排除措置命令を行わない旨の通知）をした。

担当官による本件の解説では、審査結果に記載されていない解説が脚註等にまとめられている（深町正徳「新日本製鐵と住友金属工業の合併計画に関する審査結果の概要」商事法務 1955 号（平成 24 年）、深町正徳「新日鉄と住友金属の合併計画に関する審査結果の概要について」NBL 970 号（平成 24 年）、小林渉＝深町正徳＝唐澤斉「最近の大型企業結合事例について」公正取引 739 号（平成 24年））。

新日本製鐵の代理人による詳細な解説も公刊されている（川合弘造＝中山龍太郎「改正企業結合届出手続下における巨大統合案件の実務」商事法務 1957 号（平成 24 年））。

2 平成 23 年見直し後の枠組みによる企業結合審査手続

本件は、企業結合審査手続に関する平成 23 年見直しが「施行」された平成 23 年 7 月 1 日より前に届出がされているが、実質的には、平成 23 年見直し後の枠組みに従って、企業結合審査がされている。平成 23 年見直しは、

403

公取委規則の小さな改正を除き、法令の改正を伴わないものであったので、実際にはそれでも問題はなく、むしろ、手続を改善するための見直しであったので特に異論もなかったものと思われる。

3 市場画定と競争の実質的制限

市場画定は、ある供給者・ある商品役務が、需要者からみて選択肢となるか否かという観点を中心として行われる。競争の実質的制限の成否の判断は、他の供給者・他の商品役務が、当事会社に対する牽制力となるか否かという観点を中心として行われる。

他の供給者・他の商品役務は、需要者からみて選択肢となるものであって初めて当事会社に対する牽制力となるのであるから、市場画定と、競争の実質的制限の成否の判断とは、かなりの程度において重なることになる。その結果、公取委の審査結果においても、「一定の取引分野」に関する記述と「競争の実質的制限」に関する記述とで、同じことが繰り返し登場するという現象が、本件に限らず、しばしば見られる。

本件が興味深いのは、市場画定と競争の実質的制限の判断とがそのような関係にあるところ、審査結果や担当官解説が、そこから踏み込んで、審査の最終目的は競争の実質的制限の成否の認定なのであるから、市場画定には深入りせず競争の実質的制限の判断のなかで諸要素を盛り込めばよい、という趣旨のことを明言した点にある。第1に、熱延鋼板とH形鋼のそれぞれにおいて、輸入を含む市場画定をするか、それとも競争の実質的制限の判断において輸入圧力として考慮要素とするか、という点につき、そのような趣旨の論述がされている（事例集28頁、33頁、深町・前掲商事法務29頁注14、注16）。第2に、鋼矢板にとってのコンクリート壁工法等と、スパイラル溶接鋼管にとっての既製コンクリート杭等の、それぞれにおいて、これを含む市場画定をするか、それとも競争の実質的制限の判断において隣接市場として考慮要素とするか、という点につき、そのような趣旨の論述がされている（事例集21頁、25頁、深町・前掲NBL 34～35頁注15、37頁注21）。

最終目的である競争の実質的制限の判断を重視する考え方によれば、市場

画定は、プロセスとしての法的判断の中間段階において要検討案件を選別するための道具にすぎないこととなるため、もっともらしい市場シェアを算定できるような簡易で明確なものを仮にあてがっておけばよい、ということになるのであろう。鋼矢板やスパイラル溶接鋼管にとっての隣接市場の影響力について、当事会社が値上げをした場合の需要振替えについて「具体的な割合を定量的に測定することは困難であるものの」（事例集24頁、27頁）、競争の実質的制限の判断では考慮要素とされ、他方で市場画定においては除外されたという事実は、市場画定の段階では定量的測定の困難なものを脇によけておいても差し支えない、という思考回路を垣間見せている。

定量的測定の困難なものを市場画定の段階では脇によけて競争の実質的制限の段階で考慮するという思考回路は、企業結合後の市場シェアが100%であっても無条件で容認されるという極端な形で、既に示されていた（集平成22年度企業結合事例2〔北越紀州製紙・東洋ファイバー〕）。

4 結合関係があるとされた当事会社グループ内部の競争

本件では、当事会社と結合関係があるとされた者が、将来においても当事会社と一定程度の競争を行うと見込まれることが、競争の実質的制限の成立を否定するための要素のひとつとされた。審査結果に明記されたのは、H形鋼に関するトピー工業や合同製鐵に関することであるが（事例集34〜35頁）、そのような考慮がされたのは本件においてH形鋼だけではなかったようである（事例集5頁）。

「結合関係」の概念は、法律には必ずしも登場せず公取委が実務上常用してきたというにすぎないものであるが、企業結合審査における検討の外縁を画するものとして、一定の機能は果たしているものと思われる。

問題は、企業結合ガイドラインが、結合関係のある者を全て「当事会社グループ」なるものに含め（企業結合ガイドライン第2冒頭）、その後の論述では、暗黙のうちに、「当事会社グループ」を完全に一体のものとして扱い、「当事会社グループ」の内部での競争を考慮する用意がないように見える点にある。このようなガイドラインのもとでは、個々の担当官によっては、杓

子定規の対応がされる可能性を否定できなかった。

本件の審査結果が、上記のように、「当事会社グループ」の内部での競争を考慮することを明言したことは、上記のような杓子定規の審査の可能性に対する懸念を一定程度において払拭するものである。

結合関係があるとされた当事会社グループ内部の競争は、本件で公取委が初めて言及したことを契機として、いくつかの事例において違反なしとする方向で考慮されている（例えば、集平成27年度企業結合事例3〔大阪製鐵・東京鋼鐵〕（同事例集24 ～ 25頁））。更には、当事会社グループでなく、他の供給者のグループにおいて実は複数の競争主体が競争をすることを示し、他の供給者の実質的な数を増やすことによって他の供給者による牽制力がそれだけ強いことを考慮した事例も現れている（集平成27年度企業結合事例1〔日本製紙・特種東海製紙〕（同事例集11頁））。

以上のような実質は別として、本件（新日本製鐵・住友金属工業）において公取委が、当事会社グループ内部の競争が残り内発的牽制力があることを指して、「一定程度の競争関係が維持される」と述べたのは、言葉の問題として、適切ではなかった。「競争関係」とは、実際に牽制力があるか否かにかかわらず、2条4項の「競争」がある状態を指すのが通常の用法である。当事会社とトピー工業・合同製鐵は、もとより競争関係にあるが、トピー工業・合同製鐵は引き続き当事会社と競争し牽制力を与える、とされた。このように表現したほうが、紛れのない議論のために適切である。

5 問題解消措置と比例原則

無方向性電磁鋼板に関する問題解消措置は、一定量の引取権を住友商事に対して設定し、住友商事が他の供給者として牽制力をもつように支援する、という内容となった。製鉄所では様々な製品が製造されており、例えば、1個の商品役務のために製鉄所全体を譲渡するという問題解消措置は、問題（1個の商品役務に関する弊害要件充足）と解消措置（製鉄所の譲渡）とが比例せず、行き過ぎとなる可能性がある（川合＝中山・前掲31 ～ 32頁）。本件における問題解消措置は、行政の比例原則に配慮し、それに沿う形で設計され

たものと位置付けることができる。

6 企業結合形態の変更

　本件計画は、当初、新日本製鐵と住友金属工業の単純な合併として15条に基づいて届け出られ、以上のような審査はそれを前提として行われた。

　ところが、実際には、新日本製鐵が住友金属工業の株式を取得して完全子会社とし、そのうえで同日に合併する、という形態に改められた。オーストラリアの租税法に対応するためだと説明されている（両当事会社の平成24年4月27日の公表文2頁）。株式取得による完全子会社化には10条に基づく届出が必要である（そのうえでの親子会社同士の合併は、15条2項但書により、届出不要である）。

　そこで、新日本製鐵は、あらためて10条に基づく届出を行い、15条に基づくクリアランスの際に前提となった問題解消措置と同内容の措置をとることも記載した。公取委は、届出の翌営業日にクリアランスを行っている（以上、事例集4頁）。すなわち、平成23年12月に終結した企業結合審査は、形式的には、なかったことになり（換言すれば、合併計画が実際には実行されないから形式的には空振りということになり）、ただ、新たな届出案件は実質的には審査済みであることに鑑みて、届出のあと直ちにクリアランスがされたということであろう。

7 時計を進行させない戦術

　10条9項によれば、報告等要請に対する全ての報告等が受理され、その日から90日を経過した日（91日目）までのカウントが始まると、その時計を止めることは誰にもできないことになっている（平成28年改正施行後は別論となるが、本件には関係がない）。そのため、時間的に余裕のなくなった公取委が、本来なら穏便に終結させたかもしれない案件を事前通知（排除措置命令をするか否かを判断する手続の開始を告げるものであり、平成25年改正後は意見聴取通知とも呼ばれるようになった）に持ち込むこともあり得るのではな

いか、という観点から、一定の懸念が示されていたところである（川合弘造「独禁法実務を志す若手法律家の方に　第5回　新制度下で想定される企業結合審査手続」公正取引727号（平成23年）70頁、多田敏明「2009年改正後の企業結合手続等」自由と正義62巻12号（平成23年）34～35頁、など）。

これについては、報告等のうち主要部分は早期に提出して公取委に精査してもらい、じっくりと折衝して、問題解消措置の有無・概要も含めて大勢が決したところで、報告等のうち必ずしも重要でない部分を提出して全ての報告等が受理された形とし時計をスタートさせれば、事前通知期限を遅らせることとはなるものの、一応の解決になるのではないかということは、机上で条文を見るだけでも思いつくところであった。

そうしたところ、本件では実際にそのような戦術がとられた模様である。公取委による公表資料においても、平成23年6月30日の報告等要請のあと、「同年8月、当事会社に要請した報告等の大部分が提出され」（事例集5頁）、11月9日に全ての報告等が受理された（事例集6頁）、とされている。この点は、新日本製鐵代理人の解説によってやや踏み込んで述べられており（川合＝中山・前掲29頁）、公取委の側の解説においてもそれに対応した記述がされている（小林＝深町＝唐澤・前掲5頁注15）。

平成 23 年度企業結合事例 6 〔HDD並行的企業結合〕

```
●●●●●●●●●●●●●●●●●●●●●●●●●●●●●●●●●●●●●●●●

                              平成23年度企業結合事例 6
                              〔HDD 並行的企業結合〕
```

1 事例の概要

HDD を製造する者は、以下の 4 グループに分かれている。公取委の企業結合事例集では、それぞれのグループを構成する会社の総称を、それぞれの末尾に記したローマ字で略称し、グループの数を、「1 社」「2 社」などと表記している。

- ・ウエスタン・デジタルのグループ（WD）
- ・日立のグループ（HGST）
- ・シーゲイトのグループ（STX）
- ・サムスンのグループ（SEC）

WD が HGST の事業を株式取得の形態で統合する計画（公取委がいう「本件株式取得」）と、STX が SEC の事業を事業譲受けの形態で統合する計画（公取委がいう「本件事業譲受け」）とが、並行的に計画された。

公取委は、「PC・家電向け 3.5 インチ HDD 市場」において WD が事業譲渡等の問題解消措置を採ることなどを前提に、平成 23 年 11 月 24 日に WD・HGST の計画について、平成 23 年 12 月 15 日に STX・SEC の計画について、それぞれクリアランス（排除措置命令を行わない旨の通知）をした。

2 並行的企業結合の審査

同じ検討対象市場において 2 件の企業結合計画が同時進行した場合には、

409

企業結合規制の適用という法的観点からは、難しい問題が現れる。実際には、両方の計画が実現した場合の経済実態が出現することになるが、他方で、企業結合規制という法的枠組みそのものは、個々の企業結合計画を1件ごとに相手にすることになっているからである。

　公取委は、このような場合に、両方の計画がいずれも実現した状態を想定してそれぞれの計画を審査している。先例として、電力用電線に係る統合の事例（平成16年度企業結合事例4〔住友電気工業・日立電線〕（同事例集17頁）、平成16年度企業結合事例5〔古河電気工業・フジクラ〕（同事例集26頁））や損害保険に係る統合の事例（平成21年度企業結合事例8〔損害保険会社並行的企業結合〕（同事例集43頁注1））がある。本件でも、そのような立場が採られている（審査結果の全趣旨、小林渉＝深町正徳＝唐澤斉「最近の大型企業結合事例について」公正取引739号（平成24年）11頁）。その後にも同様の立場が採られた事例がある（平成28年度企業結合事例3〔石油会社並行的企業結合〕（同事例集15頁）、白石忠志「平成28年度企業結合事例集の検討」公正取引803号（平成29年）10〜11頁）。

　そのような立場を採用した場合には、競争の実質的制限のおそれがあるという結論となったときに、どちらの計画に対して問題解消措置を求めるのか、という難問に直面することになる。電力用電線や損害保険の先例では、いずれも、競争の実質的制限のおそれがないとされた。競争の実質的制限のおそれがあるとされた今回のHDDの件で初めて、この問題が顕在化した。

　他国の競争当局による本件計画の審査の例として、欧州委員会によるものと米国FTCによるものが、参考となる。

　欧州委員会は、並行的な企業結合計画の場合に、届出の先後で差を設けることとした。すなわち、届出の早かった計画については、その計画だけが実現した状態を想定して審査し、届出の遅かった計画については、両方の計画が実現した状態を想定して審査する、というルールである（欧州委員会の2011年（平成23年）5月30日公表文。いわゆる「priority rule」）。その結果として、届出が1日だけ早かったSTXの計画は無条件で容認され（欧州委員会の2011年10月19日公表文）、WDの計画は問題解消措置を前提として容認された（欧州委員会の2011年11月23日公表文）。WDは、一時、このルール

を争おうとした模様であるが（2011 年 8 月 8 日の提訴を知らせる EU 官報 C305（15.10.2011）pp.6 - 7）、結局は矛を収めたものと思われる。

それに対し米国 FTC は、基本的には日本公取委と同様に、両方の計画が実現した状態を想定してそれぞれの計画を審査し、結論としては WD だけに問題解消措置を求めている。日本公取委の担当官も、米国 FTC が日本公取委と同様の枠組みと結論を採ったという認識を示している（小林＝深町＝唐澤・前掲 12 頁）。

ただ、米国 FTC が日本公取委と違うのは、WD だけに問題解消措置を求めた理由を、それなりに具体的に示そうとしている点である（「Statement of the Federal Trade Commission Concerning Western Digital Corporation/Viviti Technologies Ltd. And Seagate Technology LLC/Hard Disk Drive Assets of Samsung Electronics Co. Ltd.」（文書それ自体には日付がないが、この文書は、米国 FTC ウェブサイトの本件ページのうち 2012 年（平成 24 年）3 月 5 日の欄に置かれている））。そこでは、両方の計画が実現した場合を想定して審査するだけでなく、それぞれの計画が弊害の発生にどれほど寄与するかに着目する、という一般論を示したあと（前記文書第 1 段落）、本件では企業結合前の HGST と SEC の牽制力に明らかな差があるので牽制力の大きい HGST を統合する WD の計画のほうが弊害発生への寄与度が高いと判断し、WD の計画のみに問題解消措置を求めた、としている（前記文書第 3 段落～第 4 段落）。寄与度に差が認められない場合にはどうするか、などという際限のない悩みは残るにせよ、本件においては、一定の説得力のある説明であり、一定範囲の同種事案にとって参考となると思われる。

日本の公取委による審査において、WD だけが問題解消措置を申し出た（事例集 67 ～ 68 頁の磁気ヘッドの問題は除く）のはなぜか、という点は、必ずしも明らかではない。EU で 1 日遅れた WD が自発的に申し出たために公取委は事なきを得たというに過ぎないのかもしれないし、公取委も米国 FTC と同様に寄与度を根拠として WD のみに強く問題解消措置の申出を求めたのかもしれない。公取委は、このような点について沈黙している。

問題解消措置における資産の譲渡先は、別の市場である「PC・家電向け 2.5 インチ HDD 市場」などで既に競争者であった東芝となった（平成 24 年

2月29日の東芝の公表文など)。

最判平成 24 年 2 月 20 日〔多摩談合〕

> **最判平成24年 2 月20日・平成22年（行ヒ）第278号**
> **民集66巻 2 号796頁**
> **〔多摩談合〕**

1 事例の概要

　不当な取引制限に関する最も重要な最高裁判決のひとつである本判決については、法学協会雑誌に評釈を書いた（法学協会雑誌 130 巻 3 号（平成 25 年））。これを本書に転載するにあたっては、本書の形式に無理に揃えるのでなく、法学協会雑誌の判例研究の形式を基本的には維持し、事実→判旨→評釈の順とする。ただ、本書では、過去の議論の流れのような基本的内容は削り（拙著『独占禁止法』などに書く）、本件に即して興味深い点に絞った。

　本判決と、それが破棄とした原審判決とでは、根本的な議論の位相が異なっていた。本判決、調査官解説（古田孝夫・最判解民事篇平成 24 年度上）、大多数の評釈（古田・前掲 205 頁の表現によれば原審判決に対して「厳しい批判」をした）、がその点を理解していたのかどうか、定かではない。以下では、まず本判決に即して事実と判旨を紹介したあと（後記 *2*、*3*）、その根本的な部分を指摘したうえで（後記 *4*）、改めて本判決の判旨を評釈する（後記 *5* ～ *7*）。

2 事実と訴訟経緯

⑴　事　実

　事実に関する以下の記述のうち鈎括弧内は、本判決の定義語など、本判決

413

からの引用である（判決書 2 頁、4 ～ 6 頁、10 頁、民集 798 頁、801 ～ 802 頁、806 頁）。

　新井組、奥村組、大成建設および飛島建設の 4 社（原告、被上告人）および他の 29 社から成る「本件 33 社」は、いずれも国内の広い地域において総合的に建設業を営む「ゼネコン」である。ゼネコンである「その他 47 社」や、ゼネコンでない「地元業者」も、多摩地区で建設業を営んでいる。

　平成 9 年 10 月 1 日から平成 12 年 9 月 27 日までの期間を「本件対象期間」とすると、本件 33 社は、遅くとも本件対象期間の始期から、本件対象期間の終期まで、「本件基本合意」をしていた。その内容は、「公社発注の特定土木工事」について、受注予定者を定め、受注すべき価格は受注予定者が決定し、受注予定者以外の者は受注予定者が当該価格で受注できるよう協力する、というものである。「公社」とは、財団法人東京都新都市建設公社であって、多摩地区に所在する市町村から委託を受けるなどして多摩地区において公共下水道の建設等の都市基盤事業を行っている。「公社発注の特定土木工事」とは、公社が発注する「A ランク以上の土木工事」であって、「本件 33 社及びその他 47 社のうちの複数の者又はこれらのいずれかの者をメインとする複数の JV を入札参加業者又は入札参加 JV の全部又は一部とするもの」である。

　公社は、本件対象期間中に、公社発注の特定土木工事を 72 件発注した。そのうち、本件 33 社の落札・受注に係る工事は 34 件であり、「本件 34 件の工事」という。本件 34 件の工事のうち被上告人 4 社が落札・受注したものは 7 件あり、「本件個別工事」という。本件で問題となる不当な取引制限の課徴金は、名宛人が落札・受注した物件でなければ、課されない（7 条の 2 第 1 項の売上額という文言による）。

(2)　公取委による課徴金納付命令

本件の事件処理手続は平成 17 年改正前の規定によって進められた。

　公取委が本件 33 社を含む 34 社に対して課徴金納付命令をしたところ（公取委命令平成 13 年 12 月 14 日〔多摩談合課徴金〕）、全ての名宛人が審判請求をした（審判開始決定は平成 14 年 1 月 28 日であり審決集 48 巻 399 頁に登載されて

いる）。上記の課徴金納付命令は失効となる。

公取委（被告、上告人）は、本件審決（公取委審判審決平成 20 年 7 月 24 日
〔多摩談合課徴金〕）において、2 条 6 項で定義される「不当な取引制限」を
本件 33 社が行ったと認定し、うち 30 社に対して課徴金の納付を命じた。

(3)　取消訴訟の提起と各判決

30 社のうち 25 社が本件審決の取消しを求める訴えを提起し（平成 20 年度
公正取引委員会年次報告 102 頁）、東京高裁の 5 つの合議体が分担して審理し
た。そのうち被上告人 4 社を原告とするものが本件の原審判決である。原審
判決は、請求を認容し、本件審決のうち被上告人 4 社に課徴金の納付を命じ
た部分を取り消した（東京高判平成 22 年 3 月 19 日〔多摩談合課徴金新井組等〕）。
本件の原審判決に先行して判決が言い渡された他の 4 件ではいずれも審決取
消請求が棄却されている（東京高判平成 21 年 5 月 29 日〔多摩談合課徴金西松
建設等〕、東京高判平成 21 年 10 月 23 日〔多摩談合課徴金加賀田組等〕、東京高判
平成 21 年 12 月 18 日〔多摩談合課徴金松村組等〕、東京高判平成 22 年 1 月 29 日
〔多摩談合課徴金植木組等〕）。

(4)　原審判決の判示

原審判決は次のように判示した。

(a)　「以上によれば、本件において『一定の取引分野』において『競争』
を『実質的に制限』するとは、公社が発注する多摩地区の下水道工事のうち
の A ランクの工事に関し、入札参加者となることや自社で決定した金額で
入札することに関して、A ランクの建設業者が自由で自主的な営業活動を
行うことを停止あるいは排除すること（ただし、指名競争入札という手続上
の制約から、公社が選定指名しなかったという意味での営業活動の停止や排
除は除く。）によって、特定の建設業者が、ある程度自由に公社の発注する
A ランク工事の受注者あるいは受注価格を左右することができる状態に至
っていることをいうものと解される」（原審判決書 44 頁、民集 905 頁）。

そのうえで原審判決は、本件個別工事（前記(1)）のそれぞれを個別に検討
し、それらの各物件において、一定の取引分野において競争を実質的に制限

したと認定することはできないとした（原審判決書44〜51頁、民集905〜912頁）。

(b) そのように結論づけたあと、原審判決は、公取委の、基本合意に基づいて全体の相当程度の割合の物件が受注されるときには一定の取引分野における競争の実質的制限があるというべきであるという主張に応え、例えば次のように述べた。

「被告の主張する本件基本合意とは、要は、公社の発注する土木工事の入札に関しては、『当事者』たる33社及び『協力者』たるその他のゼネコンの総体において、公社の発注するＡランクの工事は受注希望を有する者が受注すればよい、受注希望者が複数いれば当該受注希望者同士で自社の事情等（被告はこれを「条件」と称する。）を話し合えばよい、その他の者は受注希望者から工事希望票の提出を求められたり入札する金額の連絡等がされた場合には、工事希望票を提出し受注希望者の落札を妨害する行為はしないという共通認識があったという程度のものにすぎず、この程度の認識を建設業者らが有していたことをもって直ちに自由で自主的な営業活動上の意思決定を将来にわたって拘束するほどの合意の成立があったと断ずることができるのか甚だ疑問というべきである」（原審判決書54頁、民集915頁）。

(5) 原審判決後の経緯

公取委が上告受理申立てを行い、平成23年11月17日に最高裁が受理を決定した（平成23年度公正取引委員会年次報告94頁）。平成24年1月23日に最高裁で弁論が行われた（公正取引情報2313号7頁）。

本判決の争点は、後記3に掲げる本判決の筋書きに沿うならば、本件基本合意が2条6項にいう「一定の取引分野における競争を実質的に制限する」を満たすか否か（判旨1）、本件個別工事は7条の2第1項にいう「当該商品又は役務」に該当するか否か（判旨2）、ということになる。

3 判 旨

本判決は、原審判決を破棄し自判して、審決取消請求を棄却した。

最判平成 24 年 2 月 20 日〔多摩談合〕

(1) 違反要件（判旨1）

「〔独禁法〕2 条 6 項にいう『一定の取引分野における競争を実質的に制限する』とは、当該取引に係る市場が有する競争機能を損なうことをいい、本件基本合意のような一定の入札市場における受注調整の基本的な方法や手順等を取り決める行為によって競争制限が行われる場合には、当該取決めによって、その当事者である事業者らがその意思で当該入札市場における落札者及び落札価格をある程度自由に左右することができる状態をもたらすことをいうものと解される」（判決書 14 ～ 15 頁、民集 810 頁）。

これを本件に当てはめて、次のような事情を摘示し、「一定の取引分野における競争を実質的に制限する」に該当するとした（判決書 15 頁、民集 810 ～ 811 頁）。㋑A ランク以上の土木工事については、入札参加を希望する事業者ランクが A の事業者の中でも、本件 33 社及びその他 47 社が指名業者に選定される可能性が高かった、㋺個別の受注調整にあたってはその他 47 社からの協力が一般的に期待でき、地元業者の協力又は競争回避行動も相応に期待できる状況の下にあった、㋩実際に発注された公社発注の特定土木工事のうち相当数の工事において本件基本合意に基づく個別の受注調整が現に行われ、そのほとんど全ての工事において受注予定者が落札し、その大部分における落札率（予定価格に対する落札価格の割合（判決書 6 頁、民集 802 頁））も 97% を超える極めて高いものであった。

(2) 課徴金要件（判旨2）

「〔独禁法 7 条の 2 第 1 項〕所定の課徴金の対象となる『当該……役務』とは、本件においては、本件基本合意の対象とされた工事であって、本件基本合意に基づく受注調整等の結果、具体的な競争制限効果が発生するに至ったものをいうと解される」（判決書 16 頁、民集 812 頁）。

これを本件に当てはめて、次の事情を摘示し、「当該……役務」に該当するとした。「本件個別工事は、いずれも本件基本合意に基づく個別の受注調整の結果、受注予定者とされた者が落札し受注したものであり、しかもその落札率は 89.79% ないし 99.97% といずれも高いものであったから、本件個

別工事についてその結果として具体的な競争制限効果が発生したことは明らかである」（判決書 16 頁、民集 812 頁）。

(3) その他

本件審決を是認した他の 4 件の東京高裁判決（前記 2(3)）に係る名宛人側からの上告・上告受理申立てについては、本判決と同日に、いずれも退ける決定がされている（審決集 58 巻 155 ～ 165 頁）。

4 本判決と原審判決の位相の相違

(1) 本判決と原審判決の相違

本件をめぐる諸論議の全体像を把握するには、本判決の法律構成を相対化する必要がある。原審判決は、そもそも、法律構成において、本判決や通常の公取委実務と違っている。

本判決の法律構成は、基本合意について独禁法違反要件（不当な取引制限）の成否を論じ（判旨 1）、個別調整について課徴金賦課要件（「当該商品又は役務」の解釈である具体的競争制限効果を中心とする）の成否を論ずる（判旨 2）、というものである。基本合意だけで違反要件を満たすとすることにより、まず全体に大きな網をかけることができ、個別物件での課徴金賦課要件の成否についても立証負担上の有利さを獲得することができ、また、個別物件だけでは「一定の取引分野」というには足りないとする論をかわすこと（そのような論への賛否は別にして）もできるようになる。

それに対し、原審判決は、個々の物件の個別調整について独禁法違反要件（不当な取引制限）の成否を論じた、という色彩が濃い。すなわち、独禁法違反要件（不当な取引制限）の議論のレベルで既に、本件個別工事における競争制限の状況を詳細に論じ、違反不成立という結論に至って、本件審決のうち本件個別工事に関する部分を取り消したのである。原審判決自身は、そのような法律構成を明確にしているわけではないが、その判断の全趣旨だけでなく、とりわけ、「抽象的な競争の実質的制限の概念を被告〔公取委〕の主

張のように観念することができるとしても、そのような事実が具体的に認定
できるか否かは個別の物件受注に当たって考察するほかない」という判示
（原審判決書52頁、民集913〜914頁）には、その傾向が特に表れている。

(2) 相違の生じた背景

以上のような相違が生じた背景については、説明が必要である。

少なくとも平成25年改正前においては、通常の事件では、独禁法違反要
件の成否は排除措置命令手続のなかで論じ、課徴金納付命令手続においては
課徴金賦課要件の成否のみを論ずる、ということとなっていた。排除措置命
令の制度が昭和22年制定時から存在するのに対し、課徴金納付命令の制度
は昭和52年改正によって導入されたものであって、前者を主体として物事
を考えようとする思考枠組みが深く根付いていた。しかも、本件に適用され
た平成17年改正前の手続の時代には、排除措置命令手続が終わってから課
徴金納付命令手続に移る、ということになっていたので（平成17年改正前の
48条の2第1項但書）、なおさら、違反要件は排除措置命令手続で論ずる、と
いう慣行に拍車がかかった。

したがって、本判決・公取委の法律構成においては、基本合意が独禁法違
反であることを排除措置命令手続において論じて基本合意を排除措置命令の
対象とし、課徴金納付命令手続においては個別調整が課徴金賦課要件を満た
すか否かのみを論ずる、ということになる（本判決がこのような思考枠組みを
取り入れるにあたってどのような文献を参照したのかなど、調査の状況を示すも
のとして、古田・前掲195〜196頁）。

そうしたところ、本件は例外的な「一発課徴金」の事例であった。「一発
課徴金」とは、公取委実務において使われた言葉であり、公取委が排除措置
命令をせず課徴金納付命令のみを行う場合を指した。推測するに本件は、当
時の除斥期間の関係で排除措置命令をすることができず（平成17年改正前7
条2項により除斥期間は1年）、課徴金納付命令のみを行ったものである（平
成17年改正前7条の2第6項により除斥期間は3年）。

「一発課徴金」の場合には、独禁法違反要件の成否も、課徴金納付命令手
続のなかで論ずることとなるので、法律構成としては、次の2通りが生ずる

こととなる。

第1に、いつもの「型」を崩さず、課徴金納付命令手続のなかで、基本合意が独禁法違反であると論じたあと、さらに、個別調整が課徴金賦課要件を満たす、と論じていく手法が考えられる。本件審決が採用し、本判決が是認した構成である。

第2に、排除措置命令は行わないという本件の状況のなかで目的合理的に考えれば、名宛人が落札した個別物件における個別調整だけを論ずればよいのであるから（前記2(1)でみたように、課徴金は個別物件を落札・受注した者のみに課される）、それについて、課徴金賦課要件ではなく、端的に、独禁法違反要件の問題として、行為要件と弊害要件の成否を論ずる、という構成が考えられる。原審判決は、その色彩が濃い。なお、「一発課徴金」審決の司法審査をしたという意味では本件の他の4件の東京高裁判決（前記2(3)）も同様の状況にあったわけであるが、そのうち西松建設等に関するものは、新井組等に関する原審判決と同様の枠組みを採用し、個別物件の状況をみたうえで、違反という結論を得ている。

原審判決は、個別調整について本件審決を攻撃するだけでなく（前記2(4)(a)）、返す刀で基本合意についても論じており（前記2(4)(b)）、その意味では透徹しきれていない。しかし、原審判決を善意に解釈すると、かりに基本合意について拘束力があったとしても、そうだからといって名宛人が落札した個別物件についてまで拘束力のある個別調整があったとはいえない、と言っているように見える。大多数の評釈、それを「厳しい批判」と受け止めた調査官解説、そしておそらくは本判決、は、そのようなことを理解していなかった可能性が高い。

(3) 導かれる視角

こうして、同じように不当な取引制限の成否という議論をしているように見えながら、本判決と原審判決は、基本合意が不当な取引制限に該当するか否かを論じているのか、個別調整を中心に観察して不当な取引制限に該当するか否かを論じているのか、という大きな違いがあったわけであり、そのことを明確に捉えて初めて、本件の多くの側面を的確に理解することができる。

導かれる視角を、主なものに絞って2点挙げるなら、以下の通りである。

第1に、本判決は基本合意について不当な取引制限の違反要件を種々述べて、民集の判示事項としている。そのこと自体、そして、その内容それ自体の価値は、損なわれるわけではない。しかし、本判決・調査官解説・大多数の評釈が、これを、原審判決の違反要件論を正すものと考えている模様であるのは、的外れであると言わざるを得ない。原審判決は本件基本合意そのものに拘束力がないなどと全く論じてもいない可能性が高いのに、とにかく原審判決を攻撃し、本件基本合意が違反要件を満たすことを示そうとして当然のことを判示した、というのが、偽らざる実態であるように思われる。尤も、議論の動機がおかしいとしても、内容には問題はないということはあり得るので、そのような観点から、今後の実務を導く枠組みを提示した判決として研究する意義はないではない（後記5、6）。

第2に、本判決と原審判決とで結論が分かれたのは、ともあれ、個別物件に関する評価の差である。そうしたところ、両者のあいだには、これを課徴金要件の問題として論ずるのか（本判決）、不当な取引制限の違反要件の問題として論ずるのか（原審判決）、という違いがあった。そのような、どの要件の問題として論じたのかの違いを乗り越えるような翻訳作業をしたうえでなければ、本判決と原審判決とを適切に比較することはできない（後記7）。

以上のような整理を前提として、以下では、本判決を、一応は本判決の整理に即して、分析するものである。

5 判旨1（前記3(1)）の評釈

(1) はじめに

まず、判旨1を評釈する。

「一定の取引分野における競争を実質的に制限する」の要件は、一応、「一定の取引分野における」と「競争を実質的に制限する」とに分けることもできるが、前者は後者の認定の舞台設定に過ぎないから、両者を一体化して検討することもできる。そこで以下では、基本的に、「競争を実質的に制限す

る」（競争の実質的制限）を念頭に置きながら評釈する。

(2)　これまでの判決・審決など

　競争の実質的制限が、価格や品質などをある程度自由に左右することができる状態を指すという一般論は、企業結合規制や排除型私的独占については、既に確立していた。

　それに対し、不当な取引制限については、事件数が多いにもかかわらず、明確な基準が示されることはなかった。その背景には、不当な取引制限であるとして立件される事件のほとんど全てがいわゆるハードコアカルテル（価格協定、入札談合、市場分割など）であり、価格や品質などをある程度自由に左右することができる状態がもたらされることが通常は明らかであるために議論となることも少なく、それに対して、その成否が微妙な非ハードコアカルテルが立件されることは事実上ほとんどないからである。

(3)　本判決の位置づけ

　本判決は、そのようななかで、不当な取引制限においても同様の考え方が当てはまることを最高裁判決として追認した点に意義がある。本判決の一般論は、不当な取引制限のうち入札談合事件に限定した書き方となっているが、その内容の一般性からみて、ハードコアカルテルの範疇に属する他の行為類型（価格協定や市場分割など）を含め、不当な取引制限の全体に同旨の射程が及ぶものとみてよい。

　尤も、この一般論を事案に当てはめる段階では、入札談合特有の性格が顔をのぞかせる。入札談合の場合、法律構成の如何（前記 *4*）は別として、ともあれ実際の競争制限は個別物件ごとにもたらされる。したがって、基本合意の対象であるとされた物件のうちどのくらいの割合において個別調整が行われ成功したかということは、問題の本質とは関係がない場合も多い。例えば本件においては、対象期間中の公社発注の特定土木工事が 72 件であったうち行為者である本件 33 社が受注したのは 34 件という半数以下にとどまる。しかし、行為者としては、基本合意の対象となる工事のうち受注したい物件のみについて競争制限が起これば足りるのであり、その割合が半数以下であ

最判平成 24 年 2 月 20 日〔多摩談合〕

るからといって、独禁法が保護しようとする価値の侵害が起きていないということにはならない。本判決では、この、半数以下という割合については「相当数の工事において」という曖昧な表現でかわし、むしろ、個別調整が現に行われた物件に絞ったうえでの、その他 47 社や地元業者の協力の状況や、受注予定者の落札・受注の割合や落札率の高さを、強調している（判決書 16 頁、民集 811 頁）。

(4)　本判決における一定の取引分野の認定

　本判決は、本件審決の認定を概ね支持しつつ、「一定の取引分野」の範囲を「公社発注の特定土木工事」とした公取委の認定について、「少なくとも」その範囲において問題行為があったという認定は支持し得る、という微妙な表現を用い（判決書 13 ～ 14 頁、民集 809 ～ 810 頁）、本判決の結論部分では特に断りなく、「公社発注の特定土木工事を含む A ランク以上の土木工事に係る入札市場」が「一定の取引分野」であるという考えを示唆している（判決書 15 頁、民集 811 頁）。

　この点について調査官解説は、本件審決の認定が、「『共同行為が対象としている取引』＝『競争が実質的に制限される範囲』をもって『一定の取引分野』を画定する」という「従来の基本的な考え方」によるものだ（古田・前掲 200 ～ 201 頁）、という認識を前提としたうえで、次のように述べている。「〔従来の基本的な〕考え方は、本来、『一定の取引分野』の画定が、当該市場において競争が実質的に制限されているか否かを判定するための前提として行われるものであることからすると、論理が逆であると考えられることから、本判決は、このような考え方を一般的な考え方としては採用せず、『公社発注の特定土木工事』（本件審決が本件基本合意の対象市場と認定した市場）よりも一般的かつ客観的な市場である『A ランク以上の土木工事』をもって、本件における『一定の取引分野』と画定したものと考えられる」（古田・前掲 201 頁）。夙に原審判決が指摘していたことである（原審判決書 51 ～ 52 頁、民集 912 ～ 913 頁）。

423

6 不当な取引制限の行為要件について

(1) 本判決の内容

本判決は、不当な取引制限の行為要件である「その事業活動を拘束し」と「共同して……相互に」についても、本件事案に即して、一定のことを述べている。すなわち、本来的には自由に決めることができるはずのところを取決めに制約されて意思決定を行ったら「その事業活動を拘束し」の要件を充足し、取決めに基づいた行動をとることを互いに認識し認容して歩調を合わせるという意思の連絡が形成されたら「共同して……相互に」の要件を充足する、とした(判決書14頁、民集810頁)。当たり前のことを述べた判示である(後者には、東京高判平成7年9月25日〔東芝ケミカルⅡ〕の文言(判タ906号148頁)の影響が窺われる)。

そのような判示がされた背景には、原審判決がこれらの要件を狭く解釈したと受け止められ、「厳しい批判」(古田・前掲205頁の表現)があったためである。原審判決がほとんど関心を持っていなかった基本合意を念頭に置きながら、攻撃すべき標的として原審判決を祭り上げ、判示をするのであるから、当たり前の判示となるのは当然である。尤も、当たり前のことであってもそれを最高裁判決が述べれば、以後、引用(当然のことを解説する際の権威化)には役立つであろう。

(2) 行為要件の文言の分け方について

不当な取引制限の行為要件は、長い間、「他の事業者と共同して」と「相互にその事業活動を拘束し、又は遂行すること」とに分けて議論されてきた。後者の「又は」より前は、略して「相互拘束」と呼ばれてきた。

そうしたところ、本判決は、この行為要件を「他の事業者と共同して……相互に」と「その事業活動を拘束し、又は遂行すること」とに分けた(判決書14頁、民集810頁)。

この点を論ずれば長くなるが、その内容は、不当な取引制限の条文を一般

的に論じた体系書で述べるべき問題であり、本件とは実はあまり関係がないので、本書では省略する。

結論だけを述べれば、本判決の分け方は、無視してよい。現に刑事事件の東京地裁判決なども、意に介さず無視している。最高裁判決を無視するのが気になるなら、この際、行為要件を2つに分けるのをやめ、「他の事業者と共同して……相互にその事業活動を拘束し、又は遂行すること」をまとめてひとつの行為要件と見て議論すればよい。現にそのような公取委審決等がみられるようになっている。つまり、独自の見解を述べる一部の文献を取り込んで奇妙な分け方をした本判決に、大方の実務には若干の戸惑いもあったが、しかしそれを克服しつつある、ということである。

7　判旨2（前記3(2)）の評釈

判旨2は、「当該商品又は役務」に関してこれまでに形成されてきた基準を簡潔に記して事案に当てはめたものであり、その一般的内容をここで改めて論ずるまでもない。

ただ、前記4でみたように、本判決と原審判決との結論の差異は、この一般論の本件事案への当てはめにある。

本判決が、本件個別工事のそれぞれにつき、落札率の高さを強調して、具体的競争制限効果があったと認定したのに対して、原審判決は、前記4でみたように競争の実質的制限の成否の問題としてではあるが、反対の結論を得ている。

とりわけ判断が難しいのが、番号11の物件（判決書6頁、民集802頁）である。原審判決は、多くの入札参加者は最初から受注意欲がなかったことのほか、アウトサイダーである地元業者2社が受注を希望し、落札した被上告人（新井組）と何らかの合意をしたわけではないことを、課徴金を課さない根拠としている（原審判決書45頁、民集905～906頁）。本件審決によれば、この2社は、最低制限価格（予定価格の80％）を下回った価格で入札したため失格している（審決集55巻の257頁）。

番号11の物件を考える場合には、番号4の物件と対比すると興味深いと

思われる。番号4の物件では、地元業者が5社おり「比較的多数」であると
され、本件審決において具体的な競争制限効果が不成立とされた。本件審決
によれば、番号4の物件では、地元業者5社のうち、3社が最低制限価格を
下回ったために失格となった模様であるのに加え、1社が86.89％で入札し
ており、これらの地元業者4社は「競争的行動をとったものと認められる」
としている（以上、審決集55巻の255頁）。つまり、番号4の物件では、最低
制限価格を下回った者も、86.89％で入札した者も、「競争的行動をとった」
とされた。番号11の物件では、2社が最低制限価格を下回り、落札者の落
札率が89.79％であった。この両者の間に、具体的な競争制限効果の有無を
分ける線を引けるのか否か、を論ずることになろう。

　結局、本判決と原審判決の結論の分かれ目は、ここに尽きるのである。基
本合意の違反要件論など、実は本件の争点ではなかった。しかし、そのこと
を正解しない本判決のおかげで、不当な取引制限における競争の実質的制限
の解釈が最高裁によって示されるなど、有益な点もあった。瓢箪から駒とい
うところであろうか。

東京高判平成 24 年 2 月 24 日〔鋼管杭クボタ〕

> 東京高判平成24年2月24日・平成23年（行ケ）第9号
> 審決集58巻第2分冊166頁
> 〔鋼管杭クボタ〕

1 事例の概要

クボタ、新日本製鐵（本判決に倣い「新日鐵」と略称する）、JFE スチール、住友金属工業、の 4 社が、特定鋼管杭について価格協定を行った（本判決が「本件カルテル合意」と略称しているもの）。「特定鋼管杭」とは、本件において、鋼鉄のみにより製造された杭であって官公庁等が発注する建設工事を請け負う建設業者が同工事に使用するものを指し、厳密には本判決別紙 1 で定義されている。

本件カルテル合意は、平成 16 年に成立しており、平成 17 年改正の施行日前である平成 17 年に終了している（手続規定は、平成 17 年改正後のものが適用される）。

クボタと新日鐵のそれぞれについては、商流において特徴があった（判決書 33 〜 34 頁、36 〜 38 頁）。クボタには、K 契約・K マーク製品と呼ばれる商流（クボタが製造しクボタが第 1 次商社を介して建設業者に対して販売する）と S 契約・K マーク製品と呼ばれる商流（クボタが製造し新日鐵に納入して、新日鐵が第 1 次商社を介して建設業者に販売する）とがあった。新日鐵には、上記の S 契約・K マーク製品と呼ばれる商流のほか、S 契約・S マーク製品と呼ばれる商流（クボタが新日鐵ブランドで OEM 製造し新日鐵が建設業者に販売する）と、新日鐵の工場で製造し販売する商流とがあった（判決書 36 〜 38 頁によれば、S 契約・K マーク製品と S 契約・S マーク製品は合併前の富士製鐵の関係、自社製造分は合併前の八幡製鐵の関係、ということのようである）。

427

東京高判平成 24 年 2 月 24 日〔鋼管杭クボタ〕

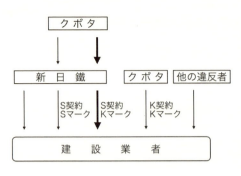

公取委が排除措置命令・課徴金納付命令を行った（公取委命令平成 20 年 6 月 4 日）。K 契約・K マーク製品と S 契約・K マーク製品についてはクボタに課徴金が課され、S 契約・S マーク製品と新日鐵自社製造分については新日鐵に課徴金が課された。

S 契約・K マーク製品の商流（クボタに課徴金が課され新日鐵には課されていない）について、クボタが課徴金納付命令の取消しを請求したのが本件である。なお、S 契約・K マーク製品の商流において、建設業者に対する販売当事者は新日鐵であるが、「事実上の営業活動」（後記 3(4)）はクボタが行っていた。

クボタは、K 契約・K マーク製品については争っていない。新日鐵は、自らに課徴金納付命令がされた部分について、審判請求をしていない。

公取委審決はクボタの審判請求を棄却し（公取委審判審決平成 23 年 3 月 9 日）、東京高裁判決はクボタの審決取消請求を棄却した（本判決）。最高裁は、1 年半以上を経て、上告不受理等の決定をしている（最決平成 25 年 11 月 6 日）。

2 1 商流 1 課徴金の原則

本件そのものの内容に入る前に、いわゆる 1 商流 1 課徴金の原則についてまとめておく。

1 商流 1 課徴金の原則は、公取委が長いあいだ採った考え方である。公取委自身がそのように名付けたわけではないが、とにかく、1 商流に複数の違反者がいた場合は 1 の違反者のみに課徴金を課すべきとする考え方は、昭和から平成にかけて、公取委において取り続けられたようである（川井克倭『カルテルと課徴金』（日本経済新聞社、昭和 61 年）174 頁、鵜瀞恵子「平成三年度における課徴金納付命令の概要」公正取引 499 号（平成 4 年）51 頁）。

東京高判平成 24 年 2 月 24 日〔鋼管杭クボタ〕

本判決においても、「本件課徴金命令の名宛人」と題する争点を立てて判示しているあたりでは（判決書 47 〜 52 頁）、1 商流 1 課徴金の原則の考え方の影響を受けてクボタと新日鐵のいずれか 1 者を名宛人として選ぼうとしている口吻が窺われる。

しかし、1 商流 1 課徴金の原則には疑問がある。昭和の時代に 1 商流 1 課徴金の原則を当然のこととした公取委職員の解説は、1 つの違反行為であるにもかかわらず同一商品について 2 度の売上げをとらえて課徴金を課することは不当である旨を述べている。ところが、当時において支配的であった不当利得剝奪論（課徴金は違反者が不当に得た利得を吐き出させるものである）を前提としたとしても、課徴金の条文はそれぞれの違反者の売上額に算定率を乗じたものが不当利得に当たると標榜していたのであって、1 商流に関与する違反者が複数いたとしても、それぞれの売上額にそれぞれの算定率を乗ずれば、その違反者の不当利得であるということになったはずである。複数の違反者のそれぞれの売上げに課徴金を課しても何ら不当ではない。不当利得剝奪論を採らず、課徴金について何らかの意味での制裁的な性格を認めるのであれば、なおさらである。

1 商流 1 課徴金の原則の否定は、景表法の課徴金（景表法の平成 26 年 11 月改正（平成 28 年 4 月 1 日施行）により導入）においては当然の前提とされている（消費者委員会の平成 26 年 6 月答申（4 頁注 4））。

公取委も、平成 28 年 2 月の塩ビ管審決において、1 商流 1 課徴金の原則を採らないことを明言するに至っている（公取委審判審決平成 28 年 2 月 24 日〔塩化ビニル管等〕（審決案 180 頁 4 〜 9 行目））。

3 「S 契約・K マーク製品」に係るクボタの課徴金要件の成否

(1) 議論の前提

ここで注意しなければならないのは、1 商流 1 課徴金の原則をかりに否定するとしても、商流に絡んだ違反者がその商流について必ず課徴金を課されるということにはならない、ということである。

東京高判平成 24 年 2 月 24 日〔鋼管杭クボタ〕

それぞれの違反者について、それぞれ、課徴金要件を満たすか否かを検討する必要がある。その結果として、1 商流に絡んだ複数の違反者の全てが課徴金を課されることもあり得るし、結果としてたまたま 1 者のみが課徴金を課されることもあり得るし、誰も課徴金を課されないこともあり得る。課徴金を課されるのは 1 商流について 1 者のみでなければならないというわけではない、というだけである。

前記 2 の塩ビ管審決も、ともに違反者とされた三菱樹脂と積水化学工業の両者が関与する「三菱樹脂→積水化学工業→需要者」という商流について、下流の「積水化学工業→需要者」の取引だけでなく上流の「三菱樹脂→被審人積水化学工業」の取引にも課徴金を課するに当たって、当然にそのようにしたのではなく、この上流の取引も違反行為の対象となっている旨の認定をしている（審決案 180 頁 2 ～ 4 行目）。

(2) 本件の問題の整理

以上のような前提のもとで本件を論ずる際には、更に整理を要する点がある。すなわち、クボタに課徴金を課するというとき、① 「クボタ→新日鐵」の取引そのものに着目して課徴金を課するのか、それとも、② 「新日鐵（→第 1 次商社）→建設業者」の取引に着目して課徴金を課するのか、という点である。そして、②の取引においてはクボタに売上額がないので、便宜的に、「クボタ→新日鐵」の売上額に課徴金を課することになる（本書 548 ～ 549 頁）。①と②は、「クボタ→新日鐵」の売上額に課徴金を課するという点では同じであるが、その取引そのものに着目するのか、別の取引に着目するのであるが便宜的にその取引の売上額を用いるのか、という、課徴金要件を論ずるうえでの大きな違いがある。

しかし、本判決は、そのような整理を行った形跡はなく、どちらに注目しているのかは明確ではない。

それを前提に、本判決の判示を若干、検討する。

(3) 「当該商品又は役務」（争点(1)）

争点(1)で本判決は、特定鋼管杭が 7 条の 2 第 1 項の「当該商品又は役務」

に該当するか否かを検討している。

本判決は、特定鋼管杭の取引に本件違反行為の拘束力が及んでいるか否かを問題としている。条文では、同項にいうその「対価に係る」「不当な取引制限」をされた商品役務に該当するか、という問題である（本件に適用される平成17年改正前の規定における上記文言の一部は平成17年改正後は同項1号に置かれている）。

本判決は、「新日鐵→建設業者」の取引が本件違反行為の拘束を受けていたことを認定して、当該商品又は役務に該当するとした（判決書45頁）。

それに対し、クボタが、「クボタ→新日鐵」の取引には拘束力が及んでいない旨の主張をしたが、本判決は退けている。ただ、その内容はかなり抽象的な影響（あるとすれば）に頼った認定である（判決書46〜47頁）。そのような影響があったとしてどのような意味があるのかも明らかにされていないので、棚上げしておいてよい判示であると思われる。

(4) 「本件課徴金命令の名宛人」（争点(2)）

続いて本判決は、「本件課徴金命令の名宛人」と題する争点(2)に移る（判決書47頁）。

言い換えれば、本判決の頭では、特定鋼管杭が「当該商品又は役務」に該当するというだけでは課徴金を課するには足らず、名宛人となるべき者がクボタと新日鐵のいずれであるのかを決める必要があると考えられているわけである。本判決が暗黙のうちに1商流1課徴金の原則を前提としていることを、窺わせている。

そこで本判決は、「だれが違反行為を実行したかを判断することが必要となる」とした（判決書47頁）。

「実行」をしたこと自体は、7条の2第1項において課徴金要件となっているのであるから、これが満たされることが必要であることは疑いがない。

しかし、本判決は、S契約・Kマーク製品の商流において「実行」をしたのがクボタと新日鐵のいずれかのみであるかのような口吻で論じているが、これは、適切でない（前記2）。

さらに、「実行」の具体的内容についても疑問がある。本判決は、「そして、

違反行為を実行したか否かは、事実上の営業活動を行ったか否かにより判断されるというべきである」としている（判決書47頁）。「事実上の営業活動」の具体的内容としては、交渉・合意・製造・配送・納品などを想定しているようである（判決書47頁）。

しかし、このような判断には疑問がある。第1に、本件以外の通常の事例で、「事実上の営業活動」を公取委が認定したうえで課徴金を課しているということは、本判決以後においても、観察されないように思われる。第2に、需要者に対して法的に販売をした形になっている契約当事者である者（本件では新日鐵）が、「事実上の営業活動」を行っていないことを理由に課徴金を課されないということは、他の通常の事例では観察されないように思われる。

この2点に関係する顕著な例をひとつ挙げるなら、ブラウン管事件では、供給側の（子会社でなく）親会社が需要側親会社と交渉等を行ったことが認定されているが、課徴金は子会社に課され、親会社には課されていない（集東京高判平成28年4月13日〔ブラウン管 MT 映像ディスプレイ等〕）。

以上のことについて、更に2点、補足しておく。第1に、需要者に対する形式的な契約当事者となった者が介在する場合でも、その上流にいる者に課徴金が課された事例は、これまでにも多くある（例えば、集公取委審判審決平成27年5月22日〔富士電線工業〕）。しかしそれは、介在する者が違反者でない場合である。本件では、新日鐵も違反者なのであり、その違反者が需要者に対する直接の契約当事者となっているのに課徴金を課されないという事例は、見当たらないように思われる。第2に、新日鐵に課徴金が課されるべきであると言えたとしても、それで直ちにクボタに対する課徴金が取り消されるべきであるということにはならない。前記2で見たように、1商流1課徴金の原則を採るべきではないからである（ただし、本判決が1商流1課徴金の原則を採るべきであると考えていたと窺われることについては上記の通りである）。しかし、新日鐵に課すべきであるのに課していないという事実は、クボタに課徴金を課した判断が不適切であることを間接的に窺わせるものではあると言えるであろう。

432

東京高判平成 24 年 4 月 17 日〔矢板無料バス〕

```
●●●●●●●●●●●●●●●●●●●●●●●●●●●●●●●●●●●●●●●●●
```

東京高判平成24年 4 月17日・平成23年（ネ）第8418号
審決集59巻第 2 分冊107頁
〔矢板無料バス〕

1 事例の概要

　藤田合同タクシー有限会社（原告・被控訴人）と、しおや交通株式会社（被告・控訴人）は、いずれも、途中経路は異なるものの、矢板駅と矢板高校との間の区間において路線バスの運行を行っている。

　しおや交通は、この区間において路線バスの無償運行をした。

　そこで藤田合同タクシーが、独禁法 24 条を根拠に、しおや交通による無償運行は不当廉売であるとしてこの差止めを請求したのが本件訴訟である。

　1 審判決は請求を認容したが（宇都宮地大田原支判平成 23 年 11 月 8 日）、2 審判決は 1 審判決を取り消して請求棄却の自判をした。上告等がされず確定している。

2 「初」の差止請求認容判決

　本件 1 審判決は、平成 12 年改正（平成 12 年法律第 76 号）によって導入され平成 13 年 4 月 1 日から施行（平成 12 年政令第 512 号）された独禁法 24 条を明示的に掲げて本案において請求を認容した初めての判決である。

　以上の記述については、いくつかの補足説明を要する。

　まず、差止めを求める仮処分申立てが認容された事例を含めれば、初めてではない。少なくとも、1 件が知られている（東京地決平成 23 年 3 月 30 日〔ドライアイス〕）。仮処分事件については利害関係者しか事件記録の閲覧等を

433

することができず（民事保全法5条）、また、「訴えが提起」に当たらないので事件が公取委に通知されることが法定されているわけでもない（平成25年改正後では独禁法79条1項）。したがって、仮処分申立てが認容された事例は他にも存在するかもしれず、それはドライアイス仮処分命令よりも前であるかもしれない。

　また、本案判決だけに絞っても、独禁法24条を明示せず、しかし被告の行為が独禁法違反であることを明確に述べて差止請求を認容したものが、少なくとも1件存在する（集岡山地判平成16年4月13日〔蒜山酪農農業協同組合〕）。同判決は独禁法24条の施行後の判決であるが、訴え提起が施行前であったこともあってか、独禁法24条への言及はない。

　以上のような留保を付したうえであれば、矢板無料バス1審判決は、「初」の差止請求認容判決である、ということになる。

　ただ、その「初」の判決は、判決書で3頁（主文1項の「別紙記載の区間」を記した別紙を含め4頁）のみのものであった。

3　不当廉売に対する差止判決の主文

　不当廉売に対する差止請求を認容する場合、どのような主文とすべきかについては、議論があり得る。すなわち、何らかの基準を抽象的に示してそれよりも高い価格とするよう命令するか、それとも、一定の具体的価格水準（○○円などというように）を明示してそれよりも高い価格とするよう命令するか、である。命令後の状況変化に柔軟に対応できるよう抽象的基準とすべきであるという考え方と、執行段階での難しい判断を不要とするため具体的価格水準を明示すべきだという考え方との対立であるとも言える。

　本件1審判決の主文は、「被告は、別紙記載の区間〔白石注：矢板駅と矢板高校とを結ぶ区間〕において、バスを無償で運行してはならない」というものであった（審決集58巻第2分冊248頁）。無料を禁止したのみの、その意味では狭い命令であって、執行の際の費用の算定も必要なく、上記のような論点とは無縁のものであった。

東京高判平成 24 年 4 月 17 日〔矢板無料バス〕

4 違反要件の成否

　本件 1 審判決は、違反要件論については、価格水準に簡単に触れたのみである。「競合するバスの営業区間で、一方のバスの運賃が無償であることが、不当に低い対価であることは間違いない」とした（審決集 58 巻第 2 分冊 248 頁）。バスの運行において、可変的性質を持つ費用がゼロであるとは考えにくいから、価格が無償であれば、可変的性質を持つ費用を下回ることは確実である。したがって、間違いない、という判断は、間違っていないであろう。なお、可変的性質を持つ費用を下回っているのであれば、「不当に……低い対価」を基準とする一般指定 6 項でなく、「商品又は役務をその供給に要する費用を著しく下回る対価で継続して供給する」を基準とする 2 条 9 項 3 号を用いるべきかとも考えられるが、「継続して」いなかったのかもしれず、また、2 条 9 項 3 号であるか一般指定 6 項であるかによって 24 条訴訟の成否に影響があるとも考えられないので、いずれであるかというのは些末な問題である（両者を区別する実益は、公取委が立件する事件における累積違反課徴金の有無のみにある）。なお、無償なら「対価」に当たらない、「事業」に当たらない、という議論もあり得るが、1 円なら問題となり零円ならおよそ問題とならない、というのも、おかしな話である。いずれにしても、1 審判決は、その問題には触れていない。

　問題は、そのような無償運行によって「他の事業者の事業活動を困難にさせるおそれがある」と言えるか否か、であるが、1 審判決は、この点に全く触れていない。本件では、原告の藤田合同タクシーも対抗的に廉売をしていた模様であるが、そのことをどう評価するか。藤田合同タクシーの業績が落ちていたとして、そのことには他の原因はなかったのか。このように、検討すべき点は多数あるものと思われる。2 審判決は、後記 *5* のように、違反要件とは異なる理由によって請求を棄却しており、違反要件の成否には触れていない。

　並行的廉売が行われた場合、廉売をしている者でなく、近隣の中小事業者の事業活動が困難になるという問題が登場するのが通常であるが、本件では、

435

矢板駅と矢板高校の間を運行しているのは原告と被告のみであった模様である。なお、この地域では、少なくとも、矢板市営バスが事業を行っている。

　無料バスといえば、独禁法の分野では別の事件も知られている（集山口地下関支判平成 18 年 1 月 16 日〔豊北町福祉バス〕）。しかし、そこでは過疎地域の老人等のための福祉目的による無償運行が問題となり、判決も、公共性を根拠として無償等の廉価運行を正当化した。それに対し、本件で問題となった路線は、主に多数の高校生が利用する通学路線であると考えられ、福祉目的を掲げた正当化理由の議論は登場していない。

5　差止めの必要性

　2 審判決が 1 審判決を取り消して差止請求を棄却したのは、差止請求の必要性を否定したためであった。

　1 審段階の口頭弁論で、しおや交通の代表者は、「現段階では無料運行の再開は考えていないが、将来的に無料運行を再開し、お客が増加したら有料にするということも考えている」と陳述したようであり、1 審判決と 2 審判決のいずれにおいてもそのことが言及されている（審決集 58 巻第 2 分冊 249 頁、審決集 59 巻第 2 分冊 108 頁）。

　1 審判決は、独禁法で規制されている事項を遵守する意思が被告に欠落していることは明らかであるといえる、として、無償運行を差し止める必要性を認めた。

　それに対して 2 審判決は、差止めの必要性を否定した。その論理は、次のようなものである。

　まず、一般論として、不公正な取引方法に該当する行為による侵害の停止又は予防が 24 条に基づいて判決で命じられる場合には、原則として、事実審の口頭弁論終結時後の実現を予定することになるので、主観訴訟である差止請求を基礎付ける利益侵害及び著しい損害は、事実審の口頭弁論終結時に現存し、又は発生の蓋然性があることを要すると解するべきである、とした。これは、他の判決にも登場していた一般論である（東京高判平成 19 年 11 月 28 日〔ヤマト運輸対郵政〕（審決集 54 巻 703 頁）、新潟地判平成 23 年 1 月 27 日

〔ハイン対日立ビルシステム〕（審決集 57 巻第 2 分冊 374 頁））。

　この一般論は、明示的・自覚的に論ずるか否かは別として、本件の 1 審判決にも共有されていたであろう。1 審判決は、しおや交通の代表者の口頭弁論での発言を重く見て、将来において利益侵害・著しい損害が発生する蓋然性があると考えたもの、と分析できる。

　それに対し、2 審判決は、上記一般論を本件に当てはめて、しおや交通の代表者の考えが「〔上記引用の〕陳述内容どおりであったとしても、〔しおや交通〕による路線バスの無償運行についてその具体的計画が存在していることは窺われないのであるから、この程度の陳述内容をもって、〔しおや交通〕による矢板駅と矢板高校の間の区間における路線バスの無償運行が差止めを必要とする程度に持続する状態で現存するということはでき」ない、として、差止めの必要性を否定した（審決集 59 巻第 2 分冊 108 頁）。

　公取委による排除措置命令に目を転じてみると、そこでは、既往の違反行為に対する排除措置命令の必要性について、「当該違反行為が繰り返されるおそれがある場合や、当該違反行為の結果が残存しており競争秩序の回復が不十分である場合など」には、必要性がある、とされている（東京高判平成 20 年 9 月 26 日〔ストーカ炉談合排除措置〕（判決書 122 頁））。

　このように、再発のおそれが必要性の根拠とされる点では、排除措置命令と 24 条の差止命令とは共通しているのであるが、公取委において必要性の有無を判断する際、本件 2 審判決のように、「具体的計画が存在していること」まで求めるであろうかというと、疑わしい。具体的計画の存在が立証されていなくとも排除措置命令の必要性を認めるのが通常ではないかと考えられる。

　しかも、受命者に対して込み入った対策を求めるわけでもなく、無料での運行を禁止するだけであるならば、受命者の負担は重いものではなかろう。

　以上のように、一般論はともかく、本件への当てはめにおいては、2 審判決には一定の批判が可能であるように思われる。

　尤も、2 審判決が意図したか否かは別として、同判決は、差止命令の必要性を否定したために、前記 4 でみたような違反要件論（特に事業活動を困難にさせるおそれの有無の判断）を行わずに済んだ、とも言える。差止めの必要

東京高判平成 24 年 4 月 17 日〔矢板無料バス〕

性に関する当てはめが適切であったか否かと、2審判決が結論において適切
であったか否かは、別の問題であるように思われる。

東京高判平成 24 年 6 月 20 日〔セブン - イレブン収納代行サービス等〕

> **東京高判平成24年6月20日・平成24年（ネ）第722号**
> **審決集59巻第2分冊113頁**
> **〔セブン - イレブン収納代行サービス等〕**

1 事例の概要

コンビニエンスストアのフランチャイズチェーンの加盟者らが、本部を被告として、公共料金の収納代行サービスなどに係る「本件対象業務」や、契約の全期間を通じて年中無休で連日 24 時間開店すべき旨を定めた「本件深夜営業」を強要することを禁止することを求めて、独禁法 24 条による差止請求を行った。これらの強要行為が 2 条 9 項 5 号ハに該当する旨を主張している。

1 審判決はこの請求を棄却した（東京地判平成 23 年 12 月 22 日）。原告は控訴したが、ほぼ同様の 2 審判決が言い渡された。2 審判決は、2 審における加盟者らの主張に対して新たに答えたほかは、基本的には、1 審判決の理由をそのまま引用したので、形式的には、以下に紹介する 1 審判決も、2 審判決の内容であるということになる。

2 本判決の論理構造

(1) 優越的地位の発生時期

本判決は、加盟者らの本部への依存状況、加盟者らの初期投資額・契約期間・契約終了の場合の不利な状況、事業規模の格差、などを認定して、「本件基本契約等」（加盟店基本契約と加盟店付属契約）の締結後には本部が加盟

者に対して優越的地位にあるとした（審決集 58 巻第 2 分冊 265 頁）。

他方で、本判決は、「なお、本件全証拠によっても、原告ら各自と被告との間で本件基本契約等が締結されるまでの段階で、被告の取引上の地位が原告らに優越していたものと認めることはできない」とした（審決集 58 巻第 2 分冊 265 頁）。

このように、本件では、本件基本契約等を締結する直前までは優越的地位はなく、締結した瞬間に優越的地位が発生する、とされている。

(2) 濫用に関する判断への影響

優越的地位の発生時期に関する以上のような判断により、本件基本契約等を締結する時点でわかっていることについては、あらかじめ計算できない不利益であるとは言えないことになる。優越的地位を利用して過大な不利益を与えていると言えないなら、濫用とすることはできないことになる。

本判決が、本件対象業務については本件基本契約等に明文がないことを認めつつも、本件基本契約等の締結に至る面接などの機会に本件対象業務を行うべきことの説明がされ、また、セブン - イレブンのチェーンのイメージ（審決集 58 巻第 2 分冊 259 頁で定義される「本件イメージ」）を保持すべき旨が本件基本契約等に明記されていることなどを根拠として掲げて濫用の成立を否定したのは、上記の考えを基盤としたものであると考えられる（審決集 58 巻第 2 分冊 265 ～ 267 頁）。他のコンビニエンスストアなどで公共料金の収納代行サービスなどを行っているなかでセブン - イレブンが行わないと「本件イメージが損なわれることは避け難い」との判示（審決集 58 巻第 2 分冊 266 頁）は、本件対象業務を行わないことが本件イメージの保持という契約内容に合致しないことを強調しようとするものであろう。

本判決は、それに加え、本件対象業務による加盟者らの収入は不当に低廉ではないことや、本部が業務改善や強盗対策を講じていることなども認定している（審決集 58 巻第 2 分冊 266 頁）。これは、本件基本契約等の締結後に過大な不利益を課していることにもならないことを述べたもの、と位置付けられようか。

(3) 「取引開始時の優越的地位濫用」について

本判決に対する批判的論調を含みつつ、取引開始時に優越的地位濫用が成立することもあり得るという論が、一部で展開されている。

確かに、取引開始時の優越的地位濫用を公取委が認定した事例はなく、いずれも、それより前から継続してきた取引に際して優越的地位濫用を認定したものばかりである。

しかし、本判決は、取引開始時の優越的地位濫用をおよそ否定したわけではなく、本件の事案に即して、本件基本契約等の締結直前までは優越的地位がなく、締結した瞬間に優越的地位が発生した、と認定したのであるに過ぎない。

条文を見ると、2条9項5号イに括弧書があり、取引開始時の優越的地位濫用というものがあり得ることが明記されている。しかしそれだけではなく、本件にも適用された2条9項5号ハ（特に「その他」以下）は、包括的な条文による一般条項となっているので、単発取引でさえ、把握できるようになっている。つまり、取引開始時に優越的地位濫用が成立する可能性があるという一般論は、最近の批判的議論を待つまでもなく、当然、成立する。

判決等を批判的に考察する際には、その一般論に問題があるのか、一般論を事案に当てはめた結果に問題があるのか、それとも事実認定そのものに問題があるのか、適確に切り分けて論ずる必要がある。

公取委公表平成 24 年 6 月 22 日〔東京電力注意〕

```
●●●●●●●●●●●●●●●●●●●●●●●●●●●●●●●●●●●●●●●●●●

                            公取委公表平成24年 6 月22日
                                        〔東京電力注意〕


```

1 事例の概要

　東京電力は、自由化対象需要家に対し、平成 24 年 4 月 1 日から電気料金
の引上げをしようとした。当時は、電力完全自由化より前であり、契約電力
が原則として 50 キロワット以上の需要家についてのみ、自由化（認可等に
よらず供給者が電気料金を自由に決めることができ、その供給区域の電力会社以
外の電気事業者も供給できる）がされていた（本件の電気料金引上げは東日本大
震災に起因するものとみられる）。

　公取委は、2 条 9 項 5 号に違反する行為につながるおそれがあるとして注
意を行った。

2 優越的地位

　公取委はまず、その供給区域の電力会社である東京電力は自由化対象需要
家にとって優越的地位にあるとした。東京電力が東京電力の供給区域におけ
る自由化対象需要家向け電力供給量のほとんどを占めており、他の電気事業
者の電力供給の余力は小さいため、優越的地位濫用ガイドラインの優越的地
位の判断基準に照らして、優越していると言えるとした。

442

公取委公表平成 24 年 6 月 22 日〔東京電力注意〕

3 濫用行為

マスメディアの報道の一部には、本件の公取委の調査が東京電力の電気料金が高すぎることに向けられたものであるかのように受け止める向きもあったように思われる。そのようなものであったのであろうか。

公取委の公表文を精読すると、そのようには言えないように思われる。それによれば、東京電力は、取引先である自由化対象需要家に対し、「東京電力と当該需要家との間で締結している契約上、あらかじめの合意がなければ契約途中での電気料金の引上げを行うことができないにもかかわらず、一斉に同年 4 月 1 日以降の使用に係る電気料金の引上げを行うこととするとともに、当該需要家のうち東京電力との契約電力が 500 キロワット未満の需要家に対しては、当該需要家から異議の連絡がない場合には電気料金の引上げに合意したとみなすこととして書面により電気料金の引上げの要請を行っていた」（公表文 2 (2)）。

これは、濫用行為を大別して「あらかじめ計算できない不利益」と「過大な不利益」があるうち、明確に前者に該当するものであり、電気料金が高すぎるという過大な不利益の観点からのものではない。

裏返せば、公取委は、東京電力が経済産業省の指導等を踏まえ自由化対象需要家に対して説明をしたうえで電気料金を引き上げるようになったことを記して、問題行為が既に終了しているという考えを示唆している（公表文 2 (2)）。注意の内容も、「今後、……取引条件を変更するに当たっては、当該条件を提示した理由について必要な情報を十分に開示した上で説明するなど」することを求めているにとどまる（公表文 2 (4)）。

4 類似の事例

平成 25 年度相談事例に、類似の事例が 2 件、掲載されている。いずれも、一般電気事業者（当時の電気事業法上の用語であり、電力完全自由化より前のこの時期において供給区域において非自由化需要家に対する電力供給を独占してい

443

た、いわゆる「電力会社」を指す）からの相談であるとされているのみであり、
どの電力会社であるかは定かではない。

　それによれば、自由化対象需要家に対して、契約のなかの包括的な変更条
項を根拠に電気料金の引上げをするのは、大幅な燃料費等の増加を理由とす
るものであれば優越的地位濫用のおそれがあるとされたが（平成 25 年度相談
事例 9）、消費税率の引上げに伴う円滑かつ適正な転嫁を理由とするものであ
れば優越的地位濫用のおそれはないとされた（平成 25 年度相談事例 10）。本
件（東京電力に対する注意）は、前者に近い。

　前者の事例と後者の事例との間には、そのような電気料金の引上げをする
ことに対する政策的許容性・期待度の違いがあり、また、それしか違いはな
いように思われる。

公取委公表平成24年8月1日
〔酒類卸売業者警告等〕

1 事例の概要

　公取委は、ビール類の一部の商品について、酒類卸売業者3社が特定の酒類小売業者に対して「その供給に要する費用を著しく下回る対価で継続して供給することにより、当該酒類小売業者が運営する各店舗の周辺地域に所在する他の酒類小売業者の事業活動を困難にさせるおそれを生じさせている疑いがある」ため、「卸売業者3社が行っていた行為は、それぞれ、独占禁止法第2条第9項第3号（不当廉売）に該当し同法第19条の規定に違反するおそれがある」として警告し、製造業者等と特定の酒類小売業者に対しては要請をした。

　公取委は「特定の酒類小売業者」としか公表していないが、これがイオンである（かりに「特定の酒類小売業者」が複数であるとしてもイオンが含まれる）ことを、以下に見るように、イオン自身が公表しているところであるから、以下では便宜上、単に「イオン」という。酒類卸売業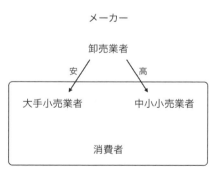者3社は、三菱食品、伊藤忠食品、日本酒類販売、である。

　公取委は、本件の背景として、製造業者が従前において支払っていたリベートを見直したために、製造業者から卸売業者に対する実質の納入価格

（卸売業者にとっての仕入価格）が高くなり、他方で卸売業者は、削減された
リベートの相当額をイオンへの納入価格に反映することができていなかった
（言い換えれば、イオンが卸売業者による値上げ要請に応じなかった）、という事
情があることを示している（公取委公表文第2の1）。製造業者は、公取委公
表文では「製造業者等」とされているが、これは製造業者の子会社である販
売会社を含む趣旨である（公取委公表文注3）。

　公取委が警告の事前手続のための事前通知を平成24年7月20日にしたと
して、翌21日（土曜日）、報道がされた。イオンは、23日（月曜日）に見解
を公表した（イオン株式会社「ビールの取引における当社の見解について」（平
成24年7月23日））。

　公取委が8月1日に最終的な警告・要請を行ったところ、あらためてイオ
ンから、見解が公表されている（イオン株式会社「ビール取引に関する公正取
引委員会の調査結果並びに当社の見解について」（平成24年8月1日））。

　イオンの説明によれば、公取委は当初、卸売業者の販売価格が安いのはイ
オンによる優越的地位濫用によるものではないかという観点から調査してい
たが、違反行為を認定できなかった、とのことである。

　公取委は、不当廉売という観点からの警告・要請に触れているのみであり、
イオンによる優越的地位濫用という観点については特に述べていない。

　イオンのこれらの公表文は、現在ではインターネット上で入手することが
困難となっているが、イオンは平成24年8月8日に同様の趣旨により新聞
広告をしている。

2　卸売業者の行為を不当廉売とすることについて

⑴　正当化理由

　優越的地位濫用と言えるか否かは別として、とにかく以上のような経緯で
生じた取引価格について、卸売業者3社は、それぞれ、不当廉売（2条9項
3号該当）の疑いで警告を受けた。

　そうであるとすると、かりにこの判断を正面から法的に争うとすれば、ま

ず、次のような争点が問題となるであろう。すなわち、卸売業者は、イオンとの交渉において値上げを受け容れられなかったためにコスト割れ廉売を余儀なくされたのであるから、適法行為の期待可能性がなく正当化理由があり違反要件を満たさないのではないか、という点である。

公取委とイオンの公表内容に即して考えるならば、この議論は相当程度において成立する可能性が高い。本件は、警告で済まされたので、争いが表面化せずに済んだ、ということではないかと思われる。

(2) 製造業者はどうすればよいのか

本件で公取委は、製造業者に対して要請を行っている。

公取委によれば、その要請とは、「酒類卸売業者により不当廉売となる行為が行われることのないよう、酒類卸売業者から取引条件の変更について申入れがあった場合には、十分な協議を行うことを要請した」という内容である（公取委公表文第2の2）。すなわち、端的に言えば、卸売業者がコスト割れとならないよう製造業者から卸売業者に対する納入価格（卸売業者にとっての仕入価格）を引き下げることを検討せよ、あるいは、リベートの状況等についてイオンら小売業者にわかるよう情報を提供せよ、ということになるのであろうか。

しかし、イオンら向けビールの卸売価格の引下げが行き過ぎれば、まさに後記(3)で見るような差別対価問題を提起することになるわけであるし、情報提供にも一定の限界があるであろうから、製造業者としては難しいところであろう。

前記(1)の卸売業者にとっての正当化理由の問題にも当てはまることであるが、本件の警告・要請は、前記1のイオンに対する調査が空振りに終わったことの実際的な落としどころといった感があり、その論理的帰着を詰めて考えても仕方がないのかもしれない。

(3) 差別対価でなく不当廉売

公取委の警告の筋書に即して見るならば、本件では、卸売業者の行為によって、小売業者の競争においてイオンが有利になりイオンの「各店舗の周辺

地域に所在する他の酒類小売業者」に対する排除効果が生じたのではないか、ということが問題となっている。

すなわち、川上供給者の行為による川下供給者への排除効果が問題となっており、また、そこでは当然のことながら、川上供給者は、他の川下供給者に対しては、特定川下供給者（イオン）に対するほど安く売ってはいなかったことが前提となっているはずである。

本件を離れた通常の議論においては、このような川上供給者の行為は、不当廉売（2条9項3号など）でなく差別対価（2条9項2号など）の問題として論ぜられてきた。不当廉売ガイドラインでも、不当廉売の項では、廉売行為者の競争者への影響に対する問題意識しか窺われず、川上供給者の行為による川下供給者への影響に対する問題意識は差別対価の項で扱われている（本件のような酒類の流通の事例では、公正取引委員会「酒類の流通における不当廉売、差別対価等への対応について」（平成21年12月18日）を引用するのが正統的であるかもしれないが、議論の汎用性を考え、以下でも不当廉売ガイドラインによって公取委の考え方を紹介する）。

今回、差別対価でなく不当廉売として警告がされた理由は明らかにされていない。

たしかに、条文上は、不当廉売に関する2条9項3号や一般指定6項には、廉売行為者と「他の事業者」との間の競争関係を必要とする旨の規定はない。

しかし、不当廉売の規制趣旨としては、「〔廉売行為者〕自らと同等又はそれ以上に効率的な事業者の事業活動を困難にさせるおそれがあ」るという点を問題視する、ということを強調するのが世界の流行的「主流」であって、公取委のガイドラインにまで取り入れられている（不当廉売ガイドライン2）。

そして、それを受けて、不当廉売規制において廉売行為者の価格が廉売行為者自身の費用を下回っていることが要件とされることの説明としても、「廉売行為者自らと同等に効率的な事業者の事業の継続等に係る判断に影響を与える価格であるかどうかは、それが当該廉売行為者自身にとって直ちに損失をもたらす水準にあるかどうかに左右されることになる」とされている（不当廉売ガイドライン3(1)ア(イ)）。

これは、世界の大多数の不当廉売事例が、排除効果が廉売行為者の競争者

448

に生ずる場合を当然に想定していることと深く関係している。廉売行為者と被排除者が同業を営み競争関係にあるからこそ、「同等又はそれ以上に効率的な事業者」という表現が登場しているのである。

本件において、イオンの効率性と他の小売業者の効率性とを比較する議論はあり得ても、三菱食品その他の卸売業者の効率性と、イオン以外の小売業者の効率性とを、同等か否かなどとして比較する議論は、あまりされないであろう。

そうであるとすれば、結局、廉売行為者自身の費用を下回ることが違反要件とされる趣旨は、同等に効率的云々と持って回ったことを言うのでなく、より単純に、廉売行為者に対し、自己の費用を下回らない価格であるならば独禁法上の問題とされることはないという安全競争領域を明示することにある、と見たほうが、説明として包括的であるように思われる。

現実問題として、廉売行為者と被排除者との間に競争関係がある事例が大多数であるから、世界の「主流」の不自然さが露顕する機会も少ないので、以上のことは普段あまり強調しないことにしているのであるが、ほかならぬ公取委が、競争関係にない者に対する排除効果に着目して不当廉売の規定を用いた事例として、本件は貴重である。

東京高判平成 24 年 10 月 26 日〔荷主向け燃油サーチャージケイラインロジスティックス〕

東京高判平成24年10月26日・平成23年（行ケ）第24号
審決集59巻第 2 分冊15頁
〔荷主向け燃油サーチャージケイラインロジスティックス〕

---

1 事例の概要

「国際航空貨物利用運送業務」（「本件業務」）を営む 14 社が、その価格の一部を構成する「4 料金」について価格協定を行った。4 料金とは、荷主向け燃油サーチャージ、一定額以上の AMS チャージ、一定額以上のセキュリティチャージ、一定額以上の爆発物検査料、を指す。

本件業務の全体の価格は、本体運賃と 4 料金などで構成されており、4 料金が価格全体に占める割合は 12% 程度であると推認できる。14 社の市場シェアは 72.5%〜 75.0% である。

公取委は、14 社のうち、調査開始日前の第 1 位の減免申請をしたとみられる 1 社と、本件業務を早期に取りやめ除斥期間を過ぎていた 1 社とを除き、12 社に対して排除措置命令・課徴金納付命令を行った（公取委命令平成 21 年 3 月 18 日）。

両命令の取消しを求めた名宛人について、3 件の審決がされ、いずれも審判請求は棄却となった（公取委審判審決平成 23 年 5 月 10 日〔荷主向け燃油サーチャージ日新〕、公取委審判審決平成 23 年 7 月 6 日〔荷主向け燃油サーチャージ郵船ロジスティクス〕、公取委審判審決平成 23 年 10 月 17 日〔荷主向け燃油サーチャージ西日本鉄道等〕）。ケイラインロジスティックスは 3 件目の審決の被審人に含まれる。

郵船ロジスティクスとケイラインロジスティックスとが、それぞれ、審決取消訴訟を行ったが、請求棄却となった（本判決および東京高判平成 24 年 11

450

月9日〔荷主向け燃油サーチャージ郵船ロジスティクス〕）。

2 商品役務の一部に関する価格協定と競争の実質的制限

「事業の一部の共通化」が競争の実質的制限をもたらすか否かは、OEM・共同購入・物流共通化・リサイクルシステム共通化などに関する相談に対する公取委の回答という形で、毎年公表される相談事例集の定番論点となっている。そこでは、共通化される部分が商品役務全体に占める割合の大小が重視される。すなわち、共通化割合が大きければ残された部分での競争の余地が少ないため競争の実質的制限があると評価される方向での考慮要素となり、共通化割合が小さければ残された部分での競争の余地が大きいため競争の実質的制限がないと評価される方向での考慮要素となる（下記引用のとおり相談事例多数）。企業結合規制でも、同様の考えを採用した事例が増えている（初期の一例として、集平成23年度企業結合事例2〔新日本製鐵・住友金属工業〕）。

本件では、そのような日常実務の重要論点が価格協定事件というかたちで争われた。

公取委審決は、12%程度という共通化割合で、競争を実質的に制限していると「優に」評価できるとした（審決案104頁）。本判決も、少々歯切れの悪い判示ではあるものの、結局、12%程度について価格を固定しただけでも影響は大きい旨の判示をしている（判決書85〜89頁）。

しかし相談事例集では、同様の共通化割合で競争の実質的制限なしとして容認されている例も少なくない。本判決当時から遡って時期の近い例だけを見ても、市場シェアほぼ100%の事業者団体が約10%の共通化割合で行う共同行為について「割合は大きいものとはいえず」とした事例（平成21年度相談事例12〔防災用品共同リサイクルシステム〕）や、一部の商品役務についてではあるが共通化割合が約30%となることに対し「価格競争の余地がある」とした事例（平成21年度相談事例4〔化学製品原料メーカー OEM 供給〕）がある。本件が、合理化効果の乏しい価格協定事案であったことを考慮に入れるとしても、12%程度で「優に」違反とするのは、説明不足の感を否めない。

なお、本件審決は予備的に、4料金以外の部分でも協調行動が蔓延してい

東京高判平成 24 年 10 月 26 日〔荷主向け燃油サーチャージケイラインロジスティックス〕

るため当該部分に競争を期待できないという認識を示している（審決案 104〜105 頁）。本判決にも、それに沿う判示がある（判決書 87 頁最終段落）。そうであるとすれば、本件では共通化割合が小さくとも競争の実質的制限を認定できた可能性がある。しかし他方で、本件命令後の年度において、まさに国際航空貨物利用運送業務の物流共通化の相談につき、「本件共同物流事業の利用者間で共通化されるのはごく一部分であるため、本件取組は各社が競争するインセンティブにほとんど影響を与えるものではない」という回答がされている（平成 22 年度相談事例 10〔国際航空貨物利用運送事業者空港間陸上輸送〕）。この回答と本件審決との整合性は、必ずしも定かではない。

3 商品役務の一部に関する価格協定と課徴金

商品役務全体の一部について価格協定が行われた場合、課徴金の計算はどうなるか。商品役務全体（国際航空貨物利用運送業務）と、一部（4 料金に相当する部分）との、いずれの売上額を対象とするのか。

本件審決によれば、本件では、4 料金に相当する部分のみが対象とされた（審決案 17〜18 頁、113 頁）。

この課徴金計算は、法律の規定に反している。

課徴金の対象となるのは 7 条の 2 第 1 項により「当該商品又は役務」の売上額であって、この「商品又は役務」とは、その直前の「次の各号のいずれか」という文言を受けて規定された同項 1 号の「商品又は役務の対価に係るもの」にいう「商品又は役務」を指す。

そうすると、本件における「当該商品又は役務」は、あくまで、国際航空貨物利用運送業務の全体であるはずである。本審決は、前記 2 で見たように、国際航空貨物利用運送業務の全体について競争の実質的制限が生じたことを論証しようとしている。そして何よりも、上記の課徴金規定との関係で本件審決は、「4 料金は、本件業務の運賃及び料金の一部であるから、本件業務という役務の対価であって、4 料金に係る本件合意は、独占禁止法第 7 条の 2 第 1 項第 1 号の『商品又は役務の対価に係るもの』に該当する」と述べているのである（「本件業務」は国際航空貨物利用運送業務の全体を指す）。公

取委は、それにもかかわらず4料金のみを対象として売上額を算定した。前記2の12%程度という数字をもとに単純計算をすれば、88%程度、課徴金を割り引いたということになる。

本判決は、公取委の考え方を支持したが、その理由付けの趣旨は定かではない（判決書89頁）。

文献によっては、本件のこの論点に関係するとして以下のような事例が掲げられることがあるが、いずれも、あまり参考とはならない。価格協定や入札談合で「当該商品又は役務」の範囲が問題となった従来の主要な事例は、典型的な商品役務αと並行して売られていた特殊な商品役務βも「当該商品又は役務」に含まれるか否かを論じたものであり、1個の品物についてその全体と一部のいずれを「当該商品又は役務」とみるのかという本件の論点とは異なる（集公取委審判審決平成8年4月24日〔中国塗料〕、公取委審判審決平成11年11月10日〔東京無線タクシー協同組合〕、集東京高判平成16年2月20日〔土屋企業〕）。他方、品物の一部が課徴金対象とされた事例であるかのように引用されるものとして、大阪府公立高校修学旅行事件がある（公取委勧告審決平成11年7月7日審決集46巻272頁、公取委命令平成12年3月28日審決集46巻576頁）。確かに、「旅行費用」を課徴金対象とせず、「旅行業務取扱料金のうち企画料金及び手配料金」のみを課徴金対象とした事例である。しかしそれは、「本件において旅行業者が料金を決定し得るのは、自らが提供している修学旅行に関する企画及びサービスの手配の料率のみ」であるという事実認識に基づくものである（石澤太郎・担当審査官解説・公正取引588号（平成11年）89頁）。企画手配が独立の商品役務だと位置付けられ、企画手配のみが「一定の取引分野」とされているのであるから、国際航空貨物利用運送業務の全体が1個の商品役務とされ「一定の取引分野」とされた本件とは事案を異にする。

平成 24 年度企業結合事例 1〔大建工業・C&H〕

```
●●●●●●●●●●●●●●●●●●●●●●●●●●●●●●●●
                              平成24年度企業結合事例1
                                〔大建工業・C&H〕
```

1 事例の概要

MDF（中密度繊維板）と床材の各製造販売を行う大建工業（以下「大建」
という）が、C&H の議決権の過半数を取得することを計画した。本件で届
出義務があるのは、この株式取得である。

しかし、本件で直接に問題となったのは、大建 G（大建を最終親会社とする
企業結合集団）が、ホクシン G（C&H の親会社であって MDF 専業の製造販売
を営むホクシンを最終親会社とする企業結合集団）と結合関係に入ることであ
った。その根拠とされたものには、上記の大建による C&H の株式取得
（C&H が大建とホクシンの共同出資会社となる）も含まれるが、大建がホクシ
ンの株式を取得し議決権保有割合を約 15％に引き上げることや MDF（両者
が競争関係にある）に関する業務提携関係が新たに構築されることも含まれ
ている（背景となる一般論として企業結合ガイドライン第 1 の 1(1)ウ）。

公取委は、第 2 次審査を経て、クリアランス（排除措置命令を行わない旨の
通知）を平成 25 年 1 月 24 日に行った。

クリアランスの前提として、問題解消措置が申し出られている。公取委は、
違反と述べたわけではなく、公取委による問題の指摘に対し大建が措置を申
し出たところ、それを前提とすれば違反はない、という形である（事例集 9
〜 10 頁）。したがって、公取委の用語法では「問題解消措置」にはあたらな
いが（単に「措置」と呼んでいる）、広い意味での問題解消措置ではあるので、
以下ではこの点には拘らない。

454

審査結果は、「薄物／厚物」「Мタイプ／Uタイプ」の2×2＝4通りのMDFについて特に検討しているが（事例集6頁）、そのうち特に詳細な記述のあるのは「薄物МタイプのMDF」のみであるから（事例集6～10頁）、以下ではこれを単に「MDF」と呼ぶ。

2 「間接的な隣接市場」からの競争圧力

本件では、当事会社の企業結合後の合算市場シェアが約65％であり、その他の定番的な考慮要素でも違反とされる方向での事情が並んでいたのであるが（事例集6～7頁）、次のような当事会社の主張が基本的には受け容れられ、当事会社に有利な判断に繋がった。

つまり、MDFの市場のみを見ていたのでは数字等は悪いかもしれないが、床材という川下市場においては、MDFを用いる床材（「『薄物MDF＋合板』基材」）とMDFを用いない床材（「合板基材」）とが、床材の需要者であるハウスメーカー等からみればいずれも選択肢となるのであって「激しく競争している実態にある」ので、そのような「間接的な隣接市場からの競争圧力が認められる」という事情である（事例集8頁）。

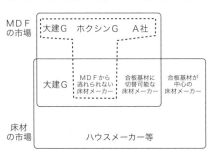

「間接的な隣接市場」とは、床材という川下市場のことかもしれないが、その川下市場の需要者を通じてつながっている合板基材の床材の原材料の市場であるのかもしれない。

3 「垂直型市場閉鎖」

しかし、さらに進んで公取委は、大建GはMDFだけでなくMDFを用いた床材の製造販売も行っており、その意味ではMDF専業メーカーであるホクシンGとの企業結合は垂直型企業結合であって、MDFを用いた床材の他のメーカーに対して「垂直型市場閉鎖」を行うかもしれない、との懸念を表

455

明して、結局はこの観点から大建による問題解消措置を引き出している（事例集9〜10頁）。

その記述においては、MDFを用いた床材の他のメーカーのうち、「容易に合板に切り替えられるわけではない」という床材メーカーの存在に特に注目しており（「合板」の床材とは、MDFを用いない合板基材の床材を指すものと思われる）、この表現は、裏を返せば、MDFを用いた床材の他のメーカーには、MDFを購入せざるを得ない床材メーカーと、MDFをひとつの選択肢と割り切ることのできる床材メーカーとが、存在することを窺わせている。

結論としては審査結果の通りでよいのかもしれないが、その立論には若干の疑問がある。敷衍すれば、以下の通りである。

上記のような懸念は、端的に、MDFを用いた床材しか作ることのできない床材メーカーを需要者としMDF供給者を供給者とする市場（図の点線の市場）における、MDF供給者同士の水平企業結合の事例、と捉えれば足りるのではないか。

垂直的市場閉鎖という言葉は、通常、自身の垂直統合状態を利用して2段階のうち1段階における競争者を排除し当該1段階における市場での反競争性をもたらす、という意味合いで用いられる。そうすると、本件で垂直的市場閉鎖による床材メーカーの排除を論ずるのであれば床材市場を検討対象市場とすべきであり、審査結果にも「独立系床材メーカーが競争的な行動をとることが困難になると考えられる」という記述が見られる（事例集9頁）。しかし公取委は、床材市場では「激しく競争している実態にある」「競争制限効果が生じるおそれはない」と述べている（事例集8頁）。

そして公取委は、全体の検討の締めくくりとして、「薄物MタイプのMDFの取引分野における競争が実質的に制限されることとはならないと認められる」と述べている（事例集10頁）。

そうであるとすれば、上記のような端的な論理構成（図の点線の市場における水平型企業結合）で足りたはずであろう。

　　　　　　　　　　　　　　　　　　　　平成 24 年度企業結合事例 4 〔ASML・サイマー〕

```
●●●●●●●●●●●●●●●●●●●●●●●●●●●●●●●●●●●●●●●
```

平成24年度企業結合事例 4
〔ASML・サイマー〕

1　事例の概要

　露光装置（半導体製造の前工程において使用される）の製造販売を行う
ASML が、露光装置の重要な部品である光源の製造販売を行うサイマーの
全株式を取得することを計画した。公取委は、第 2 次審査を経て、平成 25
年 5 月 2 日にクリアランス（排除措置命令を行わない旨の通知）をした。

　公取委が論点の説明を行ったところ、当事会社から問題解消措置の提示が
あり、それを前提としてクリアランスがされた（公取委が違反であると判断し
たわけではないので、公取委の厳密な用語法ではこれは「問題解消措置」とは呼
ばれないが、実質的には同じであるので以下では「問題解消措置」という）。

　審査結果では、株式取得会社は「米 ASML」であり被取得会社は「サイ
マー・インク」であって、「ASML」「サイマー」はそれぞれの企業結合集団
の名称として用いられているが（事例集 35 頁）、本稿ではそのあたりは丸め
て「ASML」「サイマー」と記述する。

2　垂直型企業結合に起因する取引拒絶等の懸念

　本件は、光源と露光装置という 2 つの分野でそれぞれ事業を営む者による
企業結合の事例であり、そのような立場を用いた典型的な市場閉鎖の可能性
が論点とされたものである。

　すなわち、第 1 に、川上のサイマーが川下の ASML の競争者である X 社

457

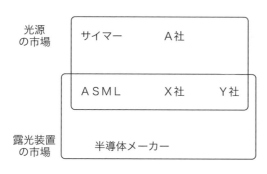

（ニコンと思われる）やＹ社（キヤノンと思われる）に対して取引拒絶等の差別的取扱いをすることによってＸ社やＹ社を排除するのではないか、という懸念が生ずる。審査結果がこれを「投入物閉鎖」（事例集40頁）と呼んでいるのは、「input foreclosure」の訳だと思われるが、取引拒絶等の差別的取扱いの単なる一態様に名称を与えたものであるに過ぎず、下記「顧客閉鎖」との比較において何か特別な理論的意味合いがあるわけではない。「input foreclosure」という言葉はEU非水平型企業結合ガイドライン (European Commission, Guidelines on the assessment of non-horizontal mergers under the Council Regulation on the control of concentrations between undertakings, OJ 2008 C 265/6 (18.10.2008)) に現れており、公取委もこれを参考として議論を組み立てているものとみられる。

　第２に、川下のASMLが川上のサイマーの競争者であるＡ社（ギガフォトンと思われる）に対して取引拒絶等の差別的取扱いをすることによってＡ社を排除するのではないか、という懸念が生ずる。審査結果がこれを「顧客閉鎖」（事例集41頁）と呼んでいるのは、「customer foreclosure」の訳だと思われるが、これも取引拒絶等の差別的取扱いの単なる別の一態様に名称を与えたものであるに過ぎず、何か特別な理論的意味合いがあるわけではない。「customer foreclosure」という用語も、EU非水平型企業結合ガイドラインに現れる。

　審査結果は、投入物閉鎖の問題については「川下市場における競争に及ぼす影響が大きいものと考えられる」（事例集40頁）としているのに対し、顧客閉鎖の問題については「川上市場及び川下市場における競争に及ぼす影響が大きいものと考えられる」（事例集42頁）としている。後者は、川上のＡ社の排除が川上でのサイマーの市場支配的状態をもたらすと川下のＸ社・Ｙ社の排除にもつながる、という趣旨のようである（田辺治＝唐澤斉・公正

取引 753 号（平成 25 年）68 頁注 8)。趣旨は理解できるが、論理的には、川下のＸ社・Ｙ社の排除により川上のＡ社の排除につながる場合もあるわけで、顧客閉鎖だけに特有の何かがあるわけではないであろう。もちろん、事案の特殊性により片方だけしか言及する必要がなかった、という可能性はある。

3 垂直型企業結合に起因する情報入手の懸念

本件では、企業結合による情報入手がもたらす問題も論点とされている（事例集 43 〜 44 頁）。

すなわち、第 1 に、ASML と A 社の取引に際して ASML が A 社から取得する秘密情報がサイマーに渡ることがもたらす懸念であり、第 2 に、サイマーと X 社（または Y 社）の取引に際してサイマーが X 社（Y 社）から取得する秘密情報が ASML に渡ることがもたらす懸念である。

公取委は、このようなことにより、サイマーまたは ASML が、それぞれ、自己の競争者より有利になる可能性を論じている。

なお、企業結合ガイドラインは、垂直型企業結合における情報入手について、上記のような素朴で直裁な懸念でなく、競争者の情報を得ることによって当該競争者らとの協調的行動が促進されるかもしれないという懸念を論じている（企業結合ガイドライン第 5 の 1(2)）。本件では、この懸念は、上記 2 つのいずれのパターンについても否定されている（事例集 43 頁の、「川上市場及び川下市場ともに技術革新が頻繁であり、半導体メーカーによる一定程度の競争圧力が働いていることなどから、当事会社と競争事業者が協調的に行動する可能性は小さいと考えられる」という表現）。

このように、本件は、企業結合ガイドラインに明記されていない別の切り口（こちらのほうが単純素朴に想起し得るものであるが）を示したものである（同旨、田辺 = 唐澤・前掲 69 頁（注 9 および注 10 に対応する本文））。

```
平成 24 年度企業結合事例 9 〔ヤマダ電機・ベスト電器〕
```

平成24年度企業結合事例 9 〔ヤマダ電機・ベスト電器〕

---

1 事例の概要

ヤマダ電機がベスト電器の株式を取得し議決権の過半数を取得することを
計画した。公取委は、第 2 次審査を経て、クリアランス（排除措置命令を行
わない旨の通知）を平成 24 年 12 月 10 日に発し、同日に審査結果を公表した。
　公取委は、当事会社が競合する 253 個の市場のうち 10 個の市場（甘木、
唐津、島原、諫早、大村、人吉、種子島、宿毛、四万十、秩父の各地域（事例集
72 頁））で違反するとし、店舗譲渡の問題解消措置を前提としてクリアラン
スをした。

2 通販事業者からの競争圧力

　公取委は、通販事業者からの競争圧力について、市場画定の段階でも反競
争性の成否の判断の段階でも、競争圧力を否定する（違反とする）方向での
結論を得た（事例集 68 頁、70 ～ 71 頁）。これについては、事実認定・評価の
レベルで、賛否両論があるものと思われる。なお、本件の審査中の時期に、
アマゾンが仕入価格を下回る廉価で家電製品を販売しているのではないかと
の旨の報道記事が出たことも興味深い出来事であった（日経ビジネスオンラ
インの平成 24 年 11 月 20 日の記事）。
　この点について、大方の議論に対し別の視角を付け加えるならば、次の点
を挙げることができる。

460

本件で公取委が最終的に違反との結論に至ったのは前記 *1* のような九州・四国・秩父の各地域の 10 個の各検討対象市場であり、通販事業者に関する公取委の上記判断（競争圧力を否定）が意味をもったのはこれらの各検討対象市場のみである。その他の 243 個の検討対象市場では、通販事業者の競争圧力を論ずるまでもなく、違反なしの結論に至っているのである。

すなわち、重要なのは、通販事業者の競争圧力があるか否かの判断は、これらの 10 個の各検討対象市場における需要者の受け止め方を基準としなければならない、ということである。東京や大阪の感覚で通販事業者の威力を語っても、本件審査結果との関係では、批判とはなり得ない。もちろん、10 個の各検討対象市場の需要者からみても通販事業者は有力な選択肢となっているという旨の批判は、なお、あり得るであろう。審査結果それ自体は、10 地域の需要者の見方であると限定した書き方とはなっていないから、上記の私見は、ある種の善意の解釈であるとも言える。いずれにしてもこの点は、事実認定・評価にわたることであり、これ以上は立ち入らない。

3 統一価格論

当事会社は、「自社の各店舗の販売価格を全国統一的に定めていることなど、自社の価格設定方法に鑑み、本件株式取得後に特定の店舗のみ価格を引き上げることはない」と主張した（事例集 71 頁）。

これはつまり、「新幹線・飛行機問題」と同じ論法、すなわち、ヤマダ電機の店舗とベスト電器の店舗しかないような地域＝検討対象市場においても、新宿等の激戦区における価格と同じ価格となるのであるから、反競争性は生じない、とする論法である。

公取委は、過去の状況と将来予測の両面から、事実認定のレベルでこの主張を退けている（事例集 71 〜 72 頁）。

4 問題解消措置

本件の問題解消措置は、企業結合ガイドライン第 6 の 1 が「原則」とする

461

ところの「構造的な措置」とされる店舗の譲渡であり、違反10市場のうち隣接する2組を丸めて計8店舗の譲渡が条件とされた（事例集73頁）。「構造的な措置」と「行動に関する措置」の区別は、グローバル金科玉条であり、区別できるか、区別することに実益があるか、など怪しい面もあるが、ともあれ、店舗譲渡がされれば爾後は公取委による継続的監視（1年ごと5年間の報告徴収など）が不要とされるという意味で、「原則」であるとして競争当局に好まれる問題解消措置ではあるのであろう。担当官の解説は、店舗譲渡までの間に求められた細かな措置が「国際標準」となっていることをも強調している（深町正徳・公正取引749号（平成25年）71頁注25）。

　実際の店舗譲渡は、平成25年6月30日とされた譲渡契約締結の期限について「平成25年7月31日までの猶予を頂」いたうえで（ヤマダ電機の平成25年7月2日公表文）、次のように実施された（ヤマダ電機・ベスト電器の平成25年8月1日公表文）。①下記以外の6店舗についてはエディオンへの譲渡（秩父地域のみヤマダ電機店舗で他の5店舗はベスト電器店舗）、②種子島地域はベスト電器のフランチャイズ店舗がエディオンのフランチャイズ店舗となる（カコイエレクトロに係るエディオンの平成25年8月1日公表文にも同旨が含まれる）、③宿毛地域・四万十地域（両地域であわせて1店舗の譲渡が条件となっていた）については「同地域内における競業他社の出店計画が現実化したことで、公正取引委員会との協議により『店舗の譲渡先が見つからない場合には入札手続に付す』という問題解消措置の対象地域から除外されました」。

　②のようなFC店の鞍替えの可能性は、あり得る問題解消措置の内容として予め仕組まれていた（事例集73頁）。

　③については、同様の予めの明示はなかったが、あえて上記処理を法律的に位置づければ、店舗譲渡は「行われなかつた」（10条9項1号）けれども、競業他社の出店計画が現実化したので、店舗譲渡は「〔10条〕第1項の規定に照らして重要な事項」（10条9項1号）ではないこととなり、そのことについて公取委が言質等を与えたもの、ということであろう。

462

平成 24 年度企業結合事例 10〔東京証券取引所・大阪証券取引所〕

平成24年度企業結合事例10
〔東京証券取引所・大阪証券取引所〕

1 事例の概要

東京証券取引所（以下「東証」という）を子会社とする東京証券取引所グループが、大阪証券取引所（以下「大証」という）の株式を取得し、議決権の過半数を取得する、という計画である。

公取委は、次の3つの分野について当事会社が問題解消措置をとることを前提に、平成24年7月5日にクリアランス（排除措置命令を行わない旨の通知）を行った。すなわち、「上場関連業務」のうち「新興市場における上場関連業務」、「現物商品の売買関連業務」のうち「株式の売買関連業務」、「デリバティブ取引の売買関連業務」のうち「日本株に関する株価指数先物取引の売買関連業務」である。

担当官による本件の解説では、事例集に記載されていない解説が脚注にまとめられている（中島菜子＝熱田尊・公正取引743号（平成24年））。

2 金融商品市場と独禁法上の市場

東証と大証は、いずれも金融商品市場を開設しており、そのことが独禁法の関心の出発点ともなっている。念のため、「市場」という言葉について整理すれば、以下の通りである。

金融商品市場とは、「有価証券の売買又は市場デリバティブ取引」が行われる場である（金商法2条14項）。そこには、例えば、株式を上場する者が

463

おり、株式を取引する者がいる。それらの者に、金融商品市場という場に参加できる、という役務の供給を行っているのが、東証や大証である。つまり、金融商品市場に上場したり取引をしたりする者らを需要者とし、そのような場に参加できるという役務の供給をする競争が行われているのであって、そのような競争が行われている場が、本件での独禁法上の市場である。

事例集には、上記の2つの意味の「市場」という言葉が大量に登場し混在している。これらをきちんと腑分けして読み解くことは、かつての独禁法分野ではおろそかにされたように思われるが、現代においては常識の部類に属することであろう。

3 事業法規制との関係

本件で理論的に目を引くのは、当事会社が金商法の規制を受け金融庁の監督を受けるために、独禁法の企業結合規制が不要となるか否か、という論点である（事例集81頁、88頁、97頁）。

一般論としていうならば、例えば、企業結合後に市場支配的状態が発生して価格が高くなりそうであるという場合にも、事業法規制により価格引上げが有効に制約されそうであれば、独禁法の企業結合規制をする必要はないかもしれない。また、検討対象市場の川上で当事会社が必須のインプットを押さえそうであるという場合でも、事業法規制により必須インプットを合理的・無差別の条件で需要者（川下の検討対象市場における供給者）に売らなければならないことになっていれば、独禁法の企業結合規制をする必要はないかもしれない。

本件審査結果は、この論点について、以下のような根拠を挙げて、独禁法の企業結合規制が本件において不要となることはないとした。

第1に、金商法の規制が、金融庁長官による認可でなく、金融庁長官に対する届出義務にとどまっているという点である（金商法149条2項・194条の7第1項）。変更が認可対象となっている定款、業務規程および受託契約準則の記載事項には、手数料は含まれていないようである（株式会社である金融商品取引所の場合、金商法103条・117条・133条2項）。金融庁長官は、届出

によって得た情報に基づいて業務改善命令をすること（金商法153条・194条の7第1項）などができるが、本件計画による独禁法上の懸念を具体的に打ち消すには足りないという判断なのであろうと推測される。

第2に、当事会社らによる競争が、手数料という名の価格だけでなく、他の手段（競争変数）によっても行われているという点である。株式の売買関連業務について「売買システムの性能、呼値の刻み等」（事例集88頁）、株価指数先物取引の売買関連業務について「新商品の開発等」（事例集97頁）、が挙げられている。このような指摘においては、手数料以外の競争手段については届出対象にすらなっていないのであるから、金融庁による監督等を根拠として企業結合規制を不要とすることはできない、ということが前提となっているものと推測される。

なお、金融庁の監督を受けているという事実は、当初の企業結合計画を独禁法違反なしとする理由としては採用されなかったが、上場関連業務について、問題解消措置を採ったうえであれば独禁法違反なしとなるという判断における考慮要素とはなっている（事例集83頁）。その意味で、事業法規制に関する主張は当事会社にとって無駄ではなかった、ということになる。

4 問題解消措置

⑴ 新興市場における上場関連業務

新興市場における上場関連業務については、独占に近い地位に立つことになる当事会社による価格すなわち手数料の引上げが懸念された。

そのような問題を解消する措置として、手数料の変更を、当事会社に常設される諮問委員会の承認にかからしめる、という問題解消措置が申し出られ、公取委によって容認された（事例集82～84頁）。諮問委員会の構成員が、証券業界についての知見をもち、需要者と利害が共通する傾向があるため、「当事会社による不適当な手数料の引上げに対する牽制力になり得ると考えられる」とされている（事例集83頁）。

また、その際、事業譲渡等の構造的措置は現実的でなく、他に問題解消措

置があるなら構造的措置は不可欠でもない、ということが言及され（事例集83頁）、また、上限価格を設定したり現状価格の維持を求めたりするという方法については、公取委による適正価格の判断・監視が難しい、という理由で、否定的な解説がされている（中島＝熱田・前掲54頁注4）。

(2) 株式の売買関連業務

株式の売買関連業務については、PTS事業者（事例集85頁）による一定の牽制力を確保するため、検討対象市場での事業に必要な清算業務の引受けというインプットについて、東京証券取引所グループの子会社である日本証券クリアリング機構（JSCC）が「今後も、実質的に差別的でなく、かつ、競争上不利にならない条件で行うこと」が提案され、公取委によって受け容れられた（事例集89～90頁）。

この問題解消措置の履行状況については、「競争者や証券会社によって容易に監視可能と考えられることから、報告義務を課す必要はないと判断した」と解説されている（中島＝熱田・前掲54頁注6）。

公取委公表平成25年1月10日
〔福井県並行的ガソリン廉売警告等〕

1 事例の概要

　平成24年4月10日、福井県でガソリンを販売するミタニ等に対して不当廉売の疑いで立入検査があった旨の報道があった。それによれば、公取委がガソリンの不当廉売で立入検査をするのは初めてで、不当廉売での立入検査は昭和57年に牛乳の小売について実施されて以来、30年ぶりとのことである（日本経済新聞電子版2012/4/10 12:07）。

　このように異例の事件であったが、結局、公取委はミタニに対して警告をするにとどめた。なお、本件行為が行われた「福井県の4市」は、福井市、あわら市、坂井市、鯖江市、であるとされている（公表文注1）。

2 排除措置命令でなく警告にとどまった理由

　異例の立入検査までされた事例で、排除措置命令でなく警告にとどまった理由は何か。

(1) 公表文の記載

　ミタニは、「自ら又は子会社が運営する13給油所において、平成23年5月から同年12月初旬にかけて、このうちの一定期間、その供給に要する費用を著しく下回る対価で継続して供給し」た（公表文）。

　公取委は同時に、「上記の期間において、福井県の4市においてミタニと

467

公取委公表平成 25 年 1 月 10 日〔福井県並行的ガソリン廉売警告等〕

同等の価格でレギュラーガソリンを販売し、不当廉売につながるおそれがある行為を行っていた石油製品小売業者 5 社（13 給油所）に対し、注意を行った」（公表文）。

警告の公表文には以上のような記載しかない。

(2) 担当審査官の解説

そうしたところ、担当審査官の解説が、理論的な分析を行う観点からみて有意義な記載を行っている（佐久間正哉＝山中義道・公正取引 750 号（平成 25 年））。

担当審査官の解説は、排除措置命令でなく警告にとどまった理由について、結論として、「ミタニの行為は、他の事業者の事業活動を困難にさせるおそれを生じさせた疑いに留まると認められたものと考えられる」としている（佐久間＝山中・前掲 72 頁）。その背景であると考えられる解説中の記述を抽出すると、以下の通りである。

ミタニは、出光系列の小売業者である（佐久間＝山中・前掲 69 頁）。

ミタニとともに同等の価格でガソリンを売った事業者には、プライベートブランド系の競合店や、元売系列の競合店がいた。ミタニとプライベートブランド系競合店は、平成 23 年 5 月から同年 12 月初旬にかけての全期間において廉売を行ったが、元売系列の競合店は、9 月初旬に廉売を開始した。なお、各事業者の廉売は、12 月に入り元売系列の競合店が値上げをしたことを契機として終了している（以上、佐久間＝山中・前掲 70 頁）。

そして、価格が「その供給に要する費用を著しく下回る」ことを便宜上ここで「原価割れ」と呼ぶとすると、ミタニの価格が原価割れとなったのは、「ミタニと競合店同士が牽制して価格を据え置いている期間に仕入価格が上昇し原価割れが生じた」という状況によるものである（佐久間＝山中・前掲 71 頁）。公表文で、「平成 23 年 5 月から同年 12 月初旬にかけて、このうちの一定期間」、原価割れとなったとされているのは、このような趣旨を含むものと思われる。

さらに、元売系列の小売業者の仕入価格は、プライベートブランド系競合店の仕入価格よりも高い。ミタニが原価割れ販売を継続したといえる場合で

468

も、プライベートブランド系競合店は原価割れ販売を継続したとまではいえなかったようである。元売系列の競合店が廉売に参加した時期には、仕入価格の水準がそれ以前と比較して低下しており、元売系列の競合店も原価割れ販売を継続したとは認められなかった（以上、佐久間＝山中・前掲 71 頁）。

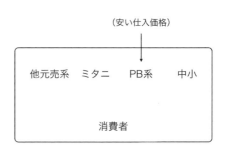

「4 市において最大手の石油製品小売業者であるミタニの販売行動が他の事業者に与える影響は大きく、また、当該廉売期間において、ミタニは……販売数量を増やしたのに対し、これらに対抗できない周辺の給油所はレギュラーガソリンの販売数量を一定程度減らした」（佐久間＝山中・前掲 71 ～ 72 頁）。

「しかし、ミタニによる当該廉売が行われていた期間において、ほぼ同等の価格でレギュラーガソリン〔を〕販売している事業者（競合店）が相当数存在し、これらの事業者もまたその販売数量を増やしていたこと、さらに、これらの事業者による他の周辺の給油所への影響も無視できない」（佐久間＝山中・前掲 72 頁）。

(3) 分　析

担当審査官解説を分析すると、以下のようにいえるであろう。

ミタニの行為が、排除措置命令でなく警告にとどまった背景には、理論的にいって、いくつかの要素があり得る。

第 1 に、ミタニの廉売は最初から原価割れであったわけではなく、仕入価格の上昇により、途中から一部期間のみが原価割れとなった。これは、主観的要素の観点からも酌量の余地はあるかもしれないが、しかし、途中から原価割れとなったことは認識できるはずであるし、また、通説的には主観的要素は独禁法違反要件ではないのであるから、主観的要素の観点は、法的にいって、決定的な理由であるとはいえないであろう（もちろん、公取委に対する心証的な影響はあり得る）。そうであるとすると、原価割れが一部期間に限ら

れるという事情は、その期間の廉売行為だけを取り出した場合には他の事業者の事業活動を困難にさせるおそれに対する寄与度が低い、という分析を支えるものであった、とみるのが、法的には素直であろう。

第2に、対抗できない周辺給油所の事業活動を困難にさせるおそれが生じていたとして、それに対してはミタニの廉売も一定の影響を与えたかもしれないが、同等の価格で売っていた競合店「による他の周辺の給油所への影響も無視できない」。ここでも、他の事業者の事業活動を困難にさせるおそれに対するミタニの寄与度が大きくはないことが窺われる。

言い換えれば、以下のようにも言える。担当審査官解説は、「ミタニの行為は、他の事業者の事業活動を困難にさせるおそれを生じさせた疑いに留まると認められたものと考えられる」としつつ、しかし、他の事業者の事業活動を困難にさせるおそれが生じたこと（対抗できない周辺の給油所への影響）を否定するような記載は基本的にはしていない。それではなぜ「疑いに留まる」のかというと、ミタニの廉売、しかも原価割れであった時期の廉売に限定して、それが、対抗できない周辺の給油所への影響に対して持つ寄与度が、違反と言い得るほどには大きくなかった、ということであろう。

これは、法理論的には、因果関係の問題であるといってよいと思われる（白石忠志「独禁法における因果関係」石川正先生古稀記念論文集『経済社会と法の役割』（商事法務、平成25年））。

> 公取委命令平成25年3月22日・
> 平成25年（措）第1号・平成25年（納）第1号
> 審決集59巻第1分冊262頁・346頁
> 〔日産自動車等発注自動車用ランプ〕

1 事例の概要

　日産自動車および日産車体（以下「日産自動車等」という）が発注する自動車用ランプについて、小糸製作所、市光工業、スタンレー電気、の3社による不当な取引制限があったとして、公取委が排除措置命令・課徴金納付命令をした。

　減免制度の関係では、スタンレー電気が「免除」、市光工業が「50％」、と公表されている。なお、小糸製作所は「30％」と公表されている。

2 違反行為の終了

(1) 問題の背景

　調査開始日前の減免申請があった場合、減免申請をした者の違反行為の終了についてどのように考えるか、という問題が、かねてから指摘されていた（志田至朗「課徴金減免制度について」ジュリスト1270号（平成16年）36頁など）。

　公取委の調査開始、すなわち立入検査等が行われれば、通常、そのときに全体の違反行為が終了したと認定されるので、調査開始日以後の減免申請では、違反行為の終了の論点について大きな問題は生じない。

　しかし、調査開始日前の減免申請の場合には、全体の違反行為は終了していないので、減免申請をした者の違反行為が終了したか否かが問題となる。

471

一部の違反者が途中離脱する場合にその違反者について違反行為が終了したと言えるためには、通常、離脱者が自らの内心において離脱を決意するだけでは足りず、離脱者の行動等から他の参加者が離脱者の離脱の事実を窺い知るに十分な事情の存在が必要であるとされている（東京高判平成15年3月7日〔岡崎管工排除措置〕について本書291頁）。

しかし、減免制度では、他の違反者が証拠隠滅を図ることを防ぐため、減免申請者が減免申請をした事実を第三者に明らかにすることは禁止されている（減免規則8条）。そこで、公取委関係者の解説では、減免申請者が取締役会等で違反行為を行わない旨の意思決定を行って自社の違反行為従事者に周知すれば違反行為の終了と認める旨の解説がされていた（例えば、品川武＝岩成博夫『独占禁止法における課徴金減免制度』（公正取引協会、平成22年）48頁）。

(2)　本件における公取委の判断

本件排除措置命令書は、そのような解説の考え方を、実例によって示したものである。調査開始日前の減免申請者が、営業担当者に対して行為を行わない旨の指示を行ったことに言及したうえで、それだけで違反行為の終了を認めた（排除措置命令書4～5頁）。減免第1位のスタンレー電気と、減免第2位の市光工業の両方について、その旨の記述がある。

実は、同様の判断は、本件より前の排除措置命令でも示されていたのであるが、そちらでは、減免制度により「免除」とされた者の違反行為終了については減免制度関係の記載がなく、「50％」とされた者のみについて記載があるにとどまった（公取委命令平成24年1月19日〔本田技研工業発注ワイヤーハーネス〕（排除措置命令書4頁））。そこで、後記(4)のような対比が可能となる本件を、本書に掲げたものである。

(3)　理論的位置付け

調査開始日前の減免申請の際の以上のような処理は、岡崎管工東京高裁判決のいう「離脱者の行動等から他の参加者が離脱者の離脱の事実を窺い知るに十分な事情の存在」がないのに、違反行為の終了を認めていることになる。

公取委命令平成 25 年 3 月 22 日〔日産自動車等発注自動車用ランプ〕

　このあたりの整合的理解のためには、同判決や本件処理を総合的に説明する上位の規範として、再発の余地がないほどに離脱者が離脱の意思を固めて必要な措置をとれば、その離脱者については違反行為が終了したと考える、というものを立てるしかないであろう。そして、減免申請がない場合には、他の違反者からみた「離脱の事実を窺い知るに十分な事情」が必要とされた。調査開始日前の減免申請をするような事業者については、再発防止策についての信頼も相対的に高いため、他の違反者からみた「離脱の事実を窺い知るに十分な事情」までは必要とされない、と理解される（菅久修一編著『独占禁止法〔第 2 版〕』（商事法務、平成 27 年）47 〜 48 頁［品川武執筆］、内田清人・本件解説・ジュリスト 1456 号（平成 25 年）5 頁）。

(4)　残された 1 者

　他の者が違反行為から離脱し違反行為を終了したと認定され、残った違反者が 1 社になった場合はどうなるか。本件は、3 社による不当な取引制限であるとされ、スタンレー電気と市光工業がそれぞれ調査開始日前の減免申請をして調査開始日前に違反行為を終了したので、市光工業が違反行為を終了した時点で小糸製作所のみが残ることになる。

　しかし、不当な取引制限は、「他の事業者と共同して」行うものであるから（2 条 6 項）、単独ではすることはできない。

　そこで本件排除措置命令書は、市光工業が違反行為を終了したときに、小糸製作所についても自動的に違反行為が終了したことを示そうとして、「合意に基づき受注予定者を決定し、受注予定者が受注できるようにする行為は取りやめられている」と記載している。スタンレー電気のみが違反行為を終了したことに関する、「合意に基づき受注予定者を決定し、受注予定者が受注できるようにする行為を取りやめている」という記載と対照的である（排除措置命令書 5 頁。強調点は白石による）。能動的でなく自然に違反行為が終わった場合に「取りやめられて」と表現するのは、いわゆる「霞が関文学」の一例ということになるのであろう。同様の表現は、前記(2)の本田技研工業発注ワイヤーハーネス事件の排除措置命令書でも、用いられていた（同事件排除措置命令書 4 頁）。

公取委命令平成 25 年 3 月 22 日〔日産自動車等発注自動車用ランプ〕

　同様のことは、当然のことながら、残り 2 者となっている場合の 1 者が減免申請以外の理由によって違反行為の終了を認められた場合にも、起こり得る（例えば、公取委命令平成 29 年 2 月 15 日〔中部電力発注伝送路用装置談合〕（排除措置命令書 3 頁））。

仙台地石巻支判平成 25 年 9 月 26 日〔生かき仲買人販売手数料割戻し〕

```
●●●●●●●●●●●●●●●●●●●●●●●●●●●●●●●●●●●●●●

    仙台地石巻支判平成25年 9 月26日・平成24年（ワ）第81号
                        判時2297号99頁
            〔生かき仲買人販売手数料割戻し〕

●●●●●●●●●●●●●●●●●●●●●●●●●●●●●●●●●●●●●●
```

1 事例の概要

　X は、宮城県内の生かき卸業を主たる事業とする仲買人を組合員の資格とする事業協同組合を会員とする協同組合連合会である。X の会員である組合を本判決は「会員組合」と呼んでおり、会員組合の組合員を本判決は「かき組合員」と呼んでいる。

　Y は、宮城県漁業協同組合連合会（以下「県漁連」という）の権利義務を包括承継した者である。

　宮城県内の生かき生産者は、ほぼ100％が Y（かつては県漁連所属組合）の組合員であり、宮城県内で生産される生かきは、その 100％近くが、組合員である生産者から販売委託を受けた Y（かつては県漁連）により販売されている。

　種々の経緯を経て、平成 7 年、X は、県漁連との間で、かき組合員である仲買人各社が県漁連に対し取引額の 1.5％の販売手数料を支払う間、県漁連は X に対し、かき組合員の取引合計額の 0.4％の「交付金」を支払う旨の覚書を取り交わした。その後、一旦、県漁連と X との間で訴訟が起きたが、基本的には平成 7 年の覚書を維持する本件和解が平成 17 年に成立している。覚書と和解をあわせて本判決は「本件合意」と呼んでいる（判時 101 頁 2 段）。

　Y が平成 23 年期の交付金を支払わないために、X が Y を被告として支払を請求した。

　Y は、本件合意は独禁法違反であり無効であるなどと主張した。

475

仙台地石巻支判平成 25 年 9 月 26 日〔生かき仲買人販売手数料割戻し〕

裁判所は、結論として、Y の主張を退けた。

2 相互優越

Y は、X のかき組合員であるか否かを問わず販売手数料を徴収しているのに X のかき組合員にだけ交付金を支払っているのは差別対価であり独禁法違反である旨の主張をした。自らが独禁法違反の差別対価をしており、それを強いる本件合意は無効、という趣旨であろう。

これに対し本判決は、本件合意は X の主導で成立したものであって Y や県漁連には差別対価の意図はないからそもそも問題は生じない、更に検討するとしても、交付金は少額であること等に鑑みると X のかき組合員が他の仲買人との競争において著しく有利になるとは認められない、とした。

意図がないから違反でない旨の判示などは、議論もあり得るところであろうが、請求をされている側が独禁法違反をしているから無効であり請求棄却、という論法は少々違和感のあるところであり、そこで、本判決の以下のような立論につながったのではないかと考えられる。

本判決は、本件合意が X の Y・県漁連に対する優越的地位濫用に該当するか、を「職権により検討」した。

そこで本判決は、まず、「検討市場におけるかき組合員の占有率は、取引高及び事業者数ともに高いものとなっていることは明らかであるし、契約金が原告を通じてかき組合員の利益となっていること、契約金の支払が被告等にとって不利益なものであることも認められる」としたが、そのうえで、「しかし、検討市場においては被告等がほぼ 100 パーセントの宮城県産鮮かきを供給する唯一の事業者であって、かき組合員らは他の供給者と取引を行うことはできないのであるから、被告等がかきの供給を拒み得ない立場にあるとしても、検討市場において、原告ではなく被告等が絶対的に優越的な地位にあることは明らかである」とした（判時 105 頁 4 段）。

優越的地位濫用規制における優越的地位の基準について、公取委の優越的地位濫用ガイドライン第 2 の 1 は、「甲が取引先である乙に対して優越した地位にあるとは、乙にとって甲との取引の継続が困難になることが事業経営

476

上大きな支障を来すため、甲が乙にとって著しく不利益な要請等を行っても、乙がこれを受け入れざるを得ないような場合である」としている。

　乙と取引できないと甲に大きな支障があるが、甲と取引できないと乙にも大きな支障がある、ということはあり得る。抽象的に、誰かが誰かに優越している、というと、両方が相手方に優越しているということはあり得ないようにみえるが、優越的地位というものを上記のように定義するのであれば、相互に優越しているということは論理的には、あり得ることとなる。

　本判決は、XでなくY・県漁連の側が「絶対的に優越的な地位にある」としたため、XがYらに対して優越的地位にはないとしたもの、と受け止める解説もある（長澤哲也・本判決評釈・ジュリスト1501号（平成29年）7頁）。確かに、このような受け止め方があり得ることは否定できない。しかし、上記のように、広く受け入れられた優越的地位濫用ガイドラインの基準を前提とすると、優越的地位という言葉が与える直感的なイメージとは異なり、論理的には、相互優越ということがあり得るのであるから、明示的な判示がないのに、XのYらに対する優越的地位を否定したと受け止めるのは難しいように思われる（滝澤紗矢子・本判決評釈・公正取引797号（平成29年）49〜50頁も同旨）。

　本判決は、優越的地位に関する判示にとどまらず、交付金の額や、Yの他の業種組織に対する対応などを考慮して、本件合意がYらにとっての過大な不利益を伴っていない旨の判示をも行っている（判時105〜106頁）。相互優越という興味深い問題を内包しながらも、一応は他の理由も用いて優越的地位濫用の成立を否定した事例、ということになろう。

平成 25 年度企業結合事例 1〔トクヤマ・セントラル硝子〕

平成25年度企業結合事例1〔トクヤマ・セントラル硝子〕

1 事例の概要

トクヤマとセントラル硝子が、共同出資会社を設立し、当該共同出資会社がソーダ灰および塩化カルシウム（「塩カル」）の販売事業を両出資会社から譲り受けて統合することを計画した。関係法条は 16 条とされている（事例集 1 頁）。

2 一方向に限られた代替性

⑴　前提事実

塩カルは、粒状塩カルと液状塩カルに分かれる。粒状塩カルは、凍結防止剤、除湿剤等に用いられる。液状塩カルは、凍結防止剤（粒状塩カル凍結防止剤が傾斜や風により転がることを防ぐ目的で散布されるもの）、ブライン（配管に循環させる不凍液）、等に用いられる（事例集 4 頁）。

このうち、液状塩カルの用途においては、粒状塩カルを需要者において溶かして用いることが一般的に行われており、粒状塩カルは液状塩カルの代替物となる（事例集 4 頁）。

他方で、粒状塩カルの主要な用途である凍結防止剤や家庭用除湿剤の用途においては、吸水性・吸湿性等の観点から粒状塩カルが用いられているものであり、これらの用途に液状塩カルは使用できず、需要者が液状塩カルを固

478

化させて粒状塩カルとして使用することも困難であるので、液状塩カルは粒状塩カルの代替物とはなり得ない（事例集4頁）。

このように、粒状塩カルと液状塩カルの需要の代替性は、一方向に限って認められる（事例集4頁）。

(2) どのように市場画定がされるか

さて、このような事例でどのような法的議論をするかである。

このような事例は、少なくとも過去には、SSNIP テストをどちらから開始するかによって市場画定の結果が異なる例であると論ぜられることもあった。すなわち、SSNIP テストの出発点を粒状塩カルとすれば、液状塩カルとの代替性がないから粒状塩カルのみで市場が画定されるのに対し、SSNIPテストの出発点を液状塩カルとすれば、粒状塩カルとの代替性があるから液状塩カルと粒状塩カルの両方を含む市場が画定される、などと論ぜられる。「市場画定は出発点に依存して経路依存的である」、などと呼ばれる現象である。

べつに、そのような難しい話ではない。世の中に、粒状塩カルでなければ困るという需要と、液状塩カルでもよいが粒状塩カルでもよいという需要の、2種類の需要・需要者が存在する、というだけの話である。市場は、選択肢を異にする需要・需要者のグループごとに成立するのであるから、前記(1)のような前提事実があるのだとすれば、ここに2種類の市場が成立するのは当然である。

少なくとも過去において、SSNIP 論が「経路依存」などと述べていたのは、SSNIP テストが、具体的な需要者を想定しないまま供給者の側だけを見つつ地に足の着かない数字だけを並べる傾向をもっていたからであろう。需要者が異なるから結論が異なるというだけであるのに、そこに直截に目を向けていないので、「経路依存」などという難しい言葉に走らざるを得なくなるわけである。

いずれにしても、前記(1)の公取委審査結果の記述（事例集4頁）は、具体的にどのような需要・需要者において、粒状塩カルしか選択できないのか、それとも液状塩カルと粒状塩カルとのいずれかを選択できるのか、を明確に

479

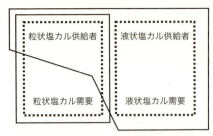

述べており、幸いなことであった。

(3) 具体的な実務処理

需要者からみて選択肢となる供給者の範囲を市場として画定するという意味での、本来の市場画定では、図の実線のような2種類の市場が成立するはずであるとして、しかし、企業結合審査の実務においては必ずしもそのようにはならないのが、ややこしいところである。

事例集によれば、代替性が一方向に限られるなどの理由により、本件では、粒状塩カルと液状塩カルを別個の市場として画定し（図の点線）、液状塩カルに対する粒状塩カルの競争圧力は隣接市場からの競争圧力として検討することとした、とされている（事例集5頁）。現に、そのような隣接市場からの競争圧力が検討され、本件企業結合計画に問題がないことの理由のひとつとされている（事例集8頁）。

結局これは、現在の企業結合審査において市場画定というものが、プロセスとしての法的判断の中間段階における仮のピン留めという位置づけを与えられ、そしてそれにとどまっており、そこに盛り込まれない要素は全て「競争の実質的制限」の有無を判断する段階で考慮する、という枠組みに関係するものであろう（本書404～405頁）。

1 事例の概要

日本電工が中央電気工業の全株式を取得することを計画した。

磁石向けフェロボロンはネオジム磁石合金の原材料となるのであるところ、磁石向けフェロボロンの製造販売業等を営む日本電工と、ネオジム磁石合金の製造販売業等を営む中央電気工業との企業結合は、垂直型企業結合という面を持っていることになる。

2 投入物閉鎖

本件では、川上市場である磁石向けフェロボロンの市場には、日本電工しかいない（事例集19頁）。したがって、川上競争者の排除を論じようとする顧客閉鎖は事例集では論ぜられていない。もちろん、論理的には、潜在的新規参入者に対する排除効果というものを観念できないわけではないが、何らかの事情により、論ずる必要がない（または事例集に書く必要がない）と判断されたのかもしれない。

そこで、事例集では投入物閉鎖のみが論ぜられているわけであるが、公取委は、投入物閉鎖が行われやすくなるか否かには直接触れず、かりに行われ

たとしても弊害が生じない、という点を強調している。弊害が生じない理由としては、磁石向けフェロボロンについて輸入圧力が一定程度働いていることを挙げている（事例集20頁）。尤も、その際、輸入圧力（需要者が海外メーカー品に切り替えること等）があるために投入物閉鎖に対して「牽制力を有していると認められる」としており（事例集20頁）、結局は、投入物閉鎖が行われても弊害が生じないというよりも、そもそも投入物閉鎖が行われやすくはならないと言っているようにも見える。「懸念される行動」というものは中間概念に過ぎず、懸念される行動が行われやすくならないのか、懸念される行動は行われやすくなるが行われても弊害が生じないのか、ということを区別する必要はない。これらを総合して、弊害が起こりやすくなるか否かを判断すればよい。

3 情報入手

公取委は、川下競争者が日本電工から仕入れる際の仕入価格を川上の日本電工が当然知っているために、その情報が川下の中央電気工業に伝えられる、という可能性を懸念する観点からも、検討を行っている。公取委は、これによって川下の中央電気工業が川下競争者の近い将来の行動を高い確度で予測できるようになれば協調的行動が行われやすくなる、という趣旨の観点から検討している（以上、事例集20頁）。

公取委は、かりに情報入手がされたとしても、川下市場で弊害が起こることはない、と結論づけている。その理由としては、第1に、ネオジム磁石合金の製造原価に占める磁石向けフェロボロンの比率は僅かであるため、川下商品役務である磁石向けフェロボロンに関する川下競争者の販売価格を高い確度で予想しやすくなるとは考えにくい、第2に、川下市場には輸入圧力が一定程度働いている、という2点を挙げている（事例集20頁）。

平成25年度企業結合事例6 〔ヤマハ発動機・KYBMS〕

1 事例の概要

ヤマハ発動機がKYBMS（KYBモーターサイクルサスペンション）の株式を取得することを計画した。KYBMSは、カヤバ工業（KYB）が、ヤマハ発動機と共同して二輪自動車用油圧緩衝器等の開発・製造・販売を行うことを目的として、KYBの二輪自動車用事業部門の全部を分社化して設立される会社であり、ヤマハ発動機による株式取得行為は、KYBMSの設立と同日付けで行うことが計画された（以上、事例集28頁）。

本件では、二輪自動車用油圧緩衝器を製造販売するKYBMSが川上当事会社であり、二輪自動車を製造販売するヤマハ発動機が川下当事会社である。

川上の二輪自動車用油圧緩衝器には、さまざまの種類のものがあり、本件でも、4種類の検討対象市場があるとされているが（事例集28〜29頁）、川上市場としていずれを選んだ場合でも検討内容について（結果的には）差がないと考えられたようで、4種類の検討結果が分けて事例集に書かれているわけではない。そこで、以下に、4種類のうち2種類のみを想定した図を記す（実際には、図の左上の市場に似た川上市場がもうひとつ、図の右上の市場に似た川上市場がもうひとつ、それぞれ存在する）。

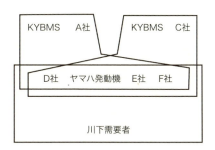

483

2 少数株式取得

当事会社らが平成25年1月29日や同年10月1日に公表したところによれば、KYBMSに対するヤマハ発動機の出資比率は33.4%とされている。本件は垂直的関係にある当事会社間の少数株式取得が議論された一例である、ということになろう。後記*3*～*5*のいずれにおいても、懸念される行動を行う「能力」「インセンティブ」や、懸念される行動を行った場合の「弊害」について論ずる際に、少数株式取得であることが影響する場合がある、ということになる。

3 投入物閉鎖

公取委は、本件で企業結合後のヤマハ発動機・KYBMSが投入物閉鎖を行いやすくなるか否かを検討するに際し、投入物閉鎖の「能力」と「インセンティブ」に分けて、検討している。「能力」と「インセンティブ」に分けて分析するのは、EU非水平型企業結合ガイドライン（本書458頁）にも一般論として示されている考え方である（33～46段落、60～71段落）。

本件での「能力」の検討においては、川下のD社は川上のA社・C社から購入しており、大きな支障は生じない、しかし、川下のE社・F社は、これまでKYBに相当程度を依存しており、KYBMSが投入物閉鎖を行えば、E社・F社がA社・C社への切り替えを完了するまでの暫くの間は、E社・F社に大きな支障が生ずるおそれは否定できない、とされた（事例集30～31頁）。

他方、本件での「インセンティブ」の検討においては、ヤマハ発動機としても、KYBMSとしても、投入物閉鎖をしても得るものはない可能性がある、または、失うもののほうが大きい、という事情を、比較的詳細に挙げて、投入物閉鎖をするインセンティブはない、とされた（事例集31頁）。

以上のような要素を挙げたうえで、結果として公取委は、「投入物閉鎖を行うことによる市場の閉鎖性・排他性の問題は生じないと認められる」とし

た（事例集 31 頁）。

　懸念される行動が行われやすくなって現に行われた場合でも、弊害が生じないことがあり得る。本件の公取委の検討は、「能力」「インセンティブ」のなかで、懸念される行動が行われた場合の弊害の有無まで論じているように見えるが、もともと、「能力」「インセンティブ」「弊害」は相互に関連し重複しており、結局はこれらの総合考慮により弊害が起こりやすくなるか否かを判断できればよいのであるから、各々の要素の外縁を細かく画定する必要はない。

4　顧客閉鎖

　顧客閉鎖については、かりに顧客閉鎖が行われても A 社・C 社には影響がないことが確認されている（事例集 31 〜 32 頁）。懸念される行動としての顧客閉鎖が起こりやすくなるか否か、というよりも、顧客閉鎖が行われても弊害が起きない、とされたものと整理することができる。

5　情報入手

　情報入手によって協調的行動が行われやすくなるのではないか、という点も、論ぜられた。具体的には、川下のヤマハ発動機を経由し川上の KYBMS が川上競争者の情報を得るという行動（川下経由の川上の情報入手）と、川上の KYBMS を経由し川下のヤマハ発動機が川下競争者の情報を得るという行動（川上経由の川下の情報入手）とである。前者は、得られる情報がごく僅かであるため協調的行動の原因になるほどではない、とされ、後者は、川下商品役務の製造原価に占める川上商品役務の仕入原価の割合はごく僅かであるため協調的行動の原因になるほどではない、とされた（以上、事例集 32 頁）。

　情報入手による他の弊害発生の可能性については、別の箇所で述べた（本書 459 頁）。

485

平成 25 年度企業結合事例 7 〔中部電力・ダイヤモンドパワー〕

●●●

平成25年度企業結合事例 7
〔中部電力・ダイヤモンドパワー〕

1 事例の概要

一般電気事業者（いわゆる電力会社）である中部電力が、特定規模電気事業者（簡単に言えば、電力会社以外の電気事業者）であるダイヤモンドパワーの議決権の過半数を取得することを計画した。

「一般電気事業者」や「特定規模電気事業者」は、いずれも平成 28 年 4 月から施行された電力完全自由化より前の電気事業法の用語である。この時期には、大口需要者向けの電気の供給（厳密には、特別高圧電線路または高圧電線路から受電する者であって使用最大電力が原則として 50 キロワット以上の者の需要に対する電力供給）のみは、自由化され、つまりその区域の電力会社以外の電気事業者も供給できることとなっていて、これが「自由化分野」と呼ばれていた。

中部電力区域における自由化分野の需要者向け電気小売業（以下「中部電力区域電気小売業」という）においては、中部電力が約 100％、A 社・B 社がそれぞれ約 0 〜 5％で 2 位・3 位、ダイヤモンドパワーが約 0 〜 5％で 4 位である（事例集 35 頁）。

東京電力区域における自由化分野の需要者向け電気小売業（以下「東京電力区域電気小売業」という）においては、東京電力が約 95％、C 社・D 社がそれぞれ約 0 〜 5％で 2 位・3 位、ダイヤモンドパワーが約 0 〜 5％で 4 位である（事例集 37 頁）。

486

2 自由化された電気小売業における市場画定

　本件に限らず、一般論として、自由化された電気小売業の市場画定を論ずるにあたって、次のような可能性が主張されることがある。すなわち、自由化されているため、供給は全国の一般電気事業者を含む全国の電気事業者がすることができるのであるから、市場の地理的範囲は全国である、というものである。図の点線のような市場画定をすることにより、一般電気事業者の市場シェアが、前記 *1* に示した約 100％や約 95％という数字に比べ、劇的に下がることを見込んでの議論であろう。確かに、自由化された電気小売業については、供給区域という概念は、制度上は、意味を持たなくなっている。

　これに対して本件で公取委は、「地理的範囲は、一般電気事業者の供給区域ごとに画定することが適当であ」るとし、その根拠として、「全国の自由化分野の実態として、ほとんどの需要者が一般電気事業者から電気の供給を受けており、また、一般電気事業者が他の供給区域の需要者に対して電気を供給した実績はごく僅かである」ということを挙げている（事例集 34 頁）。

　公取委が根拠として示した現状に鑑みると、そのような判断でよいものと思われる。

　市場画定は、需要者からみて選択肢となる供給者の範囲によって行われるのであって、その際、選択肢が同じである需要者らをひとつのグループとして観念し、そこから出発して、市場画定の作業を行う。選択肢の範囲が形式的に同じであっても、その選択肢のなかでの現実の選択の状況が全く異なる需要者は、ひとつの同じグループとして一括することはできない。

　公取委は、上記のように、根拠として、ほとんどの需要者が地元の一般電気事業者から供給を受けている、との旨を述べている。なぜそうなっているのかをここで論ずるのは控えるが、ともあれ、需要者がそのような実際上の選好をもち、または、そのような実際上の制約を受けている、ということである。選択肢の範囲が形式的に同じであっても、区域によって、実際の選好・制約が全く異なっているのであるから、これらを十把一絡げにすることは、独禁法上の検討としては許されないことであろう。選好・制約が同様で

ある需要者は同じ需要者群としてグループ化し、選好・制約が異なる需要者は別の需要者群として分けて、それぞれ独禁法上の市場を画定する、ということになる。

なお、公取委は、「一般電気事業者の供給区域ごとに画定することが適当」（事例集34頁）と述べているが、この記述は、やや、言葉が足りないように思われる。以上のような議論の要諦は、需要者を区域ごとに分ける、というところにある。東京電力区域の需要者にとっては、選択肢の地理的範囲は一応は全国であるが、その選好・制約により東京電力のプレゼンスが圧倒的に大きく、中部電力区域の需要者にとっては、選択肢の地理的範囲は一応は全国であるが、その選好・制約により中部電力のプレゼンスが圧倒的に大きいから、需要者を区域ごとに分けて市場画定をし、地元の一般電気事業者のプレゼンスが浮き彫りになるようにすべきである、ということなのである。その際、供給者の側の地理的範囲として、区域外の者を締め出して画定する必要はない。僅かであっても、現に区域外から供給している電気事業者がいれば、市場の範囲に入れればよいし、供給していない者を市場の範囲に入れても、供給実績が零で市場シェアが零であるだけであって、地理的範囲に含めて何かの問題が生ずるわけでもない。そのように考えておけば、区域外からの供給が少し増えてきた場合に慌てて検討基盤を書き換える必要がない。事例集でも、後続する部分では、「中部電力区域における自由化分野の需要者向け電気小売業」「東京電力区域における自由化分野の需要者向け電気小売業」という言葉が用いられており、実際上は、そのような考え方によって検討がされたようである。

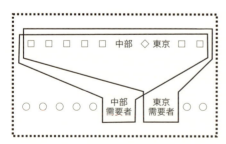

すなわち、市場画定には、需要者の画定と供給者の画定とがあり、本件のような議論で重要だったのは、需要者の画定のほうである。

以上のような考え方は、電力供給の完全自由化の後においても、重要な意味を持つものと予測される。ただし、この考え方は、ほとんどの需要者は地元の電力会社から供給を受けているという事実認定を前提としているのであ

り、需要者の選好・制約が変化し、この事実認定が変われば、異なる法的当てはめが行われることも、論理的には、あり得る。

3 混合型企業結合（抱き合わせ懸念）

本件は、中部電力区域電気小売業を行う中部電力と、東京電力区域電気小売業を行うダイヤモンドパワーの企業結合であるという意味で、混合型企業結合としての面をもっている。

混合型企業結合の場合に懸念される行動として最もしばしば検討されるものは、2つの市場のそれぞれの商品役務の抱き合わせまたはそれに準ずる行為（両方を購入すれば価格が安くなるセット割引など）である（一般的には、本書 562 〜 564 頁）。

本件では、中部電力区域電気小売業と東京電力区域電気小売業との抱き合わせ等が、懸念される行動であるということになる。中部電力は中部電力区域電気小売業では約 100％の市場シェアであるから、例えば、中部電力が、中部電力区域で電気を購入する会社に対し、同じ会社の東京支社ではダイヤモンドパワーから電気を購入することを求める（そうでなければ中部電力区域で電気を供給しない）、または、そこまでいかないとしても、東京支社でダイヤモンドパワーから購入すれば中部電力区域での電気料金を大幅に割り引く、などが、懸念される行動として想起され得る。

これについて公取委は、「東京電力区域における自由化分野の需要者向け電気小売業においては約 95％の市場シェアを有する東京電力が存在すること等から、当事会社が直ちに競争上優位になる可能性は極めて低いと考えられる」とした（事例集 37 頁）。懸念される行動が行われやすくなるか否かには触れず、かりに行われたとしても市場への弊害が生じない、という理由で違反なしとされたもの、と分析できる。

489

```
┌─────────────────────────────────────────────────┐
│ ●●●●●●●●●●●●●●●●●●●●●●●●●●●●●●●●●●●●●●●●●●●●●●●●   │
│                                                 │
│              公取委公表平成26年2月19日              │
│              〔志賀高原索道協会警告〕               │
│                                                 │
│                                                 │
└─────────────────────────────────────────────────┘
```

1 事例の概要

　志賀高原索道協会は、志賀高原において索道事業（リフト等による旅客等の運送事業）を営む事業者が会員となり、会員各社のリフト等をどれでも利用できる共通リフト券の販売委託等を行っている。

　志賀高原索道協会は、平成15年12月頃以降、特定の会員のリフトのみを利用できる「自社券」について、会員が志賀高原索道協会の承諾を得ずに発券することを制限し、発券を承諾した自社券について料金を決定するなどしている。

　公取委は、「志賀高原に所在するスキー場のリフト券の販売分野における競争を実質的に制限している疑いがある」として、8条1号を掲げて警告した。

2 市場画定

　本件では、「志賀高原に所在するスキー場のリフト券の販売分野」という市場画定がされている。米国の著名な連邦最高裁判決であるAspen事件を思い起こさせる市場画定である（472 U.S. 585（1985））。

　この点について、担当審査官解説は、「志賀高原索道協会の会員は……リフト券の販売に関して競争関係にあるとともに、志賀高原スキー場は地理的に他地域のスキー場と離れた地域にある」としている（小倉武彦＝唐澤斉＝

490

米田達弥・公正取引 762 号（平成 26 年）63 頁）。

　ところが、担当審査官解説は脚注において、「他方で、志賀高原スキー場を 1 つの競争単位としてみれば、長野県内のスキー場や全国各地のスキー場とも競争が行われている状況にあると考えられる」ともしている（小倉＝唐澤＝米田・前掲 63 頁注 11）。

　これらの解説は、どう整合的に理解すればよいであろうか。

　善意に解釈すると、次のようになろう。

　まず、これからスキーに行こうとして計画を練っている需要者からみれば、担当審査官解説の脚注で指摘されているように、選択肢となる供給者は長野県全体や全国に広がる（選択肢が長野県のみとなるか全国に広がるかは、需要者の居住地域や予算によっても変わるであろう）。

　それに対し、何らかの事情で志賀高原を選ばざるを得ない需要者や、もう志賀高原に来てしまった需要者にとっては、担当審査官解説の本文がいうように、「地理的に他地域のスキー場と離れた地域にある」ので、志賀高原スキー場内のリフトのみが選択肢となる。

　尤も、この場合、志賀高原スキー場しか選べない需要者は、新幹線飛行機問題によって、長野県全体や全国のスキー場から選べる需要者に向けた競争に守られるから問題は生じないのではないか、という疑問が、更に浮かぶ。供給者は志賀高原スキー場しか選べない需要者だけを狙って高く売ることはできるか（都市部のコンビニなどで売られるものを安くし、当日券を高くするなど）。志賀高原スキー場は十分に規模の大きなスキー場であるので、高目の料金設定をして他のスキー場に需要者を奪われても、志賀高原スキー場しか選べない需要者が高いリフト券を買ってくれればそれで足りるという状況にあるか（本書 224 〜 225 頁、369 〜 370 頁に掲げた新幹線飛行機問題）。

　担当審査官解説は、こういった点には明示的には言及していない。

3　共通リフト券の効用と独禁法

　競争者同士が一丸となってワンストップの商品役務を売るということは、よくある。担当審査官解説も、共通リフト券を売ること自体は、「スキー客

の利便性を高めるものであり」直ちに不当な取引制限や8条違反の問題となるものではないと述べている（小倉＝唐澤＝米田・前掲63頁）。

　本件が警告とされたのは、共通リフト券を売ったことそれ自体に問題があったのではなく、自社券の発売を制限したり、自社券の料金を志賀高原索道協会が決定したりしていたことに問題があったものである。

　これを法的に突き詰めると、自社券の販売を自由にすることが、共通リフト券によって得られる効率性が需要者にも還元されるのを保障しているのである、とも言える。

　すなわち、以下のようなことである。共通リフト券がない状態との比較においては、通常、共通リフト券があるほうが需要者の利便性つまり効率性は高まる。ところが、かりに、共通リフト券という形での一種の価格固定のために、共通リフト券の価格や品質が悪化し、効率性が需要者に還元されないということも考えられる。しかし、自社券の販売を自由に行えるのであれば、少なくとも、共通リフト券がない状態よりも状況が悪化することはない。共通リフト券がない状態よりも状況が悪化したならば、需要者は自社券を買えばよいからである。つまり、共通リフト券という共同行為によって共通リフト券のない状態よりも状況が悪化するという事態が生じないように、自社券の自由販売というものがセーフガード（安全弁）となる。セーフガードがあれば、かりにそのセーフガードが発動されなくとも、共通リフト券という共同行為は、需要者に効率性を還元する形で運用されることが保障され、少なくとも、共通リフト券がない状態よりも悪くなることはないと考えられる（山島達夫・ジュリスト1470号（平成26年）5頁も同様の考えを含むものではないかと考えられる）。

東京高判平成 26 年 9 月 26 日〔エア・ウォーター〕

東京高判平成26年 9 月26日・平成25年（行ケ）第120号
審決集61巻217頁
〔エア・ウォーター〕

1 事例の概要

　特定エアセパレートガスの価格協定をしたとして、エア・ウォーターが排除措置命令・課徴金納付命令を受けた（公取委命令平成 23 年 5 月 26 日）。

　エア・ウォーターが販売した特定エアセパレートガスのうち、自社製造分が約 11.6％、子会社製造分が約 15.1％、リキッドガスとエア・ウォーターとの合弁会社であるクリオ・エアーによる製造分が約 25.7％、それ以外の第三者製造分が約 47.6％、である（判決書 4 頁）。

　クリオ・エアーは、エア・ウォーターが 45％、大阪ガスの完全子会社であるリキッドガスが 55 ％、それぞれ出資した合弁会社である。クリオ・エアーは、リキッドガスが供給する液化天然ガスの冷熱を利用することにより、電力のみを使用する場合よりも低いコストで特定エアセパレートガスを製造することができた（以上、判決書 4 頁）。

```
                        100%出資 ── 大阪ガス
           55%出資      リキッドガス
              クリオ・エアー
   45%出資│         │特定エアセパレートガス
        エア・ウォーター
                  │特定エアセパレートガス
              需要者
```

　公取委は、課徴金納付命令において課徴金算定率を 10％とし、また、同様の内容の原審決を行った（公取委審判審決平成 25 年 11 月 19 日〔エア・ウォーター原審決〕）。

493

東京高判平成 26 年 9 月 26 日〔エア・ウォーター〕

エア・ウォーターが審決取消請求を行ったところ、本判決は、算定率は2%であるとして、原審決を取り消した。公取委が上告受理申立て等をせず判決が確定したので、公取委は、「判決の趣旨に従い」(平成 25 年改正前 82条 2 項)、算定率が 2%であることを前提としそれを超える部分において課徴金納付命令を取り消す再審決を行った(公取委審判審決平成 26 年 10 月 14 日〔エア・ウォーター再審決〕)。

2 議論の前提

課徴金計算における算定率は、その名宛人の違反行為に係る事業が 7 条の2 第 1 項の製造業・小売業・卸売業のいずれかであるかによって異なる(7条の 2 第 1 項にはない用語であるが、便宜上、小売業でも卸売業でもないものを「製造業」と呼ぶことにする)。製造業は算定率 10%、小売業は算定率 3%、卸売業は算定率 2%、である。

同じ名宛人の違反行為に係る事業のなかに製造業と小売業・卸売業とが混在していた場合にも、算定率は単一とすべきであるとされ、過半を占める業種の算定率のみを採用することとなっている(これは従前からの公取委実務であるが、これを是認したものとして、東京高判平成 24 年 5 月 25 日〔防衛庁発注石油製品談合課徴金昭和シェル石油〕(判決書 20 〜 21 頁))。

小売業と卸売業の区別については、消費者に売るものは小売業、非消費者に売るものは卸売業、とされているようである(公取委審判審決平成 23 年 5月 10 日〔荷主向け燃油サーチャージ日新〕(審決案 32 頁))。本件でエア・ウォーターは特定エアセパレートガスを「他の業者に対して販売していた」(判決書 4 頁)ので、製造業とされない限りは、卸売業であることになる。

前記 *1* のような本件の事実関係のもとでは、クリオ・エアー製造分が製造業とされるか卸売業とされるかによって、どちらが過半となるかが異なり、したがって、全体に適用される算定率が異なることになる。そこで、クリオ・エアー製造分についてエア・ウォーターの事業は製造業であるか卸売業であるかが争われた。

東京高判平成 26 年 9 月 26 日〔エア・ウォーター〕

3 業種認定

(1) 一般論と先例

原則として、事業活動の内容が商品を第三者から購入して販売するもので
あれば、小売業・卸売業と認められ軽減算定率が適用される（東京高判平成
18 年 2 月 24 日〔防衛庁発注石油製品談合課徴金東燃ゼネラル石油〕（判決書 24
頁））。

しかし、例外があり得る。外形的には事業活動の内容が商品を第三者から
購入して販売するものであっても、実質的にみて小売業・卸売業と異なる他
業種の事業活動を行っていると認められる特段の事情があるときには、当該
他業種と同視できる事業を行っているものとして業種の認定を行うことが相
当である、とされる（東燃ゼネラル石油東京高裁判決（判決書 24 頁））。

本判決も、この一般論を確認した（判決書 15 頁）。

そこで、「特段の事情」の有無が問題となる。以下では、便宜上、第三者
を「仕入先」と、第三者から購入して販売する者を「名宛人」と呼ぶ。

「特段の事情」が認められ、小売業・卸売業の軽減算定率が適用されない
こととなるか否かを判断するに当たっては、事業活動の実態において仕入先
は名宛人の製造部門と同視できる状況にあったか否かを検討する。本判決は、
その際、仕入先への出資比率や役員構成、あるいは、運営への関与、出向者
数、技術・設備の供与、利益構造などのうちの一つの観点のみから認定すべ
きものではなく、これらの点や製造面での関与、業務内容、仕入先の事業者
としての実質的な独立性その他の要素を考慮する、とした（判決書 21 頁）。

本判決前の過去の事例には、名宛人が仕入先の議決権のほとんど全てを保
有して意思決定に主導的立場で関与しており仕入先の利益が実質的に名宛人
に帰属する関係にあったことや、仕入先にとっての原材料の調達先や仕入先
の製品の販売先がほとんど全て名宛人であるなど仕入先の製造が名宛人によ
る原料供給や製品引取りと一体の過程として予定されていることなどを挙げ
て、特段の事情があるとしたものがあった（典型例は東燃ゼネラル石油東京高

495

東京高判平成 26 年 9 月 26 日〔エア・ウォーター〕

裁判決であるが（判決書 25 ～ 27 頁）、他にも、公取委審判審決平成 23 年 2 月 16 日〔防衛庁発注石油製品談合課徴金 JX 日鉱日石エネルギー等〕（審決案 41 ～ 45 頁）、公取委審判審決平成 26 年 6 月 9 日〔ワイヤーハーネス課徴金フジクラ〕（審決案 8 ～ 16 頁）、など）。また、名宛人が仕入先の製造活動に関与して製造業の本来的機能を発揮していたという観点から、製品計画・製品開発活動を名宛人が主体的に行い、原材料の調達に名宛人が関与し、技術面も含めて製造工程等に具体的に関与して、仕入先に製品を製造させていることなどを、挙げるものがあった（典型例は公取委審判審決平成 11 年 7 月 8 日〔金門製作所〕であるが（審決集 46 巻の 25 頁）、他にも、ワイヤーハーネス課徴金フジクラ審決（審決案 8 ～ 16 頁）などがある）。

(2)　本判決と原審決の結論を分けたもの

本判決と本判決が取り消した原審決との結論の差の背景には、前記(1)の一般論の具体的内容についての差があり、また、本件事実の評価に関する差があって、これらが相俟って特段の事情の成否に差が生じたものと分析できる。

(a)　原審決

原審決は、以下のように述べて、特段の事情があるとした。すなわち、クリオ・エアーを設立しクリオ・エアーに特定エアセパレートガスを製造させることは、エア・ウォーターがそのほとんどを引き取ることを前提としたものであり、エア・ウォーターはそれによって冷熱利用によるコスト低減メリットを継続的に享受しており、また、出資割合に応じて取締役を出向させたり、技術提供のために従業員を出向させたりすることなどにより、クリオ・エアーの運営や同社での特定エアセパレートガスの製造に相当程度関与していた、と述べた（原審決審決案 15 ～ 17 頁）。議決権が過半数に満たないという反論に対しては、特定エアセパレートガスのほとんどを引き取り、製造コスト低減メリットを継続的かつ安定的に享受している点が重要であり、議決権が過半数に満たないことはそのことには影響していない、と述べた（原審決審決案 18 頁）。意思決定においてリキッドガスが主導権を握っているという反論に対しては、相当程度の関与があれば足りるという考えのようであった（原審決審決案 18 ～ 19 頁）。

東京高判平成 26 年 9 月 26 日〔エア・ウォーター〕

(b) **本判決**

それに対して本判決は、以下のように述べて、原審決の論拠を個別に崩した。

まず、「〔エア・ウォーター〕がクリオ・エアーに対して支配的な立場を有しているとか、主導的な役割で関与していると認めることは困難である」と述べて、持株比率 55％のリキッドガスが存在し、取締役の過半もリキッドガスが指名し、常勤の代表取締役もリキッドガスが指名した者であることを指摘した（判決書 17 ～ 18 頁であるが、判決書 18 ～ 19 頁が具体的な意思決定についても同旨を述べている）。ここでは、「特段の事情」という一般論のもとでの具体的な一般論的基準について、「相当程度の関与」で足りるとする原審決と、「支配的な立場」や「主導的な役割で関与」を必要としているように見える本判決との間で、差異が生じているように思われる。

原審決が「特段の事情を認める大きな根拠に挙げている」、と本判決が位置付けた、ほとんど全量の引取りについては、「しかしながら、卸売業者が特定の製造業者からその製造する商品の大多数を引き取ることができる立場にあるという関係自体は、通常の大口顧客と製造業者との関係、あるいは出資者でもある卸売業者と出資先の製造業者との関係と何ら異なるものではなく、そのこと自体から、直ちに前記特段の事情を導くことはできない」と述べている（判決書 18 頁）。

そして、クリオ・エアー製造分に関するエア・ウォーターの利益が、クリオ・エアーを自己の製造部門の一つとして位置付けた場合に近いなどと認めることもできない等とも述べた（判決書 18 ～ 20 頁）。

更に、原審決は、エア・ウォーターが、クリオ・エアーの製造設備の一部の導入に関与し、製造技術の提供のために 2 名の従業員を出向させるなどしていることにも言及しているが（原審決審決案 19 頁）、本判決によれば、製造設備等の提供といってもエア・ウォーターの筆頭株主が製造した機器等が導入されたというだけであり、わずか 2 名の出向者に対しリキッドガスからの出向者は大多数である旨を指摘した（判決書 20 ～ 21 頁）。

(c) **小 括**

以上のように、原審決と本判決とは、「相当程度の関与」で足りるか「主

東京高判平成 26 年 9 月 26 日〔エア・ウォーター〕

導的な役割で関与」が必要かという具体的一般論において異なり、また、事実の評価において異なる。

(3) 補　足

(a) 「コスト低減メリット」について

原審決は、冷熱利用によるコスト低減メリットをエア・ウォーターが享受していることを強調しているが、何らかのコスト低減メリットを享受することは、出資した以上、当然のことである。問題は、コスト低減メリットを、自らが製造した場合と同様に享受しているかどうか、という点にある。そのような利益は、冷熱の費用（リキッドガスのクリオ・エアーに対する販売価格）、クリオ・エアーの工場が大阪ガスの工場敷地内にあることによる諸費用、大阪ガスグループからの出向者が大半を占める人件費、などの費用を差し引いたものであり、それらの主要な費用について大阪ガス・リキッドガスが主導しているのであれば、クリオ・エアーの利益はそれによって操作され得るのであって、エア・ウォーターにとっての「コスト低減メリット」が、クリオ・エアーをエア・ウォーターの製造部門と同視し得るほどのものとなる保証はどこにもないことになる。本判決が、「なお、冷熱利用による利益の享受を検討する際に、販売価格の低減による利益なる概念を持ち出して、これのみを論ずることに合理性はない」（判決書 19 頁）と述べているのは、以上のような意味で理解できる。すなわち、出資している以上、「販売価格の低減による利益」を享受するのは当然であるが、それが製造部門と同視し得るほどのものとなるかどうかは別論であり、業種認定との関係ではそれが重要である、ということであろう。

小売業・卸売業に軽減算定率を認めた根拠が、小売業・卸売業の利益率の低さにあるのであるから、私見によれば、製造業とするか小売業・卸売業とするかの重要な試金石は、違反行為に係る事業の利益率の状況であると考えているが、本判決がそのような解釈論を正面から採用したかどうかはともかく、その一端を組み入れて総合考慮を行ったことは、確かであると考えられる。

東京高判平成 26 年 9 月 26 日〔エア・ウォーター〕

(b) ほぼ全量の引取りについて

再審決に関する公取委職員の解説は、ほぼ全量引取りという事実に関する「本件判決の評価はいささか過小評価に過ぎると考えられる」と述べて、再審決が、ほぼ全量引取りという事実について、「被審人のクリオ・エアーに対する相当程度の影響力をうかがわせる事情の一つである」としたうえで、「これのみから被審人のクリオ・エアーに対する支配的又は主導的立場を導くことはできない」（以上、再審決書 7 頁）としていることを紹介している（岩下生知＝北脇俊之・公正取引 776 号（平成 27 年）75 頁）。

しかし、本判決は、ほぼ全量引取りの事実を原審決が「特段の事情を認める大きな根拠に挙げている」という観点から、それとは異なる評価を強調しただけであり、そのことは、本判決にも「自体」という文言が 2 度も含まれている点に表れている（前記 3 (2)(b)でも引用した判決書 18 頁の判示）。公取委担当者解説ないし再審決の言い分は、既に本判決において織り込み済みであるように思われる。

4 加算金

平成 17 年改正後・平成 25 年改正前の手続規定が適用されたこの時期は、課徴金納付命令が取り消された場合、還付金だけでなく加算金が支払われることとなっていた（平成 25 年改正前 70 条の 10 第 2 項）。平成 17 年改正前までは、課徴金納付命令に不服の場合には課徴金納付命令が失効となって、改めて審判審決によって課徴金の納付が命ぜられることとなっていたところ、そのような手続を改正して審判手続より前に課徴金納付命令をし、不服の場合にも延滞に対しては延滞金を課すこととなったこと（平成 25 年改正前 70 条の 9）に対応し、納付したうえで争って取消しを勝ちとった名宛人には加算金があり得ることとしたものと推測される。

平成 25 年改正前 70 条の 10 第 3 項にいう「政令で定める割合」としては、商業手形の基準割引率に年 4 ％の割合を加算した割合（特例基準割合）が年7.25 ％の割合に満たない場合には、その年中においては、当該特例基準割合を用いることとされていた（平成 25 年改正前施行令 32 条）。

499

したがって、本件での加算金は納付の日から年 4.30% とされたものと思われる（この時期の基準割引率に関する日本銀行ウェブサイトの記載に基づく）。

公取委は、本判決に対して上告受理申立て等をせず、確定後の最初の平日である平成 26 年 10 月 14 日に再審決をした。

エア・ウォーターは、平成 26 年 10 月 15 日に総額で 33 億 296 万 6100 円の支払を受けた旨を公表している（エア・ウォーター株式会社「公正取引委員会の再審決及び課徴金の一部還付等について」（平成 26 年 10 月 15 日））。取り消された課徴金額（還付金の額）は、課徴金納付命令の課徴金額である 36 億 3911 万円から、算定率 2% とした場合の課徴金額 7 億 2782 万円を差し引いた、29 億 1129 万円であるから、加算金の額は 3 億 9167 万 6100 円であり、毎日 34 万円強が増えていたものと考えられる。

課徴金納付命令の取消しの場合の加算金制度は、平成 25 年改正によって廃止されている。平成 25 年改正後は、課徴金納付命令の取消判決が確定した日以降において、国に還付金の不当利得としての返還義務が生じ、その日以降において国は悪意の受益者として民法 404 条の法定利率による利息の支払義務を負うものと考えられる。

大阪高判平成 26 年 10 月 31 日〔神鉄タクシー〕

```
●●●●●●●●●●●●●●●●●●●●●●●●●●●●●●●●●●●●●
```

大阪高判平成26年10月31日・平成26年（ネ）第471号
審決集61巻260頁
〔神鉄タクシー〕

```
●●●●●●●●●●●●●●●●●●●●●●●●●●●●●●●●●●●●●
```

1 事例の概要

　神鉄タクシー（1審被告）は、神戸電鉄の子会社である。

　神戸電鉄鈴蘭台駅前タクシー待機場所は神戸市所有の神戸市道であるが、それに面する歩道の建物寄りの部分は神戸電鉄が三井住友銀行から借りて神戸市に転貸している土地であって、歩道上には、神戸電鉄が神戸市の占用許可を受けて設置したテントがある。

　神戸電鉄北鈴蘭台駅前タクシー待機場所は神戸市所有の神戸市道であるが、それに面する歩道の建物寄りの部分は神戸電鉄所有の土地である。

　これらの2つのタクシー待機場所を「本件各タクシー待機場所」と呼ぶ。両駅周辺では、本件各タクシー待機場所以外には客待ちのためにタクシーが待機するのに適した場所はない。

　X_1 〜 X_3（1審原告）は、それぞれ、個人タクシー事業者である。X_1・X_3 は、同調者とともに、北鈴蘭台駅前タクシー待機場所に乗り入れて客待ちをしようとしたところ、神鉄タクシーの代表者や乗務員が、X 側タクシーの前に立ちはだかったり、前に割り込んだり、後部扉の横に座り込むなどした。X_2 は、それらの様子を記録した。

　X らは、独禁法 24 条による差止請求の訴えを提起した。1 審判決は、神鉄タクシーの行為は一般指定 14 項に該当するとしたが、24 条にいう「著しい損害」がないとして差止請求を棄却した（神戸地判平成 26 年 1 月 14 日〔神鉄タクシー〕）。双方が控訴した。

501

大阪高判平成 26 年 10 月 31 日〔神鉄タクシー〕

　2 審判決（本判決）は、差止請求を一部認容した。本件各タクシー待機場所において神鉄タクシーが、神鉄タクシーの従業員その他の者をして立ちはだからせ、または割り込ませる方法によってＸらの進入を妨害すること、および、神鉄タクシーの従業員その他の者をして立ちはだからせ、割り込ませ、または座り込ませる方法によってＸらと客との契約締結を妨害することについて、差止請求を認容した。神鉄タクシーが同社車両に乗車するよう客に働き掛ける方法による妨害の差止請求は、棄却した。民法 709 条による損害賠償も請求されており、若干が認容された。

　高裁判決で 24 条の差止請求が認容された例は、他に知られていない。

　神鉄タクシーが上告受理申立て等をしたが、不受理等となっている（最決平成 27 年 9 月 25 日審決集 62 巻 464 頁）。

　写真は、1 審判決の 3 日後である平成 26 年 1 月 17 日に調査のため神戸を訪れ、あわせて現地で撮影したものである。上が鈴蘭台駅前、下が北鈴蘭台駅前である。実際に妨害行為が認定されているのは、下の北鈴蘭台駅前のみである。

2 市場画定

　一般指定 14 項の「競争関係」に関する判示（事実及び理由第 3 の 2）は、実質的には、独禁法における市場画定に関するものである。

　本判決はまず、「競争関係」とは、独禁法 2 条 4 項が定義する「競争」があるような関係が自己と他の事業者との間に成り立つことをいう、とする。

大阪高判平成 26 年 10 月 31 日〔神鉄タクシー〕

2 条 4 項が定義する「競争」が行われる場は、独禁法分野で通常、「市場」と呼ばれるものである。

次に本判決は、両駅それぞれの利用者が多く、駅前からのタクシー利用者が少なくないことを認定し、更に、そのような者が「近隣の他の駅等に移動した上でタクシーに乗車することは想定し難く、このことは、運賃等に多少の差があったとしても変わりはないと考えられる」と述べるなどして、「本件各タクシー待機場所におけるタクシー利用者が上記の『同一の需要者』に当たる」としている。この「同一の需要者」は、2 条 4 項にいう「同一の需要者」を指している。

そして本判決は、X らもこのような「同一の需要者」に神鉄タクシーと同種の役務を供給しようとしているのであるから、「競争関係」があるとした。

以上のことはすなわち、本件各タクシー待機場所のタクシー利用者を需要者とし、それが独禁法上の保護に値する大きさをもつことを認定して、そのような需要者からみて選択肢となる供給者の範囲を、本件における検討対象市場として画定したもの、と分析できる（「近隣の他の駅等に移動した上でタクシーに乗車することは想定し難」いのであるから、鈴蘭台駅前と北鈴蘭台駅前も別々の検討対象市場と考えられたことになるように思われるが、本件では、状況の類似する両市場を別々のものとする実益はなく、その旨の明言はない）。

尤も、本件において「競争関係」が成立するという結論は、市場画定がどのようになされても、変わらなかった。より広域の営業区域にしか言及しなかった 1 審判決も、「競争関係」は肯定している。また、一般指定 14 項の「不当に妨害」の成否も、本件が物理的妨害による不正手段の事件であるので、やはり変わらなかったであろう（後記 *3*）。本判決による市場画定は、「著しい損害」の成否の判断に影響したように思われる（後記 *4*）。

3　不当な取引妨害

本判決は、「付近の交通に危険を及ぼしかねず、道路交通法（76 条 4 項 2 号等）に違反することもあり得る態様で、物理的実力を用いて利用者との旅客自動車運送契約の締結を妨害するものである」と述べて、一般指定 14 項

503

の不当な取引妨害に当たるとした（事実及び理由第3の3）。

　本件では、本件各タクシー待機場所・歩道について神戸電鉄による一定の貢献・財産権が存在するという事情があり、これは、投資インセンティブの確保等の観点から独禁法上の正当化理由となり得る事情であると考えられるが、それをもってしても、物理的実力による妨害を正当化することはできなかったのであろう。

　本判決は、Ｘらのタクシーが本件各タクシー待機場所において先頭となった場合に神鉄タクシー従業員等がタクシー利用者に対し同社車両に乗車するよう働き掛ける行為は、一般指定14項に該当しないとし（事実及び理由第3の3）、そのような行為の差止請求は棄却している。両駅周辺では本件各タクシー待機場所が必須なのであるから、そのような働き掛けをすればＸらに対する排除効果はあることになりそうであるが、それでも違反要件を満たさないとされたことの背景には、神戸電鉄の財産権等への配慮（事実及び理由第3の2(4)）もあったのかもしれない。

4　「著しい損害」と市場画定

　24条の「著しい損害」について1審判決は、Ｘらが社会保険神戸中央病院や西鈴蘭台駅などで客待ちをすることができ、日々の売上げが一定程度あって長期に渡りタクシー事業を行ってきたことを挙げて、「著しい損害」を否定した。広い市場を念頭に置いたうえで、そこでの排除効果がないことを根拠にしたもの、と分析できる。1審判決が依拠した先例は、「著しい損害」が成立する例として、市場からの排除効果がある場合を挙げていた（東京高判平成19年11月28日〔ヤマト運輸対郵政〕（審決集54巻の710頁））。

　それに対して本判決は、Ｘらが北鈴蘭台駅前タクシー待機場所でタクシー利用者と契約を締結する機会を神鉄タクシーが「ほぼ完全に奪った」ものであり、今後も本件各タクシー待機場所で契約締結機会を「ほぼ完全に奪うことが予想される」と述べて、物理的な実力を組織的に用いていることにも触れたうえで、「このような損害の内容、程度、独禁法違反行為の態様等を総合勘案すると」損害は著しい、とした（事実及び理由第3の4）。

この判示は、本件各タクシー待機場所のタクシー利用者のみを需要者とする市場が画定される旨の認定（前記2）と、関係しているであろう。本判決の論理では、社会保険神戸中央病院や西鈴蘭台駅などのタクシー利用者は検討対象市場における需要者の範囲には含まれない。そのような客と契約を締結して被排除者が生き延びても、それは検討対象市場での公正競争とは関係がなく「著しい損害」の成否には影響しない、という価値判断が、「ほぼ完全に奪った」等という文言に込められているように思われる。そのような市場画定を前提とすれば、市場からの排除効果は存在したのであり、換言すれば、本判決においてもまた、需要者の範囲の画定が重要な意味を持った。

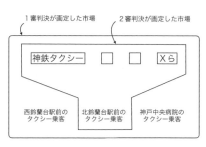

5　将来の侵害・損害に着目した差止め

24条は、将来の侵害・損害の「おそれ」だけでも差止めを求めることができることとしている。ただ、差止請求を起こされて問題の行為をやめる被告は多い。口頭弁論終結時に問題の行為が現存しない場合には、将来の侵害・損害の「おそれ」の立証が相対的に難しくなる。それを根拠として差止請求を棄却した事例が複数存在する（新潟地判平成23年1月27日〔ハイン対日立ビルシステム〕（審決集57巻第2分冊の374〜375頁）、🔲東京高判平成24年4月17日〔矢板無料バス〕（審決集59巻第2分冊の108頁））。

本判決が、神鉄タクシーが和解に応じないことに言及し（事実及び理由第2の2(4)）、今後も同種の行為を行うことが予測されるとし（事実及び理由第3の3）、今後も契約締結機会をほぼ完全に奪うことが予想されるとしたのは（事実及び理由第3の4）、本件において差止めの必要性があるという判断を支える認定ともなっている。

平成26年度企業結合事例3
〔王子ホールディングス・中越パルプ工業〕

1 事例の概要

　王子グループが中越パルプ工業の議決権10％弱を保有しているところ、王子ホールディングスが中越パルプ工業の株式を取得し結果として議決権の20.9％を保有することとなることを計画した（事例集10頁、11頁）。

　公取委は、報告等要請をし第2次審査に進んだうえで、クリアランス（排除措置命令を行わない旨の通知）を平成27年5月26日に行った。

　公取委は、6品種について、10条違反の要件を満たすと認めたものの、問題解消措置によって問題は解消されると判断した（事例集11頁（第3の2）、事例3の第6から第11までの各末尾、事例集30〜32頁）。そして、これらの6品種について、検討結果を公表している。

2 期限の前日の通知

　本件において、全ての報告等が受理された平成27年2月25日から90日を経過した日（10条9項）は平成27年5月27日であり、クリアランスのあった日はその前日であったということになる（このことは、事例集では明確ではないが、クリアランスを行った日の公表文において明確に示されている）。本件と同じ年度において、少し早くクリアランスの行われた事例でも、同様の状況となっている（平成26年度企業結合事例7〔ジンマー・バイオメット〕（事例集53頁））。

企業結合審査手続の平成23年見直し後しばらくの間は、91日のカウントを途中で止めることができないことに鑑みて、公取委を時間的に追い込まないよう、当事会社・代理人の側で、報告等はするが全ての報告等はしないようにして、公取委との交渉が妥結すれば儀式的に最後の報告等をすることとした、ということではないかとみられる事例（したがって期限よりかなり前に通知があった）が多かった（本書407～408頁）。その時期において全ての事例がそうであったとは限らないし、逆に、今後において全ての事例が本件のようになるとも限らないわけであるが、平成26年度企業結合事例集において、平成23年見直し後の大勢を占めると言われた実務傾向とは異なる事例が2件続いた（しかも平成26年度事例集で、第2次審査に入っているのはこの2件だけである）ことは、留意するに値するように思われる。

3 少数株式取得・問題解消措置

本件は、株式取得後の議決権保有割合が20.9％となる少数株式取得の事例であった。したがって、当事会社である王子グループと中越パルプ工業グループとが同一または連動した価格設定をするという「懸念される行動」が起こりやすくなるか否かを、当事会社の能力・インセンティブに注目しながら、検討すべきこととなる。

そうしたところ、公取委は、法律上の根拠なく独自に用いている「結合関係」の概念について、議決権保有割合20％超かつ1位であれば「結合関係」があるとすることを、企業結合ガイドライン第1の1(1)ア(イ)において明記している。「結合関係」の定義は、企業結合により一定程度又は完全に一体化して事業活動を行う関係であるとされ（企業結合ガイドライン第1冒頭）、「結合関係」があるとされれば、両当事会社は1個の「当事会社グループ」として扱われることとされている（企業結合ガイドライン第2冒頭）。

当事会社は、本件によって形成される結合関係の程度は必ずしも強くないと主張した（事例集11頁）。これは、かりに公取委の「結合関係」概念を前提とするとしても、とにかく本件では、一体と扱われる「当事会社グループ」は「完全に一体化」するのでなく「一定程度」の一体化にとどまるので、

「当事会社グループ」のなかにおいても一定程度の内発的牽制力を期待することができる、という趣旨の主張であると分析できる。

公取委は、これに対し、王子ホールディングスが本件株式取得の目的として中越パルプ工業が王子グループの一員であることを鮮明にすることを挙げていること、当事会社が、本件株式取得を契機として、事業提携を実施することを計画していること、などを指摘して、結合関係の程度は必ずしも弱いものではないと判断した（事例集11頁）。

これにより、以下の検討において、少なくとも事例集の文面上は、両当事会社は完全に一体化するのと同じ扱い（内発的牽制力がないのと同じ扱い）をされることとなった。

ただ、本件が少数株式取得の事例であることは、改めて、問題解消措置の検討において取り上げられ、意味を持たされている（事例集31～32頁）。すなわち、当事会社は、問題解消措置として、①問題の6品種について他方当事会社から独立して事業活動を行う、②問題の6品種について他方当事会社に秘密情報を開示しない、③役員兼任を1名以内とする、などとし、それらの実効性確保手段もとることを提案した（事例集31頁）。これに対して公取委は、問題解消措置に加え、本件が少数株式取得であること等にも鑑みれば、両当事会社は今後も独立して事業を行う関係が維持されるから問題ない、としたのである（事例集31～32頁）。

4 協調的行動

公取委は、問題があるとした6品種の各市場においては、もともと、供給者による協調的行動が採られやすい、としている。考慮要素として、以下のものが掲げられている（事例集13頁）。①市場内の競争事業者の数が少ないか、少数の有力な事業者に市場シェアが集中している。②王子グループ以外の供給余力は総じて限定的であり、これまでの製紙業者の企業行動をみると、供給余力が協調的行動を打破する方向で用いられることは考えにくい。③供給者は代理店を通じて競争者の価格に関する情報を入手することができる。④需要の変動は大きくなく、技術革新が頻繁であったりライフサイクルが短

いということもない。⑤これまで、ほぼ同時期にほぼ同内容の値上げを表明
しており、このような慣行が長期間にわたり継続的に行われている。

　これらのなかには、過去の状況に関する言及が含まれているが、突き詰め
て言えば、企業結合審査というものは、将来の状況を予測するために現在と
過去の状況を調べているのであるから、現在の状況にあわせて過去の状況が
言及を受けるのは、それが将来の状況を予測するために有益である限り、何
らおかしなことではない。

　ただ、協調的行動が採られやすい状況が本件株式取得によって形成・維
持・強化されるのでなければ、いかに協調的行動が採られやすい市場である
といっても、本件株式取得を禁止することはできない。株式取得行為と弊害
との間に因果関係（10条1項の「により」）があるとはいえないからである。
そこで公取委は、王子グループが国内製紙業界における2大グループの1つ
であり複数の品種において高い市場シェアをもつこと、本件株式取得によっ
て当事会社間に弱くない結合関係が形成されること、を挙げて、少なくとも
6品種の市場については、「本件株式取得により当事会社及び競争事業者に
よる協調的行動がより採られやすくなると考えられる」（事例集13頁）とし
たものと考えられる。

　なお、翌年度の事例集に載った同じ業界の事例では、「本件企業結合によ
り、……一斉価格改定がよりやりやすくなるとは言えず」という表現によっ
て企業結合計画が容認された（集平成27年度企業結合事例1〔日本製紙・特種
東海製紙〕（事例集8頁、14頁、15頁））。

5　供給の代替性

(1)　本件等の概要

　公取委は、6品種のうち5品種について、それぞれに隣接する商品役務に
は「一定の供給の代替性が認められる。しかし、」として、問題の商品役務
と隣接商品役務とで、供給者の構成が一致しているわけではないことと、供
給者の市場シェアも相当程度異なっていることとに言及して、問題の商品役

務と隣接商品役務とを「まとめて一つの商品範囲として画定することは必ずしも適切ではない」とした（事例集16〜17頁、19頁、22頁、25頁、28頁（引用は後3者による））。5品種以外の1品種についても、「仮に供給の代替性が認められるとしても」と述べたうえで同旨を論じており（事例集14頁）、実質的には、6品種全てについて同様の判断をしたものといえる。

供給の代替性があるにもかかわらずまとめて1個の検討対象市場としない、という処理は、公表事例においてはこれまで必ずしも採られていなかったように思われる（本件と同じ年度において少し早くクリアランスの行われた事例で、同様の判断がされている（平成26年度企業結合事例7〔ジンマー・バイオメット〕（事例集56頁））。

もちろん、木で鼻をくくった防禦的説明をするなら、企業結合ガイドラインでは「必要に応じて」供給の代替性を考慮する、とされており（企業結合ガイドライン第2の2）、供給の代替性があるからといって必ずまとめて1個の検討対象市場とされるわけではない。しかし、これまでの事例では、供給の代替性があるとされれば、需要の代替性がない場合であっても、自動的にまとめて1個の検討対象市場が画定されるのが通常であったように思われ、平成26年度企業結合事例集においても、そのような例は多くみられる（事例集1頁、46〜47頁、54〜55頁、57頁、58〜59頁）。

(2) 検 討

供給の代替性と呼ばれるものは、市場画定の段階でなく、競争の実質的制限（反競争性）の成否を判断する段階において、他の供給者による牽制力の問題として勘案することもできる。

それなのになぜ、供給の代替性を市場画定の段階で考慮する（供給の代替性があればまとめて1個の検討対象市場を画定する）のか、という点については、供給の代替性の概念を熱心に日本に輸入しようとした論者らから満足のいく説明がされることはほとんどなかったといってよい。いずれも、説明なく結論のみを述べているか、あるいはせいぜい、EUでそのようにしているから、日本の過去の事例でもそのようにしていたから、という程度のものであるように見受けられる（例は枚挙に暇がない）。

510

私は、供給の代替性の概念のファンではなくその導入を唱道したこともないので、説明の仕方を考える義理もないのであるが、あえて言えば、ひとつ考えられるのは、そのようなものを市場画定の段階で取り込むことによって、当事会社の市場シェアが低く算出され、セーフハーバーに該当して、企業結合審査手続を早期に終わらせることができる、というものであろう。実際にそのように機能した事例も過去にあったかもしれない。しかし、供給の代替性があるとしてまとめて1個の検討対象市場とされても、なお、セーフハーバーには該当せず、その次の検討段階に進んでいる事例も多い。

もし、他の供給者による牽制力を（競争の実質的制限の成否判断の段階まで待たずに）市場画定の段階で考慮しようとするのが供給の代替性の概念の存在意義であるとするなら、本件のように、供給者の構成が一致しているわけではなく供給者の市場シェアも相当程度異なっていることを根拠にまとめて1個の検討対象市場とすることを拒否するのは、自己矛盾ということになる。2つの商品役務の間で、供給者の構成が一致しており供給者の市場シェアも似通っているのであれば、まとめて1個の検討対象市場としたところで、当事会社の市場シェアが低く算出されることも少なく、上記のような意味での供給の代替性の概念の存在意義は発揮されないのではないかと思われるからである。

ところで、最近では、何でも市場画定に持ち込むのでなく、市場画定の作業は競争の実質的制限の成否に関する判断の途中経過（仮のピン留め）に過ぎず（それによって市場シェアの数字を一応算出しHHIを一応算出して、要検討案件を絞り込むことができる）、しかし最終的には、市場画定そのものにはさほどの重要性はなく、競争の実質的制限の成否を判断する段階において適切に諸要素が考慮されればそれでよいのである、という論調が強く観察される（本書404～405頁）。この傾向は、特に企業結合審査手続の平成23年見直し後において顕著である。見直し後において公取委の企業結合審査手続が当事会社・代理人から一定の信頼を得たことのひとつの成果であろう（競争の実質的制限の成否判断の段階で適切に考慮されるという信頼がなければ、当事会社・代理人としては、セーフハーバーに該当しないとして次の段階に進む前に、市場画定の段階で全てを考慮してもらおうとして粘る可能性が高まる）。更に、

そのほか、2010年（平成22年）の米国水平企業結合ガイドラインを契機として米国発の市場画定不要論が注目されたことなども、背景にあると考えられる（以上のような状況に対する私の考えは、白石忠志「市場画定不要論について」根岸哲先生古稀祝賀『競争法の理論と課題』（有斐閣、平成25年）において述べた）。

このように、供給の代替性の概念が、他の供給者による牽制力を市場画定段階で考慮しようという機能を期待されているのであるとするなら、平成22年・23年以後の最近の潮流に反するものであって、ついに平成26年度企業結合事例集によってとどめを刺された、というようにも見える。言い換えれば、供給の代替性の概念は、平成22年・23年以後の最近の潮流からみれば一世代前の流行であり、これを明文で書き込んでしまっているのが企業結合ガイドラインである、ということになる。

以上のような潮流のなかで、供給の代替性の考え方によってまとめて1個の検討対象市場とされるのは、そのようにしても市場シェア等に大きな変化がなく、かつ、そのほうが統計資料等を得やすく市場シェアを算出しやすい場合、あるいは少なくとも統計資料等を得にくくならない場合、ということになるであろうか。

以上が、供給の代替性の概念の現状に関する、この概念の導入にあまりコミットしてこなかった一論者による分析である。この概念を当然のように用いている公取委等は、どのような考えで供給の代替性の概念を導入しているのか、どのような場合にはまとめて1個の検討対象市場を画定するのか、どのような場合にはまとめて1個の検討対象市場を画定しないのか、具体的に解説すべきであろう。

```
公取委命令平成27年1月16日・平成27年（措）第2号
審決集61巻142頁
〔福井県経済農業協同組合連合会〕
```

1 事例の概要

　福井県経済農業協同組合連合会（以下「福井県経済連」という）は、福井県所在の11の農協が発注する全ての特定共乾施設工事について施主代行者となっていた。特定共乾施設工事57件のうち15件を除くものについては、福井県の補助事業であることなどにより指名競争入札が行われた。

　福井県経済連は、施主代行者として、次のような行為を行った。①発注のあった施設の既設業者（排除措置命令書4頁）を受注予定者と決定する、②受注予定者に受注希望価格を確認し、当該価格を踏まえて、受注予定者が入札すべき価格を決定し、受注予定者に当該価格で入札するように指示する、③当該価格を踏まえて、他の入札参加者が入札すべき価格を決定し、他の入札参加者に当該価格で入札するように指示する。

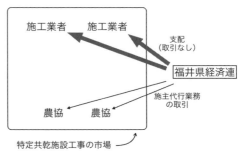

　公取委は、福井県経済連のこの行為が、施工業者の事業活動を支配する支配型私的独占に該当するとして、排除措置命令をした。課徴金納付命令はしていない。

2 課徴金

平成 17 年改正と平成 21 年改正によって私的独占に段階的に課徴金が導入されたあと、課徴金対象となり得る違反類型によって公取委が私的独占を認定したのは本件のみである（公取委命令平成 21 年 2 月 27 日〔JASRAC〕は排除型私的独占を根拠とするものであり、排除型私的独占に課徴金を導入する平成 21 年改正より前であった）。

そうしたところ、本件においても、課徴金納付命令はされなかった。福井県経済連に、課徴金対象となる売上額がなかったからであると考えられる。

この点を敷衍すると、以下の通りである。本件は支配型私的独占であり、本件行為は、特定共乾施設工事という商品役務の対価に係るものであるので、7 条の 2 第 2 項によって課徴金を論ずることになる。ところが、福井県経済連は、本件で、施主代行者としての役務を 11 の農協に売っているだけである。7 条の 2 第 2 項の読替えの部分は、課徴金対象となる売上額として、まず、違反行為者が被支配事業者（本件では施工業者）に供給した「当該商品又は役務」（本件では特定共乾施設工事）または「必要な商品又は役務」の売上額を挙げているが、被支配事業者に対しては本件では何も売っていない。7 条の 2 第 2 項の読替えの部分が掲げる課徴金対象売上額として、違反行為者が「当該一定の取引分野」において供給した「当該商品又は役務」の売上額もあるが、福井県経済連は「当該商品又は役務」に該当する特定共乾施設工事を自ら供給しているわけではない。以上の読み解きに沿う解説が、担当審査官によってされている（関尾順市＝吉兼彰彦＝金井猛・公正取引 777 号（平成 27 年）76 頁）。

なお、本件は、検討対象市場の供給者に対する価格拘束であるが、価格拘束については、その代表者として、再販売価格拘束（resale price maintenance）という言葉が世界的に用いられている。これに対しては、そのような問題をもたらす行為は同じ商品が転々とする「再販売」に限られないのではないかという問題意識ももとより重要であるが、それを超えて、そもそも価格拘束者と価格被拘束者との間に取引関係があること自体が不要なので

はないか、という問題意識があり得た。このような、世界的に普及した既成概念に対する問題提起は、実例がない限り、大勢から一笑に付されるものである。本件は、そのような問題意識に具体例による支援材料を与えた。

3 重複適用の可能性

本件の特定共乾施設工事と基本的には同様の工事である特定農業施設工事について、公取委は、施工業者による入札談合であると構成し、施工業者による不当な取引制限として排除措置命令・課徴金納付命令をしている（公取委命令平成27年3月26日〔穀物乾燥調製貯蔵施設等・北海道以外〕）。

この事件においては、福井県経済連による違反行為の対象となった福井県の工事は、不当な取引制限の認定の対象から除外されている（同事件排除措置命令書2頁の主文1(1)）。この事件の担当審査官解説は、「〔福井県経済連の事件の〕工事の施工業者と本件違反事業者はおおむね一致するところ、福井県経済連が施主代行業務を提供する工事について、施工業者間の相互の意思の連絡や、福井県経済連を介した意思の連絡が行われたとする事実はなく、また本件違反事業者の認識も、当該工事は、本件違反行為の対象ではないとの認識であったことから」、同事件では福井県経済連関係の工事は除外した、としている（関尾順市＝髙木勝＝宮本太介・公正取引780号（平成27年）64頁）。

事実認定がそうであるのなら、以上のような処理は当然だということになるが、かりに、福井県経済連関係の工事において、施工業者が、福井県経済連による支配を受けつつ、自らも意思の連絡を行った場合に、福井県経済連の行為を支配型私的独占としつつ、施工業者の行為を不当な取引制限とすることがあり得るか、という点は、今後のために検討しておくべき課題であろう。

福井県経済連による「支配」を認定するにあたっては、「支配」とは「原則としてなんらかの意味において他の事業者に制約を加えその事業活動における自由なる決定を奪うことをいう」（東京高判昭和32年12月25日〔野田醤油〕（高民集10巻12号785頁））という基準が用いられた旨が解説されている（関尾＝吉兼＝金井・前掲75頁）。この基準を字義通りに読めば、「なんらかの意

味〔での〕制約」であればよく、完全に自由を奪う必要はないように見える（菅久修一編著『独占禁止法〔第2版〕』（商事法務、平成27年）100〜101頁〔伊永大輔執筆〕、山﨑恒＝幕田英雄監修『論点解説 実務独占禁止法』（商事法務、平成29年）135〜138頁〔奥村豪執筆〕、も同旨）。完全に自由を奪ったために支配とされた事案であれば、被支配事業者による不当な取引制限を認定することはできないように思われるが、被支配事業者による自由な選択の余地が十分にあった事案であれば、被支配事業者らによる不当な取引制限が同時に認定されることは、あり得るものと思われる。「支配」や「被支配事業者」という言葉が、その社会的な意味内容とは異なり、法的に上記のように解釈されるのだとすれば、上記のような帰結も生じ得る。

　もちろん、支配型私的独占と不当な取引制限の重複適用でなく、支配事業者に当たる者と被支配事業者に当たる者の全てを不当な取引制限の違反者とするということも、あり得る議論であると思われる。ただし、この場合も、支配事業者が「当該商品又は役務」を供給していなければ、支配事業者については現行法では課徴金は難しい。

　なお、本件における福井県経済連の行為に類似する行為を行ったとされながら、「支配」と言えるほどのものではないとされた模様であるため、施工業者による不当な取引制限の認定のみが行われた事例が、本件と近接した時期に現れている（公取委命令平成27年1月20日〔北海道低温空調設備工事〕におけるホクレンの行為について、遠藤光＝山下剛＝柳田淳一＝藤山晶子・担当審査官解説・公正取引778号（平成27年）68〜70頁）。

東京地判平成 27 年 2 月 18 日〔イメーション対ワンブルー〕

```
●●●●●●●●●●●●●●●●●●●●●●●●●●●●●●●●●●●●●●●●●●●●●●
```

東京地判平成27年2月18日・平成25年（ワ）第21383号
審決集61巻276頁
〔イメーション対ワンブルー〕

1 事例の概要

イメーション（原告）は、ブルーレイディスク製品（BD）を小売店に販売している（判決書において「原告製品」）。

ワンブルー（被告）は、BD に関する標準必須特許のパテントプールを管理運営している。ワンブルーに管理運営を委託している標準必須特許権利者 15 社のうち、原告製品に関係する日本特許をもつ特許権者は 11 社（判決書において「被告プール特許権者」）であって、いずれも標準規格策定団体 BDA において FRAND 宣言（公正・合理的・非差別的な条件でライセンスする旨の宣言）を行っている。

イメーションとワンブルーは、ライセンス交渉を行ったが、提示された内容が FRAND 条件を満たすか否かという点等で折り合わなかった。

ワンブルーは、被告プール特許権者からの委託に基づき、イメーションの取引先であるエディオン、ヤマダ電機、上新電機の小売店 3 社に対し、平成 25 年 6 月 4 日付けで、本件通知書を送付した。ライセンスのない BD の販売は特許権侵害を構成し、原告製品はそれに該当し、差止請求権・損害賠償請求権の対象となる旨が記されていた（判決書において「本件告知」）。

イメーションが、不正競争防止法 2 条 1 項 15 号（平成 27 年法律第 54 号による改正前の本判決当時は 14 号。以下同じ）・3 条 1 項、または、独禁法一般指定 14 項・独禁法 24 条を根拠とした差止請求を行い、同時に、不正競争防止法 2 条 1 項 15 号・4 条・民法 709 条を根拠とした損害賠償請求を行った。

517

本判決は、差止請求をほぼ認容し、損害賠償請求は棄却した。いずれも不正競争防止法を根拠として論じており、独禁法には触れていない。

2 本判決の独禁法上の意義

本件は虚偽の事実の告知流布の事案であり、本判決では不正競争防止法のみが言及を受け、独禁法の出る幕はなかった。そのことには、本件が東京地裁の知的財産権部に係属したことも関係したかもしれない。

しかし、本件を独禁法の観点から検討しておく意義はなお残っている。

第1に、一般指定14項も、少なくとも不正競争防止法2条1項15号と重なる範囲においては、反競争性を必ずしも要件とせず行為者の不正手段に着目してこれを抑止しようとする規定であって、趣旨が共通している。

第2に、不正競争防止法のみで結論を得られる事案であったとしても、原告にとっては適用法条の選択肢が多いに越したことはなく（独禁法差止請求の集中部に係属することもあり得るであろう）、公取委が法的措置をとる場合には独禁法を用いた立論をする必要がある（原告が裁判と並行して独禁法45条1項により公取委に申告することもあり得るであろう）。現に公取委は、その後、本判決と同じ論法で、本件行為は一般指定14項に該当したと明言した（公取委公表平成28年11月18日〔ワンブルー〕）。

第3に、虚偽の事実の告知流布の事案であっても、不正競争防止法2条1項15号には「営業上の信用を害する」という要件があり、本件はともかく、この要件が問題となる事案（例えば、知財高判平成25年3月25日〔保土谷化学工業対出光興産〕）では一般指定14項に独自性が生ずる。

第4に、一般指定14項は競争者に対する取引妨害を包括的に規定している。虚偽の事実の告知流布とは無関係の不正手段事案に適用可能であることは当然であるが（集大阪高判平成26年10月31日〔神鉄タクシー〕）、虚偽の事実の告知流布とその他取引妨害とが並行した場合にまとめて包括的な請求をする場合にも使える。

以下では、不正競争防止法2条1項15号を念頭に置いた判示を、趣旨を同じくする一般指定14項における同様の問題と受け止めて、検討する。

3 競争関係

不正競争防止法 2 条 1 項 15 号にも一般指定 14 項にも「競争関係」という要件がある。

本判決は、「被告は、自ら BD の販売を行う者ではないが、BD の販売を行っているパナソニックやソニー……の参加する被告パテントプールを管理・運営するパテントプール団体であり、被告プール特許権者からの委託を受けて本件告知を行ったのであるから……、被告は、競業者である被告プール特許権者のいわば代理人的立場にある者として、原告との間に競争関係を認めることができ」るとした（裁判所 PDF 39 頁）。一般指定 14 項についても同様の事例がある（東京高判平成 17 年 1 月 27 日〔日本テクノ〕（審決集 51 巻の 969 頁））。

4 虚偽の事実

不正競争防止法 2 条 1 項 15 号では「虚偽の事実」を告知したことが明文の要件となっている。一般指定 14 項でも、内容が虚偽であれば告知行為は不正手段であり「不当に」（公正競争阻害性）の要件を満たす。

本判決は、サムスン対アップル知財高裁判決・決定が構築した FRAND 宣言付き標準必須特許をめぐる判断枠組みをそのまま用い、これを本件事案に当てはめて、本件告知は虚偽の事実を告知したものであるとした（裁判所 PDF 40 ～ 45 頁）。知財高裁の枠組みによるとしても、ワンブルーから提示されたライセンス料が FRAND 条件を満たすか否かについて争いは生じ得る。ところが本件告知は、差止請求権の対象ともなる、と述べていた。知財高裁の枠組みでは、相手方が FRAND 条件によるライセンスを受ける意思を有する限り、FRAND 宣言付き標準必須特許について差止請求は認められない（知財高決平成 26 年 5 月 16 日〔サムスン対アップル標準必須特許差止請求 I〕）。本判決は、イメーションにはライセンスを受ける意思があると認定したうえで（裁判所 PDF 44 頁）、差止請求権は認められないのであるから「虚

東京地判平成 27 年 2 月 18 日〔イメーション対ワンブルー〕

偽の事実」の告知である、とした（裁判所 PDF 45 頁）。

5 将来の侵害・損害に着目した差止め

　独禁法 24 条によれば、将来の侵害・損害の「おそれ」だけでも差止めを求めることができるが、口頭弁論終結時に問題の行為が現存しない場合には、将来の侵害・損害の「おそれ」の立証が相対的に難しくなる。それを根拠として差止請求を棄却した事例が複数存在する（本書 436 ～ 438 頁）。

　この点について本判決は、「被告は、過去に不正競争を行い、本訴においてこれが不正競争に該当することを争っているのであるから、この点を踏まえても、差止めの必要性は否定されない」（裁判所 PDF 48 頁）としている。この判示における「不正競争」とは、不正競争防止法 2 条 1 項 15 号該当行為という意味であると考えられる。

6 故意過失

　本判決は、損害賠償請求について、前記 4 の知財高裁の判断枠組みが示されるよりも前の行為であったことや、それまでの議論の状況に言及したうえで、「被告は、……本件告知が虚偽の事実の告知となることを、本件告知の時点では知らなかったものであり、そのことにつき過失もなかったと認めるのが相当である」（裁判所 PDF 50 頁）とした。

　本判決は、この点を損害賠償請求のみに結びつけ、差止請求を認容する際には論じていない。過去には、知的財産権にかかわる虚偽の事実の告知の事案において、故意過失がないことを理由に差止請求が棄却されたこともあった（独禁法が登場した例として、集東京高判平成 18 年 9 月 7 日〔教文館〕）。

　つまり本判決は、法的基準が明確に定まっていなかった時期の行為について、差止めは認め、金銭賦課は認めなかった。課徴金賦課に裁量が認められる EU 競争法において、標準必須特許の行使につき、競争法違反だが課徴金は課さないという処理をした欧州委員会の判断（Case AT.39985 - Motorola, paras. 559-561（2014））と通底する。

最判平成 27 年 4 月 28 日〔JASRAC〕

```
●●●●●●●●●●●●●●●●●●●●●●●●●●●●●●●●●●●●●●●●●●●●●●●●

         最判平成27年 4 月28日・平成26年（行ヒ）第75号
         民集69巻 3 号518頁
         〔JASRAC〕

```

1 事例の概要

(1) 事実関係

本判決が前提とした本件の事実関係は、以下のとおりである（判決書1～6頁）。ここで「　」を付した語は、いずれも、最高裁判決において定義されている。JASRAC は日本音楽著作権協会の略称である。

JASRAC（名宛人、被審人、原審参加人、上告参加人）は、音楽著作権者から委託を受けて音楽著作物の利用許諾等の管理事業を行う「管理事業者」である。管理事業者が管理する音楽著作物を「管理楽曲」という。

音楽著作権管理事業に係る市場は管理委託に関するものと利用許諾に関するものとに大別される。後者の市場のうち、放送事業者による管理楽曲の放送利用に係る利用許諾に関するものを「本件市場」という。

平成 13 年 10 月の著作権等管理事業法の施行による音楽著作権管理事業の許可制から登録制への移行に伴い、新規参入者は現れたが、JASRAC が大部分の音楽著作権について管理の委託を受けている状況は継続していた。また、本件市場において放送使用料の収入を得て事業を行っていた管理事業者は、イーライセンスが平成 18 年 10 月に本件市場に参入するまでは、JASRAC のみであった。

放送事業者と JASRAC との間では、JASRAC の管理楽曲の全てについてその利用を包括的に許諾する利用許諾契約が締結されている。これを「包括

521

許諾」という。

この場合の「放送使用料」（管理楽曲の「放送利用」に係る使用料）の算定方法としては、1曲1回ごとの料金として定められる金額に管理楽曲の利用数を乗じて得られる金額とする方法（「個別徴収」）と、包括的に定められる金額とする方法（「包括徴収」）とがある。

JASRAC が著作権等管理事業法に基づいて文化庁長官に届け出た使用料規程においては、年間の包括許諾による包括徴収による場合と、個別徴収による場合とが、定められていた。包括徴収の場合には、ある年度における個々の放送事業者の放送使用料は、当該放送事業者の当該年度の前年度における放送事業収入に所定の率を乗じて得られる金額としていた。本判決では、このような徴収方法を「本件包括徴収」と呼び、JASRAC がほとんど全ての放送事業者との間で本件包括徴収による利用許諾契約を締結しこれに基づく放送使用料の徴収をする行為を「本件行為」と呼んでいる。

本判決については詳細な調査官解説がある（清水知恵子・法曹時報 69 巻 8 号（平成 29 年））。そこでは、本判決・本件排除措置命令と、本件審決とでは、「包括徴収」や「本件包括徴収」という言葉の使い方に相違がある旨が適確に指摘されている（清水・前掲 2285 ～ 2286 頁注 9）。本稿では、本判決・本件排除措置命令の用語法に倣う。

(2) 手続の推移

公取委は、本件行為が排除型私的独占（2 条 5 項）に該当するとして排除措置命令をした（公取委命令平成 21 年 2 月 27 日）。

平成 21 年改正によって排除型私的独占には課徴金が導入されているが（7 条の 2 第 4 項）、その施行日（平成 22 年 1 月 1 日）より前であったので、課徴金納付命令はされていない。

排除措置命令を不服とする JASRAC が審判請求を行ったため、審判手続が開始された。

JASRAC は、平成 25 年改正前 70 条の 6 に基づき、1 億円の保証金の供託により排除措置命令の執行を免除する旨の東京高裁決定を平成 21 年 7 月 9 日に得た（平成 21 年 8 月 6 日の JASRAC 公表文によりこのことは知られていた

が、後記 *6* の保証金没取決定書 4 頁で確認できる）。

　公取委は、審判手続の結論である審決によって、本件排除措置命令を取り消した（公取委審判審決平成 24 年 6 月 12 日）。

　本件審決は、争点として、以下の 5 つを掲げていた（審決案 14 ～ 15 頁）。

　　争点 1　排除効果

　　争点 2　正常な競争手段の範囲を逸脱するような人為性

　　争点 3　一定の取引分野における競争の実質的制限

　　争点 4　公共の利益に反して

　　争点 5　排除措置命令の必要性・実施可能性

　本件審決は、争点 1 について否定の結論を得て、他の争点を検討するまでもなく違反要件は満たされない、とした（審決案 80 ～ 81 頁）。審決が引用した審決案は平成 24 年 2 月 1 日に審判官によって作成されている。これが翌 2 月 2 日に送達された旨を、JASRAC が同日に公表している。審決案に対しては被審人と審査官のいずれからでも異議申立てが可能であり（平成 25 年改正前に存在した公正取引委員会の審判に関する規則 75 条）、また、被審人からは申出をすれば委員会に対する直接陳述をすることができたが（平成 25 年改正前独禁法 63 条）、いずれも、なかった模様である（もしあれば審決の前文にその旨が記載されるのが例であるが本審決にはそのような記載がない。）。

　このような本件審決に対し、JASRAC と競争関係にある管理事業者であるイーライセンスが原告となり公取委を被告として取消請求を行ったのが、本件訴訟である（三野明洋『やらまいか魂　デジタル時代の著作権 20 年戦争』（文藝春秋企画出版、平成 27 年）は、複数の公取委出身者が参加した内部検討の過程等を描いており、資料として貴重である）。東京高裁での裁判官は、飯村敏明裁判長をはじめ、5 人全員が知財高裁所属の裁判官であったが、通常の公取委審決取消訴訟と同様、東京高裁第 3 特別部として、審理を行った（知財高裁は東京高裁の一部である（知的財産高等裁判所設置法 2 条））。JASRAC は行訴法 22 条 1 項により訴訟参加した（東京高裁判決書 4 頁）。

　東京高裁は、原告適格を肯定し、排除効果の成立を認めて、本件審決を取り消す旨の判決をした（東京高判平成 25 年 11 月 1 日）。

　この東京高裁判決について、公取委が上告受理申立てをし（平成 25 年 11

月 13 日の事務総長定例会見記録）、JASRAC が上告および上告受理申立てを
した（平成 25 年 11 月 13 日のプレスリリース）。

最高裁は、これらについて以下のように決定した。すなわち、時間的に先
んじた公取委の上告受理申立てについて上告を受理し（最決平成 27 年 4 月 14
日〔JASRAC 上告受理申立て公取委分〕）、JASRAC の上告受理申立てを二重上
告受理の申立てであるとして不適法とし（最決平成 27 年 4 月 14 日〔JASRAC
上告受理申立て JASRAC 分〕）、JASRAC の上告を棄却した（最決平成 27 年 4
月 14 日〔JASRAC 上告〕）。そして、公取委の上告受理申立てについて受理す
ることとしたものの、公取委の上告受理申立て理由の全部と JASRAC の上
告受理申立て理由の一部（原告適格や実質的証拠法則に関するもの）は排除し、
JASRAC の上告受理申立て理由に書かれていた排除効果の論点のみを上告
理由とした（民訴法 318 条 3 項・4 項）。JASRAC の上告受理申立て理由書は、
公取委の上告受理申立てに係る申立て理由の提出期間内に提出されたので、
適法な申立て理由の追加として取り扱われた、と解説されている（清水・前
掲 2287 頁注 15）。JASRAC が排除効果に触れた僅かな記述が、最高裁によっ
て踏み台として使われ、本判決につながったことになる。

本判決は、上告を棄却し、審決を取り消す判断を確定させた。排除効果の
成立を認め、人為性について傍論判示をした。

審決が取り消されると、公取委は、判決の趣旨に従い、改めて、審判請求
に対する審決をすることになる（平成 25 年改正前 82 条 2 項）。審決が取り消
されただけであり、その前段階の審判手続は活きている。公取委は審判手続
再開決定をし、審判手続へのイーライセンスの参加決定およびイーライセン
スによる参加取下書の提出を受けた参加取消決定を経つつ、審判手続を行っ
ていた（後記平成 28 年 9 月 14 日公取委公表文）。一般論としては、審決取消
しのあと判決の趣旨に従った審決をするために必ず審判手続を再開しなけれ
ばならないわけではないが、本件では、排除効果の成否以外の各要件につい
て判断する必要があったことを考慮して、再開したものと考えられる。

そうしたところ、平成 28 年 9 月 9 日、JASRAC が、平成 21 年に行った
審判請求を取り下げ、排除措置命令が確定した（平成 25 年改正前 52 条 5 項）。
平成 28 年 9 月 14 日に、公取委と JASRAC の双方から公表されている。公

最判平成 27 年 4 月 28 日〔JASRAC〕

取委のウェブサイト「審判予定」の当時の記載によれば、9 月 26 日に弁論期日が予定されていた。この日が、取下げの期限とされる「最終の審判の期日」（平成 25 年改正前 52 条 4 項）であった模様である。

　排除措置命令が確定したことを受けて、公取委は、平成 25 年改正前 70 条の 7 に基づき、執行免除のため JASRAC から供託されていた保証金 1 億円の没取を申し立てた。東京高裁は、1 億円のうち 3000 万円を没取する決定をした（東京高決平成 29 年 2 月 14 日〔JASRAC 保証金没取申立て〕）。

2　平成 20 年代の 3 件の最高裁判決の共通点

　平成 20 年代には、NTT 東日本判決（集最判平成 22 年 12 月 17 日）、多摩談合判決（集最判平成 24 年 2 月 20 日）、JASRAC 判決、と 3 件の最高裁判決があった（平成 29 年 9 月現在）。これらに共通する点があるように思われる。

　それは、本来の争点は他にあるのに、それらは簡単に済ませられるか触れられずに終わり、その事案での結論を分けそうにない争点に判示の重点が置かれて民集の判示事項となった、という点である。NTT 東日本判決では、特に因果関係が結論を分ける争点であったのに 1 文で済まされ、最高裁が前提とした事実によれば結論を分けそうにない「排除」に判示の重点が置かれた（本書 365 〜 366 頁）。多摩談合判決では、個別の物件における行為と弊害が結論を分ける争点であるのに簡単に済まされ、基本合意が違反要件を満たすかという結論を分けそうにない点に判示の重点が置かれた（本書 418 〜 421 頁）。JASRAC 判決では、結論を分ける正当化理由の争点がそもそも最高裁に上がってきていない（後記 *3*(5)）。

　このような最高裁判決がされたことの背景には、結論を分ける争点が何であったのかが正解されていなかったとみられる例もあるが（多摩談合判決）、そうではないものもある。結論を分ける争点であるか否かにかかわらず、教科書的に重要とされる主要な要件について最高裁が考え方を示し、独禁法分野における裁判所の存在感をアピールすることに主眼があったのではないか、とも考えられる。NTT 東日本判決の調査官解説は、そのことを比較的明瞭に論じている（本書 367 頁）。

525

3 違反要件

(1) 前 提

(a) 判断の対象・判断基準時

平成 25 年改正前の手続規定による審決取消訴訟において裁判所が当否を判断する対象は、審決である（平成 25 年改正前 77 条 3 項）。

尤も、審決は、原処分である排除措置命令・課徴金納付命令（本件では排除措置命令のみ）の当否を判断するものである（平成 25 年改正前 66 条）。

したがって、審決取消訴訟において裁判所は、原処分の日を基準とした場合の原処分の当否を判断したところの審決の当否を判断する、という意味において、原処分の日を判断基準時とすることになる。独禁法では、公取委の命令の確定が 25 条の損害賠償請求の訴訟要件となり、また、多くの主要な違反類型では違反の認定に課徴金が必然的に伴う（7 条の 2 第 1 項・第 2 項・第 4 項、20 条の 6 など）。したがって、審決にとっての判断基準時としては、審決時説（行政法分野にいう判決時説）でなく命令時説（行政法分野にいう処分時説）が採られている（排除措置命令の後の事情を参酌して排除措置命令の当否を判断する審決をすべきであるという主張を退けた例として、公取委審判審決平成 25 年 7 月 29 日〔ニンテンドー DS 用液晶モジュール等シャープ〕（審決案 93 頁））。調査官解説も、これを前提とした説明を行っている（清水・前掲 2286 頁注 11）。

同様に、平成 25 年改正による審判制度廃止後の命令取消訴訟における裁判所の判決についても、命令時説が採られるであろう。

(b) 用 語

NTT 東日本最高裁判決や排除型私的独占ガイドラインは 2 条 5 項の「排除し」を「排除行為」と呼んでいるが、条文が用いている表現ではないためか、本判決は「排除行為」という言葉は用いていない。

また、NTT 東日本最高裁判決は「競業者」という言葉を用いたが、本判決はこの言葉も用いていない。「競業者」は、知的財産法事件などで裁判所

が多用する言葉であるが、法令には用例がない。独禁法の諸条文では「競争者」と呼んでおり、調査官解説も同様である（清水・前掲）。

(2) 排除効果

(a) 2条5項の「排除」をめぐる本判決の抽象的一般論

2条5項の「排除」について、本判決は次のように判示した。「本件行為が独占禁止法2条5項にいう『他の事業者の事業活動を排除』する行為に該当するか否かは、本件行為につき、自らの市場支配力の形成、維持ないし強化という観点からみて正常な競争手段の範囲を逸脱するような人為性を有するものであり、他の管理事業者の本件市場への参入を著しく困難にするなどの効果を有するものといえるか否かによって決すべきものである（〔NTT東日本最高裁判決〕参照）」（判決書6～7頁）。

調査官解説は、「他の管理事業者の本件市場への参入を著しく困難にするなどの効果」を「排除効果」と略称し、「自らの市場支配力の形成、維持ないし強化という観点からみて正常な競争手段の範囲を逸脱するような人為性」を「人為性」と略称している（清水・前掲）。

「排除効果」と「人為性」の相互関係については後記(3)で論ずることとし、以下ではまず、本判決が排除効果に関する判示であるとしている部分について、分析する。

(b) 排除効果は蓋然性で足りるか

排除効果が成立するためには、排除の結果が現実に発生している必要はあるか、それとも、排除の蓋然性で足りるか、という問題がある。

排除型私的独占ガイドライン第2の1(1)は、「他の事業者の事業活動が市場から完全に駆逐されたり、新規参入が完全に阻止されたりする結果が現実に発生していることまでが必要とされるわけではない」としている。結果の現実の発生が不要であるということは、蓋然性で足りる、とも表現できる。

本判決も、他の管理事業者が現実に新規参入を完全に阻止されたことは認定しておらず、それでも排除効果の成立を肯定したのであるから、蓋然性だけで足りた一例であるということになる。調査官解説が、そのような法解釈を明確に確認している（清水・前掲2267頁、2274頁、2291頁注27）。

527

最判平成 27 年 4 月 28 日〔JASRAC〕

(c) 本件における排除効果をめぐる本判決の具体的判断

本判決は、排除効果の成否を判断するための考慮要素について、次のように判示した（清水・前掲 2267 頁は、本判決は排除効果の成否の一般的判断基準を定立していないとし、以下の考慮要素は本件に即したものであることを強調している）。「そして、本件行為が上記の効果を有するものといえるか否かについては、①本件市場を含む音楽著作権管理事業に係る市場の状況、②参加人及び他の管理事業者の上記市場における地位及び競争条件の差異、③放送利用における音楽著作物の特性、④本件行為の態様や⑤継続期間等の諸要素を総合的に考慮して判断されるべきものと解される」（判決書 7 頁。①〜⑤という番号は白石が付加した）。

本判決はこれを本件事案に当てはめて詳細な判示をし（判決書 7 〜 9 頁）、その締めくくりとして次のように述べた（判決書 9 頁）。「以上によれば、参加人の本件行為は、本件市場において、音楽著作権管理事業の許可制から登録制への移行後も大部分の音楽著作権につき管理の委託を受けている参加人との間で包括許諾による利用許諾契約を締結しないことが放送事業者にとっておよそ想定し難い状況の下で、参加人の管理楽曲の利用許諾に係る放送使用料についてその金額の算定に放送利用割合が反映されない徴収方法を採ることにより、放送事業者が他の管理事業者に放送使用料を支払うとその負担すべき放送使用料の総額が増加するため、楽曲の放送利用における基本的に代替的な性格もあいまって、放送事業者による他の管理事業者の管理楽曲の利用を抑制するものであり、その抑制の範囲がほとんど全ての放送事業者に及び、その継続期間も相当の長期間にわたるものであることなどに照らせば、他の管理事業者の本件市場への参入を著しく困難にする効果を有するものというべきである。」

以上のような本判決の判示が、形式的には人為性を含まず、排除効果のみに関するものであることは、上記引用部分前半の「上記の効果」という表現や、上記引用部分後半末尾の表現からわかる。

著作権管理事業が、著作者らとの川上取引と利用者との川下取引とから成り立ち、「二面市場」と呼ばれることに鑑みて、①には川下である「本件市場」を含む複数の市場が登場し、②ではそれらをまとめて「上記市場」と呼

んでいる（清水・前掲 2269 頁）。これらの相互作用を見ながら、「本件市場」における排除効果の成否を判断することになる。尤も、複数の市場を見ながら判断することは多くの事案において昔から行われてきたのであり、「二面市場」なるものが最近において急に現れたわけではない。

なお、本件審決においては、結果として（後記(f)）、大塚愛の「恋愛写真」を中心とする平成 18 年 10 月前後のエピソードに力点が置かれたわけであるが、本件審決を取り消した本件東京高裁判決は、そのエピソードについて本件審決とは異なる評価をしたという面もあるものの（東京高裁判決書 58 〜 94 頁）、その全体においては、このエピソードはどちらかというと後景に退かせ（東京高裁判決書 97 頁の(3)）、本件行為が市場に与える一般的影響に関する認識を前面に出しているように見受けられた（東京高裁判決書 95 〜 96 頁の(1)と(2)）。本判決は、最高裁判決であるから下級審判決よりは簡潔となるという側面も相俟って、本件行為が市場に与える一般的影響を正面に据える傾向が更に強まっている（清水・前掲 2274 頁、2291 頁注 27 も、以上のような見方を肯定している）。

(d)　排除型私的独占ガイドラインとの対比

本件行為は、排除型私的独占ガイドラインが例示する行為のなかでは、「排他的取引」に準ずる。JASRAC が放送事業者に対して他の管理事業者と取引しないよう求めたわけではないが、本件包括徴収という放送使用料算定方法は、「放送事業者が他の管理事業者に放送使用料を支払うとその負担すべき放送使用料の総額が増加するため、……放送事業者による他の管理事業者の管理楽曲の利用を抑制する」（判決書 9 頁）という影響をもたらすからである。

「排他的取引」が「排除」に該当するか否かの「判断要素」として、排除型私的独占ガイドライン第 2 の 3(2)は、「商品に係る市場全体の状況」、「行為者の市場における地位」、「競争者の市場における地位」、「行為の期間及び相手方の数・シェア」、「行為の態様」、を掲げている。これらは、本判決の考慮要素①〜⑤と符合している（分け方は全く同じではない。③の「音楽著作物の特性」も、ガイドラインでは「商品の特性」という表現で「商品に係る市場全体の状況」の要素の説明のなかに現れている）。調査官解説は、本件行為と排

他的取引とが同種のものであることを指摘した上で、以上のような見方を肯定している（清水・前掲2267〜2268頁）。さらに調査官解説は、本判決における考慮要素とNTT東日本判決における考慮要素とが重なり合っていることを指摘し、これは排他的取引と供給拒絶とで共通する部分が多いためであるとしている（清水・前掲2289頁注20）。

本判決は、「その抑制の範囲がほとんど全ての放送事業者に及び」と述べている（判決書9頁）。この認定が、排除型私的独占ガイドラインが強調する「他に代わり得る取引先を容易に見いだすことができない競争者の事業活動を困難にさせる」という要素を最もよく反映している。

(e) 音楽著作物の代替的な性格

「音楽著作物の特性」に関連して、本判決は特に、「楽曲の放送利用における基本的に代替的な性格」を強調している。本件審決がこの点の事実評価について両論併記にとどめていたため（審決案42頁）、これを意識したものと考えられる。かりに、代替的な性格がなく、音楽著作物がそれぞれ独自の特徴をもち、需要者（放送事業者）の芸術的感性からみて特定の場面ごとには唯一の楽曲しかあり得ないのであれば、JASRACと他の管理事業者は競争関係に立たず、JASRACの本件行為が他の管理事業者を排除することもあり得ないことになるからである。逆に、代替的な性格があれば、本件行為が他の管理事業者に対する排除効果を持ったという認定につながりやすい。

(f) 本件審決は蓋然性では足りないとしたか

前記(b)のように、本判決を含め、排除効果の認定においては排除の結果が現実に発生している必要はなく、蓋然性で足りると解されている。

そうしたところ、排除効果の成立を否定した本件審決に対して、この審決は排除効果の成立を認定するためには蓋然性では足りないという一般論を立てたものである旨の主張をして、これを批判する文献が多い。

以下ではそのうち、その存在感により引用されることも多い根岸評釈（根岸哲・本判決評釈・公正取引777号（平成27年））だけに絞って、その主張に根拠があるか否かを検証することとする。

根岸評釈は、次のように述べる。「本件審決は、JASRACの本件行為が放送事業者による他の管理事業者の楽曲の利用を抑制する効果を有することを

認めたが、『排除行為』の要件を満たすためには、これでは足りず、本件行為が『実際に』イーライセンスの管理事業を困難にし、イーライセンスの参入を『具体的』に排除した等として、それを根拠に本件行為が排除効果を有すると断定できることが必要であるとし、本件ではそこまで断定することはできないことから、『排除行為』の要件を満たさないと結論付けた」（前掲評釈69頁）。

　根岸評釈を本件審決と照合すると、以下のように分析できる。

　まず、本件審決は、確かに、「放送事業者が他の管理事業者の管理楽曲を利用することを抑制する効果を有し」とは言っているが、そのうえで本件審決は、本件行為が、「新規参入について、消極的要因となることは、否定することができない」（審決案41頁）とし、「本件行為が他の事業者の上記分野への新規参入を困難にする効果を持つことを疑わせる一つの事情ということができる」（審決案41〜42頁）としている。放送事業者が他の管理事業者の管理楽曲を利用することを抑制したとしても、それだけで排除効果があるとされるわけではないことは、本判決（最高裁判決）においても、同じであろう。上記のような抑制効果は、排他的取引の拘束を行ったという認定と同等のものであり、排他的取引を行ったからといって排除効果があるということにはならない。本件審決は、排除効果があるとするには「諸般の事情を総合的に考慮して検討する必要がある」と述べ、その「諸般の事情」について、「放送等利用に係る管理楽曲の利用許諾分野における市場の構造、音楽著作物の特性（代替性の有無、その程度等）、競業者の動向、本件行為及びその効果についての被審人の認識、著作権者から音楽著作権の管理の委託を受けることを競う管理受託分野との関連性等、多様な事情が考えられる」としている（審決案42頁）。これは、本判決や本件東京高裁判決が、排除効果の成立を認める際に検討した考慮要素と実質的に同じである。言い換えれば、本判決や本件東京高裁判決も、放送事業者に対する抑制効果だけをもって排除効果があるとしたわけではない（清水・前掲2270〜2274頁は、そのような構造を明確に解説している）。

　次に、本件審決は、他の管理事業者の参入が「実際に」「具体的に」排除されたことが必要であるとは、言っていない。本件審決は、上記のような抑

制効果を超える何かを求めたのは確かであるが、それは、上記の「諸般の事情」をみて判断するとした。そうしたところ、本件審決によれば、「審査官は、〔JASRACが〕……実際に……具体的に排除した等として、それを根拠に本件行為に排除効果があったと主張するので、以下、その主張の成否を検討する」（審決案42〜43頁。強調点は白石による）として、大塚愛の「恋愛写真」などに関する平成18年10月前後のエピソード等に関する具体的な認定（審決案43〜79頁）に入ったのである。「実際に」「具体的に」と、本件審決（審判官）が述べたのであるかのように根岸評釈は論じているが、そうではなく、審査官が述べた（と本件審決が位置付けた）のである。

　そして本件審決は、「実際に」「具体的に」排除した等とする審査官の主張を退けたあと、「そして、他に、本件行為が競業者の放送等利用に係る管理事業への新規参入を著しく困難にすることを認めるに足りる主張立証はない」（審決案80頁）と述べて、排除効果の成立を否定した。これは、立証責任のある審査官が、上記の「諸般の事情」について、「実際に」「具体的に」排除した等とする主張以外の主張を行っておらず、しかも行った主張の立証に失敗したことをもって排除効果の成立を否定したものである。本件審判手続における審査官の主張立証の状況が本件審決（審判官）の言うとおりであったのだとすれば、排除効果の成立を否定するのは自然な結論であるように思われる。

　なお、根岸評釈は、本件審決が蓋然性では足りないとしたとの分析の根拠のひとつとして、本件審決が「断定」を必要とした、という点を挙げている。しかし、論理の問題として、蓋然性の存否を断定する、ということは、自然にあり得ることであり、「断定」を必要としているから蓋然性では足りないとしている、という理解は、論理の初歩を誤ったものであるように思われる。

　以上のように、本件審決は、一般論として蓋然性を超えるものを求めた、とは言えない。本判決や本件東京高裁判決が、同様の一般論のもとで排除効果の成立を認めたのは、本件審決との間で法律論（法解釈）が異なったからではなく、審査官が主張しなかったが審判段階で提出された証拠によって認定できる事実によって（本件審決がいう）「諸般の事情」を考慮し排除効果の成立に必要な蓋然性を「断定」できたためである、と理解するのが、適確で

最判平成 27 年 4 月 28 日〔JASRAC〕

ある。

⑶ 人為性

⒜ 本判決の判示

本判決は、排除効果の成立を認める判示をし、原審判決を是認し本件審決を取り消す旨の結論に至ったあと、「人為性」について、次のように判示した。

「なお、〔本件の事実関係〕に鑑みると、大部分の音楽著作権につき管理の委託を受けている参加人との間で包括許諾による利用許諾契約を締結しないことが放送事業者にとっておよそ想定し難い状況の下で、参加人は、……その使用料規程において、放送事業者の参加人との利用許諾契約の締結において個別徴収が選択される場合にはその年間の放送使用料の総額が包括徴収による場合に比して著しく多額となるような高額の単位使用料を定め、これによりほとんど全ての放送事業者が包括徴収による利用許諾契約の締結を余儀なくされて徴収方法の選択を事実上制限される状況を生じさせるとともに、その包括徴収の内容につき、放送使用料の金額の算定に管理楽曲の放送利用割合が反映されない本件包括徴収とするものと定めることによって、……放送使用料の追加負担によって放送事業者による他の管理事業者の管理楽曲の利用を相当の長期間にわたり継続的に抑制したものといえる。このような放送使用料及びその徴収方法の定めの内容並びにこれらによって上記の選択の制限や利用の抑制が惹起される仕組みの在り方等に照らせば、参加人の本件行為は、別異に解すべき特段の事情のない限り、自らの市場支配力の形成、維持ないし強化という観点からみて正常な競争手段の範囲を逸脱するような人為性を有するものと解するのが相当である」（判決書 9 ～ 10 頁）。

⒝ NTT 東日本事件と JASRAC 事件の関係

NTT 東日本最高裁判決は、前年に策定された排除型私的独占ガイドラインにおいてさえ用いられていなかった人為性という文言を用いたのであるが、そこでは排除効果と人為性が最後まで一体化しており、言い換えれば、人為性というものに独自の存在意義があるわけではないという受け止め方も可能であった（NTT 東日本判決書 10 ～ 12 頁）。

533

ところが、ともあれNTT東日本判決で最高裁が人為性なるものに言及したため、同判決時に係属中であった本件（JASRAC事件）審判手続では人為性が排除効果とは独立の争点として位置付けられた（前記1(2)）。しかも、本件審決が多数の論点のうち排除効果だけを否定して排除措置命令を取り消したため、排除効果の争点だけが切り離されて最高裁まで上がってきた。最高裁としてはNTT東日本判決で排除効果と一体のものとして添えただけであったはずの人為性なるものが、本件では、本件審決を取り消した後の公取委審判手続において争点とされるべき独立の「要件」としての地位を確立してしまっていたわけである。

最高裁としては、NTT東日本判決において一体のものとされていた排除効果と人為性が、JASRAC事件の複雑な経緯のなかで泣き別れとなり、排除効果だけについて判断することを余儀なくされることとなった。

本判決の判示（前記(a)）は、人為性について本判決後の公取委の判断を拘束するわけではないことを念のため示しつつ、実質的には人為性の判断と排除効果の判断とが重なるはずであることを示そうとしたものであるように思われる（清水・前掲2275頁）。

(c) 人為性に関する一般論

本判決は、人為性について本件の事案に当てはめた判断（後記(d)）をしただけであり、一般論は定立していない。

人為性について、NTT東日本最高裁判決の調査官解説は、ほとんど解説していなかった（岡田幸人・NTT東日本判決調査官解説・最判解民事篇平成22年度下815～824頁）。

そうしたところ、本判決の調査官解説は、明確で詳細な解説を行っている。それによれば、人為性とは、商品役務の優秀性（「良質で廉価な商品や役務」）以外の方法によって他の事業者を排斥するという意味での作為性・意識性があることを指すとされている。主観的要件としての意図・目的を違反要件とするのは適切ではないが、だからといって商品役務の優秀性によって他者が退出するだけで「排除」とされるのも適切でない、という議論の流れがある旨が解説されている（以上、清水・後掲2275～2277頁。同2291～2292頁注29は、今村成和『独占禁止法〔新版〕』（有斐閣、昭和53年）54～56頁、今村成

和『私的独占禁止法の研究』（有斐閣、昭和 31 年）33 ～ 37 頁、47 頁、を引用している（後者は、昭和 44 年の再版増補版において『私的独占禁止法の研究（一）』とされたものと同じ内容である））。

　商品役務の優秀性による排斥を違反としないようにしたいのであるならば、人為性という概念を持ち出さなくとも、そもそもそのような場合には独禁法規制対象となり得る行為がない（人為性とは、そのような行為があることと同義である）と位置付けるほうが、他者排除型の不公正な取引方法（行為要件が条文に規定されている）との統一した議論がしやすいようにも思われる。

　なお、正当化理由の有無は、人為性の概念には含まれないとされる（清水・前掲 2294 頁注 36）。本件では、本来、正当化理由が最大の争点となったはずであると考えられるが、これは、競争の実質的制限の要件のなかで考えることになる（後記(5)）。調査官解説も、そのような整理の仕方を否定していない（清水・前掲 2294 頁注 36）。

　結局、最高裁判決・調査官解説の枠組みによれば、2 条 5 項の排除型私的独占は、「排除」の要件において人為性（行為）と排除効果を論じ、「一定の取引分野における競争を実質的に制限する」の要件において正当化理由なく競争変数を左右しているか否かを論ずることになる。

(d)　本件事案に即した人為性の成否に関する判示

　人為性に関する本判決の判示（前記(a)）は、行為者の相手方である放送事業者に対する関係で、「余儀なくされ」や「抑制」という言葉を用いている。これは、類型的に人為性が認められやすいコスト割れ廉売・抱き合わせ・排他条件付取引などとは異なり、本件行為については直ちに人為性を認めることはできず、排除効果の判断とは別途の考慮が必要であるからであると解説されている。廉売は、コスト割れであれば人為性が認められ、抱き合わせや排他条件付取引は排除効果があれば人為性が認められるが、本件行為のように競争者と取引しないよう求めているわけではない場合にはそのようには言えない、という趣旨であると分析できる（以上、清水・前掲 2277 ～ 2281 頁）。

　しかし、排除事件一般に目を転ずると、行為者の相手方が行為者とだけ取引してしまうようなインセンティブを仕組んだ取引枠組みを行為者が設定し、それが競争者の排除につながって、問題となる事案もあり得る。そのような

取引枠組み自体が、排他的取引と同様に行為要件を満たすのであり、そこにおいて（相手方におけるインセンティブを高める仕組みであることを超えて）相手方に対する抑圧性を必要とする理由は定かではない。調査官解説の主張は、本判決が人為性との兼ね合いで抑圧性を論じてしまったことを擁護しようとして、抱き合わせや排他条件付取引との違いを際立たせようとしているように思われるが、若干の無理があるように思われる。

(4) 行為と排除効果の因果関係

(a) はじめに

本件審決は、大塚愛の「恋愛写真」を中心とした平成18年10月前後のエピソードに力点を置いた判示をしていた（前記(2)(f)）。本判決・本件東京高裁判決によって結論として取り消され、また、エピソード自体にも異なる法的評価が与えられたため、埋もれがちであるが、本件審決の判示それ自体は法的に興味深いものであるので、以下、若干、取り上げる。一言でいえば、行為と排除効果の因果関係に関することである。

なお、以下に見る諸点は、因果関係の存否を総合的に判断する際のいくつかの断面において登場しているものに過ぎない。ただ、そのことを踏まえたうえであれば、それぞれの断面にミクロ的に生起した法的現象を指摘することにも、意味があるのではないかと思われる（以下で触れることは、白石忠志「独禁法における因果関係」石川正先生古稀記念論文集『経済社会と法の役割』（商事法務、平成25年）にも盛り込んだ）。

(b) 「主たる原因」

本審決は、「イーライセンスの管理事業の実態」と題する判断（審決案64〜71頁）を締めくくるにあたり、次のように述べている。

「以上によれば、放送事業者がイーライセンス管理楽曲の利用につき慎重な態度をとったことの主たる原因が、被審人と放送事業者との間の包括徴収を内容とする利用許諾契約による追加負担の発生にあったと認めることはできず、むしろ、イーライセンスが準備不足の状態のまま放送等利用に係る管理事業に参入したため、放送事業者の間にイーライセンス管理楽曲の利用に関し、相当程度の困惑や混乱があったことがその主たる原因であったと認め

るのが相当である」（審決案 71 頁）。

　本件行為が「主たる原因」ではないと述べているのであって、本件行為が全く無関係であったと述べているわけではない。すなわち、無関係ではないが寄与度が少なく、法的な意味での因果関係を認めるには足りない、というニュアンスであろう。いずれにしても、因果関係の観点から興味深い判示である。

(c)　第三者の誤信による結果発生

　本審決は、「エイベックス・グループのイーライセンスとの管理委託契約の解約」と題する判断（審決案 71 ～ 75 頁）を締めくくるにあたり、次のように述べている。エイベックス・グループは、本審決にいう著作権者のひとりである。

　「以上によれば、エイベックス・グループは、放送事業者が、追加負担を理由としてイーライセンス管理楽曲の利用を回避したと信じ、平成 19 年 1 月以降、再び利用を回避すると予想してイーライセンスとの放送等利用に係る管理委託を解約したが、エイベックス・グループは、イーライセンス管理楽曲の客観的な利用状況を把握していなかった。そして、前記(2)オのとおり、現実には、放送事業者が一般的にイーライセンス管理楽曲の利用を回避したということはできず、イーライセンス管理楽曲の利用について慎重な態度をとったことが認められるにとどまるから、エイベックス・グループが正確な情報に基づいてイーライセンスとの委託契約を解約したとはいえない。〔原文改行〕また、前記(3)ウのとおり、放送事業者がイーライセンス管理楽曲の利用に慎重な態度をとった主たる原因は、被審人と放送事業者との間の包括徴収を内容とする利用許諾契約による追加負担の発生にあったとはいえず、イーライセンスによる準備不足のままの状態での参入とそれに伴う放送事業者の困惑、混乱等であったと認められる。〔原文改行〕そうすると、エイベックス・グループは、被審人の本件行為を原因として、イーライセンスへの管理委託契約を解約したということは困難であり、被審人の本件行為にイーライセンスへの管理委託契約を解約させるような効果があったとまではいえない」（審決案 75 頁）。

　すなわち、本件行為とエイベックス・グループによる解約との間に、事実

的な意味での繋がりがあることは認め、ただ、中間に、第三者（エイベック
ス・グループ）による誤信という過失行為が介在していることを理由に、因
果関係の存在（本件行為と因果関係があると言えるような影響）を否定しよう
としているわけである。

因果関係というものに、事実的な意味での繋がりということを超えた、独
禁法違反を問題とし得るような法的な意味での関係性を求めていることを明
確に読み取れる点で、興味深い。

(5) 競争の実質的制限

本件は、排除効果の成否のみをめぐって最高裁判決まで行き、事件が公取
委に戻って結局は審判請求の取下げで終結したので、他の要件については判
断されていない。2条5項において残された他の主要な要件は、競争の実質
的制限である。これは、競争変数の左右という要素と、正当化理由がないと
いう要素とに、分けることができる。

本件の場合、競争変数が左右されたことについては、JASRAC の圧倒的
な市場シェアを考えれば、実際問題としては、争いの余地はなかったであろ
う。

他方で、正当化理由については、JASRAC は特に、本件の需要者である
放送事業者の多くが、実際にどの管理楽曲を何回使用したかに関する、いわ
ゆる「全曲報告」をしないので、公取委が排除措置命令において求めている
ような行為を行うことは不可能である旨を主張していたようである。もし
JASRAC の主張の通りの事実があったなら、正当化理由が認められるべき
であろう。結局この点も、判断はないままに終わった。尤も、後記 **6** のよ
うに、保証金没取申立ての事件において、東京高裁決定が JASRAC の主張
と同様のことを実質的には認めた形となっている。

4 原告適格

本件では、JASRAC に対する排除措置命令を JASRAC が争ってこれを取
り消す旨の本件審決がされたあと、JASRAC の競争者である第三者のイー

ライセンスが審決取消訴訟を提起したため、イーライセンスに原告適格があるか否かが争点となった。本件東京高裁判決は、原告適格を認める判断をした。最高裁は、上告を受理する際に、この論点を排除している（前記 *1*(2)）。

本件東京高裁判決の判示は、原告適格を論ずるうえで貴重なものであると考えられるが、しかし、以下のように、平成 25 年改正後の独禁法においては、少々その重要性を減じている。

すなわち、公取委の行政行為に対する抗告訴訟については、本件に適用された平成 25 年改正前の規定と、平成 25 年改正後の規定との間に、大きな違いがある。審判制度の廃止である。平成 25 年改正後は、公取委の命令は直ちに裁判所に持ち込まれる（70 条の 12 により行政不服審査法の適用は除外されており、平成 25 年改正前の、必ず公取委内部の手続に服さなければならない状況から一転して、必ず裁判所の手続に服さなければならない状況に変化している）。言い換えれば、公取委が同じ事件で複数回の判断をすることはなくなったので、本件のように、公取委が被疑事業者に対して有利な判断をした場合にこれを第三者が争うという状況は考えにくくなった。

確かに、同様の訴えは、例えば排除措置命令・課徴金納付命令の義務付け訴訟という形で、なお可能である。しかし、本件のように、公取委が一旦は命令をしたことに起因する審決取消訴訟の場合と、全く命令をしていない状況での義務付け訴訟の場合とでは、原告が越えるべきハードルは同じではないであろう。

そこで、本書では、原告適格に関する本件東京高裁判決の意義はなお残ることを確認しつつ、しかし、この点に関する私の分析としては、本件東京高裁判決の評釈に譲ることとしたい（白石忠志「JASRAC 審決取消訴訟東京高裁判決の検討」NBL 1015 号（平成 25 年）18 〜 21 頁）。

5 課徴金について

(1) 平成 29 年 1 月下旬のジュリストに掲載された拙稿の概要

ともあれ、本判決によって事件は公取委に戻り、そのうえで、JASRAC

が審判請求を取り下げたので、排除措置命令は確定した。

そうしたところ、JASRAC には課徴金が課される等の旨の論評等に接することがある。JASRAC が平成 21 年改正の施行日（平成 22 年 1 月 1 日）以後も行為を続けていたと考えられる点を指したものと思われる。これについては、以下のように分析できる旨の拙稿が、平成 29 年 1 月下旬に刊行されたジュリスト（2 月号）に掲載された（白石忠志「JASRAC による審判請求の取下げ」ジュリスト 1502 号（平成 29 年））。

第 1 に、このような論評等が、排除措置命令が確定したのであるから公取委は排除型私的独占を認定したことになるので公取委は課徴金納付を「命じなければならない」（7 条の 2 第 4 項）という趣旨なのであれば、誤りである。取下げによって確定した排除措置命令は平成 21 年 2 月 27 日のものであり、公取委はその日までの違反行為しか認定していない。平成 17 年改正前であれば、審判手続で争った場合には最後に審決という形で排除措置命令がされたので、審判手続中の違反行為も認定したことになるが、平成 17 年改正後は、審判手続より前に排除措置命令を行うので、改正前とは事情が異なる。

第 2 に、まだ違反行為が認定されてはいないとしても、とにかく、JASRAC は課徴金施行日以後も行為を行っており、市場の状況は排除措置命令の前後でさほど変化しなかったと思われるから、課徴金施行日以後にも排除型私的独占の違反要件を満たしたはずである、というのが当該論評等の趣旨なのであれば、論理的には、あり得る主張である。

しかし、公取委が、事件選択の次元の判断として、そのような新たな立件をするのか、という問題がある。課徴金規定の「命じなければならない」は、公取委が排除措置命令において課徴金相当の違反行為を認定したのに課徴金納付命令をしないということは許さない、という程度のものであると解される（課徴金相当の違反行為を探知したならば必ず課徴金納付命令をしなければならないというように広く解すると、多くの公取委実務が説明不可能となるであろう）。しかも本件では、課徴金施行日以後において JASRAC が行為をしていたと考えられる期間中、公取委が自ら、（平成 21 年 2 月以前についてではあるが）違反要件を満たさないと判断して平成 24 年に排除措置命令を取り消す審決をし、その審決は送達によって効力を生じて（平成 25 年改正前 70 条の 2

第3項）、その状態は公取委を上告人とする最高裁判決が上告を棄却するまで続いた。

かりに公取委がそのような課徴金納付命令をした場合には、JASRAC としては、（論理的には行為や排除効果についても争い得るほか）これまでの審決・判決では判断されていない争点を問題とすることが考えられる。そのなかでは特に、課徴金施行日以後も長い間、公取委が期待するような行為をすることは放送事業者からの楽曲使用状況報告の実態に照らして困難であったから、JASRAC の行為には正当化理由があったとの旨の主張等が、あり得るところであろう（前記 *3*(5)）。平成 25 年改正前 59 条 2 項 2 号は、排除措置命令についての審判請求を取り下げたときは「納付命令に係る違反行為……の不存在を主張することができない」と規定しているが、この場合の「納付命令に係る違反行為」は、課徴金施行日以後のものであるから、平成 21 年の排除措置命令に関する平成 28 年 9 月の取下げとは無関係である。そもそも、そのような課徴金納付命令は全くの新たな事件となるから、審判制度を廃止した平成 25 年改正後の手続規定が適用され、課徴金納付命令は東京地裁で争われることになる。平成 25 年改正前 59 条は削られている（なお、平成 25 年改正前 59 条削除後は、課徴金納付命令手続においても違反行為の存否を争えると解すべきこととなるように思われる）。

(2) 事務総長定例会見

そうしたところ、平成 29 年 2 月 1 日の事務総長定例会見において、JASRAC に対する課徴金の可能性についての質問が出たようであり、中島秀夫事務総長の回答は次のようになっている。

「まず、確定した排除措置命令が対象とした JASRAC の事案については、平成 21 年に私どもが排除措置命令を出した事案でございますので、それまでの事実に基づいて命令を出したということでございます。一方で、独占禁止法改正・施行により私的独占に課徴金が導入されたのは平成 22 年 1 月でございます。したがって、この前確定した命令が認定した事実の時点と異なるものでございます。個別事案について、全く別の事案ということになりますから、今後どうするかとか、やるとか、やらないというのは、ここの場面

最判平成 27 年 4 月 28 日〔JASRAC〕

では、私の方からはコメントは差し控えさせていただきたいと思います」
（平成 29 年 2 月 1 日付 事務総長定例会見記録）。

　これは、全て、前記(1)の分析によって説明できる内容である。

6 保証金没取について

　排除措置命令が確定したため、前記 *1* (2)の執行免除の際に供託された 1
億円の保証金の没取を、公取委が申し立てた（平成 25 年改正前 70 条の 7）。

　このような保証金没取申立てに対する判断としては、全額没取、半額没取、
没取なし、など、様々な東京高裁決定例があり、裁判所の一般論も一定して
いない。

　そうしたところ、本件での東京高裁決定は、1 億円の保証金のうち 3000
万円を没取するというものであった（東京高決平成 29 年 2 月 14 日〔JASRAC
保証金没取申立て〕）。

　本件東京高裁決定は、まず一般論として、次のように述べた。「そして、
保証金の供託によって排除措置命令の執行を免れながら、後にこれが確定し
た場合には、被審人は、本来ならば速やかに実行されるべきであった排除措
置命令の内容の実現及び違反行為の排除を当該確定まで免れていたことにな
るから、独占禁止法 70 条の 7 第 1 項の上記趣旨に照らすと、被審人が供託
をしていた保証金は、特段の事情がない限り、全部没取されるべきものであ
る」（東京高裁決定書 10 頁）。

　そのうえで、本件に当てはめて、次のように判示して、「特段の事情」が
あるとした。「本件排除措置命令に従って本件行為を取りやめるには放送事
業者との協議及び合意の締結が不可欠であり、現に 5 者協議を通じて上記合
意文書を取り交わすまでには相当の年月を要している。そうすると、上記期
間〔白石注：排除措置命令から、公取委がこれを取り消す審決までの、約 3 年 3
か月間〕をもって公益を侵害する状態が不相当に長期間継続したと評価する
ことはできない」（同事件決定書 11 頁）。

　以上のように、「特段の事情」があるので全部没取はしないとしたうえで、
次のように述べる。「よって、本件については、前記特段の事情があるとい

うべきであり、本件行為に上記の各事情を合わせて総合考慮すると、本件においては、保証金1億円のうち3000万円を没取するのが相当である」（東京高裁決定書12頁）。

この東京高裁決定に何か問題があるとすれば、一部を没取することを当然の前提としている点であろう。言い換えれば、のちに確定した排除措置命令が直ちに履行されなかったことは「公益を侵害する状態」であるということを当然の前提としている。しかし、JASRACが審判請求を取り下げた平成28年には、全ての放送事業者による「全曲報告」がされる環境が整ったので排除措置命令を履行できるが、本件東京高裁決定がいう約3年3か月間（平成21年2月～平成24年6月）にはそのような環境が整っていなかったので履行は不可能であった、という可能性はある。本件東京高裁決定も、上記のように、「特段の事情」があると判断する際に、この点に関する理解を示しているように見える。そのような理解と、排除措置命令が確定した以上は排除措置命令後直ちに履行しなかったのは公益侵害であるから3000万円を没取する、という考え方とは、両立しないように思われる。

7 少数意見

排除措置命令を取り消した本件審決には、5名の委員会構成員（委員長と4名の委員）のうち4名しか名を連ねていない。真偽は定かではないが、報道によれば、名を連ねていない委員は、審決案に反対し、少数意見を書こうとした、とも言われる。

平成25年改正前70条の2第2項は、「審決書には、少数意見を付記することができる」と規定していた。

本審決には、少数意見は付記されていない。

そうしたところ、本件審決後、ある公開の場で、大要、次のような考え方に接した。すなわち、上記の平成25年改正前70条の2第2項の主語は、少数意見をもっている委員会構成員ではなく、委員会である。協業組合カンセイの審決での少数意見のような法律論に関するものならよいが、事実認定に異を唱えるだけというような意見は、委員会として、書かせないということ

543

ができる。概ね、以上のような内容であった。

裁判所法 11 条が、最高裁について、「裁判書には、各裁判官の意見を表示しなければならない」と規定していることと対比し、平成 25 年改正前独禁法 70 条の 2 第 2 項は「できる」としているにとどまるので少数意見の付記は義務ではない、と解説する文献は、これまでも存在した（例えば、厚谷襄児ほか編『条解独占禁止法』（弘文堂、平成 9 年）543 頁［鈴木恭蔵執筆］、鈴木孝之・注釈 714 ～ 715 頁）。しかし、そこでの主語は、あくまで、少数意見をもつ委員会構成員であるということが前提となっていたように思われる。

なお、協業組合カンセイの審決での少数意見とは、当時の課徴金規定の解釈に関する植松敏委員の意見を指す（公取委審判審決平成 10 年 3 月 11 日）。この意見は、同趣旨が最高裁判決によって採用され、審決が取り消されている（最判平成 15 年 3 月 14 日）。

口頭で接した見解ではあるが、公開の場で示された貴重な一般論である。審決書に少数意見を付記することができる旨の規定は、審判制度を廃止する平成 25 年改正の際に削られたが、以上のエピソードは、本件を語る際には有益なサイドストーリーであるように思われる。

8 閲覧謄写関係の別訴等

本件の審判事件記録、すなわち審査官提出証拠である「査号証」や被審人提出証拠である「審号証」などについて、イーライセンスは、数次にわたって、平成 25 年改正前 70 条の 15 に基づく閲覧謄写申請をしている。審査官は JASRAC に対して立入検査をしているので、JASRAC が保有していた文書が査号証となっている場合もある。

いくつかの査号証に関する閲覧謄写許可処分について JASRAC が取消請求を行い、請求が棄却されている（東京地判平成 25 年 1 月 31 日、東京高判平成 25 年 9 月 12 日。最決平成 27 年 4 月 28 日により上告不受理）。これらの判決のなかには、いわゆる弁護士・依頼者間秘匿特権を現行法上は否定せざるを得ない旨の判示もあり、その後の制度論議において一定の注目を受けたものである。

最判平成 27 年 4 月 28 日〔JASRAC〕

　他方、いくつかの審号証に関する不許可処分（いわゆる黒塗り）について、イーライセンスが、不許可処分の取消しと許可処分の義務付けを請求する本案訴訟を提起し、さらに許可処分の仮の義務付けを申し立てた。申立てを却下する東京地裁決定がされている（東京地決平成 24 年 9 月 3 日（暫く公取委の審決等データベースシステムに登載されたが後に削除された））。その後、東京高裁における本件訴訟（審決取消請求訴訟）が本案審理に入る旨の訴訟指揮がされた模様である第 1 回口頭弁論期日（平成 24 年 9 月 24 日）より後の時期に、公取委が許可処分をし、イーライセンスは取消請求等の訴え・申立てを取り下げた模様である。

1 事例の概要

公取委は、VVFケーブルに関する本件合意が不当な取引制限であるとして排除措置命令・課徴金納付命令をした（公取委命令平成23年7月22日）。名宛人の1名である富士電線工業が被審人となり審判手続が行われた。富士電線工業は、自社ではなく富士電線販賣が本件合意の主体であると主張した。富士電線工業は、富士電線販賣に、製造したVVFケーブルの全てを販売していた（審決案3頁）。

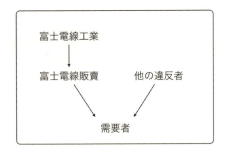

公取委は、この主張を退け、原処分を是認する審決をした。

2 本件の法的背景

(1) 課徴金算定率

富士電線工業が前記*1*のような主張をした背景には、主に、かりに富士電線工業でなく富士電線販賣が違反者であれば、本件について卸売業であるとされることによる軽減算定率が適用されるものと考えられた点にあるものと推測される。本件で富士電線工業に適用された算定率は、富士電線工業が

本件で製造業であって中小事業者であることにより7条の2第5項に基づき4%である（審決案43頁）。富士電線販賣も同様に中小事業者であるとすると、同項に基づき算定率は1%となる。

(2) 1商流1課徴金の原則

本審決には、随所に、富士電線工業が違反者であるか否かだけでなく、富士電線販賣が違反者であるか否かを論ずる部分がみられる（審決案37～39頁は「念のため述べる」としているが、審決案40～41頁はかなり正面から論じている）。法的には、富士電線工業に対する命令の当否が争われているのであるから、富士電線工業が違反者であるか否か（課徴金を課すべきか否か）のみを論じ、それを論ずるための考慮要素として富士電線販賣のかかわりを論ずれば足りるようにも見える。それにもかかわらず、富士電線販賣が違反者であるか否かが論ぜられているのは、この当時においてはまだ、公取委が、自ら長年にわたり採用してきた1商流1課徴金の原則を放棄することを言明するより前であったことが関係していた可能性がある（放棄を公取委が初めて言明した公取委審判審決平成28年2月24日〔塩化ビニル管等〕について、本書429頁）。富士電線工業にとってはもとより、公取委にとっても、当時は、富士電線販賣が違反者であるといえれば富士電線販賣に課徴金を課すべきであるから富士電線工業には課徴金を課し得ないこととなり（そうすると原処分は取消しを免れない）、富士電線販賣は違反者ではないといえれば富士電線工業に課徴金を課すべきことが十全に根拠付けられる、ということになっていたものと考えられる。本審決それ自体が1商流1課徴金の原則を採ると述べているわけではないが、以上のように受け止めなければ、本審決における審査官や審判官の口吻は、理解不可能であるように思われる。

3 川上の者を違反者とする理由付け

(1) 主な理由付け

以上のような前提のもとで争われた本件において、結局、本審決は、富士

公取委審判審決平成 27 年 5 月 22 日〔富士電線工業〕

電線工業と富士電線販賣との間の資本関係・人的関係・取引関係等や、富士
電線工業が富士電線販賣を通じて本件販売事業を行っていたこと等を詳細に
認定したうえで、富士電線工業が違反者である（富士電線販賣は違反者ではな
い）とした。そのなかで、富士電線販賣は富士電線工業の「手足」に過ぎな
いとする箇所もいくつかみられる（審決案 27 頁、40 頁）。

(2)　予備的な理由付け

前記(1)のように述べつつ、予備的に、本審決は、「仮に富士電線販賣が販
売業者に対する特定 VVF ケーブルの具体的な販売価格を設定していたとし
ても」（審決案 37 頁）、富士電線工業を違反者とすることに支障はないと論ず
る。

すなわち、次のように述べている。「拘束の対象となる事業活動を、個々
の販売業者に対する特定 VVF ケーブルの具体的な販売価格の設定に限定す
る必要はなく、特定 VVF ケーブルの販売価格の引上げ又は維持を図るとい
う本件合意の目的の達成に向けられた事業活動であれば足りるというべきで
あって、被審人がこのような事業活動の制約を相互拘束の一端として引き受
けることで、競争を実質的に制限し得る立場にある者であれば、本件違反行
為の主体と認めることに支障はない」（審決案 38 頁）。「被審人は、本件合意
に沿って、これらの経営計画の策定や社内会議における方針の提示を行うと
いう意味で、本件合意の目的の達成に向けられた事業活動の制約を相互拘束
の一端として引き受けていたといえる」（審決案 38 頁）。

これは、川上の親会社等が、川下の子会社等の事業活動を指揮監督すると
いう事業活動について拘束を受けた場合でも不当な取引制限の違反要件を満
たす、という考え方の表れであるとみることができる（これを一般論として
述べるものとして、菅久修一編著『独占禁止法〔第 2 版〕』（商事法務、平成 27 年)
30 〜 31 頁〔品川武執筆〕）。

4　狭い意味では問題の取引をしていない川上の者の課徴金

ともあれ、本件違反行為の直接の対象は、富士電線販賣から販売業者に対

548

して行われた商品役務の販売であるが、公取委は、これを自ら行ったわけではない富士電線工業に課徴金を課したことになる。このようなことは、違反者が商社を介して販売したとされる多数の事例においてみられるものであり、そのような事例では、需要者に対する商社の売上額でなく違反者から商社に対する売上額（あるいは需要者に対する売上額から商社の手数料を引いたもの）が課徴金の対象となっている模様である。本件は、そのような実務が明確に論ぜられ、公取委が明確な理由付けを求められた事例となっている（審決案39〜40頁）。

公取委審判審決平成27年6月4日・平成24年（判）第6号
審決集62巻119頁
〔トイザらス〕

1 事例の概要

　日本トイザらス（以下「トイザらス」という）が取引相手方である納入業者に対して優越的地位濫用をしたとして、公取委は排除措置命令・課徴金納付命令をした（公取委命令平成23年12月13日）。課徴金額は3億6908万円であった。

　トイザらスが争ったので審判手続に移り、審決は、原処分の考え方を基本的に維持しつつも、一部について濫用行為がなかったと認定し、2億2218万円を超える部分（1億4690万円）を取り消した。トイザらスは争わず、確定している。

　本審決が引用する審決案は、取引相手方である納入業者の固有名詞が明確とならないよう、取引相手方の名称や納入商品名を仮名化等している。そのため、公表された審決案の頁は、本物の審決案の頁とは、ズレているようである。以下では、「公表審決案○頁」というように引用する。

2 優越的地位濫用課徴金審判事件の状況

　優越的地位濫用に対する課徴金は平成21年改正によって導入された。本件は2件目の優越的地位濫用課徴金事件であった。

　平成23年から平成26年までの時期に本件を含め計5件の優越的地位濫用事件で課徴金納付命令がされ、全てが審判手続で争われたが、本件では他の

4件の優越的地位濫用課徴金審判事件よりも早々に審決がされ、トイザらス
は争わず、確定した。

　他の4件の名宛人が、将来の審決取消請求訴訟もあり得る状況のもと審判
手続で争い審決を待っている状況にあるなかで、本件は早々に審決で考えが
示され確定しており、好むと好まざるとにかかわらず、公取委の本件審決が
「事実上唯一の先例」として頻繁に参照される状態にある。

　課徴金導入後の優越的地位濫用事件の特徴は、20条の6による課徴金計
算の関係で、取引相手方ごとに、2条9項5号の優越的地位濫用の違反要件
の成否を論ずることとなっている、という点にある。

3　優越的地位

(1)　基本的考え方

　優越的地位の成否の判断に当たって、本審決は、優越的地位濫用ガイドラ
インの基準に言及したあと、公取委として初めて公式に、次のように述べた。
「ところで、取引の相手方に対し正常な商慣習に照らして不当に不利益を与
える行為（以下「濫用行為」ということもある。）は、通常の企業行動から
すれば当該取引の相手方が受け入れる合理性のないような行為であるから、
甲が濫用行為を行い、乙がこれを受け入れている事実が認められる場合、こ
れは、乙が当該濫用行為を受け入れることについて特段の事情がない限り、
乙にとって甲との取引が必要かつ重要であることを推認させるとともに、
『甲が乙にとって著しく不利益な要請等を行っても、乙がこれを受け入れざ
るを得ないような場合』にあったことの現実化として評価できるものという
べきであり、このことは、乙にとって甲との取引の継続が困難になることが
事業経営上大きな支障を来すことに結び付く重要な要素になるものというべ
きである」（公表審決案19〜20頁）。

　簡単に言えば、濫用行為の要件を満たすことが立証されれば、そのことは、
優越的地位の要件も満たすと判断する方向での有力な要素となる、という考
え方である。

551

これに対しては、濫用行為の要件以外に優越的地位の要件が置かれている趣旨を没却するものである旨の反発もある。しかし、本審決の理屈はそれなりに通っており、また、本審決も、「乙が当該濫用行為を受け入れることについて特段の事情が」あれば、優越的地位が成立しない場合があることを認めている。結局、問題は、そのような考え方のもとで具体的にどのような場合に優越的地位の成立を認めるのか、というところに絞られる。

ともあれ、本審決は、以上のような考え方を採用したため、本件に登場する個々の取引相手方ごとに、まず濫用行為の成否を論じ、濫用行為が成立する場合に、優越的地位の成否を論ずる、という順序となっている。

(2) 具体的な判断例

そのもとで、本審決は、取引相手方Gについて、トイザらスとの取引依存度が約1.5%であっても、Gにおけるトイザらスの取引依存順位は11位と「比較的高」いこと（公表審決案28頁）、取引相手方Hについて、トイザらスとの取引依存度が約0.5%であっても、Hにおけるトイザらスの取引依存順位は9位と「比較的高」いこと（公表審決案32～33頁）、取引相手方Iについて、トイザらスとの取引依存度が約0.5%であり、Iにおけるトイザらスの取引依存順位も21位であるものの、年間売上高が大きいこと、その商品カテゴリーに限ってみた場合には取引依存度が約5%であること、Iはその商品の取引依存度についてトイザらスの順位が常に上位であることを認識していたこと（公表審決案37頁）、などを挙げて、それぞれ、優越的地位の成立を認定している。これは、従前において常識的に考えられていた基準からみてかなり低いものではないかと思われ、前記(1)の立証ルールの影響があるように思われる（公表審決案29頁、34頁、38～39頁）。

(3) 相互優越

別の問題として、トイザらスにおいても特定の取引相手方と取引できなくなることが事業経営上大きな支障を来す場合には、トイザらスの当該取引相手方に対する優越的地位は認定されないのではないか、という論点がある。便宜上、相互優越はあり得るか、という論点であると表現することとする

（本書 476 〜 477 頁）。

　本審決は、「仮に F が被審人にとって必要かつ重要な取引先であったとしても、それだけで被審人が F に対し優越的地位にあるとの前記 c の認定を覆すことはできない」（公表審決案 26 頁）などと述べて、取引相手方が自己に対して優越的地位に立っているからといって自己が当該取引相手方に対して優越的地位に立っていないということにはならない、という考え方を示した。

　優越的地位という言葉の社会的常識的意味合いからすれば、相互優越というのはある意味では滑稽にもみえるが、優越的地位の基準が、「甲が乙にとって著しく不利益な要請等を行っても、乙がこれを受け入れざるを得ないような場合」という解釈で固まっている以上、そのような具体的基準について相互に優越的地位が成立するということはあり得ることであると言わざるを得ないように思われる。ただ、相互優越がある場合においては、濫用行為の認定がそれだけされにくくなるときがある、ということにはなろう。

4　濫用行為

　本件では、濫用行為として、返品と減額が現れた。

　そして、買取取引における返品や減額は原則として濫用に当たるという原則論を明確に打ち出している（公表審決案 20 〜 21 頁）。

　しかし他方で、取引相手方の商品が新しくなった際に旧商品を返品したり、減額によって原資を作ってトイザらスが旧商品を安く売りさばいたりして、新商品を早期に取り扱うようにする行為が、濫用行為に当たらないという判断を受けている。具体的に例示すると、以下のとおりである。

　まず、返品について、取引相手方から申出があり、取引相手方の直接の利益となる形で返品がされたのであれば濫用行為には当たらない旨の判断がされている（公表審決案 52 〜 53 頁、68 頁）。優越的地位濫用ガイドラインに沿った判断である（優越的地位濫用ガイドライン第 4 の 3 ⑵イ④）。

　次に、減額について、上記と同様に、取引相手方から申出があり、取引相手方の直接の利益となる形で減額がされたのであれば濫用行為には当たらな

い旨の判断がされている。その旨の一般論が述べられ（公表審決案21頁）、それを当てはめていくつもの行為につき濫用なしとしている（公表審決案30〜32頁、35〜36頁、39〜40頁、43〜44頁、53〜54頁、57頁、57〜59頁、72〜73頁）。これは、優越的地位濫用ガイドラインには明記されていないが、返品に関する優越的地位濫用ガイドラインの記述（上記）を類推適用したものと考えられる。

また、減額について、あらかじめ、取引相手方との合意により減額の条件を定め、その条件に従って減額がされたのであれば濫用行為には当たらない旨の判断がされている（公表審決案49〜50頁）。これも、優越的地位濫用ガイドラインには明記されていないが、返品に関しては同様の記載があり（優越的地位濫用ガイドライン第4の3(2)イ②）、これを類推適用したものと考えられる。

5 違反行為の個数

本件では、課徴金導入後の優越的地位濫用について初めての審決がされたわけであるが、違反行為の個数の問題も、大きな争点となった。

前記4のような議論で、若干の取引相手方について優越的地位濫用行為の成立が否定されたものの、なお、多くの取引相手方について、トイザらスの行為は優越的地位濫用の要件を満たしたとの判断が維持された。

課徴金は、始期から終期までの取引額（本件の場合は違反行為者が購入相手方（つまり売り手）に対して違反行為を行ったとされたので違反行為者にとっての購入額）の1％とされる。

そうすると、違反行為が全体で1個なのか、それとも、取引相手方ごとに別々の違反行為を観念するのか、によって、課徴金額が大きく変わることになる。濫用行為を受けた取引相手方が3名だけであるような単純な事例を考えてみるとわかりやすい。取引相手方乙₁に対しては、3年間にわたり濫用行為を間断なく行ったとする。取引相手方乙₂に対しては、最初の1年間しか濫用行為を行っていない。取引相手方乙₃に対しては、最後の1年間しか濫用行為を行っていない。このとき、取引相手方ごとに別々の違反行為を観

念すると、図の横実線の部分の購入額しか課徴金対象とならないが、全体で1個の違反行為であるとすると、点線の部分の購入額も課徴金対象となる。

乙1 ──────────────

乙2 ──────‥‥‥‥‥‥‥

乙3 ‥‥‥‥‥‥──────

　このようなわけで、課徴金導入前はほとんど話題とならなかった違反行為の個数という問題が脚光を浴びることとなった。

　本審決は、いわゆる間接的競争阻害規制説を強調し（公表審決案19頁、77頁）、トイザらすの行為は「自社の利益を確保すること等を目的として、組織的かつ計画的に一連の行為として」行われたのであると強調した（公表審決案76頁）。それを前提として、「濫用行為は、これが複数みられるとしても、また、複数の取引先に対して行われたものであるとしても、それが組織的、計画的に一連のものとして実行されているなど、それらの行為を行為者の優越的地位の濫用として一体として評価できる場合には、独占禁止法上一つの優越的地位の濫用として規制されることにな」るとして、違反行為期間を認定している（公表審決案79頁）。

　これに対しては、優越的地位濫用行為とは個々の取引相手方に対する搾取行為の集合であり、違反行為は個別に分けることもできるから、個別に分けた場合にも同様の課徴金額となるような計算方法が模索されるべきである、という反対意見もあり得るであろう。

　優越的地位の要件と濫用行為の要件については取引相手方ごとに見るのに（前記3、4）、違反行為の個数は全体で1個とするのは矛盾しているのではないか、という指摘も可能である。

　平成21年改正前には、公取委自身が、行為類型ごとに細分化された特殊指定を適用して、違反行為を細分化して認定していた。これと矛盾するのではないか、という指摘も可能である。本件では、そのような矛盾が表面化しないように、平成21年改正前の時期の行為については、特殊指定を用いず、昭和57年一般指定14項を用いて1個の違反行為を認定しているが、違反行為の数に関する豹変を糊塗しようとしているようにも見える。

公取委審判審決平成 27 年 6 月 4 日〔トイザらス〕

　なお、景表法においても、平成 26 年 11 月の景表法改正により平成 28 年
4 月から課徴金制度が施行されているが、その後、消費者庁は、違反行為を
商品役務の型番ごとなどに細かく区分し、1 本の措置命令書・課徴金納付命
令書のなかで多数の違反行為を認定するようになっている（例えば、初めて
の課徴金納付命令である三菱自動車工業の普通自動車等に関する 1 件の課徴金納
付命令書（平成 29 年 1 月 27 日）では自動車の「類別」や「グレード」によって
別々に 26 個の違反行為が掲げられ別々に課徴金が計算されており、宮崎県の自動
車タイヤ販売業者であるビーラインに関する 1 件の措置命令書（平成 29 年 6 月 28
日）では広告の配布日やタイヤの型番によって別々に 233 個の違反行為が認定さ
れており課徴金納付命令がされていない）。これによって、なるべく景表法 8
条 1 項但書の裾切り額を下回るようにし、課徴金にまつわる煩瑣な手続を回
避しているのではないか、とも推測される。これらが、「自社の利益を確保
すること等を目的として、組織的かつ計画的に一連の行為として」行われて
いるわけではない、ということであるようには、考えにくい。

6　経過措置について

　本件では、平成 21 年改正の施行日である平成 22 年 1 月 1 日より前から、
問題の行為は行われていたようであり、それより前の時期については昭和
57 年一般指定 14 項、それ以後の時期については 2 条 9 項 5 号が、それぞれ
適用されている（排除措置命令書 4 ～ 5 頁）。そして、課徴金については、違
反行為期間が平成 21 年 1 月 6 日から平成 23 年 1 月 31 日までとされ、その
うち、施行日である平成 22 年 1 月 1 日以後に係る違反行為の相手方につい
て、同日以後の期間の購入額が計算され、課徴金の計算の基礎とされている
（課徴金納付命令書 1 ～ 2 頁）。

　平成 21 年改正法の経過措置においては、20 条の 6 に規定する違反行為が
平成 21 年改正の施行日前から開始され施行日以後になくなったときは、施
行日前に係るものについては課徴金を課し得ない旨が規定されている（平成
21 年改正法附則 5 条）。そこで、本件において公取委は、施行日である平成
22 年 1 月 1 日を始期としたのであろう。その結果、平成 22 年 1 月 1 日以後

に初めて具体的な濫用行為が行われたのが1月1日でなくとも、1月1日以後の売上額・購入額の1%を課徴金としている模様である。

トイザらスは争っていないようであるが、このような処理は疑問である。

20条の6に規定する違反行為とは、2条9項5号に該当する行為であり、2条9項5号は、平成21年改正前には存在せず、同等の規定として昭和57年一般指定14項や特殊指定が存在しただけである。そうすると、2条9項5号については、「当該違反行為が施行日前に開始され」（平成21年改正法附則5条）ということは、あり得ないこととなるのではないだろうか。この点で、7条の2第4項による課徴金導入の前後にまたがって2条5項という同じ違反要件規定が存在した排除型私的独占とは事情が異なっている。

そうすると、平成21年改正法附則5条は、施行日前から違反要件規定が存在した7条の2第4項についてのみ意味を持ち、他の課徴金については空振りの規定であると考えるべきではないか。そうであるとすれば、2条9項5号については経過規定はないこととなり、原則通り、「当該行為をした日」は平成22年1月1日以後に初めて具体的な濫用行為を行った日とすることになる。

なお、例えば、昭和57年一般指定14項該当行為も2条9項5号該当行為に含むものとして拡張的に解釈すべきであるという反論があるかもしれないが、同様の問題について、累積違反課徴金に係る平成21年改正法附則8条には「相当するもの」という文言が置かれているところ、そのような文言が置かれていない同法附則5条において、拡張的な解釈をすることは難しいように思われる。

平成 27 年度企業結合事例 1 〔日本製紙・特種東海製紙〕

```
●●●●●●●●●●●●●●●●●●●●●●●●●●●●●●●●●●●●●●
```

平成27年度企業結合事例1
〔日本製紙・特種東海製紙〕

1 事例の概要

　日本製紙が、特種東海製紙の島田工場を分社化した子会社について議決権を取得し（33.4％から 50％未満の範囲）、また、日本製紙と特種東海製紙が共同新設分割により一部商品について販売部門を統合した会社を設立することを、計画した。このあたりの関係は複雑であるが、その細部は、後記 *2*・*3* でみる論点には直接は影響しないので、割愛する。

　第 2 次審査に進み、全ての報告等がされて、意見聴取通知期限が平成 28 年 3 月 25 日となったところ、平成 28 年 3 月 18 日にクリアランス（排除措置命令を行わない旨の通知）がされ、同日に審査結果が公表されている。

2 当事会社グループ以外のグループにおける内部競争

　本件で公取委は、当事会社グループ以外のグループにおける内部競争に言及している。事例集にいう「L グループ」の a 社と b 社との競争である（事例集 11 頁、13 頁）。事例集 11 頁の記載からみて、「L グループ」は王子ホールディングスのグループであるとみられる（集平成 26 年度企業結合事例 3 〔王子ホールディングス・中越パルプ工業〕（特に平成 26 年度事例集 23 頁の表））。

　グループ内部で少数株式所有の関係にある複数の競争者が引き続き競争を行うか否かということは、これまで、当事会社グループの内部について論ぜられたことは何度かあったが（本書 405 ～ 406 頁）、他の供給者のグループの

558

内部について論ぜられたことはあまりなかった。しかし、他の供給者の実質的な数が多いほど、当事会社の企業結合計画は認められやすくなるから、これが重要な論点となる事例もあり得る。

本件では、重袋用両更クラフト紙については、王子ホールディングスの中越パルプ工業に対する議決権保有比率が20％を僅かに超える程度のものであることと、両者が独立して事業活動を行う関係を維持するための問題解消措置を公取委に約束していることとに照らして、両者は一定の競争をするものとみて審査を行った（平成27年度事例集11頁）。

他方で、一般両更クラフト紙については、上記の問題解消措置の対象となっていないことなどに言及したうえで、「本件企業結合をより慎重に審査する観点から」両者を一体と見て審査を行った（平成27年度事例集13頁）。これは、他の理由付けにより一般両更クラフト紙についてもクリアランスが可能であったために、微妙な問題に関する判断を回避したものであると考えられる。グループ内の競争はない、とされたわけではない。

3　因果関係

本件では、事例集に掲げられた3品目のいずれについても、「上記第5の4記載の一斉価格改定の状況はみられるものの、本件企業結合により、同一斉価格改定がよりやりやすくなるとは言えず」と述べて、違反しない旨の結論に至っている（事例集8頁、14頁、15頁）。「同一斉価格改定」というのは、「それと同様の今後の一斉価格改定」という意味であろう。

これは、本件企業結合行為と弊害との因果関係を否定したものである。今後において一斉価格改定を「やりやす」いことは、否定していない。「本件企業結合により、……よりやりやすくなるとは言えず」としているのである。かりに、本件企業結合行為後に競争上の弊害のある状態が存在するとしても（王子ホールディングス・中越パルプ工業の事案と本件との公取委の判断の比較について、井本吉俊・ジュリスト1496号（平成28年）7頁）、それが、企業結合行為によって起こりやすくなったものと言えないならば、企業結合行為を禁止することはできない、という考え方が、行間に示されている。

```
平成27年度企業結合事例3
〔大阪製鐵・東京鋼鐵〕
```

1 事例の概要

大阪製鐵が、東京鋼鐵の株式に係る議決権を50％を超えて取得すること
を計画した。

この両社については、過去にも同様の企業結合計画があり、問題解消措置
を条件とした公取委のクリアランスが出ていたが（平成18年度企業結合事例
4）、独禁法とは直接関係のない事情によって実行されなかったようである
（当時の公取委の判断と今回の公取委の判断との比較として、中野雄介・ジュリス
ト1494号（平成28年）7頁）。

第2次審査に進み、全ての報告等がされて、意見聴取通知期限が平成28
年2月9日となったところ、平成28年1月28日にクリアランス（排除措置
命令を行わない旨の通知）がされ、同日に審査結果が公表されている。

2 当事会社グループ内の競争（内発的牽制力）

本件では、共英製鋼、トピー工業、北越メタル、の3社が、当事会社の競
争者であり、かつ、企業結合前の大阪製鐵と間接的な結合関係で結ばれてい
る（企業結合ガイドライン第2冒頭にいう「当事会社グループ」に属することに
なる）、ということがひとつの問題となった。すなわち、まず、新日鐵住金
は大阪製鐵の親会社である（事例集24頁）。そして、新日鐵住金は、共英製
鋼の議決権を26.7％保有し単独第1位であり、また、新日鐵住金は、ト

ピー工業の議決権を 20.5% 保有し単独第 1 位である（事例集 21 頁注 2）。ト
ピー工業は、北越メタルの議決権を 36.0% 保有し単独第 1 位である（事例集
21 頁注 3）。

　結合関係のある当事会社グループとされた場合、かつては、杓子定規に一
体と扱われ企業結合審査が難航することもあった、との声もある。しかしそ
の後、注目度の高い事例において、結合関係があるとされた当事会社グルー
プのなかで一定の競争があることを考慮要素のひとつとした事例が現れた
（集平成 23 年度企業結合事例 2〔新日本製鐵・住友金属工業〕）。結合関係がある
とされただけで杓子定規の厳しい取扱いがされるのであれば格別、まずは結
合関係の範囲を広くとって広めに網をかけつつ、その後の実質判断において
適切な考察をするのであれば（その旨の解説として、田辺治「企業結合審査に
おける『結合関係』概念」商事法務 1991 号（平成 25 年）6 〜 8 頁）、そのような
審査手法には合理性があるものと考えられる。

　本件は、その流れのなかに 1 事例を加えるものである。共英製鋼・トピー
工業・北越メタルを「一定程度の競争圧力」として評価するにあたっては、
議決権保有比率が 20% をどの程度において超えるか、兼任役員の状況、他
の株主の状況、業務提携関係や取引関係の状況、他の競争者の状況、競争上
センシティブな情報へのアクセスの状況、などに言及している（事例集 24 〜
25 頁）。これらの考慮要素は、少数株式取得・所有における考慮要素として
2010 年（平成 22 年）の米国水平企業結合ガイドライン（§13）などが挙げる
考慮要素と基本的に共通している（公取委の企業結合ガイドラインが、「20% 超
かつ第 1 位」でない場合の結合関係の有無を判断するための実質的考慮要素とし
ているもの（第 1 の 1⑴イ）とも重なる部分がある）。

　本件では、このグループ内競争（内発的牽制力）が特に重要な意味を持っ
た旨の指摘もされている（中野・前掲 7 頁）。確かに、新日本製鐵・住友金属
工業の事例（H 形鋼）では市場シェア 10% 以上の競争者が当事会社グループ
外に 3 社いたが（平成 23 年度事例集 34 頁）、本件では当事会社グループ外に
は 1 社のみであるため（平成 27 年度事例集 23 頁）、市場シェア約 15% である
共英製鋼が「一定程度の競争圧力」と評価されたことは、大きな意味を持っ
た可能性がある。

561

平成 27 年度企業結合事例 4 〔インテル・アルテラ〕

```
●●●●●●●●●●●●●●●●●●●●●●●●●●●●●●●●●●●●●
```

平成27年度企業結合事例 4
〔インテル・アルテラ〕

1 事例の概要

インテルが、実質的にアルテラの株式を全て取得することを計画した。
公取委は、違反なしとの結論に至っている。

2 混合型企業結合（抱き合わせ懸念）

⑴ 本件の概況

インテルは CPU を、アルテラは FPGA（Field Programmable Gate Array）
を、それぞれ供給している。本件では、これらの 2 つの商品役務について、
混合型企業結合の観点からの検討が行われた。

⑵ 混合型企業結合をめぐる一般論

混合型企業結合について企業結合ガイドラインは、原材料調達力、技術力、
販売力、信用力、ブランド力、広告宣伝力等の事業能力の増大により競争力
が著しく高まり、競争者が競争的な行動をとることが困難になり市場の閉鎖
性・排他性の問題が生じるときがある、としている（企業結合ガイドライン
第 5 の 1 ⑴）。

これは、一世代前の漠然とした基準である。いろいろな市場に足場のある
結合企業が誕生することに対する漠然とした不安と、特定の市場に弊害がな

562

ければ規制し得ない企業結合規制（9条・11条以外の規定によるもの）との間を、取り結ぶ理論が明確化されていなかった時代の抽象的論法である。

混合型企業結合が弊害をもたらすとすれば、その原因となり得るものとして懸念される行動は、当事会社の一方が他方の市場に参入する可能性があるにもかかわらず企業結合によってその可能性を消滅させてしまうこと（潜在的競争消滅懸念）、または、2つの商品役務を組み合わせて他者排除型抱き合わせ行為と同様の行為をすること（抱き合わせ懸念）、の2種類が、代表的なものと考えられる。2008年（平成20年）の欧州委員会の非水平型企業結合ガイドラインも、混合型企業結合において主に懸念される行動は他者排除型抱き合わせである旨を述べて、詳細に論じている（91～121段落、特に93段落）。企業結合課関係者によっても、抱き合わせ取引による市場の閉鎖性・排他性の懸念と、潜在的競争消滅の懸念とに力点を置いた解説がされるに至っている（田辺治＝深町正徳編『企業結合ガイドライン』（商事法務、平成26年）195～197頁、200～201頁、208～209頁［鈴木剛志執筆］）。

本件は、抱き合わせ懸念が論ぜられた事例である（同じ年度に潜在的競争消滅懸念が論ぜられた事例として、集平成27年度企業結合事例10〔肥後銀行・鹿児島銀行〕）。

他にも、混合型企業結合が弊害をもたらすパターンはあり得るかもしれないが、総合的事業能力の概念を持ち出した抽象的論法をそのまま使うのでなく、これをさらに具体化したうえで、実際の事例に適用すべきであろう。

(3) 抱き合わせを懸念する過去の事例

企業結合ガイドラインでは明確に具体化されていないものの、過去の事例には、混合型企業結合による抱き合わせ懸念を検討したものであると分析できるものがある（平成12年度企業結合事例6〔NTTコミュニケーションズ・JSAT〕）。そこでは、「NTT-Cの地上網とJSATの衛星網を組み合わせたシステム提案等が容易となり、JSATの総合的事業能力が高くなる」という懸念が示されている（平成12年度事例集24頁）。最後に「総合的事業能力」でまとめるところが一世代前らしいところであるが、しかしその具体的内容は、地上網を主たる商品役務とし衛星網を従たる商品役務とする抱き合わせの懸

念である。そして、そのような懸念を打ち消すような問題解消措置を条件として、公取委によるクリアランスがされている（平成12年度事例集24頁）。

その後、本件より前に、極めて簡潔な表現によって混合型企業結合における抱き合わせ懸念を検討した事例がある（集平成25年度企業結合事例7〔中部電力・ダイヤモンドパワー〕）。

(4) 本件における公取委の検討

本件（インテル・アルテラ）は、前記(3)の過去の事例と同様の観点から、欧州委員会ガイドラインに示されたのと同様の詳細な検討を経て、結論に至ったものである。すなわち、CPUとFPGAの抱き合わせという、懸念される行動が起こりやすくなるか否かを検討している。

その際、FPGAを主たる商品役務とみてCPUを従たる商品役務とみた視角（CPUの市場が検討対象市場ということになる）と、CPUを主たる商品役務とみてFPGAを従たる商品役務とみた視角（FPGAの市場が検討対象市場ということになる）とに分けて、懸念される行動が起こりやすくなるか否かを検討している。「データセンター向けx86サーバー用CPU」と題された部分（平成27年度事例集35〜36頁）は前者であり、「データセンター向けx86サーバー用FPGA」と題された部分（事例集36〜38頁）は後者である。

それぞれについて、具体的には、懸念される行動をする能力とインセンティブに分けて検討を行っている。これは、欧州委員会ガイドラインと同様であり、また、公取委においても事例が蓄積している垂直型企業結合をめぐる検討枠組みとも同様である。そして、能力とインセンティブに関する検討には、懸念される行動を実際に行ったとすれば弊害が起こるのか、という視点が混合されている（このことも、欧州委員会ガイドライン94段落が述べる通りである）。

平成 27 年度企業結合事例 10〔肥後銀行・鹿児島銀行〕

```
●●●●●●●●●●●●●●●●●●●●●●●●●●●●●●●●●●●●●●

                        平成27年度企業結合事例10
                         〔肥後銀行・鹿児島銀行〕


```

1 事例の概要

肥後銀行と鹿児島銀行が、共同株式移転の方法により統合することを計画
した。

公取委は、違反なしとの結論に至っている（本件の解説として、石井輝久・
ジュリスト 1498 号（平成 28 年））。本件企業結合計画が実行され、持株会社と
して九州フィナンシャルグループが設立されている。

2 混合型企業結合（潜在的競争消滅懸念）

本件では、まず、地理的には市町村ごとに市場を観念する旨が明らかにさ
れた（事例集 82 頁）。

そして、肥後銀行または鹿児島銀行のいずれか一方のみが店舗を設置して
事業活動を行っている市町村 74 地域について、混合型企業結合の観点から
検討が行われた。すなわち、そのような地域について、他方の当事会社が店
舗を設置して競争を行う可能性があったにもかかわらず、本件企業結合によ
ってその可能性がなくなるのではないか、という懸念である（事例集 83 頁）。
短く言えば、潜在的競争消滅懸念、と表現することができよう（本書 562 〜
563 頁）。74 地域のうち、混合型企業結合のセーフハーバーに該当しなかっ
たもの等が 72 地域ある。

それらの 72 地域は、既に水平的競争関係が存在しセーフハーバー非該当

565

であった2市（「熊本県甲市」と「鹿児島県乙市」）とあわせ、「判断要素の検討」という見出しのもとで、一括して検討されている（事例集83〜86頁）。既存の水平型と、潜在的水平型とで、検討内容に質的な差異はないはずであり、一括して検討するのは自然である。

　そのうえで、既存の他の競争者（第二地方銀行等）の状況、参入圧力が一定程度働いていること、銀行以外の他の金融機関からの競争圧力は限定的であること、地理的隣接市場（隣接する市町村等の金融機関）からの競争圧力が一定程度働いていること、などが言及されている（事例集84〜85頁）。

　さらに、混合型だけに関係する考慮要素として、過去10年において、相手方県への新規出店はなく、その具体的な計画もなかったため、当事会社相互間における潜在的競争者としての競争圧力はないものと考えられる旨の記載がある（事例集85頁最終行〜86頁）。この点は、万一、企業結合後に弊害（価格の高止まり等）が生ずるとしても、それは本件企業結合によるものではないことを論ずるものであり、因果関係の観点からの考慮要素であると分析できる。平成27年度企業結合事例集では、他にも、同様の指摘が行われた事例がある（事例11〔損保ジャパン日本興亜・メッセージ〕（事例集89頁））。

　潜在的競争消滅懸念の観点から混合型企業結合を検討した先例もあるが、どの検討対象市場においても都市銀行・ネット銀行・信用金庫・信用組合による牽制力があることを理由として問題なしとしている（平成26年度企業結合事例10〔東京都民銀行・八千代銀行〕（同事例集79頁））。

3　事例集の見出しについて

　平成27年度企業結合事例集には混合型企業結合の観点に言及した事例が少なくとも4件あり、しかし、それらは全く異なる2つの切り口のいずれかから検討を行ったものである。

　そうしたところ、抱き合わせ懸念の観点から検討された2件においては、見出しが「混合型企業結合（商品拡大）」とされ（事例集34頁、64頁）、潜在的競争消滅懸念の観点から検討された2件においては、見出しが「混合型企業結合（地域拡大）」とされている（事例集83頁、84頁、85頁、89頁）。

しかし、この「商品拡大」と「地域拡大」という見出しの使い分けが、抱き合わせ懸念の観点からの検討と潜在的競争消滅懸念の観点からの検討との違いを浮き彫りにする見出しであるとは、言い難い（例えば、「商品拡大」が潜在競争を意味する事例もあるであろうし、他方で、「地域拡大」とされた集平成25年度企業結合事例7〔中部電力・ダイヤモンドパワー〕は抱き合わせ懸念の事例である）。わざわざ見出しが立てられ、微妙に文言を変えていれば、何か意味があると思うのが普通である。本質的な相違を反映しない見出しに代えて、本質的な相違を明示した見出しを付けることも、わかりやすく内容を伴った資料作りのためには有益であるように思われる。

　さらに言えば、事例集85頁最終行の「混合型企業結合（地域拡大）」の見出しは、混合型企業結合の観点からの検討がここ（事例集第3の2(4)）だけであるかのような外観を呈している。しかし実際には、事例集83〜86頁の全体が、既存水平型と混合型（潜在的水平型）とをあわせて、競争の実質的制限の成否の検討を行っている（前記2）。事例集第3の2(4)は、そのなかで、混合型（潜在的水平型）の72地域のみに当てはまる要素（既存水平型の2地域には当てはまらない要素）を追加的に記した、というものであろう。そうであるならば、そのことがわかるような見出しとしたほうが、せっかくの審査結果を誤解なく伝えることに役立つであろう。

東京高判平成28年4月13日・平成27年（行ケ）第38号 〔ブラウン管MT映像ディスプレイ等〕

1 事例の概要

(1) 事案と争点

ブラウン管の最低目標価格等を設定する旨の合意が行われた（「本件合意」）。本件合意に参加したのは、ブラウン管の製造販売を行う東南アジア所在の複数の会社と、それぞれの親会社等である。5組の企業グループが本件合意に参加していた。

本件合意の対象となったブラウン管は、東南アジア所在の合意参加者から、東南アジアでブラウン管テレビを製造する東南アジア所在の会社（「現地製造子会社等」）に供給された。それらの会社の親会社またはそれに類似する立場にある会社（5社）は日本に所在している（「我が国ブラウン管テレビ製造販売業者」）。「我が国ブラウン管テレビ製造販売業者」という略語は本件審決・判決が用いたものであるが、本件に関係する範囲では、我が国ブラウン管テレビ製造販売業者はテレビを製造していない。

本件ブラウン管の取引については、我が国ブラウン管テレビ製造販売業者が、供給側各グループの親会社等のうち1または複数を選定して、価格を含む取引条件を交渉していた。我が国ブラウン管テレビ製造販売業者は、交渉によって決定した価格等の取引条件に沿った購入を現地製造子会社等に指示して、本件ブラウン管を購入させていた。

そのような事案において、本件合意が日本独禁法に違反するか否かが争点

となった。

　本件審決・判決のいずれにおいても、本件ブラウン管またはそれを組み立てたブラウン管テレビが日本に流入したか否かは、本件合意を日本独禁法違反とする理由付けにおいて問題とされていない。すなわち、ブラウン管そのものの取引について、我が国ブラウン管テレビ製造販売業者を日本独禁法上の需要者とみることができるか否かが争点となっている。

　この図は、本件の基本構造をつかむためのものであり、企業グループ数などは簡略化している。「A社親会社」に相当するMT映像ディスプレイは日本に所在しているが、そのことは本件の本質には関係がないので、簡略な図とすることを優先している。

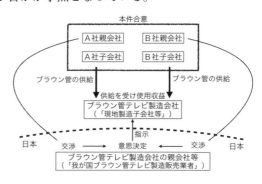

(2)　命令・審決・判決

　本件合意について、公取委は日本独禁法違反であるとして排除措置命令・課徴金納付命令をした（公取委命令平成21年10月7日〔ブラウン管〕、公取委命令平成22年2月12日〔ブラウン管課徴金サムスンSDIマレーシア等〕）。

　一部の命令名宛人が審判請求をした。審判手続は、MT映像ディスプレイ等（親子会社全て）、サムスンSDI（韓国の親会社）、サムスンSDIマレーシア、の3件に分かれた。公取委は、平成27年5月22日、本件合意は日本の独禁法に違反する旨の3件の審決をし、やはり日本独禁法違反であるとした（公取委審判審決平成27年5月22日〔ブラウン管MT映像ディスプレイ等〕など）。ただし、排除措置命令は、その必要性がないとして取り消されて違反宣言審決となった（平成25年改正前66条4項）。課徴金納付命令はそのまま是認された。

　3件の審決のいずれについても取消訴訟が提起された（違反宣言審決の取消訴訟にも行訴法9条の「法律上の利益」はあると考えられる（本書365頁））。第

569

1審である東京高裁において、3件それぞれについて異なる合議体が5人の裁判官によって構成された。いずれの判決も、本件合意は日本の独禁法に違反する旨の内容であった（表題とされた判決のほか、東京高判平成28年4月22日〔ブラウン管サムスンSDI韓国〕、東京高判平成28年1月29日〔ブラウン管サムスンSDIマレーシア〕）。

以下では、3件の判決を「MT判決」「韓国判決」「マレーシア判決」と呼ぶ。

2 前 提

(1) 国際法と国内法

どの範囲の国際事件を国内競争法違反としてよいかという問題については、どの範囲で国内競争法上のエンフォースメント手段を国外で強制的に行ってよいかという問題とは対照的に、国際法上の縛りはなく、各国国内法の解釈論として、各国が一般的にどのような基準を採用しているかに照らしながら、決めれば足りるとされる（小寺彰「独禁法の域外適用・域外執行をめぐる最近の動向」ジュリスト1254号（平成15年）65頁）。その意味で、本件は国内法解釈の問題である。

そこで主張される諸種の基準について、「××的○○主義」などと難解なネーミングをして論ずる文献が多いが、具体的にどのような場合に国内競争法に違反していると言えるのかが重要なのであり、権威的なネーミングを競っても仕方がない。

(2) 3条でなく2条6項の解釈

本件合意のようないわゆるカルテルについては、独禁法2条6項で定義された「不当な取引制限」に該当するか否かが問題となる。2条6項は、他の事業者との合意などの共同行為により「一定の取引分野における競争を実質的に制限すること」を、「不当な取引制限」としている。2条6項に該当する不当な取引制限は3条で禁止される。

本件では、審決・判決のいずれにおいても、本件合意に「3条後段」が適用されるか、という問題の立て方がされている。これは、2条6項に該当する不当な取引制限であっても、国際事案であるという観点から3条に違反しないと解釈されるものがある、という枠組みを前提としているかのようにも見える（例えば、後記**3**(3)のMT判決引用箇所イ）。地球の裏側で完結するカルテルでも2条6項の「不当な取引制限」には該当するが、3条は適用できない、という発想であろうか。

しかし、条文に立ち返ると、この枠組みでは具合の悪いことがわかる。排除措置命令に係る7条では「第3条……に違反」が根拠とされているが、課徴金納付命令に係る7条の2第1項では「不当な取引制限」が根拠とされており3条を経由していない。上記の枠組みでは、地球の裏側で完結するカルテルは、排除措置命令の要件は満たさないが、課徴金納付命令の要件は満たすことになる。

このように見ると、本件のような国際事案に3条を適用できるか、という問題の立て方をするのでなく、本件のような国際事案は2条6項に該当するか、という問題の立て方をするほうが、条文上も素直であり、また、これが「一定の取引分野における競争」の解釈問題であることを直截に示すことができる。

本件審決・判決も、その全趣旨は、2条6項の解釈を論じているように思われる。

なお、そもそも、3条のように1文で構成される条については「前段・後段」という呼称を用いないのが現在の法制執務の作法のようである（法制執務研究会編『新訂 ワークブック法制執務』（ぎょうせい、平成19年）186～187頁）。本稿は、引用を除き、現在の法制執務に倣って「3条」と表記している。

(3) 違反要件か課徴金要件か

課徴金に関する7条の2第1項は、「商品又は役務」の対価に係る行為が不当な取引制限に該当すれば、「当該商品又は役務」の売上額に算定率を乗じたものが課徴金となると規定している。このように、基本的には違反要件

の広狭が課徴金に直結するのであり、本件審決・3判決は、国際的観点からの争点を違反要件の問題として論じている。

それに対し、国際的観点からの議論を課徴金要件の問題として種々論じつつ、違反要件については本件審決・3判決の結論と同様の広い考え方を当然の前提とし、それが課徴金に直結するのは条文上やむを得ないとしたために、国際的観点からの議論を自ら無意味なものとしたのが、本件審決に付された小田切宏之委員の補足意見である（同補足意見が国際的観点からの議論を課徴金要件の問題としたことは、課徴金納付命令を受けていないサムスンSDI（韓国）に対する審決に補足意見が付されていないことからわかる）。

3 自国独占禁止法の適用条件

(1) 「我が国市場」基準の定着

国内競争法がどの範囲を論じてよいかについて、米国等の議論の発展を見ながら早期に基本的な考え方を示したのは、平成2年に書籍としても刊行されている独占禁止法渉外問題研究会報告書である。そこでは、「国内市場」に影響のある行為は日本独占禁止法の問題として論じ得るが、他方、「我が国の市場」に効果を及ぼしていない行為は日本独占禁止法の問題とすべきでない、とされた（公正取引委員会事務局編『ダンピング規制と競争政策 独占禁止法の域外適用』（大蔵省印刷局、平成2年）67頁、84頁）。

これは、米国に端を発して世界的に受け入れられている効果理論と同等の内容である。

その後、この考え方それ自体が批判的に検討されたことはほとんどなく、このレベルの抽象的次元では、考え方として完全に定着していると言ってよい（マレーシア判決は、後記 *6*(3)に掲げる論法で、本件は効果理論によらずとも日本独占禁止法違反とできるとしたものであり、一般論として効果理論を否定したわけではない）。

(2) 「我が国市場」の具体的内容

ところが、ここにいう「我が国市場」とは具体的には何か、という点については、公取委も含め、誰も明確に定義しようとしないという状況が続いた。

そのようななかで、自国に需要者が所在するような市場を「我が国市場」と考えれば、日本だけでなく米国・EUなどの主な事例を全て説明でき、また、独占禁止法の主な保護対象である需要者が自国に所在するか否かを問題とする点で法目的にも沿う、という自国所在需要者説が平成8年に提唱された（白石忠志「自国の独禁法に違反する国際事件の範囲」ジュリスト1102号、1103号（平成8年））。

公取委や諸論者は、長い間、この考え方に距離を置いていたが、結局、本件審決は、「少なくとも」、自国に需要者が所在するような市場であれば自国独占禁止法を適用できる、と述べた（MT審決書19頁）。諸論者も、最近では、これが当然に成り立つ見解であるかのように、自己の考え方として同旨を述べるものが増えている。その背景としては、本件が話題となったことに加え、自動車部品などに関する日本企業のカルテルが世界中の需要者に影響を及ぼした事案が平成20年代に摘発され、各国競争法の適用対象とされたところ、各国の罰金・課徴金の算定において当該国に所在する需要者への売上額を基礎とするよう限定するのでなければ、膨らんだ罰金・課徴金が重畳的に集積し全体として苛烈な金額となってしまうことを、多くの実務家が実感し、それが諸議論に反映されたことも、大きく作用したように思われる。

(3) MT判決

3件の東京高裁判決は、表現の仕方や論述の順序は三者三様であるが、実質的内容は、似通っている。以下では、順を追った判示がされており装飾も少ないMT判決を中心に検討する。

MT判決は、出発点として次のように述べる。

「(1)ア　独占禁止法1条の目的規定からすると、同法は、直接的には我が国における『公正且つ自由な競争を促進』すること、すなわち、我が国の自由競争経済秩序を維持することを目的とし、究極的には『一般消費者の利益

を確保するとともに、国民経済の民主的で健全な発達を促進すること』を目的としているということができる（最高裁昭和59年2月24日第二小法廷判決・刑集38巻4号1287頁）。

イ　上記のとおり、独占禁止法が、我が国における自由競争経済秩序の維持をその直接の目的としていることに照らせば、事業者が、日本国外において、他の事業者と共同して同法2条6項に該当する行為（不当な取引制限）に及んだ場合であっても、当該行為が一定の取引分野における我が国に所在する需要者（同条4項1号にいう需要者）をめぐって行われるものであるときには、同法3条後段が適用されると解するのが相当である」（MT判決書38頁）。

　MT判決は、需要者が日本に所在する場合には日本独占禁止法を適用できる旨を判示し、その根拠として1条の法目的を掲げている。その意味で、自国所在需要者説と同様の考え方に立つものである。

　他方でMT判決は、本件審決のように「少なくとも」という文言を用いてはいないものの、需要者が日本に所在するの「であるときには」日本独占禁止法を適用できる、としており、他の可能性を否定していないという意味では、本件審決と同様である。

　ただ、他の可能性の具体的内容は全く明らかにされていないし、本件では、後記5(1)で紹介する判示のように、需要者が日本に所在すると論ずることで結論を得たのであるから、他の可能性についてはここでは深入りしない。最もあり得る議論としては、カルテルの対象となった商品役務が転々として自国に流入した場合を挙げることができるが、本件審決・3判決では、そのような事情は、日本独禁法違反という判断を支える理由付けとしては登場していない（それに近い事情が本件に存在したことが重要である旨の事実評価を独自に行うことによって本件審決・3判決の結論を擁護しようとする文献は散見される）。

4　本件での中核的争点の抽出

　MT判決は、続いて以下のように、本件の中核的争点を抽出する。
「需要者は、供給者から商品又は役務の供給を受ける者であるが、供給を

受けるに当たっては、①供給者と取引交渉をして意思決定をし、②上記意思決定に基づき、対価を支払って商品等の供給を受け、これを使用収益するという過程を経ることになるところ、②の行為を行う者が需要者と認められることは、その行為内容からして明らかである。通常は、①と②の行為は同一の者により行われるため、その者が我が国に所在すれば、需要者が我が国に所在すると認めることができ、同法3条後段の適用が可能となるが、①の行為者は我が国に所在するものの、②の行為者は我が国に所在しないという場合において、①の行為者も需要者と認め、同法3条後段の適用を可能とすることができるのかが本件における争点となっている」（MT判決書38～39頁）。

この問題は、本件が話題となり、類似の事実関係を含む事件が米国・EU等に現れたことを背景に、平成20年代になって議論されるようになった（例えば、邵瓊儀「自国競争法の国際的適用範囲」ソフトロー研究22号（平成25年）、特に77～86頁）。日本では、本件より前に具体的な先例は存在しない。

5　意思決定者か供給を受け使用収益する者か

⑴　MT判決の判示

そのうえでMT判決は、この争点について以下のように答えている。

「独占禁止法3条後段は、二以上の事業者による同一の需要者に対する供給行為を、事業者間で対価を決定するなどして実質的に制限することを禁じているものであるから、当該需要者は供給を受ける者と評価し得ることが必要となると解せられる。

一方、独占禁止法が、我が国における自由競争経済秩序の維持をその直接の目的としていることは上記⑴ア〔白石注：前記3⑶引用部分〕のとおりである。自由競争経済秩序の維持は、供給者と需要者の双方が、それぞれ自主的な判断により取引交渉をして意思決定をするという過程が、不当な行為により制限されないことが保障されることによって図られるものであり、自由競争経済秩序の維持を図る上で保護されるべき需要者の属性として重要なのは、意思決定者としての面と解せられる。

東京高判平成 28 年 4 月 13 日〔ブラウン管 MT 映像ディスプレイ等〕

以上を総合すると、意思決定者と、供給を受けこれを使用収益する者とが異なる場合であっても、両者が一体不可分となって供給を受けたと評価できる場合は、意思決定者についても需要者として認めることができ、我が国に所在する当該需要者について、独占禁止法 3 条後段の適用が可能となると解するのが相当である」（MT 判決書 39 頁）。

この判示は、その段落分けに現れている通り、三段構えの論法を採っている。すなわち、(a) 2 条 4 項の「競争」の定義を参照し、需要者とは供給を受ける者すなわち商品受領者であるという基本的考え方を出発点とした。しかし、(b)実質的に重要であるのは意思決定者としての面であるとした。そのうえで、(c)条文（すなわち(a)）と実質（すなわち(b)）の折り合いをつけようとてか、「両者が一体不可分となって供給を受けたと評価できる場合は、意思決定者についても需要者として認めることができ」るとした。

以上のような基準を立てたうえで、交渉・決定・指示を根拠に、我が国ブラウン管テレビ製造販売業者は需要者に該当するとした（MT 判決書 41 〜 47 頁）。

なお、韓国判決は、2 条 4 項は「競争」の定義であって「需要者」の定義ではない、として、上記(a)を経ずに「一定の取引分野における競争」に関する裸の解釈論を行い、MT 判決と同様の結論に至った。しかし、2 条 4 項は「競争」の定義であるから、韓国判決は、「一定の取引分野における競争」の解釈にあたって「競争」の定義規定を無視したことになる。

(2)　取引の本質という観点からの論評

取引において自由な意思決定が行われることは確かに重要である。

しかしそのような価値は、供給を受け使用収益する者の利益と結びついて初めて、意味を持つものである。

このことは、意思決定者と、供給を受け使用収益する者とが、全く別人である次のような極端な例を考えれば、わかりやすくなる。極端な例を考えれば本質が見えるのは思索の常道である。

公取委は、平成 20 年度企業結合事例 1 〔キリン・協和発酵〕において、G-CSF という医薬品を一定の取引分野として画定し、キリン・協和発酵の

企業結合が競争に与える影響を検討したが、その際、競争を制限しようとする動きに対する「需要者からの競争圧力」の観点から、次のような分析を行っている。

「医薬品の最終的な使用者は患者であるが、G-CSF のような医療用医薬品の処方権は医師にあるため、患者が薬価に応じて使用する医薬品を変更することは難しく、患者から製薬会社に対する競争圧力は働きにくい状況にある。一方、医師は、医療用医薬品の処方権を有しているが、薬剤費の負担は患者側にあるため、医師の側には、安価な医薬品を選択するインセンティブが働きにくく、価格に応じて使用量や銘柄を変化させる可能性は低い」（平成 20 年度企業結合事例集 9 頁）。

この事例における医師も意思決定をし患者に指示をしているわけであるが、公取委や MT 判決は、このような事例においても、医師を独禁法の保護対象である需要者と考えるのであろうか。推測するに、そうではないであろう。上記事例において公取委は、この企業結合により一定の取引分野における競争が実質的に制限されることとなるおそれがあるとし（事例集 11 頁）、問題解消措置を条件として問題なしとしたのであるが（事例集 32 ～ 33 頁）、それは患者という需要者を保護しようという観点からのものであり、医師を保護しようとは考えていなかったのではないかと推測される。医師と患者がいずれも日本に所在するから、ブラウン管事件のような争点とならなかっただけである。

本件審決・判決は、意思決定者である我が国ブラウン管テレビ製造販売業者を保護したいと考えているわけであるが、そのような我が国ブラウン管テレビ製造販売業者と、およそ保護対象とは考えられないと思われる上記事案の医師とで、直感的な位置付けが異なるのは、なぜであろうか。

それは、意思決定それ自体に保護価値があるからではなく、現地製造子会社等が高いものを買わされる損害が、親会社等である我が国ブラウン管テレビ製造販売業者にも帰属するのではないか、という、素朴な理解があるからであろう。それに対し、医師と患者の場合には、公取委の指摘によれば、「薬剤費の負担は患者側にあるため、医師の側には、安価な医薬品を選択するインセンティブが働きにく」いというのである。

577

東京高判平成 28 年 4 月 13 日〔ブラウン管 MT 映像ディスプレイ等〕

　本件では、現地製造子会社等の損害が我が国ブラウン管テレビ製造販売業者にも帰属する、という具体的な立証は、されていないように思われる。また、かりにそれが立証されたとしても、子会社の損害が親会社にも帰属するからといって親会社所在国の独禁法を適用してよいのかという問題は、別に残る（後記(3)）。

(3)　国際的観点からの論評

　MT 判決は、国際的観点から次のように述べている。

　「同一事案を複数の法域で取り上げられること自体が禁じられているわけではないし、仮に、競争法が重複して適用されることにより何らかの弊害が生じるとしても、その弊害の回避は、法執行機関間における協力、調整等によって図り得る余地がある」（MT 判決書 40 ～ 41 頁）。

　「禁じられているわけではない」というのは、1 件の国際カルテルに係る複数の取引がそれぞれ別々の国に所在する需要者らに向けて影響を及ぼす状況を想定した議論である。このような場合に複数の競争法が適用されるのはこの分野の常識である。しかし、本件のように、1 件の取引について、複数の国に属する者が需要者とされる事態を想定して論じているものは、ほとんどない。

　また、上記判示は、各国競争当局の良識を信頼しすぎているようにも思われる。さらに、競争法の適用には、競争当局によるものだけでなく、裁判所での私人の訴えを契機とするものもあることにも留意しなければならない。

　そして、そのようなことを検討する際には、日本法がそのような問題を起こすことがないか、だけでなく、外国競争法で同様の事案が生じたときに日本がそれに反論するポジションを確保し得るのか、本件審決・判決のような考え方を採るとそのようなポジションを失うのではないか、という視点も、必要である。本件審決・判決を前提とすれば、日本国内需要者への商品役務の供給について日本国内需要者の X 国所在親会社と交渉している場合には、当該取引について競争法上の問題が生じた場合に X 国競争法が適用されても、日本は説得的な反論をすることが難しくなる。X 国は、米国であるかもしれないし、中国であるかもしれない。

自国に需要者が所在しない事案への米国競争法の適用について日本の公取委が反論したものとして、公正取引委員会「米国の輸出を制限する反競争的行為に対する米国司法省の反トラスト法の執行方針の変更について」（平成4年4月9日）（公正取引500号（平成4年）53頁に掲載）がある。国外所在需要者が米国法を用いて提起した損害賠償請求事件において米国連邦最高裁判決が外国競争当局からの反論に配慮した例として、F. Hoffmann-la Roche Ltd v. Empagran S.A.（542 U.S. 155, 168（2004））がある。いずれも、反論する外国競争当局がそのような競争法適用をしていなかったために説得力を持ったものである。

6 関連する諸問題について

⑴ はじめに

ブラウン管事件をめぐっては、必ずしも根拠が定かでない論や、別の文脈であれば根拠のある考え方をそのまま本件の文脈に持ち込んだ論などが、多々展開されている。そのなかに、公取委の主張や判決理由に取り入れられたものが少なからずある。

⑵ シール談合・溶融メタル談合について

公取委は、商品役務を供給せず意思決定をするだけである者を「供給者」とした先例であるとしてシール談合刑事東京高裁判決（集東京高判平成5年12月14日〔シール談合刑事〕）を引用し、また、商品役務の供給を受けていないが購入の指示や購入価格の決定等を行っていた者を違反行為者とした先例であるとして溶融メタル命令（集公取委命令平成20年10月17日〔溶融メタル等購入談合〕）を引用して、「供給者」や「需要者」を現実に供給する者や供給を受ける者に限定しないのが過去の裁判例や公取委において積み重ねられてきた実務である旨を主張している（MT判決書25〜26頁）。

この主張は、ブラウン管事件の問題とは関係がない。

ブラウン管事件で問題となっているのは、供給競争の制限が問題となって

いる事例における需要者の範囲であり、すなわち、日本独禁法による保護対象の範囲が問題となっているのであって、そのことはMT判決において明確に示されている（前記3(3)引用部分）。

それに対して違反者の側の範囲は、保護対象である需要者を害するような行為をした者に広く及んでも問題はない。現にブラウン管事件では、商品役務を供給せず意思決定をするだけであったMT映像ディスプレイ（日本）やサムスンSDI（韓国）も違反者とされているが、商品役務を供給していないことを理由として違反の成立を否定する主張は全くされていない。

そもそも2条6項は、供給者と需要者によって構成される「競争」の実質的制限を要件としてはいるが、違反者が「供給者」であることは、条文上、要件とはしていない（そのことを前提として、例えば、菅久修一編著『独占禁止法〔第2版〕』（商事法務、平成27年）30～31頁［品川武執筆］は、供給者ではない親会社を違反者とする条文上の理由付けとして、子会社の事業活動の管理等も親会社の事業であると考えれば、親会社もカルテルによって事業活動の拘束を受けているということができるのではないか、としている。私は、それより広く、狭い意味で違反要件を満たさない場合でも違反行為に関与している者は違反者と言い得るのではないかという考え（「共犯理論のアナロジー」）を拙著等で述べている。いずれの考えを採るにせよ、需要側でなく供給側については、私も含め、意思決定者を違反者とすることに異論はないのであるが、そのような議論は、独禁法の保護対象である需要者の範囲の議論には関係がない）。

溶融メタル命令は、購入競争を制限した事例、すなわち2条4項1号でなく2条4項2号の事例であり、供給者と需要者を入れ替えて考えなければならない事案である。需要者の側が違反者なのであるから、以上に述べてきたことを裏返せば、需要者の側の違反者の範囲は広がって当然である。供給競争が制限された事案における保護対象である「需要者」の範囲が問題となったブラウン管事件には、関係がない。

(3) 「実行行為」論について

ブラウン管事件を契機として、「実行行為」なる概念が強調され、カルテル参加者が需要者側と交渉するだけでも「実行行為」に当たるとしたうえで、

「実行行為」が日本で行われたのであれば日本独禁法が適用されて当然である、との論が展開された（上杉秋則「独禁法の国際的適用を巡る議論の現状と問題点」国際商事法務42巻7号（平成26年）1008頁、1015〜1016頁、越知保見・本件審決評釈・ジュリスト1488号（平成28年））。これをマレーシア判決が全面的に取り入れた。同判決は、「本件合意は、……実質的決定をする我が国ブラウン管テレビ製造販売業者を対象にするものであり、本件合意に基づいて、我が国に所在する我が国ブラウン管テレビ製造販売業者との間で行われる本件交渉等における自由競争を制限するという実行行為が行われたのであるから、これに対して我が国の独占禁止法を適用することができることは明らかである」という（マレーシア判決書62頁）。マレーシア判決は更に、「この点、EUにおいては、実施行為が域内に存在する必要があるものとされ、いわゆる実施行為理論が採られているとされているところ、本件においては、本件合意に基づく実行行為が我が国に所在する我が国ブラウン管テレビ製造販売業者を対象にして行われていたものであるから、実施行為理論の下においても、実施行為は我が国に存在すると認めることができると考えられる」とまで述べている（マレーシア判決書63頁）。

　この「実行行為」論には以下のような二重性があり、その二重性を利用して議論のすり替えを繰り返しているものであるように思われる。

　第1に、需要側で意思決定者と商品受領・使用収益者とが分離していない単純な事例において、供給者が自国所在需要者に販売することを「実行行為」と呼ぶのであれば、そのような意味での「実行行為」論は、自国所在需要者説と同旨を別表現で述べたものに過ぎず、異論はないことになる。

　第2に、しかしそれに対し、マレーシア判決や、それが依拠したとみられる「実行行為」論の文献は、需要側において意思決定者と商品受領・使用収益者とが分離している事案において、自国に所在する意思決定者と供給者とが交渉をしただけでも自国競争法を適用できる、としているのであり、そのような交渉をも「実行行為」と呼んでいる点に特徴がある。

　前者の、分離のない単純な事例においては、需要者が自国に所在することの当然の帰結として、自国所在需要者と供給者との交渉や契約締結が存在する。そのような場合に自国競争法の適用が肯定されているからといって、意

思決定者と商品受領・使用収益者とが分離した複雑な事例において、自国所在意思決定者と供給者との交渉があったというだけで自国競争法の適用が肯定されることにはならない。

「実行行為」論は、これが公取委実務となっていると主張するが（越知保見・本判決等評釈・公正取引793号（平成28年）66頁）、これにも根拠はないように思われる。三重運賃審決（公取委審判審決昭和47年8月18日〔三重運賃制・審決分〕。「わが国の荷主」（審決集19巻59頁）という需要者が、意思決定をし運送役務の供給を受けていた事案である）、ノーディオン審決（公取委勧告審決平成10年9月3日〔ノーディオン〕）、マリンホース命令（集公取委命令平成20年2月20日〔マリンホース〕）のいずれも、需要者が日本に所在していたから、交渉または販売などの何らかの「実行行為」は日本に存在したであろうが、需要側において意思決定者と商品受領・使用収益者とが分離していたわけではない。

「実行行為」論は、EU競争法の実施行為理論が本件の公取委の判断を支える根拠となるとも主張しており（越知保見「モトローラ事件・AUO刑事事件高裁決定から読み解く国際的執行に関する行為・効果基準とブラウン管カルテル事件」公正取引774号（平成27年）42頁）、公取委の答弁書もこの文献を引用しているので（マレーシア東京高裁事件における公取委の答弁書（平成27年10月30日）61頁）、マレーシア判決もその影響を受けたのではないかとも思われる。EU競争法における「implementation」を「実施行為」と訳したのだと思われる。しかし、域内で「implementation」があればEU競争法を適用できるとするEU事例には、交渉だけで「implementation」に当たるとしたものは見当たらない。意思決定者と供給を受け使用収益する者とが同一である単純な事案で域内の需要者に販売することを「implementation」と呼ぶものばかりである（Judgment of 27 September 1988, A. Åhlström Osakeyhtiö v Commission, C-89/85, EU:C:1988:447, paragraphs 16-17; Judgment of 25 March 1999, Gencor Ltd v Commission, Case T-102/96, EU:T:1999:65, paragraph 87など）。

ところで、不当な取引制限の課徴金に関する7条の2第1項に、「実行としての事業活動」という文言が存在する。不当な取引制限の文脈で「実行行

為」というと、この条文を思い浮かべる関係者は多いであろうし、「実行行為」論の主唱者自身が、「実行行為」とは「実行としての事業活動」と同義であると明言する例もある（越知・前掲ジュリスト評釈112頁）。しかし、「実行としての事業活動」は、交渉そのものではなく、交渉において念頭に置かれた合意値上げ予定日からの実際の商品役務の供給行為を指すとするのが、確立した実務である（公取委審判審決平成14年9月25日〔オーエヌポートリー〕（審決集49巻の124頁）、公取委審判審決平成19年6月19日〔ポリプロピレン課徴金日本ポリプロ等〕（審決案16頁）、東京高判平成22年4月23日〔アスカム〕（判決書36頁））。交渉は、値上げ予定日より前に行われるものだと思われるが、値上げ予定日より前の交渉の日から課徴金を課した例は見当たらない。交渉は「実行としての事業活動」には当たらないことになる。過去の東京高裁判決に、「本件のように、一つの商流に複数の違反行為者が関与している事案においては、だれが違反行為を実行したかを判断することが必要となる。そして、違反行為を実行したか否かは、事実上の営業活動を行ったか否かにより判断されるというべきである」と述べ、交渉し取引条件を合意するという「営業活動」をした違反者のみに課徴金を課す公取委の判断を是認したものがある（東京高判平成24年2月24日〔鋼管杭クボタ〕（判決書47頁））。しかしこの判決は、目先の事案で公取委の原処分を是認する結論を導こうとして公取委の確立実務とは合致しない基準を示したものであって、先例的価値はない。現に、この判決の基準を本件に当てはめると、本件で「営業活動」を行ったのはMT映像ディスプレイ（日本）やサムスンSDI（韓国）であって（マレーシア判決書5頁、MT判決書6頁、韓国判決書8頁）、これらの会社の東南アジア子会社には「実行としての事業活動」がないので課徴金を課すべきでなく、MT映像ディスプレイ（日本）やサムスンSDI（韓国）に課徴金を課すべきであるが売上額が零であるから課徴金を課すことはできないこととなる。

　このように、「実行行為」論は、別の文脈であれば根拠のある考え方をそのまま本件の文脈に持ち込み、かつ、条文の文言に似た言葉を用いつつ似て非なる意味を託して、本件での公取委の主張を支えているものである。

(4) 効果理論不要論について

　ブラウン管事件を契機として、世界的に確立している効果理論（effect doctrine）が不要である旨の主張もされるようになった。

　「しかし、いわゆる効果主義の考え方は、もともと国外における行為について例外的な域外適用を認めるためのものであるところ、本件においては、本件合意に基づく本件交渉等における自由競争制限という実行行為が、我が国に所在する我が国ブラウン管テレビ製造販売業者を対象にして行われているのであるから、そもそもいわゆる効果主義に基づく検討が必要となる余地はなく、我が国の独占禁止法を適用できることは明らかである」（マレーシア判決書 63 頁）。

　これも、公取委の答弁書が引用する文献の主張（越知・前掲公正取引 774 号論文 42 頁）と全く同旨である。

　日本独禁法には「一定の取引分野における競争を実質的に制限する」という要件があるので、日本独禁法においては効果理論をあえて唱える必要はない、との旨を主張する文献もある（山﨑恒＝幕田英雄監修『論点解説　実務独占禁止法』（商事法務、平成 29 年）327 頁注 28［稲熊克紀執筆]）。世界的に確立した効果理論を「一定の取引分野における競争を実質的に制限する」の要件に適切に埋め込む国内法解釈が確立したならば、効果理論を参照する必要性が減ずることは確かであろう。しかし、解釈と運用の適切性を不断に検証するためには、やはり、解釈の外枠を規定する効果理論と、その具体的内容を確定しようとする議論は、なお必要である。しかも、公取委が一般論において「少なくとも」と述べ、需要者が日本に所在しない場合でも日本独禁法を適用する余地を残そうとしており、その外延が明らかにされていないなかでは（前記 *3* (3)）、外枠を取り除こうとする議論は適切でないように思われる。

(5) モトローラ対 AUO 判決等について

　マレーシア判決と韓国判決は、米国判決にも言及している。

　「また、原告の引用する米国の連邦第 7 巡回区控訴裁判所大合議による決定は、損害賠償を請求する民事訴訟において、損害が発生して原告適格ない

し訴えの利益を有するのはモトローラではなく、その子会社であることを理由としてモトローラの請求を認めなかったものであって、当裁判所の前記判断と相いれないものではない」（マレーシア判決書63〜64頁）。

韓国判決にも同旨の判示がある（韓国判決書87頁）。マレーシア判決・韓国判決は「大合議」としているが、モトローラ対AUO判決は全員法廷（en banc）によるものではなく、同じ3名の裁判官が再審理をして判決したものである（Motorola Mobility Llc v. AU Optronics Corp., 775 F.3d 816 (7th Cir. 2015)）。

モトローラ対AUO事件では、3つの商流について損害賠償請求がされた。①価格協定された部品（LCDパネル）が米国に直接流入した商流（カテゴリー1）、②価格協定された部品が米国外で完成品（携帯電話機）に組み立てられ米国に流入した商流（カテゴリー2）、③価格協定された部品が米国外で完成品に組み立てられ米国外に売られた商流（カテゴリー3）、の3つの商流である。

このうちカテゴリー2については、かりに公的エンフォースメントとの関係では違反であるとしても（"We'll assume"）、モトローラ米国親会社の請求は認められない、とされた。この点では、マレーシア判決等の指摘する通りである。

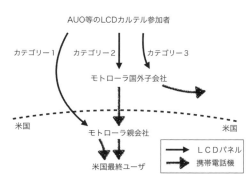

しかし、日本のブラウン管事件との関係で参考とされるべきは、カテゴリー2ではなく、カテゴリー3が米国法違反とされたのか否か、である。本件審決・判決は、カルテル対象商品が日本に流入したことには理由付けにおいて触れていないのであるから（前記1(1)）、カテゴリー2は関係がない（公取委の答弁書が引用する文献は、ブラウン管事件はカテゴリー3ではなく日本国内に「実施行為」があったイージーケースである旨を主張しているが（越知・前掲公正取引774号論文42〜43頁）、それが日本法にも外国法にも根拠のないものであることは既に述べ（前記3、4）、また、AUO刑事事件について後述するとお

りである)。

そして、カテゴリー3についてポズナー裁判官の法廷意見は、米国内取引がされていないのであるからおよそ可能性はないとして簡単に退けている。モトローラは、米国親会社と国外子会社は一体であるという主張をしたが、法廷意見は、国外に子会社を設立して現地法に従うのであれば競争法についても現地法に従うべきである、かりに一体であるなら当該一体は国外でカルテル対象商品の供給を受けたのであって米国競争法には関係がない、などと述べた(「一体」を示す「one」「a single enterprise」「a single entity」などの文字列を法廷意見中で検索すれば随所に該当箇所が見つかる)。

なお、モトローラ対AUO事件と同種の事案に関するAUO刑事事件について、連邦第9巡回区控訴裁判所判決はカルテル参加者と購入側米国親会社との交渉にも若干言及しているが、米国内の裁判地の選択にあたって交渉に言及したものや、カテゴリー1・カテゴリー2について、補助的な文脈で交渉にも言及したものであるにとどまる(United States v. Hsiung, 778 F.3d 738, 745-746, 756, 758-759(9th Cir. 2015), slip opinion at 13-15, 35-36, 40-42)。

7 命令日が区々になった原因

平成17年改正によって排除措置命令と課徴金納付命令を同時に行うことが可能となり、現に、その後、ほとんど全ての事例では同時に命令がされている。唯一の例外が、本件である。

本件で公取委は、MT映像ディスプレイ(日本親会社)とサムスンSDI(韓国親会社)に対して排除措置命令を、それらの東南アジア子会社らに課徴金納付命令を、それぞれ、しようとした(他の違反者のうち、台湾のチャンワ・ピクチャー・チューブスとその東南アジア子会社は減免制度によって命令を免れたものとみられ、タイのタイCRTは消滅しているため命令できなかった)。

ところが、公取委が命令しようとした事業者のなかには、MT映像ディスプレイの日本親会社と東南アジア子会社などのように平成21年10月7日付の命令書の送達を直ちに受けた者もあったが、他の事業者は、事前手続のための事前通知書や命令書の送達を自主的には受けず、結局、公示送達によっ

東京高判平成 28 年 4 月 13 日〔ブラウン管 MT 映像ディスプレイ等〕

て送達を受けることとなった（平成 22 年 3 月 29 日の公取委公表文）。

　これらの事業者に対しては、もともと用意した平成 21 年 10 月 7 日付の命令書を送達すればよいようにも見えるが、しかし、そこで問題となるのが、課徴金の納期限である。課徴金納付命令書には、課徴金の納期限を記載することになっており、その納期限は課徴金納付命令書の謄本を発する日から 3 月を経過した日とされていた（平成 25 年改正前 50 条 1 項・3 項）。したがって、命令書の送達に手間取ると、納期限を過ぎていたり、納期限が迫っていて手続上の瑕疵を指摘されかねなかったりという状態で、命令書を送達することとなる。そこで、これらの事業者については、新たな命令書（平成 22 年 2 月 12 日付）を作成して、納期限について問題のない形で、送達したものと思われる（前記平成 22 年 3 月 29 日公表文によれば、平成 22 年 3 月 27 日に送達され効力が発生した）。

　審判制度を廃止した平成 25 年改正後は、審判請求期間 60 日（平成 25 年改正前 50 条 4 項）から出訴期間 6 か月（行訴法 14 条 1 項）へと変わったこともあり、それに約 1 月の余裕を持たせる納期限も、課徴金納付命令書の謄本を発する日から 7 月を経過した日とされるようになったので（62 条 3 項）、この問題はやや緩和されたように思われる。もっとも、例えば、謄本を発する日でなく送達の日から起算して納期限を定めればよいのではないか、という疑問は残る。

　排除措置命令には、上記のような問題がないので、サムスン SDI に対する排除措置命令書は、平成 21 年 10 月 7 日付のものが公示送達によって送達されている。

東京高判平成 28 年 9 月 2 日〔新潟タクシーカルテル〕

東京高判平成28年 9 月 2 日・平成27年（行ケ）第31号
〔新潟タクシーカルテル〕

---

1 事例の概要

　新潟交通圏のタクシー会社 26 社が価格協定を行った。公取委は排除措置
命令・課徴金納付命令をし（公取委命令平成 23 年 12 月 21 日）、これを是認す
る審決をし（公取委審判審決平成 27 年 2 月 27 日）、本判決はこの審決を是認
した。上告受理申立ては不受理となっている（最決平成 29 年 3 月 16 日）。

　本件の背景には、タクシー運賃に関する規制の変遷があった。道路運送法
によるタクシー運賃の規制において、少なくとも本件との関係では、自動認
可運賃制度が採用されていた。すなわち、あらかじめ定められた上限運賃と
下限運賃の間に収まっているならば、簡易な手続で認可されるという制度で
ある。そうしたところ、平成 21 年にタクシー特別措置法が制定・施行され、
この運賃幅を運賃が高いほうに引き上げることとなった（一般的な制度につ
いて判決書 7 〜 17 頁に、新潟交通圏における状況について判決書 17 〜 21 頁に、
それぞれまとめられているので、本稿では詳細の紹介は省略する）。

　このもとで、タクシー会社らは、小型車について新たな下限運賃へと引き
上げて、かつ、初乗距離短縮運賃を設定しないこととする、中型車・大型
車・特定大型車については上限運賃へと引き上げることとする、旨の本件合
意をした（判決書 61 〜 62 頁）。

　なお、下限運賃を下回る運賃が認可されることはあり得るところであり
（判決書 14 頁）、また、下限運賃において初乗距離短縮運賃を採用した場合で
も自動認可の取扱いがされる（判決書 8 〜 9 頁）。

588

2 正当化理由の主張

争ったタクシー会社らは、本件合意の存在自体を争ったほか、かりに本件合意をしていたとしても正当化理由がある旨の主張をした。2点に分けられる。

⑴ 行政指導による強制

第1は、国土交通省の担当官による行政指導があり、それに強制されて本件合意をした旨の主張である。

かりに強制があったとされれば、独禁法違反でないこととなるという結論には、異論がないと思われる（その理由付けを、正当化理由があるとするのか、不文の主観的要件が満たされなかったとするのか、などについては、種々の議論があり得るが、ここでは措く）。

本判決は、行政指導による強制はなかった旨の事実認定によって、この論点を法的には論じなかった（判決書63〜83頁）。

⑵ 行政指導が専門的な政策判断を体現しているか

第2は、行政指導は専門的な行政官庁の専門的知見を背景にするものであるから、それが強制的なものでなくとも、それに従う行為は、正当化理由があるために独禁法違反とはならない旨の主張である。

このような考え方は、大阪バス協会審決（**集**公取委審判審決平成7年7月10日）において違反を否定する理由付けとして用いられた（本書86〜87頁）。NTT東日本最高裁判決（**集**最判平成22年12月17日）では、背景事実が否定されて違反とされたものの、法理論としては否定されなかったところである（本書375〜377頁）。

本判決は、この点についてもやはり、事実認定によって解決し、この論点を法的には論じなかった。新自動認可運賃幅への移行を促す行政指導があったことは認めたものの、小型車について初乗距離短縮運賃を設定しないことを求める行政指導や下限運賃を超える運賃に移行することを求める行政指導

は行われていなかったことをも認定した（判決書83〜84頁）。タクシー会社らが行ったと認定された合意の内容を支える行政指導がなかったのだとすれば、この第2の法理論により正当化される余地はないことになる（集最判昭和59年2月24日〔石油製品価格協定刑事〕の結論も、同様の論法によるものであるということになる（本書30〜32頁））。

東京地決平成 28 年 12 月 14 日〔奥村組土木興業執行停止申立て〕

> # 東京地決平成28年12月14日・平成28年（行ク）第279号
> # 〔奥村組土木興業執行停止申立て〕

1 事例の概要

　東日本高速道路（NEXCO 東日本）の東北支社が発注する舗装災害復旧工事について入札談合があったとして、公取委は排除措置命令・課徴金納付命令をした（公取委命令平成 28 年 9 月 6 日）。この事件は、刑事告発の対象ともなった事件であった（公正取引委員会「東日本高速道路株式会社東北支社が発注する東日本大震災に係る舗装災害復旧工事の入札談合に係る告発について」（平成 28 年 2 月 29 日））。全ての被告会社について罰金の刑に処する確定裁判があった模様であり（各種判例データベースに掲載）、独禁法 63 条によって罰金額の半額を課徴金額から控除する等の内容の公取委決定がされている（公取委決定平成 28 年 12 月 13 日）。

　奥村組土木興業は、この事件で排除措置命令を受けた。売上額がなかったものとみられ、課徴金納付命令は受けていない。また、この事件では課徴金納付命令を受けていない事業者は刑事告発・起訴の対象となっておらず、奥村組土木興業もその例である。

　奥村組土木興業は、排除措置命令の取消請求をした。その主張は、入札談合に関与した自然人従業者が、奥村組土木興業において何らの職責や権限のない者であったことを根拠としているようである（決定書 11 ～ 12 頁）。

　排除措置命令書主文は、以下のような内容を含んでいる。

　まず、主文 1 項の柱書および(1)において、「別紙記載の工事（以下「東日本大震災に係る舗装災害復旧工事」という。）について、20 社が平成 23 年 7

591

月中旬頃以降（株式会社伊藤組、奥村組土木興業株式会社、大有建設株式会社、株式会社竹中道路、地崎道路株式会社及び東京鋪装工業株式会社にあっては、それぞれ、遅くとも同年8月下旬頃以降）共同して行っていた、受注すべき者（以下「受注予定者」という。）を決定し、受注予定者が受注できるようにする行為を行っていないことを確認すること」「を取締役会において決議しなければならない」としている。

更に、主文2項において、「20社は、それぞれ、前項に基づいて採った措置を、自社を除く19社及びNEXCO東日本東北支社に通知し、かつ、自社の従業員に周知徹底しなければならない。これらの通知及び周知徹底の方法については、あらかじめ、公正取引委員会の承認を受けなければならない」としている。

奥村組土木興業が、行訴法25条2項により、排除措置命令の効力停止の申立てをした。この事例では、申立人が奥村組土木興業、相手方が公取委、ということになる（独禁法77条により、取消訴訟の被告は公取委である）。

2 審判制度廃止後の初の執行停止関係決定

排除措置命令は、名宛人に排除措置命令書の謄本が送達されたときから、その効力を生ずる（独禁法61条2項）。名宛人が排除措置命令の取消しを請求している場合でも、命令に違反すれば独禁法97条により過料の可能性がある。

そこで、排除措置命令の取消しを請求している名宛人が、排除措置命令の効力停止を求める場合がある。行訴法25条2項では、類似のものを含め総称して「執行停止」と呼んでおり、同条の見出しも「執行停止」であるため、通常は「執行停止」という表題のもとで議論されている。管轄裁判所は東京地裁となる（行訴法28条、独禁法85条1号）。排除措置命令・課徴金納付命令の取消訴訟が係属する民事第8部に、執行停止に係る本件も係属した。

平成25年改正による審判制度廃止の前は、公取委の排除措置命令を争う際、保証金等を供託すれば基本的には常に執行停止を認める制度があった（平成25年改正前独禁法70条の6）。条文の文言との関係で「執行免除」と呼

び、行訴法 25 条 2 項の「執行停止」と区別しようとする文献も多い。管轄裁判所は東京高裁であった（平成 25 年改正前独禁法 86 条）。平成 25 年改正による審判制度廃止に伴い、執行免除制度は廃止され、排除措置命令の執行停止は行訴法 25 条 2 項によるほかはなくなった（以上について詳しくは、白石忠志『独占禁止法〔第 3 版〕』（有斐閣、平成 28 年）678 ～ 681 頁）。

　行訴法 25 条 2 項による執行停止の申立て費用は 2000 円であり（民事訴訟費用等に関する法律 3 条 1 項を受けた別表第 1 の 11 の 2 の項ハ）、比較的高額の保証金を要した執行免除制度と比べると相当に低額であるが、その代わり、行訴法 25 条 2 項所定の諸要件を満たす必要がある。

　本件は、審判制度廃止後の排除措置命令に関する行訴法 25 条 2 項による執行停止申立てについて、東京地裁が判断した初めての事例である。

3 「重大な損害」の成否

(1)　はじめに

　行訴法 25 条 2 項は、執行停止の要件として、「処分、処分の執行又は手続の続行により生ずる重大な損害を避けるため緊急の必要があるときは」を掲げている。本件で特に問題となったのが、「重大な損害」の存否である。

　本決定は、奥村組土木興業の主張に沿って、いくつかの観点に分けながら、これを検討している。もちろん、裁判所が最終的に判断すべきであるのは「重大な損害」の成否であるから、事案によっては、細かく分断すると判断を誤る可能性がある（個別の観点ごとに少しずつ損害があり、累積して「重大な損害」となる場合が、論理的には、あり得る）。本決定は、以下のように、いずれの観点からも大きな損害があるとはいえないとしており、累積して「重大な損害」となる場合を想定する必要のなかった事例であると判断されたものと思われる。

(2)　「受注機会の喪失、受注高の減少」

　奥村組土木興業は、排除措置命令がされているのをみた発注官公庁による

東京地決平成 28 年 12 月 14 日〔奥村組土木興業執行停止申立て〕

指名停止処分によって「受注機会の喪失、受注高の減少」が起こると主張した。

本決定は、指名停止期間はさほど長くはならないことが多いこと、奥村組土木興業は総資産や従業員数の観点から大規模な事業者であること、奥村組土木興業が平成 15 年頃に排除措置命令を受けた際に経営が特段困難な状況に陥った等の事情は認められないこと、などを挙げて、「受注機会の喪失、受注高の減少」の観点から重大な損害が生ずるとの疎明があったとは認められない、とした（決定書 15 ～ 16 頁）。

このように、本決定は、本件事案における事情を前面に出して判断を行っており、他の事例において反対の結論となることはあり得る。

奥村組土木興業の主張に対する素朴な疑問としては、排除措置命令がされさえすれば、これに対する取消請求が提起された場合でも、当否は別として、指名停止処分は行われるのではないか、という点がある（公取委は、そのような主張をしている（決定書 10 頁））。これはしかし、それぞれの発注官公庁の方針によって定まることであり、常にこうなるという定かなものがあるわけでもない。本決定は、この点を論じていないが、これは、この点を論じなくとも結論は得られると考えたためではないかと思われる。

(3) 「社会的及び業務上の信用の毀損」

(a) 奥村組土木興業の主張

奥村組土木興業は、排除措置命令の履行によって「社会的及び業務上の信用の毀損」が起こると主張した。

前記 1 に掲げたように、排除措置命令書は、奥村組土木興業が他社と「共同して行っていた、……受注予定者……を決定し、受注予定者が受注できるようにする行為を行っていないことを確認すること」を取締役会で決議し、これに基づいて採った措置を、自社を除く 19 社及び NEXCO 東日本東北支社に通知し、かつ、自社の従業員に周知徹底することを義務付けている（強調点は白石による）。

奥村組土木興業としては、そのような行為を過去においても行っていなかった、と主張して取消請求をしているのであろうから、「共同して行ってい

た」という文面を含む決議をし、そのことを取引先に通知し自社従業員に周知徹底することは、違反行為をしていたことを自認することとなり「社会的及び業務上の信用の毀損」につながる、と受け止めることになる。

(b) 本決定の判示

本決定は、以下のように、公取委の主張（決定書9頁）をそのまま受け容れた判示をした（決定書17頁）。すなわち、「共同して行っていた」行為という記載は、「同命令の対象となった違反行為を特定するための記載であって、同命令が、上記記載をもって、申立人に対し違反行為を自認するよう求めるものとは解されない」として昭和52年の最高裁決定（最決昭和52年4月13日）を引用した（本決定のこの判示は、相手方である公取委の平成28年10月25日意見書13～14頁の主張をそのまま取り入れたものである）。また、「申立人が同命令を履行しつつ、これとは別に、申立人が上記違反行為をしていないことを主張し、同命令を不服として訴訟を提起して争っていること等を上記関係者に説明することは同命令に反しない」とも述べた（本決定のこの判示も、相手方である公取委の平成28年10月25日意見書14頁の主張をそのまま取り入れたものである）。

その他、本決定は、「申立人が同命令を履行することにより通知がされるなど何らかの影響を直接受けるのは、同命令において問題となった工事の発注者、同業他社及び申立人の従業員にとどまる」、とも述べ（決定書17頁）、また、奥村組土木興業の事業内容が「一般消費者に対して直接商品やサービスを提供することを中心とするものではないこと」にも言及した（決定書18頁）。

(c) 検 討

(ⅰ) 違反行為の自認について

公取委の主張および本決定が、揃って、排除措置命令を「履行しつつ」別途の説明をすることは命令違反とはならない、としていることは、裏返せば、排除措置命令書主文の文面通りの確認決議をし、文面通りの通知・周知徹底をさせるのが公取委の命令執行実務であって、名宛人にとって抵抗の少ない他の文面に改めることを許すつもりはない、という方針を窺わせる。すなわち、例えば、「共同して行っていたと公取委が主張している行為は、過去に

おいても現在においても行っていない」などと言葉を補うことは、許さない
方針であるものと窺われる。

　そのような排除措置命令であっても違反行為の自認を求めるものとは言え
ない、として、公取委の主張および本決定は最高裁決定を引用しているので
あるが、これは、どうであろうか。

　最高裁決定の事案は、問題の行為について刑事告発がされている事件にお
いて、排除措置命令（当時の勧告審決）の履行をしていないことを根拠とす
る過料（独禁法 97 条）の当否が争われた事件である。公取委は、「昭和
四十八年十一月上旬ごろに行なった石油製品の販売価格の引上げに関する決
定を破棄しなければならない」と命じていた（公取委勧告審決昭和 49 年 2 月
22 日〔石油製品価格協定排除措置〕（審決集 20 巻 302 頁））。最高裁決定は、こ
の表現は違反行為を特定するためのものであり、これを履行したからといっ
て名宛人が違反行為を自認したことにはならない、との旨を述べている。

　以下のような諸点を指摘できるであろう。

　まず、この最高裁決定の判示は、刑事訴追を受けている名宛人に自認を求
めるのは憲法 38 条 1 項に違反する、という主張に答えたものであり、刑事
裁判官は自認したとは受け止めないので名宛人には不利益はない、との旨を
述べた形となっている。それに対し、本件で問題となっているのは、裁判官
のような法律のプロがどのように受け止めるかではなく、発注者や奥村組土
木興業の従業員がどのように受け止めるか（信用毀損の有無）なのであるか
ら、本決定の判示は、理由付けとしては少々、的を外しているように思われ
る。

　最高裁決定や本決定の当否そのものは措くとしても、今後の公取委の命令
実務の問題として、このような少々苦しい是認理由に依拠しつつ違反行為特
定の必要性を掲げて同様の文面の命令をし続けるべき必然性はあるのか、と
いう点は、検討される余地があるであろう（最高裁決定の原審である東京高決
昭和 51 年 6 月 24 日〔石油製品価格協定審決不履行過料出光興産〕も、「本件にお
ける公正取引委員会の示した文案はその表現の是非はともかくとして」としたう
えで最高裁決定と同趣旨により是認している（審決集 23 巻 133 〜 135 頁））。どう
にかこうにか救ってくれた 40 年以上前の裁判例を根拠に、従来通りの文面

を堅持するのは適切か、ということである。例えば、「別紙記載の工事について、受注予定者を決定し、受注予定者が受注できるようにする行為を、現在、行っていないことを確認すること」といった文面でも、同等の特定は行われているように思われる。このほうが、そのような行為を過去においても行っていないと主張する者にとって抵抗が少ないように思われる。

　なお、平成 25 年改正後の執行停止申立て第 2 号事件である土佐あき農業協同組合の事例では、排除措置命令の主文において、「行っていた」という文言がなく、理事会において「……行為を行っていない旨を確認する」決議をすることが命令され、そのような「措置を、組合員に通知しなければならない」と命令されるなどしていた（公取委命令平成 29 年 3 月 29 日〔土佐あき農業協同組合〕）。東京地裁決定は、この点に注目し、この排除措置命令において、土佐あき農業協同組合が過去に違反行為をしていたことを自認するかのような文言での理事会決議や通知が求められているわけではないことを、土佐あき農業協同組合の信用への影響が生じないことを示す際の主な理由付けとしている（東京地決平成 29 年 7 月 31 日〔土佐あき農業協同組合執行停止申立て〕）。本件（奥村組土木興業の件）での理由付けにおいて、「行っていた」という文言があるにもかかわらず自認を求めていないとしたことについて、批判的分析がされたことを踏まえたものではないかと思われる。

　(ii)　通知・周知徹底の範囲

　本決定は、前記(b)末尾のように、通知・周知徹底の範囲が限定されていることをも、申立てを退ける理由付けとして掲げている。確かに、需要者が一般消費者であるならば「社会的及び業務上の信用の毀損」は深刻なものとなる可能性があり、また、需要者が一般消費者でない場合でも、発注者（需要者）が本件のように 1 者（NEXCO 東日本東北支社）でなく多数であるならば、同様の損害の可能性が生ずるであろう。

　本決定は、そのような意味で、本件の事案に即したものであり、本件以外の事案において執行停止が認められる可能性を残したものであるといえよう。

　(iii)　景表法事件との比較

　景表法の不当表示事件では、消費者庁の措置命令の取消請求が争われた場合、執行停止は認められる傾向にある（東京地決平成 27 年 4 月 20 日〔翠光ト

ップライン等執行停止申立て〕など）。

景表法の措置命令は、公取委が所管し排除命令と呼ばれていた時代には、執行停止との関係では、独禁法の排除措置命令と同様の扱い（前記2）を受けていた。平成21年の消費者庁への移管により、独禁法の排除措置命令より一足早く、行訴法25条2項による執行停止のみがあり得ることとなっていた。そして、平成27年以降に、その制度のもとで実際に取消請求がされ、執行停止申立てに係る決定がされるようになったものである。

景表法の不当表示事件での措置命令について執行停止を認める決定がされている背景には、次のような諸点がある。

まず、前記(i)の違反行為の自認の有無との関係では、問題の表示が景表法違反であるとまで述べて一般消費者に対する確認や従業員等への周知徹底をすることを、求めるのが措置命令主文の常である。自認を求めていないと主張するのは独禁法の場合より更に難しいであろう。

また、前記(ii)の通知・周知徹底の範囲との関係では、不当表示事件では景表法の違反要件との関係で需要者は常に一般消費者である、という点を挙げることができる。

(iv) 排除措置命令の取消しを求めつつ執行停止を求めない事例が多いとされることについて

本決定は、公取委が提出した「疎乙11、12」を掲げつつ、平成17年改正（審判手続事後化）後・平成25年改正（審判制度廃止）前の手続規定による排除措置命令を「受けた事業者が、その内容を履行しつつ、違反行為を争って審判請求を行った例は36例あり、そのうち、審決取消請求訴訟を提起した例は13例あった」とし、「〔平成25年〕改正後においては、本件申立て以前に、計3件の排除措置命令取消訴訟が提起されているところ、各訴訟に係る排除措置命令は、いずれも提訴時において履行済みであった」としている（決定書14頁）。

このような数字を、全体の分母すら確認することのないまま公取委の主張どおりに根拠として用いること自体が、不用意であるように思われるが（なお、上記の数字は、1件の不当な取引制限事件における複数の名宛人を別々に数えているだけでなく、公取委が発注者ごとに別々の事件に分けた場合の同一の名宛

人についても発注者ごとの事件の数だけ重複して数えている（例えば自動車用ランプ事件の小糸製作所だけで5件となっている））、排除措置命令を争いつつ履行したとされた事件に限って考えた場合でも、次のようなことに留意する必要がある。

　個々の事案の詳細や名宛人の事情の詳細は判決書には記されていないが、一般論としていうと、平成17年改正後・平成25年改正前の時期には、次のような特殊事情があったことを指摘する必要がある。この時期には、排除措置命令を確定させて課徴金納付命令のみを争う場合には、名宛人は違反行為の存否を争えない旨の明文の規定があった（平成25年改正前独禁法59条2項）。そうすると、次のような行動をとる名宛人が少なからずいた可能性がある。すなわち、本来は課徴金納付命令を争えば十分なのであるが、課徴金納付命令のみを争って排除措置命令を確定させると、違反行為の存否に関する主張が封じられるので、本来は必要ないのだが念のために排除措置命令も争っておく、という行動である。何らかの意味で違反行為をしたことは争わないが、その範囲について不服があり、範囲如何が課徴金額に影響しているので、争いたい、という場合である。この場合、その主張が、課徴金のみに関する争点であると扱われればよいが、違反行為の範囲に関する主張であると位置付けられてしまうと、平成25年改正前独禁法59条2項によって主張を封じられることになる。審判手続がどのような成り行きとなるかわからない段階では、主張が封じられる可能性があることに対する心配は、常にあり得る。審判手続が廃止された平成25年改正後においては、平成25年改正前独禁法59条2項は削られ、同様の規定は置かれていないが、しかし、名宛人が、従前と同様の考え方が解釈論として採られることをおそれて、改正前の名宛人と同様の行動を採ることは、十分に考えられる（平成25年改正後は排除措置命令が確定し課徴金納付命令の取消請求のみがされている場合でも違反行為の存否を争い得るとする文献として、島崎伸夫「審判制度廃止後の独占禁止法抗告訴訟に関する考察」NBL 1085号（平成28年）27頁注27、白石・前掲672～673頁、があるが、今後、裁判所の明確な判断や示唆がなければ、原告としては心配になるであろう）。審判制度を廃止する平成25年改正後の手続規定における本件以前の3件の取消訴訟とは、コンデンサ事件の3者の名宛人の各

訴訟のことであると思われ、これらの名宛人がそれぞれどのように考えて排除措置命令を履行したのかは定かではないが、ともあれ、3件の全てにおいて、排除措置命令だけでなく、課徴金納付命令も争われているようである。

以上のような事情で排除措置命令を争っている場合には、排除措置命令の取消請求を行いつつ排除措置命令を履行する、ということについて、名宛人の抵抗は少ないものと思われる。

それに対して、本件の名宛人である奥村組土木興業は、課徴金納付命令を受けておらず、行為をしたことを全否定して排除措置命令そのものを争っている。排除措置命令だけでなく課徴金納付命令をも争っている他の事例とは、事情が大きく異なる可能性がある。

(4) 本決定の「射程」

最高裁判決でもない本決定について「射程」を論ずる意味があるかどうかも本来は定かではないが、このような裁判例も一定の影響力を持つ独禁法分野の現状に照らし、本決定の考え方を前提とした場合に他の排除措置命令に関する執行停止申立ても否定されることになるのかどうかを、若干の重複を厭わず、最後にまとめておくことにしたい。

まず、本決定は、命令を履行しても自認したことにはならないとする一般的な理由付けとともに、「受注機会の喪失、受注高の減少」と「社会的及び業務上の信用の毀損」の両面にわたって、本件の事案に即した理由付けを掲げている（前記 *3*(2)、(3)）。そうすると、とりわけ、需要者の範囲が広い事案や一般消費者が需要者となる事案では、本決定と同じ結論となるとは限らないように思われる。

また、本件は入札談合というハードコアカルテルの事件であり、名宛人は、過去に問題の行為を行っていたという認定そのものを否定しようとしている。過去に問題の行為を行っていたということになれば、ほぼ自動的に弊害要件も満たすし、また、社会的・業務上の信用も落とすことになることを前提としている。そのような前提のもとで、命令の履行は行為の自認に繋がるのではないか、ということが争われていたわけである。

他方で、ハードコアカルテル以外の独禁法の事件では、行為を行っている

ことを名宛人が否定せず、むしろそれが弊害要件を満たさないこと（反競争性がない、または、正当化理由がある）を名宛人が主張する、ということも考えられる。この場合、名宛人は、行為を行っていたことを自認することには抵抗はないであろう。しかし他方でむしろ重要なのは、そのような行為が名宛人の事業において重要な意味をもっており他の手段で代替することが容易でない場合には、行為の取りやめの命令を履行することが「重大な損害」であると疎明しやすくなるものと思われる（島崎・前掲26頁）。その好例は、JASRAC事件において取りやめが命令された包括徴収行為であろう（公取委命令平成21年2月27日〔JASRAC〕）。JASRACは、後年になって、審判請求を取り下げて排除措置命令を履行することとしたが、審判手続等で争っていた期間中のほとんどにおいては、上記のように、その取りやめが「重大な損害」をもたらすと主張する立場にあったものと推測される。

　実際には、JASRAC事件の時期においては、平成25年改正前独禁法77条3項により、排除措置命令は審判手続で争う必要があったため、「処分の取消しの訴えの提起」を要件とする行訴法25条2項を使えず、JASRACは1億円の保証金を供託して前記2の執行免除制度の適用を受けた。紆余曲折の末にJASRACが審判請求を取り下げ、排除措置命令が確定したため（詳しくは、本書521～525頁）、公取委が保証金の没取を申し立てた（平成25年改正前独禁法70条の7）。それに対し、東京高裁決定（東京高決平成29年2月14日〔JASRAC保証金没取申立て〕）は、「本件排除措置命令に従って本件行為を取りやめるには放送事業者との協議及び合意の締結が不可欠であり、現に5者協議を通じて上記合意文書を取り交わすまでには相当の年月を要している。そうすると、上記期間〔白石注：排除措置命令が効力を生じてから公取委がこれを取り消す審決が効力を生ずるまでの約3年3か月〕をもって公益を侵害する状態が不相当に長期間継続したと評価することはできない」などと判示した（同事件決定書11頁）。これはもちろん、行訴法25条2項の「重大な損害」について判断したものではないが、排除措置命令後に直ちに命令を履行した場合の「重大な損害」の成否の判断においても考慮要素となり得る事情について裁判所が名宛人に対して理解を示した一例であるということはできるであろう（同決定についてはさらに、本書542～543頁）。

平成 28 年度企業結合事例 10〔キヤノン・東芝メディカルシステムズ〕

```
●●●●●●●●●●●●●●●●●●●●●●●●●●●●●●●●●●●●●●●●●●
```

平成28年度企業結合事例10
〔キヤノン・東芝メディカルシステムズ〕

1 事例の概要

(1) 公取委公表文の内容

平成 28 年 6 月 30 日の 1 頁のみの公表文によれば、本件の概要は以下の通りである（事例集 83 頁にも同様の記載がある）。

キヤノンが、東芝メディカルシステムズ（以下「東芝メディカル」という）の株式取得を計画し、公取委に届け出た。公取委は、この計画それ自体は 10 条 1 項に違反しないと判断し、クリアランス（排除措置命令を行わない旨の通知）を行った。

「しかしながら、キヤノンは届出の前に、東芝メディカルの普通株式を目的とする新株予約権等を取得し、その対価として、実質的には普通株式の対価に相当する額を〔東芝〕に支払うとともに、キヤノンが新株予約権を行使するまでの間、キヤノン及び東芝以外の第三者が東芝メディカルの議決権付株式を保有することとなった。」

＊　平成 28 年度企業結合事例のうち、本件以外のものに関する論評は、本書の刊行時期に近接して刊行された公正取引 803 号（平成 29 年 9 月号）にご掲載いただいたため、本書には収録していない。「キヤノン・東芝メディカルシステムズ」は、結果的には平成 28 年度企業結合事例集に登載されたものの、本書で取り上げる届出義務の問題については公取委から平成 28 年 6 月 30 日に公表されており、その論評を公正取引 792 号（平成 28 年）にご掲載いただいた。それに加除を施して、本書に収録するものである。

602

公取委公表文は、上記「しかしながら……」を「これら一連の行為」と呼んでいる。

公取委によれば、「これら一連の行為」は、「独占禁止法に基づく企業結合審査において承認を得ることを条件として最終的にキヤノンが東芝メディカルの株式を取得することとなることを前提としたスキームの一部を構成し」ている。キヤノンは、

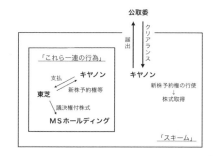

「これら一連の行為」の後に、この「株式を取得することとなること」について届出をしたものと考えられる。

「公正取引委員会は、これら一連の行為が、キヤノンが当委員会への届出を行う前になされたことは事前届出制度の趣旨を逸脱し、独占禁止法第10条第2項の規定に違反する行為につながるおそれがあることから」、キヤノンに対して注意をし、東芝に対して「申入れ」を行った。

「したがって、今後、企業結合を計画する者が仮に上記のようなスキームを採る必要があるのであれば、当該スキームの一部を実行する前に届出を行うことが求められる。」

(2) 補 足

報道によれば、東芝の財務上の理由により、キヤノンから東芝への支払が3月中に行われる必要があったようである。

報道によれば、「キヤノンと買収を競った富士フイルムホールディングスは」、公取委公表文を受けて、「今後は（同様の手法を）認めないのであれば、なぜ今回は認めるのか説明を求めたい」とコメントした、という（日本経済新聞2016年6月30日20:03）。

東芝によれば、公取委公表文がいう「キヤノン及び東芝以外の第三者」は、平成28年3月8日に設立されたMSホールディング株式会社であり、3名の取締役が33.3％ずつ株式を所有している（株式会社東芝「東芝メディカル

システムズ株式会社の売却について」（2016年（平成28年）3月17日））。

　そうであるとすれば、MSホールディングは、3名の自然人が対等に議決権を保有しているので親会社（10条7項により会社に限る）を持たず、設立されたばかりであってその属する企業結合集団の国内売上高合計額が10条2項所定の金額を超えることはないものと思われ、したがって、MSホールディングによる東芝メディカルの株式取得についてMSホールディングに10条2項の届出義務が発生することはなかったものと考えられる。

2 関係し得る条文

　関係し得る条文を広めにとれば、10条1項、10条2項、10条8項、の3つがある。

　これらのなかでは、公取委公表文も言及するように、10条2項を中心に検討すべきこととなろう。10条1項については、公取委によれば、違反がない（前記 *1*(1)）。10条8項については、そもそも「これら一連の行為」について届出をしていないのであるから、「これら一連の行為」をしたことが10条8項に違反するくらいであるなら、その前に10条2項違反を論ずべきであると考えられる。

3 10条2項違反について

(1) 条　文

　10条2項は、所定の規模を超える株式取得をしようとする場合には、「あらかじめ当該株式の取得に関する計画を公正取引委員会に届け出なければならない」と定めている。

　これに違反した場合には、自然人従業者に罰金刑が科され、両罰規定もある（以上を総合して、91条の2第3号、95条1項柱書・3号）。公取委の専属告発ではない（96条）。公取委からの告発を受け、かつ、これを不起訴とする場合には、検事総長は、法務大臣を経由して、内閣総理大臣に報告しなけれ

ばならない（74条2項・3項）。

(2) 公取委公表文の内容と分析

キヤノンは、「これら一連の行為」の後に、届出をしている。

これを10条2項違反と考えるということは、「これら一連の行為」の前に届出をするのでなければ10条2項にいう「あらかじめ」の要件を満たさないという立場をとることになる。

そのためには、「これら一連の行為」と株式取得そのものとの間に一定の一体性が必要であろう。公取委は、これを示そうとして、「これら一連の行為」はその後の株式取得を「前提としたスキームの一部を構成し、〔MSホールディング〕を通じてキヤノンと東芝メディカルとの間に一定の結合関係が形成されるおそれを生じさせるものである」と述べているのかもしれない。

本当に、その後の株式取得を前提としたスキームの一部を構成するといえるか否かは、本件において万一キヤノンが株式取得をしないこととなった場合にどのようなこととなるか、また、MSホールディングが議決権付株式をキヤノン以外の者に譲渡する可能性は残されているか、等の本件の詳細な事実関係に照らして論ずべきことであり、外部からこれ以上論ずることは難しい。なお、公取委は、キヤノンと東芝メディカルとの間の結合関係の有無に言及しているが、公取委が用いる結合関係の概念は、少なくともこれまでは専ら、10条1項の違反要件との関係で用いられてきたものであり、届出義務との関係で用いられる概念ではなかった。結合関係に関する言及が、10条2項との関係でどのような意味をもつのかは、不明である。

(3) 注意としたことについて

前記(1)のように、10条2項違反については、刑罰の定めしかない。しかも、公取委が告発をした場合、検察当局が不起訴とするには重い手続が置かれており、それだけ、公取委としても、告発に慎重にならざるを得ない。10条2項の解釈や具体的事案への当てはめに関して議論が乏しかった時期に行われた「これら一連の行為」について、刑事告発をせず、本件公表文のような形で公に向けて一定の注意喚起をしたあとの事例について刑事告発の可能性を

示唆する、ということそれ自体は、一般論として、あり得ることであると思われる。

　刑罰を科さないならば、法定外の処置しか残されていない。そのうち、警告については、公正取引委員会の審査に関する規則（以下「審査規則」という）26条〜28条に事前手続の定めがあり、「法第三条、第六条、第八条又は第十九条」違反のおそれのある行為のみが対象となると定められている（審査規則26条1項）。言い換えれば、届出義務違反に関する警告というものは、これまで、想定されていなかった。警告は独禁法典に定めのない処置なのであるから、審査規則に定めのない警告、というカテゴリーを創出することも不可能ではないが、実際上は、難しいであろう。そうすると、注意が、法定外では、最高の対応だということになる。年次報告によれば、「違反行為の存在を疑うに足る証拠は得られなかったが、違反につながるおそれのある行為がみられた場合には、未然防止を図る観点から注意を行っている」とされており、本件公表文の表現は、これに沿うように作文されたものと考えられる。

　違反に対して刑罰の規定があり、しかもそれだけであるならば、かえって動きがとりにくい、ということを、具体例で改めて示した事例であったように思われる。

4　今後の事例について

　今後、キヤノンと同様の立場に置かれることとなった会社は、どうすべきか。

　公取委は、本件公表文で、「これら一連の行為」の前に届出をすることを求めている。

　会社から見た場合、心配なのは、10条2項の届出をした場合、10条8項により、30日の禁止期間が付くことであろう。

　10条8項は、「届出受理の日から三十日を経過するまでは、当該届出に係る株式の取得をしてはならない」と定めるのみである（91条の2第4号、95条1項柱書・3号により、10条2項違反と同様の刑罰規定がある）。「これら一連

の行為」だけで「株式の取得」に当たるか、という点が、問題となる。「スキーム」の内容次第では、そのように言える事例があるかもしれないが、一般的に必ず「株式の取得」に当たると言い切るのは、難しいように思われる。未遂を罰するには明文の根拠が必要であり（刑法8条・44条）、独禁法において未遂を罰する旨の明文の規定があるのは89条のみである。

　「これら一連の行為」の前に届出をしなければ「あらかじめ」に当たらない、とすることと、「これら一連の行為」をしただけでは「株式の取得」に当たらない、とすることとは、論理的に両立し得るように思われる。

　なお、17条の脱法行為禁止規定は、10条でいえば1項のみを念頭に置いたものであり、2項や8項を念頭に置いたものではないように思われる。17条の文理だけによれば、各2項以下の届出義務等に関する脱法行為の受け皿ともなるように見える。しかし、他の規定をも踏まえて総合的に解釈すれば、17条は各1項のみを対象としていると考えざるを得ない。17条を掲げているエンフォースメント規定は、排除措置命令の規定（17条の2）と緊急停止命令の規定（70条の4）のみである（91条は11条との関係で17条を掲げたものであり10条および13条〜16条とは関係がない）。各2項以下そのものに対する違反が排除措置命令や緊急停止命令の対象とならないのに、各2項以下の脱法行為のみが17条を介して排除措置命令や緊急停止命令の対象となるとするのは、適切でなく、そのようなことはおよそ予定されていないものと解するほかはない。各2項以下に違反する行為については91条の2による刑罰規定があるのみであり、それらにおいては、91条とは違って、17条を介して脱法行為をも刑罰の対象とする規定がない。そうであるとすれば、91条の2において、明文にない17条的なものを読み込んで刑罰の対象を広げるのは、罪刑法定主義の観点から難しいように思われる。

　行為規範の問題として、脱法的な行為は慎まれるべきであるが、現行法の評価規範については、以上のようなことを指摘せざるを得ない。

公取委公表平成29年6月1日
〔アマゾン同等性条件〕

1 事例の概要

アマゾンジャパンが、自社の電子商店街「Amazon マーケットプレイス」への出品者との間の出品関連契約において、価格等の同等性条件および品揃えの同等性条件を定めていた。

価格等の同等性条件とは、アマゾンジャパンが出品者に求める条件であって、「出品者が Amazon マーケットプレイスに出品する商品の販売価格及び販売条件について、購入者にとって、当該出品者が他の販売経路で販売する同一商品の販売価格及び販売条件のうち最も有利なものと同等とする、又は当該販売価格及び販売条件より有利なものとする条件をいう」（公表文冒頭注3）。

品揃えの同等性条件とは、やはりアマゾンジャパンが出品者に求める条件であって、「出品者が他の販売経路で販売する全商品について、色やサイズ等の全バリエーションにわたり、Amazon マーケットプレイスに出品する条件をいう」（公表文冒頭注4）。

このような契約条項は、最恵国待遇条項（MFN 条項）とも呼ばれる。

公取委は、「出品者の事業活動を制限している疑い」があるとして一般指定12項を掲げ、審査をしたが、アマゾンジャパンから「自発的な措置を速やかに講じるとの申出がなされ、その内容を検討したところ、上記の疑いを解消するものと認められたことから、本件審査を終了することとした」。

公取委は、平成28年8月8日にアマゾンジャパンに立入検査をしたと報

道されている。その結果としての公表が本件であるということになる。

2 本件の処理

公取委は、前記 *1* のように、「疑い」に基づいて審査をしたが、その「疑い」の根拠となる具体的な独禁法上の「懸念」を示した公表文第1の5（後記 *4*）は、「アマゾン」等の固有名詞を一切含まない全くの一般論となっている。そこにおいて「別紙参照」とされた別紙の図においても、固有名詞は一切現れない。

すなわち、公取委は、本件について、具体的な「疑い」を表明したわけではない。アマゾンジャパンが出品者に対してそのような条件を付けていれば問題があり得るかもしれない、という程度の「疑い」しか、少なくとも公表文には、示されていないことになる。

さらに、この公表文には、電子書籍を含む書籍・雑誌は、含まれていない。アマゾンに対する欧州委員会の確約認定（2017 年（平成 29 年）5 月 4 日）では、電子書籍に関する同等性条件が問題とされていたが、それは取り上げられていないことになる。電子書籍を含む書籍・雑誌を除いた Amazon マーケットプレイスだけであれば、日本には他に、楽天などの有力な電子商店街がある。尤も、これに対して担当審査官解説は、このような場合にも、Amazon.co.jp ウェブサイトにおけるアマゾンジャパンによる販売がもたらす力を考慮する必要があると指摘している（栗谷康正・公正取引 801 号（平成 29 年）86 頁）。

なお、後記 *3* のように、Amazon.co.jp ウェブサイト上で電子書籍の配信事業を行っているのは外国法人とみられる者である。Amazon マーケットプレイスは日本法人（アマゾンジャパン合同会社）が運営している。

3 電子書籍に関する「自発的な措置」

そうしたところ、その 2 か月以上あとに、公取委から、電子書籍に関する公表があった（公正取引委員会「アマゾン・サービシズ・インターナショナル・

609

インクからの電子書籍関連契約に関する報告について」（平成 29 年 8 月 15 日））。

それによれば、アマゾン・サービシズ・インターナショナル・インク（ASII）は Amazon.co.jp ウェブサイト上で電子書籍の配信事業を行っている者であるところ、ASII から、前記 2 の同等性条件に類似する同等性条件について、これを行使しないことなどを含む「自発的な措置を講じるとの報告を受け」た。

公取委の審査の有無等には言及していない。

公取委は、Amazon マーケットプレイスの際に述べた一般的な「懸念」をそのまま電子書籍に置き換えて、一般的な「懸念」を掲げている（公表文第 1 の 2）。ここでも、「アマゾン」等の固有名詞は一切登場しない。前記 2 の一般論と併せて後記 4 で触れる。

ASII の「自発的な措置」は、電子書籍について、同等性条件に係る出版社等の義務に係る規定を行使しないこと等を内容とするものである（公表文第 1 の 3）。

公取委としては、「上記 3 の措置が上記 2 の懸念を解消するものと判断した」（公表文第 1 の 4）。

なお、この件との関係は不明であるが、『ブラックジャックによろしく』の作者である佐藤秀峰氏が、Amazon.co.jp においてアマゾンの判断により事前通告なく自作を零円で売られたとの旨を平成 29 年 7 月 26 日などに Twitter で述べていたところである。佐藤氏のツイートによれば、これは他の電子書籍配信プラットフォームを含む最も安い価格にあわせる旨の契約条項によるものである模様であるが、佐藤氏の作品の Amazon.co.jp ウェブサイトにおける販売は KDP（Kindle ダイレクト・パブリッシング）によって佐藤氏自身が行っているものであり、他の電子書籍配信プラットフォームにおける販売は佐藤氏自身によるものではない、などの旨が述べられている（平成 29 年 7 月 28 日 12:31 のツイート）。

マスメディアの報道には、今回の ASII の「自発的な措置」は KDP を対象外とするものである旨を述べるものがある（日本経済新聞「アマゾン、電子書籍でも最安値保証撤廃 公取委に報告」（平成 29 年 8 月 15 日 19:38））。

4 一般論に関する若干の検討

　本件で問題となった同等性条件は、MFN条項（最恵国待遇条項）などとも呼ばれ、一般的な議論が盛んに行われているものである（例えば、滝澤紗矢子「MFN条項（最恵国待遇条項）」法学教室437号（平成29年））。

　本件で公取委は、一般論として、「電子商店街の運営事業者が出品者に価格等の同等性条件及び品揃えの同等性条件（別紙参照）を課す場合には、例えば次のような効果が生じることにより、競争に影響を与えることが懸念される」とした（公表文第1の5。「別紙」は本書では省略）。

　「例えば」として例示された「効果」は、次の3つである。「①出品者による他の販売経路における商品の価格の引下げや品揃えの拡大を制限するなど、出品者の事業活動を制限する効果」、「②当該電子商店街による競争上の努力を要することなく、当該電子商店街に出品される商品の価格を最も安くし、品揃えを最も豊富にするなど、電子商店街の運営事業者間の競争を歪める効果」、「③電子商店街の運営事業者による出品者向け手数料の引下げが、出品者による商品の価格の引下げや品揃えの拡大につながらなくなるなど、電子商店街の運営事業者のイノベーション意欲や新規参入を阻害する効果」。

　前記*2*で既に述べたように、以上の記述には「アマゾン」等の固有名詞は一切登場しない。その意味で、同等性条件やMFN条項と呼ばれるものに関する全くの一般論である。

　なお、前記*3*で言及した電子書籍に関する公表文においても、上記と同様の一般論が示されている。そこでも、「アマゾン」等の固有名詞は一切登場しない。また、「電子商店街」を「電子書籍配信プラットフォーム」へと、「出品者」を「出版社等」へと、それぞれ置き換えるなどしたほかは、①・②・③の番号の付け方を含め、上記の一般論と同じ内容である。

　上記のうち、①は、出品者の商品役務についての競争を意識したものである。

　それに対して②と③は、電子商店街運営事業者間の電子商店街に関する競争を意識したものである。②と③は、異なる問題であるというよりは、同じ

ことの表と裏であるように思われる。そして、いずれにおいても、行為者が一人勝ちして他の電子商店街運営事業者が排除されるという方向での問題意識が示されている。

このほか、同等性条件やMFN条項などと呼ばれるものが電子商店街運営事業者間の競争に与える影響としては、どの電子商店街においても価格が同じとなり競争が停止する、という方向での問題が議論されることもある。

いずれが主に問題となるかは、行為者がもともと1者だけ強い状態にあるのか、それとも、複数の電子商店街が並び立つ状況において当該複数の電子商店街の運営事業者がいずれも同等性条件等を出品者に付けていたのか、によって異なり、また、それを厳密に区別する実益もないということになろう。そして、その問題意識は、①とも相当に重なる。

固有名詞の現れない全くの抽象論について、①・②・③の関係性や重なりをこれ以上論じても仕方のないところであり、本件についてのコメントはこの程度として、今後の議論に期待することとしたい。

公取委公表平成29年6月30日 〔北海道電力戻り需要差別対価警告〕

1 事例の概要

　北海道電力は、北海道において特別高圧または高圧で供給する電気に関して、平成28年3月3日、新設の需要家に対しては当該需要家の利用形態において最も電気料金が安くなることが見込まれる契約種別（「最適メニュー」）を適用する一方、戻り需要である需要家（「戻り需要家」）に対しては、利用形態のいかんにかかわらず、戻り需要であるという理由により、その小売供給契約における供給開始日から1年間、標準約款を適用する基本方針を決定した。「戻り需要」とは、北海道電力と電気の小売供給契約を締結していた需要家が、他の小売電気事業者との契約に切り替えた後、再び北海道電力との契約を求める場合の需要をいう。

　北海道電力は、上記の基本方針に基づき、平成29年3月までの間に北海道電力と小売供給契約を締結した全ての戻り需要家に対し標準約款を適用した。その対象となった需要家の数は、需要家全体のうちごく一部であったが、産業用の戻り需要家の全てと業務用の戻り需要家の過半については、従前、最適メニューを適用していたにもかかわらず、標準約款を適用した（「産業用」は工場等、「業務用」はオフィスビルや商業施設等を指す）。このため、少なくとも料金比較の試算が可能であった産業用の戻り需要家の大部分に対し、最適メニューが適用された場合に比して高額な電気料金で電気を供給したことになる。

　また、北海道電力は、北海道電力と契約中の需要家から、他の小売電気事

業者と契約し、そのあと戻り需要となった場合の取扱いについて問い合わせがあった場合に、上記の基本方針に基づき、1年間は標準約款を適用することを説明した。

公取委は、差別対価の規定（2条9項2号・一般指定3項）を掲げて、今後、同様の行為を行わないよう警告した。

2 何が問題とされたか

公取委の公表文は、本件のような行為がもたらす弊害について、電力ガイドラインの記述を掲げ、本件における検討それ自体は詳しく述べていない。

電力ガイドラインには、平成11年の策定当初から、現在と同様に、需要家の取引先選択の自由を奪い、他の小売電気事業者の事業活動を困難にさせるおそれがあるために独禁法違反となるおそれがある旨が記されている（電力ガイドラインは、公取委の他のガイドラインと違って、改定するたびに新たな策定日が付与される。公表文は、ガイドラインの最新策定日でなく、当初の策定日を掲げている）。

これは、第一義的には他の小売電気事業者の排除による電力小売市場における弊害を論じたものであるが、「需要家の取引先選択の自由を奪い」の部分は、需要家に対する優越的地位濫用の側面をもつ問題意識であるともいえる。これだけの抽象的な記述から、どちらが正しいなどと論ずるのは、あまり意味がない。

他の小売電気事業者に対する排除効果の観点からは、前記*1*に掲げられた事実のうち、現在の取引先に説明している点が特に重要であるようにも思われるが、他方で、実際に不利な料金メニューを適用すれば、それらの需要家が再び他の小売電気事業者を選択肢に入れる確率は減るであろうし、また、そのような評判が伝われば、排除効果は強まるであろう。現時点において他の小売電気事業者と契約している需要家にとっては、北海道電力に戻れば不利になるので、北海道電力を選ばない要素となるかもしれないが、しかし、北海道電力に、地元電力会社としての信頼性や安定性があるならば、そのような要素を超えて、排除効果のほうが強まることは十分にあり得るものと思

われる。

なお、現在の取引先が将来において戻り需要となれば不利な取扱いを受けることは、現在の取引先から問い合わせがあった場合に説明するにとどまり、現在の取引先に広く周知していたわけではなかったようである。そのことが、本件を警告にとどめた理由のひとつとされている（小室尚彦＝櫻井裕介・担当審査官解説・公正取引803号（平成29年）96頁）。

3 差別対価

本件では、不公正な取引方法の差別対価の条文を掲げて、警告をしている。

差別対価について一般には、取引拒絶系差別対価と略奪廉売系差別対価とがあるが、需要家が供給者となるような市場に配慮したような具体的な記述はないから通常の取引拒絶系差別対価とは問題意識が異なっており、また、他の小売電気事業者から安い価格が提示されている現在の需要家に対してコスト割れ的な価格を提示したというわけでもないようであるから略奪廉売系差別対価とも問題意識が異なっている（なお、したがって、本件では、「最適メニュー」がコスト割れであるか否かは問題とならない）。

敢えて位置付ければ、これは、既存の顧客に対し、自己の競争者と取引しないよう拘束する手段として用いている仕組みを、形式的に差別対価と位置付けて、行為要件充足行為としたものであろう。このように、自己の競争者を排除する行為そのものというより、その手段である部分に着目した法適用をすることには、法律論として筋がよいのかどうかという問題がある。しかも、排除効果の観点からは、もし将来において戻り需要となれば差別対価の対象となると現在の取引先に説明した点が最も重要であると思われるところ、そのような説明それ自体は、差別対価ではない、という弱点もある（小室＝櫻井・前掲96頁もそれを認めている）。本質から離れたところで便宜的な法適用をすると肝腎のものがこぼれ落ちる、という一例であろう。

独禁法事例集 あとがき

　この「あとがき」を書くために『独禁法事例の勘所〔第2版〕』の「あとがき」を読んで納得した。今回は、亀井聡さんの「体育会系」進行の一端を垣間見たように思う。虚弱な私はこれに合わせることができず大いに遅れた。深くお詫びしたい。それでも、『独占禁止法〔第3版〕』の「略語一覧」にうっかり書いてしまった「平成29年刊行予定」という公約は果たせそうであり、安堵している。

　本書『独禁法事例集』は、平成22年の『独禁法事例の勘所〔第2版〕』が進化したものである。7年が経ち、新たな重要事例が蓄積したため、本文だけを見ても407頁から615頁へと大幅に増加している。これを機に、書名を改めた。『独禁法事例の勘所』という書名は気に入っていたが、『独禁法事例集』も気に入っている。

　法学研究者は細かな議論より大きな体系を論ずべきである旨の訓戒に接することがある。もとより足りないことを前提として考えてみると、しかし、体系的な『独占禁止法』や『独禁法講義』の版を重ねてきた経験をもとに言うならば、地に足の付いた適確な実情観察があってこその体系である。細か過ぎて周りが見えないのは考えものであるが、あまりに達観すると地面から足が離れる。それぞれが自分の得意な持ち場で貢献すればよいのであって、私の場合は、実務のやや後ろで全体を見渡せるポジションが丁度よいように感じている。このことは、『独禁法講義』の巻末で述べてきた。

　もちろん、そのほかに、年月が経てば忘れ去られるかもしれない個別エピソードを記録したい、という思いも、本書には込めている。

　亀井さんをはじめとする有斐閣その他の皆様には再びお世話になった。また、研究室スタッフ田中孝枝さんのおかげで効率的に仕事が進んだ。

平成29年10月

白 石 忠 志

第2版あとがき

　平成21年改正をきっかけとして、第2版を上梓する。同改正は、不公正な取引方法の定義規定を複雑化させるなどした。過去の事例を紹介する際にも適用条文への言及を手直しする必要がある。その作業だけでなく、新しい事例や、あらためて触れておく必要性の増した過去の事例なども、かなり追加した。さらに先頭には、東宝スバル事件を置く。「市場画定の原風景」をなすこの古典的事例は、持論と相通ずるものがあり、そのことを描いておきたかったのである。

　初版に対し、複数の弁護士から、「学生向けというより実務家向け」というご感想を頂戴した。我が意を得たりである。一見して「学生向け」のようであるのは、本書が「法学教室Library」と銘打っているからであろう。私は、アマチュア向けの原稿を書いたつもりはない。プロフェッショナルに味読していただけるような内容を目指し、そのようなものでも挑戦してみようと思う学生ならどうぞ、というつもりで書いている。レベルは高く、しかし無用の敷居は取り除く。これが私の「法学教室Library」である。他の法分野の、ある先輩研究者からは、「白石さんの言いたいことを一番書いてある本ですね」という望外の評を頂戴した。

　今回の改訂でも多くの方々のご高配をいただき、とりわけ有斐閣の亀井聡さんと藤井崇玄さんにはお世話になった。記して謝意を表する。幸い私は、「体育会系」や「泣き落とし系」の原稿取立て（書斎の窓590号18〜19頁）とは無縁だったようである。

平成22年2月22日

白 石 忠 志

あとがき

初版あとがき

　「専門分野の研究が一巡して体系書を書いたら、次は、ひとりで判例百選を書くと面白い」。藤田宙靖先生が問わず語りにそうおっしゃったのは、よくお邪魔した仙台のご自宅での座談の思い出の一齣である。私がまだ東北大学にいた、平成8年か9年ころのことであったと思う。もとより頼りない私の記憶であるから単なる勘違いかもしれない。確かなのは、ほかならぬ藤田先生がそのようにおっしゃったという意外さと、いいことをうかがったという軽いブレイクスルー感が、私の脳裏に深く刻まれていることだけである。

　その後『独禁法講義』や『独占禁止法』を執筆するなかで、「ひとり判例百選」の必要性は膨らんだ。事例のなかには、とても重要な体系的含意を持ちながら、それを引き出すには入り組んだ事実関係や判旨を丁寧に解きほぐさなければならない、というものがいくつもある。その典型例は勘大阪高判平成5年7月30日〔東芝昇降機サービス〕であろう。

　しかし、そうだからといって、特定事例の細かな襞まで体系的書物に長々と書き込むのも、甚だバランスを欠いている。東芝昇降機サービス判決の解説ほどの分量になるなら、雑誌に単発で書かせていただいてそれを引用すればよいかもしれない。ところが、そこまではいかないちょっとした読解ヒント（つまり勘所）が必要な事例というものが、実は多くあるのである。それらの事例のそれぞれについて単発の雑誌掲載をお願いできるとも思えず、また、そのためのまとまった分量の評釈を書くとなると、はっきり言ってどうでもよい論点まで触れて字数を水増ししなければならない。何より、それに要する時間や忍耐力が、私にはなかった。

　『独占禁止法』の執筆が終盤にさしかかったころ、当時は『法学教室』の編集長であった亀井聡さんからご連絡をいただいた。独禁法の事例に関する2年間の連載をというご依頼である。私はふと考えた。同誌は、力一杯でありながら自由さに溢れた論考が並び、星印入りのタイトルまで見かけたりする媒体である。うまくやれば、かねての懸案を実現できるのではないか。私

619

あとがき

は直ちに簡単な企画書を作文した。毎回の紙幅を2～3件に小分けして興味ある論点に絞った「おいしいとこ取り」の事例解説を書く。2年の連載が終わってみれば満遍なく全体を拾っていた、ということであればよしとし、順序にこだわらず書きやすいものから書く。それでよろしければ、とお答えした。これを亀井さんにそのまま受け止めていただいたのが、『法学教室』で平成18年4月号から平成20年3月号まで連載された「独禁法事例の勘所」である。どちらが飛んで火に入ったのかは、よくわからない。とにかく、自由闊達な雑誌と十年来の構想とが、こうして邂逅した。

やってみると、やはり効果は大きい。詳細に論ずるうちに、それまでの私が見過ごしていた当該事例の真の構造が見えてきたこともしばしばであった。有名な事例ほど、よく読みもしないでもっともらしいことを述べた論評が増えるものであるが、自分もまたその例外ではないことを思い知らされたのである。

また、連載がこの時期であったことも幸いした。藤田先生のお言葉をうかがったとき、同時に思ったのは、日本の独禁法にはわざわざコメントを要するような事例がそれほど沢山ないではないか、ということである。それが、この連載のちょうど前のあたりから、重要事例が次々に出てきた。本書は事例を年月日順で並べているから、ヘッダを眺めるだけでそれがわかる。もちろん、自分が同時代を生きた直近の事例ほど重要に見える、という誰にでもあるバイアスから、私も自由ではない。しかしそれを割り引いても、連載がかりに5年早かったなら、これほど書けはしなかったであろう。

単行本化の段階では『ジュリスト』編集長となった亀井さんは、連載中も、単行本化の作業中も、絶妙の手さばきで導いてくださった。編集長はさぞ激務であろう。その傍らで面倒くさい執筆者の面倒くさい原稿を的確にまとめていかれる努力と実力は、まさに多とすべきである。

連載について公取委・企業・法曹界などの多方面からいただいた数々の反響も、励みになった。ある法律事務所では、『法学教室』の連載そのものと、引用されたすべての事例等をコピーしてファイルするよう、ある弁護士が秘書に命じ、詳細なインデックス付きの6分冊の資料が出来上がったそうである。本書で新たに取り上げた事例もありますのでよろしく。

あとがき

　『独占禁止法』のはしがきにも少し書いたが、研究室スタッフの田中さんは、家事や育児の合間を縫って、週に1度、てきぱきと資料整理をおこなってくださる。その仕事がなければ、これだけ効率的に執筆することはできなかったであろう。

　数は100ではないものの、「ひとり百選」がよく出来上がったものだとあらためて思う。完成を妻とともに喜びたい。

平成20年盛夏

白 石 忠 志

621

内 容 索 引

＊　本書に登場した論点のうち主なものを体系的に並べ直した。

I　違反要件総論

1　反競争性の基本的基準

東宝・スバル…………………………5
和光堂…………………………………13
SCE……………………………………145
NTT 東日本…………………………370
多摩談合………………………………421

2　市　場

→市場画定と反競争性（I－3）

市場画定の基本的考え方

東宝・スバル…………………………1
東洋精米機製作所……………………25
東芝昇降機サービス…………………58
葉書……………………………………77
SCE……………………………………144
阪急・阪神……………………………254
ウインズ汐留差止請求………………260
水門談合………………………………266
けい酸カルシウム板…………………284
NTT 東日本…………………………369
トクヤマ・セントラル硝子…………478
中部電力・ダイヤモンドパワー
　　　　　　　　　　　　　　487
志賀高原索道協会警告………………490
神鉄タクシー…………………………502

保護に値する需要者

ヤマダ電機対コジマ…………………189

需要者が1名の場合

ウインズ汐留差止請求………………262

供給の代替性

王子ホールディングス・中越パルプ
工業……………………………………509

新幹線飛行機問題・世界市場

ソニー・日本電気……………………223
マイクロソフト非係争条項……313
BHP ビリトン・リオティント I
　　　　　　　　　　　　　　325
NTT 東日本…………………………369
BHP ビリトン・リオティント II
　　　　　　　　　　　　　　379
ヤマダ電機・ベスト電器………461

市場分割の場合

ニプロ…………………………………243
マリンホース…………………………299

航空会社・鉄道会社の場合

日本航空・日本エアシステム…151
阪急・阪神……………………………254

金融サービスの場合

野村證券損失補塡株主代表訴訟
　　　　　　　　　　　　　　135
東京証券取引所・大阪証券取引所
　　　　　　　　　　　　　　463

3　反競争性の具体的基準

内発的牽制力

共同調達ウェブサイト…………157
BHP ビリトン・リオティント II
　　　　　　　　　　　　　　378
新日本製鐵・住友金属工業……405
荷主向け燃油サーチャージケイライ
ンロジスティクス………………451
王子ホールディングス・中越パルプ
工業……………………………………507
日本製紙・特種東海製紙……558
大阪製鐵・東京鋼鐵……………560

他の供給者による牽制力

623

内容索引

高松市旧市内豆腐類価格協定·······7
日本航空・日本エアシステム····151
阪急・阪神·············256
王子ホールディングス・中越パルプ
工業·············508

市場画定と反競争性
北越紀州製紙・東洋ファイバー
·············382
新日本製鐵・住友金属工業·······404

4　正当化理由
基本的な考え方
和光堂·············14
石油製品価格協定刑事·········31
芝浦屠場·············40
大阪バス協会·············81
SCE·············146
豊北町福祉バス·············228
それなりの合理的な理由
資生堂東京販売·············118
安全性確保
東芝昇降機サービス·········59
知的創作・投資のインセンティブ確保
北海道新聞社函館新聞·········129
SCE·············147
日之出水道機器対六寶産業·······247
第一興商·············349
イメーション対ワンブルー·····517
効率性
志賀高原索道協会警告·········491
業績不振
東宝・スバル·············6
手段の正当性
日本遊戯銃協同組合·············105
→適用除外（Ⅰ-10）
→事業法・行政指導（Ⅰ-11）

5　因果関係
東洋精米機製作所·········28
芝浦屠場·············43

シンエネ・東日本宇佐美·········294
Westinghouse・原子燃料工業···335
NTT東日本·············372
HDD並行的企業結合·············409
福井県並行的ガソリン廉売警告等
·············467
JASRAC·············536
日本製紙・特種東海製紙·······559

6　立証責任
大阪バス協会·············87

7　事業者
芝浦屠場·············41
豊北町福祉バス·············226

8　主観的要素
芝浦屠場·············40
医療食·············101
教文館·············252

9　違反者は誰か
シール談合刑事·············65
沖縄県等アルミサッシ·········120
溶融メタル等購入談合·········321
富士電線工業·············546

10　適用除外
著作物の再販売価格拘束
書籍価格表示·············69
SCE·············149
知的財産法による権利行使
SCE·············147
日之出水道機器対六寶産業·······247
第一興商·············349

11　事業法・行政指導
石油製品価格協定刑事·············30
大阪バス協会·············79
豊北町福祉バス·············227
NTT東日本·············375
東京証券取引所・大阪証券取引所
·············464
新潟タクシーカルテル·········588

12 国際事件

日本独禁法違反となる範囲

マリンホース……………………299

BHP ビリトン・リオティント I
……………………325

ブラウン管 MT 映像ディスプレイ
等……………………568

→公示送達（Ⅲ-5）

Ⅱ 違反要件各論

1 不当な取引制限

→市場（Ⅰ-2）

→反競争性（Ⅰ-1、Ⅰ-3）

→正当化理由（Ⅰ-4）

→因果関係（Ⅰ-5）

競争関係の要否（縦の共同行為）

シール談合刑事……………………62

一方的拘束

四国ロードサービス……………166

成立時期

石油製品価格協定刑事……………33

終了時期

松下電器産業交通弱者感応化等工事
……………………233

鋼橋上部工事談合刑事宮地鐵工所等
……………………290

日産自動車等発注自動車用ランプ
……………………471

基本合意と個別調整

多摩談合……………………413

継続犯・状態犯

鋼橋上部工事談合刑事宮地鐵工所等
……………………288

グループ内の者のみによる共同行為

関東甲信越地区エコ・ステーション
……………………278

課徴金（基本的性格）

日本機械保険連盟………………208

マリンホース……………………303

課徴金（1商流複数違反者）

鋼管杭クボタ……………………427

課徴金（当該商品又は役務）

中国塗料……………………91

土屋企業……………………172

マリンホース……………………303

多摩談合……………………425

課徴金（商品役務の一部の共同行為）

荷主向け燃油サーチャージケイライ
ンロジスティックス…………452

課徴金（業種）

エア・ウォーター………………493

課徴金（同時化・同部署化）

けい酸カルシウム板………………286

課徴金（半額控除）

GL 鋼板刑事……………………361

減免制度と告発・起訴

GL 鋼板刑事……………………358

2 私的独占・不公正な取引方法

→市場（Ⅰ-2）

→反競争性（Ⅰ-1、Ⅰ-3）

→正当化理由（Ⅰ-4）

→因果関係（Ⅰ-5）

公正競争阻害性の一般論

マイクロソフト非係争条項……307

支配・拘束

東洋製罐……………………9

医療食……………………99

パラマウントベッド……………108

SCE……………………143

福井県経済農業協同組合連合会
……………………513

再販売価格拘束

和光堂……………………12

日産化学工業……………………235

原則論貫徹説と排除効果重視説

ヨネックス……………………170

内容索引

NTT 東日本‥‥‥‥‥‥‥‥370

排除効果と人為性
JASRAC‥‥‥‥‥‥‥‥‥527

取引拒絶系他者排除
東洋精米機製作所‥‥‥‥‥‥26
北海道電力長期契約警告‥‥‥‥159
蒜山酪農業協同組合‥‥‥‥‥179
ライブドア対ニッポン放送‥‥‥195
インテル‥‥‥‥‥‥‥‥‥196
関西国際空港新聞販売‥‥‥‥203
ニプロ‥‥‥‥‥‥‥‥‥‥240
第一興商‥‥‥‥‥‥‥‥‥347
NTT 東日本‥‥‥‥‥‥‥363
JASRAC‥‥‥‥‥‥‥‥‥521
北海道電力戻り需要差別対価警告
‥‥‥‥‥‥‥‥‥‥‥‥613

略奪廉売系他者排除
葉書‥‥‥‥‥‥‥‥‥‥‥74
シンエネ・東日本宇佐美‥‥‥294
酒類卸売業者警告等‥‥‥‥‥445
福井県並行的ガソリン廉売警告等
‥‥‥‥‥‥‥‥‥‥‥‥467

他者排除型抱き合わせ
東洋製罐‥‥‥‥‥‥‥‥‥9
東芝昇降機サービス‥‥‥‥‥54
マイクロソフトエクセル等‥‥‥113

同等性条件・最恵国待遇条項
アマゾン同等性条件‥‥‥‥‥608

非係争条項
マイクロソフト非係争条項‥‥‥306

一般指定9項
野村證券損失補塡株主代表訴訟
‥‥‥‥‥‥‥‥‥‥‥‥136

一般指定14項（昭和57年一般指定15項）
松尾楽器商会‥‥‥‥‥‥‥97
ヨネックス‥‥‥‥‥‥‥‥169
第一興商‥‥‥‥‥‥‥‥‥342

DeNA‥‥‥‥‥‥‥‥‥‥387
神鉄タクシー‥‥‥‥‥‥‥503
イメーション対ワンブルー‥‥‥517

アフターマーケット
東芝昇降機サービス‥‥‥‥‥61
ハイン対日立ビルシステム‥‥‥398

優越的地位濫用
三井住友銀行‥‥‥‥‥‥‥215
セブン－イレブン排除措置‥‥‥351
東京スター銀行対三菱東京 UFJ 銀行‥‥‥‥‥‥‥‥‥‥‥394
セブン－イレブン収納代行サービス等‥‥‥‥‥‥‥‥‥‥439
東京電力注意‥‥‥‥‥‥‥442
生かき仲買人販売手数料割戻し
‥‥‥‥‥‥‥‥‥‥‥‥476
トイザらス‥‥‥‥‥‥‥‥550

不要品強要型抱き合わせ
ドラクエⅣ藤田屋‥‥‥‥‥‥44

3 事業者団体規制

事業者団体の行為と事業者の行為
石油製品価格協定刑事‥‥‥‥34

8条1号と8条4号
大阪バス協会‥‥‥‥‥‥‥89

4 企業結合規制

→市場（Ⅰ-2）
→反競争性（Ⅰ-1、Ⅰ-3）
→正当化理由（Ⅰ-4）
→因果関係（Ⅰ-5）

企業結合行為
BHP ビリトン・リオティントⅡ
‥‥‥‥‥‥‥‥‥‥‥‥381
旭化成ケミカルズ・三菱化学‥‥385

少数株式取得・所有
Westinghouse・原子燃料工業‥‥336

垂直型企業結合
日本精工・天辻鋼球製作所‥‥‥220
大建工業・C&H‥‥‥‥‥‥455

内容索引

ASML・サイマー……………………457
日本電工・中央電気工業………481
ヤマハ発動機・KYBMS………483
混合型企業結合
中部電力・ダイヤモンドパワー
………………………………489
インテル・アルテラ……………562
肥後銀行・鹿児島銀行…………565
並行的企業結合
HDD 並行的企業結合…………409
届出義務
キヤノン・東芝メディカルシステム
ズ……………………………602
企業結合審査手続
新日本製鐵・住友金属工業……403
問題解消措置
新日本製鐵・住友金属工業……406
ヤマダ電機・ベスト電器………461
東京証券取引所・大阪証券取引所
………………………………465

Ⅲ　エンフォースメント

1　排除措置命令
作為命令
マイクロソフトエクセル等……114
特に必要があると認めるとき
区分機類談合排除措置Ⅰ………273
2　課徴金納付命令
→不当な取引制限（Ⅱ-1）
3　減免制度
→不当な取引制限（Ⅱ-1）
4　命令の当否を問う争訟
原告適格
ノボ天野…………………………17

JASRAC…………………………538
執行停止申立て
奥村組土木興業執行停止申立て
………………………………591

5　送達
公示送達
BHP ビリトン・リオティントⅠ
………………………………331

6　民事裁判
私法上の効力
岐阜商工信用組合…………………21
民事訴訟の諸類型
三木産業対大東建託……………214
差止請求（主観的要素）
教文館……………………………252
イメーション対ワンブルー……520
差止請求（著しい損害）
関西国際空港新聞販売…………205
神鉄タクシー……………………504
差止請求（差止めの必要性）
矢板無料バス……………………436
神鉄タクシー……………………505
イメーション対ワンブルー……520
差止請求（作為命令）
蒜山酪農農業協同組合…………180
三光丸……………………………184
損害を与えた行為の認定
米軍厚木基地発注建設工事談合
………………………………162
違反と損害の因果関係
東芝昇降機サービス………………53
損害・損害額の認定
鶴岡灯油…………………………36
日本遊戯銃協同組合……………106

627

事 例 索 引

* 太字の頁番号は、当該事例が本書登載事例として解説されている箇所であることを示す。

《昭　和》

公取委審判審決昭和 25 年 9 月 29 日（昭和 25 年（判）第 10 号）審決集 2 巻 146 頁
〔東宝・スバル〕・・・1

東京高判昭和 26 年 9 月 19 日（昭和 25 年（行ナ）第 21 号）高民集 4 巻 14 号 497 頁
〔東宝・スバル〕・・・1

東京高判昭和 28 年 3 月 9 日（昭和 26 年（行ナ）第 10 号）高民集 6 巻 9 号 435 頁、
審決集 4 巻 145 頁〔新聞販路協定〕・・62

東京高判昭和 28 年 12 月 7 日（昭和 26 年（行ナ）第 17 号）高民集 6 巻 13 号 868 頁、
審決集 5 巻 118 頁〔東宝・新東宝〕・・・・・・・・・・・・・・・・・・・・・・・・・・・・6, 166, 279

東京高判昭和 29 年 12 月 23 日（昭和 28 年（行ナ）第 7 号）行集 5 巻 12 号 3027 頁、
審決集 6 巻 89 頁〔北海道新聞社夕刊北海タイムス〕・・・・・・・・・・・・・・・・・・・27

東京高判昭和 32 年 12 月 25 日（昭和 31 年（行ナ）第 1 号）高民集 10 巻 12 号 743 頁、
審決集 9 巻 57 頁〔野田醤油〕・・・515

公取委勧告審決昭和 43 年 11 月 29 日（昭和 43 年（勧）第 25 号）審決集 15 巻 135 頁
〔高松市旧市内豆腐類価格協定〕・・7

公取委勧告審決昭和 45 年 1 月 12 日（昭和 44 年（勧）第 22 号）審決集 16 巻 134 頁
〔ノボ天野〕・・・17

東京高判昭和 46 年 4 月 6 日（昭和 46 年（う）第 221 号）判タ 265 号 280 頁
〔監禁罪離脱〕・・・291

公取委審判審決昭和 47 年 8 月 18 日（昭和 39 年（判）第 2 号）審決集 19 巻 57 頁
〔三重運賃制・審決分〕・・・582

公取委勧告審決昭和 47 年 9 月 18 日（昭和 47 年（勧）第 11 号）審決集 19 巻 87 頁
〔東洋製罐〕・・・9

公取委勧告審決昭和 47 年 12 月 27 日（昭和 47 年（勧）第 18 号）審決集 19 巻 124 頁
〔化合繊国際カルテル〕・・・301

公取委勧告審決昭和 49 年 2 月 22 日（昭和 49 年（勧）第 6 号）審決集 20 巻 300 頁
〔石油製品価格協定排除措置〕・・596

最判昭和 49 年 4 月 25 日（昭和 45 年（行ツ）第 36 号）民集 28 巻 3 号 405 頁
〔青色申告書提出承認取消処分理由附記〕・・・・・・・・・・・・・・・・・・・・・・・・・・271

最判昭和 50 年 7 月 10 日（昭和 46 年（行ツ）第 82 号）民集 29 巻 6 号 888 頁、
審決集 22 巻 173 頁〔和光堂〕・・・・・・・・・・・・・・・・・・・・・・・・・・・・・・・・・・・12, 238

最判昭和 50 年 7 月 11 日（昭和 46 年（行ツ）第 83 号）民集 29 巻 6 号 951 頁、

628

審決集 22 巻 198 頁〔明治商事〕・・12

最判昭和 50 年 11 月 28 日（昭和 46 年（行ツ）第 66 号）民集 29 巻 10 号 1592 頁、
　　審決集 22 巻 260 頁〔ノボ天野〕・・・・・・・・・・・・・・・・・・・・・・・・・・・・・・・・・・17

東京高決判昭和 51 年 6 月 24 日（昭和 49 年（行タ）第 17 号）高民集 29 巻 2 号 79 頁
　〔石油製品価格協定審決不履行過料出光興産〕・・・・・・・・・・・・・・・・・・・・596

最決昭和 52 年 4 月 13 日（昭和 51 年（行ト）第 18 号）審決集 24 巻 253 頁
　〔石油製品価格協定審決不履行過料出光興産〕・・・・・・・・・・・・・・・・・・・・595

最判昭和 52 年 6 月 20 日（昭和 48 年（オ）第 1113 号）民集 31 巻 4 号 449 頁、
　　審決集 24 巻 291 頁〔岐阜商工信用組合〕・・・・・・・・・・・・・・・・・・・・・・・・21

山形地鶴岡支判昭和 56 年 3 月 31 日（昭和 49 年（ワ）第 59 号）判時 997 号 18 頁
　〔鶴岡灯油〕・・36

公取委審判審決昭和 56 年 7 月 1 日（昭和 52 年（判）第 3 号）審決集 28 巻 38 頁
　〔東洋精米機製作所〕・・・25

公取委勧告審決昭和 57 年 5 月 28 日（昭和 57 年（勧）第 4 号）審決集 29 巻 13 頁
　〔マルエツ〕・・・294

公取委勧告審決昭和 57 年 5 月 28 日（昭和 57 年（勧）第 5 号）審決集 29 巻 18 頁
　〔ハローマート〕・・294

公取委同意審決昭和 57 年 6 月 17 日（昭和 54 年（判）第 1 号）審決集 29 巻 31 頁
　〔三越〕・・47, 216

公取委勧告審決昭和 58 年 3 月 31 日（昭和 58 年（勧）第 3 号）審決集 29 巻 104 頁
　〔ソーダ灰〕・・301

東京高判昭和 58 年 12 月 23 日（昭和 56 年（行ケ）第 4 号）審決集 30 巻 119 頁
　〔旭砿末資料住友セメント〕・・・・・・・・・・・・・・・・・・・・・・・・・・・・・・・・・・・18

東京高判昭和 59 年 2 月 17 日（昭和 56 年（行ケ）第 196 号）行集 35 巻 2 号 144 頁、
　　審決集 30 巻 136 頁〔東洋精米機製作所〕・・・・・・・・・・・・・・・25, 115, 160

最判昭和 59 年 2 月 24 日（昭和 55 年（あ）第 2153 号）刑集 38 巻 4 号 1287 頁、
　　審決集 30 巻 237 頁〔石油製品価格協定刑事〕・・・・・・・・29, 82, 574, 590

最判昭和 60 年 1 月 22 日（昭和 57 年（行ツ）第 70 号）民集 39 巻 1 号 1 頁
　〔一般旅券発給拒否処分理由附記〕・・・・・・・・・・・・・・・・・・・・・・・・・・・・271

仙台高秋田支判昭和 60 年 3 月 26 日（昭和 56 年（ネ）第 65 号）審決集 31 巻 204 頁
　〔鶴岡灯油〕・・36

最判昭和 62 年 7 月 2 日（昭和 56 年（行ツ）第 178 号）民集 41 巻 5 号 785 頁、
　　審決集 34 巻 119 頁〔東京灯油〕・・・・・・・・・・・・・・・・・・・・・・・・・・・・・・・36

《平成元年～4 年》

最判平成元年 12 月 8 日（昭和 60 年（オ）第 933 号）民集 43 巻 11 号 1259 頁、
　　審決集 36 巻 115 頁〔鶴岡灯油〕・・・・・・・・・・・・・・・・・・19, 36, 106, 199

最判平成元年 12 月 14 日（昭和 61 年（オ）第 655 号）民集 43 巻 12 号 2078 頁、

事 例 索 引

審決集 36 巻 570 頁〔芝浦屠場〕・・15, 40
大阪地判平成 2 年 7 月 30 日（昭和 60 年（ワ）第 2665 号）審決集 37 巻 195 頁
〔東芝昇降機サービス〕・・・23, 50
公取委勧告審決平成 2 年 11 月 30 日（平成 2 年（勧）第 9 号）審決集 37 巻 32 頁
〔ドラクエⅣ松葉屋〕・・44
公取委勧告審決平成 3 年 10 月 18 日（平成 3 年（勧）第 14 号）審決集 38 巻 104 頁
〔ダストコントロール末端レンタル価格協定排除措置〕・・・・・・・・・・・・・・・・・・・・・・・・・122
公取委勧告審決平成 3 年 12 月 2 日（平成 3 年（勧）第 20 号）審決集 38 巻 134 頁
〔野村證券損失補塡排除措置〕・・・134
公取委審判審決平成 4 年 2 月 28 日（平成 2 年（判）第 2 号）審決集 38 巻 41 頁
〔ドラクエⅣ藤田屋〕・・44, 113
東京地判平成 4 年 3 月 24 日（平成元年（行ウ）第 144 号）行集 43 巻 3 号 498 頁、
審決集 38 巻 279 頁〔書籍価格表示〕・・69
大阪地判平成 4 年 8 月 31 日（平成元年（ワ）第 3987 号）審決集 39 巻 586 頁〔葉書〕・・・74

《平成 5 年〜9 年》
公取委勧告審決平成 5 年 4 月 22 日（平成 5 年（勧）第 9 号）審決集 40 巻 89 頁
〔シール談合排除措置〕・・67, 122
大阪高判平成 5 年 7 月 30 日（平成 2 年（ネ）第 1660 号）審決集 40 巻 651 頁
〔東芝昇降機サービス〕・・50, 106
東京高判平成 5 年 12 月 14 日（平成 5 年（の）第 1 号）高刑集 46 巻 3 号 322 頁、
審決集 40 巻 776 頁〔シール談合刑事〕・・・・・・・・・・・・・・・・・・・・・・・・・・・・・61, 122, 579
公取委勧告審決平成 6 年 2 月 28 日（平成 6 年（勧）第 2 号）審決集 40 巻 197 頁
〔船舶用塗料価格協定〕・・・91
東京高判平成 6 年 4 月 18 日（平成 4 年（行コ）第 46 号）行集 45 巻 4 号 1081 頁、
審決集 41 巻 423 頁〔書籍価格表示〕・・69
大阪高判平成 6 年 10 月 14 日（平成 4 年（ネ）第 2131 号）審決集 41 巻 490 頁
〔葉書〕・・74
公取委命令平成 7 年 3 月 28 日（平成 7 年（納）第 79 号）審決集 41 巻 387 頁
〔大型カラー映像装置談合〕・・・123, 200
公取委審判審決平成 7 年 7 月 10 日（平成 3 年（判）第 1 号）審決集 42 巻 3 頁
〔大阪バス協会〕・・15, 32, 79, 376, 589
東京高判平成 7 年 9 月 25 日（平成 6 年（行ケ）第 144 号）審決集 42 巻 393 頁
〔東芝ケミカルⅡ〕・・424
東京高判平成 8 年 3 月 29 日（平成 6 年（行ケ）第 232 号）審決集 42 巻 457 頁
〔東京もち〕・・318
公取委審判審決平成 8 年 4 月 24 日（平成 7 年（判）第 1 号）審決集 43 巻 3 頁
〔中国塗料〕・・91, 174, 287, 453

事例索引

公取委勧告審決平成 8 年 5 月 8 日（平成 8 年（勧）第 12 号）審決集 43 巻 204 頁
〔松尾楽器商会〕‥‥‥‥‥‥‥‥‥‥‥‥‥‥‥‥‥‥‥‥‥‥‥‥‥‥‥‥‥96
公取委勧告審決平成 8 年 5 月 8 日（平成 8 年（勧）第 14 号）審決集 43 巻 209 頁
〔医療食〕‥‥‥‥‥‥‥‥‥‥‥‥‥‥‥‥‥‥‥‥‥‥‥10, 99, 243, 244
公取委審判審決平成 8 年 8 月 6 日（平成 5 年（判）第 3 号）審決集 43 巻 110 頁
〔シール談合課徴金〕‥‥‥‥‥‥‥‥‥‥‥‥‥‥‥‥‥‥‥‥‥‥‥‥123
東京地判平成 9 年 3 月 13 日（平成 6 年（ワ）第 5500 号）審決集 43 巻 499 頁
〔日興證券損失補塡株主代表訴訟〕‥‥‥‥‥‥‥‥‥‥‥‥‥‥‥‥138
東京地判平成 9 年 4 月 9 日（平成 5 年（ワ）第 7544 号）審決集 44 巻 635 頁
〔日本遊戯銃協同組合〕‥‥‥‥‥‥‥‥‥‥‥‥‥‥‥‥‥‥‥104, 203
公取委勧告審決平成 9 年 4 月 25 日（平成 9 年（勧）第 4 号）審決集 44 巻 230 頁
〔ハーゲンダッツジャパン〕‥‥‥‥‥‥‥‥‥‥‥‥‥‥‥‥‥‥‥236
名古屋地判平成 9 年 7 月 9 日（平成 2 年（ワ）第 2755 号）審決集 45 巻 510 頁
〔名古屋中遊技場防犯組合〕‥‥‥‥‥‥‥‥‥‥‥‥‥‥‥‥‥‥‥‥23
東京高判平成 9 年 12 月 24 日（平成 9 年（の）第 1 号）高刑集 50 巻 3 号 181 頁、
審決集 44 巻 753 頁〔水道メーター談合 I 刑事〕‥‥‥‥‥‥‥‥‥‥290

《平成 10 年》
公取委審判審決平成 10 年 3 月 11 日（平成 9 年（判）第 2 号）審決集 44 巻 188 頁
〔協業組合カンセイ〕‥‥‥‥‥‥‥‥‥‥‥‥‥‥‥‥‥‥‥‥‥‥‥544
公取委勧告審決平成 10 年 3 月 31 日（平成 10 年（勧）第 3 号）審決集 44 巻 362 頁
〔パラマウントベッド〕‥‥‥‥‥‥‥‥‥‥‥‥‥‥‥107, 249, 263
公取委勧告審決平成 10 年 9 月 3 日（平成 10 年（勧）第 16 号）審決集 45 巻 148 頁
〔ノーディオン〕‥‥‥‥‥‥‥‥‥‥‥‥‥‥‥‥‥‥‥‥‥‥‥‥‥582
最判平成 10 年 10 月 13 日（平成 9 年（行ツ）第 214 号）審決集 45 巻 339 頁
〔シール談合課徴金〕‥‥‥‥‥‥‥‥‥‥‥‥‥‥‥‥‥‥‥‥‥‥210
公取委公表平成 10 年 11 月 20 日〔マイクロソフトブラウザ警告〕‥‥‥‥‥‥115, 125
公取委勧告審決平成 10 年 12 月 14 日（平成 10 年（勧）第 21 号）審決集 45 巻 153 頁
〔マイクロソフトエクセル等〕‥‥‥‥‥‥‥‥‥‥‥‥112, 181, 185
最判平成 10 年 12 月 18 日（平成 6 年（オ）第 2415 号）民集 52 巻 9 号 1866 頁、
審決集 45 巻 455 頁〔資生堂東京販売〕‥‥‥‥‥‥‥‥‥15, 117, 146
最判平成 10 年 12 月 18 日（平成 9 年（オ）第 2156 号）審決集 45 巻 461 頁
〔花王化粧品販売〕‥‥‥‥‥‥‥‥‥‥‥‥‥‥‥‥‥‥‥117, 146

《平成 11 年》
公取委公表平成 11 年 3 月 18 日〔人造黒鉛丸形電極〕‥‥‥‥‥‥‥‥‥‥‥‥‥‥301
大阪地判平成 11 年 3 月 29 日（平成 8 年（ワ）第 3884 号）〔ナイガイ対ニッショー〕‥‥241
公取委勧告審決平成 11 年 5 月 18 日（平成 11 年（勧）第 3 号）審決集 46 巻 234 頁

631

事 例 索 引

〔沖縄県等アルミサッシ〕‥‥‥‥‥‥‥‥‥‥‥‥‥‥‥‥‥‥‥‥‥111, 120

公取委勧告審決平成 11 年 7 月 7 日（平成 11 年（勧）第 14 号）審決集 46 巻 272 頁
〔大阪府公立高校修学旅行排除措置〕‥‥‥‥‥‥‥‥‥‥‥‥‥‥‥‥‥453

公取委審判審決平成 11 年 7 月 8 日（平成 6 年（判）第 5 号）審決集 46 巻 3 頁
〔金門製作所〕‥‥‥‥‥‥‥‥‥‥‥‥‥‥‥‥‥‥‥‥‥‥‥‥‥‥‥496

公取委審判審決平成 11 年 11 月 10 日（平成 9 年（判）第 5 号）審決集 46 巻 119 頁
〔東京無線タクシー協同組合〕‥‥‥‥‥‥‥‥‥‥‥‥‥‥‥‥‥93, 453

公取委勧告審決平成 11 年 12 月 20 日（平成 11 年（勧）第 25 号）審決集 46 巻 352 頁
〔防衛庁発注石油製品談合〕‥‥‥‥‥‥‥‥‥‥‥‥‥‥‥‥‥‥‥‥‥231

《平成 12 年》

公取委同意審決平成 12 年 2 月 28 日（平成 10 年（判）第 2 号）審決集 46 巻 144 頁
〔北海道新聞社函館新聞〕‥‥‥‥‥‥‥‥‥‥‥‥‥‥‥‥‥‥‥‥‥‥128

公取委命令平成 12 年 3 月 28 日（平成 12 年（納）第 74 号）審決集 46 巻 576 頁
〔大阪府公立高校修学旅行課徴金〕‥‥‥‥‥‥‥‥‥‥‥‥‥‥‥‥‥‥453

公取委審判審決平成 12 年 6 月 2 日（平成 10 年（判）第 4 号）審決集 47 巻 141 頁
〔日本機械保険連盟〕‥‥‥‥‥‥‥‥‥‥‥‥‥‥‥‥‥‥‥‥‥‥‥‥207

東京地判平成 12 年 6 月 30 日（平成 6 年（ワ）第 22275 号）金融商事判例 1118 号 43 頁
〔河内屋対資生堂販売〕‥‥‥‥‥‥‥‥‥‥‥‥‥‥‥‥‥‥‥‥‥‥‥ 24

最判平成 12 年 7 月 7 日（平成 8 年（オ）第 270 号）民集 54 巻 6 号 1767 頁
〔野村證券損失補塡株主代表訴訟〕‥‥‥‥‥‥‥‥‥‥‥‥‥‥‥‥‥‥133

最決平成 12 年 9 月 25 日（平成 10 年（あ）第 148 号）刑集 54 巻 7 号 689 頁、
審決集 49 巻 829 頁〔東京都発注水道メーター談合〕‥‥‥‥‥‥‥‥‥‥ 85

公取委勧告審決平成 12 年 10 月 31 日（平成 12 年（勧）第 12 号）審決集 47 巻 317 頁
〔ロックマン工法〕‥‥‥‥‥‥‥‥‥‥‥‥‥‥‥‥‥‥‥‥‥‥‥‥‥202

平成 12 年度企業結合事例 6〔NTT コミュニケーションズ・JSAT〕‥‥‥‥‥‥‥563

《平成 13 年》

公取委勧告審決平成 13 年 2 月 9 日（平成 12 年（勧）第 16 号）審決集 47 巻 341 頁
〔町田市発注土木一式工事談合〕‥‥‥‥‥‥‥‥‥‥‥‥‥‥‥‥‥‥‥171

公取委公表平成 13 年 4 月 5 日〔ビタミン〕‥‥‥‥‥‥‥‥‥‥‥‥‥‥‥301

公取委審判審決平成 13 年 8 月 1 日（平成 10 年（判）第 1 号）審決集 48 巻 3 頁
〔SCE〕‥‥‥‥‥‥‥‥‥‥‥‥‥‥‥‥‥‥‥‥‥‥‥‥119, 139, 233

公取委公表平成 13 年 8 月 7 日〔ダスキンダイオーズ〕‥‥‥‥‥‥‥‥‥‥168

東京高判平成 13 年 11 月 30 日（平成 12 年（行ケ）第 228 号）審決集 48 巻 493 頁
〔日本機械保険連盟〕‥‥‥‥‥‥‥‥‥‥‥‥‥‥‥‥‥‥‥‥‥‥‥‥207

公取委命令平成 13 年 12 月 14 日（平成 13 年（納）第 446 号）審決集 48 巻 458 頁
〔多摩談合課徴金〕‥‥‥‥‥‥‥‥‥‥‥‥‥‥‥‥‥‥‥‥‥‥‥‥‥414

事例索引

大阪高判平成 13 年 12 月 21 日（平成 11 年（ネ）第 1700 号）
　〔ナイガイ対ニッショー〕‥‥‥‥‥‥‥‥‥‥‥‥‥‥‥‥‥‥‥‥‥241
平成 13 年度企業結合事例 10〔日本航空・日本エアシステム〕‥‥‥‥‥‥‥150
平成 13 年公表相談事例 12〔共同調達ウェブサイト〕‥‥‥‥‥‥‥‥155, 379

《平成 14 年》
最判平成 14 年 4 月 25 日（平成 13 年（受）第 952 号）民集 56 巻 4 号 808 頁
　〔中古ゲームソフト〕‥‥‥‥‥‥‥‥‥‥‥‥‥‥‥‥‥‥‥‥‥‥148
公取委公表平成 14 年 6 月 28 日〔北海道電力長期契約警告〕‥‥‥‥‥‥‥159
東京地判平成 14 年 7 月 15 日（平成 6 年（ワ）第 18372 号）審決集 49 巻 720 頁
　〔米軍厚木基地発注建設工事談合〕‥‥‥‥‥‥‥‥‥‥‥‥‥‥‥‥162
公取委勧告審決平成 14 年 7 月 26 日（平成 14 年（勧）第 7 号）審決集 49 巻 168 頁
　〔三菱電機ビルテクノサービス〕‥‥‥‥‥‥‥‥‥‥‥‥‥‥‥‥‥54
公取委審判審決平成 14 年 9 月 25 日（平成 13 年（判）第 14 号）審決集 49 巻 111 頁
　〔オーエヌポートリー〕‥‥‥‥‥‥‥‥‥‥‥‥‥‥‥‥‥‥‥‥‥583
公取委勧告審決平成 14 年 12 月 4 日（平成 14 年（勧）第 19 号）審決集 49 巻 243 頁
　〔四国ロードサービス〕‥‥‥‥‥‥‥‥‥‥‥‥‥‥‥‥‥‥‥‥‥165

《平成 15 年》
名古屋高判平成 15 年 1 月 24 日（平成 14 年（ネ）第 247 号）〔岐阜新聞〕‥‥‥‥‥23
東京高判平成 15 年 3 月 7 日（平成 14 年（行ケ）第 433 号）審決集 49 巻 624 頁
　〔岡崎管工排除措置〕‥‥‥‥‥‥‥‥‥‥‥‥‥‥‥‥‥‥‥‥291, 472
最判平成 15 年 3 月 14 日（平成 11 年（行ツ）第 115 号）審決集 49 巻 634 頁
　〔協業組合カンセイ〕‥‥‥‥‥‥‥‥‥‥‥‥‥‥‥‥‥‥‥‥‥544
公取委勧告審決平成 15 年 3 月 28 日（平成 15 年（勧）第 12 号）審決集 49 巻 340 頁
　〔交通弱者感応化等工事〕‥‥‥‥‥‥‥‥‥‥‥‥‥‥‥‥‥‥‥229
公取委審判審決平成 15 年 6 月 13 日（平成 13 年（判）第 17 号）審決集 50 巻 3 頁
　〔土屋企業〕‥‥‥‥‥‥‥‥‥‥‥‥‥‥‥‥‥‥‥‥‥‥‥‥‥171
公取委審判審決平成 15 年 6 月 27 日（平成 10 年（判）第 28 号）審決集 50 巻 14 頁
　〔区分機類談合排除措置〕‥‥‥‥‥‥‥‥‥‥‥‥‥‥‥‥‥231, 270
公取委勧告審決平成 15 年 11 月 27 日（平成 15 年（勧）第 27 号）審決集 50 巻 398 頁
　〔ヨネックス〕‥‥‥‥‥‥‥‥‥‥‥‥‥‥‥‥‥‥‥‥132, 142, 168

《平成 16 年》
東京高判平成 16 年 2 月 20 日（平成 15 年（行ケ）第 308 号）審決集 50 巻 708 頁
　〔土屋企業〕‥‥‥‥‥‥‥‥‥‥‥‥‥‥‥‥‥‥‥‥‥171, 287, 453
東京高判平成 16 年 3 月 24 日（平成 11 年（の）第 2 号）審決集 50 巻 915 頁
　〔防衛庁発注石油製品談合刑事〕‥‥‥‥‥‥‥‥‥‥‥‥‥‥231, 289

633

事例索引

公取委勧告審決平成 16 年 4 月 12 日（平成 16 年（勧）第 1 号）審決集 51 巻 401 頁
〔東急パーキングシステムズ〕‥‥‥‥‥‥‥‥‥‥‥‥‥‥‥‥‥‥‥‥‥54
岡山地判平成 16 年 4 月 13 日（平成 8 年（ワ）第 1089 号）D1-Law 登載
〔蒜山酪農農業協同組合〕‥‥‥‥‥‥‥‥‥‥‥‥‥‥115, 176, 185, 434
東京地判平成 16 年 4 月 15 日（平成 14 年（ワ）第 28262 号）審決集 51 巻 877 頁
〔三光丸〕‥‥‥‥‥‥‥‥‥‥‥‥‥‥‥‥‥‥‥‥‥‥‥115, 180, 182
東京高判平成 16 年 4 月 23 日（平成 15 年（行ケ）第 335 号）審決集 51 巻 857 頁
〔区分機類談合排除措置 I〕‥‥‥‥‥‥‥‥‥‥‥‥‥‥‥‥‥‥‥‥‥270
前橋地判平成 16 年 5 月 7 日（平成 14 年（ワ）第 565 号）判時 1904 号 139 頁
〔ヤマダ電機対コジマ〕‥‥‥‥‥‥‥‥‥‥‥‥‥‥‥‥‥‥‥‥‥‥189
大阪地判平成 16 年 6 月 9 日（平成 14 年（ワ）第 11188 号）審決集 51 巻 935 頁
〔関西国際空港新聞販売〕‥‥‥‥‥‥‥‥‥‥‥‥‥‥‥‥‥‥‥‥‥202
公取委勧告審決平成 16 年 6 月 14 日（平成 16 年（勧）第 16 号）審決集 51 巻 463 頁
〔グリーングループ〕‥‥‥‥‥‥‥‥‥‥‥‥‥‥‥‥‥‥‥‥‥‥‥236
公取委審判審決平成 16 年 9 月 17 日（平成 15 年（判）第 25 号）審決集 51 巻 119 頁
〔京都市発注舗装工事談合〕‥‥‥‥‥‥‥‥‥‥‥‥‥‥‥‥‥‥‥‥174
東京高判平成 16 年 10 月 19 日（平成 16 年（ネ）第 3324 号）判時 1904 号 128 頁
〔ヤマダ電機対コジマ〕‥‥‥‥‥‥‥‥‥‥‥‥‥‥‥‥‥‥‥‥‥‥188
公取委勧告審決平成 16 年 11 月 18 日（平成 16 年（勧）第 31 号）審決集 51 巻 531 頁
〔カラカミ観光〕‥‥‥‥‥‥‥‥‥‥‥‥‥‥‥‥‥‥‥‥‥‥‥‥‥216
平成 16 年度企業結合事例 4〔住友電気工業・日立電線〕‥‥‥‥‥‥‥‥‥410
平成 16 年度企業結合事例 5〔古河電気工業・フジクラ〕‥‥‥‥‥‥‥‥‥410

《平成 17 年》
東京高判平成 17 年 1 月 27 日（平成 16 年（ネ）第 3637 号）審決集 51 巻 951 頁
〔日本テクノ〕‥‥‥‥‥‥‥‥‥‥‥‥‥‥‥‥‥‥‥126, 203, 519
公取委勧告審決平成 17 年 1 月 31 日（平成 16 年（勧）第 35 号）審決集 51 巻 548 頁
〔防衛庁発注航空機用タイヤ談合排除措置〕‥‥‥‥‥‥‥‥‥‥‥66, 124
公取委勧告審決平成 17 年 1 月 31 日（平成 16 年（勧）第 36 号）審決集 51 巻 554 頁
〔防衛庁発注車両用タイヤチューブ談合排除措置〕‥‥‥‥‥‥‥‥66, 124
東京地決平成 17 年 3 月 11 日（平成 17 年（ヨ）第 20021 号）判タ 1173 号 143 頁
〔ライブドア対ニッポン放送〕‥‥‥‥‥‥‥‥‥‥‥‥‥‥‥‥‥‥‥192
東京地決平成 17 年 3 月 16 日（平成 17 年（モ）第 3074 号）判タ 1173 号 140 頁
〔ライブドア対ニッポン放送〕‥‥‥‥‥‥‥‥‥‥‥‥‥‥‥‥‥‥‥192
東京高決平成 17 年 3 月 23 日（平成 17 年（ラ）第 429 号）判タ 1173 号 125 頁
〔ライブドア対ニッポン放送〕‥‥‥‥‥‥‥‥‥‥‥‥‥‥‥‥‥‥‥192
公取委同意審決平成 17 年 3 月 31 日（平成 17 年（判）第 6 号）審決集 51 巻 390 頁
〔防衛庁発注車両用タイヤチューブ談合排除措置東洋ゴム工業〕‥‥66, 124

事例索引

公取委勧告審決平成 17 年 4 月 13 日（平成 17 年（勧）第 1 号）審決集 52 巻 341 頁
　〔インテル〕‥‥‥‥‥‥‥‥‥‥‥‥‥‥‥‥‥‥‥‥‥‥‥‥‥‥‥‥‥‥‥‥161, 196
東京地判平成 17 年 4 月 22 日（平成 15 年（行ウ）第 434 号）
　〔接続約款認可処分取消訴訟〕‥‥‥‥‥‥‥‥‥‥‥‥‥‥‥‥‥‥‥‥‥‥‥‥279
東京高判平成 17 年 4 月 27 日（平成 16 年（ネ）第 3163 号）審決集 52 巻 789 頁
　〔ザ・トーカイ〕‥‥‥‥‥‥‥‥‥‥‥‥‥‥‥‥‥‥‥‥‥‥‥‥‥‥‥‥‥‥126
東京地判平成 17 年 6 月 9 日（平成 16 年（ワ）第 12052 号）審決集 52 巻 832 頁
　〔ウインズ汐留差止請求〕‥‥‥‥‥‥‥‥‥‥‥‥‥‥‥‥‥‥‥‥‥‥‥‥‥‥260
大阪高判平成 17 年 7 月 5 日（平成 16 年（ネ）第 2179 号）審決集 52 巻 856 頁
　〔関西国際空港新聞販売〕‥‥‥‥‥‥‥‥‥‥‥‥‥‥‥‥‥‥‥‥‥‥‥‥‥‥201
最判平成 17 年 9 月 13 日（平成 14 年（行ヒ）第 72 号）民集 59 巻 7 号 1950 頁、
　審決集 52 巻 723 頁〔日本機械保険連盟〕‥‥‥‥‥‥‥‥‥‥‥‥‥‥‥‥‥‥207
神戸地姫路支判平成 17 年 11 月 25 日（平成 15 年（ワ）第 896 号）審決集 52 巻 881 頁
　〔三木産業対大東建託〕‥‥‥‥‥‥‥‥‥‥‥‥‥‥‥‥‥‥‥‥‥‥‥‥‥‥‥212
公取委勧告審決平成 17 年 12 月 12 日（平成 17 年（勧）第 19 号）審決集 52 巻 431 頁
　〔PTP 用加工箔価格協定排除措置〕‥‥‥‥‥‥‥‥‥‥‥‥‥‥‥‥‥‥‥‥101, 124
公取委勧告審決平成 17 年 12 月 26 日（平成 17 年（勧）第 20 号）審決集 52 巻 436 頁
　〔三井住友銀行〕‥‥‥‥‥‥‥‥‥‥‥‥‥‥‥‥‥‥‥‥‥‥‥‥‥‥47, 60, 215
平成 17 年度企業結合事例 7〔日本精工・天辻鋼球製作所〕‥‥‥‥‥‥‥‥‥220, 338
平成 17 年度企業結合事例 8〔ソニー・日本電気〕‥‥‥‥‥‥‥‥‥223, 314, 327

《平成 18 年》
山口地下関支判平成 18 年 1 月 16 日（平成 16 年（ワ）第 112 号）審決集 52 巻 918 頁
　〔豊北町福祉バス〕‥‥‥‥‥‥‥‥‥‥‥‥‥‥‥‥‥‥‥‥‥‥‥42, 226, 436
大阪地判平成 18 年 1 月 16 日（平成 16 年（ワ）第 10298 号）判時 1947 号 108 頁
　〔日之出水道機器対六寶産業〕‥‥‥‥‥‥‥‥‥‥‥‥‥‥‥‥‥‥‥‥‥‥‥‥246
公取委命令平成 18 年 1 月 27 日（平成 18 年（納）第 1 号）審決集 52 巻 634 頁
　〔防衛庁発注航空機用タイヤ談合課徴金〕‥‥‥‥‥‥‥‥‥‥‥‥‥‥‥‥‥‥‥124
公取委命令平成 18 年 1 月 27 日（平成 18 年（納）第 4 号）審決集 52 巻 637 頁
　〔防衛庁発注車両用タイヤチューブ談合課徴金〕‥‥‥‥‥‥‥‥‥‥‥‥‥‥‥‥124
東京高判平成 18 年 2 月 24 日（平成 17 年（行ケ）第 118 号）審決集 52 巻 744 頁
　〔防衛庁発注石油製品談合課徴金東燃ゼネラル石油〕‥‥‥‥‥‥‥‥‥‥‥‥‥‥495
公取委審判審決平成 18 年 3 月 8 日（平成 15 年（判）第 10 号）審決集 52 巻 229 頁
　〔松下電器産業交通信号機等工事〕‥‥‥‥‥‥‥‥‥‥‥‥‥‥‥‥‥‥‥‥‥‥233
公取委審判審決平成 18 年 3 月 8 日（平成 15 年（判）第 11 号）審決集 52 巻 277 頁
　〔松下電器産業交通弱者感応化等工事〕‥‥‥‥‥‥‥‥‥‥‥‥‥‥‥‥‥229, 268
公取委命令平成 18 年 3 月 24 日（平成 18 年（排）第 13 号）〔日本航空ジャパン〕‥‥‥‥126
東京高判平成 18 年 4 月 13 日（平成 17 年（ネ）第 690 号）判タ 1208 号 218 頁

635

事例索引

〔LP ガス設備費用〕・・214
公取委審判審決平成 18 年 4 月 26 日（平成 15 年（判）第 49 号）審決集 53 巻 57 頁
〔長谷川土木工業土木工事〕・・・・・・・・・・・・・・・・・・・・・・・・・・・・・・・・・・・・・・231
東京地判平成 18 年 4 月 28 日（平成 12 年（行ウ）第 203 号）審決集 53 巻 1087 頁
〔多摩ニュータウン環境組合発注ストーカ炉談合〕・・・・・・・・・・・・・・・163
公取委命令平成 18 年 5 月 16 日（平成 18 年（措）第 3 号）審決集 53 巻 867 頁
〔濱口石油〕・・・296
公取委命令平成 18 年 5 月 22 日（平成 18 年（措）第 4 号）審決集 53 巻 869 頁
〔日産化学工業〕・・235
公取委審判審決平成 18 年 6 月 5 日（平成 12 年（判）第 8 号）審決集 53 巻 195 頁
〔ニプロ〕・・・142, 240
公取委審判審決平成 18 年 6 月 27 日（平成 11 年（判）第 4 号）審決集 53 巻 238 頁
〔ストーカ炉談合〕・・・・・・・・・・・・・・・・・・・・・・・・・・・・・・・・・・・・・・269, 276
知財高判平成 18 年 7 月 20 日（平成 18 年（ネ）第 10015 号）D1-Law 登載
〔日之出水道機器対六寶産業〕・・・・・・・・・・・・・・・・・・・・・・・・・・・・109, 246
東京高判平成 18 年 9 月 7 日（平成 17 年（ネ）第 303 号）審決集 53 巻 1032 頁
〔教文館〕・・・251, 520
東京高判平成 18 年 9 月 27 日（平成 18 年（行コ）第 92 号）審決集 53 巻 1011 頁
〔函館新聞事件記録閲覧謄写〕・・・・・・・・・・・・・・・・・・・・・・・・・・・・・・・・・132
東京高判平成 18 年 10 月 5 日（平成 14 年（ネ）第 4622 号）判時 1960 号 28 頁
〔米軍厚木基地発注建設工事談合〕・・・・・・・・・・・・・・・・・・・・・・・・・・・・・162
最決平成 18 年 11 月 14 日（平成 16 年（行ヒ）第 135 号）審決集 53 巻 999 頁
〔土屋企業〕・・172
平成 18 年度企業結合事例 12〔阪急・阪神〕・・・・・・・・・・・・・・・・・・・・・・・254

《平成 19 年》
東京高判平成 19 年 1 月 31 日（平成 17 年（ネ）第 3678 号）審決集 53 巻 1046 頁
〔ウインズ汐留差止請求〕・・・・・・・・・・・・・・・・・・・・・・・・・・・・・・・・・・・・・・・259
公取委審判審決平成 19 年 2 月 14 日（平成 11 年（判）第 7 号）審決集 53 巻 611 頁
〔防衛庁発注石油製品談合排除措置コスモ石油等〕・・・・・・・・・・・・・276
公取委審判審決平成 19 年 2 月 14 日（平成 14 年（判）第 36 号）審決集 53 巻 682 頁
〔国家石油備蓄会社発注保全等工事談合〕・・・・・・・・・・・・・・・262, 269
さいたま地判平成 19 年 2 月 16 日（平成 17 年（ワ）第 1425 号）〔LP ガス設備費用〕・・・214
公取委命令平成 19 年 3 月 8 日（平成 19 年（措）第 2 号・平成 19 年（納）第 9 号）
審決集 53 巻 891 頁・974 頁〔水門談合・地整ダム〕・・・・・・・・・・・・・・232, 265
公取委命令平成 19 年 3 月 8 日（平成 19 年（措）第 3 号・平成 19 年（納）第 18 号）
審決集 53 巻 896 頁・977 頁〔水門談合・地整河川〕・・・・・・・・・・・・・232, 265
公取委命令平成 19 年 3 月 8 日（平成 19 年（措）第 4 号・平成 19 年（納）第 30 号）

審決集 53 巻 902 頁・980 頁〔水門談合・水資源機構ダム〕‥‥‥‥‥‥‥‥232, 265

公取委命令平成 19 年 3 月 8 日（平成 19 年（措）第 5 号・平成 19 年（納）第 36 号）

　審決集 53 巻 907 頁・983 頁〔水門談合・農政局〕‥‥‥‥‥‥‥‥‥‥‥‥232, 265

公取委審判審決平成 19 年 3 月 26 日（平成 16 年（判）第 2 号）審決集 53 巻 776 頁

　〔NTT 東日本〕‥‥‥‥‥‥‥‥‥‥‥‥‥‥‥‥‥‥‥‥‥‥‥‥‥‥‥‥363

最判平成 19 年 4 月 19 日（平成 16 年（行ヒ）第 208 号）審決集 54 巻 657 頁

　〔区分機類談合排除措置 I〕‥‥‥‥‥‥‥‥‥‥‥‥‥‥‥‥‥‥‥‥‥‥270

公取委命令平成 19 年 5 月 11 日（平成 19 年（措）第 7 号・平成 19 年（納）第 67 号）

　審決集 54 巻 461 頁・545 頁〔関東甲信越地区エコ・ステーション〕‥‥‥‥‥278

公取委命令平成 19 年 5 月 11 日（平成 19 年（措）第 8 号・平成 19 年（納）第 71 号）

　審決集 54 巻 466 頁・549 頁〔近畿地区エコ・ステーション〕‥‥‥‥‥‥‥‥264

公取委命令平成 19 年 5 月 24 日（平成 19 年（措）第 9 号・平成 19 年（納）第 74 号）

　審決集 54 巻 471 頁・552 頁〔けい酸カルシウム板〕‥‥‥‥‥‥‥‥‥‥268, 284

最判平成 19 年 6 月 11 日（平成 17 年（受）第 957 号）判タ 1250 号 76 頁

　〔セブン－イレブン契約解釈〕‥‥‥‥‥‥‥‥‥‥‥‥‥‥‥‥‥‥‥‥‥352

公取委審判審決平成 19 年 6 月 19 日（平成 15 年（判）第 22 号）審決集 54 巻 78 頁

　〔ポリプロピレン課徴金日本ポリプロ等〕‥‥‥‥‥‥‥‥‥‥‥‥‥‥‥‥583

公取委命令平成 19 年 6 月 25 日（平成 19 年（措）第 12 号）審決集 54 巻 485 頁

　〔新潟タクシー共通乗車券〕‥‥‥‥‥‥‥‥‥‥‥‥‥‥‥‥‥‥‥‥‥‥204

公取委命令平成 19 年 6 月 29 日（平成 19 年（措）第 13 号・平成 19 年（納）第 128 号）

　審決集 54 巻 490 頁・566 頁〔ガス用ポリエチレン管〕‥‥‥‥‥‥‥‥‥123, 268

公取委命令平成 19 年 6 月 29 日（平成 19 年（措）第 14 号・平成 19 年（納）第 136 号）

　審決集 54 巻 494 頁・569 頁〔ガス用ポリエチレン管継手〕‥‥‥‥‥‥‥123, 268

東京地判平成 19 年 7 月 25 日（平成 17 年（ワ）第 17348 号）判タ 1277 号 291 頁

　〔ウインズ汐留損害賠償請求〕‥‥‥‥‥‥‥‥‥‥‥‥‥‥‥‥‥‥‥‥‥263

東京高判平成 19 年 9 月 21 日（平成 17 年（の）第 1 号）審決集 54 巻 773 頁

　〔鋼橋上部工事談合刑事宮地鐵工所等〕‥‥‥‥‥‥‥‥‥‥‥‥‥‥‥‥‥288

公取委命令平成 19 年 11 月 12 日（平成 19 年（措）第 15 号・平成 19 年（納）第 175 号）

　審決集 54 巻 499 頁・594 頁〔名古屋市発注地下鉄工事談合〕‥‥‥‥‥‥359, 361

公取委命令平成 19 年 11 月 27 日（平成 19 年（措）第 16 号）審決集 54 巻 502 頁

　〔シンエネコーポレーション〕‥‥‥‥‥‥‥‥‥‥‥‥‥‥‥‥‥‥‥‥‥294

公取委命令平成 19 年 11 月 27 日（平成 19 年（措）第 17 号）審決集 54 巻 504 頁

　〔東日本宇佐美〕‥‥‥‥‥‥‥‥‥‥‥‥‥‥‥‥‥‥‥‥‥‥‥‥‥‥‥294

東京高判平成 19 年 11 月 28 日〔平成 18 年（ネ）第 1078 号〕審決集 54 巻 699 頁

　〔ヤマト運輸対郵政〕‥‥‥‥‥‥‥‥‥‥‥‥‥‥‥‥‥‥‥295, 436, 504

公取委命令平成 19 年 12 月 25 日（平成 19 年（措）第 18 号・平成 19 年（納）第 195 号）

　審決集 54 巻 506 頁・611 頁〔緑資源機構発注業務談合〕‥‥‥‥‥‥‥‥‥‥361

637

事 例 索 引

《平成 20 年》

公取委命令平成 20 年 2 月 20 日（平成 20 年（措）第 2 号・平成 20 年（納）第 10 号）
　審決集 54 巻 512 頁・623 頁〔マリンホース〕‥‥‥‥‥‥‥‥‥‥92, 167, 244, 298, 582
東京高判平成 20 年 4 月 4 日（平成 18 年（行ケ）第 18 号）審決集 55 巻 791 頁
　〔元詰種子〕‥‥‥‥‥‥‥‥‥‥‥‥‥‥‥‥‥‥‥‥‥‥‥‥‥‥‥‥‥‥‥‥‥35
公取委審判審決平成 20 年 4 月 16 日（平成 16 年（判）第 4 号）審決集 55 巻 3 頁
　〔東京都発注下水道ポンプ設備工事談合〕‥‥‥‥‥‥‥‥‥‥‥‥‥‥‥‥‥‥‥262
公取委審判審決平成 20 年 7 月 24 日（平成 14 年（判）第 1 号）審決集 55 巻 174 頁
　〔多摩談合課徴金〕‥‥‥‥‥‥‥‥‥‥‥‥‥‥‥‥‥‥‥‥‥‥‥‥‥‥‥‥‥415
審判審決平成 20 年 9 月 16 日（平成 16 年（判）第 13 号）審決集 55 巻 380 頁
　〔マイクロソフト非係争条項〕‥‥‥‥‥‥‥‥‥‥‥‥‥‥‥‥‥‥‥‥‥‥‥‥306
東京高判平成 20 年 9 月 26 日（平成 18 年（行ケ）第 11 号）審決集 55 巻 910 頁
　〔ストーカ炉談合排除措置〕‥‥‥‥‥‥‥‥‥‥‥‥‥‥‥‥‥‥‥‥‥‥‥276, 437
公取委命令平成 20 年 10 月 17 日（平成 20 年（措）第 17 号・平成 20 年（納）第 44 号）
　審決集 55 巻 692 頁・754 頁〔溶融メタル等購入談合〕‥‥‥‥‥‥‥‥124, 319, 579
公取委公表平成 20 年 12 月 3 日〔BHP ビリトン・リオティント I〕‥‥‥‥‥‥324, 378
東京高判平成 20 年 12 月 19 日（平成 19 年（行ケ）第 12 号）審決集 55 巻 974 頁
　〔区分機類談合排除措置 II〕‥‥‥‥‥‥‥‥‥‥‥‥‥‥‥‥‥‥‥‥‥‥‥‥‥277
平成 20 年度企業結合事例 1〔キリン・協和発酵〕‥‥‥‥‥‥‥‥‥‥‥‥‥‥‥576
平成 20 年度企業結合事例 2〔三菱・AREVA〕‥‥‥‥‥‥‥‥‥‥‥‥‥‥‥‥‥334
平成 20 年度企業結合事例 3〔Westinghouse・原子燃料工業〕‥‥‥‥‥‥‥‥‥334

《平成 21 年》

公取委審判審決平成 21 年 2 月 16 日（平成 15 年（判）第 39 号）審決集 55 巻 500 頁
　〔第一興商〕‥‥‥‥‥‥‥‥‥‥‥‥‥‥‥‥‥‥‥‥‥‥‥‥‥‥‥‥‥‥250, 342
公取委命令平成 21 年 2 月 27 日（平成 21 年（措）第 2 号）審決集 55 巻 712 頁
　〔JASRAC〕‥‥‥‥‥‥‥‥‥‥‥‥‥‥‥‥‥‥‥‥‥‥‥‥‥‥‥514, 522, 601
東京高判平成 21 年 5 月 29 日（平成 19 年（行ケ）第 13 号）審決集 56 巻第 2 分冊 262 頁
　〔NTT 東日本〕‥‥‥‥‥‥‥‥‥‥‥‥‥‥‥‥‥‥‥‥‥‥‥‥‥‥‥‥‥‥365
東京高判平成 21 年 5 月 29 日（平成 20 年（行ケ）第 16 号）審決集 56 巻第 2 分冊 299 頁
　〔多摩談合課徴金西松建設等〕‥‥‥‥‥‥‥‥‥‥‥‥‥‥‥‥‥‥‥‥‥‥‥415
公取委命令平成 21 年 6 月 22 日（平成 21 年（措）第 8 号）審決集 56 巻第 2 分冊 6 頁
　〔セブン－イレブン排除措置〕‥‥‥‥‥‥‥‥‥‥‥‥‥‥‥‥‥‥‥‥‥‥‥351
公取委命令平成 21 年 8 月 27 日（平成 21 年（措）第 19 号・平成 21 年（納）第 53 号）
　〔GL 鋼板〕‥‥‥‥‥‥‥‥‥‥‥‥‥‥‥‥‥‥‥‥‥‥‥‥‥‥‥‥‥‥‥‥358
東京地判平成 21 年 9 月 15 日（平成 20 年特（わ）第 2430 号）審決集 56 巻第 2 分冊
　675 頁〔GL 鋼板刑事〕‥‥‥‥‥‥‥‥‥‥‥‥‥‥‥‥‥‥‥‥‥‥‥‥‥‥357
公取委審判審決平成 21 年 9 月 16 日（平成 17 年（判）第 23 号）審決集 56 巻第 1 分冊

事 例 索 引

　　192 頁〔鋼橋上部工事談合排除措置新日本製鐵等〕･････････････････････233, 292
公取委審判審決平成 21 年 9 月 16 日（平成 17 年（判）第 24 号）審決集 56 巻第 1 分冊
　　240 頁〔鋼橋上部工工事談合排除措置三菱重工業等〕･････････････････････････292
公取委命令平成 21 年 9 月 28 日（平成 21 年（措）第 22 号）審決集 56 巻第 2 分冊 65 頁
　　〔クアルコム〕･･･308
公取委命令平成 21 年 10 月 7 日（平成 21 年（措）第 23 号・平成 21 年（納）第 62 号）
　　審決集 56 巻第 2 分冊 71 頁・173 頁〔ブラウン管〕････････････････････････････569
東京高判平成 21 年 10 月 23 日（平成 20 年（行ケ）第 17 号）審決集 56 巻第 2 分冊 399 頁
　　〔多摩談合課徴金加賀田組等〕･･･415
公取委審決平成 21 年 11 月 9 日（平成 21 年（納変）第 1 号）審決集 56 巻第 1 分冊 455 頁
　　〔GL 鋼板課徴金罰金半額控除〕･･･361
公取委命令平成 21 年 12 月 10 日（平成 21 年（措）第 24 号）審決集 56 巻第 2 分冊 79 頁
　　〔大分大山町農業協同組合〕･･･389
東京高判平成 21 年 12 月 18 日（平成 20 年（行ケ）第 18 号）審決集 56 巻第 2 分冊 423 頁
　　〔多摩談合課徴金松村組等〕･･･415
平成 21 年度企業結合事例 8〔損害保険会社並行的企業結合〕･････････････････････410
平成 21 年度相談事例 4〔化学製品原料メーカー OEM 供給〕･････････････････････451
平成 21 年度相談事例 12〔防災用品共同リサイクルシステム〕･･･････････････････451

《平成 22 年》

東京高判平成 22 年 1 月 29 日（平成 20 年（行ケ）第 21 号）審決集 56 巻第 2 分冊 476 頁
　　〔多摩談合課徴金植木組等〕･･･415
公取委命令平成 22 年 2 月 12 日（平成 22 年（納）第 23 号）
　　〔ブラウン管課徴金サムスン SDI マレーシア等〕･････････････････････････････569
東京高判平成 22 年 3 月 19 日（平成 20 年（行ケ）第 25 号）審決集 56 巻第 2 分冊 567 頁
　　〔多摩談合課徴金新井組等〕･･･415
東京高判平成 22 年 4 月 23 日（平成 19 年（行ケ）第 44 号）審決集 57 巻第 2 分冊 117 頁
　　〔アスカム〕･･･583
大阪地判平成 22 年 5 月 25 日（平成 20 年（ワ）第 4464 号）判時 2092 号 106 頁
　　〔フジオフードシステム〕･･･397
東京高決平成 22 年 9 月 1 日（平成 22 年（ラ）第 1259 号）
　　〔買いたたき差止め仮処分申立て〕･･･397
最判平成 22 年 12 月 17 日（平成 21 年（行ヒ）第 348 号）民集 64 巻 8 号 2067 頁、
　　審決集 57 巻第 2 分冊 215 頁〔NTT 東日本〕･･････････････････295, 363, 525, 589
平成 22 年度企業結合事例 1〔BHP ビリトン・リオティントⅡ〕･･････････････325, 378
平成 22 年度企業結合事例 2〔北越紀州製紙・東洋ファイバー〕･･････････････382, 405
平成 22 年度企業結合事例 3〔旭化成ケミカルズ・三菱化学〕････････････････････385
平成 22 年度相談事例 10〔国際航空貨物利用運送事業者空港間陸上輸送〕･････････452

639

事例索引

《平成 23 年》

新潟地判平成 23 年 1 月 27 日（平成 20 年（ワ）第 701 号）審決集 57 巻第 2 分冊 361 頁
〔ハイン対日立ビルシステム〕‥‥‥‥‥‥‥‥‥‥‥‥‥‥‥‥‥‥‥‥‥‥‥‥‥‥‥400

公取委審判審決平成 23 年 2 月 16 日（平成 20 年（判）第 11 号）審決集 57 巻第 1 分冊
440 頁〔防衛庁発注石油製品談合課徴金 JX 日鉱日石エネルギー等〕‥‥‥‥‥‥‥‥‥496

東京地判平成 23 年 3 月 30 日（平成 22 年（ヨ）第 20125 号）Westlaw Japan 登載
〔ドライアイス〕‥‥‥‥‥‥‥‥‥‥‥‥‥‥‥‥‥‥‥‥‥‥‥‥‥‥‥‥‥‥‥‥‥433

公取委審判審決平成 23 年 5 月 10 日（平成 21 年（判）第 24 号）審決集 58 巻第 1 分冊
1 頁〔荷主向け燃油サーチャージ日新〕‥‥‥‥‥‥‥‥‥‥‥‥‥‥‥‥‥‥‥450, 494

公取委命令平成 23 年 5 月 26 日（平成 23 年（措）第 3 号・平成 23 年（納）第 58 号）
審決集 58 巻第 1 分冊 185 頁・298 頁〔エアセパレートガス〕‥‥‥‥‥‥‥‥‥‥‥493

公取委命令平成 23 年 6 月 9 日（平成 23 年（措）第 4 号）審決集 58 巻第 1 分冊 189 頁
〔DeNA〕‥‥‥‥‥‥‥‥‥‥‥‥‥‥‥‥‥‥‥‥‥‥‥‥‥‥‥‥‥‥‥‥‥‥‥‥387

公取委審判審決平成 23 年 7 月 6 日（平成 21 年（判）第 18 号）審決集 58 巻第 1 分冊
21 頁〔荷主向け燃油サーチャージ郵船ロジスティクス〕‥‥‥‥‥‥‥‥‥‥‥‥‥‥450

公取委命令平成 23 年 7 月 22 日（平成 23 年（措）第 7 号・平成 23 年（納）第 92 号）
審決集 58 巻第 1 分冊 203 頁・318 頁〔VVF ケーブル〕‥‥‥‥‥‥‥‥‥‥‥‥‥546

東京地判平成 23 年 7 月 28 日（平成 20 年（ワ）第 32415 号）審決集 58 巻第 2 分冊 227 頁
〔東京スター銀行対三菱東京 UFJ 銀行〕‥‥‥‥‥‥‥‥‥‥‥‥‥‥‥‥‥‥‥‥‥392

東京高判平成 23 年 9 月 6 日（平成 23 年（ネ）第 1761 号）審決集 58 巻第 2 分冊 243 頁
〔ハイン対日立ビルシステム〕‥‥‥‥‥‥‥‥‥‥‥‥‥‥‥‥‥‥‥‥‥‥‥‥‥‥398

公取委審判審決平成 23 年 10 月 17 日（平成 21 年（判）第 19 号）審決集 58 巻第 1 分冊
73 頁〔荷主向け燃油サーチャージ西日本鉄道等〕‥‥‥‥‥‥‥‥‥‥‥‥‥‥‥‥450

宇都宮地大田原支判平成 23 年 11 月 8 日（平成 23 年（ワ）第 88 号）審決集 58 巻
第 2 分冊 248 頁〔矢板無料バス〕‥‥‥‥‥‥‥‥‥‥‥‥‥‥‥‥‥‥‥‥‥‥‥433

平成 23 年度企業結合事例 2〔新日本製鐵・住友金属工業〕‥‥‥‥‥‥‥403, 451, 561

平成 23 年度企業結合事例 6〔HDD 並行的企業結合〕‥‥‥‥‥‥‥‥‥‥‥‥‥‥‥409

《平成 24 年》

公取委命令平成 24 年 1 月 19 日（平成 24 年（措）第 3 号・平成 24 年（納）第 5 号）
審決集 58 巻第 1 分冊 266 頁・372 頁〔本田技研工業発注ワイヤーハーネス〕‥‥‥‥472

最判平成 24 年 2 月 20 日（平成 22 年（行ヒ）第 278 号）民集 66 巻 2 号 796 頁、
審決集 58 巻第 2 分冊 148 頁〔多摩談合〕‥‥‥‥‥‥‥‥‥‥‥‥‥‥‥‥‥413, 525

東京高判平成 24 年 2 月 24 日（平成 23 年（行ケ）第 9 号）審決集 58 巻第 2 分冊 166 頁
〔鋼管杭クボタ〕‥‥‥‥‥‥‥‥‥‥‥‥‥‥‥‥‥‥‥‥‥‥‥‥‥‥‥‥‥427, 583

公取委審判審決平成 24 年 6 月 12 日（平成 21 年（判）第 17 号）審決集 59 巻第 1 分冊
59 頁〔JASRAC〕‥‥‥‥‥‥‥‥‥‥‥‥‥‥‥‥‥‥‥‥‥‥‥‥‥‥‥‥‥‥523

事例索引

東京高判平成 24 年 4 月 17 日（平成 23 年（ネ）第 8418 号）審決集 59 巻第 2 分冊 107 頁
　〔矢板無料バス〕・・**433, 505**
東京高判平成 24 年 5 月 25 日（平成 23 年（行ケ）第 7 号）審決集 59 巻第 2 分冊 1 頁
　〔防衛庁発注石油製品談合課徴金昭和シェル石油〕・・・・・・・・・・・・・・・・・・・・・・・・・・・・・・・・・・・・・・・**494**
東京高判平成 24 年 6 月 20 日（平成 24 年（ネ）第 722 号）審決集 59 巻第 2 分冊 113 頁
　〔セブン－イレブン収納代行サービス等〕・・・**439**
公取委公表平成 24 年 6 月 22 日〔東京電力注意〕・・・**442**
公取委公表平成 24 年 8 月 1 日〔酒類卸売業者警告等〕・・・・・・・・・・・・・・・・・・・・・・・・・・・・・・・・・・・・**445**
東京地決平成 24 年 9 月 3 日（平成 24 年（行ク）第 217 号）
　〔JASRAC 審判事件記録閲覧謄写仮の義務付け申立て〕・・・・・・・・・・・・・・・・・・・・・・・・・・・・・・・・・**545**
東京高判平成 24 年 10 月 26 日（平成 23 年（行ケ）第 24 号）審決集 59 巻第 2 分冊 15 頁
　〔荷主向け燃油サーチャージケイラインロジスティックス〕・・・・・・・・・・・・・・・・・・・・・・・・・・・・・・・・**450**
東京高判平成 24 年 11 月 9 日（平成 23 年（行ケ）第 16 号）審決集 59 巻第 2 分冊 54 頁
　〔荷主向け燃油サーチャージ郵船ロジスティクス〕・・・**450**
平成 24 年度企業結合事例 1〔大建工業・Ｃ＆Ｈ〕・・・**454**
平成 24 年度企業結合事例 4〔ASML・サイマー〕・・・・・・・・・・・・・・・・・・・・・・・・・・・・・・・・・・・・・・・**457**
平成 24 年度企業結合事例 9〔ヤマダ電機・ベスト電器〕・・・・・・・・・・・・・・・・・・・・・・・・・・・・・・・・・・・・**460**
平成 24 年度企業結合事例 10〔東京証券取引所・大阪証券取引所〕・・・・・・・・・・・・・・・・・・・・・・・・**463**

《平成 25 年》
公取委公表平成 25 年 1 月 10 日〔福井県並行的ガソリン廉売警告等〕・・・・・・・・・・・・・・・・・・・・・**467**
東京地判平成 25 年 1 月 31 日（平成 23 年（行ウ）第 322 号）審決集 60 巻第 2 分冊 170 頁
　〔JASRAC 審判事件記録閲覧謄写許可処分取消請求〕・・・・・・・・・・・・・・・・・・・・・・・・・・・・・・・・・・・**544**
公取委命令平成 25 年 3 月 22 日（平成 25 年（措）第 1 号・平成 25 年（納）第 1 号）
　審決集 59 巻第 1 分冊 262 頁・346 頁〔日産自動車等発注自動車用ランプ〕・・・・・・・・・・**471**
知財高判平成 25 年 3 月 25 日（平成 24 年（ネ）第 10059 号）
　〔保土谷化学工業対出光興産〕・・**518**
公取委審判審決平成 25 年 7 月 29 日（平成 21 年（判）第 1 号）審決集 60 巻第 1 分冊
　144 頁〔ニンテンドー DS 用液晶モジュール等シャープ〕・・・・・・・・・・・・・・・・・・・・・・・・・・・・・・・**526**
東京高判平成 25 年 9 月 12 日（平成 25 年（行コ）第 80 号）審決集 60 巻第 2 分冊
　167 頁〔JASRAC 審判事件記録閲覧謄写許可処分取消請求〕・・・・・・・・・・・・・・・・・・・・・・・・・・・**544**
仙台地石巻支判平成 25 年 9 月 26 日（平成 24 年（ワ）第 81 号）判時 2297 号 99 頁
　〔生かき仲買人販売手数料割戻し〕・・・**475**
東京高判平成 25 年 11 月 1 日（平成 24 年（行ケ）第 8 号）審決集 60 巻第 2 分冊 22 頁
　〔JASRAC〕・・**523**
公取委審判審決平成 25 年 11 月 19 日（平成 23 年（判）第 81 号）審決集 60 巻第 1 分冊
　318 頁〔エア・ウォーター原審決〕・・・**493**
平成 25 年度企業結合事例 1〔トクヤマ・セントラル硝子〕・・・・・・・・・・・・・・・・・・・・・・・・・・・・・・・・・・**478**

641

事例索引

平成 25 年度企業結合事例 3〔日本電工・中央電気工業〕・・・・・・・・・・・・・・・・・・・・・・・・**481**
平成 25 年度企業結合事例 6〔ヤマハ発動機・KYBMS〕・・・・・・・・・・・・・・・・・・・・・・・・・**483**
平成 25 年度企業結合事例 7〔中部電力・ダイヤモンドパワー〕・・・・・・・・**486, 564, 567**
平成 25 年度相談事例 9〔電気料金引上げ・燃料費等増加〕・・・・・・・・・・・・・・・・・・・・**444**
平成 25 年度相談事例 10〔電気料金引上げ・消費税転嫁〕・・・・・・・・・・・・・・・・・・・・**444**

《平成 26 年》
神戸地判平成 26 年 1 月 14 日（平成 23 年（ワ）第 3452 号）審決集 60 巻第 2 分冊 214 頁
　〔神鉄タクシー〕・・・**501**
公取委公表平成 26 年 2 月 19 日〔志賀高原索道協会警告〕・・・・・・・・・・・・・・・・・・・**490**
知財高決平成 26 年 5 月 16 日（平成 25 年（ラ）第 10007 号）判タ 1402 号 166 頁
　〔サムスン対アップル標準必須特許差止請求Ⅰ〕・・・・・・・・・・・・・・・・・・**131, 250, 519**
公取委審判審決平成 26 年 6 月 9 日（平成 24 年（判）第 42 号）審決集 61 巻 1 頁
　〔ワイヤーハーネス課徴金フジクラ〕・・・・・・・・・・・・・・・・・・・・・・・・・・・・・・・・・・・・・・・**496**
東京高判平成 26 年 9 月 26 日（平成 25 年（行ケ）第 120 号）審決集 61 巻 217 頁
　〔エア・ウォーター〕・・**493**
公取委審判審決平成 26 年 10 月 14 日（平成 23 年（判）第 81 号）審決集 61 巻 13 頁
　〔エア・ウォーター再審決〕・・・**494**
大阪高判平成 26 年 10 月 31 日（平成 26 年（ネ）第 471 号）審決集 61 巻 260 頁
　〔神鉄タクシー〕・・**501, 518**
平成 26 年度企業結合事例 3〔王子ホールディングス・中越パルプ工業〕・・・・・・・・・・**506, 558**
平成 26 年度企業結合事例 7〔ジンマー・バイオメット〕・・・・・・・・・・・・・・・・・**506, 510**
平成 26 年度企業結合事例 10〔東京都民銀行・八千代銀行〕・・・・・・・・・・・・・・・・・・・**566**

《平成 27 年》
公取委命令平成 27 年 1 月 16 日（平成 27 年（措）第 2 号）審決集 61 巻 142 頁
　〔福井県経済農業協同組合連合会〕・・・・・・・・・・・・・・・・・・・・・・・・・・・・・・・**237, 239, 513**
公取委命令平成 27 年 1 月 20 日（平成 27 年（措）第 3 号・平成 27 年（納）第 7 号）
　審決集 61 巻 148 頁・193 頁〔北海道低温空調設備工事〕・・・・・・・・・・・・・・・・・・・・・・**516**
東京地判平成 27 年 2 月 18 日（平成 25 年（ワ）第 21383 号）審決集 61 巻 276 頁
　〔イメーション対ワンブルー〕・・**253, 517**
公取委命令平成 27 年 2 月 27 日（平成 27 年（措）第 4 号）審決集 61 巻 153 頁
　〔岡山県北生コンクリート協同組合〕・・・・・・・・・・・・・・・・・・・・・・・・・・・・・・・・・・・・・・・**390**
公取委命令平成 27 年 3 月 26 日（平成 27 年（措）第 5 号・平成 27 年（納）第 9 号）
　審決集 61 巻 156 頁・197 頁〔穀物乾燥調製貯蔵施設等・北海道以外〕・・・・・・・・・・**515**
最決平成 27 年 4 月 14 日（平成 26 年（行ツ）第 67 号）審決集 62 巻 393 頁
　〔JASRAC 上告〕・・・**524**
最決平成 27 年 4 月 14 日（平成 26 年（行ヒ）第 75 号）審決集 62 巻 394 頁

〔JASRAC 上告受理申立て JASRAC 分〕‥‥‥‥‥‥‥‥‥‥‥‥‥‥‥524
最決平成 27 年 4 月 14 日（平成 26 年（行ヒ）第 75 号）審決集 62 巻 395 頁
〔JASRAC 上告受理申立て公取委分〕‥‥‥‥‥‥‥‥‥‥‥‥‥‥‥524
東京地決平成 27 年 4 月 20 日（平成 27 年（行ク）第 70 号）判タ 1424 号 205 頁
〔翠光トップライン等執行停止申立て〕‥‥‥‥‥‥‥‥‥‥‥‥‥‥597
最決平成 27 年 4 月 28 日（平成 26 年（行ヒ）第 75 号）民集 69 巻 3 号 518 頁、
審決集 62 巻 397 頁〔JASRAC〕‥‥‥‥‥‥‥‥‥‥‥‥‥‥367, 521
最決平成 27 年 4 月 28 日（平成 25 年（行ツ）第 496 号）
審決集 62 巻 453 頁〔JASRAC 審判事件記録閲覧謄写許可処分取消請求〕‥‥‥‥‥544
公取委審判審決平成 27 年 5 月 22 日（平成 23 年（判）第 84 号）審決集 62 巻 1 頁
〔富士電線工業〕‥‥‥‥‥‥‥‥‥‥‥‥‥‥‥‥67,123, 126, 432, 546
公取委審判審決平成 27 年 5 月 22 日（平成 22 年（判）第 2 号）審決集 62 巻 27 頁
〔ブラウン管 MT 映像ディスプレイ等〕‥‥‥‥‥‥‥‥‥‥‥‥‥569
公取委審判審決平成 27 年 6 月 4 日（平成 24 年（判）第 6 号）審決集 62 巻 119 頁
〔トイザらス〕‥‥‥‥‥‥‥‥‥‥‥‥‥‥‥‥‥‥‥‥‥‥‥550
最決平成 27 年 9 月 25 日（平成 27 年（受）第 364 号）審決集 62 巻 464 頁
〔神鉄タクシー〕‥‥‥‥‥‥‥‥‥‥‥‥‥‥‥‥‥‥‥‥‥‥502
平成 27 年度企業結合事例 1〔日本製紙・特種東海製紙〕‥‥‥‥‥‥‥406, 558
平成 27 年度企業結合事例 3〔大阪製鐵・東京鋼鐵〕‥‥‥‥‥‥‥‥‥406, 560
平成 27 年度企業結合事例 4〔インテル・アルテラ〕‥‥‥‥‥‥‥‥‥‥562
平成 27 年度企業結合事例 10〔肥後銀行・鹿児島銀行〕‥‥‥‥‥‥563, 565
平成 27 年度企業結合事例 11〔損保ジャパン日本興亜・メッセージ〕‥‥‥‥‥566

《平成 28 年》
東京高判平成 28 年 1 月 29 日（平成 27 年（行ケ）第 37 号）審決集 62 巻 419 頁
〔ブラウン管サムスン SDI マレーシア〕‥‥‥‥‥‥‥‥‥‥‥‥‥570
公取委審判審決平成 28 年 2 月 24 日（平成 21 年（判）第 6 号）審決集 62 巻 222 頁
〔塩化ビニル管等〕‥‥‥‥‥‥‥‥‥‥‥‥‥‥‥‥‥‥‥429, 547
東京高判平成 28 年 4 月 13 日（平成 27 年（行ケ）第 38 号）
〔ブラウン管 MT 映像ディスプレイ等〕‥‥‥‥‥‥‥124, 303, 432, 568
東京高判平成 28 年 4 月 22 日（平成 27 年（行ケ）第 36 号）
〔ブラウン管サムスン SDI 韓国〕‥‥‥‥‥‥‥‥‥‥‥‥‥‥‥570
東京高判平成 28 年 9 月 2 日（平成 27 年（行ケ）第 31 号）〔新潟タクシーカルテル〕‥588
公取委命令平成 28 年 9 月 6 日（平成 28 年（措）第 9 号・平成 28 年（納）第 27 号）
〔NEXCO 東北支社発注舗装災害復旧工事談合〕‥‥‥‥‥‥‥‥‥591
公取委公表平成 28 年 11 月 18 日〔ワンブルー〕‥‥‥‥‥‥‥‥‥‥‥518
公取委決定平成 28 年 12 月 13 日（平成 28 年（納決）第 1 号）
〔NEXCO 東北支社発注舗装災害復旧工事談合半額控除〕‥‥‥‥‥‥591

643

事例索引

東京地決平成28年12月14日（平成28年（行ク）第279号）
　〔奥村組土木興業執行停止申立て〕‥‥‥‥‥‥‥‥‥‥‥‥‥‥‥591
平成28年度企業結合事例3〔石油会社並行的企業結合〕‥‥‥‥‥‥‥410
平成28年度企業結合事例10〔キヤノン・東芝メディカルシステムズ〕‥‥‥‥‥602

《平成29年》
東京高決平成29年2月14日（平成28年（行タ）第146号）
　〔JASRAC保証金没取申立て〕‥‥‥‥‥‥‥‥‥‥‥‥‥‥‥525, 542, 601
公取委命令平成29年2月15日（平成29年（措）第3号）
　〔中部電力発注伝送路用装置談合〕‥‥‥‥‥‥‥‥‥‥‥‥‥‥474
公取委命令平成29年3月29日（平成29年（措）第7号）〔土佐あき農業協同組合〕‥‥597
東京高判平成29年4月21日（平成27年（ワ）第1号）D1-Law登載
　〔長谷生コン対岡山県北生コンクリート協同組合〕‥‥‥‥‥‥‥‥390
公取委公表平成29年6月1日〔アマゾン同等性条件〕‥‥‥‥‥‥‥‥608
公取委公表平成29年6月30日〔北海道電力戻り需要差別対価警告〕‥‥‥‥‥613
東京地決平成29年7月31日（平成29年（行ク）第122号）
　〔土佐あき農業協同組合執行停止申立て〕‥‥‥‥‥‥‥‥‥‥‥597

〈著者紹介〉
白石忠志（しらいし・ただし）
　昭和 62 年　東京大学法学部卒業
　平成 3 年　東北大学助教授（法学部・大学院法学研究科）
　平成 9 年　東京大学助教授（法学部・大学院法学政治学研究科）
　平成 15 年　東京大学教授（法学部・大学院法学政治学研究科）
　　　　　　現在に至る

〈主要著書〉
　『技術と競争の法的構造』（有斐閣、平成 6 年）
　『独禁法講義〔第 7 版〕』（有斐閣、平成 26 年）（初版、平成 9 年）
　『独占禁止法〔第 3 版〕』（有斐閣、平成 28 年）（初版、平成 18 年）

独禁法事例集
An Analytical Guide to the Leading Competition
Law Cases in Japan

平成 29 年 12 月 1 日　初版第 1 刷発行

法学教室
LIBRARY

著　者　　白　石　忠　志

発行者　　江　草　貞　治

発行所　　株式会社　有　斐　閣
郵便番号　101-0051
東京都千代田区神田神保町 2-17
電話（03）3264-1311〔編集〕
　　（03）3265-6811〔営業〕
http://www.yuhikaku.co.jp/

印刷・株式会社晩印刷／製本・大口製本印刷株式会社
© 2017, 白石忠志. Printed in Japan
落丁・乱丁本はお取替えいたします。
★定価はカバーに表示してあります。
ISBN 978-4-641-24302-6

JCOPY　本書の無断複写（コピー）は、著作権法上での例外を除き、禁じられています。複写される場合は、そのつど事前に、（社）出版者著作権管理機構（電話03-3513-6969、FAX03-3513-6979、e-mail: info@jcopy.or.jp）の許諾を得てください。